TRATADO DE
Direito Administrativo Especial

VOLUME VI

TRATADO DE
Direito Administrativo Especial

VOLUME VI

COORDENADORES

PAULO OTERO
Professor da Faculdade de Direito de Lisboa

PEDRO GONÇALVES
Professor da Faculdade de Direito de Coimbra

ALMEDINA

TRATADO DE DIREITO ADMINISTRATIVO ESPECIAL – Vol. VI

COORDENADORES
PAULO OTERO E PEDRO GONÇALVES

EDITOR
EDIÇÕES ALMEDINA, SA
Rua Fernandes Tomás, 76-78
3000-167 Coimbra
Tel.: 239 851 904
Fax: 239 851 901
www.almedina.net
editora@almedina.net

DESIGN DA CAPA
FBA
PRÉ-IMPRESSÃO / IMPRESSÃO / ACABAMENTO
PAPELMUNDE, SMG, LDA.

Maio, 2012

DEPÓSITO LEGAL
301261/09

Os dados e as opiniões inseridos na presente publicação
são da exclusiva responsabilidade do(s) seu(s) autor(es).

Toda a reprodução desta obra, por fotocópia ou outro qualquer processo,
sem prévia autorização escrita do Editor, é ilícita e passível de procedimento
judicial contra o infractor.

Biblioteca Nacional de Portugal – Catalogação na Publicação

Tratado de direito administrativo especial / coord. Paulo
Otero, Pedro Gonçalves. – v.

6º v.: p. - ISBN 978-972-40-4777-5

I – OTERO, Paulo, 1963-
II – GONÇALVES, Pedro

CDU 342

NOTA DE ABERTURA

1. Num sistema jurídico cada vez mais administrativizado, observando-se a progressiva intervenção do Direito Administrativo em todos os sectores do ordenamento jurídico, enquanto expressão da multiplicidade de tarefas confiadas ao Estado nos mais diversos domínios, pode bem afirmar-se que o Direito Administrativo é um ramo de Direito expansivo e colonizador de todas as restantes disciplinas da ciência jurídica, mostrando uma intrínseca vocação imperialista.

Não existem hoje quaisquer ramos de Direito imunes à "contaminação" gerada pelo Direito Administrativo: se, em 1956, Marcello Caetano afirmava, no prefácio à 4.ª edição do seu *Manual*, já não ser lícito ignorar o Direito Administrativo, senão aos ignorantes, pode dizer-se agora, passado mais de meio século, que nem aos ignorantes é lícito ignorar esta disciplina.

E não se trata apenas de verificar que hoje mais de noventa e nove por cento dos diplomas publicados no jornal oficial dizem respeito a matérias de Direito Administrativo, nem de se registar que existem centenas de entidades públicas e entidades privadas que exercem poderes públicos emanando actos jurídico-administrativos: o Direito Administrativo é um mundo dentro do mundo do Direito e, apesar da tradição ainda fazer do Direito Civil o repositório dos grandes princípios jurídicos, a verdade é que aquele assume hoje uma dimensão quantitativamente mais importante.

Todas as áreas do Direito, desde o Direito Privado até ao Direito Constitucional, surgem hoje influenciadas pelo Direito Administrativo, senão pelas suas regras, ao menos pelos seus valores e princípios: o próprio declínio do dogma liberal da autonomia da vontade em Direito Privado, tal como a progressiva invasão de normas de natureza injuntiva na regulação de relações jurídico-privadas, substituindo as tradicionais normas dispositivas, visando tutelar interesses de ordem pública e a própria vinculação das entidades privadas aos direitos fundamentais, revelam uma paulatina, embora consistente, tendência para a publicização do Direito Privado.

Num outro domínio, por paradoxal que possa parecer, a dita "fuga" da Administração Pública para o Direito Privado acabou por gerar, num momento subsequente, um novo e distinto fenómeno de publicização ou administrativização do Direito Privado aplicado por estruturas administrativas. Neste último sentido, a presença do Direito Administrativo contribuiu também para colocar em causa a tradicional dicotomia que, oriunda do Direito Romano, separava o Direito Privado e o Direito Público: é que o Direito Privado Administrativo já não é Direito Privado típico mas ainda não é Direito Administrativo, revelando a transversalidade e a pluralidade de matizes reguladoras da moderna Administração Pública que não se esgota no Direito Administrativo, apesar de fazer do Direito Administrativo o seu Direito comum.

Se o Estado Social do século XX se assemelhou à lenda do Rei Midas, administrativizando ou publicizando tudo aquilo que tocava, a verdade é que o recente fracasso económico das teses neoliberais adeptas da desregulação, prognosticando um regresso desejado ao Estado mínimo, faz esperar nova cruzada administrativadora dos mercados económicos e financeiros: uma nova geração de normas jusadministrativas já está a nascer, provocando um novo surto de administrativização da sociedade deste século XXI.

Depois de algumas décadas de ilusório engano, apresenta-se hoje claro que a própria efectividade da Constituição e do modelo político-social de Estado nela definido dependem mais da intervenção administrativa do que de qualquer esforço dos poderes legislativo e judicial: as promessas eleitorais feitas pelos políticos são quase todas de natureza administrativa e relativas à sociedade de bem-estar, além de que a materialização dos direitos fundamentais envolve o conferir à Administração Pública um protagonismo que a torna senhora do sucesso ou fracasso da própria ordem constitucional.

Na verdade, a Constituição está hoje, neste sentido, refém do poder administrativo: é assim que o Direito Administrativo se impõe como Constituição em movimento, tornando-se claro que só através da Administração Pública a Constituição ganha efectividade.

O Direito Privado, tendo perdido o senhorio maioritário das normas do sistema jurídico, encontra-se obnubilado pela expansão quantitativa do Direito Administrativo e surge nos nossos dias como vítima silenciosa de uma progressiva colonização que o vai contaminando e descaracterizando ao nível dos valores da liberdade e da autonomia da vontade: se exceptuarmos alguns princípios gerais de Direito que, por mera tradição histórica, ainda se localizam geograficamente no Direito Civil, apesar de serem repositório de um verdadeiro Direito Comum a todos os ramos institucionalizados da ciência jurídica, afigura-se nítido que, no jogo de influências recíprocas, a primazia indiscutível pertence hoje ao Direito Administrativo. Nascido sob o signo do desvio em relação a uma matriz jus-privatista, o Direito Administrativo impôs a sua autonomia e, na sua idade adulta, irradia os seus próprios valores para todo o ordenamento jurídico, incluindo, claro, o Direito Civil.

Em suma, recorrendo a uma ideia que tem vindo a ser generalizadamente aplicada em campos muito diversos, a noção de *Direito Administrativo Global* pode surgir, em termos adequados, como a representação simbólica do Direito Administrativo enquanto sistema de valores e de princípios jurídicos que se têm difundido com sucesso por todas as províncias do Direito.

2. Num sistema jurídico em que o Direito Administrativo não é mais um simples ramo, antes deve ser encarado como um hemisfério da ciência jurídica, urge clarificar que se recortam no seu âmbito dois distintos grupos de normas:

(i) Existem normas que, atendendo à sua dimensão reguladora de toda a Administração Pública, consubstanciando um repositório de princípios gerais comuns à organização e funcionamento da Administração e suas relações com os administrados, integram aquilo que se pode designar como o *Direito Administrativo geral* ou comum, desempenhando uma função sistémica de verdadeira teoria geral do ordenamento jusadministrativo;

(ii) Regista-se, por outro lado, a existência de uma pluralidade indeterminada de normas reguladoras de sectores específicos de intervenção administrativa, dotadas de princípios que alicerçam uma unidade interna própria de cada um desses sectores, constituindo o denominado *Direito Administrativo especial*, o qual compreende todo um conjunto de pequenos ramos autónomos do ordenamento jusadministrativo.

Sem prejuízo da necessária intercomunicabilidade científica entre os dois grupos de normas, nunca podendo o Direito Administrativo especial deixar de tomar em consideração o enquadramento legislativo e dogmático das soluções adiantadas pelo Direito Administrativo geral, nem a evolução dogmática deste na reconstrução da teoria geral do ordenamento jusadministrativo se alhear dos progressos alcançados pelos diversos Direitos Administrativos especiais, o presente *Tratado* versa, única e exclusivamente, estudar e apresentar o Direito Administrativo especial.

3. O *Tratado de Direito Administrativo Especial*, nascido da conjugação das vontades dos seus coordenadores, se, por um lado, parte da impossibilidade de uma só pessoa ser hoje capaz de abarcar a totalidade dos diversos sectores em que se desdobra o moderno Direito Administrativo especial, arranca do reconhecimento da indispensabilidade de uma tal obra no panorama científico português. Há muito que se sentia essa ausência: a ciência jusadministrativista portuguesa tinha aqui uma maioridade diminuída face às suas congéneres europeias.

Sem se correr o risco de exagero, pode dizer-se que a presente obra comporta, à partida, três inovações:

(i) Trata-se da primeira tentativa de estudar e sistematizar, à luz do ordenamento jurídico português, os diversos ramos especiais em que se desdobra hoje o Direito Administrativo: apesar de um tal intento já há muito ter sido realizado em ordenamentos jurídicos estrangeiros de língua alemã, espanhola, francesa e italiana, poderá estar-se aqui diante do primeiro Tratado de Direito Administrativo Especial escrito em língua portuguesa, desconhecendo-se a existência de algo semelhante no Brasil;

(ii) Expressa um grande esforço de participação de uma nova geração de especialistas nos diversos sectores específicos destes ramos de Direito Administrativo, provenientes de diversas escolas do país, todos integrados num projeto de construção dogmática plural e aberta de um novo Direito Administrativo para o século XXI: a própria sistemática de publicação dos diversos volumes do *Tratado*, sem obedecer a um plano fechado, recolhe os contributos já entregues e está aberta a novos estudos;

(iii) Traduz, por último, um projecto conjunto de coordenação entre dois professores de duas diferentes Universidades, comprovando que só a convergência entre os cientistas faz a ciência progredir, isto depois de já se terem perdido tantos anos de estéreis antagonismos: o *Tratado* junta, neste sentido, as tradições da Escola de Direito Administrativo de Lisboa e da Escola de Direito Administrativo de Coimbra.

Quanto ao resto, a tudo aquilo que se lerá, a partir daqui, e ao longo dos vários volumes que fazem parte deste *Tratado de Direito Administrativo Especial*, o mérito é dos Autores que, a convite dos coordenadores, elaboraram os seus textos, segundo um modelo de dimensões tendencialmente uniforme.

Se, depois da publicação deste *Tratado*, algo mudar na ciência do Direito Administrativo Português, estará justificada a sua existência e, numa outra dimensão, homenageados os fundadores de ambas as Escolas de Direito Administrativo.

Oxalá, por último, a presente iniciativa produza frutos dentro e fora do Direito Administrativo!

Os coordenadores
Paulo Otero e *Pedro Gonçalves*

DIREITO ADMINISTRATIVO DO CONSUMO

ADELAIDE MENEZES LEITÃO

1. INTRODUÇÃO

Há um mapa de questões que se colocam no início de qualquer estudo e que servem de guia ao seu desenvolvimento. Algumas perguntas surgem automaticamente quando se pretende alcançar o núcleo da disciplina jurídica do Direito Administrativo do Consumo. A primeira pergunta que se coloca incide sobre a possibilidade de considerar o Direito do Consumo como Direito Administrativo especial (1.1.). Logo, de seguida, questões como o que é no presente o Direito do Consumo? o que foi no passado? o que será no futuro? (1.2.), porque se evidencia actualmente um vector de europeização do Direito do consumo? o que é que este vector de europeização representa no futuro do Direito do Consumo? (1.3.) necessitam de ser igualmente respondidas.

Na sequência do desenvolvimento destas temáticas outras interrogações se vão autonomizando em simultâneo: como se distingue o Direito Privado e o Direito Público do Consumo? (§2.) quais as coordenadas histórico-filosóficas na base desta clivagem? (2.1.) como é que esta clivagem se aplica ao Direito do Consumo? (2.2.) se o surgimento do Direito Público do Consumo assentou nas insuficiências dos institutos tradicionais do Direito Privado, *maxime* o contrato, o delito e o acesso à justiça? (2.3.)

Encontrados os fundamentos da regulação pública, cumpre assinalar uma área de significa conexão e interdependência entre o Direito da Concorrência e o Direito do Consumo (§3.) Após a rota antes referida, a segunda parte deste estudo centra-se finalmente no destino da pesquisa: o Direito Administrativo do Consumo (§4.).

1.1. Direito especial

O desafio da delimitação normativa do Direito Administrativo do Consumo pressupõe um conjunto de respostas a perguntas prévias sem as quais este exercício será puramente formal e arbitrário. A primeira pergunta que se coloca no contexto da visão alargada da obra na qual se insere o presente estudo incide sobre a possibilidade de considerar o Direito do Consumo como Direito Administrativo especial. A resposta a esta pergunta não pode porém ser dada sem uma investigação preliminar sobre o significado de direito especial.

O vector da especialidade de uma disciplina jurídica foi profusamente investigado a propósito de outros sectores jurídicos em termos que merecem a nossa concordância, colocando-se a especialidade essencialmente em dois níveis: um primeiro, mais alargado, que pode ser recortado como o âmbito natural de uma determinada disciplina do saber jurídico, e um segundo, mais reduzido, que se coloca nas relações entre normas jurídicas[1].

No primeiro nível, Menezes Cordeiro aponta a especialidade na relação entre um núcleo central de normas aplicadas à generalidade das situações jurídicas e um núcleo normativo mais segmentado, mais recortado, com uma disciplina mais restrita e mais particularizada aplicável apenas a determinadas áreas[2].

No segundo nível, a relação de especialidade coloca-se norma a norma. Porém, o exercício do cotejo individual de normas pode muitas vezes ser incompleto e injustificado, porque nem todas as normas – designadamente do Direito do Consumo – têm correspondência com normas gerais de ramos jurídicos tradicionalmente designados como ramos comuns, tais como o Direito Civil, o Direito Administrativo ou o Direito Penal.

A especialidade de um ramo jurídico não se evidencia, assim, no aparecimento de um conjunto de normas jurídicas que tenham um reflexo noutras normas de sentido diferenciado, mas antes numa evolução normativa – que é também histórico-cultural – e que desenvolve uma unidade e um conjunto de princípios e normas jurídicos próprios e específicos de uma constelação de casos a resolver pelo Direito.

---

[1] Menezes Cordeiro, *Manual de Direito Comercial*, 2.ª ed, Almedina, Coimbra, 2007, p. 39.
[2] Menezes Cordeiro, *Manual de Direito Comercial...*, p. 134.

As relações de especialidade que se foram desenvolvendo ao longo do tempo descortinam-se quer no Direito Privado quer no Direito Público.

No Direito Privado, o Direito Comercial tem a sua origem e desenvolvimento como Direito especial em torno do comerciante ou do acto de comércio, por contraste com o Direito Civil, considerado Direito Privado Comum. Por sua vez, o Direito Comercial surge actualmente como Direito geral em relação a um conjunto significativo de outros sub-ramos que dele emergiram, como é o caso do Direito Bancário, do Direito dos Valores Mobiliários ou do Direito da Propriedade Industrial, entre outros. No entanto, estes domínios jurídicos continuam a especializar-se, autonomizando-se, como, por exemplo, o Direito Bancário dos Consumidores, o Direito dos Valores Mobiliários dos Consumidores ou o Direito da Propriedade Industrial dos Consumidores. Estas especializações surgem na perspectiva do Direito do Consumo como Direito do Consumo Bancário, dos Valores Mobiliários ou da Propriedade Industrial.

No Direito Público assinala-se fenómeno paralelo. Com efeito, o Direito Administrativo conheceu idêntico fenómeno de especialização. A título de exemplo, o Direito do Ambiente nasce como Direito Administrativo especial, mas há hoje um conjunto de novos sub-ramos que, por sua vez, se autonomizam do Direito do Ambiente, como o Direito da Água e o Direito dos Resíduos, só falando em alguns.

Detecta-se, nestes termos, uma tendência no sentido de, à medida que as disciplinas se autonomizam, igualmente se especializarem e se fragmentarem, juntando-se com outras disciplinas mais gerais, muitas vezes por estas possuírem quadros dogmáticos mais consolidados, ausentes nos ramos jurídicos mais jovens. Simultaneamente ocorre um fenómeno de aproximação entre os Direitos ditos comuns com sinergias dogmáticas importantes, que se assinalam entre o Direito Privado e o Direito Público e vice-versa.

Como foi anteriormente referido, estas evoluções têm essencialmente uma natureza histórico-cultural, mas são também resultado de modelos teóricos de compreensão, com maior ou menor aderência à evolução do sistema jurídico, muitas vezes resultado da organização das matérias no seu próprio discurso.

O Direito do Consumo surgiu, desde a sua génese, como um Direito especial que se foi desmembrando do Direito Privado, em torno de um sujeito jurídico novo: o consumidor. Tal não significa que o Direito Privado comum, no passado, não contivesse normas de protecção do consumidor. Simplesmente o consumidor, enquanto vórtice de um novo enquadramento jurídico da realidade social, ainda não tinha surgido com força suficiente para a edificação de um conjunto normativo autónomo e como tópico para a sua compreensão.

Recorrendo à imagem aristotélica, o embrião da ideia de protecção do consumidor ainda não se tinha materializado na realidade jurídica como tal, mas encontrava-se nela em potência. Questionamo-nos sobre se o *quid* que se convenciona chamar ao conjunto de normas que em cada momento vai sendo considerado como Direito do Consumo emergiu historicamente do Direito Civil, em especial da área dos contratos civis ou se do Direito Comercial, em especial da área dos contratos comerciais. Permanece, pois, a interrogação se o princípio da autonomia privada e da igualdade contratual necessitaram de um refluxo proteccionista independente da emergência de um Direito Comercial, polarizado em torno da figura do comerciante – que se alargou em geral ao profissional – ou se, mesmo sem a autonomia jurídica do comerciante, se emanciparia, de uma maneira ou de outra, a figura do consumidor.

Optar pelo Direito Civil ou pelo Direito Comercial para, nestes ramos, localizar o parâmetro de generalidade em relação ao Direito do Consumo parece, assim, incorrecto[3]. Com efeito, o surgimento de um novo vórtice implica uma nova força que vai buscar elementos oriundos da globalidade dos ramos jurídicos, pelo que quer o Direito Civil, quer o Direito Comercial, quer os novos ramos que se autonomizaram do próprio Direito Comercial, como os já referidos Direito Bancário, Direito dos Valores Mobiliários ou Direito da Propriedade Industrial, mas também outros, como o Direito da Concorrência Desleal ou o Direito da Publicidade, foram evidenciando uma dimensão de protecção do consumidor. Assim, cada novo ramo que se autonomiza por um processo de especialização, não de uma, mas de várias disciplinas jurídicas, pode ter uma matriz genética muito diversificada, conjugando normas jurídicas de dispersos espaços jurídicos.

A protecção do consumidor começa, deste modo, como uma ideia, um valor, um pólo que desenvolve uma força centrípeta agregadora de material normativo de outros campos jurídicos. A dado momento este núcleo implode, – não sendo já compreensível a partir de uma só ideia, valor ou

---

[3] Segundo MENEZES CORDEIRO, **Manual de Direito Comercial...**, p. 40: *"o termo "comércio" pode, com propriedade, aplicar-se a qualquer dos segmentos do circuito que une os produtores a consumidores finais, e, ainda às actividades conexas e acessórias"*. Mais à frente, na p. 106 refere *"Todo o Direito do Consumidor poderia, à partida, ser comercial"*. Por fim, na p. 114 apresenta o Direito do Consumo como um sector consistente e um pólo que concentra as pesquisas e enfraquece a comercialística tradicional.

pólo – surgindo, normalmente, então, uma força centrífuga que aproxima aquele núcleo de outros pólos já existentes, podendo inclusive originar novos pólos. Nesta segunda fase – que parece corresponder à actual – a codificação torna-se mais difícil.

Para MENEZES CORDEIRO, como referido anteriormente, a relação de especialidade ocorre quando perante um complexo normativo que se dirige a uma generalidade de situações, um segundo complexo, mais restrito mas mais intenso, contemple uma situação que de outro modo, respeitaria ao primeiro, dispensando-lhe um tratamento particularmente adequado, podendo a adequação resultar de normas diferenciadoras que estabelecem situações diversas ou de regras complementadoras que precisem, num sentido ou noutro, soluções em aberto pelo Direito Comum[4].

Impõe-se, por isso, sublinhar na relação de especialidade que a mesma não se encerra em si própria, mas constata-se uma constante mudança que se perpétua em novas formas de relações de especialidade, que se estabelecem não tão-somente entre duas disciplinas jurídicas, mas entre variadas disciplinas que se vão modificando, e que só um exercício de pura abstracção permite cristalizar.

Por fim, as normas especiais, por vezes, perdem esta especialidade tornando-se parte do direito comum. Foi com base nesta premissa que o legislador alemão integrou tecnicamente na reforma de 2001 do Código Civil Alemão as normas de Direito do Consumo, o que foi aplaudido como um realismo da codificação germânica e simultaneamente criticado por diminuir a autonomia privada[5]. OLIVEIRA ASCENSÃO elogiou a incorporação de normas do Direito do Consumo no Código Civil Alemão, afirmando que se verifica, muitas vezes, que normas que surgiram sob a bandeira da defesa do consumidor devem ser aplicadas a todas as pessoas, sejam ou não vistas pelo ângulo restrito de consumidor, marcando, assim, a reforma alemã um considerável progresso do Direito Civil[6]. Manifesta-se actualmente uma tendência para a generalização e para uma visão mais abrangente do consumidor[7].

---

[4] MENEZES CORDEIRO, *Manual de Direito Comercial...*, p. 39.

[5] CHRISTIAN BALDUS, *Protecção do consumidor na zona cinzenta entre contrato e o não-contrato? As novas normas do BGB sobre a culpa in contrahendo e a perturbação da base do negócio como expressão do princípio da igualdade dos sujeitos jurídicos, privados*, EDC, n.º 6, 2004, p. 143.

[6] JOSÉ OLIVEIRA ASCENSÃO, *Direito Civil e Direito do Consumidor*, EDC, n.º 8, 2006/2007,pp. 30-31 e 34.

[7] JOSÉ OLIVEIRA ASCENSÃO, *Direito Civil e Direito do Consumidor...*, pp. 41-42.

1.2. Direito do Consumo: surgimento, desenvolvimento, perspectivas futuras

Para além da questão da especialidade, a compreensão do Direito do Consumo, ou de parte deste ramo jurídico, como Direito Administrativo especial coloca uma outra questão prévia: o que é no presente o Direito do Consumo? Impõe-se, por isso, alcançar o percurso histórico e lógico que nos permita desembocar no ancoradouro do Direito Administrativo dos Consumidores. Este percurso pressupõe uma deambulação em torno da evolução histórica do Direito do Consumo, do seu surgimento, do seu desenvolvimento e do seu futuro. Com efeito, só no contexto mais abrangente da evolução do Direito do Consumo *in totum* se compreende a emergência de um Direito Administrativo do Consumo.

As obras de literatura nacional que se dedicam ao Direito do Consumo têm dificuldade em situar o seu início[8]. Muitas referem-se ao emblemático discurso de John Kennedy datado de 1962, no qual se diz *"Consumer, by definition, include us all"*[9]. No entanto, parece-nos que o período do pós-guerra e um conjunto de políticas viradas para a emergência da classe média, designadamente nos mandatos de Roosevelt, bem como o desenvolvimento dos direitos sociais nos EUA terão estado porventura na origem deste ramo. Seríamos tentados a afirmar que o consumidor massificado, que se substitui ao comprador individual, é um produto histórico do século XX, sendo esta a origem do chamado Direito do Consumo.

Identificam-se, por isso, como fenómenos sócio-económicos na origem do Direito do Consumo a produção industrial em massa, o tráfego negocial de massas, a complexidade do comércio, a agressividade das novas estratégias comerciais, o imperialismo da publicidade, a concentração em-

---

[8] José Oliveira Ascensão, *Direito Civil e Direito do Consumidor...*, pp. 30 e ss refere-se ao Direito do Consumidor como um intruso, em que regras dispersas emergiram como um reflexo das preocupações sociais do pós-guerra.

[9] Carlos Ferreira de Almeida, *Os Direitos dos Consumidores*, Almedina, Coimbra, 1982, p. 223, Carlos Ferreira de Almeida, *Direito do Consumo*, Almedina, Coimbra, 2005, p. 15, Jorge Pegado Liz, *Introdução ao Direito e à Política do Consumo*, Ed. Notícias, 1999, p. 31, Antunes Varela, *Direito do Consumo*, EDC n.º 1, 1999, p. 393, José Oliveira Ascensão, *Direito Civil e Direito do Consumidor...*, p. 29, Luís Menezes Leitão, *Direito do Consumo: Autonomização e Configuração Dogmática*, Estudos do Instituto de Direito do Consumo, vol. I, Almedina, Coimbra, 2002, p. 17, e Javier Prada Alonso, *Protección del Consumidor y Responsabilidad Civil*, Marcial Pons, 1998, p. 21.

presarial, a globalização económica[10], o incremento da sociedade de risco (*Risikogesellschaft*, na expressão de ULRICH BECK[11]) e o desaparecimento da relação de proximidade entre produtor e consumidor[12]. Em termos de síntese, de um ponto de vista teórico, na evolução do século XX autonomizamos três fases distintas: industrialização, comercialização e "consumerização", sendo cada fase essencial para o surgimento da seguinte, sem que as posteriores se substituam às anteriores. Permanece, por isso, no presente este ciclo económico que transformou o consumo em motor da economia e que corresponde a um paradigma porventura difícil de ultrapassar, como uma espécie de fim da história da economia de mercado[13].

A sociedade da abundância produz bens em série que necessita de escoar e daí que se tenha originado uma sociedade de consumo. Assim surge, neste domínio, uma vasta gama de técnicas com vista ao incremento do consumo: a publicidade; o crédito ao consumo; o financiamento; o pagamento a prestações; a utilização generalizada de cartões de crédito. Tudo isto contribui para o consumismo que configura um "uso acelerado e quase hipnótico de bens de consumo" (GUIDO ALPA) e para a sua massificação[14]. Recentemente, o filósofo francês GILLES LIPOVETSKY[15] apelidou a nossa sociedade como a sociedade do hiperconsumo com a mercantilização de todos os bens, mesmo os mais imateriais, como a informação e a cultura. A crise de 2008-2011 – que replica, em parte, a crise de 1929 no século XXI – exige uma reflexão sobre o paradigma económico-social vigente, que nos trouxe ao ponto actual: a crise.

---

[10] RUI DE ALARCÃO, *Globalização, Democracia e Direito do Consumidor*, EDC, n.º 8, 2006/2007, pp. 17 e ss
[11] ULRICH BECK, *Risikogesellschaft. Auf dem Weg in eine andere Moderne*, Suhrkamp, Krankfurt, 1986 (trad. espanhola *La Sociedad del Riesgo. Hacia uma nova modernidad*, paidós, 1998, PAULO SILVA FERNANDES, *Globalização, "Sociedade de Risco" e o Futuro do Direito Penal. Panorâmica de Alguns Problemas Comuns*, Almedina, Coimbra, 2001, pp. 32-33, e JOSÉ DE FARIA E COSTA, *"A Linha. (Algumas Reflexões em um Tempo de "Técnica" e "Bioética") "*, Linhas de Direito Penal e de Filosofia alguns cruzamentos reflexivos, Coimbra Ed., 2005, pp. 33-34.
[12] ADELAIDE MENEZES LEITÃO, *Tutela do Consumo e Procedimento Administrativo*, Estudos do Instituto de Direito do Consumo, vol. II, Almedina, Coimbra, 2005, pp. 119-120.
[13] MARIA DA GLÓRIA GARCIA, *Direito das Políticas Públicas*, Almedina, Coimbra, 2009, pp. 238-239.
[14] LUÍS MENEZES LEITÃO, *Direito do Consumo...*, p. 14.
[15] GILLES LIPOVETSKY, *A Felicidade Paradoxal-Ensaio sobre a Sociedade do Hiperconsumo*, Ed. 70, 2010.

Os factores assinalados, ligados à emergência da ideia de protecção do consumidor, relacionam-se, assim, com o desenvolvimento dos mercados e com a massificação industrial e do comércio, pelo que do ponto de vista histórico colocamos o termo "a quo" do Direito do Consumo no século XX[16].

Com efeito, no direito romano não havia qualquer referência ao consumidor *qua tale*, limitando-se a proteger o comprador individual através das denominadas *actio redibitoria* e *actio quanti minoris* (artigos 913.º e 911.º CC). No período intermédio há um direito corporativo com normas que regem os profissionais, mas que não são vistas como protegendo os consumidores. No período liberal, o ideário era contrário a um direito especial de certos grupos, como consumidores ou comerciantes. Por outro lado, a economia liberal acreditava que pelo jogo da oferta e da procura se chegava a um mercado concorrencial. Todavia, sem qualquer controlo por parte do Estado das práticas concorrenciais a tendência para a cartelização da economia e para os oligopólios e monopólios era incontornável. O período liberal assenta no contrato o instrumento de equilíbrio entre as partes, a responsabilidade individual na culpa e a regulação do mercado, em termos óptimos, numa mão invisível[17].

Apenas no período pós-liberal, em que os fundamentos do liberalismo económico e jurídico são atacados, surge uma tutela reflexa ou indirecta dos consumidores, designadamente através das normas de saúde pública e da concorrência desleal. Nos EUA, nos primeiros anos do século XX, é aprovada legislação em matéria farmacêutica e de segurança alimentar para protecção do consumidor[18]. Assiste-se à emergência, por outro lado, de uma ligação umbilical do Direito do Consumo com a área da concorrência desleal e, posteriormente, com a da defesa da concorrência, mas também com a da segurança e saúde, que dá origem uma área que se prende com a responsabilidade do produtor de bens e serviços.

O início do Direito do Consumo é, nestes termos, marcado por vários pólos: o pólo contratual, com a necessidade de intervir na liberdade contratual e no conteúdo do negócio através de um princípio da protecção da parte mais fraca; o pólo da responsabilidade civil, com a necessidade de um alargamento à responsabilidade objectiva e à violação de normas

---

[16] José Oliveira Ascensão, *Direito Civil e Direito do Consumidor*..., p. 29.
[17] Luís Menezes Leitão, *Direito do Consumo*..., p. 15.
[18] Luís Menezes Leitão, *Direito do Consumo* ..., p. 16

de protecção; e o pólo da concorrência, com a necessidade de superar o ideário da mão invisível, que se mostra inoperante para dar respostas aos fenómenos monopolistas e oligopolistas.

Neste contexto, exige-se uma intervenção do Estado com vista à protecção dos consumidores, dada a ausência de protecção suficiente no quadro do Direito Civil clássico. Emerge assim uma nova disciplina em que a aproximação do Direito Público é compreensível e até natural, na medida em que pressupõe uma intervenção estadual. Com efeito, este incipiente ramo jurídico já não se confina aos vectores da liberdade e da igualdade, embora não se integre completamente nos vectores da autoridade e da competência[19]. A meio termo entre dois pólos – o privado e o público – o Direito do Consumo vai-se desenvolvendo nuns casos com mais proximidade do Direito Civil (*v.g.* contratos de consumo e responsabilidade do produtor), *mutatis mutandis,* noutros com maior proximidade do Direito Administrativo (*v.g.* área da concorrência).

O consumo deixa, deste modo, de colocar-se ao nível individual do consumidor e dos mecanismos tradicionais contratuais, ultrapassando a área do contrato e colocando-se num parâmetro colectivo, com uma dimensão de ordenação económica e de regulação do mercado. Por esta razão temos vindo a defender que este conjunto normativo não deve ser enquadrado como Direito do Consumidor – o que tem um cariz demasiado individualista – ou como Direito dos Consumidores – em que embora já se realce uma dimensão mais colectiva, ainda domina uma lógica subjectiva –, mas que estas locuções devem dar lugar ao Direito do Consumo, em que o consumo surge como um bem jurídico-público com uma dimensão colectiva e institucional e uma função social inegável no contexto económico[20], assumindo-se uma retórica da objectividade[21]. Com efeito, este ramo transforma-se, cada vez mais, de um Direito dos Consumidores num

---

[19] MENEZES CORDEIRO, *Tratado de Direito Civil Português,* I, Parte Geral, Tomo I, 3.ª ed, Almedina, Coimbra, 2005, p. 43.

[20] ADELAIDE MENEZES LEITÃO, *Tutela do Consumo e Procedimento Administrativo...,* pp. 121-122. Em sentido distinto, ANTÓNIO PINTO MONTEIRO, *Sobre o Direito do Consumidor em Portugal e o Anteprojecto do Código do Consumidor,* EDC, n.º 7, 2005, p. 246, e JOSÉ OLIVEIRA ASCENSÃO, *Direito Civil e Direito do Consumidor...,* p. 32 defendendo ser terminologicamente correcto falar em Direito do Consumidor.

[21] No mesmo sentido recentemente, CARLOS FERREIRA DE ALMEIDA, *Direito do Consumo...,* p. 52, e MENEZES CORDEIRO, *Da natureza civil do Direito do Consumo,* Estudos em Homenagem do Prof. Doutor Marques dos Santos, Almedina, 2005, pp. 675 e ss.

Direito do Consumo[22], fenómeno que é também o resultado da passagem de um conjunto normativo centrado na figura dos direitos subjectivos para a dos interesses juridicamente protegidos, dos interesses colectivos e dos interesses difusos[23].

A linha de evolução do Direito Privado do Consumo para o Direito Público do Consumo situa-se essencialmente numa polaridade com recuos e avanços e perpassa diferentes modelos de defesa do consumidor. Com efeito, no que concerne à tutela do consumo podemos distinguir quatro modelos teóricos abstractos, que encontram maior ou menor tradução em concretizações históricas, que se diferenciam em função do tipo de protecção jurídica predominante: *a protecção dos consumidores através de instrumentos de direito privado* essencialmente civilista, que, tendo-se iniciado num modelo liberal no qual aquela protecção ainda não era equacionada *qua tale* promove o formato dos direitos subjectivos dos consumidores e dos meios individuais de reacção inseridos fundamentalmente no domínio contratual; *a protecção dos consumidores numa lógica de direito público* pela conformação de um bem jurídico-público – o consumo – própria de um Estado de intervenção e regulador da economia; *a protecção dos*

---

[22] ADELAIDE MENEZES LEITÃO, *Tutela do Consumo e Procedimento Administrativo...*, p. 124.

[23] Sobre a evolução da protecção jurídica dos direitos subjectivos para os interesses juridicamente protegidos, ADELAIDE MENEZES LEITÃO, *Normas de Protecção e Danos Puramente Patrimoniais*, Almedina, Coimbra, 2009, pp. 834-835: "*A diferenciação entre direitos subjectivos e interesses juridicamente protegidos assenta na protecção jurídica e nas opções de técnica de construção normativa. Os interesses juridicamente protegidos resultam de normas impositivas ou proibitivas, que incidem sobre um grupo ou uma generalidade de pessoas enquanto suas destinatárias. A distinção parece apontar para dois planos: um plano de direito objectivo, em que a protecção é indirecta, e um plano que pressupõe a violação, em que a protecção passa a ser directa. Comum a estas situações, para a autonomização de interesses particulares, encontra-se uma eficácia em relação a terceiros (Drittwirkung) de normas impositivas e proibitivas, pressupondo uma reconstrução da norma para além do seu plano inicial de vigência para um plano secundário de violação. O Direito privado, assente predominantemente na técnica da jussubjectivização, atribui, por regra, um espaço de liberdade aos indivíduos. Salienta-se, por isso, uma ruptura com o seu paradigma liberal quando deixam de se corporizar verdadeiros direitos subjectivos, através de normas permissivas, e se constroem, em disciplinas de Direito público, normas impositivas e proibitivas que protegem determinados interesses que passam a ser recebidas pelo sistema delitual*". Em especial sobre os interesses difusos, MIGUEL TEIXEIRA DE SOUSA, *A Tutela Jurisdicional dos Interesses Difusos no Direito Português*, EDC, n.º 6, 2004, pp. 279 e ss.

consumidores através de uma lógica associativista em que as associações promovem a protecção de interesses difusos, interesses colectivos e interesses individuais dos consumidores, característica de um Estado de pendor menos intervencionista e *a protecção dos consumidores através de um modelo combinatório dos anteriores* que procura enquadrar a protecção dos consumidores numa visão integrada.

O modelo português vigente é combinatório, dado que, por um lado, permanecem os meios tradicionais civis de defesa do consumidor, enquanto contraente, meios que vão desde o erro ao dolo, à interpretação e à integração dos negócios, aos negócios usurários, à *culpa in contrahendo*, ao regime das cláusulas contratuais gerais, à compra e venda de coisas defeituosas, à excepção do contrato não cumprido, à responsabilidade obrigacional, descortinando-se uma miríade de institutos civilistas que servem, em geral, às pretensões de defesa do consumidor. Concomitantemente, por outro lado, encontra-se uma legislação mais politizada, enquadradora de interesses colectivos e difusos, em que órgãos da administração pública procuram promover a definição e execução de políticas e de formas fiscalizadoras das actividades económicas que mais decisivamente influenciam o consumo. Finalmente, verifica-se um peso significativo das associações de defesa do consumidor, quer na definição estratégica de políticas de defesa do consumidor (preventivamente), quer na defesa contra as lesões dos interesses dos consumidores (repressivamente)[24].

Para a aproximação do universo público também tem contribuído decisivamente a europeização do Direito do Consumo[25], vector incontornável na compreensão actual e futura dos direitos nacionais atendendo ao lastro que inúmeras directivas europeias foram deixando nos ordenamentos dos Estados-Membros, nomeadamente em matéria de publicidade enganosa, contratos negociados fora dos estabelecimentos comerciais, crédito ao consumo, viagens organizadas, cláusulas abusivas nos contratos, direito de utilização a tempo parcial de bens imóveis, contratos negociados à distância, venda e garantia dos bens de consumo, comércio electrónico e práticas comerciais desleais, entre outras matérias[26].

---

[24] ADELAIDE MENEZES LEITÃO, **Tutela do Consumo e Procedimento Administrativo...**, pp. 122-125.
[25] RUI DE ALARCÃO, *Globalização, Democracia e Direito do Consumidor...*, p. 21.
[26] Sobre a evolução do Direito Europeu do Consumo, RAFFAELE TORINO, **Lezioni di Diritto Europeu dei Consumatori**, Giappichelli, Torino, 2010, p. 20-101.

Se num primeiro momento a legislação europeia contribuiu para o incremento da protecção dos consumidores – muitas vezes com recurso à importação de soluções norte-americanas[27]-, concedendo liberdade aos Estados-Membros de aumentarem os níveis de protecção nos seus sistemas jurídicos, visando uma harmonização através de directivas de mínimos, numa segunda fase, a europeização ganha uma nova dimensão, ao abandonar a harmonização por mínimos e ao procurar uma harmonização total das legislações dos diferentes ordenamentos nacionais no quadro da aprovação de uma Directiva-quadro dos direitos dos consumidores, em que se antecipa uma legislação menos proteccionista com a correspondente diminuição dos direitos dos consumidores.

Ao fenómeno assinalado não serão estranhas as dificuldades que enfrenta o espaço europeu resultantes do agudizar da crise de 2008-2011[28], que fragiliza a economia do Velho Continente e do Novo Mundo na sua competição com outras economias emergentes. A primeira década do século XXI tem sido marcada por um Direito europeu do consumo que é essencialmente um Direito do mercado interno, que procura o aumento da confiança dos consumidores, mas que exige igualmente a ponderação de outros interesses que denotam a recusa da guetização das normas especiais, que se consideram condição funcional para a evolução equilibrada do Direito Privado europeu[29].

Não é possível contudo pensar o futuro do Direito do Consumo sem equacionar o Direito da Crise do final da primeira década do século XXI. A crise é o reflexo da evolução da sociedade de consumo para um quase descontrolo total, em que as falhas de regulação se tornaram patentes do lado de lá e de cá do Atlântico. Está-se, assim, perante a necessidade de intensificar a regulação pública ou de procurar uma nova forma de controlo dos mercados. As falhas de regulação tiveram um papel indiscutível na eclosão da crise dos *subprime*, que levou à economia de bolha, à crise

---

[27] No domínio das práticas comerciais desleais, ADELAIDE MENEZES LEITÃO, *Práticas comerciais desleais como impedimento à outorga de direitos industriais*, Estudos em Homenagem ao Professor Doutor Carlos Ferreira de Almeida, Almedina, 2011, p. 551: Note-se que esta disciplina das práticas comerciais desleais configura mais um marco na "americanização" do direito privado europeu, uma vez que recorre ao modelo das *unfair trade practices* constante da Secção 5 do *Federal Trade Commission Act*.

[28] Para ulteriores desenvolvimentos, MENEZES CORDEIRO, *Manual de Direito Bancário*, 4.ª ed, Almedina, Coimbra, 2010, pp. 127-155.

[29] CHRISTIAN BALDUS, *Protecção do consumidor...*, p. 144.

financeira e à mais recente crise das dívidas públicas. De crise em crise exige-se, como anteriormente referido, uma reflexão sobre o paradigma económico vigente.

Ora, é neste ponto – tendo sobretudo em consideração os vectores de evolução do direito europeu que condicionam a evolução dos direitos nacionais – que parece verificar-se um retorno aos Direitos ditos comuns. Paradoxalmente o Direito do Consumo também fomenta o consumismo e nem sempre a protecção do consumidor pode ser vista como lhe sendo favorável. Não quer isto dizer que se defenda a condenação à morte do Direito do Consumo, mas apenas que qualquer compreensão parcial da dimensão humana estará porventura condenada a ser incorporada numa visão mais abrangente.

O Direito do Consumo material existirá sempre. No entanto, do ponto de vista da substância e não de pura arrumação legislativa, é provável que as normas de protecção do consumidor retornem lentamente aos diferentes ramos jurídicos dos quais se foram separando. Esta é também uma consequência da natureza pluridisciplinar ou transversal do Direito do Consumo, que não permite que este sector seja encerrado apenas no quadro de uma única disciplina jurídica. A dispersão das suas regras pelos Direitos Constitucional, Administrativo, Penal, Económico, Contra-ordenacional, Civil, Comercial, Penal, Processual faz com que a sua unidade e autonomia passe por uma coordenação multipolar que não sobrevive sem os quadros dogmáticos de compreensão dos direitos ditos comuns.

Este retorno aos direitos comuns será feito, como é natural, com recuos e avanços. No contexto da recente crise pode avançar-se para uma regulação pública mais exigente com o elevador normativo mais próximo do Direito Público, mas a opção pode igualmente passar – atendendo ao falhanço desta regulação pública – por uma regulação mais privatizada com uma maior participação do cidadão individual e das associações. Nesta prognose, o Direito Administrativo dos Consumidores tenderá a ser incorporado no Direito Administrativo geral. *Mutatis mutandis* muitas regras de protecção do consumo no campo contratual podem ser incorporadas no Direito Civil, contribuindo para a respectiva eticização[30].

---

[30] José Oliveira Ascensão, *Direito Civil e Direito do Consumidor...*, p. 46. No sentido de todo o Direito do Consumo ser Direito Civil vide Menezes Cordeiro, **Tratado de Direito Civil Português, I...**, p. 215: *"O núcleo essencial do Direito do Consumo é Direito Civil"*.

1.3. Direito Europeu do Consumo

Atendendo ao já referido vector de europeização do Direito do consumo cumpre, neste estudo, realizar uma análise mais detalhada da evolução do quadro jurídico europeu neste domínio. A política europeia de protecção do consumidor foi conduzida no processo de integração europeia, tendo-se desenvolvido de forma sectorial e episódica a partir dos anos setenta sem grande apoio normativo do Tratado da Comunidade Económica Europeia[31]. Ao longo das últimas décadas passou, contudo, de um papel de acompanhamento da realização do mercado interno para um papel autónomo com características específicas. Com efeito, o Tratado CEE de 1957 não atribuía competência específica à Comunidade Económica Europeia em matéria de protecção do consumidor, dado centrar-se essencialmente nas liberdades de circulação de bens, pessoas, capitais e serviços. Estabelecia-se porém como finalidade da política agrícola comum assegurar preços razoáveis para os consumidores. Não obstante, era sobretudo ao nível da política de concorrência que se encontrava uma referência aos consumidores, na medida em que eram consideradas abuso de posição dominante as práticas que lhes causassem dano[32].

Na sequência da Carta Europeia dos Consumidores, aprovada pela Assembleia Consultiva do Conselho de Europa em 1973 (Resolução n.º 543)[33] – que elenca os direitos dos consumidores nos Estados Membro do Conselho da Europa[34] – é aprovada uma primeira Resolução do Parlamento

---

[31] Sobre esta evolução, cfr. JORGE PEGADO LIZ, *Introdução ao Direito e à Política do Consumo...*; pp. 97-176, MÁRIO FROTA, *Política de Consumidores na União Europeia*, Almedina, Coimbra, 2003, pp. 9-86, ANA MARIA GUERRA MARTINS, *O Direito Comunitário do Consumo, Guia de Estudo*, Estudos do Instituto de Direito do Consumo, vol. I, Almedina, Coimbra, 2002, pp. 63-91, CARLA AMADO GOMES, *Os Novos Trabalhos do Estado: A Administração Pública e a Defesa do Consumidor*, Revista da Faculdade de Direito da Universidade de Lisboa, 2000, p. 634 (igualmente publicado Estudos do Instituto de Direito do Consumo, vol. I, Almedina, Coimbra, 2002, pp. 31-61, GERAINT HOWELLS/STEPHEN WEATHERILL, *Consumer Protection Law*, 2.ª ed, Ashgate, 2009, pp. 99-144, e GUIDO ALPA, *I Diritti dei Consumatori*, Tomo I, Giappicheli, Torino, 2009, pp. 2-11 e pp. 50-76.

[32] RAFFAELE TORINO, *Lezioni di Diritto dei Consumatori...*, pp. 1-2.

[33] Esta Resolução veio a inspirar uma Proposta de Lei sobre a promoção e a defesa do consumidor de Marcelo Caetano, que deu origem ao Parecer 4/XI da Câmara Corporativa (Diário das Sessões de 17.04.74). Cfr. JORGE PEGADO LIZ, *Introdução ao Direito e à Política do Consumo*, p. 66.

[34] FERNANDO BAPTISTA DE OLIVEIRA, *Do conceito de Consumidor: Algumas questões e Perspectivas de solução*, EDC, n.º 8, 2006/2007, p. 478, defendendo que é nesta Carta que

Europeu, de 1975, proposta pela Comissão Europeia, respeitante à política de protecção e informação do consumidor, que define as linhas futuras de intervenção desta política[35].

Tendo em consideração o art. 2.º do Tratado de Roma, que estabelecia que seria atribuição da Comunidade Económica Europeia promover um desenvolvimento harmonioso das actividades económicas, uma expansão contínua e equilibrada e um melhoramento sempre mais rápido do nível de vida, o Conselho considerou que o melhoramento das condições de vida implicava a protecção da saúde, da segurança e dos interesses económicos dos consumidores. Na Resolução de 1975, à semelhança do discurso de Kennedy de 1962 antes mencionado, autonomizaram-se os direitos fundamentais dos consumidores, a saber: a protecção contra os riscos para a sua saúde e segurança, a protecção contra os riscos que possam prejudicar os interesses económicos dos consumidores, o aconselhamento e assistência em caso de reclamações e o direito ao ressarcimento de danos segundo processos rápidos, eficazes e poucos onerosos; a informação e educação; e a consulta, representação e participação dos consumidores na preparação das decisões que os abranjam[36].

Não obstante a referida Resolução, até ao Acto Único Europeu de 1986 não se regista um conjunto significativo de actos normativos, tendo apenas sido aprovadas a Directiva contra a publicidade enganadora[37], a Directiva relativa aos contratos celebrados fora dos estabelecimentos comerciais[38], a Directiva sobre rotulagem de produtos alimentares[39] e a Directiva sobre os preços dos produtos alimentares[40]. Para além destas Directivas, salientam-se os programas preliminares de 1975 e de 1981. Em Julho de 1985, a Comissão envia ao Conselho uma comunicação intitulada "*A new impetus for consumer protection policy*", considerada como o terceiro programa da Comunidade Económica Europeia, que visava incrementar o nível de protecção dos consumidores. O principal objectivo deste programa

---

pela primeira vez se esboça uma definição de consumidor. Para ulteriores desenvolvimentos do mesmo Autor, *O Conceito de Consumidor. Perspectiva Nacional e Comunitária*, Almedina, Coimbra, 2009, pp. 21 e ss.

[35] RAFFAELE TORINO, *Lezioni di Diritto dei Consumatori...*, p. 3.
[36] RAFFAELE TORINO, *Lezioni di Diritto dei Consumatori...*, p. 4-5.
[37] Directiva 84/450/CEE.
[38] Directiva 85/577/CEE.
[39] Directiva 79/112/CEE.
[40] Directiva 79/581/CEE

era colocar os consumidores em condições de desfrutar em pleno as vantagens do mercado comum, dando especial atenção à segurança dos produtos. A Comissão assumia ainda a responsabilidade de inserir as políticas de defesa do consumidor nas outras políticas comunitárias[41].

O Acto Único Europeu de 1986 introduz no Tratado de Roma o art. 100.º-A, segundo o qual o nível de protecção dos consumidores no mercado interno deve ser elevado. Deste modo, a protecção do consumidor é inserida na política do mercado interno. O referido artigo estabelece ainda a necessidade de uma maioria qualificada no Conselho para a aprovação das decisões relativas à política do mercado interno. A Comunicação da Comissão de Outubro de 1986, intitulada *"The integration of consumer policy in the others common policies"*, indica as medidas que devem ser adoptadas para integrar a política de defesa dos consumidores na política do mercado interno, na política agrícola comum, nas regras da concorrência, na política comercial, na informação e comunicação, nos assuntos sociais e na protecção do ambiente. Na sequência desta Comunicação surge o *First Report "On the integration of the consumer policy in the others common policies"*, apresentada ao Conselho pela Comissão, em Dezembro de 1987. No período subsequente ao Acto Único Europeu até à aprovação do Tratado de Maastricht são aprovadas as seguintes directivas comunitárias: a Directiva relativa ao crédito ao consumo[42], a Directiva em matéria de indicação de preços de produtos não alimentares[43], a Directiva sobre segurança geral dos produtos[44], algumas Directivas sobre rotulagem de produtos alimentares[45], a Directiva sobre contrato de viagem organizada[46] e, finalmente, a Directiva que altera o regime do crédito ao consumo[47] [48].

O Tratado de Maastricht, de Fevereiro de 1992, introduziu o actual Título XIV relativamente à protecção do consumidor, contribuindo para que esta política se tornasse autónoma. Com efeito, o art. 129.º-A estabelecia como medidas para uma elevada protecção do consumidor acções específicas com vista a tutelar a saúde, a segurança e os interesses económicos

---

[41] RAFFAELE TORINO, *Lezioni di Diritto dei Consumatori*..., p. 4.
[42] Directiva 87/102/CEE.
[43] Directiva 88/314/CEE.
[44] Directiva 92/59/CEE.
[45] Directivas 90/406/CEE, 91/72/CEE, 91/238/CEE, 92/11/CEE.
[46] Directiva 90/314/CEE.
[47] Directiva 90/88/CEE
[48] RAFFAELE TORINO, *Lezioni di Diritto dei Consumatori*..., pp. 6-7.

dos consumidores e a garantir a sua informação adequada (alínea b)). O art. 129.º-A/3) estabelecia ainda que os Estados-Membros poderiam adoptar medidas mais rigorosas, desde que fossem compatíveis com o Tratado e notificadas à Comissão. No seguimento da aprovação do Tratado de Maastricht surgem os segundo e terceiro planos de acção trienal da política dos consumidores intitulados respectivamente *"Placing the single market at the service of European consumers"* (1993-1995) e *"Priorities for consumer policy"* (1996-1998). No período entre 1993 e 1998 foram aprovadas as seguintes Directivas: Directiva sobre cláusulas abusivas[49], Directiva sobre o direito real de habitação periódica[50], Directiva sobre contratos à distância[51], Directiva sobre publicidade comparativa[52] e Directiva em matéria de indicação de preços de produtos oferecidos aos consumidores[53] [54].

O Tratado de Amesterdão, de Outubro de 1997, alterou o artigo 129.º--A, acrescentando à informação, a educação e a organização para a tutela dos próprios interesses dos consumidores (n.º 1 do referido artigo). Determinou ainda que nas restantes políticas comunitárias deve ser tida em atenção a política de defesa do consumidor. Em 1998, a Comissão aprova o quarto plano trienal intitulado *"Consumer Policy Action Plan"* (1999-2001)[55].

Em Dezembro de 2000 é aprovada a Carta dos Direitos Fundamentais da União Europeia. No Título IV da Carta, dedicado à Solidariedade, o art. 38.º estabelece que, as políticas da União devem assegurar um nível elevado de protecção dos consumidores. Por sua vez, o Tratado de Nice, que entrou em vigor em 2003, modificou o então art. 193.º, prevendo, pela primeira vez, que no Comité Económico e Social tenham assento representantes dos sectores económicos e da sociedade civil, designadamente dos consumidores. O art. 300.º do Tratado sobre o funcionamento da União Europeia eliminou esta referência aos representantes dos consumidores[56].

Em Maio de 2002, a Comissão abandona a anterior metodologia do plano de acção substituindo-a pela de estratégia, sendo apresentada um Co-

---
[49] Directiva 93/13/CEE.
[50] Directiva 94/47/CE.
[51] Directiva 97/7/CE.
[52] Directiva 97/55/CE.
[53] Directiva 1998/6/CE.
[54] RAFFAELE TORINO, *Lezioni di Diritto dei Consumatori...*, pp. 9-10.
[55] RAFFAELE TORINO, *Lezioni di Diritto dei Consumatori...*, pp. 13 e ss.
[56] RAFFAELE TORINO, *Lezioni di Diritto dei Consumatori...*, p. 16.

municação ao Parlamento Europeu, ao Conselho, ao Comité Económico e Social e ao Comité das Regiões, intitulada *"Estratégia para a Política dos Consumidores 2002-2006"*, que tinha como grandes linhas orientadoras integrar a política de defesa dos consumidores nas restantes políticas da União Europeia, maximizar os benefícios para os consumidores do mercado interno e preparar o alargamento europeu[57].

Em 13 de Março de 2007, a Comissão apresentou uma nova comunicação ao Conselho, ao Parlamento Europeu e ao Comité Económico e Social intitulada *"Estratégia para a Política de Consumidor da União Europeia 2007-2013"*.Esta estratégia visa estabelecer um nível de segurança e de protecção equivalente em toda a União Europeia e um mercado interno mais integrado através da concretização dos seguintes objectivos: dar mais poderes aos consumidores, instaurando um mercado mais transparente, que permita efectuar verdadeiras escolhas de consumo, por exemplo, em termos de preço e de qualidade; melhorar o bem-estar dos consumidores do ponto de vista da qualidade, da diversidade, da acessibilidade e da segurança; e proteger os consumidores dos riscos e ameaças graves. A concretização desta estratégia política centra-se em cinco domínios: melhoria da monitorização dos mercados de consumo e das políticas nacionais a favor dos consumidores; melhoria da regulamentação em matéria de defesa do consumidor; reforço da segurança dos produtos no mercado graças a instrumentos de monitorização; integração dos interesses dos consumidores noutras políticas comunitárias; e melhoria da informação e da educação dos consumidores, através, por exemplo, da consolidação do papel dos centros europeus dos consumidores[58].

Entre 2002 e 2011 salienta-se a aprovação da Directiva em matéria de contratos à distância de serviços financeiros[59], da Directiva das práticas comerciais desleais[60][61] e mais recentemente da proposta de Directiva-quadro sobre os direitos dos consumidores.

A síntese de quatro décadas de política e legislação em matéria de consumo assenta num crescendo da respectiva protecção com vista à promoção do mercado interno europeu. Mas, se por um lado a política do consumidor foi ganhando alguma autonomia em relação às demais polí-

---

[57] RAFFAELE TORINO, *Lezioni di Diritto dei Consumatori...*, p. 17.
[58] RAFFAELE TORINO, *Lezioni di Diritto dei Consumatori...*, pp. 19 e ss.
[59] Directiva 2002/65/CEE.
[60] Directiva 2005/29/CEE.
[61] RAFFAELE TORINO, *Lezioni di Diritto dei Consumatori*, p. 18.

ticas europeias, por outro, a subalternização e instrumentalização da defesa do consumidor ao progresso económico tornou-se incontornável. Por paradoxal que pareça, um olhar à distância das últimas quatro décadas permite-nos compreender que o Direito Europeu do Consumo favoreceu o consumismo, a internacionalização e a globalização dos mercados, tendo sido colocado ao serviço da economia de mercado e da protecção dos produtores e dos comerciantes.

A Comunidade Económica Europeia e, posteriormente, a União Europeia, ao assentaram o seu modelo de desenvolvimento na promoção do mercado interno e da internacionalização, reduziram a auto-suficiência económica dos Estados-membros através da destruição, em determinados casos, de indústrias nacionais e sectores produtivos menos competitivos. Um paradigma económico que se centrou sobre o consumo como motor da economia, exponenciado pelo crédito fácil, contribuiu para a "economia de bolha" que conduziu à presente crise (2008-2011). Dependência económica implica dependência política e a vulnerabilização do Estados-nacionais promove a vertente política da União Europeia, o que, *in limine,* pode contribuir para o esboroar do projecto europeu, atentas as recentes dificuldades das economias periféricas da zona euro. Daqui a importância de se pensar e liderar o projecto europeu tendo em consideração as especificidades dos diferentes Estados-membros e no respeito pelas respectivas identidades jurídica, económica e social, e, sobretudo, das histórias das nações implicadas nesse projecto, o que não pode ser obnubilado por uma perspectiva tecnocrática cingida ao desenvolvimento do mercado interno[62].

De referir, finalmente, que na última década o Direito do Consumo europeu tem sido também utilizado como forma de regular os profissionais e industriais. Isso é manifesto na Directiva das práticas comerciais desleais. Com efeito, a Directiva 2005/29/CE, de 11 de Maio, relativa às práticas comerciais desleais das empresas face aos consumidores no mercado interno estabelece regras destinadas a determinar se uma prática é desleal ou não e a definir o quadro das práticas comerciais proibidas na União.

No início da década de noventa, houve a intenção, a nível comunitário, de promover a harmonização europeia das legislações sobre concorrência desleal, dada a sua incidência no mercado interno e nas condições de concorrência nesse mercado. O projecto de Directiva relativo à concorrência desleal veio, porém, a ser abandonado, porque os diferentes regimes

---

[62] ADELAIDE MENEZES LEITÃO, **Práticas Comerciais Desleais...**, p. 556.

de concorrência desleal tornavam difícil a programada harmonização, designadamente no Reino Unido, onde o instituto da concorrência desleal era desconhecido[63]. Por outro lado, continuavam a levantar-se dúvidas quanto à extensão das atribuições da Comunidade nestas matérias. Assim, o processo legislativo comunitário relativo à concorrência desleal acabou por ser substituído, de acordo com a perspectiva da Comissão Europeia, pela Directiva de 2005 relativa às práticas comerciais das empresas face aos consumidores. Há, deste modo, que desmitificar que esta, bem como outras directivas, devam ser qualificadas como puro Direito do Consumo, esquecendo que se trata igualmente de instrumentos da protecção dos concorrentes. Na realidade, subjacente ao discurso sobre o Direito do Consumo Europeu existe um "intra-discurso normativo" no qual se insere o Direito da Regulação do Mercado Europeu[64]. Como referido anteriormente, desde a entrada no século XXI que a Comissão tem procurado uma implementação das políticas do mercado interno mais direccionada, incluindo nesta estratégia a política de defesa do consumidor, e ao optar pela harmonização total, tem tentado desta maneira evitar que os Estados-Membros adoptem medidas de protecção distintas entre si. É neste contexto que se deve enquadrar igualmente a proposta de Directiva da Comissão de 8 de Outubro de 2008 em matéria de direitos dos consumidores, na qual se procura rever o *acquis* europeu do consumo, englobando a revisão de quatro directivas anteriores relativas às cláusulas abusivas nos contratos com os consumidores, aos contratos negociados fora dos estabelecimentos comerciais, aos contratos negociados à distância, à venda e à garantia de bens de consumo.

A argumentação usada para defender a harmonização total tem assentado na confiança dos consumidores, o que tem sido criticado por alguns autores[65] que salientam que o objectivo da harmonização total não é claro e pode

---

[63] Neste sentido, JOSÉ OLIVEIRA ASCENSÃO, *Concorrência Desleal: As grandes opções*, Nos 20 Anos do Código das Sociedades Comerciais, Homenagem aos Profs. Doutores A. Ferrer Correia, Orlando de Carvalho e Vasco Lobo Xavier, Coimbra Ed., 2007, p. 128.

[64] ADELAIDE MENEZES LEITÃO, *Práticas Comerciais Desleais...*, p. 550.

[65] Como faz NORBERT REICH, *Conferência European Consumer Protection: Theory & Practice*, Universidade de Leeds, 16-17 de Dezembro de 2009. Este autor apresenta uma proposta que distingue os campos em que deve existir uma harmonização total (*Vollharmonisierung*) e os campos em que deveria haver uma harmonização mínima (*Mindestharmonisierung*) apelidando a sua teoria de *Halbharmonisierung*. Assim, na área da publicidade defende uma harmonização total. Em matéria de deveres de informação preconiza a harmonização total. Quanto ao âmbito e consequências defende a harmonização mínima. Quanto ao conteúdo contratual defende a harmonização total. Quanto às sanções civis defende a

implicar efeitos negativos nos ordenamentos jurídicos dos diferentes Estados-
-Membros. Acresce que poderá traduzir-se igualmente numa intromissão em
competências dos Estados-Membros. Por outro lado, este autores apontam
que, não obstante a retórica da Comissão Europeia ir em sentido contrário,
na verdade, o movimento da harmonização total tem sido marcado por algum
retrocesso "*downgrade*" em matéria de direitos dos consumidores.

O movimento de harmonização total tem sido colocado em paralelo
com a questão da tutela efectiva "*Effective Enforcement*", que surge tanto
no domínio do Direito do Consumo como em outras áreas, tais como a
concorrência ou a propriedade intelectual[66]. Ora, a matéria dos sanções e
dos meios de reacção (*remedies*) tradicionalmente foi deixada aos Estados-
-Membros, diferentemente dos aspectos mais substantivos do Direito do
Consumo, que sofreram uma significativa europeização[67]. De referir que
as regras jurídicas de *enforcement* tanto podem ser de direito substantivo
como de direito processual.

Este princípio de tutela efectiva, que corresponde a um aprofundamento dos níveis materiais do direito, foi inicialmente desenvolvido pelo
Tribunal de Justiça através de uma formulação negativa nos casos *Rewe*[68]

---

harmonização mínima. Em matéria de cláusulas contratuais gerais defende a harmonização
total das absolutamente proibidas (*Schwarze liste*) e a harmonização mínima nas relativamente proibidas (*Graue Liste*).

[66] Sobre este conceito SÉRVULO CORREIA, *Efectividade e limitações do sistema portu-
guês de aplicação impositiva do Direito da Concorrência através de Meios Processuais e
Civis*, Estudos em Homenagem ao Professor Doutor Oliveira Ascensão, vol. II, Almedina,
Coimbra, 2008, pp. 1750-1751.

[67] Neste sentido, PETER ROTH, *Effective Enforcement of Consumer Law: The Co-
meback of Public Law and Criminal Law*, Conferência European Consumer Protection:
Theory & Practice, Universidade de Leeds, 16-17 de Dezembro de 2009. O Autor aponta
que os Estados Membros foram procurando o reforço dos meios de tutela de formas diferenciadas. Por exemplo, na Alemanha procurou-se combinar as acções individuais com as
acções colectivas. Diferentemente na França e na Bélgica a legislação penal combina com
a legislação civil. No Reino Unido e na Escandinávia existem entidades públicas como
o *Office of Fair Trading* ou o *Consumer Ombudsmen* que desenvolvem um papel importante. Actualmente tem-se discutido se os mecanismos privados, designadamente acções
colectivas ou de grupo podem ter um papel importante. Segundo o Autor a evolução destes
mecanismos na Alemanha demonstra que o seu papel é limitado para a tutela efectiva dos
direitos dos consumidores, o que levou à introdução de sanções penais no campo das frau-
des praticadas na Internet.

[68] Case 33/76 *Rewe-Zentralfinanz eG and Rewe-Zentral AG v. Landwirtachaftskam-
mer für das Saarland* [1976], ECR 1989.

e *Comet*[69], com base na argumentação de que o exercício dos direitos individuais não poderia ser estabelecido em condições que tornassem virtualmente impossível ou excessivamente difícil o seu exercício ou reparação. Posteriormente, este princípio surge traduzido no direito comunitário secundário em várias directivas, designadamente no art. 7.º da Directiva 93/13/CEE, quando estabelece que os Estados-Membros devem no interesse de consumidores e concorrentes garantir a existência de meios adequados e efectivos (*adequate and effective means*) para evitar a utilização de cláusulas abusivas. Igualmente, no art. 11.º (1) da Directiva 2002/65/CE refere-se que os Estados-Membros devem estabelecer as sanções apropriadas (*appropriate sanctions*) e, no art. 11.º (3), que as sanções devem ser efectivas, proporcionais e dissuasivas (*effective, proportional and dissuasive*).

O Parlamento Europeu aprovou, no dia 23 de Junho de 2011, e o Conselho, no passado dia 10 de Outubro, a Proposta de Directiva dos Direitos dos Consumidores, que regula essencialmente o direito de informação e de resolução, mas também outras questões como a entrega dos bens, a conformidade com o contrato, os direitos dos consumidores em caso de falta de conformidade, bem como as cláusulas contratuais gerais. O objectivo fundamental desta Directiva é fomentar os contratos electrónicos transfronteiriços em relação aos quais a fragmentação jurídica coloca alguma desconfiança dos consumidores, aplicando-se, por consequência ao comércio electrónico, mas mantendo o regime da Directiva 2000/31/CE que não revoga. A proposta de Directiva prevê, ainda, em termos inovadores, o exercício electrónico do direito de resolução.

A legislação europeia tem influenciado e vai continuar a influenciar no futuro o Direito do Consumo Português. Áreas significativas do Direito do Consumo Português são marcadas pelo Direito do Consumo Europeu. Esta influência surge de forma muito notória no conceito de consumidor e na sua evolução na legislação nacional. Actualmente, o conceito europeu de consumidor abrange qualquer pessoa singular que actue com fins que não pertençam ao âmbito da sua actividade comercial, industrial, artesanal ou profissional. Tradicionalmente, no conceito de consumidor distinguem-se vários elementos: o elemento subjectivo, em que consumidor é qualquer pessoa que negoceie com uma entidade profissional e que, por isso, surge como a parte mais débil; o elemento objectivo, em que o conceito

---

[69] Case 45/76 *Comet BV v. Produktschap voor Siergewassen* [1976] ECR 2043.

de consumidor se refere ao uso de bens ou serviços; e o elemento teleológico, em que os bens e serviços se destinam a uso pessoal e privado dos consumidores, o que significa que estão fora de qualquer actividade profissional[70].

No artigo 2.º da Lei 24/96, de 31 de Julho, considera-se consumidor todo aquele a quem sejam fornecidos bens, prestados serviços ou transmitidos quaisquer direitos, destinados a uso não profissional por pessoa que exerça com carácter profissional uma actividade económica que vise a obtenção de benefícios. Neste conceito, o consumidor pode ser uma pessoa singular ou uma pessoa colectiva. A tendência europeia é para considerar que o consumidor só possa corresponder a uma pessoa singular, aspecto que tem sido criticado pela doutrina portuguesa, designadamente por MENEZES CORDEIRO[71].

Definir o consumidor é um problema endémico do Direito do Consumo[72]. O mapa da protecção do consumidor espraia-se por áreas exteriores ao próprio Direito, abrangendo outras disciplinas académicas como as económicas, políticas e psicológicas, o que imprime à disciplina jurídica uma enorme ambiguidade[73], que acresce à sua dispersão numa polaridade entre o Direito Privado e o Direito Público.

---

[70] CARLOS FERREIRA DE ALMEIDA, **Direito do Consumo**..., p. 29 e ss.
[71] MENEZES CORDEIRO, **Tratado de Direito Civil Português, I...**, pp. 212-213.
[72] FERNANDO BAPTISTA DE OLIVEIRA, **Do conceito de Consumidor**..., pp. 481 e ss, concluindo a p. 489 que a noção de consumidor é um conceito múltiplo e ambíguo, quando não mesmo uma noção "*indeterminada e que escapa a qualquer definição precisa*", parecendo evidente a sua heterogeneidade e a sua geometria variável consoante as matérias que são objecto de regulação. No mesmo sentido falando da imprecisão e equívoco do conceito de consumidor JORGE PEGADO LIZ, **Introdução ao Direito e à Política do Consumo**..., pp. 185-193. CARLOS FERREIRA DE ALMEIDA, **Direito do Consumo**, p. 25 acrescenta que o conceito é para alguns autores irrelevante (SIMITIS, V*erbraucherschutz. Schlagwort oder Rechtsprinzip*?, Baden-Baden, 1976, p. 82), prejudicial ou até perigoso (DREHER, *"Der Phantom in den opera der europäishen und deutschen Rechts?"*, Juristenzeitung, 4/1997, p. 167 e ss , na medida em que permite a erosão do Direito Privado.
[73] GERAINT HOWELLS/STEPHEN WEATHERILL, **Consumer Protection Law**..., p. 5.

2. DIREITO PRIVADO E DIREITO PÚBLICO DO CONSUMO

2.1. Horizonte jus-filosófico

A clivagem privado/público no Direito do Consumo não consegue ser cabalmente compreendida sem uma incursão em temas da Filosofia do Direito e do Estado e do Direito Constitucional, cujas perspectivas encerram evoluções do "direito do Estado" e do "Estado de direito". As normas de Direito Público interagem com as normas de Direito Privado e vice-versa, pelo que o jurista tem que se articular nesta abrangência, não sendo possível traçar fronteiras intransponíveis para os cultores destas áreas jurídicas. Ao pensamento jurídico moderno são fundamentais como vectores, o primado da lei, por confronto com a autoridade medieval, e a edificação do Estado e do ordenamento jurídico que o sustenta, *i.e.* o Direito Público. São-no igualmente a dualidade indivíduo-Estado e a reflexividade da liberdade individual, numa ordem colectiva regulada por uma normatividade com primazia em que o processo de jurisdicionalização se altera qualitativamente com o monopólio estatal das formas de coacção.

O iluminismo, as revoluções liberais e o movimento constitucionalista construíram novos direitos dos indivíduos face ao Estado, exigindo uma articulação desses novos direitos com os de cariz civilista. O Direito Público tem trabalhado a liberdade em estreita relação com a teoria dos direitos fundamentais, discutindo-se uma concepção liberal daqueles direitos apoiada no conceito formal de liberdade kantiana, e uma concepção institucional, à qual corresponde um conceito hegeliano de liberdade material[74,75].

Um aspecto fundamental à compreensão da liberdade e à necessidade da sua restrição passa pela ideia de bem comum, enquanto sobrevivência da colectividade. O conceito de bem comum foi especialmente desenvolvido na Idade Média, em particular por São Tomás de Aquino [76,77]

---

[74] Jan Schapp, *Derecho Civil y Filosofía del Derecho, La libertad en el Derecho*, n.º 8, Série de Teoria Jurídica y Filosofía del Derecho, Colombia, 1998, pp. 14 e ss, e *"Die grenzen der Freiheit"*, JZ, (2006), pp. 581-586.

[75] Adelaide Menezes Leitão, *Normas de Protecção...*, pp. 811 e ss.

[76] Paulo Otero, *Instituições Políticas e Constitucionais*, vol. I, Almedina, Coimbra, 2009 (reimp. da edição de 2007), pp. 105-113. A ideia de que o bem particular necessita de estar em plena harmonia com o bem comum é patente no pensamento tomista que desenvolve um equilíbrio entre egoísmo, bem comum e interesses particulares de terceiros. A relação entre bem comum e sociedade é de finalidade. O bem comum é o fim de toda a sociedade. Não há, porém, uma soma de bens particulares no bem comum, antes coordenação de bens

A noção de bem comum é recuperada pelo pensamento liberal em termos antagónicos, porquanto, enquanto no pensamento tomista o bem privado deveria subordinar-se ao bem comum, nas concepções liberais o bem comum é uma decorrência do bem privado. Com efeito, o pensamento liberal e fisiocrático assentava na ideia mística de bem comum, de que se todos seguissem o bem particular, ao qual se juntaria a liberdade, se alcançaria um estádio de bem comum.

O liberalismo, enquanto teoria, não constitui um corpo de doutrina unitário, elaborado por um só pensador, sendo formado por diversas contribuições dos mais variados autores nos campos económico, social, jurídico e político[78]. O seu ponto de partida é a atribuição de primazia absoluta ao indivíduo sobre a sociedade, e a sua finalidade realizar uma defesa da liberdade abstracta igual dos indivíduos, tendo o direito a missão de determinar a liberdade compatível das pessoas em sociedade e o Estado de proteger a vida e a propriedade das pessoas que formam a sociedade[79]. No campo económico, o liberalismo foi desenvolvido pela escola clássica da economia política (ADAM SMITH, RICARDO e MALTHUS). ADAM SMITH foi o grande defensor da não intervenção estatal na economia[80], que influenciou outros economistas, como BASTIAT, ou filósofos como SPENCER. Por sua vez, o liberalismo jurídico é marcado pela teoria kantiana do direito. KANT reduz a essência do direito a uma coordenação formal das liberdades das pessoas de uma sociedade, mediante leis gerais iguais para todos. No campo do liberalismo político são de referir autores como KANT, LOCKE e os defensores da teoria do contrato social[81]. STUART MILL defendia que as

---

particulares para formar o bem comum. Cfr. SUZANNE MICHEL, *La notion thomiste du bien commum*, 1932, p. 56.

[77] A doutrina cristã do bem comum tem sido recuperada por autores contemporâneos para o projecto de construção europeia, MÁRIO EMÍLIO BIGOTTE CHORÃO, *"O Bem comum como questão-chave da filosofia pública para a Europa"*, Dir, 128.º, (1996), I-II, pp. 69--102, e *"Autonomia e Integração no Ordenamento Jurídico Português (O indispensável apelo à filosofia pública)"*, Dir, 126.º, (1994), I-II, pp. 141-166.

[78] PAULO OTERO, *Instituições Políticas e Constitucionais...*, pp. 177-236.

[79] ADELAIDE MENEZES LEITÃO, *Normas de protecção...*, p.814.

[80] FERNANDO ARAÚJO, *Adam Smith. O conceito mecanicista de Liberdade*, Almedina, Coimbra, 2001, pp. 1141 e ss.

[81] MIGUEL LOPES ROMÃO, *"O Conceito de legitimidade política na Revolução Liberal"*, Separata da RFDUL, vol. XLII, (2001), n.º 2, pp. 909 e ss.

únicas limitações legítimas à liberdade individual resultam da necessidade de prevenção de prejuízos para outros[82,83].

No início do século XX, o Estado dá-se conta das lacunas que o livre exercício das iniciativas individuais deixa em aberto e procura, com os meios que estão ao seu alcance, preenchê-las. O legislador vai produzir direito novo, numa tentativa de manter a vida sob o seu domínio. Havia necessidade de encontrar uma nova fórmula que viesse estabelecer o equilíbrio entre o Estado e o indivíduo, cuja liberdade recua em razão das novas tarefas administrativas. Tal é conseguido através da extensão do conceito de legalidade, próprio do positivismo. É neste contexto que a Administração é transformada em actividade executiva, subordinada à lei na prática de qualquer acto[84], e que se estabelece, em termos mais amplos, uma protecção do indivíduo face ao Estado Administrador, na medida em que deixam de estar em causa não só os seus direitos subjectivos, mas também os seus interesses legítimos. Não é necessário que o indivíduo, para recorrer contenciosamente da actividade administrativa, tenha que invocar um direito subjectivo, bastando-lhe aduzir a lesão duma especial situação perante determinados bens juridicamente relevantes[85].

Ao longo do século XX, o princípio da legalidade vai sendo adulterado e subvertido por um conjunto de poderes paralelos, que "curto-circuitam" as Constituições de matriz liberal, dos quais se destacam a intervenção dos partidos políticos na implementação de um modelo de legalidade governamental, – pondo em causa o princípio da separação de poderes entre legislação e execução –, e a neocorporativização da decisão política – através da introdução de mecanismos neocorporativos em procedimentos consensuais de decisão –, e da transformação das competências das estruturas tradicionais, designadamente com um desenvolvimento subversivo em relação ao ideário liberal das relações entre Governo e Parlamento. Tudo isto aponta para o declínio de uma concepção rígida da separação dos poderes e para um nominalismo constitucional[86]. Estas modificações

---

[82] JOHN STUART MILL, *On liberty (1859)*, *Law and Morality*, 2.ª ed, Readings in legal philosophy (ed. David Dyzenhaus/Arthur Ripstein), University of Toronto Press, Toronto, Buffalo, London, 2001, pp. 279-280.

[83] ADELAIDE MENEZES LEITÃO, *Normas de protecção...*, p. 814.

[84] ROGÉRIO EHRHARDT SOARES, *Interesse Público, Legalidade e Mérito*, Coimbra, 1955, pp. 77-80.

[85] ROGÉRIO EHRHARDT SOARES, *Interesse Público...*, p. 80.

[86] PAULO OTERO, *Legalidade e Administração Pública o Sentido da Vinculação Administrativa á Juricidade*, Almedina, Coimbra, 2011 (reimp. da edição de 2003), pp. 138 e

contribuem igualmente para quebrantar as Constituições, umbilicalmente ligadas à emancipação do Estado moderno. Por outro lado, assiste-se a um fenómeno de "interconstitucionalidade"[87], em que os diferentes actores internacionais se interrelacionam no quadro de modelos muito diferenciados (constitucionais e não constitucionais)[88]. Neste contexto, os governos esvaziam paulatinamente os textos constitucionais, cujo formato normativo, que se situa entre a genealogia liberal do surgimento do movimento constitucionalista e a maturidade correspondente à tensão socializante da evolução do Estado liberal para o Estado social de direito, se mostra inadequado aos paradigmas vigentes[89,90].

O século XX apresenta-se como a época da relativização da força normativa da Constituição, quer por um fenómeno de "autodesconstitucionalização", devido a diferentes níveis de força operativa das normas

---

ss, e *"Fragmentação da Constituição Formal"*, O Direito Contemporâneo em Portugal e no Brasil, (coordenadores Ives Gandra da Silva Martins e Diogo Leite Campos), Almedina, Coimbra, 2003, pp. 7-36, desenvolvendo a relativização da força normativa da Constituição.

[87] GOMES CANOTILHO, *Direito Constitucional e Teoria da Constituição*, 6.ª ed., Almedina, 2002, p. 1409, a teoria da interconstitucionalidade estuda a concorrência, convergência, justaposição e conflito de várias constituições e de vários poderes no mesmo espaço público. Actualmente existe uma rede de constituições dos estados soberanos. Simultaneamente, registam-se turbulências produzidas na organização constitucional dos estados por outras organizações políticas (comunidades políticas supra-nacionais), a recombinação de dimensões constitucionais clássicas através de sistemas organizativos de natureza superior, a articulação da coerência constitucional estadual com a diversidade de constituições inseridas na rede interconstitucional e a criação de um esquema jurídico-político caracterizado por suficiente grau de confiança condicionada entre as várias constituições.

[88] PAULO CASTRO RANGEL, *"Diversidade, solidariedade e segurança (notas em redor de um novo paradigma constitucional)"*, ROA, Ano 62, Dezembro, (2002), 831-835.

[89] MARIA DA GLÓRIA FERREIRA PINTO DIAS GARCIA, *"Constituição Ex Machina"*, Direito e Justiça, vol. XIII, (1999), Tomo 1, p. 187, a tarefa gigantesca do Estado social de se transformar em Estado de Justiça Total, por força do aumento dos direitos fundamentais, empobrece o Homem e implicou o quebrantar do próprio Estado na sua incapacidade manifesta de ser um Estado de Justiça Total. A propósito das relações entre Estado e sociedade, JOSÉ CASALTA NABAIS, *Por uma liberdade com responsabilidade, Estudos sobre Direitos e Deveres Fundamentais*, Coimbra Ed, Coimbra, 2007, pp. 90 e ss, em que é patente actualmente o paradoxo de um Estado ausente com incumprimento dos respectivos deveres de protecção, um Estado ubíquo que tudo quer regular e um Estado salamizado, com a fragmentação e pulverização do poder do Estado em grupos, sendo necessário a recuperação do Estado que a pós-modernidade ameaça dissolver (p. 93). Cfr. JÖRG NEUNER, *Privatrecht und Sozialstaat*, C. H. Beck, München, 1999, pp. 219 e ss

[90] ADELAIDE MENEZES LEITÃO, *Normas de protecção...*, p. 815-816.

constitucionais (*maxime* resultante das normas de aplicação imediata), quer pelo sistema das fontes de direito, que, por vezes, deixa de dar lugar de primazia à lei, quer ainda pela existência de uma Constituição não oficial[91]. Estas alterações do Estado e do papel da Constituição na viragem do século XXI vão comunicar a sua influência a outras latitudes do sistema jurídico. Ao nível do Direito civil, também a lei se desvirtua com o incremento do papel da jurisprudência e da sua natureza constitutiva e com um conjunto de soluções hermenêuticas que relativizam o texto legislativo. A relativização e fragmentação das Constituições implica porventura uma maior importância dos Códigos Civis como repositórios dos valores fundamentais do sistema[92]. Porém, também estes sofrem alguma erosão quando significativos conflitos sociais, *maxime* os do consumo, deixam por estes de ser regulados e passam a ser abrangidos por legislação avulsa que se amontoa, com evidente assistematicidade, ao sabor do voluntarismo europeu.

As Constituições chegam ao dealbar do século XXI com alguma obsolescência, porquanto os modelos constitucionais (liberal e social de direito) não oferecem resposta para os problemas globais de segurança do pós-11 de Setembro de 2001 e para a crise global que eclodiu em 2008. Por sua vez, os Códigos Civis necessitam, sob pena da sua perda gradual de importância, de acomodar as disciplinas jurídicas emergentes numa nova síntese que as integre no seu âmago.

---

[91] PAULO OTERO, *Legalidade...*, p. 557 e ss.
[92] ADELAIDE MENEZES LEITÃO, *Normas de protecção...*, pp. 820-821: *"A ideia de Constituição coincide, pelo menos parcialmente, com as exigências da codificação. Enquanto as estratégias de legalidade da Constituição correspondem à necessidade de traçar um limite e uma previsibilidade à actuação do Estado, os códigos civis emergem da necessidade de estruturação jurídica dos conflitos sociais. A partir de meados do século passado, os códigos deixaram de ser uma refracção, no plano civil, das ideias individualísticas da Constituição para passarem a ser a dimensão central do direito positivo do Estado. Assim, são aqueles e não estas que se convertem na principal fonte de direito, garantindo as posições jurídico-subjectivas e remetendo as Constituições essencialmente para o estatuto de lei orgânica dos poderes públicos. No entanto, mesmo na actualidade, as Constituições mantêm um catálogo desenvolvido de posições jurídicas individuais, traçam os limites das funções do Estado e condicionam o procedimento legislativo, segundo uma ordem de valores constitucionais, que se traduzem em exigências formais e materiais".*

2.2. A CLIVAGEM PRIVADO/PÚBLICO NO DIREITO DO CONSUMO

O Direito do Consumo tem diferentes fundamentos[93]. Alguns destes fundamentos podem mesmo estar em conflito. O Direito moderno tem-se desenvolvido pelo aumento, acrescentando camadas normativas às anteriores que não desaparecem completamente. O fenómeno a que se tem assistido é o de um alargamento muito significativo do Direito do Consumo. Actualmente o sistema jurídico procura proteger o consumidor de diferentes realidades e através de diferentes meios e técnicas. Por isso, o Direito do Consumo tem um escopo aberto, abrangendo tanto o Direito Público como o Direito Privado, e exige tanto um enquadramento de Direito nacional como de Direito internacional[94].

No domínio do Direito Privado verifica-se uma relação entre o contrato e o delito no âmago do Direito do Consumo. O contrato protege o consumidor no domínio das suas expectativas. Por sua vez, o direito delitual actua para além das concretas obrigações entre o fornecedor e o consumidor ao impor alguns deveres acrescidos. A doutrina anglo-saxónica considera, a este propósito, que a relação entre fornecedor e consumidor, no Direito Privado, abrange mais do que um mero acordo, dado que quer os tribunais quer os parlamentos europeus desenvolveram uma intensa actividade legislativa e concretizadora sob a influência legislativa da União Europeia[95].

Alguns mercados, para além da intervenção do Direito Privado, requerem igualmente uma intervenção do Direito Público. A regulação pública é exigida devido a razões associadas à ineficiência do Direito Privado, visando alcançar um mercado livre e justo[96]. Porém, impõe-se a compreensão de que nesta relação entre o Direito Privado e o Direito Público existe uma geografia política ligada à defesa do consumidor[97]. Por exemplo, no Reino Unido, onde os conservadores governaram entre 1979 e 1997, desenvolveu-se uma atitude bastante céptica relativamente à política de

---

[93] JORGE PEGADO LIZ, *Introdução ao Direito e à Política do Consumo...*, p. 53, abrangendo as falhas de mercado, o ideal igualitário e o ideal democrático. CARLOS FERREIRA DE ALMEIDA, *Direito do Consumo...*, pp. 37-44.
[94] GERAINT HOWELLS/STEPHEN WEATHERILL, *Consumer Protection Law...*, p. 5.
[95] GERAINT HOWELLS/STEPHEN WEATHERILL, *Consumer Protection Law...*, p. 9.
[96] GERAINT HOWELLS/STEPHEN WEATHERILL, *Consumer Protection Law...*, p. 9.
[97] FERNANDO BAPTISTA DE OLIVEIRA, *Do conceito de Consumidor ...*, p. 469, a defesa do consumidor como "postulado político" dos países industrializados.

defesa do consumidor por contraposição com os governos trabalhistas, que entre 1997 e 2010, optaram por políticas mais favoráveis aos consumidores. Esta mesma análise pode ser realizada em relação aos governos portugueses, em que, tradicionalmente, as políticas de defesa dos consumidores têm sido mais assumidas nos discursos políticos dos governos socialistas do que nos governos de coligação de partidos de direita.

O Direito do Consumo, de forma semelhante ao Direito do Trabalho e ao Direito do Arrendamento, cria, para além do perímetro contratual, direitos contra os fornecedores, os empregadores e os senhorios. A necessidade desta protecção legal suplementar – para além do quadro contratual – tem estado no centro do debate político. Na Grã-Bretanha os governos conservadores de Margaret Tatcher e de John Major consideravam que qualquer intervenção legal danificava o mercado[98]. A protecção legal do consumidor coloca sempre assim duas questões-chave na sua compreensão: a primeira, que os consumidores são antes de mais cidadãos e, a segunda, que se regista uma dimensão política envolvida na intervenção legal em prol do consumidor[99].

À semelhança do Direito do Consumo, a própria existência do direito delitual é expressão do reconhecimento de que as obrigações entre as partes contratuais são uma fórmula insuficiente da responsabilidade civil nas sociedades modernas, justificando, por isso, a criação de uma esfera deveral maior do que aquela que resultaria do mero quadro contratual. Deste modo, o direito delitual oferece uma função regulatória indirecta, uma vez que o consumidor passa a dispor de uma protecção para além do contrato o que, de certo modo, afecta o equilíbrio estabelecido no contrato entre fornecedor e consumidor[100]. O direito delitual

---

[98] GERAINT HOWELLS/STEPHEN WEATHERILL, *Consumer Protection Law...*, p. 32.
[99] GERAINT HOWELLS/STEPHEN WEATHERILL, *Consumer Protection Law...*, p. 34.
[100] ADELAIDE MENEZES LEITÃO, ***Normas de protecção e danos puramente patrimoniais...***, pp. 823-824: "*Na viragem do século XX para o século XXI, uma sociedade industrializada e de informação, cada vez mais complexa, evidencia novos problemas em consequência do processo de globalização económica. Responsabilidade delitual e obrigacional reordenam-se mutuamente no contexto da evolução sócio-económica.(...) Em épocas de contracção económica abre-se mais espaço para a responsabilidade delitual – como grande modelo de regulação do comportamento social e da liberdade individual – por contraposição ao contrato que, enquanto motor jurídico do progresso económico, tende a afrouxar com a desacelaração económica, na qual os interesses patrimoniais se tornam mais evidentes, por não estarem ao abrigo de esquemas contratuais. O contrato tem essencialmente uma função dinamizadora, intervindo ao nível do "poder de*

configura até certo ponto o equilíbrio que deve existir na referida relação[101].

A capacidade do direito privado delitual de só por si fornecer um sistema justo para a indemnização e compensação das lesões e danos dos consumidores tem sido objecto de crítica, pois quer o sistema de responsabilidade aquiliana baseado na culpa, quer a responsabilidade objectiva que prescinde desta, mas que eleva os preços, quer ainda o problema endémico da causalidade com a dificuldade do seu preenchimento, quer também a insolvência de produtores e fornecedores, leva a que, muitas vezes, os danos sofridos pelos consumidores fiquem sem qualquer resposta indemnizatória. Tal asserção tem levado à compreensão de que o direito delitual protege apenas certos interesses e certos tipos de danos. Esta insuficiência da responsabilidade civil tem justificado, para alguns, a necessidade de uma maior intervenção estadual, atendendo a que os grandes institutos jusprivatistas – o contrato e a responsabilidade civil – não cobrem todos os danos dos consumidores[102]. A defesa de que a protecção do consumidor não pode ser entregue exclusivamente ao Direito Privado também resulta do próprio acesso ao direito, dado que o sistema judicial não está pensado para acções de dimensão muito reduzida e para litígios transnacionais, que normalmente caracterizam os conflitos de consumo[103].

---

adquirir" (Erwerbsschutz), enquanto que a responsabilidade delitual protege o "possuir justificado" (Bestandsschutz), com base na ideia de que os bens adquiridos e produzidos são redistribuídos apenas por meios conformes com a ordem jurídica. O quadro liberal de distribuição de tarefas entre contrato e delito descaracteriza-se quando é atribuída à lei uma função de maior regulação dos comportamentos individuais, maxime de protecção de bens jurídicos colectivos, que afastam os vectores do "direito do delito", ligado a uma estática, e do "direito do contrato", ligado a uma dinâmica. O direito delitual surge, assim, como mais necessário e mais abrangente em épocas que não convidam à contratualização dos riscos e em que os danos se tornam mais evidentes, porque se sentem mais, ou porque não são escamoteados por lucros e progresso. A responsabilidade delitual, como sistema hetero-regulador, necessita de ser equilibrada, na medida em que traça as consequências indemnizatórias dos comportamentos proibidos no contexto das relações interpessoais, recorrendo, para tal, às normas do ordenamento jurídico in toto. A globalização económica pressupõe, também, uma internacionalização jurídica na abordagem dos fenómenos, exigindo, em alguns casos, uma uniformização cirúrgica dos sistemas jurídicos, ainda que esta implique, porventura numa reduzida medida, uma descaracterização dos direitos nacionais".

[101] GERAINT HOWELLS/STEPHEN WEATHERILL, *Consumer Protection Law...*, pp. 35-36.
[102] GERAINT HOWELLS/STEPHEN WEATHERILL, *Consumer Protection Law...*, p. 44.
[103] GERAINT HOWELLS/STEPHEN WEATHERILL, *Consumer Protection Law...*, p. 49.

Pelo exposto, quer o direito delitual, quer o direito contratual enfrentam limitações na protecção do consumidor. O direito delitual porque se centra essencialmente num padrão de segurança e não num padrão de qualidade de bens ou serviços. O direito contratual, porque o equilíbrio que alcança exige uma protecção suplementar[104].

Um dos pontos de diferenciação entre o direito norte-americano e o direito europeu assenta na necessidade de uma intervenção pública, cuja necessidade encontra justificação no facto de a litigação dos consumidores norte-americanos ser muito mais activa do que a dos seus congéneres europeus[105]. Por esta razão, tem-se evidenciado, do lado de cá do Atlântico, de forma mais premente, a necessidade de o Direito Público ser chamado a intervir no domínio da protecção do consumidor[106]. Porém, a regulação pública não é homogénea e pode assumir diferentes formas. As próprias razões subjacentes à necessidade da regulação pública têm também variado ao longo do tempo. Está disseminada a ideia de que os decisores políticos podem produzir vencedores e perdedores e de que uma análise custo-benefício deve ser realizada. Por outro lado, a evolução da protecção do consumidor tem transformado o Direito do Consumo num direito com vários campos normativos que se foram acrescendo aos anteriores. A regulação, numa primeira fase, visou que no mercado vigorasse um mínimo de qualidade e de segurança dos produtos. Numa segunda fase, ocorreu uma outra forma de regulação centrada no registo e licenciamento de certas actividades económicas. Por exemplo, certos mercados, *v.g.* o do medicamento passa a estar está sujeito a autorizações prévias. Esta modalidade de regulação mais intrusiva no mercado, pressupõe a existência de autoridades que se ocupem dos referidos procedimentos, o que não é isento de custos. De certa forma, esta modalidade de regulação pública replica o que seria um mercado perfeito com a exclusão natural dos maus produtos. Uma outra forma de regulação é realizada

---

[104] GERAINT HOWELLS/STEPHEN WEATHERILL, *Consumer Protection Law...*, pp. 49-50.

[105] GENE A. MARSH, *Consumer Protection Law,* St. Paul, Minn., 1999, p. 12, referindo-se às acções públicas e privadas para a protecção dos consumidores que incluiriam o *state agency enforcement*, a *Federal Trade Commission*, as acções colectivas e a arbitragem. CARLOS FERREIRA DE ALMEIDA, *Os Direitos dos Consumidores...*, pp. 171--172, identifica o controlo administrativo com o *Bundeskartellamt* na Alemanha, com a *Federal Trade Comission* nos Estados Unidos da América e com o *Office of Fair Trading* no Reino Unido.

[106] GERAINT HOWELLS/STEPHEN WEATHERILL, *Consumer Protection Law...*, p. 51.

através de organismos profissionais (auto-regulação), que, muitas vezes, se caracterizam por uma dimensão corporativa de manutenção das posições adquiridas.

A regulação pública implica custos não só pela inflexibilidade que traz para o mercado na redução das escolhas do consumidor, na ineficiência que resulta das barreiras reguladoras, como também na edificação de autoridades com competências reguladoras e na contratação de especialistas que estabelecem as medidas de regulação. A auto-regulação pode eliminar estes custos da intervenção estadual, uma vez que os códigos de conduta configuram uma regulação meramente privada. Por isso há quem defenda que só nos casos em que a auto-regulação se mostre ineficiente é que o Estado deve intervir[107]. Uma outra forma de auto-regulação passa por ser o próprio Estado a estabelecer os padrões de conduta, ficando as entidades profissionais com a missão de fiscalizar o seu cumprimento. Em alternativa, os padrões podem ser fixados pela indústria, sendo a sua adequação sujeita a avaliação pelo Estado que deixa a fiscalização do seu cumprimento novamente a organismos profissionais[108].

Em vários sectores, os Códigos de Boas Práticas assumem um papel relevante na protecção dos consumidores[109]. Estes códigos, que resultam dos compromissos assumidos pelos operadores do mercado, não são impostos externamente pelo Estado. Por exemplo, na *common law* não existe qualquer obrigação do produtor reparar um produto defeituoso, apenas a possibilidade da resolução contratual. Só pela influência europeia é que se veio a prever uma indemnização para estas situações. Porém, os Códigos de Boas Práticas já providenciavam no sentido da reparação dos produtos em vários sectores de actividade económica, sendo significativamente favoráveis aos consumidores. Em relação ao incumprimento destes códigos prevê-se, muitas vezes, o recurso à arbitragem[110]. A des-

---

[107] PEDRO GONÇALVES, *Entidades Privadas com poderes públicos, O exercício de poderes Públicos por entidades privadas com Funções Administrativas*, Almedina, Coimbra, 2005, pp. 170 -225.

[108] GERAINT HOWELLS/STEPHEN WEATHERILL, *Consumer Protection Law*..., pp. 72-73.

[109] DAVID OUGHTON/JOHN LOWRY, *Textbook on Consumer Law*, Blackstone, 1999, pp. 21 e ss.

[110] ANTÓNIO MARQUES DOS SANTOS, *Arbitragem no Direito do Consumo*, Estudos do Instituto de Direito do Consumo, vol. I, Almedina, Coimbra, 2002, pp. 281-296 e DÁRIO MOURA VICENTE, *Arbitragem de Conflitos de Consumo: Da Lei n.º 31/86 ao Anteprojecto de Código do Consumidor*, Estudos do Instituto de Direito do Consumo, vol. III, Almedina, Coimbra, 2006, pp. 75-92.

confiança em relação à arbitragem institucionalizada por parte dos consumidores deve, porém, justificar que estes possam recorrer igualmente aos tribunais comuns[111].

No Reino Unido, o *White Paper Moderns markets: Confident consumers* sugere um maior entrosamento entre a regulação pública e a privada em matéria de protecção do consumidor, o que veio a reflectir-se na política do governo trabalhista de Tony Blair, que ascendeu ao poder em 1997, que se desviou da ortodoxia que compartimentava de forma estanque a regulação pública e privada. Com efeito, desenvolveu-se toda uma doutrina no sentido de que as entidades reguladoras são caras e, muitas vezes, as suas decisões objecto de grande controvérsia, dado que as autoridades reguladoras são susceptíveis de captura, emitindo decisões no interesse dos regulados e não no interesse público. Alguns defensores da "public choice" consideram que estas entidades não conseguem desenvolver procedimentos imparciais e eficientes, sendo manipuladas pelos grandes grupos de interesses, constituindo os consumidores, porventura, um grupo menos eficiente na defesa dos seus interesses[112].

Há autores que adoptam uma perspectiva constitucional para a compreensão das relações entre a regulação pública e privada, defendendo que a protecção do consumidor é uma questão política. A intervenção estadual pode ser considerada ameaçadora para a liberdade individual, tendo sido defendida a superioridade do mercado livre da Europa Ocidental sobre as antigas economias dirigidas da Europa Oriental. A livre concorrência e a intervenção pública minimalista são relacionadas com a eficiência dos mercados, com os direitos individuais e com a democracia. Coloca-se, assim, a necessidade de uma análise constitucional para avaliar a legitimidade da intervenção pública na economia[113]. Estas análises vão desenvolver-se em grande conexão com o Direito da Concorrência. Não é possível, por isso, compreender a evolução do Direito do Consumo sem apontar a sua relação com o Direito da Concorrência. Na Alemanha, no período posterior à segunda Guerra Mundial, com o Ordoliberalismo da Escola de Freiburg, juristas, como ROYCKE, MÜLLER-ARMACK e F. VON HAYEK, preconizam que o sistema jurídico deve garantir a liberdade económica e de concorrência, defendendo que deve ser a iniciativa privada a conduzir a vida económica, pelo que se

---

[111] GERAINT HOWELLS/STEPHEN WEATHERILL, *Consumer Protection Law*..., pp. 73-74.
[112] GERAINT HOWELLS/STEPHEN WEATHERILL, *Consumer Protection Law*..., pp. 77-78.
[113] GERAINT HOWELLS/STEPHEN WEATHERILL, *Consumer Protection Law*..., p. 78.

impõe um controlo prévio das concentrações. Os ordoliberais constroem o conceito de "Constituição Económica" como decisão fundamental sobre o tipo de economia e de condições de exercício da concorrência[114][115].

HAYEK defendia a eficiência espontânea do mercado, dado que este teria uma capacidade natural de autocorrecção, que traria resultados superiores aos da intervenção pública. A crítica de HAYEK dirige-se à intervenção estadual para ajustar o mercado de acordo com o interesse público, o que seria apenas uma tentativa de alguns de beneficiarem da maximização da riqueza de toda a sociedade. Estes postulados sugerem a ideia da maximização da liberdade individual e da limitação da intervenção estadual, pelo que a liberdade individual seria constitucionalmente protegida das investidas da intervenção estadual. Estas mesmas ideias foram também caras à Escola de Chicago, que sublinhava os malefícios da intervenção estadual. Os postulados de HAYEK foram desenvolvidos pela análise económica do direito, em especial por RICHARD POSNER[116].

Ao longo do século XX, a política da concorrência conheceu oscilações, em parte devido ao facto de, durante certos períodos, se ter considerado que algumas práticas anti-concorrenciais poderiam ter efeitos positivos na economia, *v.g.* novas redimensionações das empresas. Verificou-se, neste contexto, um combate teórico importante entre a Escola de Harvard e a Escola de Chicago, que veio revolucionar o modo de encarar a legislação concorrencial. A Escola de Chicago pôs em causa o paradigma estruturalista, que promovia uma relação causal entre a estrutura do mercado, o comportamento da empresa e o seu resultado, defendendo que a concentração não seria necessariamente ineficaz, podendo ser apenas um indício de que a empresa é mais eficiente e que, por isso, cresceu mais depressa. É a Escola de Chicago que vai promover a análise económica do Direito da concorrência. No período pós-chicago impôs-se a Nova Economia Industrial, que chama a atenção para o comportamento estratégico das empresas em relação a reais e potenciais concorrentes[117].

---

[114] GIULIANO AMATO, *Anti-trust and the Bounds of Power, The dilemma of liberal democracy in the history of the market*, Hart Publishing, Oxford, 1997, pp. 40-41.
[115] ADELAIDE MENEZES LEITÃO, *Normas de protecção...*, p. 446.
[116] GERAINT HOWELLS/STEPHEN WEATHERILL, *Consumer Protection Law...*, p. 79.
[117] GIULIANO AMATO, *Anti-trust and the Bounds of Power...*, pp. 20-36, MARIA MANUEL LEITÃO MARQUES, *Um Curso de Direito da Concorrência, Coimbra Ed., Coimbra*, 2002, pp. 25-26, e MAURIZIO DELFINO, *"Concorrenza (diritto americano)"*, Digesto delle Disciplina Privatistische, Sezionne Commerziale, Utet, 1988, pp. 300-337.

O Reino Unido permite uma análise política laboratorial sobre o modo como as ideias sobre a necessidade, ou não, de intervenção pública têm evoluído. Tomando em consideração a complexidade da decisão política e legislativa da segunda metade do século XX, a administração Tatcher é influenciada pelo ideário de HAYEK de que a intervenção estadual é danosa para a eficiência do mercado e para a liberdade individual. Esta mesma influência está presente na redução da propriedade pública, com a privatização de certos sectores do mercado, privatização que nem sempre aumentou a concorrência, em alguns sectores, tendo-se limitado a uma passagem do monopólio público para o privado. Muitas vezes, é a própria falta de concorrência que justifica a criação de entidades reguladoras para a fixação de preços e de padrões de qualidade. A política do governo conservador, assente em desregulação, privatização e *outsorcing*, acabaria por ser substituída pela ideia da necessidade de superação da clivagem público e privado[118].

Efectivamente, autores como ANTHONY GIDDENS[119] propuserem a chamada terceira via, que defendia que as políticas não deveriam ficar reféns de categorias como a esquerda ou a direita, ou a intervenção estadual e a liberdade de mercado. Não obstante, esta terceira via não teve grande concretização em matéria de protecção do consumidor. Porém, para os defensores da "terceira via", quer o Estado quer a iniciativa privada são partes da solução e devem ser co-envolvidos nas políticas públicas. Foi esta concepção de base que foi adoptada no *White Paper* de 1999 *Modern markets: confident consumers*, no qual se defendia que o mercado deveria ser uma instituição ao serviço do consumidor. Os consumidores confiantes deveriam adoptar decisões informadas em mercados concorrenciais para promover a inovação e a melhoria dos produtos. Neste documento lia-se

---

[118] GERAINT HOWELLS/STEPHEN WEATHERILL, *Consumer Protection Law*..., pp. 84-85.

[119] "*Reconhecendo a histórica problemática do estado de bem-estar, a política da terceira via deve aceitar algumas das críticas que a direita faz a esse Estado. Ele é essencialmente antidemocrático, dependendo como depende de uma distribuição top-down dos benefícios. A sua força impulsionadora é a protecção, mas ele não dá espaço suficiente à liberdade pessoal. Algumas formas institucionais do Estado de bem-estar são burocráticas, alienantes e ineficientes e as prestações sociais podem até ter consequências perversas pondo em causa os objectivos para que foram criadas. Mesmo assim, a política da "terceira via" vê estes problemas não como um sinal para desmantelar o estado de bem-estar, mas como uma razão para o reconstruir*" A. GUIDDENS, *The Third Way and its Critics*, 2000, apud **Introdução Estado, Sociedade Civil e Administração Pública – Para um novo paradigma do serviço Público**..., p. 2.

que o Governo conservador tinha posto os serviços de interesse geral no sector privado, mas que a concorrência nestes sectores era limitada e a atenção dispensada aos consumidores era insuficiente. Por isso, deveria haver um incremento da concorrência e os reguladores dos serviços de interesse geral deveriam estar subordinados à defesa do consumidor[120].

Na *common law* identificam-se, em síntese, como técnicas de protecção dos consumidores a auto-regulação, que tem vantagens ao nível do conhecimento especializado, da flexibilidade, do incremento do cumprimento, mas que tem a grande desvantagem do seu carácter voluntário[121]. A liberdade de associação dos membros em organismos de auto-regulação leva a que não sejam aplicadas sanções muito pesadas, por receio que os associados se afastem do organismo. Por outro lado, estas associações têm normalmente sérios conflitos de interesses ao actuarem simultaneamente como associações empresariais e reguladores. Outro modelo de protecção dos consumidores opera pelo Direito privado, afectando os direitos e deveres dos operadores no mercado e deixando aos consumidores uma actuação junto dos tribunais. Porém, há poucos incentivos para os consumidores recorrerem aos tribunais através de acções individuais, pelo que, nesta área, impõe-se uma discussão sobre as acções colectivas. Ora, a regulação pública torna-se mais importante com a compreensão da insuficiência dos tribunais na protecção dos consumidores. Danos massificados, dificuldades de prova, danos insuficientes que não justificam ou incentivam a instauração de acções: tudo isto fomenta a regulação pública. Porém, a regulação pública também tem as suas limitações, designadamente porque as sanções estão sujeitas a escrutínio judicial que, muitas vezes, não confirma as decisões das entidades reguladoras. Por outro lado, enquanto na Europa as entidades reguladoras reclamam sanções penais e a criminalização de uma série de comportamentos no mercado, nos Estados Unidos da América tem-se defendido a substituição das sanções penais por sanções civis, que exigem um grau inferior de prova. Há ainda que contar com as limitações das próprias autoridades reguladoras e a possibilidade da sua captura pelo mercado, como já se fez anteriormente referência[122].

Ainda que se verifique uma reorganização do tabuleiro político e privado que se manifesta em conceitos como a "partilha de responsabilida-

---

[120] Geraint Howells/Stephen Weatherill, *Consumer Protection Law...*, pp. 87-91.
[121] Colin Scott/Julia Black, *Cranston's Consumers and the Law*, 3.ª ed, Butterworths, 2000, pp. 508-517.
[122] Colin Scott/Julia Black, *Cranston's Consumers...*, pp. 517-527.

des", "tarefas executadas em cooperação" e "complementariedade entre Estado e actores privados", autores como PEDRO GONÇALVES defendem a persistência das dicotomias tradicionais público e privado que mantém uma geografia dual entre estas realidades[123].

2.3. DIREITO PRIVADO E ACESSO À JUSTIÇA

Como se fez referência, um dos problemas que fez emergir o Direito Público do consumo, em especial o Direito Administrativo do Consumo, centra-se na disfunção do sistema judicial para acções massificadas que os remédios do Direito privado exigiriam, não havendo qualquer incentivo por parte do consumidor para individualmente aceder à justiça. Neste contexto, têm sido trabalhadas na doutrina matérias como as acções populares, colectivas e inibitórias. A origem das acções populares situa-se nas *class actions* do direito norte-americano que se encontram previstas na *Federal Rules of Civil Procedure*[124], na qual se regulam aspectos relativos às *class*

---

[123] PEDRO GONÇALVES, *Entidades Privadas...*, pp. 227-320.

[124] A regra 23 da *Federal Rules of Civil Procedure* estabelece os requisitos para a *class action*: uma ou mais pessoas podem, em representação do grupo, processar outra pessoa se: a) o grupo (ou a classe) for composto por um número muito grande de membros; b) as questões de facto e de direito forem comuns a toda a classe; c) as pretensões das partes em juízo forem idênticas às pretensões de toda a classe; d) o tribunal concluir que as partes são capazes de proteger os interesses da classe. A acção pode assumir a forma de *class action* se, designadamente, se concluir que: a propositura de acções individuais por cada um dos membros da classe pode criar inconsistências no que concerne ao tratamento das situações; e as questões de facto e de direito comuns a todos os membros da classe predomina em relação a eventuais questões individuais que possam existir relativamente a determinados membros da classe. Na fase seguinte o tribunal convida a parte contra quem é intentada a *class action* a contestar os termos da acção. Nesta fase, as partes procuram dirimir argumentos e apresentar provas e o juiz reúne em conferência os advogados. Após esta fase, a parte que intenta a acção deve apresentar em juízo peça contratual que sustente a certificação da acção como *class action* e a parte contrária apresenta a sua contestação. Nos termos da alínea c) da regra 23, caso o tribunal certifique que a acção proposta deve ser considerada *class action*, o mesmo tribunal deve definir a classe, os factos e as razões de direito, bem como as pretensões das partes. De seguida o Tribunal nomeia um defensor para intervir em juízo em representação dos membros da classe. O Tribunal divulga a propositura da *class action* quando o procedimento tenha como pedido o pagamento de indemnização. A divulgação deve ser efectuada em linguagem simples e deve especificar: a natureza da acção, bem como a definição da *class action*; os factos, as razões de direito e as pretensões dos membros;

actions, tais como os seus requisitos, os tipos, a certificação, o processo, o acordo, os recursos e os honorários dos advogados. Neste tipo de acções, um ou vários autores instaura uma acção judicial em "representação" de toda uma classe de interesses, sendo que a sua grande vantagem é agregar um largo número de acções individuais. Normalmente, os autores das *class actions* sofreram danos comuns.

Alguns abusos na sua utilização levaram, no entanto, à publicação da *Class Action Fairness Act* de 2005[125], cujo preâmbulo elenca as justificações para o seu surgimento. Constituindo as *class actions* uma parte substancial do sistema judicial norte-americano, o seu abuso estaria a prejudicar o comércio interestadual e a minar a confiança pública neste sistema. Os particulares normalmente beneficiariam pouco das *class actions* e poderiam ser lesados pelo pagamento exorbitante de honorários. Certas indemnizações eram atribuídas a alguns em detrimento de outros membros da classe. Surgiam, por vezes, notícias confusas que impediam os membros da classe de exercer os seus direitos. O objectivo da *Class Actions Fairness Act* foi assim atribuir ao *Supreme Federal Court* os casos interestaduais e devolver alguma confiança ao sistema das *class actions*.

Na doutrina norte-americana, MICHAEL S. GREVE tem-se manifestado contra as *class actions* em relação a consumidores que não sofreram quaisquer danos[126]. Na sua análise, no domínio dos conflitos de consumo são utilizadas *class actions* em casos em que a maioria dos consumidores

---

a possibilidade de outros membros poderem ser representados pelo defensor nomeado caso manifestem essa intenção; a possibilidade de os membros poderem retirar-se da lide caso requeiram a sua exclusão; e os efeitos da sentença proferida na *class action* repercutem-se nos membros da classe. A sentença deve, em cumprimento da Rule 23 (c) (3), descrever quem o tribunal considera ser membro da classe, ou, consoante os casos, descrever a quem é que a divulgação da informação sobre a propositura da acção se dirigiu e quem não solicitou a exclusão da *class action*. O *Class Action Fairness Act of* 2005 visou combater os abusos na utilização destas acções, estabelecendo condições mais exigentes para a propositura de *class actions* e impondo determinadas regras em matéria de pagamento dos honorários aos advogados. Recolheram-se elementos referentes à presente nota em www.consumidor.pt

[125] JENNIFER GIBSON, **New Rules for Class Action Settlements: The Consumer Class Action Bill of Rights**, Loyola of Los Angeles Law Review, vol. 39, pp. 1103-1133.

[126] MICHAEL S. GREVE, **Harm-Less Lawsuits? What's wrong with Consumer Class Actions**, AEI, Washington DC, 2005, p. 2 e ss e **"Consumer Law, Class Actions, and the Common Law"**, Champman Law Review 7(2004), pp. 79-155.

só hipoteticamente sofre danos[127]. Ora, a revisão desta área residiu mais na admissibilidade deste tipo de acções do que na reforma da responsabilidade civil. O reforço dos meios privados de tutela dos consumidores deve estar ligado às exigências tradicionais da *common law*. O fenómeno norte-americano de explosão da responsabilidade civil (*"liability explosion"*) resultou do aumento das sociedades comerciais multinacionais e do aumento do comércio interestadual. Para o crescimento desmesurado da responsabilidade também terá contribuído, segundo MICHAEL S. GREVE, o facto de, no final do século XX, o delito ter substituído o contrato como fonte de responsabilidade. Com efeito, a partir da década de 60, quase foram totalmente abolidas as doutrinas da culpa do lesado (*"contributory negligence"*), que limitam a responsabilidade delitual, e as acções de responsabilidade do produtor cresceram significativamente[128]. Na área do Direito do Consumo, a admissibilidade de *class actions* em que um número significativo de consumidores não sofreu qualquer dano resulta de uma confluência de factores políticos e jurídicos. Um desses factores assenta no enquadramento do Direito do Consumo como um corpo distinto da *common law* que levou à aprovação de *statutory law*, isto é, de normas de objectivos muito genéricos contra os actos lesivos dos consumidores e contra as práticas comerciais desleais.

Uma das ideias centrais de MICHAEL S. GREVE é de que as *class actions* que condenam sociedades comerciais relativamente a comportamentos que não causam danos aos consumidores acabam por puni-las duplamente pela sua conduta. Haveria, assim, uma sobreposição da responsabilidade do produtor e da responsabilidade delitual sobre as mesmas condutas que teria consequências restritivas para o desenvolvimento de certas actividades económicas sem se basear em qualquer justificação de interesse público.

MICHAEL S. GREVE considera que o Direito do Consumo, completamente desconhecido antes dos anos 70 do século passado, não cobre um único negócio jurídico que já não esteja abrangido pelas tradicionais doutrinas da *common law*. Normalmente, tende-se a contrapor o Direito do

---

[127] A este propósito refere-se que a *class action Price v. Philip Morris* não se baseava em danos passados, presentes ou futuros relacionados com o hábito de fumar, mas apenas na publicidade enganosa que advinha desses cigarros conterem uma referência a "light". Por outro lado, não obstante a condenação nesta acção mantinha-se a possibilidade de lesados individuais demandarem e Philip Morris pelos mesmos danos.

[128] Segundo MICHAEL S. GREVE, ***Harm-Less Lawsuits?...***, p. 2: *""harm-less" lawsuits are aberrant horror stories from the frontiers of our dysfunctional tort system"*.

Consumo ao Direito Comercial, por este último respeitar aos negócios entre comerciantes. Porém, na *common law* não se traça esta distinção e até o *Uniform Commercial Code* inclui os negócios com os consumidores nas regras que se aplicam aos negócios entre comerciantes. O Direito do Consumo apoia-se num sujeito ignorante, impulsivo e indefeso num mundo de monopólios. Por outro lado, o mercado de consumidores aparece caracterizado por informação assimétrica, poder de negociação reduzido e preferências irracionais dos consumidores. Para estas situações, o Direito do Consumo responde através da proibição de certas cláusulas contratuais, do direito de arrependimento ou do direito de resolução do contrato. Ora, tudo isto seria relativamente pouco para autonomizar o Direito do Consumo, pois a assimetria da informação está igualmente presente fora dos negócios de consumo, traduzindo normalmente a posição de supremacia do vendedor sobre o comprador. O poder de negociação também pode variar, sendo que não se toma em consideração, designadamente o poder de negociação dos fornecedores das grandes superfícies comerciais igualmente reduzido. A irracionalidade dos comportamentos dos consumidores também não devia aconselhar a excessivo paternalismo.

A autonomização do Direito do Consumo assentou na ideologia dos anos sessenta que entendia que a *common law* impedia a evolução social e que levou à criação de um corpo significativo de *public law* por contraposição à *private common law* (dando-se igualmente o exemplo o Direito do Ambiente). O Direito do Ambiente e a sua intenção de controlo global dos ecossistemas afastava a *common law* e rejeitava conceitos como a propriedade, o dano e a lesão individual. Apesar de tudo, o Direito do Consumo não levou tão longe o seu repúdio à *common law* como o Direito do Ambiente.

Também a análise económica do Direito terá contribuído para a admissão de acções de responsabilidade delitual sem dano mais em nome da eficiência económica do que na defesa dos consumidores. MICHAEL S. GREVE considera que há um ponto de comunhão entre a análise económica e o Direito do Consumo que é a sua desconfiança em relação ao contrato por oposição à confiança depositada no delito[129].

---

[129] CHARLES FRIED e DAVID ROSENBERG preconizam que o direito delitual deve ser essencialmente utilizado para eficientemente prevenir condutas danosas, mais do que para indemnizar danos depois de verificada a lesão. A função ressarcitiva seria, assim, secundária à função preventiva, dado aquela ser melhor garantida pelo seguro. Assim, os juízes deveriam começar por determinar o *quantum* que o agente deverá pagar para assegurar os

Para exemplificar os problemas que se colocam nas *class actions* dos consumidores, MICHAEL S. GREVE utiliza o caso *Shaw v. Toshiba*, que terminou com um acordo 2.1 bilião de dólares, no qual um produtor de computadores os comercializa assegurando o seu bom funcionamento. Porém, um conjunto complexo de operações, só realizado por alguns utilizadores, implica a quebra do sistema do computador. Um número marginal de consumidores sofre um dano mas a informação errada do produtor convida à indemnização de todos os compradores de computadores. A *common law* permitiria apenas a indemnização dos que tivessem sido lesados. Um outro caso que denota os abusos a que chegaram as *class actions* no Direito do Consumidor foi o caso *Kasky v. Nike*, em que a Nike foi processada por falsas afirmações no que concerne as suas práticas comerciais nos países de terceiro mundo. Kasky nunca tinha comprado um produto da Nike, mas, mesmo assim, o Supremo Tribunal da Califórnia admitiu o julgamento do caso. Ora, esta acção é o paradigma de último estádio a que chegaram as *class actions* no domínio da defesa do consumidor[130].

Curiosamente enquanto que no direito norte-americano se defende cada vez mais a limitação das *class actions* por se entender que as mesmas conduziram a excessos, no direito europeu tenta-se ainda, na área dos consumidores, implementar um maior recurso a acções populares e colectivas por se considerar que, por esta via, se superarão as limitações e insuficiências do Direito Privado em matéria de defesa do consumidor e acesso à justiça.

A acção popular no direito português difere significativamente das *class actions* no direito norte-americano, porquanto a sua legitimidade

---

níveis óptimos de prevenção e só posteriormente fixar o montante a ser atribuído individualmente a cada um dos particulares. Este modelo configura um apoio indiscutível às *class actions* não assentes em danos dos consumidores. O modelo FRIED/ROSENBERG é denominado *ex ante*, na medida em que resulta do cálculo que um número de membros da sociedade consideraria apropriado antes da lesão ter ocorrido. Trata-se de uma solução enquadrável no domínio das teorias sociais de JAMES BUCHANAN (*The Calculus of Consent*) e de JOHN RAWLS (*A Theory of Justice*). Porém, MICHAEL S. GREVE considera que o modelo *ex ante* imita o contrato, sendo ser este o instrumento por excelência em que as partes gerem os riscos e a responsabilidade *ex ante*. O modelo *ex ante* também contribui para uma perspectiva de direito público do direito delitual, em que este é condicionado pela sua função social e em que as acções são subtraídas à titularidade dos lesados devido à necessidade de assegurar uma função preventiva. Todavia uma perspectiva de direito público do direito delitual isola-o numa função preventiva que deve ser assegurada por todo o sistema jurídico. Cfr. MICHAEL S. GREVE, *Harm-Less Lawsuits?...*, pp. 10-13.

[130] MICHAEL S. GREVE, *Harm-Less Lawsuits?...*, pp. 18-24.

não se limita a um membro ou vários membros de uma classe poderem instauram uma acção que produzirá efeitos em relação a todos, mas surge também relativamente a associações de defesa do consumidor. Não se conhecem acções populares instauradas por cidadãos individuais, tendo este "meio processual" sido utilizado sobretudo por associações de defesa do consumidor[131]. Na verdade, as acções populares não configuram um meio processual, mas um problema de legitimidade. Com efeito, a maioria das acções foram instauradas por associações de defesa do consumidor e tendem a ser substituídas pelas acções inibitórias sobretudo nas áreas das cláusulas contratuais inválidas[132]. Porém, estas acções inibitórias, uma vez instauradas por associações de defesas de consumidor, são acções populares inibitórias[133].

O artigo 52.º/3, a) da CRP prevê que a todos, pessoalmente ou através de associações de defesa dos interesses em causa, é conferido o direito de acção popular nos casos e termos previstos na lei, incluindo o direito de requerer para o lesado ou lesados a correspondente indemnização nomeadamente para promover a prevenção, a cessação ou perseguição judicial das infracções contra a saúde pública, os direitos dos consumidores, a qualidade de vida e a preservação do ambiente e do património cultural. Trata-se, assim, de um direito constitucional cuja conformação depende de legislação ordinária.

O quadro legislativo da acção popular encontra-se, em primeiro lugar, na Lei n.º 83/95, de 31 de Agosto. Segundo esta lei a protecção do consumo de bens e serviços é um dos interesses protegidos (art. 1.º/2), sendo titulares do direito de acção popular os cidadãos individuais e as associações e fundações defensoras do consumo de bens e serviços (art. 2.º/1), estando a legitimidade activa das associações e fundações dependente de

---

[131] Cfr. ÂNGELA FROTA, CRISTINA RODRIGUES DE FREITAS, TERESA MADEIRA, *Acções colectivas em Portugal*, APDC, 2007, disponível www.consumidor.pt

[132] Em 1993, a ACOP-Associação de Consumidores de Portugal lançou contra a supressão de práticas comerciais de *time-sharing* foi indeferida por se entender faltar regulamentação para tornar próprio o meio. A ACOP-Associação de Consumidores de Portugal instaurou acção contra a PT-Comunicações pela pretensa cobrança de 13 mensalidades em 1994 mercê de um deslizamento de facturação. A DECO-Associação de Defesa do Consumidor lançou mão de outra acção contra a PT que veio a ganhar relativamente a preços em 1998. A partir desta data tem-se utilizado sobretudo acções inibitórias contra bancos no domínio das cláusulas contratuais gerais e, mais recentemente, contra companhias aéreas, algumas de baixo custo.

[133] Neste sentido, MIGUEL TEIXEIRA DE SOUSA, *A Tutela Jurisdicional ...*, p. 291.

personalidade jurídica, de que conste nos seus estatutos a defesa do interesse assinalado e não exercerem concorrência com empresas ou profissionais liberais (art. 3.º/1). O art. 12.º/2 da Lei antes referida dispõe que a acção popular pode revestir qualquer das formas previstas no Código de Processo Civil. Abrangem-se acções declarativas e executivas, bem como as providências cautelares[134]. Nas acções declarativas devemos distinguir as constitutivas, as de simples apreciação e as condenatórias. Dentro destas últimas sublinham-se com especial interesse no campo do Direito do Consumo as acções inibitórias expressamente reguladas no artigo 10.º da Lei n.º 24/96, de 31 de Julho. Finalmente, nos artigos 13.º a 21.º da Lei n.º 83/95 regulam-se aspectos de cariz processual que, por essa razão, não abordaremos no presente estudo. Também o art. 26.º-A do CPC, incluído em sede de legitimidade das partes, considera que têm legitimidade para propor e intervir nas acções e procedimentos cautelares no domínio da protecção do consumo de bens e serviços qualquer cidadão no gozo dos seus direitos civis e políticos, as associações e fundações defensoras dos interesses em causa, as autarquias locais e o Ministério Público, nos termos da lei, considerando que esta legitimidade serve à tutela dos interesses difusos.

No quadro da Lei de Defesa do Consumidor, em especial no art. 18.º, n.º 1, alínea l) da Lei n.º 24/96, de 31 de Julho, o direito de acção popular surge como um dos direitos das associações de defesa do consumidor, não se encontrado mais referências à acção popular nesta lei. Com efeito, o legislador, em matéria de acções judiciais, desenvolve especificamente o regime das acções inibitórias (art. 10.º) e das acções de reparações de danos (art. 12.º/4). Porém, como já vimos, estas são acções populares se instauradas por um cidadão para abranger os interesses difusos de outros por uma associação de defesa do consumidor, mas já não o serão se forem instauradas pelo Ministério Público.

Ora, em relação acções de responsabilidade admite-se a legitimidade dos consumidores directamente lesados e dos consumidores e das associações de consumidores, ainda que não directamente lesados, nos termos da Lei n.º 83/95, de 31 de Agosto, bem como do Ministério Público e da Direcção-Geral do Consumidor quando estejam em causa interesses individuais homogéneos, colectivos ou difusos (art. 13.º). Pelo exposto, também em Portugal se admitem acções de responsabilidade civil instauradas por pessoas ou entidades que não sofreram quaisquer danos direc-

---

[134] De forma semelhante, MIGUEL TEIXEIRA DE SOUSA, *A Tutela Jurisdicional*..., p. 294.

tos, colocando-se os mesmos problemas de apreciação do direito norte-americano. De salientar que o art. 22.º, n.º 2 do diploma antes referido permite que o tribunal fixe uma indemnização global, enquanto que o art. 22.º, n.º 3 estabelece que os titulares de interesses identificados têm direito à correspondente indemnização nos termos gerais da responsabilidade civil[135]. Surge, portanto, uma figura de recorte jurídico discutível que é a indemnização global.

Mais recentemente a Lei n.º 25/2004, de 8 de Julho, veio transpor para o direito interno a Directiva n.º 98/27/CE, do Parlamento Europeu e do Conselho, de 19 de Maio, relativa às acções inibitórias em matéria de protecção dos interesses dos consumidores, aplicando o respectivo regime jurídico à acção inibitória prevista no artigo 10.º da Lei n.º 24/96, de 31 de Julho, bem como à acção popular contemplada no n.º 2 do artigo 12.º da Lei n.º 83/95, de 31 de Agosto, destinadas a prevenir, corrigir ou fazer cessar práticas lesivas dos direitos dos consumidores. A prática lesiva inclui qualquer prática contrária aos direitos dos consumidores, designadamente a que contrarie as legislações dos Estados-Membros que transpõem as directivas comunitárias constantes do anexo a esta lei, da qual faz parte integrante. Por este diploma permite-se que em relação às práticas lesivas intra-comunitárias certas entidades previamente registadas na Direcção-Geral do Consumidor possam exercer direito de acção transnacional (arts. 3.º a 5.º). Desta forma combater-se-iam as dificuldades do Direito Privado em matéria de acesso à justiça dos consumidores através das acções populares, atribuindo o direito de acção transnacional a certas entidades.

3. DIREITO DA CONCORRÊNCIA E DIREITO DO CONSUMO

Como referimos anteriormente a evolução do Direito do Consumo está dependente da evolução do Direito da Concorrência. Esta situação resulta da conexão íntima das duas disciplinas jurídicas exponenciada pela europeização do Direito da Concorrência e do Direito do Consumo dentro de uma política mais vasta do Direito do Mercado Interno[136].

---

[135] Cfr. MIGUEL TEIXEIRA DE SOUSA, *A Tutela Jurisdicional...*, p. 297.
[136] CARLOS FERREIRA DE ALMEIDA, *Direito do Consumo...*, pp. 55-56, identifica afinidades mas recusa que o Direito do Consumo e o Direito da Concorrência possam ser unificados num Direito do Mercado ou dos comportamentos no mercado.

Há áreas que desde os Tratados constitutivos têm sido consideradas como fundamentais para a realização do mercado comum, pelo que não podem deixar de ser tomadas em consideração pelo legislador comunitário. Nestas áreas incluem-se as políticas de concorrência e do consumo. Estas matérias têm engrossado o caudal legislativo comunitário, normalmente com recurso à figura das directivas, que são posteriormente transpostas para os direitos internos, contribuindo para a formação de um embrionário Direito europeu privado e para a uniformização jurídica das legislações nacionais dos Estados-Membros na União. Por outro lado, a União Europeia, em especial a Comissão, actua, cada vez mais, como o regulador do mercado comum europeu e, sob este ponto de vista, surge como ponto de partida dos modelos internos de regulação, funcionando as instituições políticas nacionais como coordenadoras das diferentes regulações sectoriais[137].

A aproximação do Direito do Consumo ao Direito da Concorrência e o seu afastamento de disciplinas privadas como o Direito Comercial importa também um acréscimo na publicização do consumo, que não consegue actualmente ser enquadrado fora do contexto do debate da necessidade de intervenção do Estado na economia e nas restrições à livre iniciativa

---

[137] Apresentando o Estado regulador como substituto do Estado de bem-estar keynesiano e o paralelismo político e legislativo dos níveis europeu e nacional, GIANDOMENICO MAJONE, *La Communauté européenne: un Etat régulateur*, Montchrestien, Paris, 1996, pp. 51 e ss, e *"The European Comission as regulator"*, Regulating Europe, European Public Policy Series, Routledge, London, 1996, pp. 61 e ss e ANTONIO LA SPINA/GIANDOMENICO MAJONE, *Lo Stato regolatore*, il Mulino, 2000, pp. 227 e ss. Sobre as posições de MAJONE, cfr. PAULO PITTA E CUNHA, *"A União Europeia e a Concepção do Estado Regulador"*, RFDUL, vol. XLVI, n.º 2, 2005, pp. 1053-1063, distinguindo as três funções de MUSGRAVE: *i)* afectação que visa a satisfação de necessidades colectivas, corrigindo insuficiências de mercado justificadas pela utilidade social; *ii)* redistribuição e *iii)* estabilização que se traduz na regulação da procura global para promover o pleno emprego e o crescimento. MAJONE recupera a trilogia de funções, na qual se destacam a redistribuição, a estabilização e a regulação, que compreende intervenções públicas para a correcção de deficiências de mercado. É sobretudo sobre a função reguladora que, segundo MAJONE, incide a actividade dos órgãos da União Económica que se tranformou num Estado regulador através da hipertrofia da função reguladora, pela incapacidade de exercer as outras funções (pp. 1057-1058). Segundo PAULO PITTA E CUNHA, *"A União continua a não desempenhar, senão em moldes muito limitados, qualquer das funções constantes da trilogia de Musgrave, concentrando-se na actividade reguladora sob a forma de de uma acção normativa visando corrigir imperfeições do mercado. A União não desempenha de todo a função de estabilização, e só muito parcialmente pratica a redistribuição"* (p. 1061). A função reguladora é vista por MAJONE como uma combinação das funções legislativas, executivas e judiciais, que tem justificado a deriva normativa da União Europeia (cfr. p. 1058, n. 12).

económica[138]. Os direitos dos consumidores podem ser enquadrados como restrições à liberdade de iniciativa económica, na qual se filia a liberdade contratual. Impõe-se, por isso, compreender o horizonte de fundo da livre iniciativa económica que condiciona o mercado no qual operam os consumidores, bem como compreender que actualmente as políticas da concorrência surgem, muitas vezes, sob a nomenclatura de políticas de consumo e vice-versa, o que implica que parte do Direito do Consumo, em especial o Direito Administrativo do Consumo se encontre em sobreposição com o Direito Administrativo da Regulação[139].

O Direito Privado assegura a continuidade do liberalismo através de esquemas de permissão. Porém, factores históricos ligados à evolução dos mercados, como a concentração empresarial, vieram exigir novos esquemas de proibição para protecção da ordem liberal, acrescentando legislação complementar às codificações civis. Exigências dogmáticas e práticas ditaram a especialização crescente de vários ramos do direito que se autonomizaram (ainda que porventura não dogmaticamente) do Direito Privado, alguns directamente do Direito Civil, outros do Direito Comercial. Entre estes ramos encontra-se o Direito da Concorrência e o Direito do Consumo[140].

A defesa da concorrência encontra-se hoje significativamente impregnada de regras europeias e de directivas comunitárias. O regime jurídico português da concorrência dispersa-se pela Lei n.º 18/2003, de 11 de Junho, pela constituição e atribuições da Autoridade da Concorrência, adoptada pelo Decreto-Lei n.º 10/2003, de 18 de Janeiro, e em regras atinentes a práticas individuais proibidas, previstas pelo Decretos-Lei n.º 140/98, de 16 de Maio, e n.º 10/2003, de 18 de Janeiro[141].

O crescimento da área da vinculação através da ideia de dever e de escopo económico-social aumenta a intervenção do Estado na economia[142].

---

[138] CARLOS FERREIRA DE ALMEIDA, *Os Direitos dos Consumidores...*, pp. 233-234, fazendo corresponder o Direito do Consumo a um tema simultaneamente do Direito da Economia e do Direito Comercial e Civil.

[139] Atribuindo um papel de garantia ao Estado regulador, PEDRO GONÇALVES, *Direito Administrativo da Regulação*, Estudos em Homenagem ao Professor Doutor Marcelo Caetano, vol. II, Coimbra, 2006, pp. 535-573.

[140] MENEZES CORDEIRO, *Tratado de Direito Civil Português, I...*, pp. 201-216.

[141] Para outros desenvolvimentos, PAULA VAZ FREIRE, *Direito Administrativo da Concorrência*, Tratado de Direito Administrativo Especial, vol. V. (coord. Paulo Otero e Pedro Gonçalves), Almedina, Coimbra, 2009, pp. 457-547.

[142] MENEZES CORDEIRO, *Direito da Economia*, AAFDL, 1986, p. 79.

O sistema jurídico vai evoluindo com as alterações do Direito e com o modo como o Estado aumenta ou recua na sua intervenção na economia, designadamente concedendo mais espaço aos tribunais e aos particulares para, através das acções particulares, actuarem como formas de correcção dos equilíbrios da concorrência ou, burocratizando os controlos, centralizando--os em entidades administrativas.

Em matéria de aplicação das regras de concorrência denota-se um escasso número de questões levantadas directamente nos tribunais nacionais e um tratamento muito aligeirado dessas questões, bem como uma tendência dos tribunais para não conhecerem os problemas de fundo, ou para os resolverem com recurso a questões processuais, verificando-se, inclusive, normalmente um tratamento jurisdicional mais benigno das violações da concorrência do que aquele que lhe é dado pelos órgãos de defesa da concorrência. Trata-se de uma tendência genérica, que espelha a especial dificuldade dos tribunais em lidarem com o Direito da Concorrência[143]. Revela, igualmente, a tendência para subtrair esta matéria ao domínio jurisdicional, pela excessiva intervenção da regulação pública do mercado, e para retirar da esfera dos particulares a reacção aos ilícitos concorrenciais, diminuindo-se, assim, o papel do Direito Privado na reposição de equilíbrios no mercado. O papel do Direito privado na concorrência é o de impedir os acordos e práticas anticoncorrenciais prejudiciais e o de assegurar o direito à indemnização dos concorrentes afectados por essas práticas. Porém, o Direito português da concorrência é essencialmente um direito de ordenação do mercado[144], com uma dimensão juspública, mas é também um direito que consagra directamente direitos e deveres dos agentes económicos, pelo que não se deve obnubilar o importante papel dos particulares neste domínio.

O Direito da Concorrência emerge como um direito conformador do mercado. Neste domínio a "Constituição económica europeia" tem vindo a substituir paulatinamente a nacional. Deste modo, o Direito da Concorrência vigente no nosso país, à semelhança do Direito do Consumo, como já se fez referência, é marcadamente influenciado pelo Direito europeu[145].

---

[143] EDUARDO PAZ FERREIRA, *Os Tribunais Portuguesas e o Direito da Concorrência*, Separata da Revista da Banca, n.º 49, Janeiro-Junho, 2000, p. 15.

[144] EDUARDO PAZ FERREIRA, *Os Tribunais Portuguesas e o Direito da Concorrência...*, pp. 5 e ss.

[145] EDUARDO PAZ FERREIRA, **"O Direito Económico Português à sombra da Constituição Económica Europeia"**, *O Direito Contemporâneo em Portugal e no Brasil*, (coor-

A política comunitária de defesa da concorrência e do consumo adquiriu, hoje, um papel central.

A liberdade de iniciativa económica, que se encontra regulada no artigo 61.º, n.º 1, da CRP, relaciona-se com o valor da autonomia individual, configurando-se como um elemento estruturante do sistema económico, ligado ao funcionamento do mercado, o que não impede a intervenção conformadora estadual na organização política da concorrência comercial realizada no quadro da Constituição económica. A liberdade de iniciativa privada constitui simultaneamente *i)* um "direito" de natureza análoga à dos direitos, liberdades e garantias e *ii)* uma garantia institucional[146]. Trata-se de um "direito de liberdade", que revela a autonomia das pessoas e dos grupos formados na sociedade civil frente ao Estado. O cerne da sua estrutura está na actividade dessas pessoas e desses grupos e não na actividade do Estado. Tal não significa que se reduza a um "direito negativo" e que o seu exercício não torne conveniente a intervenção reguladora do Estado. Dada esta sua natureza, a liberdade de iniciativa económica pode ser imediatamente aplicada no seu conteúdo preceptivo, sendo-lhe aplicável o regime dos direitos, liberdades e garantias. A liberdade de iniciativa económica configura-se, ainda, como uma garantia institucional, como um

---

denadores Ives Gandra da Silva Martins e Diogo Leite Campos), Almedina, Coimbra, 2003, pp. 237-254.

[146] JORGE MIRANDA, *"Iniciativa económica"*, Nos Dez Anos da Constituição, INCM, 75 ss (publicado igualmente em JORGE MIRANDA, *Escritos Vários sobre Direitos Fundamentais*, Principia, 2006, pp. 173-184) e JORGE MIRANDA/RUI MEDEIROS, **Constituição Portuguesa Anotada**, Tomo I, Coimbra Ed., 2005, pp. 620-621. No sentido de se tratar de um direito fundamental, SOUSA FRANCO, ***Nota sobre o princípio da liberdade económica***, BMJ, 355, (1986), pp. 11 e ss. Antes da revisão de 1982, GOMES CANOTILHO/VITAL MOREIRA orientavam-se no sentido de não considerar a liberdade de iniciativa económica um direito fundamental. Actualmente, orientam-se claramente no sentido de que não se trata apenas de um princípio de organização económica, mas também de um direito fundamental com analogia substantiva com os direitos, liberdades e garantias enquanto direito determinável e de exequibilidade imediata. Cfr. neste sentido, ANTÓNIO CARLOS DOS SANTOS/MARIA EDUARDA GONÇALVES/MARIA MANUEL LEITÃO MARQUES, **Direito Económico**, 6.ª ed. revista e actualizada, Almedina, Coimbra, 2011, p. 45-46. Sobre a revisão de 1982, cfr. SOUSA FRANCO, *"A revisão da Constituição Económica"*, Separata da ROA, pp. 45 e ss. MENEZES CORDEIRO, *"Defesa da concorrência e direitos fundamentais das empresas"*, Direito, Ano 136.º, (2004), I, p. 63, considera que a liberdade de iniciativa económica não configura um direito subjectivo, pelo que haveria uma diferenciação entre o conceito de direito fundamental e o de direito subjectivo, concluindo que a natureza genérica das permissões em que assentam não permite que surjam como direitos subjectivos.

princípio de organização económica do qual o legislador ordinário não se pode afastar, enquanto instituição presente na ordem social que a Constituição conforma directa e imediatamente e à qual concede protecção.

Há que distinguir entre os direitos fundamentais, reconhecidos aos sujeitos económicos, e as instituições em que os mesmos se concretizam e que os fundamentam, mas com os quais não se confundem. A liberdade de mercado dá origem à instituição mercado, *mutatis mutandis* a liberdade de iniciativa económica à instituição empresa. A liberdade de iniciativa económica corresponde à possibilidade de livre expansão da personalidade em actos com conteúdos e fins económicos, quer sejam materiais quer sejam jurídicos[147], podendo assumir duas formas substancialmente distintas: *i)* a liberdade de actividade de actuação material, que consiste na livre escolha e prática de actos com natureza económica, e *ii)* a liberdade jurídica, que corresponde ao poder de dispor dos próprios bens pessoais ou patrimoniais, mediante a criação de preceitos concretos, em execução de disposições normativas da ordem jurídica, através do comportamento individual (liberdade negocial) ou da interacção com a livre vontade de outros sujeitos (liberdade contratual)[148]. Nestes termos, o fundamento constitucional da liberdade contratual, da autonomia privada, pode ser encontrado na liberdade constitucional de iniciativa económica, sendo que os direitos dos consumidores constitucionalmente consagrados implicam uma concordância prática relativamente a uma liberdade de cariz genérico.

Da protecção da liberdade de iniciativa económica surge como decorrência a liberdade de concorrência, prevista no artigo 81.º, f) da Constituição. Assim, no modelo constitucional português vigora, actualmente, um princípio de liberdade quanto ao exercício de actividades económicas. A iniciativa económica encontra-se sujeita a regulamentação necessária por lei, exercendo-se nos quadros definidos pela Constituição. Não está, porém, sujeita a "reserva de lei", no sentido de que necessita da mediação da lei para se concretizar, uma vez que se trata de uma norma exequível por si mesma, conferindo a todos um espaço de liberdade de acção[149]. A liberdade de iniciativa económica é considerada um "direito" fundamental de natureza análoga. Há um primeiro momento de acesso à iniciativa, que se traduz na liberdade de estabelecimento, e há um segundo momento, que

---

[147] Sousa Franco, *Nota sobre o princípio da liberdade económica...*, p. 12.
[148] Sousa Franco, *Nota sobre o princípio da liberdade económica...*, p. 13.
[149] Jorge Miranda, *Iniciativa económica...*, p. 77.

se configura no resultado da iniciativa e que se reconduz essencialmente à liberdade de empresa[150].

A ideia de liberdade económica representa uma das chaves de definição do estatuto económico da pessoa e da caracterização jurídico--constitucional do modelo de organização e de funcionamento da economia, surgindo como liberdade de trabalho, de comércio, de indústria, de propriedade e de livre concorrência[151]. Em termos jushistóricos, a liberdade económica implica uma ruptura com esquemas pré-capitalistas e um sinal da liberalização e do acolhimento das instituições típicas do capitalismo. O âmbito e o fundamento da liberdade económica integram o núcleo da liberdade individual. Num sentido mais restrito, a liberdade económica reconduz-se à liberdade de produção, enquanto iniciativa relativa à criação de meios e de formas de satisfação de necessidades e de consumo. O princípio que decorre da liberdade económica, nos sistemas em que existe, é o do livre exercício das actividades produtivas pela generalidade dos sujeitos económicos. Trata-se de um princípio que decorre da Constituição Económica e que recorta o sistema económico como sistema de liberdade e de mercado[152].

A Constituição remete para a lei a definição dos quadros do exercício da iniciativa privada, não sendo, no entanto, possível pô-la em causa, mas tão só compatibilizá-la com outros valores ou direitos de igual dignidade que com ela possam entrar em conflito, designadamente os direitos dos consumidores. Para além disto, cabe à lei definir o quadro em que a iniciativa económica se exerce, introduzindo-lhe restrições e explicitando o seu conteúdo. Desta garantia resulta uma reserva de lei, que reforça a iniciativa privada, na medida em que não pode ser limitada pela Administração. Com efeito, ainda que o artigo 61.º, n.º 1, da CRP tem um conteúdo exequível por si mesmo ao conferir a protecção de um espaço individual de liberdade de acção, na medida em que os diferentes espaços conflituam entre si, estabelece-se uma reserva de lei na resolução deste conflito. As liberdades constitucionais não se enquadram em termos técnico-jurídicos nos direitos subjectivos privados, porque, mais do que permitirem o aproveitamento de um bem, funcionam sobretudo como direitos de defesa contra o Estado. As liberdades traduzem essencialmente uma alternativi-

---

[150] JORGE MIRANDA, *Manual de Direito Constitucional*, Tomo IV, Direitos Fundamentais, 3.ª ed., Coimbra Ed, 2000, p. 516.
[151] SOUSA FRANCO, *Nota sobre o princípio da liberdade económica...*, p. 11.
[152] SOUSA FRANCO, *Nota sobre o princípio da liberdade económica...*, pp. 18 e ss.

dade de comportamento[153]. É certo que algumas das liberdades fundamentais implicam direitos subjectivos privados. Todavia outras acabam por traduzir-se em liberdades genéricas, que comportam essencialmente uma dimensão objectiva. Ora, a liberdade de iniciativa privada e de concorrência apontam indiscutivelmente para este enquadramento.

Segundo MENEZES CORDEIRO, a concorrência deve ser tutelada no quadro do sistema e da Ciência do Direito[154]. Esta matéria tem assento comunitário nas normas proibidoras dos acordos e dos procedimentos limitadores da concorrência e do abuso de posição dominante. Por sua vez, os artigos 61.º, n.º 1, e 81.º, f), da CRP estabelecem um princípio de liberdade de iniciativa económica. A liberdade de concorrência resulta do princípio da autonomia privada que *in limine* assente no próprio princípio da dignidade humana. No entanto, uma concepção liberal estrita do mercado foi substituída por um conceito de mercado livre sujeito a regulação. Esta regulação é necessária face ao paradoxo de que a liberdade sem qualquer condicionamento tende a auto-aniquilar-se. Com efeito, desde cedo se compreendeu que o liberalismo económico, pela concentração empresarial, continha o gérmen da sua destruição[155]. Um dos fundamentos em que assenta a regulação é a própria defesa do consumidor, como operador do mercado, carente de uma protecção jurídica que não seja completamente desvirtuadora da liberdade de iniciativa económica que deve permanecer o horizonte de fundo do mercado. Ora, é este contexto de um Direito que conforma uma regulação pública do mercado, em que um dos campos de intervenção é o da protecção do consumidor, que permite autonomizar a disciplina do Direito Administrativo do Consumo. A necessidade de uma regulação do mercado através de controlos administrativos e burocráticos vai levar à criação de estrutura administrativa, muitas vezes auto-reprodutiva, cujo objectivo é implementar uma política de concorrência e consumo, criando o quadro jurídico legislativo, regulamentar e administrativo que sustenta a sua própria actuação[156]. Alcança-se, deste modo, o destino do anterior percurso desenvolvido: o Direito Administrativo do Consumo (§ 4).

---

[153] GOMES CANOTILHO, *Direito Constitucional e Teoria da Constituição*, 6.ª ed., Almedina, Coimbra, 2002, pp. 1245-1246.
[154] MENEZES CORDEIRO, *"Defesa da concorrência ...*, pp. 43-76.
[155] MENEZES CORDEIRO, *Defesa da concorrência...*, p. 47.
[156] PEDRO GONÇALVES, *Direito Administrativo da Regulação...*, pp. 540-541.

4. O DIREITO ADMINISTRATIVO DO CONSUMO

4.1. Perspectivas

A Direito Administrativo pode ser visto de uma perspectiva orgânica, material e formal, de acordo com as diferentes formas como é vista a própria Administração Pública. No primeiro sentido, reporta-se à organização administrativa; no segundo, à actividade administrativa; e, no terceiro, ao modo de agir da administração pública. No seu sentido orgânico, reconduz--se a um sistema de órgãos, serviços, agentes do Estado e demais pessoas colectivas públicas que asseguram, em nome da colectividade, a satisfação regular e contínua das necessidades colectivas. No seu sentido material, reconduz-se à actividade típica dos serviços e agentes administrativos desenvolvida no interesse geral da colectividade, com vista à satisfação regular e contínua das necessidades[157]. São os sentidos orgânico e material que nos interessa por em relevo na área do consumo.

É célebre a definição de Direito Administrativo de Marcelo Caetano como *"o sistema de normas jurídicas que regulam a organização e o processo próprio de agir da Administração Pública e disciplinam as relações pelas quais ela prossiga interesses colectivos podendo usar do privilégio de execução prévia"*[158]. Ora, uma adaptação da referida definição aplicada ao Direito Administrativo do Consumo corresponderia ao sistema de normas jurídicas que regulam a organização e actividade da Administração Pública na área do consumo e disciplinam as relações pelas quais a protecção do consumidor é prosseguida. Para Afonso Queiró administrar seria *agir ao serviço de determinados fins e com vista a realizar certos resultados*[159]. No contexto da Administração Pública do Consumo o resultado aponta para a protecção jurídica do consumidor numa perspectiva colectiva do consumo como bem jurídico-público.

---

[157] Diogo Freitas do Amaral, *Curso de Direito Administrativo*, 3.ª ed., 2011, Almedina, Coimbra, pp. 29-39, Marcelo Rebelo de Sousa/André Salgado de Matos, *Direito Administrativo Geral. Introdução e princípios fundamentais*, Tomo I, 3.ª ed reimpressão, D. Quixote, 2010, pp. 44-54, e João Caupers, *Introdução ao Direito Administrativo*, 10.ª ed, Âncora, 2009, pp. 30-35.

[158] Marcelo Caetano, *Manual de Direito Administrativo*, vol. I, Almedina, Coimbra, 2010, p. 43.

[159] Afonso Queiró, *Lições de Direito Administrativo*, 1976, p. 6. Cfr. João Caupers, *Introdução à Ciência da Administração Pública*, Âncora, 2002, p. 11.

Importante para efeitos da delimitação do Direito Administrativo do Consumo é a compreensão da esfera do Estado prestador de serviços, na qual a noção de serviço público é fundamental[160], designadamente na definição dos chamados serviços públicos tradicionais. A esta esfera acrescenta-se, hoje em dia, a do Estado regulador, típico de um modelo pós-liberal, em que lhe é exigido um papel interventor na regulação dos mercados. Esta nova função, que foi importada do modelo norte-americano, contaminou os direitos europeus, essencialmente através do Direito comunitário. Pode-se, assim, afirmar que existe uma área do Direito Administrativo do Consumo que se liga à disciplina jurídica dos serviços públicos essenciais, sobretudo através do sector empresarial do Estado e, uma segunda área, que se encontra imbricada no Direito da Regulação e no Direito da Concorrência, na qual surgem novas entidades administrativas, em especial as autoridades reguladoras independentes. Com efeito, a liberalização de sectores da economia – que obrigou o Estado a recuar no seu papel de prestador de serviços – tem como consequência o nascimento do Estado regulador dos sectores da economia dos quais se retirou[161].

Deste modo, o Direito Administrativo do Consumo não pode ser devidamente compreendido sem ser integrado na evolução histórica quer do próprio Direito Administrativo geral – em que se incluem, designadamente, as normas fundamentais, os conceitos basilares, os princípios gerais, as regras aplicáveis a todas as situações – quer de alguns ramos do Direito Administrativo especial, em particular do Direito Administrativo Económico e, neste, do Direito Administrativo da Concorrência e da Regulação. Na verdade, as fronteiras do Direito Administrativo foram-se alterando ao sabor das suas próprias evoluções e uma questão que deve ser colocada no contexto mais alargado do Direito da Regulação é a do papel e da eficácia das autoridades reguladoras e a da necessidade de uma reforma deste modelo.

Ligados à proliferação das autoridades independentes há alguns mitos que a literatura jurídica tem tentado desmistificar, e cujo contributo pode ser utilizado como fundamento de uma nova filosofia que leve à reforma da Administração da Concorrência e do Consumo. O primeiro mito é o da independência destas entidades, que foi criticado, entre outros, por VITAL MOREIRA, que salientou a governamentalização das suas decisões, de que é

---

[160] DIOGO FREITAS DO AMARAL, *Curso de Direito Administrativo*..., pp. 792 e ss.
[161] ANTONIO LA SPINA/GIANDOMENICO MAJONE, *Lo Stato regolatore*..., pp. 15 e ss.

exemplo o veto governamental[162]. O segundo mito centra-se na protecção do consumidor realizada por estas entidades com base numa visão integrada dos interesses no mercado, o que, seguramente, nem sempre se verifica[163].

O aparecimento destas entidades está igualmente ligado a uma evolução do direito sancionatório, que se revela simultaneamente através de um recuo do Direito Penal económico e de um aumento exponencial do Direito contra-ordenacional, o que tem levado, cada vez mais, estas entidades, na sua impotência de fornecerem uma resposta sancionatória adequada, a reivindicarem a criminalização de uma série de comportamentos no mercado.

Esta evolução do direito sancionatório e das relações entre Direito Penal e Direito Administrativo, que se foram estabelecendo ao longo do século XX, exigem um enquadramento histórico que importa ao Direito Administrativo do Consumo, em particular no que respeita à emergência do Direito Contra-ordenacional do Consumo[164]. FIGUEIREDO DIAS chama a atenção para o facto de, no período posterior à Revolução Francesa, o Direito Administrativo concentrar a sua actividade de polícia na protecção antecipada de perigos para os direitos subjectivos dos particulares, e o Direito Penal estar circunscrito à protecção contra ataques a direitos subjectivos. Porém, no início do século passado esta situação altera-se. Com efeito, surge um Direito Penal Administrativo, como uma linha avançada do Direito Penal de justiça, e, dentro deste, mais tarde, uma área de Direito Penal secundário com relevo ético-social e um grosso caudal de contra--ordenações em áreas ético-socialmente neutras. As contra-ordenações surgem no direito alemão com a Lei das Contra-ordenações, de 1952, por influência de EBERHARD SCHMIDT, com o propósito de extirpar do Direito penal um número significativo de infracções, que se consideravam ético--socialmente irrelevantes, procurando desenvolver o carácter dissuasor das sanções pecuniárias, e que estas pudessem ser aplicadas pelas entidades administrativas. O modelo alemão das contra-ordenações foi elogiado por

---

[162] Para uma análise da tendência de desgovernamentalização das entidades reguladoras, cfr. PEDRO GONÇALVES, *Direito Administrativo da Regulação*...,p. 549-550.

[163] VITAL MOREIRA/FERNANDA MAÇÃS, *Autoridades Reguladoras Independentes. Estudo e projecto de Lei-quadro,* Coimbra Ed, 2003, p.10. Cfr. PEDRO GONÇALVES, *Direito Administrativo da Regulação*..., pp. 570 e ss, sobre a prossecução de interesses públicos das entidades reguladoras numa lógica de equilíbrios, de convergências e de interconexões entre interesses públicos e privados.

[164] No passado já encetámos uma investigação sobre a relação entre o Direito Penal e o Direito Contra-ordenacional. Cfr. ADELAIDE MENEZES LEITÃO, *Normas de protecção*..., pp. 493 e ss.

EDUARDO CORREIA e veio a ser adoptado pelo legislador nacional, permitindo substituir gradualmente as contravenções de modelo napoleónico[165]. O artigo 1.º do Decreto-Lei n.º 433/82, de 27 de Outubro, contém uma definição do ilícito contra-ordenacional meramente formal, na medida em que o faz corresponder ao ilícito ao qual se aplica a sanção coima. FIGUEIREDO DIAS considera que a distinção entre ilícito penal e contra-ordenacional deve operar em termos materiais, dado que só o Direito penal protege bens jurídico-penais, nos quais se concretiza a ordem axiológico-constitucional. Ainda que não seja a Constituição a decidir se uma conduta deve constituir um crime ou uma contra-ordenação, desenha não obstante princípios materiais e orgânicos distintos para o ilícito penal e para o ilícito contra--ordenacional, permitindo, por isso, limitar a discricionariedade do legislador na distinção material entre os dois tipos de ilícito. O quadro constitucional permite pois sublinhar a autonomia do ilícito contra-ordenacional[166].

Apesar do ilícito administrativo ser uma consequência do aumento das funções estaduais, resultado de um crescente dirigismo político--económico[167], as suas origens devem procurar-se na origem do próprio Estado e nos primórdios do desenvolvimento da jurisdicionalização da função administrativa, na medida em que são as autoridades administrativas e não os tribunais que aplicam essas sanções, aumentando as situações em que a Administração tem de dizer o direito[168]. Simultaneamente, regista-se um processo de purificação do ilícito criminal, delimitado pela sua jurisdicionalização.

O modelo contra-ordenacional alemão também se impôs como modelo sancionatório dos comportamentos no mercado, em especial na área da concorrência e do consumo. Curiosamente, o caudal contraordenacional aumenta com o recuo do Direito Penal e com um maior dirigismo estadual na economia. Num segundo momento, o recuo do Estado na economia e a sua substituição pelo Estado regulador engrossa também os compor-

---

[165] JORGE DE FIGUEIREDO DIAS, *Temas básicos da Doutrina Penal, Sobre os Fundamentos da Doutrina Penal. Sobre a Doutrina Geral do Crime*, Coimbra Editora, 2001, pp. 135-144.

[166] JORGE DE FIGUEIREDO DIAS, *Temas básicos...*, pp. 145-150.

[167] FREDERICO COSTA PINTO, *O ilícito de mera ordenação social e a erosão do princípio da subsidariedade da intervenção penal*, RPCC, Ano 7, Fasc. 1, Jan-Mar, (1997), pp. 12-13.

[168] PEDRO GONÇALVES, *Direito Administrativo da Regulação...*, p. 546, aproximando as entidades reguladoras da função jurisdicional ou quase-judicial.

tamentos sancionados com contra-ordenações. Actualmente, com a crise de 2008-2011, tem-se apontado para a necessidade de criminalizar certos comportamentos no mercado, mas isso não é mais do que o reconhecimento das falhas de regulação que muitos colocam na origem desta crise. Não se trata de sublinhar o colapso do modelo de economia liberal regulada, mas tão-somente dos modelos de regulação, em concreto, importados do outro lado do Atlântico.

Falar em Direito Administrativo do Consumo tem essencialmente uma dimensão de arrumação pedagógica e didáctica cuja característica mais saliente de especialidade em relação ao Direito Administrativo geral será uma maior aproximação a outros ramos jurídicos, ou seja, a "zona de condomínio" que ocupa[169]. Não nos é possível, assim, na linha de OLIVEIRA ASCENSÃO, considerar que a intervenção da Administração e do Direito Administrativo ao nível da protecção do consumidor é meramente complementar[170], o que não significa que subscrevemos integralmente a posição de ANTUNES VARELA de localizar o Direito do Consumo mais próximo do Direito Administrativo[171]. Porém, ainda que rejeitando a tese de que o Direito do Consumo possa ser integralmente inserido no Direito Administrativo, correspondendo a um desvalorização das normas do Direito Privado, também não se acompanha a ideia de que as normas relativas ao consumo, que se integram no Direito Administrativo, não têm peso significativo, a não ser que se considere que nele se integram todas as normas relativas ao Direito Público da Economia como defende FERREIRA DE ALMEIDA[172].

O Direito Administrativo do Consumo pode ser visto por dois prismas distintos: a Administração Pública do Consumo e a protecção e representação dos consumidores no domínio dos procedimentos legislativos e administrativos. Na primeira acepção, o consumo pressupõe diferentes organismos estaduais incumbidos dessa protecção: o Ministério da Economia, em matéria de controlo da qualidade e segurança alimentar, rotulagem e preços

---

[169] PAULO OTERO, V*inculação e Liberdade de Conformação jurídica do Sector Empresarial do Estado*, Coimbra, 1998, p. 7, utilizando a expressão "região de condomínio".
[170] JOSÉ OLIVEIRA ASCENSÃO, *Direito Civil e Direito do Consumidor...*, p. 33.
[171] ANTUNES VARELA, *Direito do Consumo*, EDC, n.º 1, 1999, pp. 394 e ss. De referir que esta aproximação resultava de se considerar que as Leis de Defesa do Consumidor eram essencialmente legislação administrativa na medida em que se estabeleciam obrigações do Estado e das Autarquias Locais. Por outro lado, o conceito de consumidor deveria suscitar reservas aos civilistas na medida em que criava uma desigualdade entre produtor e consumidor que o Direito Civil não poderia aceitar.
[172] CARLOS FERREIRA DE ALMEIDA, *Direito do Consumo...*, p. 81, nota 354.

e publicidade; o Ministério da Educação, na informação e educação para o consumo; e o Ministério da Justiça, na protecção jurídica e no direito a uma justiça acessível. Existe, assim, uma Administração Pública que visa a protecção dos direitos do consumidor. A esta Administração acresce toda Administração Pública reguladora e grande parte do próprio sector empresarial do Estado no qual se desenvolvem relações com utentes que não podem deixar de ser, neste contexto, devidamente tidas em consideração.

Por outro lado, é na articulação da Lei de Defesa do consumidor com o Código de Procedimento Administrativo que se centram as relações entre a tutela do consumo e o procedimento administrativo. A Lei nº. 24/96, de 31 de Julho, no seu art. 1º., estabelece um dever geral de protecção por parte da Administração Pública, no seu conjunto, do consumidor, pressupondo para tal uma intervenção legislativa e regulamentar adequada. A protecção administrativa do consumo passa ainda pela representação nos órgãos consultivos da Administração Pública do Consumo e pelo sistema de reclamações no âmbito da fiscalização do cumprimento da legislação de defesa do consumidor.

A partir desta esquematização do Direito Administrativo do Consumo impõe-se sistematizar a segunda parte deste estudo nas seguintes áreas: o Sistema Administrativo de Defesa do Consumidor, dividido em órgãos com competências em matéria do consumo, reguladores e fiscalizadores (§5.), outras entidades do Sistema Administrativo de Defesa dos Consumidores (§6.), reformas administrativas (§7.) serviços públicos essenciais e sector empresarial do Estado (§8.), protecção dos consumidores nos procedimentos administrativos (§9.) e sistema de reclamações dos consumidores (§10.).

5. SISTEMA ADMINISTRATIVO DE DEFESA DO CONSUMIDOR

5.1. Visão geral

Existe, como já se fez referência, um conjunto de entidades da Administração Pública que tem por missão a defesa do consumidor. Nesta perspectiva orgânica podemos falar num sistema público de defesa do consumidor. No Anteprojecto de Código do Consumidor depara-se um título IV referente ao "Sistema Português de Defesa do Consumidor". No contexto do presente estudo autonomiza-se o Sistema Administrativo de Defesa do

Consumidor, que pode ser visto como o conjunto de entidades públicas que têm como objectivo assegurar a defesa do consumidor. Por isso, independentemente da aprovação do Anteprojecto do Código do Consumidor, entende-se que já hoje existe – ainda que não formalmente em diploma autónomo – o sistema nacional de defesa do consumidor desenhado através de um conjunto muito variado de diplomas.

Genericamente, para além dos órgãos constitucionalmente incumbidos da defesa do consumidor, como o Provedor de Justiça, o Ministério Público, pode-se referir uma série de outras entidades com funções na área da defesa do consumidor: o Estado, as Regiões Autónomas, as Autarquias Locais, o Governo, em especial o membro responsável pela área de defesa do consumidor, a Direcção-Geral do Consumidor, o Conselho Nacional de Defesa do Consumidor, e a Comissão de Segurança de Serviços e Bens de Consumo.

Para além destes, autonomizam-se ainda a entidade reguladora da concorrência (Autoridade da Concorrência) e entidades reguladoras sectoriais (Autoridade de Segurança Alimentar e Económica, Inspecção-Geral das Actividades Culturais, Instituto Nacional da Farmácia e do Medicamento, Instituto de Seguros de Portugal, Banco de Portugal, ICP-Anacom), as entidades que integram o Sistema Português de Qualidade, as entidades fiscalizadoras do cumprimento das normas de defesa do consumidor, a Comissão de Aplicação de Coimas em Matéria Económica, o Centro Nacional de Informação, Mediação, Conciliação e Arbitragem em Matéria de Consumo e os Centros ou Serviços Autárquicos de Informação ao Consumidor.

Todas estas entidades prosseguem finalidades de defesa do consumidor. Para além da Administração directa do Estado há que contar ainda com o sector empresarial do Estado-prestador[173], integrado com as entidades reguladoras na administração indirecta do Estado, no qual se insere um conjunto significativo de serviços públicos dotados normalmente de estrutura empresarial, que asseguram directamente a produção de bens e a prestação de serviços tendentes a satisfazer certas necessidades tidas como essenciais e que chamou a si a faculdade de criar empresas em qualquer sector económico, desenvolvendo uma actividade empresarial em concorrência com as entidades privadas ou em áreas que o Estado reserva para si[174].

---

[173] Sobre as empresas públicas, FREITAS DO AMARAL, *Curso de Direito Administrativo*, vol. I, 3.ª ed, Almedina, Coimbra, 2011, pp. 383-417.
[174] PAULO OTERO, *Vinculação e Liberdade* ..., p. 39.

De referir, em relação a esta administração prestadora, que os utentes estão abrangidos pelo conceito de consumidor do art. 2.º da Lei de Defesa do Consumidor pelo lhes é aplicável esta legislação. Note-se que grande parte dos serviços referidos situa-se no âmbito dos serviços públicos essenciais, estando sujeitos ao respectivo regime jurídico, e que áreas como a Administração Pública da Saúde também passaram a engrossar o sector das entidades públicas empresariais.

Estamos, assim, perante uma pesada orgânica de defesa do consumidor, que não permite uma análise exaustiva, pelo que focaremos a nossa atenção apenas nos órgãos com uma missão mais específica na referida protecção, pelo que não seremos exaustivos. Com efeito, não se analisará pessoas colectivas públicas como o Estado, as Regiões Autónomas e as Autarquias Locais e órgãos como o Governo, os Governos Regionais ou o Ministério Público, que não cabem na economia deste estudo e que possuem atribuições e competências muito para além da defesa do consumidor. Relativamente às entidades com um peso mais específico na defesa do consumidor também não seremos exaustivos na respectiva análise, procurando dar uma visão geral do quadro legislativo que baliza a sua actuação protectiva do consumo. Muitas vezes a pesquisa limitar-se-á aos diplomas que criaram estas entidades e a alguma legislação avulsa que reforça a protecção dos consumidores nos diversos sectores. No entanto, a este respeito, não de pode deixar de salientar que em muitos dos diplomas criadores destas pessoas colectivas públicas, sobretudo nos respectivos preâmbulos, mas também nas respectivas missões, se depara com uma retórica de um desenho ideal destas entidades, que nem sempre adere à realidade.

5.2. Órgãos com missão na defesa do consumidor

5.2.1. Provedor de Justiça

O Provedor de Justiça é o órgão previsto no art. 23.º da Constituição, no qual se reconhece aos cidadãos o direito de apresentarem queixas por acções ou omissões dos poderes públicos, queixas que o Provedor aprecia sem poder decisório, mas com base nas quais pode no entanto dirigir recomendações aos órgãos competentes para prevenir e reparar injustiças. A actividade do Provedor de Justiça pode igualmente ser exercida por iniciativa própria e é independente dos meios graciosos e contenciosos previstos na Constituição e nas leis. O Provedor é um órgão independente, sendo o seu titular designado pela Assembleia da República pelo tempo que a lei determinar. Os órgãos e agentes da Administração Pública têm o dever de cooperar com o Provedor de Justiça na realização da sua missão. O Provedor tem ainda assento no Conselho de Estado (art. 142.º, d) da CRP). É eleito por maioria de dois terços dos Deputados presentes (art. 163.º i) da CRP), o que recentemente suscitou dificuldades e embaraços que não contribuíram em nada para a dignificação da figura. O Provedor de Justiça desempenha também um papel em matéria de fiscalização da constitucionalidade das leis (art. 281.º, 2, d) da CRP), em especial na fiscalização da constitucionalidade por omissão (art. 283.º da CRP).

O Estatuto do Provedor de Justiça foi aprovado pela Lei n.º 9/91, de 9 de Abril, alterada pela Lei n.º 30/96, de 14 de Agosto, e pela Lei n.º 52-A/2005, de 10 de Outubro. A matéria das suas atribuições é concretizada no art. 20.º do Estatuto, sendo que as recomendações enviadas a outros órgãos constitucionais ficam dependentes da iniciativa destes para serem consequentes. Há ainda que referir a Lei orgânica da Provedoria aprovada pelo Decreto-Lei n.º 279/93, de 11 de Agosto, com alterações do Decreto-Lei n.º 15/98, de 29 de Janeiro, pelo Decreto-Lei n.º 195/2001, de 27 de Junho, e pelo Decreto-Lei n.º 72-A/2010, de 18 de Junho.

No que concerne a recomendações, a área do consumo encontra-se incluída na matéria dos assuntos económicos e financeiros, fiscalidade, fundos europeus, responsabilidade, jogo contratação pública e direitos dos consumidores. Uma análise sumária aponta que a maior parte das recomendações são relativas a serviços públicos essenciais, electricidade, gás, correios, água e outros serviços de interesse geral como transportes e vias de comunicação. Uma vez que as recomendações não são vinculativas, considera-se que o papel do Provedor na área da defesa do consumidor está dependente da vontade de outros órgãos, em especial do Governo, de acatarem as suas recomendações.

5.2.2. Direcção-Geral do Consumidor

Através da Resolução do Conselho de Ministros n.º 39/2006, de 21 de Abril, o Governo deliberou que o Instituto do Consumidor fosse integrado na Administração directa do Estado com a designação de Direcção-Geral do Consumidor, tendo o artigo 14.º da então Lei Orgânica do Ministério da Economia e da Inovação consagrado a sua existência. O Instituto do Consumidor, criado em 1993, sucedeu na universalidade dos direitos ao Instituto Nacional de Defesa do Consumidor, criado pela Lei n.º 29/81, de 22 de Agosto, primeira Lei de Defesa do Consumidor.

O Preâmbulo do Decreto-Regulamentar n.º 57/2007, de 27 de Abril, afirma que o Instituto do Consumidor assumiu um papel pioneiro na sociedade portuguesa, designadamente pelo trabalho desenvolvido na promoção dos direitos dos consumidores, no incremento do movimento associativo, no apoio ao acesso à justiça dos consumidores e à criação de mecanismos de resolução extrajudicial de conflitos de consumo, pela atenção dada à protecção dos interesses dos consumidores nas novas formas de comercialização, pelo reforço do papel do consumidor enquanto elemento do mercado, pela integração da política de defesa do consumidor nas outras políticas e pela abordagem dos direitos dos consumidores portugueses enquanto direitos de cidadãos comunitários, contribuindo para a realização do mercado interno europeu.

A complexidade da política de defesa do consumidor e a sua transversalidade, tornou, em determinados aspectos, a missão do Instituto do Consumidor complementar ou paralela da de outros serviços, sobrepondo funções. Por isso, o referido Decreto Regulamentar optou por uma reestruturação do Instituto do Consumidor e pela sua transformação numa Direcção-Geral (art. 1.º).

A Direcção-Geral do Consumidor passou então a ter como missão contribuir para a elaboração, definição e execução da política de defesa do consumidor, com o objectivo de assegurar um nível elevado de protecção (art. 2.º/1) e a prosseguir as seguintes competências: colaborar na definição e execução da política de defesa do consumidor, nomeadamente avaliando as necessidades de regulamentação em todas as matérias de interesse para os consumidores, apresentando propostas de medidas legislativas ou outras que visem a protecção dos consumidores e dinamizando a transposição e aplicação da legislação comunitária; promover, por sua iniciativa ou em conjunto com outras entidades públicas ou privadas, a divulgação da informação sobre bens, produtos e serviços, nomeadamente, os susceptíveis de afectar a saúde e o bem-estar dos consumidores, assim como dos direitos de que estes são titulares e divulgar os sistemas de informação sobre produtos de consumo perigosos instituídos pela União Europeia ou por outras organizações internacionais; fomentar e apoiar o associativismo através da concessão de meios técnicos e financeiros, avaliando a sua adequada aplicação, e promover a articulação entre as diversas entidades que participam no Sistema Português de Defesa do Consumidor, o conjunto de entidades, públicas e privadas, bem como os órgãos e serviços, centrais e locais, que têm por objectivo, directo ou mediato, assegurar os direitos do consumidor; participar regularmente nas actividades e acções comuns das entidades da União Europeia e internacionais relacionadas com o âmbito das suas atribuições e propor a celebração de acordos e convenções internacionais; exigir, mediante pedido fundamentado, a entidades públicas e privadas, as informações, os elementos e as diligências que entender necessários à salvaguarda dos direitos e interesses do consumidor; assegurar que as exigências em matéria de defesa dos consumidores são tomadas em conta na definição e execução das demais políticas do Governo; participar na definição do serviço público de rádio e de televisão em matéria de informação e educação do consumidor; e assegurar o encaminhamento de denúncias e reclamações em matéria de consumo e garantir o acesso dos consumidores aos mecanismos de resolução de conflitos de consumo (art. 2.º/2).

A Direcção-Geral do Consumo presta apoio administrativo, técnico e logístico ao Conselho Nacional de Defesa do Consumidor e à Comissão de Segurança de Serviços e Bens de Consumo, cujas composição, competências e modo de funcionamento constam de diploma próprio. Assegura, também, o funcionamento do Centro Europeu do Consumidor, sendo ainda o serviço de ligação único, para efeitos de aplicação em Portugal do Regulamento (CE) n.º 2006/2004, do Parlamento Europeu e do Conselho, de 27 de Outubro, relativo à cooperação entre as autoridades nacionais responsáveis pela aplicação da legislação de defesa do consumidor, regulamento relativo à cooperação no domínio da defesa do consumidor. É-lhe reconhecida legitimidade processual e procedimental em processos principais e cautelares junto dos tribunais administrativos e judiciais, bem como de entidades reguladoras quanto aos direitos e interesses que lhe cumpre defender. A Direcção-Geral do Consumidor é dirigida por um director-geral, coadjuvado por um subdirector-geral.

A questão que se coloca em relação ao desenho desta Direcção-Geral é se não haverá porventura alguma redundância nas competências igualmente asseguradas por outras entidades, em especial pelas entidades reguladoras, que, nas últimas décadas, foram criadas. Por outro lado, a estreita relação entre concorrência e consumo poderia levar a uma maior unificação destas políticas no sistema jurídico-administrativo português, criando

uma arquitectura administrativa em conformidade. Em torno da Direcção-
-Geral do Consumidor orbitam outros órgãos, já referidos, como o Conselho Nacional de Consumo (5.1.3.), a Comissão de Segurança de Serviços e Bens de Consumo (5.1.4.) e o Centro Europeu do Consumidor (5.1.5.), em relação aos quais se pode discutir a sua necessidade.

5.2.3. Conselho Nacional do Consumo

O Conselho Nacional do Consumo foi instituído pelo artigo 22º da Lei nº 24/96, de 31 de Julho (Lei da Defesa do Consumidor), tendo sido regulamentado pelo Decreto-Lei nº 154/97, de 20 de Junho, sendo um órgão independente. Actualmente encontra-se integrado no Ministério da Economia e do Emprego (Decreto-Lei n.º 86-A/2011, de 12 de Julho, que corresponde à Lei orgânica do XIX Governo Constitucional). Trata-se de um órgão de consulta e acção pedagógica e preventiva, exercendo a sua acção em todas as matérias relacionadas com o interesse dos consumidores. Pretende ser um fórum de debate e de diálogo permanente entre a Administração, os consumidores e as organizações representantes de outros grupos de interesse na área do consumo, acompanhando e promovendo a política prosseguida pelo Governo.

São as seguintes as competências do Conselho Nacional do Consumo: pronunciar-se sobre todas as questões relacionadas com o consumo que sejam submetidas à sua apreciação pelo Governo, pela Direcção-Geral do Consumidor, pelas associações de consumidores e por outras entidades nele representadas; emitir parecer sobre iniciativas legislativas relevantes em matéria de consumo; estudar e propor ao Governo a definição das grandes linhas políticas e estratégicas gerais e sectoriais de acção na área do consumo; dar parecer sobre o relatório e o plano de actividades anuais da Direcção-Geral do Consumidor; e aprovar recomendações a entidades públicas ou privadas ou aos consumidores sobre temas, actuações ou situações de interesse para a tutela dos direitos do consumidor.

O Conselho Nacional de Consumo integra representantes das organizações de consumidores, das organizações sócio-profissionais e de outras entidades relevantes em razão da matéria. Reúne ordinariamente pelo menos duas vezes por ano e extraordinariamente nos termos do respectivo regulamento interno. O apoio administrativo, técnico e logístico ao Conselho Nacional de Consumo é, como referido anteriormente, prestado pela Direcção-Geral do Consumidor.

5.2.4. Comissão de Segurança de Serviços e Bens de Consumo

A Directiva n.º 2001/95/CE, do Parlamento Europeu e do Conselho, de 3 de Dezembro, relativa à segurança geral de produtos, foi transposta para o direito nacional pelo Decreto-Lei n.º 69/2005, de 17 de Março. Este Decreto-Lei veio criar a Comissão de Segurança de Serviços e Bens de Consumo, órgão colegial de natureza deliberativa e âmbito nacional, que funciona na dependência do membro do Governo responsável pela área da defesa dos consumidores. Esta Comissão sucedeu à Comissão de Segurança que tinha sido criada pelo Decreto-Lei n.º 311/95, de 20 de Novembro, alterado pelo Decreto-Lei n.º 16/2000, de 29 de Fevereiro.

O Decreto-Lei n.º 69/2005, de 17 de Março, aplica-se aos produtos colocados no mercado e, com as devidas adaptações, à segurança de serviços prestados aos consumidores, quando os respectivos requisitos não constem de legislação especial. Este diploma aplica-se, ainda, subsidiariamente, a produtos abrangidos por legislação que estabeleça normas especiais de segurança, em matéria de riscos ou categorias de riscos não abrangidos por essa legislação.

A Comissão de Segurança de Serviços e Bens de Consumo tem as seguintes competências: deliberar sobre os produtos e serviços colocados no mercado, cujo risco não é compatível com o elevado nível de protecção da saúde e segurança dos consumidores; promover, junto das entidades responsáveis pelo controlo de mercado, o cumprimento da obrigação geral de segurança, nomeadamente através de programas de vigilância que devem ser periodicamente realizados; propor ao Governo medidas necessárias à prevenção e à protecção contra riscos que os produtos colocados no mercado possam vir a apresentar, incluindo a proibição com carácter obrigatório geral do fabrico, importação, exportação, troca intracomunitária, comercialização ou colocação no mercado de produtos ou categorias de produtos susceptíveis de pôr em risco a saúde e segurança dos consumidores, em virtude da sua composição; comunicar à entidade competente para instrução dos respectivos processos de contra-ordenação os casos de colocação no mercado de produtos perigosos de que tenha conhecimento; realizar estudos técnico-científicos sobre a segurança de produtos e serviços; emitir recomendações e avisos públicos; as recomendações podem ser emitidas em qualquer momento do processo de controlo da segurança dos produtos e podem ser tornadas públicas; e pronunciar-se sobre as questões relativas à segurança de produtos que lhe sejam submetidas pelo membro do Governo que tutela a área da defesa dos consumidores.

No âmbito das suas competências, a Comissão de Segurança de Serviços e Bens de Consumo pode exigir em relação a qualquer produto e serviço susceptível de apresentar riscos em determinadas condições ou para determinadas pessoas que o mesmo seja acompanhado de aviso adequado, redigido de forma clara e compreensível, sobre o risco que possa apresentar; que a sua colocação no mercado obedeça a condições prévias destinadas a garantir a segurança desse produto ou serviço; e que as pessoas em relação às quais o produto ou serviço possa apresentar riscos sejam alertadas correcta e oportunamente desse facto, através de publicação ou de alerta especial. Pode igualmente proibir, em relação a qualquer produto perigoso ou susceptível de ser perigoso, respectivamente: a sua colocação no mercado e definir as medidas de acompanhamento necessárias para garantir a observância dessa proibição; o fornecimento, a proposta de fornecimento ou a exposição do produto durante o período necessário para se proceder aos diferentes controlos, verificações ou avaliações de segurança. Pode finalmente ordenar, em relação a qualquer produto perigoso já colocado no mercado: a sua retirada efectiva e imediata e ou um alerta junto dos consumidores quanto aos riscos que o mesmo produto comporta; e, se necessário, a sua recolha junto dos consumidores e a destruição em condições adequadas.

A Comissão de Segurança é composta pelo Director-Geral da Direcção-Geral do Consumidor, em representação do membro do Governo responsável pela área da tutela da defesa dos consumidores que preside; por um representante do membro do Governo responsável pelas áreas da indústria, comércio e serviços; por um representante da Autoridade da Segurança Alimentar e Económica; por quatro peritos em matéria de segurança de produtos e serviços que prestem funções no quadro do Sistema Português de Qualidade ou em laboratórios acreditados, designados pelo Instituto Português da Qualidade; por um perito médico em toxicologia clínica, designado pelo Centro de Informação Antivenenos; por um perito médico, designado pelo membro do Governo responsável pela área da saúde; por um representante da indústria, um representante do comércio e dois representantes dos consumidores.

O apoio técnico, administrativo e logístico ao funcionamento da Comissão de Segurança de Serviços e Bens de Consumo é assegurado pela Direcção-Geral do Consumidor.

A reforma da Administração Pública em curso prevê a extinção desta Comissão. Na nossa óptica as competências desta Comissão podem ser facilmente asseguradas pela Autoridade de Segurança Alimentar e Económica.

5.2.5. Centro Europeu do Consumidor

Na dependência da Direcção-Geral do Consumidor funciona ainda o Centro Europeu do Consumidor, que faz parte de uma rede, a ECC-Network, promovida em parceria pela União Europeia e pelos Governos nacionais dos 27 Estados-Membros, pela Noruega e pela Islândia. O Centro Europeu do Consumidor disponibiliza informação e assistência, de forma gratuita através de atendimento presencial, telefónico e escrito. Presta igualmente assistência na resolução de conflitos de consumo transnacionais e facilita o acesso aos organismos de resolução extrajudicial de litígios.

O Centro Europeu do Consumidor tem as seguintes competências: informar o consumidor quanto a questões relacionadas com o Mercado Interno; prestar informação jurídica e assistência na apresentação de reclamações; facilitar o acesso à justiça alternativa, disponibilizando um acesso esclarecido aos ADR europeus; prestar esclarecimentos sobre a legislação comunitária e nacional; e realizar estudos comparativos sobre preços, legislação e outros assuntos relacionados com o consumo.

Da análise da composição e competências das entidades que orbitam em torno da Direcção-Geral do Consumidor parece decorrer que nem todas se justificam, podendo eventualmente as suas funções ser asseguradas por unidades mais flexíveis da própria Direcção-Geral ou por uma nova entidade resultante da fusão.

5.3. ENTIDADES REGULADORAS

5.3.1. Autoridade da Concorrência

Como questão prévia, convém sublinhar que as entidades reguladoras defendem o interesse dos consumidores no quadro mais alargado da protecção da concorrência e dos concorrentes no mercado. Este é um vector que tem advindo da europeização, pelo que se pode discutir se faz sentido a existência de estruturas da Administração Pública limitadas autonomamente à política do consumidor. Neste quadro são de salientar a Lei n.º 18/2003, de 11 de Junho, que estabelece o regime jurídico da concorrência, com as alterações introduzidas pelo Decreto-Lei n.º 219/2006, de 2 de Novembro, e o Decreto-Lei n.º 18/2008, de 29 de Janeiro, que aprova o Código dos Contratos Públicos.

A criação da Autoridade da Concorrência surgiu com o Decreto-Lei n.º 10/2003, de 18 de Janeiro. Segundo os termos preambulares do referido diploma, a sua criação, juntamente com a modernização e aperfeiçoamento da legislação de defesa e promoção da concorrência, abria uma nova era no quadro legal de funcionamento da economia portuguesa, assegurando a sua plena inserção nos sistemas mais evoluídos e permitindo aos agentes económicos dispor de um ordenamento concorrencial seguro e moderno, capaz de promover o funcionamento eficiente dos mercados, a repartição eficaz dos recursos nacionais e, sobretudo, a satisfação dos interesses dos consumidores.

Como resulta do ponto preambular mencionado o objectivo primeiro desta nova legislação da concorrência, à semelhança do modelo europeu anteriormente analisado era promover a eficiência do mercado e só, em segunda ou terceira linha, a satisfação dos interesses dos consumidores. Neste sentido, o art. 1.º do Decreto-Lei n.º 10/2003 estabelece que à Autoridade da Concorrência caberá assegurar o respeito pelas regras da concorrência, tendo em vista o funcionamento eficiente dos mercados, a repartição eficaz dos recursos e os interesses dos consumidores.

A Autoridade da Concorrência é uma pessoa colectiva de direito público, de natureza institucional, dotada de órgãos, serviços, pessoal e património próprios e de autonomia administrativa e financeira, sendo o seu regime jurídico definido nos Estatutos (art. 2.º do Decreto-Lei n.º 10/2003).

Para além da Autoridade da Concorrência, existe hoje um conjunto muito significativo de entidades reguladoras sectoriais[175], estabelecendo o art. 6.º do diploma citado, sob a epígrafe "Articulação com as entidades reguladoras sectoriais", que as atribuições cometidas à Autoridade da Concorrência são por esta desempenhadas sem prejuízo do quadro normativo aplicável às entidades reguladoras sectoriais, que, aliás, contribuem para

---

[175] Eduardo Paz Ferreira, *Em torno da regulação económica em tempos de mudança*, Revista de Concorrência e Regulação, Ano I, n.º 1, Janeiro Março 2010, pp.31-54, salientando como questões fundamentais a independência, a auto-regulação e a necessidade de coordenação entre reguladores europeus e nacionais.

o seu financiamento[176]. Por isso, haverá que admitir – à semelhança do verificado entre a administração directa e indirecta do consumo –, em certos casos, alguma redundância entre as atribuições da entidade reguladora geral e as das entidades reguladoras sectoriais. Analisa-se, de seguida, as seguintes entidades reguladoras sectoriais com um papel mais significativo em matéria de defesa do consumidor, a saber: o Banco de Portugal (5.2.2.), a Comissão do Mercado de Valores Mobiliários (5.2.3.), o Instituto de Seguros de Portugal (5.2.4), o ICP-Anacom (5.2.4), a Entidade Reguladora para a Comunicação Social (5.2.5), a Entidade Reguladora do Sector Energético (5.2.6.). Optou-se por, na economia do presente estudo, não incluir os seguintes reguladores, por ou não serem tão evidentes as finalidades de protecção dos consumidores ou por estar prevista a sua extinção na reforma administrativa em curso, a saber: o Instituto da Construção Civil e do Imobiliário, o Instituto da Mobilidade e dos Transportes Terrestres, o Instituto Nacional de Aviação Civil, a Entidade Reguladora dos Serviços de Águas e de Resíduos e o Turismo de Portugal.

5.3.2. Banco de Portugal

Uma regulação jurídica eficaz dos serviços bancários é hoje uma matéria crucial no domínio da protecção dos consumidores[177]. A crise de 2008 ainda veio ainda dar mais enfoque a esta ideia[178]. Com efeito, a "terciarização" da economia implica actualmente a crescente importância do sector financeiro na vida de todos os cidadãos, nomeadamente porque o endividamento das famílias e das empresas portuguesas constitui uma realidade incontornável. Acresce que este sector está a viver um fenómeno de redimensionamento no âmbito do Mercado Único Bancário, que indicia uma tendência de cartelização, que pode conduzir à diminuição dos direitos dos consumidores. Pode inclusive falar-se de um fenómeno de "bancarização" das sociedades modernas. Encontram-se, assim, razões de ambos os lados

---

[176] Sobre a relação entre regulador transversal com uma função de reprimir comportamentos desviantes e reguladores sectoriais mais intrusivos, dirigistas e preventivos, *vide* PEDRO GONÇALVES, **Direito Administrativo da Regulação**...,pp. 541-542.

[177] LUÍS MÁXIMO DOS SANTOS, **Regulação e Supervisão Bancária, Regulação em Portugal: Novos Tempos, Novo Modelo?** (coord. Eduardo Paz Ferreira, Luís Silva Morais, Gonçalo Anastácio), Almedina, Coimbra, 2009, 39-126

[178] MENEZES CORDEIRO, **Manual de Direito Bancário**..., p. 127 e ss.

– dos consumidores e das instituições bancárias (em termos da própria concorrência deste sector) – que justificam um enquadramento da defesa dos consumidores no âmbito dos serviços bancários prestados pelas diferentes entidades habilitadas para tal.

As relações entre o Direito Bancário e o Direito do Consumo evidenciam-se essencialmente no domínio contratual, com especial relevo para a matéria das cláusulas contratuais gerais[179], mas extravasam este domínio, existindo outros campos que têm de ser tomados em consideração na defesa do consumidor de serviços bancários. Com efeito, vastas áreas do Direito Bancário, que orbitam em torno da defesa do consumidor, tais como o Direito Bancário institucional, as situações jurídicas bancárias, os deveres gerais das instituições bancárias – *maxime* o dever de informação e o dever de sigilo – a responsabilidade bancária e os aspectos concernentes aos diferentes actos bancários constituem hoje matéria que não pode deixar de ser encarada como um capítulo comum do Direito Bancário e do Direito do Consumo. Na realidade, um significativo número de situações jurídicas bancárias deve ser enquadrado na categoria das situações jurídicas especiais de consumo, dado que o seu regime jurídico perpassa ambas as disciplinas jurídicas, havendo relativamente a elas, uma legislação especial que acresce à legislação geral da defesa do consumidor[180].

A tendência geral, cujo pulsar se sente neste relacionamento normativo entre Direito Bancário e Direito do Consumo, é a de que a Lei de Defesa do consumidor (Lei nº. 24/96, de 31 de Julho), mesmo na versão que se encontra actualmente em vigor só oferece uma protecção mínima que é reforçada, atenta a especial sensibilidade do sector bancário, por disposições que elevam os níveis de exigência da tutela do consumidor. O Direito Bancário do consumo é um exemplo paradigmático deste pulsar legislativo.

De referir que não obstante o Direito Bancário utilizar predominantemente o conceito de cliente, marcado pela sua matriz do Direito Comercial, na verdade o cliente dos serviços bancários deve subsumir-se à figura do consumidor, nos termos em que este conceito é apresentado no art. 2.º da Lei de Defesa do Consumidor, pelo que a necessidade da conjugação com a legislação de defesa do consumo é um dado prévio na compreensão da disciplina.

---

[179] MENEZES CORDEIRO, *Direito Bancário Relatório*, Almedina, Coimbra, 1997, p. 194.
[180] Sobre a tutela do consumidor de produtos financeiros, MENEZES CORDEIRO, *Manual de Direito Bancário*..., pp. 283 e ss.

No âmbito do Direito Bancário institucional cumpre salientar o papel do Banco de Portugal[181] como entidade reguladora sectorial, e que terá de ser enquadrada no domínio de um Direito Administrativo do Consumo. A lei orgânica do Banco de Portugal foi aprovada pela Lei n.º 5/98, de 31 de Janeiro, com as alterações introduzidas pelos Decretos-Lei n.ºs 118/2001, de 17 de Abril, 50/2004, de 10 de Março, e 39/2007, de 20 de Fevereiro. Contrariamente a outras entidades reguladoras sectoriais, não se encontram quaisquer referências à protecção dos consumidores nesta legislação, estando, porém, instituído um sistema de reclamações a que o Banco de Portugal, como entidade de regulação e de supervisão do sector bancário, terá de responder. No Regime Geral das Instituições de Crédito e Sociedades Financeiras (RGIC)[182] encontram-se, contudo, algumas regras que visam a protecção dos consumidores dos serviços bancários.

O Banco de Portugal publica um relatório anual no qual são mencionadas não só as reclamações que recebe directamente dos clientes bancários, mas também aquelas que lhe são remetidas pelas instituições bancárias, no âmbito do regime jurídico do Livro de Reclamações. O relatório identifica as matérias objecto de reclamação e analisa o tratamento que lhe é dado. A intervenção do Banco de Portugal não envolve a resolução de questões de natureza estritamente contratual entre as instituições de crédito e os seus clientes. A solução desses litígios, quando não for possível chegar a acordo, exige o recurso a meios judiciais ou arbitrais.

No contexto da publicidade bancária – que é uma das áreas de defesa do consumidor – há que recorrer ao Código da Publicidade (CPub). O próprio art. 89.º/1 do RGIC aplica às instituições de crédito o regime geral da publicidade, designadamente o Código da Publicidade e outra legislação

---

[181] MENEZES CORDEIRO, *Manual de Direito Bancário*..., pp. 809 e ss.

[182] O Regime Geral das Instituições de Crédito e das Sociedades Financeiras foi aprovado pelo Decreto-Lei n.º 298/92, de 31 de Dezembro, com alterações introduzidas pelos Decretos-Leis n.º 246/95, de 14 de Setembro, n.º 232/96, de 5 de Dezembro, n.º 222/99, de 22 de Junho, n°. 250/2000, de 13 de Outubro, n.º 285/2001, de 3 de Novembro, n.º 201/2002, de 26 de Setembro, n.º 319/2002, de 28 de Dezembro, n.º 252/2003, de 17 de Outubro, n.º 145/2006, de 31 de Julho, n.º 104/2007, de 3 de Abril, n.º 357-A/2007, de 31 de Outubro, nº 1/2008, de 3 de Janeiro, n.º 126/2008, de 21 de Julho, n.º 211-A/2008, de 3 de Novembro, pela Lei nº 28/2009, de 19 de Junho, pelo Decreto-Lei n.º 162/2009, de 20 de Julho, pela Lei n.º 94/2009, de 1 de Setembro, pelos Decretos-Leis n.º 317/2009, de 30 de Outubro, n.º 52/2010, de 26 de Maio, n.º 71/2010, de 18 de Junho, pela Lei n.º 36/2010, de 2 de Setembro, e pelo Decreto-Lei n.º 140-A/2010, de 30 de Dezembro. Cfr. MENEZES CORDEIRO, *Manual de Direito Bancário*..., pp. 857 e ss.

publicitária avulsa. No entanto, encontram-se algumas normas que afastam o regime geral e apontam, mais uma vez, para a especial "sensibilidade" do sector bancário, e que representam uma exigência acrescida com propósitos de tutela do consumidor. Essa exigência acrescida é patente no art. 89.º/2 do RGIC, no qual se estabelece que as mensagens publicitárias que mencionem a garantia dos depósitos ou a indemnização dos investidores não podem ser sugestivas, mas somente descritivas e em que se proíbe a publicidade comparativa. Esta proibição deve ser interpretada em termos alargados em relação a outros campos das mensagens publicitárias de instituições de crédito, porquanto a publicidade das instituições de crédito de mover-se por critérios de rigor superior aos de outras áreas, devendo, por isso, estender-se o conceito de publicidade enganosa a toda a publicidade hiperbólica, exagerada e sugestiva.

De referir ainda que as instituições de crédito autorizadas noutros Estados membros da União Europeia podem fazer publicidade em Portugal nos mesmos termos que as instituições de crédito portuguesas (art. 89.º/3 do RGIC)

Por fim, é de salientar que pode verificar-se uma fiscalização das mensagens publicitárias por parte do Banco de Portugal sempre que a publicidade não respeite a lei (incluindo quer as disposições do Código da Publicidade quer as que se encontram no art. 89.º do RGIC). Essa intervenção do Banco de Portugal passa pelas seguintes actuações: ordenar as modificações necessárias para pôr termo às irregularidades (o que significa que qualquer irregularidade mínima deve ser logo corrigida); e ordenar a suspensão das acções publicitárias em causa e determinar a imediata publicação, pelo responsável, da rectificação apropriada. Caso se registe incumprimento das determinações previstas no art. 89.º/c) do RGIC, o Banco de Portugal pode substituir-se, sem prejuízo das sanções aplicáveis, aos infractores.

Há, assim, no âmbito da fiscalização da actividade publicitária dos serviços bancários um concurso de competências entre a Direcção-Geral do Consumidor e o Banco de Portugal. Porém, na medida em que o Banco de Portugal deve fiscalizar todos os aspectos de legalidade por força do art. 90.º/1 do RGIC, a sua competência é mais abrangente do que a prevista no Código da Publicidade para a Direcção-Geral do Consumidor. Para além disto, o Banco de Portugal tem competência exclusiva de fiscalização relativamente às situações previstas no art. 89.º do RGIC, o que significa que, quanto a estas, a Direcção-Geral do Consumidor não tem qualquer competência de fiscalização. Acresce que os poderes do Banco de Portugal são mais alargados, já que pode substituir-se às próprias instituições de crédito na publicação de publicidade rectificativa. Regista-se, assim, uma maior simplificação procedimental e celeridade nas formas de fiscalização por parte do Banco de Portugal das mensagens publicitárias dos serviços bancários, o que tem como propósito quer a defesa da concorrência do sector bancário, quer a defesa do consumidor.

5.3.3. Comissão do Mercado de Valores Mobiliários

Uma outra área que exigiu uma entidade reguladora sectorial, foi a do mercado de valores mobiliários, onde foi criada a Comissão do Mercado de Valores Mobiliários[183] pelo Decreto-Lei n.º 142-A/91, de 10 de Abril, sendo o seu Estatuto aprovado pelo Decreto-Lei n.º 473/99, de 8 de Novembro, alterado pelo Decreto-Lei nº 232/2000, de 25 de Setembro e pelo Decreto-Lei nº 183/2003, de 19 de Agosto e alterado e republicado pelo Decreto-Lei n.º 169/2008, de 26 de Agosto.

O Preâmbulo do Decreto-Lei n.º 473/99, de 8 de Novembro, fornece-nos informação preciosa sobre o nascimento e evolução da Comissão do Mercado de Valores Mobiliários, cujo aparecimento encontra-se ligado ao desenvolvimento recente do próprio mercado de capitais. Só a partir de 1986, e por influência da integração comunitária, é que se deu corpo à criação de um mercado nacional de valores mobiliários, incentivando-se, desde logo, a abertura do capital das empresas ao público, bem como a sua cotação em bolsa, tendo em vista a promoção do funcionamento do mercado em condições de estabilidade, eficiência, profundidade e liquidez. Seguidamente, tendo em conta as perturbações verificadas no mercado em 1987, deu-se início, em 1988, à realização de estudos tendentes à revisão do respectivo regime. A partir desta altura, os mercados passaram a funcionar numa base de maior autonomia, procedendo-se à sua desestatização, desgovernamentalização e liberalização, o que implicou o reforço dos meios de supervisão e controlo, como forma de os reconduzir ao modelo adoptado no âmbito da Comunidade Europeia.

---

[183] PAULO CÂMARA, *Regulação e Valores Mobiliários, Regulação em Portugal: Novos Tempos, Novo Modelo?* (coord. Eduardo Paz Ferreira, Luís Silva Morais, Gonçalo Anastácio), Almedina, Coimbra, 2009, pp. 127-186 e LUÍS GULHERME CATARINO, *Direito Administrativo dos Valores Mobiliários*, Tratado de Direito Administrativo Especial, vol. III (coord. Paulo Otero e Pedro Gonçalves), Almedina, Coimbra, 2010, pp. 373-539.

O Código do Mercado de Valores Mobiliários, que foi aprovado pelo Decreto-Lei n.º 142-A/91, de 10 de Abril[184], pretendeu compatibilizar a referida linha liberalizadora com a protecção dos interesses públicos em causa, a defesa do mercado e a protecção dos investidores. Tem-se discutido se estes investidores devem gozar de protecção enquanto consumidores. Daí a necessidade de intensificação da supervisão e da fiscalização do mercado e dos agentes que nele actuam. Foi, pois, a concretização destes propósitos que originou a criação da Comissão do Mercado de Valores Mobiliários, uma entidade pública profissionalizada e especializada, dotada de um grau máximo de autonomia, à qual passou a caber a supervisão e fiscalização tanto do mercado primário como dos mercados secundários de valores mobiliários, bem como a sua regulamentação, em tudo o que, não seja excepcional nem expressamente reservado ao Ministro das Finanças.

A Comissão do Mercado de Valores Mobiliários passou, assim, a assumir funções antes pertencentes ao Ministro das Finanças, vindo também a substituir no cargo o auditor-geral do Mercado de Títulos, que havia sido criado em 1987, e ao qual tinham sido atribuídas, entre outras, as funções – também antes pertencentes ao Ministro das Finanças – de garantir uma efectiva inspecção e supervisão do mercado, bem como de proceder ao seu acompanhamento e assegurar a existência e a circulação de informação fidedigna.

Actualmente, a superintendência geral do mercado financeiro e a coordenação da actividade dos agentes que nele actuam cabe ao Ministro das Finanças, de acordo com a política económica e social do Governo. Para além disso, porém, os diversos agentes económicos financeiros encontram-se também sujeitos à supervisão, designadamente de natureza prudencial, por parte, consoante os casos, do Banco de Portugal, do Instituto de Seguros de Portugal e da Comissão do Mercado de Valores Mobiliários.

A Comissão do Mercado de Valores Mobiliários tem demonstrado capacidade de supervisão e de regulação dos mercados financeiros, contribuindo para a eficácia do sistema de supervisão tripartido. Em todo o caso, a inexistência – ou a redução – de factores de conflito negativo ou positivo de competências e o fortalecimento ou enfraquecimento da super-

---

[184] Republicado pelo Decreto-Lei n.º 357-A/2007, de 31 de Outubro e alterado pelo Decreto-Lei n.º 211-A/2008, de 3 de Novembro, pela Lei n.º 28/2009, de 19 de Junho, pelo Decreto-Lei n.º 185/2009, de 12 de Agosto, pelo Decreto-Lei n.º 49/2010, de 19 de Maio, pelo Decreto-Lei n.º 52/2010, de 26 de Maio e pelo Decreto-Lei n.º 71/2010, de 18 de Junho.

visão, dependem muito da coordenação entre as autoridades de supervisão financeira com competências na matéria. Esta coordenação não implica, naturalmente, qualquer redução da independência da Comissão do Mercado de Valores Mobiliários, exige apenas um reforço de coordenação, que tanto pode ser um reforço regulado, como um reforço operativo resultante da iniciativa das próprias instituições.

A Comissão do Mercado de Valores Mobiliários exerce a sua jurisdição em todo o território nacional e tem como funções essenciais a regulamentação dos mercados de valores mobiliários e das actividades financeiras que neles têm lugar; a supervisão dos mercados de valores mobiliários e das actividades dos intermediários financeiros; a fiscalização do cumprimento das obrigações legais que impendem quer sobre as entidades encarregadas da organização e gestão dos mercados de valores, quer sobre os intermediários financeiros, entidades emitentes e outras entidades; e a promoção do mercado de valores mobiliários nacional, contribuindo para o seu desenvolvimento, bem como para a sua competitividade no quadro europeu e internacional, fomentando a sua transparência, estabilidade, profundidade, eficiência e liquidez.

O regime aplicável à Comissão do Mercado de Valores Mobiliários resulta de uma conjugação entre normas de Direito Público e Direito Privado, em que se procura articular as exigências de prossecução do interesse público e de disciplina financeira com as vantagens decorrentes da flexibilização do funcionamento e da gestão da Comissão.

Uma das questões que têm sido levantadas em torno do mercado de valores mobiliários, como já se fez referência, relaciona-se com a possibilidade de considerar os investidores como consumidores, sujeitando-os à disciplina da defesa do consumidor. Ultimamente esta possibilidade de integração dos investidores na categoria dos consumidores tem vindo a ser admitida.

Segundo o seu Estatuto, a Comissão do Mercado de Valores Mobiliários é uma pessoa colectiva de direito público, dotada de autonomia administrativa e financeira e de património próprio (art. 1.º) e sujeita a tutela do Ministro das Finanças (art. 2.º). Nas suas atribuições não há qualquer referência aos investidores, mas a regulação e a supervisão e as demais funções que a lei atribui à Comissão do Mercado de Valores Mobiliários protegem indirectamente os seus interesses. Do ponto de vista orgânico, são órgãos da Comissão do Mercado de Valores Mobiliários o conselho directivo, a comissão de fiscalização e o conselho consultivo (art. 6.º). No conselho consultivo têm assento dois representantes dos investidores, sendo pelo menos um representante de investidores não institucionais (art. 20.º/1, g)).

5.3.4. Instituto de Seguros de Portugal

À semelhança das entidades anteriores, o preâmbulo do Decreto-Lei n.º 289/2001, de 13 de Novembro[185], que aprova o Estatuto do Instituto de Seguros de Portugal, autoridade de supervisão da actividade seguradora, resseguradora, de mediação de seguros e de fundos de pensões aponta para os vectores de liberalização do mercado único de seguros, da progressiva desregulamentação da actividade e institucionalização dos fundos de pensões, resultante, da concepção da União Europeia em matéria de recuo da intervenção estadual no mercado financeiro. O Instituto de Seguros de Portugal está sujeito à tutela do Ministro das Finanças (art. 2.º/2)[186].

De forma idêntica às entidades anteriores, o art. 1.º do Decreto-Lei n.º 289/2001 refere que o Instituto de Seguros de Portugal é uma pessoa colectiva de direito público, dotada de autonomia administrativa e financeira e de património próprio. O diploma contém escassas referências aos consumidores, ainda que as suas atribuições de regulamentação, fiscalização e supervisão da actividade seguradora, resseguradora, de mediação de seguros e de fundos de pensões (art. 4.º) contribuem indirectamente para a respectiva protecção. São órgãos do Instituto de Seguros de Portugal o conselho directivo, o conselho consultivo e a comissão de fiscalização (art. 7.º). O conselho consultivo é constituído, entre outros, pelo Presidente de uma das associações de defesa dos consumidores (art. 23.º, 1, g)).

Mais recentemente, o Decreto-Lei n.º 72/2008, de 16 de Abril, aprovou um novo regime de contrato de seguro. Nesta reforma – lê-se no Preâmbulo – que foi dada especial atenção à tutela do tomador do seguro e do segurado – como parte contratual mais débil – sem descurar a necessária ponderação das empresas de seguros. À protecção da parte mais débil pode importar, designadamente o aumento do prémio do seguro e

---

[185] Este diploma sofreu alterações pelo Decreto-Lei n.º 195/2002, de 25 de Setembro.
[186] MARIA JOSÉ RANGEL DE MESQUITA, *Regulação da Actividade Seguradora: Traços Fundamentais, Regulação em Portugal: Novos Tempos, Novo Modelo?* (coord. Eduardo Paz Ferreira, Luís Silva Morais, Gonçalo Anastácio), Almedina, Coimbra, 2009, pp. 187-206.

as discrepâncias entre a indústria de seguros nacional e as suas congéneres europeias, susceptíveis de introduzir alterações na concorrência. Por esta razão, a protecção da parte mais débil tem de ser especialmente ponderada.

No que concerne em particular aos seguros de riscos de massas foi necessário alterar o paradigma liberal da legislação oitocentista, passando a garantir a defesa do consumidor. É claro que a defesa do consumidor não pode implicar ónus desproporcionados para a indústria nacional de seguros, como ficou referido. Assim sendo, o novo regime de contrato de seguro procurou aproximar-se da legislação de outros países europeus. Note-se, também, a procura de uma harmonização terminológica, com benefícios para os consumidores. No novo diploma estabelece-se que, para além do regime do contrato de seguro, são aplicáveis as regras do Código Civil, do Código Comercial e da legislação de defesa do consumidor (cfr. art.º 3.º). Deste modo, o paradigma da defesa do consumidor marca a mais recente legislação no sector dos seguros.

5.3.5. O ICP-Anacom

A entidade reguladora do sector das telecomunicações e serviços postais denomina-se ICP-Anacom e foi criada através da transformação do Instituto de Comunicações de Portugal pelo Decreto-Lei n.º 309/2001, de 7 de Dezembro[187], que aprovou igualmente os respectivos estatutos. De acordo com este diploma, são atribuições do ICP-Anacom, em matéria de defesa dos consumidores, proteger os interesses destes, especialmente os dos utentes do serviço universal, em coordenação com as entidades competentes, promovendo designadamente o seu esclarecimento, assegurando a divulgação de informação sobre as comunicações (art. 6.º, h)) e, ainda, proceder à divulgação do quadro regulatório em vigor e das competências e iniciativas, bem como dos direitos e obrigações dos operadores e dos consumidores de comunicações (art. 6.º, n.º 2, c))[188].

---

[187] O Instituto das Comunicações de Portugal (ICP) tinha sido criado pelo Decreto-Lei n.º 188/81, de 2 de Julho.
[188] NUNO PERES ALVES, *Direito Administrativo das Telecomunicações*, Tratado de Direito Administrativo Especial, vol. V. (coord. Paulo Otero e Pedro Gonçalves), Almedina, Coimbra, 2011, pp. 283-424, SÉRGIO GONÇALVES DO CABO, *Regulação e Concorrência no Sector das Comunicações Electrónicas, Regulação em Portugal: Novos Tempos, Novo*

A criação desta entidade reguladora prende-se com a liberalização do sector das telecomunicações, impulsionada pelo Direito comunitário, tendo em vista uma maior concorrência no sector, embora mantendo serviços universais sujeitos a obrigações de serviço público. O ICP-Anacom como entidade reguladora do sector das telecomunicações é uma decorrência da Lei n.º 91/97, de 1 de Agosto, que definiu as bases gerais a que deve obedecer o estabelecimento, gestão e exploração das redes de telecomunicações e a prestação de serviços de telecomunicações.

O ICP-Anacom tem atribuições em áreas diversificadas, tais como garantir um serviço universal de comunicações, assegurar a concorrência efectiva no mercado das comunicações, promover o esclarecimento dos consumidores, assegurar a gestão da numeração no sector das telecomunicações, envolvendo a atribuição dos recursos e a sua fiscalização, conceder títulos do exercício da actividade postal e de telecomunicações, fiscalizar o cumprimento das leis e regulamentos aplicáveis ao sector, arbitrar e resolver os conflitos que surjam no âmbito das comunicações e assessorar o Governo, a pedido deste, ou por iniciativa própria, na definição das linhas estratégicas e das políticas gerais das comunicações, bem como emitir pareceres e elaborar projectos de legislação no domínio das comunicações.

De acordo com o Preâmbulo do Decreto-Lei n.º 309/2001, a concretização cabal das atribuições cometidas ao ICP – ANACOM fazem deste instituto uma verdadeira entidade de regulação e supervisão das comunicações. Assim, além de emitir actos individuais e concretos vinculativos e da formulação de recomendações, cabe-lhe designadamente instaurar e instruir processos e punir infracções que sejam da sua competência, fiscalizar o cumprimento das leis e regulamentos aplicáveis ao sector das comunicações, vigiar a actividade das entidades sujeitas à sua supervisão e o funcionamento do mercado das telecomunicações. O ICP – ANACOM adopta os regulamentos indispensáveis à prossecução das suas funções.

Na verdade, a especificidade técnica do sector das comunicações associada às inovações que nele ocorrem permanentemente impõem a existência de um amplo espaço para a intervenção ordenadora da autoridade de regulação. Trata-se de um poder normativo, que assenta no reconhecimento de que só o ICP – ANACOM, fruto da especialização técnica e do

---

Modelo? (coord. Eduardo Paz Ferreira, Luís Silva Morais, Gonçalo Anastácio), Almedina, Coimbra, 2009, 207-277 e TIAGO SOUZA D'ALTE, *A regulação do sector postal em Portugal, Regulação em Portugal: Novos Tempos, Novo Modelo?* (coord. Eduardo Paz Ferreira, Luís Silva Morais, Gonçalo Anastácio), Almedina, Coimbra, 2009, 279-300.

conhecimento acumulado, está preparado para responder de forma rápida e adequada às mutações constantes que se produzem no sector, em especial no mercado das telecomunicações. A necessidade de adequação às inovações provocadas pelo constante progresso técnico e pela globalização impõem também que se habilite esta entidade reguladora de instrumentos que lhe confiram flexibilidade, não só no plano jurídico-material, mas também ao nível do regime económico-financeiro e dos contratos de aquisição de bens e serviços. Neste sentido, o regime jurídico adequado às funções do ICP – ANACOM é um regime misto que conjuga prerrogativas de Direito Público, indispensáveis ao desempenho dos seus poderes de autoridade, com a flexibilidade e eficiência do Direito Privado, uma vez que intervém num sector em mutação constante.

À medida que cresce a liberalização do sector, a autoridade reguladora das comunicações é cada vez mais chamada a assegurar nele uma real e efectiva concorrência e a actuar como um árbitro neutro e imparcial. A garantia da existência de uma concorrência efectiva entre operadores e prestadores de serviços, não apenas no acesso mas também na sua actuação no mercado implica uma maior independência funcional e orgânica do ICP-ANACOM. Para além das já referidas linhas gerais de actuação que se encontram descritas no Preâmbulo do diploma que consagra os seus Estatutos, o articulado deste diploma aponta para diferentes áreas em que são relevantes normas de protecção dos consumidores.

Antes da análise das normas que protegem os consumidores, cumpre averiguar a natureza jurídica do ICP-Anacom. O art. 1.º/1 do Decreto-Lei n.º 309/2001 afirma que o ICP-Anacom é uma pessoa colectiva de direito público, dotada de autonomia administrativa e financeira e de património próprio. Por sua vez, o art. 3.º refere que o ICP-Anacom rege-se pelos seus Estatutos, pelas disposições que lhe sejam aplicáveis e, subsidiariamente pelo regime das entidades públicas empresariais, ressalvadas as especificidades previstas nos Estatutos e as regras incompatíveis com a sua natureza não empresarial.

O art. 7.º do referido diploma atribui competência consultiva ao ICP--Anacom em todas as matérias da esfera das suas atribuições, que lhe sejam submetidas pela Assembleia da República ou pelo Governo, podendo por sua iniciativa sugerir ou propor medidas de natureza política ou legislativa na sua área. Para o exercício das suas atribuições o ICP-Anacom dispõe da cooperação de outras entidades administrativas (art. 8.º e 15.º). O ICP-Anacom tem ainda atribuições de regulação e de supervisão (art. 9.º e 12.º), sancionatória (art. 10.º) e regulamentar (art. 11.º).

No que concerne à área específica dos consumidores[189] salienta-se o art. 16.º sobre queixas e reclamações, que prevê a possibilidade do ICP--Anacom inspeccionar regularmente o registo de queixas e reclamações dos consumidores e demais utilizadores apresentadas às entidades concessionárias ou licenciadas, que devem preservar adequados registos das mesmas (n.º 1). O referido artigo prevê, ainda, que, o ICP-Anacom pode ordenar a investigação de queixas ou reclamações atrás referidas e das que lhe tenham sido enviadas directamente (n.º 2), como recomendar ou determinar as entidades concessionárias ou licenciadas que adoptem as providências necessárias à reparação da justa queixa dos utentes (n.º 3). Note--se que, mais uma vez, se trata da protecção do utente e não do simples consumidor.

Em matéria orgânica, o ICP-Anacom é composto pelo Conselho de Administração (art. 20.º a 30.º), o Conselho Fiscal (art. 31.º a 34.º) e o Conselho Consultivo (art. 35.º a 38.º). Os membros do Conselho de Administração são nomeados por resolução do Conselho de Ministros, sob proposta do membro do governo responsável pela área das comunicações (art. 21.º/2). Do ponto de vista da independência desta entidade seria preferível que os membros do Conselho de Administração fossem nomeados pela Assembleia da República com a anuência do Presidente da República e que os impedimentos ao desempenho de qualquer função ou prestação de serviço às empresas do sector regulado pelos membros do Conselho de Administração, após o termo das suas funções, tivessem uma duração mais alargada do que a prevista no art. 23.º/4 (2 anos). Por outro lado, parece excessivo o pagamento, durante este período, de dois terços da remuneração correspondente ao cargo, prevista no artigo 23.º/5, ainda que se trate de uma limitação à liberdade de trabalho, que exige naturalmente compensação.

No que concerne ao Conselho Consultivo há uma previsão específica de representação dos consumidores. Com efeito, o art. 36.º alínea s) do Decreto--Lei n.º 309/2001 prevê o assento neste Conselho de dois representantes dos consumidores individuais dos serviços de comunicações, a designar pelas associações de consumidores de interesse genérico ou específico na área das comunicações, nos termos da Lei n.º 24/96, de 31 de Julho.

---

[189] ALEXANDRA LEITÃO, *A protecção dos Consumidores no Sector das Telecomunicações*, Estudos do Instituto de Direito do Consumo, vol. I, Almedina, Coimbra, 2002, pp. 131-152, em especial p. 144 e ss.

É ainda de referir a importância da arbitragem na resolução de conflitos de natureza comercial ou contratual entre as entidades concessionárias e licenciadas de produção, transporte e de distribuição e entre elas e os consumidores. Para cumprimento do disposto no número anterior, o ICP – ANACOM pode cooperar na criação de centros de arbitragem institucionalizada e estabelecer acordos com centros de arbitragem institucionalizada já existentes (art. 18.º/1 e 2).

Para além deste Direito das Telecomunicações que se centra essencialmente na respectiva entidade reguladora sectorial e no papel que desempenha na protecção dos consumidores de Telecomunicações, há outras áreas do Direito da Telecomunicações que escapam à delimitação do presente estudo. Com efeito, nesta área do Direito há ainda que ter em consideração a Lei n.º 5/2004, de 10 de Fevereiro, que estabelece o regime jurídico aplicável às redes e serviços de comunicações electrónicas e aos recursos e serviços conexos e define as competências da autoridade reguladora nacional neste domínio, no âmbito do processo de transposição das Directivas n.ºs 2002/19/CE, 2002/20/CE, 2002/21/CE, e 2002/22/CE, todas do Parlamento Europeu e do Conselho, de 7 de Março, e da Directiva n.º 2002/77/CE, da Comissão, de 16 de Setembro. Esta Lei foi objecto de várias alterações, de que a mais recente é a Lei n.º 51/2011, 13 Setembro, que transpôs várias directivas, entre as quais, a Directiva n.º 2009/136/CE, do Parlamento Europeu e do Conselho, de 25 de Novembro, que altera a Directiva n.º 2002/22/CE relativa serviço universal e aos direitos dos utilizadores em matéria de redes e serviços de comunicações electrónicas, e a Directiva n.º 2009/140/CE do Parlamento Europeu e do Conselho, que altera as Directivas n.ºs 2002/21/CE relativa a um quadro regulamentar comum para redes e serviços de comunicações electrónicas, 2002/19/CE relativa ao acesso e interligação de redes de comunicações electrónicas e recursos conexos e 2002/20/CE relativa à autorização de redes e serviços de comunicações electrónicas. De referir igualmente, a Lei n.º 6/2011, de 10 de Março, que regula o acesso à arbitragem necessária relativamente aos utentes de serviços públicos, incluindo telefones e comunicações electrónicas e a Lei n.º 46/2011, de 24 de Junho, relativamente ao recurso das decisões do ICP-Anacom que inclui ainda alterações à Lei 99/2009, de 4 de Setembro, que regula o quadro das contra-ordenações do sector das comunicações.

Na Lei das Telecomunicações o princípio da neutralidade tecnológica é introduzido e regula-se a relação entre a Autoridade da Concorrência, entidade com competências genéricas em matéria de concorrência, e o ICP-

-Anacom, entidade reguladora do sector das telecomunicações. Note-se que a forma de articulação entre a autoridade reguladora geral e a sectorial pode seguir vários modelos. Por exemplo, na Alemanha, estabelece-se, para além de um princípio de cooperação entre as autoridades geral e sectorial, que o legislador nacional enunciou no artigo 61.º, a necessidade de acordo das entidades reguladoras do mercado.

5.3.6. Entidade Reguladora para a Comunicação Social

A Entidade Reguladora para a Comunicação Social foi criada pela Lei n.º 53/2005, de 8 de Novembro, que simultaneamente extinguiu a Alta Autoridade para a Comunicação Social. Trata-se de uma pessoa colectiva de direito público, dotada de autonomia administrativa e financeira e de património próprio. O art. 1.º do diploma citado refere expressamente que esta pessoa colectiva tem a natureza de entidade administrativa independente.

Os objectivos da regulação, cuja realização cabe à Entidade Reguladora da Comunicação Social (ERC), são muito variados, indo desde a promoção do pluralismo cultural e da expressão das várias correntes de pensamento à protecção de públicos mais sensíveis, como os menores, relativamente a conteúdos e serviços susceptíveis de prejudicar o seu desenvolvimento (art. 7.º dos Estatutos). Esse mesmo artigo na alínea e) determina que a ERC deverá assegurar a protecção dos destinatários dos serviços de conteúdos de comunicação social enquanto consumidores, no que diz respeito a comunicações de natureza ou finalidade comercial distribuídas através das comunicações electrónicas, oriundas de prestadores de serviços sujeitos à sua actuação no caso de violação das leis sobre publicidade. Por sua vez, o art. 8.º, alínea g), entre as atribuições da ERC inclui a de assegurar, em articulação com a Autoridade da Concorrência, o regular e eficaz funcionamento dos mercados de imprensa escrita e de áudio-visual em condições de transparência e equidade.

Em matéria da publicidade comercial, a competência de fiscalização e de instrução dos procedimentos contra-ordenacionais é da Direcção-Geral do Consumidor, sendo a aplicação das coimas da competência da Comissão de Aplicação de Coimas em Matéria Económica. Para além desta intersecção de competências, há igualmente algum campo de sobreposição nesta área entre a Entidade Reguladora da Comunicação Social, a Autoridade da Concorrência e o ICP-Anacom.

No que concerne à sua estrutura orgânica, a Entidade Reguladora da Comunicação Social é composta pelo conselho regulador, a direcção executiva, o conselho consultivo e o fiscal único (art. 13.º). O art. 39.º, 1, l) estabelece que o conselho consultivo é, entre outros membros, composto por um representante da associação de consumidores do sector da comunicação social com o maior número de filiados.

É duvidoso que a comunicação social necessite de uma entidade reguladora sectorial. Por isso, interrogamo-nos se, neste domínio, não seria mais consensual e eficaz enveredar pela auto-regulação, tanto mais que existe alguma sobreposição entre as diferentes entidades reguladoras sectoriais. A sua previsão constitucional (art. 39.º)[190] fecha, contudo, por enquanto a porta a qualquer possibilidade da sua substituição por outros mecanismos de regulação.

5.3.7. Entidade Reguladora do Sector Energético

Também no domínio da energia, o Decreto-Lei n.º 187/95, de 27 de Julho, criou uma entidade reguladora do sector eléctrico com base na ideia da necessidade de se proceder à profunda reestruturação do sector[191]. Diferentemente de outras já analisadas entidades reguladoras sectoriais, neste caso, o preâmbulo do diploma não se refere a uma liberalização do mercado de energia, mas tão-somente há existência de dois subsistemas principais: o Sistema Eléctrico de Serviço Público, organizado em termos de serviço público, e o Sistema Eléctrico Não Vinculado, organizado numa lógica de mercado. No entanto, a liberalização foi o objectivo assumido pelo Decreto-Lei n.º 185/2003, de 20 de Agosto, que aprova o MIBEL.

O Sistema Eléctrico de Serviço Público, segundo o preâmbulo do Decreto-Lei n.º 187/95, é composto por uma entidade detentora da concessão de exploração da actividade de transporte, havendo ainda entidades

---

[190] PEDRO GONÇALVES, *Direito Administrativo da Regulação*..., p. 543, refere que a regulação da comunicação social caracterizada por objectivos específicos como a garantia do pluralismo na informação segue o padrão jurídico da regulação económica.

[191] GONÇALO ANASTÁSIO, *Regulação da energia, Regulação em Portugal: Novos Tempos, Novo Modelo?* (coord. Eduardo Paz Ferreira, Luís Silva Morais, Gonçalo Anastácio), Almedina, Coimbra, 2009, pp. 301-391 e PEDRO GONÇALVES, *Regulação, Electricidades e Telecomunicações*, Estudos de Direito Administrativo da Regulação, Coimbra Ed., 2008, pp. 69 e ss.

titulares das actividades de produção e distribuição da energia eléctrica. Continuando a citar o preâmbulo deste Decreto-Lei, neste domínio, a concorrência e a liberalização são substituídas pela coexistência equilibrada e transparente, a confiança nos operadores de mercado e a necessidade de criar um quadro regulamentar estável.

A Entidade Reguladora do Sector Eléctrico, cujos Estatutos foram aprovados pelo Decreto-lei n.º 44/97, de 20 de Fevereiro, por força do Decreto-lei n.º 97/2002, de 12 de Abril, passou de entidade reguladora do sector eléctrico para entidade reguladora do gás natural e da electricidade, a nível nacional, situação que se reflectiu na denominação de Entidade Reguladora do Sector Energético, mantendo a sigla ERSE. Segundo os respectivos Estatutos, anexos ao Decreto-lei n.º 97/2002 e que são parte integrante dele, a ERSE é uma pessoa colectiva de direito público, dotada de autonomia administrativa e financeira e de património próprio, que tem por finalidade a regulação do gás natural e da electricidade, nos termos dos seus estatutos, e no quadro da lei, dos contratos de concessão e das licenças existentes (art.1.º). Nos termos do artigo 3.º dos Estatutos, são atribuições gerais da ERSE, designadamente: proteger os direitos e os interesses dos consumidores em relação a preços, serviços e qualidade de serviço; implementar a liberalização do sector eléctrico, preparar a liberalização do sector do gás natural e fomentar a concorrência de modo a melhorar a eficiência das actividades sujeitas a regulação; e assegurar a objectividade das regras de regulação e transparência nas relações comerciais entre operadores e entre estes e os consumidores. O art. 20.º do diploma em apreciação estabelece que a ERSE deve regularmente inspeccionar o registo das queixas e reclamações dos consumidores apresentadas às entidades concessionárias ou licenciadas, as quais devem preservar adequados registos das mesmas, podendo ordenar a investigação das queixas e reclamações que lhe sejam apresentadas, ou que sejam apresentadas àquelas entidades, desde que se integrem no âmbito das suas competências, bem como recomendar-lhes as providências necessárias à reparação das justas queixas dos utentes. Segundo o art. 26.º, são órgãos da ERSE o conselho de administração, o fiscal único, o conselho consultivo e o conselho tarifário. O Conselho Consultivo prevê, na sua composição, para além de um representante do membro do Governo que tutele a defesa do consumidor e de um representante da Direcção-Geral do Consumidor, dois representantes de associações de defesa dos consumidores com representatividade genérica, nos termos da Lei n.º 24/96, de 31 de Julho (art. 41.º).

Segundo o Preâmbulo do Decreto-Lei n.º 29/2006, de 15 de Fevereiro, já referido, o quadro organizativo do sistema eléctrico nacional, aprovado em 1995, estabeleceu a coexistência de um sistema eléctrico de serviço público e de um sistema eléctrico independente, sendo este último organizado segundo uma lógica de mercado. Aquele quadro sofreu alterações em 1997, de forma a consagrar, na íntegra, os princípios da Directiva n.º 96/92/CE, do Parlamento Europeu e do Conselho, de 19 de Dezembro.

A Directiva n.º 2003/54/CE, do Parlamento Europeu e do Conselho, de 26 de Junho, revogou a Directiva n.º 96/92/CE e estabeleceu novas regras para o mercado interno da electricidade, implicando a alteração da legislação aprovada em 1995 e 1997. As alterações legislativas ocorridas em 2003 e em 2004 assumiram um carácter meramente transitório, faltando-lhes a sua integração num quadro legislativo devidamente sistematizado e coerente.

A Resolução do Conselho de Ministros n.º 169/2005, de 24 de Outubro, que aprovou a estratégia nacional para a energia, fixa como uma das linhas de orientação a liberalização e a promoção da concorrência nos mercados energéticos, através da alteração dos respectivos enquadramentos estruturais. Em contraposição com o anterior regime, o novo quadro estabelece um sistema eléctrico nacional integrado, em que as actividades de produção e comercialização são exercidas em regime de livre concorrência, mediante a atribuição de licença, e as actividades de transporte e distribuição são exercidas mediante a atribuição de concessões de serviço público. Estas actividades são exercidas tendo em conta a racionalidade dos meios a utilizar e a protecção do ambiente, nomeadamente através da eficiência energética e da promoção das energias renováveis e sem prejuízo das obrigações de serviço público.

A produção de electricidade integra a classificação de produção em regime ordinário e produção em regime especial. Ao exercício desta actividade está subjacente a garantia do abastecimento, no âmbito do funcionamento de um mercado liberalizado, em articulação com a promoção de uma política que confere grande relevância à eficiência energética e à protecção do ambiente, incrementando a produção de electricidade mediante o recurso a fontes endógenas renováveis de energia. O acesso à actividade é livre, cabendo aos interessados, no quadro de um mercado liberalizado, a respectiva iniciativa.

A actividade de comercialização de electricidade é livre, ficando, contudo, sujeita a atribuição de licença pela entidade administrativa competente, definindo-se, claramente, o elenco dos direitos e dos deveres na perspectiva de um exercício transparente da actividade. No exercício da sua actividade, os comercializadores podem livremente comprar e vender electricidade. Para o efeito, têm o direito de acesso às redes de transporte e de distribuição de electricidade, mediante o pagamento de tarifas reguladas. Os consumidores, destinatários dos serviços de electricidade, podem, nas condições do mercado, escolher livremente o seu comercializador, não sendo a mudança onerada do ponto de vista contratual.

Para o efeito, os consumidores são os titulares do direito de acesso às redes. Tendo em vista simplificar e tornar efectiva a mudança do comercializador, é criada a figura do operador logístico de mudança de comercializador, sendo o seu regime de exercício objecto de legislação complementar. No âmbito da protecção dos consumidores, define-se um serviço universal, caracterizado pela garantia do fornecimento em condições de qualidade e continuidade de serviço e de protecção quanto a tarifas e preços e de acesso a informação em termos simples e compreensíveis. As associações de defesa dos consumidores têm direito a participação e consulta quanto ao enquadramento das actividades que directamente se relacionem com os direitos dos consumidores. Ainda no âmbito da protecção dos consumidores, consagra-se a figura do comercializador de último recurso, sujeito a regulação, que assume o papel de garante do fornecimento de electricidade aos consumidores, nomeadamente aos mais frágeis, em condições de qualidade e continuidade de serviço. Trata-se de uma entidade que actuará enquanto o mercado liberalizado não estiver a funcionar com plena eficácia e eficiência, em condições de assegurar a todos os consumidores o fornecimento de electricidade segundo as suas necessidades. Neste sentido, as funções de comercializador de último recurso são atribuídas, provisoriamente, aos distribuidores de electricidade pelo prazo de duração da sua concessão.

O Capítulo III do Decreto-Lei n.º 29/2006, de 15 de Fevereiro, (arts. 53.º a 55.º) é dedicado aos consumidores. Nos arts. 53.º e 54.º estabelecem-se os direitos dos consumidores, arrumados em dois blocos: "Direitos" e "Direitos de informação". No primeiro incluiu-se o direito de escolher o seu comercializador de electricidade, podendo a electricidade ser adquirida directamente a produtores, a comercializadores ou através dos mercados organizados, bem como o direito ao fornecimento de electricidade com observância de determinados princípios, tais como, o acesso às redes a que se pretendam ligar; a ausência de pagamento pelo acto de mudança de comercializador; a disponibilização de procedimentos para o tratamento de queixas e reclamações relacionadas com o fornecimento de electricidade, permitindo que os litígios sejam resolvidos de modo justo e rápido, prevendo um sistema de compensação. No que concerne ao segundo bloco, sobre "Direitos de informação", encontram nele estabelecidos, para além dos direitos previstos na Lei n.º 24/96, de 31 de Julho, e respectivas alterações, os direitos, designadamente, a uma informação não discriminatória, adequada aos consumidores com necessidades especiais; a uma informação completa e adequada, de forma a permitir a sua participação nos mercados de electricidade; e a uma informação transparente e não discriminatória sobre preços e tarifas aplicáveis e condições normais de acesso e utilização dos serviços energéticos.

Nesta matéria, a alínea *f*) do art. 54.º prevê, ainda, a consulta prévia dos consumidores sobre todos os actos que possam a vir a pôr em causa os seus direitos. Por sua vez, o art. 55.º estabelece os deveres dos consumidores, designadamente, de prestar as garantias a que estejam obrigados por lei; de proceder aos pagamentos a que estiverem obrigados; de contribuir para a melhoria da protecção do ambiente; de contribuir para a melhoria da eficiência energética e da utilização racional de energia; de manter em condições de segurança as suas instalações e equipamentos, nos termos das disposições legais aplicáveis, e evitar que as mesmas introduzam perturbações fora dos limites estabelecidos regulamentarmente nas redes a que se encontram ligados; e de facultar todas as informações estritamente necessárias ao fornecimento de electricidade.

Num futuro próximo, dada a privatização do sector eléctrico que se avizinha, é provável que venham a ocorrer alterações na respectiva entidade reguladora. Estas alterações, porém, tendo em vista a especial natureza deste sector, não poderão senão configurar um reforço da sua regulação tendo em vista a protecção dos consumidores e utentes.

5.3.8. Infarmed

O Infarmed - Autoridade Nacional do Medicamento e Produtos de Saúde IP é, de acordo com o art. 1.º do Decreto-Lei n.º 269/2007, de 26 de Julho, um instituto público integrado na administração indirecta do Estado, dotado de autonomia administrativa, financeira e património próprio e que prossegue as atribuições do Ministério da Saúde, sob superintendência e tutela do respectivo ministro, incluindo regular e supervisionar os sectores dos medicamentos, dispositivos médicos e produtos cosméticos e de higiene corporal, segundo os mais elevados padrões de protecção da saúde pública, e garantir o acesso dos profissionais da saúde e dos cidadãos a esses produtos de qualidade, eficazes e seguros.

São atribuições do Infarmed, entre outras, contribuir para a formulação da política de saúde, designadamente na definição e execução de políticas dos medicamentos de uso humano, dispositivos médicos e produtos cosméticos e de higiene corporal; regulamentar, avaliar, autorizar, disciplinar, fiscalizar, verificar analiticamente, como laboratório de referência, e assegurar a vigilância e controlo da investigação, produção, distribuição, comercialização e utilização dos referidos produtos, de acordo com os respectivos regimes jurídicos; e, no campo específico da defesa dos consumidores, monitorizar o consumo e utilização de medicamentos; e promover o acesso dos profissionais de saúde e dos consumidores às informações necessárias à utilização racional de medicamentos de uso humano, dispositivos médicos e produtos cosméticos (art. 3.º).

A estrutura orgânica do Infarmed é composta pelos conselhos directivo e consultivo, pelas comissões técnicas especializadas, pelo Conselho Nacional da Publicidade de Medicamentos e pelo fiscal único (art. 4.º). No conselho consultivo, tem assento um representante da Direcção-geral do Consumidor e, à semelhança do já constatado em outras entidades, dois representantes das associações dos consumidores.

O Infarmed tem especiais atribuições em matéria de publicidade do medicamento através da consulta a diferentes suportes publicitários, nomeadamente, televisão, rádio, imprensa, internet, e através de queixas e/ou denúncias, procedendo a uma avaliação das peças publicitárias, dirigidas ao público em geral tendo em atenção os seus efeitos e benefícios, com vista à promoção do uso racional do medicamento e dos produtos de saúde, sendo, assim, a entidade responsável pela fiscalização da publicidade de medicamentos, dispositivos médicos e produtos cosméticos e de higiene corporal.

A publicidade de medicamentos obedece ao Estatuto do Medicamento (Decreto-Lei n.º 176/2006, de 30 de Agosto) e subsidiariamente ao disposto no Código da Publicidade (art. 165.º). A publicidade de dispositivos médicos, está sujeita ao Decreto-Lei n.º 145/2009, de 17 de Junho. A publicidade de produtos cosméticos e de higiene corporal encontra-se regulada no Decreto-Lei n.º 189/2008, de 24 de Setembro. No caso dos medicamentos, os titulares de Autorização de Introdução no Mercado devem remeter ao Infarmed, as peças publicitárias, para efeitos do respectivo registo e apreciação. Para esse efeito devem aceder ao Sistema de Gestão de Publicidade de Medicamentos (GPUB). Pelo art. 164.º do Estatuto do Medicamento incumbe ao Infarmed, no âmbito dos seus poderes de supervisão, registar e apreciar toda a publicidade de medicamentos. O órgão máximo do Infarmed pode, por sua iniciativa, na sequência de parecer do Conselho Nacional de Publicidade de Medicamentos, a pedido de outra entidade pública ou privada ou mediante queixa: ordenar as medidas, provisórias ou definitivas, necessárias para impedir qualquer forma de publicidade que viole o Estatuto do Medicamento, ainda que não iniciada ou para corrigir ou rectificar os efeitos de publicidade já iniciada junto dos consumidores e das empresas (prevenção e repressão); apreciar, a título preventivo, a conformidade com a lei de determinada mensagem publicitária; e definir os critérios a que obedecerá a fiscalização do cumprimento da publicidade do medicamento.

A publicação ou divulgação de publicidade proibida constitui crime de desobediência nos termos do art. 348.º do Código Penal. Há, assim, uma dimensão penal na publicidade do medicamento. Sem prejuízo da responsabilidade criminal, disciplinar, civil e das sanções ou medidas administrativas a que houver lugar, o artigo 181.º do Estatuto do Medicamento vem estabelecer que a violação dos artigos relativos à publicidade dos medicamentos constitui uma contra-ordenação. O artigo 182.º do referido estatuto contem ainda regras especiais relativas à co-responsabilidade contra-ordenacional do anunciante, da agência de publicidade e de qualquer outra entidade que exerça a actividade publicitária, do titular do suporte publicitário ou do respectivo concessionário.

As regras relativas à publicidade do medicamento junto do público constantes do Estatuto do Medicamento são, como é natural, mais exigentes do que as constantes do Código da Publicidade. A ideia que subjaz a esta disciplina é que o medicamento não é um qualquer bem de consumo, uma vez que pode pôr em causa direitos fundamentais, como o direito à vida e à protecção da saúde do consumidor, pelo que a publicidade neste domínio pressupõe um regime mais exigente e uma actuação mais vigilante por parte da entidade com competência na sua fiscalização. Este maior grau de exigência em relação à publicidade do medicamento implica: que seja uma publicidade mais informativa; que não haja publicidade comparativa; e que não incentive o consumo de medicamentos. Só com estas restrições ao objecto da publicidade do medicamento é possível proteger a saúde e a segurança do consumidor.

5.3.9. Entidade Reguladora da Saúde

A Entidade Reguladora da Saúde foi criada pelo Decreto-Lei n.º 309/2003, de 10 de Dezembro, que viria a ser revogado pelo Decreto-Lei n.º 127/2009, de 27 de Maio, em cujo preâmbulo se lê que não se pretendeu por em causa a natureza da Entidade Reguladora da Saúde como entidade reguladora independente, sem prejuízo do respeito pelas orientações de política de saúde e dos poderes de tutela legalmente definidos[192]. Entre as alterações substantivas introduzidas pelo referido diploma, destacam-se a criação de um conselho consultivo – o que já vimos ser um traço comum a estas entidades reguladoras –, como órgão de participação institucionalizada dos sectores interessados; a delimitação mais rigorosa das suas atribuições e dos seus poderes, de modo a introduzir-lhe maior clareza e coerência; a atribuição de funções de regulação económica do sector; a definição mais precisa dos seus poderes sancionatórios, quer quanto à definição das contra-ordenações, quer quanto às coimas.

A Entidade Reguladora de Saúde é uma pessoa colectiva de direito público, dotada de autonomia administrativa e financeira e de património próprio (art. 2.º/1), com a missão de regulação da actividade dos estabelecimentos prestadores de cuidados de saúde. As suas atribuições compreendem a supervisão da actividade e funcionamento dos estabelecimentos prestadores de cuidados de saúde no que respeita: ao cumprimento dos requisitos de exercício da actividade e de funcionamento; à garantia dos direitos relativos ao acesso aos cuidados de saúde e dos demais direitos dos utentes; e à legalidade e transparência das relações económicas entre os diversos operadores, entidades financiadoras e utentes (art. 3.º/1 e 2).

São órgãos da Entidade Reguladora da Saúde o conselho directivo, o conselho consultivo e o fiscal único (art. 9.º/1). No conselho consultivo têm assento representantes dos utentes por intermédio das associações específicas de utentes de cuidados de saúde e das associações de consumidores de carácter geral. Entre os objectivos da actividade reguladora da Entidade Reguladora da Saúde é de sublinhar o de garantir os direitos e os interesses legítimos dos utentes (art. 33.º, c)). Em matéria de defesa dos direitos dos utentes incumbe-lhe, nos termos do art. 36.º: monitorizar as

---

[192] NUNO CUNHA RODRIGUES, *Regulação da Saúde, Regulação em Portugal: Novos Tempos, Novo Modelo?* (coord. Eduardo Paz Ferreira, Luís Silva Morais, Gonçalo Anastácio), Almedina, Coimbra, 2009, 613-649.

respectivas queixas e reclamações e o seguimento dado pelos operadores às mesmas; promover um sistema de classificação dos estabelecimentos de saúde de acordo com o índice de satisfação dos utentes; verificar o não cumprimento da Carta dos direitos dos utentes dos serviços de saúde; e verificar o cumprimento das obrigações legais e regulamentares relativas à acreditação e certificação dos estabelecimentos. No que respeita à fiscalização e poderes de autoridade, o art. 43.º/2 prevê que, quando a Entidade Reguladora da Saúde verificar o incumprimento de requisitos legais relativamente a instalações, equipamento ou pessoal dos estabelecimentos prestadores dos cuidados de saúde que afectem gravemente os direitos dos utentes, pode determinar a suspensão imediata do funcionamento do estabelecimento até que a situação se encontre regularizada. Cabe-lhe ainda assegurar o cumprimento das obrigações dos estabelecimentos prestadores dos cuidados de saúde relativas ao tratamento de queixas e reclamações, bem como sancionar as respectivas infracções (art. 48.º/1).

5.4. ENTIDADES FISCALIZADORAS

5.4.1. Autoridade de Segurança Alimentar e Económica

Considerando indispensável a revisão dos normativos legais sobre segurança de produtos e serviços de consumo, com particular relevo para os problemas da alimentação e da saúde pública, a Autoridade de Segurança Alimentar e Económica (ASAE) foi criada através do Decreto–Lei n.º 237/2005, de 30 de Setembro.

Esta nova entidade resulta da extinção da Direcção-Geral do Controlo e Fiscalização da Qualidade Alimentar, da Agência Portuguesa de Segurança Alimentar, e da Inspecção-Geral das Actividades Económicas, tendo operado a fusão das suas competências com as oriundas das direcções regionais de agricultura, da Direcção-Geral de Veterinária, do Instituto do Vinho e da Vinha, da Direcção-Geral de Protecção de Culturas e da Direcção-Geral das Pescas. A ASAE congrega num único organismo a quase totalidade dos serviços relacionados com a fiscalização e com a avaliação e comunicação dos riscos na cadeia alimentar, com significativos ganhos de eficiência e maior eficácia, procedendo a uma avaliação científica independente dos riscos na cadeia alimentar e fiscalizando as actividades económicas a partir da produção e em estabelecimentos industriais ou comerciais. No Decreto-Lei n.º 208/2006, de 27 de Outubro, que aprovou a Lei orgânica do Ministério da Economia e da Inovação, a ASAE mantém-se sobre a administração directa, no âmbito deste Ministério, com as atribuições gerais iniciais, ainda que com alguns ajustamentos.

De acordo com o Decreto-Lei n.º 274/2007, de 30 de Julho, a Autoridade de Segurança Alimentar e Económica é um serviço central da administração directa do Estado dotado de autonomia administrativa (art. 1.º/1). A ASAE tem como missão a avaliação e comunicação dos riscos na cadeia alimentar, bem como a fiscalização e prevenção do cumprimento da legislação reguladora do exercício das actividades económicas nos sectores alimentar e não alimentar, exercendo funções de autoridade nacional de coordenação do controlo oficial dos géneros alimentícios e é o organismo nacional de ligação com outros Estados membros (art. 3.º/1).

No domínio das atribuições na área de defesa do consumidor, cumpre salientar: recolher e analisar dados que permitam a caracterização e a avaliação dos riscos que tenham impacte, directo ou indirecto, na segurança alimentar, assegurando a comunicação pública e transparente dos riscos e promovendo a divulgação da informação sobre segurança alimentar junto dos consumidores; proceder à avaliação dos riscos alimentares, nomeadamente os relativos aos novos alimentos e ingredientes alimentares bem como dos riscos inerentes à saúde e bem-estar animal e à alimentação animal; promover e colaborar na divulgação da legislação sobre o exercício dos diferentes sectores da economia cuja fiscalização lhe esteja atribuída junto das associações de consumidores, associações empresariais, associações agrícolas e das pescas, organizações sindicais e agentes económicos; e fiscalizar a oferta de produtos e serviços nos termos legalmente previstos, tendo em vista garantir a segurança e saúde dos consumidores (art. 3.º). A ASAE é dirigida por um inspector-geral, coadjuvado por três subinspectores-gerais, tendo ainda como órgãos o director científico para os riscos na cadeia alimentar e o conselho científico (art. 4.º). O Conselho Científico pode emitir pareceres por sua iniciativa ou a pedidos de várias entidades, entre elas, as associações mais representativas dos consumidores.

6. OUTRAS ENTIDADES DO SISTEMA ADMINISTRATIVO DE DEFESA DO CONSUMIDOR

No quadro da Lei n.º 31/86, de 29 de Agosto, e do Decreto-Lei n.º 425/86, de 27 de Dezembro com o objectivo de prestar, no território nacional, informação aos consumidores e aos fornecedores de produtos ou prestadores de serviços, regular pequenos conflitos de consumo, através da mediação, foi criado o Centro Nacional de Informação e Arbitragem de Consumo (Despacho n.º 20778/2009). O Centro Nacional é uma pessoa colectiva privada, de base associativa, sem fins lucrativos.

Os Centros de Informação, Mediação, Conciliação e Arbitragem em Matéria de Consumo, de âmbito sectorial ou territorial restrito, são pessoas colectivas de direito privado de base associativa, sem fins lucrativos, que têm por objecto prestar, em sectores de actividade económica delimitada ou em área territorial restrita, informações aos consumidores e aos fornecedores de bens ou prestadores de serviços e resolver pequenos conflitos de consumo, através da mediação, de conciliação e de arbitragem.

Cada Centro de Âmbito Sectorial ou Territorial Restrito integra um Tribunal Arbitral, constituído mediante autorização do Ministério da Justiça, de acordo com a legislação aplicável, e um serviço de apoio jurídico, os quais funcionam nos termos definidos em regulamentos próprios, aprovados com os respectivos estatutos. Os Centros de Âmbito Sectorial ou Territorial Restrito devem remeter mensalmente à Direcção-geral do Consumidor cópia das decisões do Tribunal Arbitral, bem como elementos informativos de relevo estatístico sobre as actividades desenvolvidas.

Por sua vez, os Centros ou Serviços Autárquicos de Informação ao Consumidor são serviços criados pelas autarquias locais que prestam formação em matéria de consumo e que, em colaboração com o Centro Nacional ou com os Centros de Âmbito Sectorial ou Territorial Restrito, consoante os casos, fornecem aos consumidores e aos fornecedores de bens ou prestadores de serviços as informações e os esclarecimentos em matéria de consumo de que estes necessitem. No exercício das suas actividades, os Centros ou Serviços Autárquicos de Informação ao Consumidor devem comunicar ao órgão autárquico competente as situações que venham ao seu conhecimento e que possam determinar o uso por parte da autarquia do direito de acção popular, previsto na lei. Sempre que as situações de que tenham conhecimento exijam acompanhamento técnico especializado, os Centros ou Serviços Autárquicos de Informação ao Consumidor devem encaminhar os consumidores para o Centro Nacional ou para os Centros de Âmbito Sectorial ou Territorial Restrito.

Como entidades privadas que desempenham um papel relevante quer a nível da participação nos procedimentos legislativos e administrativos quer ainda na representação nos conselhos consultivos de alguns reguladores, destacam-se as associações de consumidores dotadas de personalidade jurídica, sem fins lucrativos, criadas com o objectivo principal de proteger os direitos e os interesses do consumidor em geral ou dos consumidores seus associados, que podem resultar do agrupamento de várias associações de consumidores, que se encontram previstas nos arts. 17.º e 18.º da Lei n.º 24/96, de 31 de Julho.

De referir, ainda, entidades privadas como as cooperativas de consumo que têm por objecto principal fornecer aos seus membros e respectivo agregado familiar, nas melhores condições de qualidade e preço, bens ou serviços destinados ao seu consumo ou uso directo, desenvolvendo a sua actividade de forma a respeitar e promover a salvaguarda dos direitos e interesses do consumidor e do meio ambiente.

Podem ainda ser criada as fundações de defesa do consumidor, que são fundos dotados de personalidade jurídica, sem fins lucrativos, criados com o objectivo principal de proteger os direitos e interesses dos consumidores em geral ou dos consumidores de bens ou serviços específicos.

Por fim, cabe fazer uma referência aos serviços de mediação, comissões de resolução de conflitos ou provedores de cliente, que são organismos de resolução extrajudicial de conflitos em matéria de consumo, criados por iniciativa particular, cujo funcionamento obedece aos princípios de independência e de transparência, e que devem ser registados na Direcção-Geral do Consumidor, de acordo com o regime jurídico estabelecido no Decreto-Lei n.º 146/99, de 4 de Maio.

7. AS REFORMAS DA ADMINISTRAÇÃO PÚBLICA

No ponto anterior descreveu-se o Sistema Administrativo de Defesa do Consumidor. Ora, essa descrição leva-nos a concluir que a existência de uma multiplicidade de entidades, de natureza diversa, com atribuições no domínio da defesa do consumidor, que multiplica os centros decisores, é geradora, porventura, de alguma descoordenação neste domínio. Esta situação é, em parte, resultado do surgimento, sem dúvida, excessivo de entidades reguladoras, por vezes, em sectores em que não há sequer um número significativo de empresas ou uma liberalização do mercado, que justifique a criação de uma entidade reguladora sectorial. É o que acontece, por exemplo, quando o Estado cria uma entidade reguladora num sector de mercado dominado apenas por uma empresa pública ou por uma empresa de capitais públicos.

Outro factor que não pode ser ignorado na análise do quadro que vem sendo descrito, é o do aumento do acervo de legislação europeia em domínios que exigem a intervenção da administração. Efectivamente, o aprofundamento da União, tanto do ponto de vista normativo como institucional, tem sido fonte de novas obrigações para as administrações dos Estados Membros.

Ao longo das últimas décadas, a Administração Pública tem sido objecto de diversas reformas com o objectivo do aumento da sua qualidade e eficiência, através da procura de uma maior lógica interna, capaz de, sob o signo de, com os mesmos meios, fazer melhor[193]. As reformas têm incidido quer sobre aspectos procedimentais, visando a modernização administrativa através da simplificação dos procedimentos administrativos, quer sobre as estruturas orgânicas da Administração, procurando a sua redução, racionalização e eficiência.

Inserido num modelo de modernização administrativa, cumpre fazer uma referência especial ao Decreto-Lei n.º 135/99, de 22 de Abril, cuja exposição de motivos é bastante elucidativa do propósito da modernização e simplificação administrativas, com uma aproximação ao cidadão e uma desburocratização dos serviços administrativos. Na mesma linha é de mencionar o Simplex, um programa de simplificação administrativa e legislativa que pretendia tornar mais fácil a vida dos cidadãos e das empresas na sua relação com a Administração e, simultaneamente, contribuir para o aumento da eficiência interna dos serviços públicos. As iniciativas propostas no quadro deste programa tinham como objectivo alterar processos e simplificar ou eliminar procedimentos constantes das leis e regulamentos em vigor, com base numa avaliação negativa sobre os seus impactos ou a sua pertinência. Ao lado destas reformas, ocorreram, porém, outras, tendo em vista a redução e racionalização das estruturas administrativas.

---

[193] J.A. OLIVEIRA ROCHA, *Gestão Pública e Modernização Administrativa*, INA, 2009, pp. 93 e ss.

Note-se que as reformas da Administração Pública, no que concerne às suas estruturas, não têm alcançado grande sucesso. Com efeito, os Governos têm-se limitado a mudar as designações e a arrumação dos organismos e a pequenas fusões, muitas vezes mal sucedidas. Esta situação tem originado uma enorme dificuldade em determinar as competências de cada organismo, dado que as mesmas se encontram mal definidas na lei, havendo sobreposições e designações diferenciadas para departamentos que executam tarefas idênticas em diferentes ministérios. O caos que tem começado a instalar-se na Administração Pública é o resultado não só de algum excesso legislativo, mas também do aumento da complexidade das funções do Estado. A descoordenação da legislação contribui para uma Administração excessivamente pesada. Os norte-americanos, com a sua conhecida atitude pragmática, colocam normalmente duas grandes questões em matéria de Administração Pública: *We need this? Can we afford this?* Ora, a resposta a estas perguntas, em Portugal, passa por compreender que funções deve o Estado assegurar no século XXI e quais as que pode, de um ponto de vista financeiro, custear sem impor uma tributação fiscal excessiva que onere em demasia a iniciativa privada[194]. É, pois, fundamental recentrar o Estado nas funções que deve assegurar, extinguir os serviços inúteis e redimensioná-los segundo objectivos e resultados.

A linha divisória entre a Administração directa e a Administração indirecta deverá igualmente ser repensada. Enquanto que na primeira se incluem os serviços integrados na pessoa colectiva Estado, submetidos ao poder de direcção do Governo, na segunda está-se em face de pessoas colectivas diferenciadas do Estado, dotadas de autonomia, com órgãos próprios, que estão apenas submetidas aos poderes de superintendência ou de tutela, consoante os casos. Ora, estes poderes variam significativamente

---

[194] PAULO OTERO, *Vinculação e Liberdade...*, p. 23: "*Desde logo, pode questionar-se se o princípio do bem-estar envolve um grau de protagonismo do Estado que, além das tradicionais funções referentes à segurança, defesa, justiça e dinamização da ordem jurídica – aqui se incluindo a ordenação económica –, envolva uma actividade constitutiva ou prestadora em termos económicos, sociais ou culturais ou, pelo contrário, uma tal intervenção pública directa traduzida na actuação económica do Estado como agente económico deverá sempre ser excepcional, baseada numa ideia de subsidiariedade. É que, urge adiantar, tudo está em saber se uma intervenção directa do Estado na produção de bens e na prestação de serviços se autojustifica num princípio geral de legitimação da acção dos poderes públicos ou, bem diferentemente, a actividade directa do Estado no sector económico como um seu agente apenas deve ter lugar supletivo, visando suprir casos de inércia ou desinteresse da sociedade civil*".

consoante a pessoa colectiva e encontram-se, não raro, mal definidos nos respectivos estatutos, pelo que a autonomia deveria implicar uma maior responsabilização destas entidades, que as levaria, por exemplo, a responder perante a Assembleia da República. É certo que, pelo menos em parte, o crescimento desmesurado da Administração indirecta resultou da União Europeia e da necessidade de implementar uma regulação dos mercados[195]. Porém, alguns institutos públicos poderiam facilmente ser configurados como direcções-gerais, sem prejuízo das suas funções. A este propósito, no contexto da Administração Pública do Consumo, é paradigmática a mudança de natureza jurídica do Instituto do Consumidor, cuja transformação numa Direcção-Geral não implicou um significativo recuo na política do consumidor.

Há, sem dúvida, um conjunto mínimo de funções que deve constituir o núcleo duro do Estado, conduzidas segundo uma lógica hierarquizada de Direito Público. No entanto, no domínio do Estado prestador de serviços, a lógica poderá ser porventura a da adopção de modelos mais próximos dos empresariais. De certa forma, exige-se alguma "desprocedimentalização" da Administração Pública, com a passagem de um modelo de administração para um modelo de gestão orientado para os resultados. No limite, tem sido o próprio Direito Administrativo que tem condicionado o modelo vigente da Administração ao colocá-la sob uma enorme rigidez orgânica e procedimental, o que constituiu historicamente uma garantia dos cidadãos. Por exemplo, em certa medida, o princípio da legalidade imprime rigidez a uma Administração que se pretende cada vez mais flexível. Mas a rigidez é, também, em parte, resultado do procedimento orçamental, que impõe um orçamento de meios anual que deveria, eventualmente, ser substituído por um orçamento pluri-anual, centrado sobre resultados. Em matéria de dirigentes da Administração, exige-se igualmente mais formação, mais avaliação e mais responsabilidade.

Ora, os Governos têm sucessivamente procurado actuar sobre todos estes aspectos. Centrando-nos nas actuações mais recentes, de referir o Programa de Reestruturação da Administração Central do Estado (PRACE), criado pela Resolução de Conselho de Ministros nº 124/2005, que tinha como objectivos modernizar e racionalizar a Administração Central, melhorar a qualidade de Serviços prestados aos cidadãos pela Administração, e colocar a

---

[195] JORGE VASCONCELOS, *Governo e Regulação (Governar sem governo, regular sem regulador? Estado, Sociedade e Administração Pública...*, p. 192 e ss.

Administração Central mais próxima e dialogante com o cidadão. Não tendo sido suficientemente implementado, o PRACE, deu lugar, agora, em pleno período de crise financeira e da dívida soberana, ao Plano de Redução e Melhoria da Administração Central (PREMAC), do actual Governo que visa a redução de custos da Administração Central do Estado e a implementação de modelos mais eficientes para o seu funcionamento. Nesse contexto, foi determinado que as Leis Orgânicas dos Ministérios (aprovadas no Conselho de Ministros do dia 26 de Outubro) traduzissem, como ponto de partida, organizações que reflectissem o resultado de um primeiro exercício de supressão de estruturas e de níveis hierárquicos, com base na avaliação das atribuições da Administração Central do Estado. Os objectivos deste programa apontam para uma significativa extinção e racionalização de órgãos e serviços do Estado, traduzida numa redução na ordem dos 40% de estruturas de nível superior da administração directa e indirecta. Em termos de cargos dirigentes, a redução deverá atingir cerca de 27%. Como a necessidade obriga, espera-se que a mudança de nomenclatura e de sigla deste programa não seja o único resultado que venha a ser alcançado.

Segundo o Plano de Redução e Melhoria da Administração Central na área da Administração Pública do Consumo, centrada especialmente no actual Ministério da Economia e do Emprego, não se antevêem grandes mudanças. De referir, no entanto, a extinção da Comissão de Aplicação de Coimas em Matéria Económica e de Publicidade e da Comissão de Segurança de Serviços e Bens de Consumo, cuja competência poderá passar eventualmente para a ASAE, bem como de dois institutos públicos, o Instituto das Infra-Estruturas Rodoviárias e o Instituto Portuário e dos Transportes Marítimos. Está igualmente a ser pensada a reestruturação do sector empresarial do Estado, muito em especial do sector de transportes, através de uma série de fusões de empresas públicas.

Para além das questões orgânicas e de necessidade de reestruturação que resultam da análise do Sistema Administrativo da Defesa dos Consumidores, há essencialmente dois aspectos que se repetem em todos os diplomas em que esta defesa opera no plano administrativo. O primeiro respeita à legitimidade dos consumidores, individual ou colectivamente, de intervirem no procedimento legislativo e administrativo, actuando essencialmente a um nível preventivo de tutela. O segundo respeita ao papel dos consumidores no domínio de sistemas de reclamações, que acciona o próprio Sistema Administrativo de Defesa do Consumidor no seu papel repressivo e sancionatório.

Porém, a protecção do consumidor não se limita ao sector do Sistema Administrativo da Defesa dos Consumidores. Há ainda que contar com todo o sector do Estado prestador de serviços, muito em especial na área dos serviços de interesse geral, que exige uma incursão na disciplina jurídica dos serviços públicos.

8. SECTOR EMPRESARIAL DO ESTADO

8.1. Serviços Públicos Essenciais

O conceito de serviço público foi trabalhado pelo Direito Administrativo, em especial na teoria da organização administrativa[196]. Segundo Freitas do Amaral, os serviços públicos constituem células que compõem internamente as pessoas colectivas públicas. Assim, por exemplo, o Estado é uma pessoa colectiva pública e dentro dela há direcções-gerais, gabinetes, inspecções e repartições que são serviços públicos, pelo que os serviços públicos são organizações a que correspondem sujeitos de direito. Os serviços públicos administrativos são organizações humanas criadas no seio de cada pessoa colectiva pública, com o fim de desempenhar as atribuições desta, sob a direcção dos respectivos órgãos[197]. Os serviços públicos desenvolvem a sua actuação quer na fase preparatória da formação da vontade do órgão administrativo, quer na fase que se segue à manifestação daquela vontade, cumprindo e fazendo cumprir aquilo que tiver sido determinado, levando a cabo tarefas de preparação e execução das decisões dos órgãos das pessoas colectivas.

Freitas do Amaral autonomiza alguns princípios fundamentais em matéria do regime jurídico dos serviços públicos, a saber: o serviço público está sempre na dependência de uma pessoa colectiva pública; o serviço público está vinculado à prossecução do interesse público (art. 266.º da CRP); a criação e extinção de serviços públicos compete à lei; a organização dos serviços públicos é matéria regulamentar; o regime de organização

---

[196] Cfr. Carlos Ferreira de Almeida, *Serviços Públicos, Contratos Privados*, Estudos em Homenagem à Professora Doutora Isabel Magalhães Collaço, vol. II, Almedina Coimbra, 2002, pp. 117-119.
[197] Freitas do Amaral, *Curso de Direito Administrativo*, 3.ª edição, vol. I, Almedina, Coimbra, 2007, pp. 618 e ss.

e funcionamento de qualquer serviço público é modificável; a continuidade de funcionamento dos serviços públicos em situação de guerra, governo de gestão ou de greve geral da função pública (pelo menos dos serviços essenciais, em relação aos quais pode haver requisição civil); os serviços públicos devem tratar e servir todos os utentes (trata-se de um corolário do princípio da igualdade); a utilização de serviços públicos pelos particulares é em princípio onerosa: os utentes devem pagar uma taxa pelo benefício que obtêm. Há, contudo, alguns serviços públicos gratuitos.

Os serviços públicos têm fim lucrativo quando são objecto de empresas públicas; estas empresas podem gozar de exclusivo ou actuar em concorrência; e podem reger-se por regras de Direito Público ou de Direito Privado. A lei admite vários modelos de gestão dos serviços públicos, designadamente que sejam entregues as empresas privadas, através de concessão, ou a associações ou fundações de direito privado, por delegação.

De referir que quer a Constituição (arts. 266.º, 267.º e 268.º), quer o Código do Procedimento Administrativo estabelecem regras que exigem a aproximação entre os serviços públicos e os cidadãos. Por sua vez, o Decreto-Lei n.º 135/99, de 22 de Abril, consagrou regras em matéria de modernização administrativa e simplificação de procedimentos. Neste diploma refere-se que os serviços e organismos da Administração Pública, no âmbito das actividades exercidas ao abrigo do n.º 2 do artigo 2.º da Lei nº 24/96, de 31 de Julho, que estabelece o regime geral de defesa do consumidor devem adoptar as medidas adequadas a dar cumprimento ao disposto neste diploma, em especial no que respeita à qualidade dos bens e serviços, à protecção da saúde, da segurança física e dos interesses económicos do cidadão e à informação. Trata-se de sujeitar a Administração Pública à defesa dos direitos dos consumidores, o que representa um vector essencial da modernização administrativa[198].

A noção de serviço público, como serviço prestado ao público, é fundamental para a compreensão de que, nos serviços públicos, há um campo delimitado que corresponde aos serviços públicos essenciais, que deverá estar sujeito a um regime de especial de protecção dos utentes.

No contexto europeu, utiliza-se essencialmente o conceito de serviço de interesse geral. Este conceito não parte do de serviço público, uma vez

---

[198] KEITH DOWDING, *Desafios à Administração Pública: Dar Poderes aos Consumidores, Estado, Sociedade Civil e Administração Pública – Para um novo paradigma do serviço Público,* (coordenação José Manuel Moreira, Carlos Jalali, André Azevedo Alves), Almedina, Coimbra, 2008, pp. 11-23.

que, actualmente, estes serviços tanto são desenvolvidos no domínio público como no privado, pelo que esta terminologia é mais apropriada[199], para além de eliminar a ambiguidade que o conceito de serviço público comporta. Os serviços de interesse geral correspondem ao desenvolvimento de uma actividade (económica ou não) utilizada pela generalidade dos cidadãos, traduzindo-se, para eles, numa verdadeira necessidade para uma completa vivência social. Os serviços de interesse geral surgem assim como aqueles que satisfazem as necessidades básicas da generalidade dos cidadãos, económicas, sociais ou culturais, sendo a sua existência essencial à vida, à saúde ou à participação social. Note-se que a definição de serviço público de interesse geral vai-se transformando à luz da evolução socio-económica e tecnológica, bem como das necessidades sociais da população.

O conceito de serviço de interesse económico geral encontrava-se nos artigos 16.º e 86.º n.º 2 do Tratado CE[200]. Actualmente, os serviços de interesse económico geral encontram-se previstos no art. 14.º do Tratado sobre o Funcionamento da União Europeia. O artigo 36.º da Carta dos Direitos Fundamentais da União Europeia reconhece e respeita o acesso a serviços de interesse económico geral, a fim de promover a coesão social e territorial da União. Por sua vez, nos novos Protocolos anexos ao Tratado de Lisboa existe um relativo aos Serviços de Interesse Geral, cujos arts. 1.º [201] e 2.º [202] estabelecem um conjunto importante de regras nesta matéria.

---

[199] Sobre esta evolução VITAL MOREIRA, *Regulação Económica e Serviços de Interesse Geral*, Estudos de Regulação Pública – I, Coimbra Ed., 2004, p. 548.

[200] Para outros desenvolvimentos, JOÃO NUNO CALVÃO DA SILVA, *Mercado e Estado – Serviços de Interesse Económico Geral*, Almedina, Coimbra, 2008, pp. 114 e ss e 209 e ss.

[201] Artigo 1.º Os valores comuns da União no que respeita aos serviços de interesse económico geral, na acepção do artigo 14.º do Tratado sobre o Funcionamento da União Europeia, incluem, em especial: o papel essencial e o amplo poder de apreciação das autoridades nacionais, regionais e locais para prestar, mandar executar e organizar serviços de interesse económico geral de uma forma que atenda tanto quanto possível às necessidades dos utilizadores, a diversidade dos variados serviços de interesse económico geral e as diferenças nas necessidades e preferências dos utilizadores que possam resultar das diversas situações geográficas, sociais ou culturais, um elevado nível de qualidade, de segurança e de acessibilidade de preços, a igualdade de tratamento e a promoção do acesso universal e dos direitos dos utilizadores.

[202] Artigo 2.º As disposições dos Tratados em nada afectam a competência dos Estados-Membros para prestar, mandar executar e organizar serviços de interesse geral não económicos.

O conceito de serviço público essencial surge na Lei n.º 23/96, de 26 de Julho, que visa proteger os utentes dos serviços de fornecimento de água, energia eléctrica, gás e serviço de telefone[203]. Este conceito tem um domínio específico, pelo que podemos dizer que não se confunde com o conceito de serviços de interesse geral, sendo este mais amplo do que aquele.

Por fim, o conceito de serviço universal exprime um conjunto de princípios e de obrigações que determinados serviços deverão cumprir de forma a serem acessíveis a todos os cidadãos a preços razoáveis. Trata-se, portanto, de um conjunto de exigências que devem ser respeitadas pelos prestadores de determinados serviços para satisfação do interesse geral.

Alguns utilizadores dos serviços de interesse geral são consumidores nos termos do artigo 2.º da Lei n.º 24/96, de 31 de Julho, mas muitos profissionais são utentes dos serviços públicos essenciais, pelo que o conceito de utente é mais abrangente do que o conceito de consumidor. Aos utentes não pode ser negado o acesso aos serviços públicos de interesse geral. Esta questão prende-se com a ideia de serviço universal no âmbito dos serviços públicos essenciais. Por vezes, estes serviços não têm expressão monetária significativa e os profissionais do sector gozam de alguma supremacia.

Os princípios e normas da União Europeia relativamente aos serviços de interesse económico geral encontram-se traduzidos na Lei n.º 23/96, de 26 de Julho, e no Decreto-Lei n.º 195/99, de 8 de Junho. Aquela lei concretiza igualmente princípios e direitos fundamentais dos consumidores, de consagração constitucional (em especial no artigo 60.º da CRP), que alarga a todos os utentes[204].

Com efeito, a Lei n.º 23/96, define no seu artigo 1.º, não só os serviços públicos essenciais, mas também o conceito de utente, que considera, para os efeitos previstos neste diploma, como a pessoa singular ou colectiva a quem o prestador do serviço se obriga a prestá-lo. No artigo 2.º, a referida Lei estabelece o direito de participação das organizações representativas dos utentes, concretizando, assim, o artigo 60.º, n.º 3 da CRP em matéria de serviços públicos essenciais. Por sua vez, o artigo 3.º aplica o princípio da boa fé às relações entre prestador do serviço e utente, e o artigo 4.º estabelece o direito de informação do utente. No que concerne à suspensão do

---

[203] O telefone foi posteriormente retirado dos serviços públicos essenciais pela Lei 5/2004, de 10 de Fevereiro.

[204] ANTÓNIO PINTO MONTEIRO, *A Protecção do Consumidor de Serviços Públicos Essenciais,* EDC n.º 2, 2000, pp. 338 e ss.

fornecimento do serviço, o artigo 5.º obriga a um pré-aviso adequado, salvo caso fortuito ou de força maior, e o artigo 6.º reconhece o direito à quitação parcial. A necessidade dos serviços públicos obedecerem a padrões de qualidade elevados encontra-se consagrada no art. 7.º. A protecção do utente manifesta-se igualmente no artigo 8.º, que enuncia a proibição e cobrança de consumos mínimos. Por sua vez, o artigo 9.º regula o direito a uma facturação detalhada, que especifique devidamente os valores que apresenta, e o artigo 10.º que o direito a exigir o pagamento do serviço prescreve no prazo de 6 meses após a sua prestação. Por fim, de salientar o carácter injuntivo dos direitos consagrados na Lei n.º 23/96, que declara nula qualquer convenção ou disposição que exclua ou limite os direitos nela atribuídos aos utentes.

O Decreto-Lei n.º 195/99, de 8 de Julho, veio proibir a existência de caução nos contratos de fornecimento de serviços públicos essenciais com consumidores finais, parecendo admitir que a caução possa permanecer nos contratos com outros utentes que não consumidores finais. O preâmbulo deste diploma é claro quanto aos seus propósitos: tendo o mercado de serviços públicos essenciais características muito especiais, o seu funcionamento implica um desequilíbrio na posição contratual do consumidor, dado tratar-se da prestação de serviços básicos, universais e essenciais à vida moderna, pelo que os consumidores não dispõem de poder negocial perante situações muitas vezes identificadas como monopólios naturais. No quadro do recurso a contratos com cláusulas contratuais gerais, deve prescindir-se da prestação de caução nos serviços públicos essenciais, a fim de evitar que os operadores destes serviços utilizem a caução, não para ser accionada em caso de incumprimento do consumidor, mas sobretudo como fonte de financiamento. O artigo 6.º refere-se ainda à restituição das cauções anteriormente constituídas.

Em matéria relacionada com os serviços públicos essenciais, de mencionar também a Lei n.º 5/2004, de 10 de Fevereiro (Lei das Telecomunicações). No que respeita às obrigações dos prestadores de comunicações electrónicas é de chamar a atenção sobretudo para o regime constante dos artigos 39.º a 54.º e para as obrigações de serviço universal previstas nos artigos 86.º a 96.º. Note-se que embora a Lei n.º 23/96 não incluísse no âmbito dos serviços públicos essenciais, o serviço de comunicações electrónicas, o que só veio a acontecer com a alteração feita pela Lei n.º 12/2008, de 26 de Fevereiro, por vezes, as obrigações previstas na Lei das Telecomunicações, alcançam níveis de concretização muito mais elevados do que no regime dos serviços públicos essenciais. No entanto, a exclusão da aplicação deste regime não pode deixar de ser vista como um benefício para os operadores a actuar no mercado, pelo que é decisiva, no contexto que nos ocupa, a disposição do artigo 127.º, n.º 2, que retira o telefone do âmbito de aplicação da Lei n.º 23/96, de 26 de Julho, e do Decreto-Lei n.º 195/99, de 8 de Junho[205]. No entanto, como veremos posteriormente, a situação descrita foi corrigida.

O regime da Lei n.º 23/96 veio a ser alterado pela Lei n.º 12/2008, de 26 de Fevereiro, que originou algum debate público, dada a possibilidade de os tribunais judiciais ficarem assoberbados com as acções que possam vir a ser instauradas no quadro dos serviços públicos essenciais. Note-se que os serviços públicos essenciais são prestados cada vez mais por entidades privadas, pelo que esta lei talvez devesse ter assumido uma ruptura com a terminologia habitual, com eventual adopção da expressão serviços de interesse geral.

O artigo 1.º veio passou a incluir no âmbito dos serviços públicos essenciais sectores como o fornecimento de gás natural, as comunicações electrónicas e os serviços postais, o tratamento de águas residuais e a gestão de resíduos sólidos urbanos. Trata-se de um avanço importante, que não pode deixar de se aplaudir. De referir, que algumas associações representativas dos consumidores há muito que vinham reclamando que alguns destes serviços fossem sujeitos às exigências acrescidas deste regime jurídico, como é o caso designadamente das empresas prestadores de serviços de acesso à Internet. O regresso dos serviços de telefone e, em geral, das operadoras de comunicações electrónicas ao regime dos serviços públicos essenciais consubstancia a reposição de uma situação que o retrocesso da Lei n.º 5/2004 tinha permitido, o que, para além de constituir um benefício injustificado para estas operadoras, levantava dúvidas de constitucionalidade face ao princípio da igualdade e à harmonia do sistema.

Note-se que muito embora a Lei n.º 12/2008 aponte para um perfil que é o de repor no domínio das comunicações electrónicas o regime excepcionado pela Lei n.º 5/2004, não o faz com o propósito de retomar a situação anterior, mas antes porque actualmente existem indiscutíveis razões substantivas para que estas comunicações não possam deixar de estar

---

[205] A exclusão feita pelo art. 128, n.º1, da Lei n.º 5/2004, de 10.02, nos termos do qual o serviço de telefone é excluído do âmbito da aplicação da Lei n.º 23/96, de 26.07, não é aplicável aos contratos cuja celebração e execução ocorreu à luz do regime anterior, segundo o Ac. RLx 4-Out.-2007 (NELSON BORGES CARNEIRO), disponível em www.digesto.gov.pt

sujeitas ao regime dos serviços públicos essenciais. Com efeito, questões de segurança e defesa, de acesso à justiça e de acesso à informação não permitiam continuar a aceitar o recuo da Lei n.º 5/2004.
No artigo 1.º, n.º 4 o legislador reconhece que os serviços públicos essenciais podem ser prestados tanto por entidades públicas como por entidades privadas[206], sendo esta solução a que melhor se enquadra no modelo de economia mista e de liberalização, com significativa abertura à iniciativa privada, existente no contexto actual em que o Estado recua como prestador de serviços e, cada vez mais, se assume como Estado regulador. Os artigos 2.º e 3.º mantêm conteúdos idênticos à Lei n.º 23/96 e o artigo 4.º, n.º 2 acrescenta que a informação, para além de clara e conveniente, tem de ser atempada. Saliente-se que o n.º 3 e do artigo 4.º que tinha sido tacitamente revogado pela Lei n.º 5/2004, repristina a disposição correspondente da Lei n.º 23/96, não obstante os deveres de informação estarem largamente desenvolvidos nos artigos 39.º e 47.º da Lei das Telecomunicações. O artigo 5.º procede a uma alteração da Lei n.º 23/96 que se relaciona com o prazo da suspensão do serviço em caso de mora. Enquanto na versão desta Lei se previa um prazo de 8 dias, agora só pode ocorrer depois do utente ter sido advertido, por escrito, com a antecedência mínima de 10 dias relativamente à data em que a suspensão venha a ter lugar. Os artigos 6.º e 7.º mantêm-se inalterados, no entanto, o artigo 8.º contém um conjunto significativo de modificações que se reportam às formas alternativas à caução, que os operadores foram encontrando para angariar novos modos de financiamento. Note-se que o artigo 9.º vem estabelecer exigências acrescidas em relação às facturas, muito embora, como se referiu previamente, esta concretização nas facturas relativas às comunicações electrónicas já se encontrava na Lei n.º 5/2004, pelo que não existe significativa alteração material. De salientar, porém, que estas exigências de informação só são impostas quando solicitadas pelos interessados. Em nosso entender, a inserção do inciso "e a pedido do interessado" representa um benefício para os interesses dos prestadores de comunicações electrónicas, que não é de aplaudir.
O artigo 10.º levantou significativa celeuma por se ter considerado que iria originar uma avalanche de acções judiciais. A jurisprudência, na vigência do artigo 10.º da Lei n.º 23/96, orientava-se maioritariamente no

---

[206] SOFIA TOMÉ D'ALTE, *A nova Configuração do Sector Empresarial do Estado e a empresarialização dos Serviços Públicos*, Almedina, Coimbra, 2007, pp. 213 e ss.

sentido de que o direito a exigir o pagamento correspondia, simplesmente, à apresentação de factura. Enviada a factura dentro dos 6 meses, o direito a exigir o pagamento tinha sido tempestivamente exercido e, não se presumindo qualquer pagamento, iniciava-se a prescrição de cinco anos (artigo 310.º do Código Civil). Contra esta linha de interpretação, o legislador veio limitar expressamente o prazo de propositura da acção pelos prestadores de serviços essenciais a seis meses.

Existem também novidades em matéria do ónus da prova. A regra é a da presunção culposa do incumprimento do devedor. Não há uma inversão do ónus da prova da culpa do devedor; apenas requisitos adicionais para fazer funcionar o referido ónus. O artigo 10.º-A, nas acções de incumprimento contra os utentes, vem estabelecer que cabe ao prestador do serviço a prova de que o serviço foi realizado e de que exigiu o pagamento, de acordo o imposto no artigo 10.º, n.º 3. No artigo 10.º-B o inciso, "salvo caso de declaração em contrário manifestada expressamente pelo utente do serviço", permite aos prestadores de serviços essenciais contornar o que resulta do próprio artigo, ficando por saber qual o regime que, ao abrigo da autonomia privada, poderá funcionar para situações de sobrefacturação, sendo certo que as cláusulas contratuais gerais, a assinar pelo utente, poderão, de forma fácil, afastar o acerto de contas. O artigo 13.º prevê, na linha de outros diplomas, o recurso à resolução alternativa de litígios, o que permite mitigar os excessos de recurso aos tribunais judiciais, aliviando--os de certos processos. Trata-se de um ponto fundamental em matéria de conflitos de consumo.

Mais recentemente, foi publicada a Lei n.º 44/2011, de 22 de Junho, que procede à quarta alteração à Lei n.º 23/96 e que vem estabelecer no seu art. 1.º a obrigatoriedade de discriminação nas facturas eléctricas, individualmente, de cada custo referente a medidas de política energética, de sustentabilidade ou de interesse económico geral, bem como o respectivo montante a par dos valores de consumo, de potência contratada, da taxa de exploração e da contribuição audio-visual. A mesma Lei acrescenta ao art. 9.º da Lei n.º 23/96 os n.ºs 4 e 5 que estabelecem que, quanto ao serviço de fornecimento de energia eléctrica, a factura deve discriminar, individualmente, o montante referente aos bens fornecidos ou serviços prestados, bem como cada custo referente a medidas de política energética, de sustentabilidade ou de interesse económico geral e outras taxas e contribuições previstas na lei e que estas discriminações não podem constituir um acréscimo do valor da factura.

9. PROTECÇÃO DOS CONSUMIDORES NO PROCEDIMENTO LEGISLATIVO E ADMINISTRATIVO: O PAPEL DAS ASSOCIAÇÕES DE DEFESA DO CONSUMIDOR

É na articulação da Lei de Defesa do consumidor com o Código de Procedimento Administrativo que se centram as relações entre a tutela do consumo e o procedimento administrativo. A Lei n.º 24/96, de 31 de Julho, no seu art. 1.º/1, estabelece um dever geral de protecção por parte da Administração Pública, no seu conjunto, de defesa do consumidor, pressupondo para tal uma intervenção legislativa e regulamentar adequada. O art. 2.º, por sua vez, define-nos o sujeito da protecção – o consumidor – como aquele a quem são prestados bens ou serviços por um profissional, destinados a uso não profissional, englobando no domínio da protecção os utentes de serviços públicos (art. 2.º/2)[207].

No domínio desta protecção, vamos cingir-nos ao direito de participação, por via representativa, na definição administrativa dos direitos e interesses do consumidor (art. 3.º, h)), pois é aquele que mais incidência possui no parâmetro procedimental. O direito de participação está previsto no art. 15.º da Lei n.º 24/96, no qual se estabelece que consiste, nomeadamente, na audição e consulta prévias, em prazo razoável, das associações de consumidores no tocante às medidas que afectem os seus direitos ou interesses legalmente protegidos. Esta base normativa levanta o problema da legitimidade procedimental das associações de defesa dos consumidores evidenciando que actuam no procedimento administrativo não de "*iure proprio*", mas através de um esquema de representação[208].

Com efeito, são concebíveis diferentes títulos para a intervenção "administrativa" dessas associações: titulares de interesse próprio; substitutas; representantes e promotoras de interesses difusos. As associações de consumidores não são titulares de interesses próprios, não actuam de "*iure proprio*", nem são substitutas. O art. 15.º deixa antever que são representantes e promotoras de interesses difusos, quando se refere à participação, *por via representativa*, dos interesses colectivos dos consumidores. Neste ponto, é notório que não é o interesse individual do consumidor que adquire espaço no domínio dos procedimentos decisórios da Administração,

---

[207] ADELAIDE MENEZES LEITÃO, *Tutela do Consumo e Procedimento Administrativo...*, pp. 134-135.
[208] ADELAIDE MENEZES LEITÃO, *Tutela do Consumo e Procedimento Administrativo...*, p. 135.

mas, diferentemente, o grupo ou categoria sócio-económica consumidores que, na sua dimensão colectiva, adquire (por via representativa), através de entidades próprias, a legitimidade de participação prévia no tocante às medidas que o podem afectar[209].

É esta dimensão colectiva que permite equacionar o interesse público do "consumo" como um interesse secundário no domínio dos procedimentos administrativos que afectem os direitos e interesses dos consumidores, interesses estes que podem der convergentes ou divergentes. Trata-se de um interesse público secundário, *mutatis mutandis* os direitos fundamentais dos consumidores são direitos *prima facie*, *i.e.* sujeitos a esquemas de ponderação, decorrentes inclusive da imposição da directriz constitucional que determina que a política económica nacional seja delineada atendendo a vários interesses sectoriais que devem ser sopesados[210].

Com efeito, é o interesse colectivo dos consumidores que, em primeira linha é protegido no âmbito dos procedimentos decisórios, aspecto que se revela na própria regulação jurídica das associações de defesa do consumidor (art. 17.º), em que se estabelece que estas têm natureza associativa, gozam de personalidade jurídica e que o seu objectivo principal é proteger os interesses dos consumidores em geral ou dos consumidores seus associados[211].

Em matéria de direitos das associações de consumidores, o art. 18.º concede-lhes o estatuto de parceiro social em procedimentos legislativos e outros que delineiem a política dos consumidores, bem como o direito de representação dos consumidores no processo de consulta e decisão e nas audições públicas a realizar no decurso da tomada de decisões susceptíveis de afectar os seus direitos e interesses (o que abrange quer a matéria do procedimento legislativo quer o procedimento administrativo); é-lhes igualmente reconhecida a iniciativa ou impulso procedimental e processual para a apreensão e retirada de bens do mercado ou a interdição de serviços lesivos dos direitos e interesses dos consumidores, bem como o direito a consultar os processo e demais elementos existentes nas repartições e serviços públicos da administração central, regional ou local que contenham dados sobre as

---

[209] ADELAIDE MENEZES LEITÃO, *Tutela do Consumo e Procedimento Administrativo...*, p. 136.
[210] ADELAIDE MENEZES LEITÃO, *Tutela do Consumo e Procedimento Administrativo...*, p. 136.
[211] ADELAIDE MENEZES LEITÃO, *Tutela do Consumo e Procedimento Administrativo...*, p. 136.

características de bens ou serviços de consumo e de divulgar as informações necessárias à tutela dos interesses dos consumidores. Para além destes direitos, as associações de consumidores podem ainda participar nos processos de regulação de preços de fornecimento de bens e de prestações de serviços essenciais, nomeadamente nos domínios da água, energia, gás, transportes e telecomunicações, e solicitar esclarecimentos sobre as tarifas praticadas e a qualidade de serviços, por forma a poderem pronunciar-se[212].

No artigo 53.º do Código do Procedimento Administrativo (CPA) a legitimidade procedimental é mais abrangente do que a presente no art. 15.º da Lei de Defesa do Consumidor. Com efeito, no âmbito deste diploma só se prevê a legitimidade procedimental das associações de defesa do consumidor para a defesa dos interesses difusos no âmbito procedimental administrativo e não do consumidor individualmente considerado (individualmente lesado)[213], como parece ser o caso do Código do Procedimento Administrativo.

Esta situação coloca-nos perante a necessidade de determinar se pode ou não o consumidor individualmente lesado actuar. Ora tal determinação exige uma compreensão adequada do art. 53.º do Código do Procedimento Administrativo, que parece traçar uma fronteira entre a protecção administrativa de interesses individuais e de interesses colectivos ou difusos. A primeira encontra-se no n.º 1 deste artigo, no qual é consagrada uma legitimidade procedimental concorrente entre os cidadãos individuais e as associações, *mutatis mutandis*, a segunda encontra-se no n.º 2 e n.º 3. Nestes temos, o CPA é peremptório na atribuição de legitimidade procedimental aos cidadãos individuais no domínio das situações em que se possam verificar prejuízos nos bens jurídicos fundamentais que se elencam, a título exemplificativo, no referido n.º 2. Em nosso entender, o consumo não pode deixar de estar aí compreendido. Mas, mesmo que se perfilhe um juízo contrário, a norma poder-se-á aplicar, pela via da analogia, a situações jurídicas de consumo[214].

Em consequência, o cidadão individual possui legitimidade para a defesa de interesses difusos. Diferentemente, no art. 15.º da Lei de defe-

---

[212] ADELAIDE MENEZES LEITÃO, *Tutela do Consumo e Procedimento Administrativo...*, p. 136-137.
[213] ADELAIDE MENEZES LEITÃO, *Tutela do Consumo e Procedimento Administrativo...*, p. 138.
[214] ADELAIDE MENEZES LEITÃO, *Tutela do Consumo e Procedimento Administrativo...*, p. 138-139.

sa do consumidor apenas se consagra a legitimidade procedimental das associações para essa defesa. Em conclusão ter-se-á de defender que a legitimidade prevista no CPA é mais abrangente do que a prevista na Lei de defesa do consumidor, onde perpassa o silêncio quanto à posição administrativa do consumidor individual. Como devemos então articular ambas as disposições? O estabelecimento de uma relação de especialidade não nos parece a solução adequada. Além disso, não há qualquer relação revogatória entre as duas disposições. Com efeito, a lei defesa do consumidor não restringe o âmbito de legitimidade procedimental do CPA. Nas situações em que não se verifica qualquer iniciativa ou intervenção procedimental das associações, faz todo o sentido admitir uma legitimidade procedimental dos consumidores individualmente considerados. Porém, a legitimidade individual dos consumidores, configurada como uma legitimidade subsidiária, é precludida pela actuação, por via representativa, das associações dos consumidores[215].

Em matéria de procedimento administrativo, releva essencialmente o artigo 54.º, que estabelece que o procedimento administrativo inicia-se oficiosamente ou a requerimento dos interessados. Por sua vez, o artigo 59.º dispõe que, em qualquer fase do procedimento, podem os órgãos administrativos ordenar a notificação dos interessados para, no prazo que lhes for fixado, se pronunciarem acerca de qualquer decisão. Por sua vez, o artigo 60.º determina que os interessados têm o dever de não formular pretensões ilegais, não articular factos contrários à verdade, nem requerer diligências meramente dilatórias e de prestar a sua colaboração para o conveniente esclarecimento dos factos e a descoberta da verdade[216].

O direito à informação, previsto no artigo 61.º, é também essencial, na medida em que estabelece que os particulares têm o direito de ser informados pela Administração, sempre que o requeiram, sobre o andamento dos procedimentos em que sejam directamente interessados, bem como de conhecer as resoluções definitivas que sobre eles forem tomadas. As informações a prestar abrangem a indicação do serviço onde o procedimento se encontra, os actos e diligências praticados, as deficiências a suprir pelos interessados, as decisões adoptadas e quaisquer outros elementos solicitados, devendo as informações solicitadas ser fornecidas no prazo máximo

---

[215] ADELAIDE MENEZES LEITÃO, *Tutela do Consumo e Procedimento Administrativo...*, p. 139.

[216] ADELAIDE MENEZES LEITÃO, *Tutela do Consumo e Procedimento Administrativo...*, p. 139.

de 10 dias. Neste domínio, deve ser feita uma referência à Lei n.º 46/2007, de 24 de Agosto, e ao papel da Comissão de Acesso aos Documentos Administrativos.

Nas reformas da Administração pública avançou-se a ideia de que os administrados são utentes e consumidores da Administração Pública, procurando incorporar vectores de qualidade e de eficiência nos atendimentos e nas prestações. Trata-se de princípios importados da defesa do consumidor. O Direito da Administração Pública aproxima-se, assim, do Direito do Consumo através da mudança dos modelos de organização interna e de simplificação procedimental. Numa altura, em que se reduzem e privatizam algumas das últimas grandes empresas públicas, o Direito do Consumo pode e deve ser usado como um último reduto de defesa dos cidadãos[217]. Neste sentido, torna-se mais relevante o mecanismo de reclamações relativamente a entidades privadas e públicas (§.10)

10. SISTEMA DE RECLAMAÇÕES DOS CONSUMIDORES

Os direitos dos consumidores encontram-se elencados na Constituição e abrangem o direito à qualidade dos bens e serviços consumidos, à formação e à informação, à protecção da saúde, da segurança e dos seus interesses económicos, bem como à reparação de danos (art. 60.º CRP). Estes direitos encontram-se concretizados na Lei n.º 24/96, de 31 de Julho. Sempre que houver violação dos direitos dos consumidores ou do quadro legislativo conformador dos serviços públicos ou do quadro de regulação dos diferentes sectores económicos, os consumidores podem recorrer ao sistema de reclamações. Este sistema mais do que defender os direitos dos consumidores configura-se como uma fiscalização da legalidade dos comportamentos de todos os que prestam serviços ou fornecem bens. Deste modo, os consumidores surgem como um elo fundamental para activar o Sistema Administrativo de Defesa dos Consumidores.

O Decreto-Lei n.º 156/2005, de 15 de Setembro, com alterações introduzidas pelos Decretos-Lei n.º 371/2007, de 6 de Novembro, e 118/2009, de 19 de Maio, veio estabelecer o livro de reclamações com o objectivo

---

[217] ADELAIDE MENEZES LEITÃO, *Tutela do Consumo e Procedimento Administrativo...*, p. 140.

de tornar acessível o exercício do direito de queixa, permitir ao consumidor reclamar no local onde o conflito ocorreu, contribuir para um melhor exercício da cidadania e tornar mais célere a resolução de conflitos. O livro de reclamações veio, por outro lado, propiciar ao Sistema Administrativo de Defesa do Consumidor identificar mais facilmente condutas contrárias à lei. Inicialmente concebido para sectores restritos, a legislação referida procedeu ao alargamento das entidades obrigadas a livro de reclamações, tornando-o obrigatório em relação a todos os fornecedores de bens e prestadores de serviços que tenham estabelecimentos onde haja contacto com o público, contribuindo, deste modo, para a melhoria da qualidade dos serviços prestados e dos bens vendidos.

Qualquer estabelecimento público que preste serviços públicos essenciais (Lei n.º 23/96, de 26 de Julho) está obrigatoriamente sujeito a livro de reclamações. Os organismos da Administração Pública que prestem serviço ao público estão abrangidos pelo artigo 38.º do Decreto-Lei n.º 135/99, de 22 de Abril, e devem também possuir livro de reclamações, que devem facultar imediata e gratuitamente ao utente. O mesmo acontece com qualquer fornecedor de bens ou serviços que é obrigado a facultar imediata e gratuitamente ao utente o livro de reclamações sempre que por este tal lhe seja solicitado e afixar no seu estabelecimento, em local bem visível e com caracteres facilmente legíveis pelo utente, um letreiro com a seguinte informação: «*Este estabelecimento dispõe de livro de reclamações*». Acresce que tem de manter, por um período de três anos, um arquivo organizado dos livros de reclamações que tenha encerrado[218]. Exceptuam-se os serviços e organismos da Administração Pública encarregues de prestação de serviços de abastecimento público de águas, de saneamento de águas residuais e de gestão de resíduos urbanos abrangidos pelo Decreto-Lei n.º 156/2005, de 15 de Setembro, com alterações do Decreto-Lei n.º 371/2007, de 6 de Novembro.

A apresentação do livro de reclamações não pode ser condicionada, designadamente à necessidade de identificação do utente. Quando o livro de reclamações não for imediatamente facultado, deve ser requerida a presença da autoridade policial. Por sua vez, o consumidor ou utente deve expor de forma clara, objectiva e concisa a razão de ser da reclamação,

---

[218] ADELAIDE MENEZES LEITÃO, *As reclamações no Direito do Consumo: Análise da Actual Legislação e Apreciação do Anteprojecto do Código do Consumidor*, Estudos em Homenagem ao Professor Doutor Oliveira Ascensão, vol. II, Almedina, Coimbra, 2008, p. 1479.

bem como os factos importantes para a correcta percepção do problema, a identidade de eventuais testemunhas e a sua identificação. Normalmente, o livro de reclamações dispõe de 3 folhas auto-copiativas para registo de cada reclamação, devendo o triplicado ficar no estabelecimento, o original ser enviado para a entidade reguladora ou fiscalizadora pelo comerciante ou prestador de serviços, e o duplicado ser entregue ao reclamante. O consumidor ou utente se desejar, e para maior segurança no encaminhamento da reclamação, poderá fazer chegar uma fotocópia do seu exemplar à entidade fiscalizadora[219].

O titular do estabelecimento ao público deve remeter o original da folha do livro de reclamações, no prazo de dez dias úteis, à entidade de controlo de mercado competente, ou à entidade reguladora do sector, ou, na sua ausência, à Autoridade de Segurança Alimentar e Económica, e entregar o duplicado da reclamação ao utente, conservando em seu poder o triplicado, que faz parte integrante do livro de reclamações e dele não pode ser retirado[220].

Os reguladores e fiscalizadores devem receber as folhas de reclamação que lhe sejam enviadas, instaurar o procedimento adequado se os factos resultantes da reclamação indiciarem a prática de contra-ordenação prevista em norma específica aplicável, notificar o fornecedor de bens ou o prestador de serviços para que, no prazo de 10 dias úteis, apresente as alegações que entenda por convenientes, tomar as medidas que entenda adequadas, de acordo com as atribuições que lhe estão conferidas por lei e aplicar coimas e sanções acessórias[221].

O sistema de reclamações coloca os consumidores e os utentes na posição de elos do sistema de fiscalização, o que permite uma difusão fiscalizadora capaz de alcançar as entidades com competência na instauração de processos contra-ordenacionais com vista de aplicação de coimas. O seu objectivo directo não é, pois, garantir os direitos dos consumidores, mas sancionar os profissionais pelo incumprimento dos deveres legais que os adstringem.

Nos termos previstos no Decreto-Lei n.º 156/2005, a formulação da reclamação não exclui a possibilidade de o utente apresentar reclamações por quaisquer outros meios e não limita o exercício de quaisquer direi-

---

[219] ADELAIDE MENEZES LEITÃO, *As reclamações no Direito do Consumo*...,p. 1482.
[220] ADELAIDE MENEZES LEITÃO, *As reclamações no Direito do Consumo*..., p. 1482.
[221] ADELAIDE MENEZES LEITÃO, *As reclamações no Direito do Consumo*..., p. 1482.

tos constitucional ou legalmente consagrados. As entidades de controlo de mercado competentes e as entidades reguladoras do sector podem estabelecer mecanismos internos, no âmbito das suas competências, que permitam uma resolução mais célere da reclamação, desde que não diminuam as garantias de defesa das partes (art. 13.º).

As entidades reguladoras e as entidades de controlo de mercado competentes devem ainda remeter à Direcção–Geral do Consumidor, com uma periodicidade semestral, informação, designadamente sobre o tipo, a natureza e o objecto das reclamações apresentadas, a identificação das entidades reclamadas e o prazo de resolução das reclamações (art. 12.º). A Direcção-Geral do Consumidor elabora bianualmente um relatório de avaliação sobre a aplicação e execução do mesmo, que deve remeter ao membro do Governo responsável pela área da defesa do consumidor (art. 14.º). Cumpre ainda uma referência final ao Decreto-Lei n.º 118/2009, de 19 de Maio, que veio alterar o art. 12.º do Decreto-Lei n.º 156/2005, com alterações do Decreto-Lei n.º 371/2007, bem como à Portaria n.º 866/2009, de 13 de Agosto. Com efeito, o volume de reclamações, a celeridade que se pretende imprimir ao processo de análise e acompanhamento do mercado, bem como a necessidade de aproximar a Administração dos cidadãos, tornando-lhes acessível o estado da reclamação apresentada, tornou urgente a criação de uma rede telemática e o abandono do sistema de remessa de informação em papel ou noutro suporte duradouro à Direcção-Geral do Consumidor pelas entidades reguladoras ou de controlo de mercado.

Esta rede telemática destina-se ao registo e tratamento das reclamações dos utentes e consumidores constantes do livro de reclamações e visa garantir a comunicação e o intercâmbio de informação estatística em matéria de conflitualidade de consumo decorrente daquelas reclamações, assegurando o seu armazenamento e gestão por parte das entidades reguladoras e de controlo de mercado competentes. A Rede Telemática de Informação Comum proporciona, ainda, aos reclamantes e reclamados o acesso à informação sobre a sua reclamação.

BIBLIOGRAFIA

ALARCÃO, RUI DE – *Globalização, Democracia e Direito do Consumidor*, EDC, n.º 8, 2006/2007
ALMEIDA, CARLOS FERREIRA DE – *Serviços Públicos, Contratos Privados*, Estudos em Homenagem à Professora Doutora Isabel Magalhães Collaço, vol. II, Almedina, Coimbra, 2002
—, *Direito do Consumo*, Almedina, Coimbra, 2005
—, *Os Direitos dos Consumidores*, Almedina, Coimbra, 1982
ALONSO, JAVIER PRADA – *Protección del Consumidor y Responsabilidad Civil*, Marcial Pons, 1998
ALPA, GUIDO – *I Diritti dei Consumatori*, Tomo I, Giappicheli, Torino, 2009
ALVES, NUNO PERES – *Direito Administrativo das Telecomunicações*, Tratado de Direito Administrativo Especial, vol. V. (coord. Paulo Otero e Pedro Gonçalves), Almedina, Coimbra, 2011
AMARAL, DIOGO FREITAS DO – *Curso de Direito Administrativo*, vol. I, 3.ª ed, Almedina, Coimbra, 2011
AMATO, GIULIANO – *Anti-trust and the Bounds of Power, The dilemma of liberal democracy in the history of the market*, Hart Publishing, Oxford, 1997
ANASTÁSIO, GONÇALO – *Regulação da energia, Regulação em Portugal: Novos Tempos, Novo Modelo?* (coord. Eduardo Paz Ferreira, Luís Silva Morais, Gonçalo Anastácio), Almedina, Coimbra, 2009,
ARAÚJO, FERNANDO – *Adam Smith. O conceito mecanicista de Liberdade*, Almedina, Coimbra, 2001
ASCENSÃO, JOSÉ OLIVEIRA – *Concorrência Desleal: As grandes opções*, Nos 20 Anos do Código das Sociedades Comerciais, Homenagem aos Profs. Doutores A. Ferrer Correia, Orlando de Carvalho e Vasco Lobo Xavier, Coimbra Ed., 2007
—, *Direito Civil e Direito do Consumidor*, EDC, n.º 8, 2006/2007
BALDUS, CHRISTIAN – *Protecção do consumidor na zona cinzenta entre contrato e o não-contrato? As novas normas do BGB sobre a* **culpa in contrahendo** *e a perturbação da base do negócio como expressão do princípio da igualdade dos sujeitos jurídicos, privados*, EDC, n.º 6, 2004
BECK, ULRICH – *Risikogesellschaft. Auf dem Weg in eine andere Moderne*, Suhrkamp, Krankfurt, 1986 (trad. espanhola *La Sociedad del Riesgo. Hacia uma nova modernidad*, paidós, 1998

CABO, SÉRGIO GONÇALVES DO – *Regulação e Concorrência no Sector das Comunicações Electrónicas, Regulação em Portugal: Novos Tempos, Novo Modelo?* (coord. Eduardo Paz Ferreira, Luís Silva Morais, Gonçalo Anastácio), Almedina, Coimbra, 2009
CAETANO, MARCELO – *Manual de Direito Administrativo*, vol. I, Almedina, Coimbra, 2010
CÂMARA, PAULO – *Regulação e Valores Mobiliários, Regulação em Portugal: Novos Tempos, Novo Modelo?* (coord. Eduardo Paz Ferreira, Luís Silva Morais, Gonçalo Anastácio), Almedina, Coimbra, 2009
CANOTILHO, GOMES – *Direito Constitucional e Teoria da Constituição*, 6.ª ed., Almedina, Coimbra, 2002
CATARINO, LUÍS GULHERME – *Direito Administrativo dos Valores Mobiliários*, Tratado de Direito Administrativo Especial, vol. III (coord. Paulo Otero e Pedro Gonçalves), Almedina, Coimbra, 2010
CAUPERS, JOÃO – *Introdução ao Direito Administrativo*, 10.ª ed, Âncora, 2009
—, *Introdução à Ciência da Administração Pública*, Âncora, 2002
CHORÃO, MÁRIO EMÍLIO BIGOTTE - *"O Bem comum como questão--chave da filosofia pública para a Europa"*, Dir, 128.º, (1996), I-II,
—, *"Autonomia e Integração no Ordenamento Jurídico Português (O indispensável apelo à filosofia pública)"*, Dir, 126.º, (1994), I-II
COSTA, JOSÉ DE FARIA E – *"A Linha. (Algumas Reflexões em um Tempo de "Técnica" e "Bioética")"*, Linhas de Direito Penal e de Filosofia alguns cruzamentos reflexivos, Coimbra Ed., 2005
CORDEIRO, MENEZES ANTÓNIO – *Manual de Direito Bancário*, 4.ª ed, Almedina, Coimbra, 2010
—, *Manual de Direito Comercial*, 2.ª ed, Almedina, Coimbra, 2007
—, *Tratado de Direito Civil Português*, I, Parte Geral, Tomo I, 3.ª ed, Almedina, Coimbra, 2005
—, *Da natureza civil do Direito do Consumo*, Estudos em Homenagem do Prof. Doutor Marques dos Santos, Almedina, 2005
—, *"Defesa da concorrência e direitos fundamentais das empresas"*, Direito, Ano 136.º, (2004), I,
—, *Direito Bancário Relatório*, Almedina, Coimbra, 1997
—, *Direito da Economia*, AAFDL, 1986
CORREIA, SÉRVULO – *Efectividade e limitações do sistema português de aplicação impositiva do Direito da Concorrência através de Meios*

Processuais e Civis, Estudos em Homenagem ao Professor Doutor Oliveira Ascensão, vol. II, Almedina, Coimbra, 2008
CUNHA, PAULO PITTA E – *"A União Europeia e a Concepção do Estado Regulador"*, RFDUL, vol. XLVI, n.º 2, 2005
D'ALTE, SOFIA TOMÉ – *A nova Configuração do Sector Empresarial do Estado e a empresarialização dos Serviços Públicos*, Almedina, Coimbra, 2007
D'ALTE, TIAGO SOUZA – *A regulação do sector postal em Portugal*, **Regulação em Portugal: Novos Tempos, Novo Modelo?** (coord. Eduardo Paz Ferreira, Luís Silva Morais, Gonçalo Anastácio), Almedina, Coimbra, 2009
DELFINO, MAURIZIO – *"Concorrenza (diritto americano)"*, Digesto delle Disciplina Privatistische, Sezionne Commerziale, Utet, 1988
DIAS, JORGE DE FIGUEIREDO – *Temas básicos da Doutrina Penal, Sobre os Fundamentos da Doutrina Penal. Sobre a Doutrina Geral do Crime*, Coimbra Editora, 2001
DOWDING, KEITH – *Desafios à Administração Pública: Dar Poderes aos Consumidores, Estado, Sociedade Civil e Administração Pública – Para um novo paradigma do serviço Público*, (coordenação José Manuel Moreira, Carlos Jalali, André Azevedo Alves), Almedina, Coimbra, 2008
DREHER – *"Der Phantom in den opera der europäishen und deutschen Rechts?"*, Juristenzeitung, 4/1997
FERNANDES, PAULO SILVA – *Globalização, "Sociedade de Risco" e o Futuro do Direito Penal. Panorâmica de Alguns Problemas Comuns*, Almedina, Coimbra, 2001
FERREIRA, EDUARDO PAZ – *Em torno da regulação económica em tempos de mudança*, Revista de Concorrência e Regulação, Ano I, n.º 1, Janeiro Março, 2010
—, *"O Direito Económico Português à sombra da Constituição Económica Europeia"*, O Direito Contemporâneo em Portugal e no Brasil, (coordenadores Ives Gandra da Silva Martins e Diogo Leite Campos), Almedina, Coimbra, 2003
—, *Os Tribunais Portuguesas e o Direito da Concorrência*, Separata da Revista da Banca, n.º 49, Janeiro-Junho, 2000
FRANCO, SOUSA -*"A revisão da Constituição Económica"*, Separata da ROA
—, *Nota sobre o princípio da liberdade económica*, BMJ, 355, (1986)

FREIRE, PAULA VAZ – *Direito Administrativo da Concorrência*, Tratado de Direito Administrativo Especial, vol. V. (coord. Paulo Otero e Pedro Gonçalves), Almedina, Coimbra, 2009, pp. 457-547.
FROTA, ÂNGELA/ FREITAS, CRISTINA RODRIGUES DE/ MADEIRA, TERESA – *Acções colectivas em Portugal*, APDC, 2007, disponível www.consumidor.pt
FROTA, MÁRIO – *Política de Consumidores na União Europeia*, Almedina, Coimbra, 2003
GARCIA, MARIA DA GLÓRIA FERREIRA PINTO DIAS – *Direito das Políticas Públicas*, Almedina, Coimbra, 2009
—, "*Constituição Ex Machina*", Direito e Justiça, vol. XIII, (1999), Tomo 1
GIBSON, JENNIFER – *New Rules for Class Action Settlements: The Consumer Class Action Bill of Rights*, Loyola of Los Angeles Law Review, vol. 39
GOMES, CARLA AMADO – *Os Novos Trabalhos do Estado: A Administração Pública e a Defesa do Consumidor*, Revista da Faculdade de Direito da Universidade de Lisboa, 2000, (igualmente publicado Estudos do Instituto de Direito do Consumo, vol. I, Almedina, Coimbra, 2002)
GONÇALVES, PEDRO – *Regulação, Electricidades e Telecomunicações*, Estudos de Direito Administrativo da Regulação, Coimbra Ed., 2008
—, *Direito Administrativo da Regulação*, Estudos em Homenagem ao Professor Doutor Marcelo Caetano, vol. II, Coimbra, 2006
—, *Entidades Privadas com poderes públicos, O exercício de poderes Públicos por entidades privadas com Funções Administrativas*, Almedina, Coimbra, 2005
GREVE, MICHAEL S. – *Harm-Less Lawsuits? What's wrong with Consumer Class Actions*, AEI, Washington DC, 2005
HOWELLS, GERAINT / WEATHERILL, STEPHEN – *Consumer Protection Law*, 2.ª ed, Ashgate, 2009
LEITÃO, ADELAIDE MENEZES – *Práticas comerciais desleais como impedimento à outorga de direitos industriais*, Estudos em Homenagem ao Professor Doutor Carlos Ferreira de Almeida, Almedina, 2011
—, *Normas de Protecção e Danos Puramente Patrimoniais*, Almedina, Coimbra, 2009

—, *As reclamações no Direito do Consumo: Análise da Actual Legislação e Apreciação do Anteprojecto do Código do Consumidor*, Estudos em Homenagem ao Professor Doutor Oliveira Ascensão, vol. II, Almedina, Coimbra, 2008
—, *Tutela do Consumo e Procedimento Administrativo*, Estudos do Instituto de Direito do Consumo, vol. II, Almedina, Coimbra, 2005
LEITÃO, ALEXANDRA – *A protecção dos Consumidores no Sector das Telecomunicações*, Estudos do Instituto de Direito do Consumo, vol. I, Almedina, Coimbra, 2002
LEITÃO, LUÍS MENEZES – *Direito do Consumo: Autonomização e Configuração Dogmática*, Estudos do Instituto de Direito do Consumo, vol. I, Almedina, Coimbra, 2002
LIPOVETSKY, GILLES – *A Felicidade Paradoxal-Ensaio sobre a Sociedade do Hiperconsumo*, Ed. 70, 2010
LIZ, JORGE PEGADO – *Introdução ao Direito e à Política do Consumo*, Ed. Notícias, 1999
MAJONE, GIANDOMENICO – *La Communauté européenne: un Etat régulateur*, Montchrestien, Paris, 1996
—, *"The European Comission as regulator"*, Regulating Europe, European Public Policy Series, Routledge, London, 1996
MARQUES, MARIA MANUEL LEITÃO – *Um Curso de Direito da Concorrência*, Coimbra Ed., Coimbra, 2002
MARSH, GENE A.- *Consumer Protection Law*, St. Paul, Minn., 1999
MARTINS, ANA MARIA GUERRA – *O Direito Comunitário do Consumo, Guia de Estudo*, Estudos do Instituto de Direito do Consumo, vol. I, Almedina, Coimbra, 2002
MESQUITA, MARIA JOSÉ RANGEL DE – *Regulação da Actividade Seguradora: Traços Fundamentais, Regulação em Portugal: Novos Tempos, Novo Modelo?* (coord. Eduardo Paz Ferreira, Luís Silva Morais, Gonçalo Anastácio), Almedina, Coimbra, 2009
MICHEL, SUZANNE – *La notion thomiste du bien commum*, 1932
MILL, JOHN STUART – *On liberty (1859), Law and Morality*, 2.ª ed, Readings in legal philosophy (ed. David Dyzenhaus/Arthur Ripstein), University of Toronto Press, Toronto, Buffalo, London, 2001
MIRANDA, JORGE – *"Iniciativa económica"*, Nos Dez Anos da Constituição, INCM, 75 ss (publicado *Escritos Vários sobre Direitos Fundamentais*, Principia, 2006)

—, *Manual de Direito Constitucional*, Tomo IV, Direitos Fundamentais, 3.ª ed., Coimbra Ed, 2000

MIRANDA, JORGE / MEDEIROS, RUI – *Constituição Portuguesa Anotada*, Tomo I, Coimbra Ed., 2005,

MONTEIRO, ANTÓNIO PINTO – *Sobre o Direito do Consumidor em Portugal e o Anteprojecto do Código do Consumidor*, EDC, n.º 7, 2005

—, *A Protecção do Consumidor de Serviços Públicos Essenciais*, EDC n.º 2, 2000

MOREIRA, VITAL – *Regulação Económica e Serviços de Interesse Geral*, Estudos de Regulação Pública – I, Coimbra Ed., 2004

MOREIRA, VITAL / MAÇÃS, FERNANDA – *Autoridades Reguladoras Independentes. Estudo e projecto de Lei-quadro*, Coimbra Ed, 2003

NABAIS, JOSÉ CASALTA – *Por uma liberdade com responsabilidade, Estudos sobre Direitos e Deveres Fundamentais*, Coimbra Ed, Coimbra, 2007

NEUNER, JÖRG – *Privatrecht und Sozialstaat*, C. H. Beck, München, 1999

OLIVEIRA, FERNANDO BAPTISTA DE – *O Conceito de Consumidor. Perspectiva Nacional e Comunitária*, Almedina, Coimbra, 2009

—, *Do conceito de Consumidor: Algumas questões e Perspectivas de solução*, EDC, n.º 8, 2006/2007

OTERO, PAULO – *Legalidade e Administração Pública o Sentido da Vinculação Administrativa á Juricidade*, Almedina, Coimbra, 2011 (reimp. da edição de 2003)

—, *Instituições Políticas e Constitucionais*, vol. I, Almedina, Coimbra, 2009 (reimp. da edição de 2007)

—, *"Fragmentação da Constituição Formal"*, O Direito Contemporâneo em Portugal e no Brasil, (coordenadores Ives Gandra da Silva Martins e Diogo Leite Campos), Almedina, Coimbra, 2003

—, *Vinculação e Liberdade de Conformação jurídica do Sector Empresarial do Estado*, Coimbra, 1998

OUGHTON, DAVID / LOWRY, JOHN – *Textbook on Consumer Law*, Blackstone, 1999

PINTO, FREDERICO COSTA – *O ilícito de mera ordenação social e a erosão do princípio da subsidariedade da intervenção penal*, RPCC, Ano 7, Fasc. 1, Jan-Mar, (1997)

QUEIRÓ, AFONSO – *Lições de Direito Administrativo*, 1976

RANGEL, PAULO CASTRO – *"Diversidade, solidariedade e segurança (notas em redor de um novo paradigma constitucional)"*, ROA, Ano 62, Dezembro, (2002)
ROCHA, J.A. OLIVEIRA – *Gestão Pública e Modernização Administrativa*, INA, 2009
ROMÃO, MIGUEL LOPES – *"O Conceito de legitimidade política na Revolução Liberal"*, Separata da RFDUL, vol. XLII, (2001), n.º 2
RODRIGUES, NUNO CUNHA – *Regulação da Saúde, Regulação em Portugal: Novos Tempos, Novo Modelo?* (coord. Eduardo Paz Ferreira, Luís Silva Morais, Gonçalo Anastácio), Almedina, Coimbra, 2009
SANTOS, ANTÓNIO CARLOS DOS / GONÇALVES, MARIA EDUARDA / MARQUES, MARIA MANUEL LEITÃO, *Direito Económico*, 6.ª ed. revista e actualizada, Almedina, Coimbra, 2011
SANTOS, ANTÓNIO MARQUES DOS – *Arbitragem no Direito do Consumo*, Estudos do Instituto de Direito do Consumo, vol. I, Almedina, Coimbra, 2002
SANTOS, LUÍS MÁXIMO DOS – *Regulação e Supervisão Bancária, Regulação em Portugal: Novos Tempos, Novo Modelo?* (coord. Eduardo Paz Ferreira, Luís Silva Morais, Gonçalo Anastácio), Almedina, Coimbra, 2009
SCHAPP, JAN – *"Die grenzen der Freiheit"*, JZ, (2006)
—, *Derecho Civil y Filosofía del Derecho, La libertad en el Derecho*, n.º 8, Serie de Teoria Jurídica y Filosofía del Derecho, Colombia, 1998
SILVA, JOÃO NUNO CALVÃO DA – *Mercado e Estado – Serviços de Interesse Económico Geral*, Almedina, Coimbra, 2008
SIMITIS – *Verbraucherschutz. Schlagwort oder Rechtsprinzip?*, Baden-Baden, 1976
SOARES, ROGÉRIO EHRHARDT - *Interesse Público, Legalidade e Mérito*, Coimbra, 1955
SOUSA, MARCELO REBELO DE / MATOS, ANDRÉ SALGADO DE – *Direito Administrativo Geral. Introdução e princípios fundamentais*, Tomo I, 3.ª ed reimpressão, D. Quixote, 2010
SOUSA, MIGUEL TEIXEIRA DE – *A Tutela Jurisdicional dos Interesses Difusos no Direito Português*, EDC, n.º 6, 2004
SPINA, ANTONIO LA / MAJONE, GIANDOMENICO – *Lo Stato regolatore*, il Mulino, 2000

TORINO, RAFFAELE – *Lezioni di Diritto Europeu dei Consumatori*, Giappichelli, Torino, 2010

VARELA, ANTUNES – *Direito do Consumo*, EDC, n.º 1, 1999

VASCONCELOS, JORGE – *Governo e Regulação (Governar sem governo, regular sem regulador? Estado, Sociedade Civil e Administração Pública – Para um novo paradigma do serviço Público*, (coordenação José Manuel Moreira, Carlos Jalali, André Azevedo Alves), Almedina, Coimbra, 2008

VICENTE, DÁRIO MOURA – *Arbitragem de Conflitos de Consumo: Da Lei n.º 31/86 ao Anteprojecto de Código do Consumidor*, Estudos do Instituto de Direito do Consumo, vol. III, Almedina, Coimbra, 2006

DIREITO DO PLANEAMENTO TERRITORIAL

Luís P. Pereira Coutinho

1. O DIREITO DO PLANEAMENTO TERRITORIAL: ASPECTOS GERAIS

1.1. O planeamento territorial e o Direito do Planeamento Territorial

1.1.1. O planeamento territorial traduz-se essencialmente na ordenação dos solos, tendendo à sua boa organização e utilização. Tal ordenação ou disciplina consta de um conjunto de instrumentos (planos territoriais) sistematicamente interligados entre si em termos materiais, organizatórios e normativos.

Ora, o Direito do Planeamento Territorial incide sobre tal disciplina, prescrevendo os termos da elaboração, aprovação, garantia, dinâmica e execução dos mesmos instrumentos e, em concomitância, estruturando-os material, organizatória e normativamente. Pode pois dizer-se que o Direito do Planeamento Territorial estrutura um sistema de planeamento territorial.

Nesta medida, e por referência à classificação entre normas primárias (normas conformadoras das situações jurídicas materiais) e normas secundárias (normas incidentes sobre normas primárias)[1], o Direito do Planeamento Territorial será essencialmente um Direito secundário. Na verdade, do que fundamentalmente se trata é de um conjunto de normas incidentes sobre as normas primárias de planeamento territorial, as quais integram os referidos instrumentos.

É nestes últimos instrumentos – nas correspondentes normas primárias – que se encontram, pois, as soluções de planeamento territorial pro-

---

[1] Cfr. Herbert L. A. Hart, *O Conceito de Direito*, 2.ª ed., trad. A. Ribeiro Mendes, Gulbenkian, Lisboa, 1995, p. 89 segs.

priamente ditas, ou seja, as soluções materiais de organização e utilização do solo.

1.1.2. As soluções materiais de planeamento territorial podem corresponder a soluções de *ordenamento do território* – caso nelas esteja em causa uma perspectiva macro-territorial, atinente à *organização e utilização do território no seu conjunto*[2] – ou a soluções de *planeamento urbanístico* – caso nelas esteja especificamente em causa *a boa ordenação da cidade*[3].

Se assim se mantém a tradicional distinção entre estes dois níveis, deve assentar-se, no entanto, em que a mesma não pode ser feita em termos absolutamente definidos e estanques[4]. Ou seja, estamos perante uma distinção meramente tendencial, destituída de uma firme linha demarcadora, que antes envolve uma significativa imprecisão quanto à fronteira entre os dois domínios, ficando em aberto amplas margens de sobreposição.

Com efeito, se a mencionada diferença de âmbitos pode ser afirmada, a mesma não anula inteiramente a dificuldade traduzida na definição de fronteiras ente os dois domínios. Desde logo, e em termos materiais, orientando-se à boa ordenação de áreas urbanas, o planeamento urbanísti-

---

[2] Salvaguardando-se, designadamente, uma correcta localização das actividades, um equilibrado desenvolvimento sócio-económico, a preservação do ambiente ou a protecção do património cultural. Tem-se aqui particularmente em conta o artigo 66.º, n.º 2, alínea *b)* da Constituição. Tem-se também em conta a Carta Europeia do Ordenamento do Território, aprovada em 20 de Maio de 1983, no âmbito do Conselho da Europa. Referem-se aqui, como finalidades atinentes ao ordenamento do território, a promoção da organização e utilização racional do território, o desenvolvimento sócio-económico equilibrado das regiões, designadamente em termos compatíveis com a melhoria da qualidade de vida, a gestão responsável dos recursos naturais, a protecção do ambiente, a coordenação entre os diferentes sectores e entre os diferentes níveis de decisão.

[3] Cfr. FREITAS DO AMARAL, *Ordenamento do Território, Urbanismo e Ambiente: Objecto, Autonomia e Distinções*, Revista Jurídica do Urbanismo e do Ambiente, n.º 1, 1994, p. 11-22, p. 14 segs. Em termos próximos, ver ainda MARIA DA GLÓRIA GARCIA, *Direito do Urbanismo - Relatório*, Lex, Lisboa, 1999, p. 31-32, LUÍS FILIPE COLAÇO ANTUNES, *Direito Urbanístico – Um Outro Paradigma: A Planificação Modesto-Situacional*, Almedina, Coimbra, 2002, p. 65 segs.; CARLA AMADO GOMES, *Direito do Património Cultural, Direito do Urbanismo, Direito do Ambiente*, in *Textos Dispersos de Direito do Património Cultural e de Direito do Urbanismo*, AAFDL, Lisboa, 2008, p. 137-147, p. 149; CLÁUDIO MONTEIRO, *O Domínio da Cidade – A Propriedade à Prova no Direito do Urbanismo*, Dissertação de Doutoramento FDUL, policop., 2010, p. 216.

[4] Neste sentido, concluindo ser impossível encontrar um "critério seguro e rigoroso" de distinção entre ordenamento do território e urbanismo, cfr. ALVES CORREIA, *Manual de Direito do Urbanismo*, I, 4..ª ed. 2008, Almedina, Coimbra, 2008, p. 92 segs.

co será sempre, necessariamente, uma extensão do ordenamento do território[5]. Não pode, com efeito, a boa ordenação da cidade ser estranha a uma boa ordenação macro-territorial (e vice-versa). Acresce a isto o facto de o planeamento urbanístico poder, quanto à sua incidência territorial, abranger áreas não incluídas em perímetros urbanos, desde logo em razão de a boa ordenação de dada cidade impor uma solução integrada que abranja tanto solos urbanos como solos rústicos[6].

Quanto ao *tipo de disposições ou comandos*, o ordenamento do território é tendencialmente composto por *directivas* que, enquanto tais, apenas prescrevem as finalidades a atingir. *Normas* de uso do solo propriamente ditas (isto é, específicas permissões, proibições ou obrigações de uso do solo), por seu turno, encontram-se caracteristicamente no planeamento urbanístico[7]. É no entanto possível, e nalguns casos mesmo imprescindível, que o ordenamento do território se traduza em específicas normas de uso do solo (considerem-se os regimes territoriais específicos ditados por igualmente específicos interesses juridicamente protegidos, como seja por exemplo o interesse ambiental), sendo, por outro lado, possível encontrar directivas no âmbito do planeamento urbanístico.

Quanto à *eficácia vinculativa*, tanto o ordenamento do território como o planeamento urbanístico podem vincular os particulares e não apenas entidades públicas, gozando de eficácia plurisubjectiva. A haver algum elemento distintivo a este nível, esse releva de o planeamento urbanístico beneficiar *sempre* de tal eficácia, o mesmo não sucedendo com o ordenamento do território – entre os instrumentos de ordenamento do território, apenas os chamados planos especiais de ordenamento do território beneficiam daquela eficácia.

Quanto aos *instrumentos de planeamento*, se alguns são exclusivamente instrumentos de ordenamento do território (caso do programa nacional de política de ordenamento do território ou dos planos regionais

---

[5] Cfr. FERNANDA PAULA OLIVEIRA, *A Discricionariedade de Planeamento Urbanístico Municipal na Dogmática Geral da Discricionariedade Administrativa*, Almedina, Coimbra, 2011, p. 14-15.

[6] Regressaremos a este aspecto a respeito dos planos de urbanização, cfr. *infra*, 4.2.

[7] As directivas integrantes do ordenamento do território ainda serão *normas jurídicas*, simultaneamente obrigando quanto aos fins que nelas se determinam e permitindo a respectiva prossecução. Mas o facto de apenas prescreverem fins permite distingui-las de normas de uso do solo propriamente ditas – entre elas normas urbanísticas –, as quais permitem, inibem ou prescrevem específicos usos do solo.

de ordenamento do território) e outros são exclusivamente instrumentos de planeamento urbanístico (caso dos planos de urbanização), há também instrumentos híbridos (caso dos planos directores municipais).

1.1.3. Reconduzindo-se a soluções de ordenamento do território ou a soluções urbanísticas – consoante a respectiva incidência macro-territorial ou urbana –, as mais características soluções de planeamento territorial são as que definem o regime de uso do solo, mediante a respectiva *classificação* e *qualificação*.

Nos termos do artigo 15.º, nºs 2 e 3, da LBPOTU e dos artigo 71.º e 72.º do RJIGT:

i) A classificação do solo determina o destino básico dos terrenos e assenta na distinção fundamental entre solo rural e solo urbano[8];

ii) A qualificação do solo regula, com respeito pela sua classificação básica, o aproveitamento dos terrenos em função da actividade dominante que neles possa ser efectuada ou desenvolvida, estabelecendo o respectivo uso e edificabilidade.

Há uma correspondência tendencial entre a classificação e a qualificação do solo e aquela que constitui a mais destacada técnica de planeamento territorial: o *zonamento*, ou seja, a demarcação de parcelas territoriais (zonas) a que correspondem regimes de usos diferenciados e, assim, diferentes opções quanto à localização de funções e actividades humanas[9].

É de mencionar, no entanto, que as técnicas de planeamento territorial – e a própria classificação e qualificação do solo – não se esgotam no *zonamento*. São de destacar ainda o *alinhamento* (ou seja, o desenho da cidade propriamente dito, através da demarcação das suas ruas e praças, excluindo-se a edificabilidade além da linha definidora destas últimas) a

---

[8] Nos termos das alíneas *a)* e *b)* do n.º 2 do mencionado inciso, *o solo urbano* é aquele para o qual seja reconhecida vocação para o processo de urbanização e de edificação, nele se compreendendo os terrenos urbanizados ou cuja urbanização seja programada, constituindo o seu todo o perímetro urbano; já o *solo rural* é uma categoria residual, ou seja, "aquele para o qual é reconhecida vocação para as actividades agrícolas, pecuárias, florestais ou minerais, assim como o que integra os espaços naturais de protecção e lazer, ou que seja ocupado por infra-estruturas que não lhe confiram o estatuto de solo urbano".

[9] Sobre zonamento, cfr., por último, FERNANDA PAULA OLIVEIRA, *A Discricionariedade de Planeamento...*, p. 387 segs.

volumetria arquitectónica (ou seja, a prescrição de limites e critérios, designadamente de natureza geométrica, que preservem as proporções e o equilíbrio construtivos, sendo de destacar aqui os limites e critérios relativos a cérceas) e, bem assim, a *expansão e a renovação urbanas* (traduzida a primeira na previsão abstracta de novos bairros a acrescer ao sector antigo da cidade e a segunda na previsão do derrube de bairros antigos para abrir novas ruas e edifícios)[10].

1.2. O Direito do Planeamento Territorial como Direito Administrativo Especial

O Direito do Planeamento Territorial consubstancia um Direito Administrativo especial cuja singularidade, no confronto com o Direito Administrativo geral, lhe advém de nele estar em causa a prossecução de um específico interesse público – a boa ordenação do solo – por intermédio de uma actividade – a actividade de planeamento territorial – que, muito embora ainda se possa reconduzir a actividade regulamentar, se encontra particularizadamente disciplinada.

Diga-se desde já que esta disciplina particularizada em nada prejudica a plena aplicabilidade a este nível dos princípios fundamentais enunciados no artigo 266.º, n.º 2, da Constituição (princípios da legalidade, da igualdade, da proporcionalidade, da justiça, da imparcialidade e da boa fé), os quais vinculam a actividade de planeamento territorial nos termos a desenvolver adiante[11].

1.3. Fontes

Essencialmente desenvolvido ao longo dos dois últimos séculos ainda que com antecedentes relevantes e em muito marcado pela herança iluminista, compreende-se bem que o Direito do Planeamento Territorial encontre quase exclusivamente na lei – tanto na lei constitucional como na lei ordinária – a sua fonte.

---

[10] Assim na definição de Fernando Alves Correia, Autor que enumera como principais técnicas urbanísticas o alinhamento, a expansão e renovação urbanas, o zonamento, a cidade-jardim, a cidade linear, o regionalismo urbanístico, o funcionalismo racionalista e as novas cidades, cfr. *Manual de Direito do Urbanismo*, I, p. 38 segs.

[11] Cfr. *infra*, 3.

Quanto à lei constitucional, constitui marca da Constituição portuguesa actualmente vigente a introdução de algumas soluções fundamentais que marcam a estrutura material e a estrutura organizatória do Direito do Planeamento Territorial, aspecto que desenvolveremos no capítulo seguinte.

Quanto à lei ordinária, é desde logo de destacar a Lei de Bases da Política de Ordenamento do Território e do Urbanismo (Lei n.º 48/98, de 11 de Agosto, alterada pela Lei n.º 54/2007, de 31 de Agosto, LBPOTU). Trata-se de lei emitida no exercício de uma competência legislativa reservada da Assembleia da República (artigo 165.º, n.º 1, alínea z)) que, enquanto lei de bases, goza de valor reforçado relativamente aos respectivos decretos-lei de desenvolvimento (artigo 112.º, n.º 2).

Entre estes reveste relevância central para o Direito do Planeamento Territorial, o Decreto-Lei n.º 380/99, de 22 de Setembro (alterado pelo Decreto-Lei n.º 53/2000, de 7 de Abril, pelo Decreto-Lei n.º 310/2003, de 10 de Dezembro, pela Lei n.º 56/2007, de 31 de Agosto, pelo Decreto-Lei n.º 316/2007, de 19 de Setembro, pelo Decreto-Lei n.º 46/2009, de 20 de Fevereiro, e, por último, pelo Decreto-Lei n.º 181/2009, de 7 de Agosto) que aprovou o Regime Jurídico dos Instrumentos de Gestão Territorial (RJIGT).

2. ESTRUTURA DO SISTEMA DE PLANEAMENTO TERRITORIAL

2.1. Preliminares

Por estrutura do sistema de planeamento territorial referimo-nos às linhas axiais que o consolidam enquanto tal e lhe conferem identidade própria no seio do ordenamento jurídico.

A referida estrutura desdobra-se numa *estrutura material* – na qual estão em causa os princípios materiais que informam o planeamento territorial – numa *estrutura organizatória* – em que está em causa a caracterização essencial da Administração Pública actuante a este nível, muito em particular as linhas essenciais que presidem à distribuição de atribuições e competências pelos respectivos entes e órgãos – e numa *estrutura normativa* – na qual estão em causa os princípios que presidem às relações entre normas de planeamento territorial.

2.2. ESTRUTURA MATERIAL

2.2.1. A boa ordenação do território corresponde a uma finalidade assumida pelo Direito e pelo Estado num contexto em que se valoriza a existência humana nos seus múltiplos contextos de desenvolvimento e dimensões de inserção. O que está em causa no planeamento territorial é, pois, o mesmo fundamento e intencionalidade que subjazem ao *Direito enquanto Direito*: o homem é, também aqui, "princípio, sujeito e fim"[12].

Não se trata, pois, de uma mera tradução normativa de técnicas desenvolvidas no âmbito de outras ciências como sejam a Geologia, a Geografia, a Arquitectura, a Engenharia Civil, a Engenharia Urbana ou a Economia. É certo que o planeamento territorial absorverá essas técnicas. Mas, no âmbito do *Direito* do Planeamento do Território, absorvê-las-á de um modo questionador, verificando-se sempre se essas servem aqueles fundamento e intencionalidade. O que envolve, por parte do cultor do Direito do Planeamento Territorial, uma permanente postura de questionamento e de avaliação.

2.2.2. A Constituição – desde logo no artigo 9.º, alínea *e)*, em cujos termos um correcto ordenamento do território constitui tarefa fundamental do Estado, a par da protecção do ambiente e da valorização do património cultural – confirma estar em causa uma finalidade prioritária. Ademais, permite divisar o quanto o território corresponde a espaço de realização de múltiplos direitos e interesses constitucionalmente protegidos, apontando assim para a imprescindibilidade de um planeamento em concretização dos mesmos.

Neste contexto, tenham-se em conta as muitas referências constitucionais ao ordenamento do território e ao urbanismo, as quais surgem em diferentes contextos: para além do artigo 9.º, alínea *e)* e do artigo 65.º (epigrafado "Habitação e urbanismo"), mencione-se a referência ao ordenamento do território como incumbência do Estado no plano ambiental (artigo 66.º, 2, *b)*[13]), como incumbência prioritária no âmbito económico e

---

[12] Cfr. MARIA DA GLÓRIA DIAS GARCIA, *Direito do Urbanismo...*, Lex, Lisboa, 1999, p. 33 e também *O Direito do Urbanismo entre a Liberdade Individual e a Política Urbana*, Revista Jurídica do Urbanismo e do Ambiente, n.º 13, 2000, p. 97 segs.

[13] Estabelece-se aí que "para a assegurar o direito ao ambiente, no quadro de um desenvolvimento sustentável, incumbe ao Estado (...) ordenar e promover o ordenamento do território, tendo em vista uma correcta localização das actividades, um equilibrado desenvolvimento sócio-económico e a valorização da paisagem".

social (artigo 81.°, *d)*[14]) ou como objectivo da política agrícola (artigo 93.°, n.° 1, alínea *d)*[15]).
Tais preceitos – complementados, em grau legislativo, pelos artigos 3.°, 5.° e 6.° da LBPOTU[16] – confirmam que a *boa ordenação do território* será aquela que implique uma devida concretização e sopesamento de múltiplos princípios, correspondentes a um conjunto diverso de direitos ou interesses constitucionalmente protegidos, relevantes de outros tantos

---

[14] Estabelece-se aí que incumbe prioritariamente ao Estado no âmbito económico e social "promover a coesão económica e social de todo o território nacional, orientando o desenvolvimento no sentido de um crescimento equilibrado de todos os sectores e regiões e eliminando progressivamente as diferenças económicas e sociais entre a cidade e o campo e entre o litoral e o interior".

[15] Estabelece-se aí serem objectivos da política agrícola "assegurar o uso e a gestão racionais dos solos e dos restantes recursos naturais, bem como a manutenção da sua capacidade de regeneração". Acrescenta o n.° 2 do mesmo artigo que "o Estado promoverá uma política de ordenamento e reconversão agrária e de desenvolvimento florestal, de acordo com os condicionalismos ecológicos e sociais do país".

[16] O artigo 3.° da LBPOTU, ao contemplar os fins a serem prosseguidos em sede de determinação do regime de ocupação do território e uso do solo – desdobrados depois nos "objectivos específicos" enumerados no artigo 6.° –, confirma que este há-de ser uma expressão ponderada de princípios materiais correspondentes a direitos e interesses constitucionalmente protegidos. Na verdade, estabelece-se aí estar em causa, a este nível, *reforçar a coesão nacional, organizando o território, corrigindo as assimetrias regionais e assegurando a igualdade de oportunidades dos cidadãos no acesso às infra-estruturas, equipamentos, serviços e funções urbanas* (alínea *a)); assegurar o aproveitamento racional dos recursos naturais, a preservação do equilíbrio ambiental, a humanização das cidades e a funcionalidade dos espaços edificados* (alínea *c)); assegurar a defesa e valorização do património cultural e natural* (alínea *d)* ou *promover a qualidade de vida e assegurar condições favoráveis ao desenvolvimento das actividades económicas, sociais e culturais* (alínea *e)).

Em concretização dos fins constantes no artigo 3.° da LBPOTU, o artigo 5.° do mesmo diploma define como princípios com relevância material, *os princípios da sustentabilidade e solidariedade inter-geracional* (em cujos termos, deve ser assegurada a transmissão às gerações futuras de um território e de espaços edificados correctamente ordenados), da *economia* (em cujos termos, deve ser assegurada uma utilização equilibrada e parcimoniosa dos recursos naturais), da *coordenação* (tautologicamente consubstanciado no dever de ponderar todos os interesses públicos e privados relevantes em sede planeamento territorial e de articular as correspondentes políticas), da *equidade* (em cujos termos, devem ser contempladas soluções de planeamento que repartam justamente os encargos e benefícios pelos particulares, assegurando sistemas de compensação dos particulares que sejam particularmente onerados). O mesmo artigo 5.° contempla ainda princípios com relevância organizatória: o princípio da subsidiariedade, o princípio da participação e o princípio da contratualização.

bens jurídicos (propriedade, habitação, ambiente, património cultural, sustentabilidade económica e social, desenvolvimento agrícola, etc.). Ora, os mesmos princípios – sendo, na maior parte dos casos, princípios constitucionais – devem em conformidade ser também tidos como princípios materiais estruturantes do planeamento territorial.

Em consequência, o planeamento territorial constituirá um "ponto de chegada": as suas soluções, quando boas soluções, vertem necessariamente diferentes princípios materiais, contemplando ponderadamente os correspondentes bens jurídicos.

2.2.3. Os referidos princípios materiais são, enquanto princípios, normas a que corresponde um significado meramente *prima facie*, assim susceptível de preenchimento em graus diversos. Nessa medida, a determinação do seu significado normativo *definitivo* tem lugar no âmbito de uma ponderação em concreto dos bens jurídicos que lhes correspondem. Os resultados dessa operação – a qual tem lugar perante cada cenário territorial – são precisamente vertidos nos planos territoriais, confirmando-se que cada boa solução de planeamento será uma solução resultante de uma operação jurídica de ponderação.

É a esta luz que deve ser pensado o problema tradicionalmente colocado na doutrina portuguesa referente ao *jus aedificandi*, isto é, o problema de saber se a faculdade de construir integra ou não o conteúdo do direito de propriedade. À mesma luz, a resposta é positiva: o direito de propriedade constitucionalmente garantido integra efectivamente tal faculdade. Mas integra-a apenas no seu conteúdo ou alcance *prima facie*: o significado permissivo correspondente pode não se actualizar ao nível das concretas soluções de planeamento – pode não se converter, aí, num significado permissivo *definitivo* –, pois estas últimas soluções têm de contemplar outros direitos ou interesses cujo concreto peso pode resultar em prejuízo do direito de propriedade e respectiva faculdade de construir[17].

---

[17] Em termos próximos, afirma JORGE REIS NOVAIS que "o *jus aedificandi* tem uma natureza de jusfundamentalidade que lhe advém da sua associação natural e histórica à propriedade privada do solo e, consequentemente, ao direito de propriedade privada. Porém, por si só, esta afirmação nada nos diz sobre as implicações práticas dessa jusfundamentalidade, designadamente as de sabermos quais os limites e as restrições constitucionalmente admissíveis ao direito de propriedade privada na sua dimensão de *jus aedificandi*", cfr. *Ainda sobre o Jus Aedificandi (...mas agora como problema de direitos fundamentais)*, in *Direitos Fundamentais – Trunfos contra a Maioria*, Coimbra Editora, Coimbra, 2006, p. 117-153, p. 121.

Dito de outro modo, se o direito de propriedade enquanto princípio integra a faculdade de construir, *trata-se de faculdade à qual pode não corresponder uma actualização ao nível dos concretos planos territoriais com eficácia plurisubjectiva*. É nestes últimos que se encontra vertido o direito de propriedade no seu conteúdo ou alcance *definitivo*, isto é, no seu conteúdo *já ponderado* com outros direitos ou interesses constitucionalmente protegidos. Trata-se, do mesmo modo, de faculdade que se encontra longe de ser exercitável pelos particulares meramente com base na Constituição, apenas se actualizando no confronto com aqueles planos[18].

A tese que assim se preconiza distingue-se das teses dominantes até ao momento. Para a primeira dessas teses, dita *tese privatista*, o direito de propriedade inclui o *jus aedificandi*[19]. No entanto, parte-se aí essencialmente do perfil absolutizador do direito de propriedade desenhado no contexto liberal – o qual ainda surgiu extemporaneamente reflectido nas grandes codificações civis do século passado –, pelo que se tende a irrelevar a incidência no respectivo conteúdo de outros direitos e interesses, muitos deles arvorados em interesses juridicamente protegidos apenas no contexto pós-liberal. Do mesmo modo, não se reconhece devidamente o papel dos planos territoriais ao nível da precisão do conteúdo *definitivo* do direito em causa[20].

Para a segunda tese dominante – dita tese publicista – o direito de propriedade não inclui o *jus aedificandi*, sendo esta uma faculdade "que acresce à esfera jurídica do proprietário" por efeito das normas de planea-

---

[18] Tal não bule com o instituto da aplicabilidade directa. Com efeito, as normas de direitos fundamentais apenas são susceptíveis de aplicabilidade directa na medida em que lhes corresponda um conteúdo certo e determinado e, assim, faculdades que integrem o respectivo conteúdo ou alcance *definitivo*. Ora, no que toca ao direito de propriedade – porventura ao contrário do que sucede com outros direitos, liberdades e garantias ou direitos análogos – esse conteúdo ou alcance definitivo apenas se deixa apurar em grau infra-constitucional.

[19] Cf. em particular, A. MENEZES CORDEIRO, *Direitos Reais*, I, Lisboa, 1979, p. 892 segs.

[20] Tenha-se no entanto em conta a construção de JOSÉ DE OLIVEIRA ASCENSÃO, que afirma estarmos "limitações" da propriedade privada imobiliária. Para o Autor, "como toda a restrição à construção é uma limitação ao direito de propriedade, assim que a limitação cessar a propriedade retoma a plenitude automaticamente, por força da elasticidade que lhe é característica", cfr. *O Urbanismo e o Direito de Propriedade*, in *Direito do Urbanismo*, INA, Oeiras, 1989, p. 319 segs., p. 324.

mento[21]. Assim, não se reconhece devidamente o conteúdo *prima facie* do direito de propriedade, tendo-se a faculdade de construir como faculdade outorgada *ex nihilo* pelos planos territoriais.

Tal tem inevitáveis reflexos quanto às exigências de ponderação envolvidas no planeamento territorial. Pois tendo-se a faculdade de construir como faculdade outorgada pelo plano – e não como faculdade actualizada pelo plano no âmbito de uma necessária ponderação entre o direito de propriedade e outros direitos ou interesses constitucionalmente protegidos –, tais exigências desaparecem enquanto exigências materiais e, quando muito, passa a haver no seu lugar exigências procedimentais[22].

2.2.4. Nos termos da tese preconizada, os planos territoriais, precisando *em definitivo* o conteúdo de direito de propriedade do solo no que concerne à faculdade de construir, detêm uma incidência restritiva sobre o mesmo direito: tais planos amputam ou comprimem o respectivo alcance *prima facie*, em homenagem ao peso de outros direitos ou interesses constitucionalmente protegidos. As soluções de planeamento territorial consubstanciam, pois, soluções restritivas de um direito fundamental.

Se assim é, poderá questionar-se a possibilidade mesma de tais soluções surgirem contempladas em planos territoriais (os quais, como veremos, revestem a natureza de regulamentos administrativos). Tal, à luz do princípio da reserva de lei em matéria de direitos, liberdades e garantias (artigo 165.º, alínea b)), a qual abrange direitos fundamentais análogos como seja, consensualmente, o direito de propriedade[23]. Tal raciocínio não terá, no entanto, em conta o facto de a reserva de lei ser,

---

[21] Cfr. ALVES CORREIA, *Manual de Direito do Urbanismo*, I, p. 847 segs. e, previamente, *O Plano Urbanístico e o Princípio da Igualdade*, Almedina, Coimbra, 1989, p. 372 segs.

[22] Assim, afirma JORGE REIS NOVAIS, que "só o reconhecimento da natureza jusfundamental do *jus aedificandi* (...) impõe à Administração uma especial necessidade de fundamentação das decisões do plano que afectem originariamente os interesses urbanísticos dos particulares (...). Quando se defende que este direito não existe previamente enquanto direito fundamental, mas se reduz a mera concessão da Administração, as necessidades de fundamentação e ponderação associadas à correspondente livre decisão da Administração não serão, consequentemente, mais que *concessões* procedimentais que ela prodigaliza aos particulares", cfr. *Ainda sobre o* jus aedificandi..., *loc. cit.*, p. 135-136.

[23] Para mais desenvolvimentos, cfr. o nosso *Regime Orgânico dos Direitos, Liberdades e Garantias e Determinação Normativa – Reserva de Parlamento e Reserva de Acto Legislativo*, Revista Jurídica AAFDL, n.º 24, 2001, p. 533 segs., p. 541.

neste domínio, comprimida pelo artigo 65.°, n.° 4, da Constituição. Na verdade, e como veremos, este último preceito delimita negativamente o poder legislativo estadual em matéria de planeamento territorial e, do mesmo modo, a própria competência legislativa reservada da Assembleia da República.

2.2.5. Não se suponha que, por deterem incidência restritiva sobre o direito de propriedade, as soluções de planeamento territorial sejam, todas elas, geradoras de dever de indemnizar. Com efeito, interfere a este nível a cláusula de função social da propriedade – a qual tem sido correctamente inferida pela doutrina e pela jurisprudência do artigo 62.°, n.° 1, da Constituição[24], e que, em qualquer caso, sempre resultará da inserção sistemática do mesmo preceito.

Dita esta mesma cláusula que as faculdades ínsitas no direito de propriedade, incluída a faculdade de construir, sejam reconhecidas e devam ser exercidas em obediência a um princípio de utilidade social – ou, melhor dizendo, a um princípio de preservação e prossecução do bem comum – e não apenas a um princípio de utilidade própria ou individual[25]. Nesta linha,

---

[24] Em sede doutrinária, de destacar MARIA LÚCIA AMARAL, em cujos termos "a expressão *nos termos da Constituição* ocupa, no nosso ordenamento, precisamente o mesmo lugar que a chamada *cláusula da função social da propriedade* ocupa noutros", cfr. *Responsabilidade do Estado e Dever de Indemnizar do Legislador*, Coimbra Editora, Coimbra, 1998, p. 558. Em sede jurisprudencial, tenha-se em conta, por último, o Acórdão n.° 421/2009, de 13 de Agosto, em cujos termos a cláusula "nos termos da Constituição" constante do artigo 62.°, n.° 1, «não será substancialmente diversa da contida, por exemplo, no artigo 33.° da Constituição espanhola (…): no artigo 42.° da Constituição italiana (…); no artigo 14.° da Lei Fundamental de Bona (…)».

[25] Um princípio de função social não se configura verdadeiramente delimitador das faculdades ínsitas no direito de propriedade. Do que se trata é de *vincular finalisticamente* as mesmas, quer no respectivo alcance *prima facie*, quer no respectivo alcance definitivo. Ou seja, do que se trata é de assentar que o direito de propriedade, *em todas as faculdades em que se desdobra*, é reconhecido e deve ser exercido em moldes que tenham em conta não apenas a utilidade própria ou individual, mas também a utilidade social. Não há pois qualquer incompatibilidade entre a afirmação de que o *jus aedificandi* integra o direito de propriedade e a afirmação da função social da propriedade. No mesmo sentido, afirma MARCELO REBELO DE SOUSA, que "sustentar que o *jus aedificandi* se insere no direito de propriedade não implica rejeitar a função social da propriedade", cfr. *Parecer* in *Direito do Ordenamento do Território e Constituição – A Inconstitucionalidade do Decreto-Lei n.° 351/93, de 7 de Outubro*, Coimbra Editora, Coimbra, 1998, p. 41 segs., p. 56.

mal se compreenderia que uma qualquer sua afectação negativa, ponderadamente ditada por outros direitos ou interesses constitucionalmente protegidos, se configurasse como automaticamente geradora de um dever de indemnizar.

A indemnizabilidade apenas se justificará em casos muito particulares, essencialmente correspondentes àqueles que se encontram hoje definidos no RJIGT (atente-se em especial no respectivo artigo 143.º). Não se reconduzem seguramente a tais casos aqueles em que a afectação negativa da propriedade se configure como evidente em face da própria situação e qualidade do solo ou da sua inserção na natureza ou na paisagem, os quais têm vindo a ser identificados no âmbito de um *princípio de vinculação situacional da propriedade do solo*[26]. Com efeito, nesses casos, em que a afectação negativa do direito de propriedade se justifica à evidência, sempre seria seguro que um uso desconforme do solo seria um uso ao arrepio de um princípio de utilidade social.

Em suma, respeitando à finalidade do reconhecimento e exercício do direito de propriedade, a cláusula de função social interfere com a indemnizabilidade das afectações negativas ao mesmo direito, ditando a sua inexigibilidade salvo em casos excepcionais. Para um particular, aliás, exigir ressarcimento fora desses casos – designadamente em casos como os descritos a respeito da vinculação situacional da propriedade do solo – sempre configuraria uma verdadeira situação de abuso de direito.

2.3. Estrutura organizatória

2.3.1. Quando se fala em estrutura organizatória do sistema de planeamento territorial, tem-se em mente a caracterização essencial da Administração Pública – assim em sentido orgânico – actuante neste domínio e, do mesmo

---

[26] Como desenvolve entre nós Fernando Alves Correia, a vinculação situacional da propriedade do solo é uma decorrência da função social da propriedade e tem por sentido "o de que todo o terreno é caracterizado pela sua situação e pela sua qualidade, bem como pela sua inserção na natureza e na paisagem. Ora, da especial *situação factual* de um terreno, nomeadamente da sua localização numa área de protecção da natureza ou numa área industrial densamente ocupada, pode resultar para o respectivo proprietário a obrigação de não realizar ou de renunciar a determinadas utilizações". Tal princípio apresenta em consequência uma importância significativa no que toca à "problemática do acompanhamento, ou não, de indemnização das proibições, restrições e condicionamento ao uso, ocupação e transformação do solo", cfr. *Manual de Direito do Urbanismo*, I, p. 819 segs.

modo, as linhas essenciais que presidem à distribuição de atribuições e competências pelos respectivos entes e órgãos.

2.3.2. Antes de passarmos à enunciação das linhas mencionadas, importa começar por compreender a razão da existência mesma de uma Administração Pública actuante a este nível. Encontra-se essa na natureza pública da actividade de planeamento territorial, prosseguida no âmbito de tarefa cometida ao Estado – na acepção ampla do termo –, desde logo pelo artigo 9.º, alínea *e)*, da Constituição[27].

É importante mencionar neste contexto que o facto de assim ser não inibirá por si só a possibilidade de os privados serem chamados a colaborar com a Administração, verificando-se então um fenómeno de "privatização orgânica material"[28]. Mas esta possibilidade – que, a efectivar-se, sempre dependerá de uma habilitação específica[29] – acaba por ter uma relevância diminuta em sede de planeamento territorial, pois esta é, esmagadoramente, uma actividade não privatizável.

Quanto à aprovação de planos territoriais tal encontra-se reflectido pelo artigo 65.º, n.º 4, da Constituição[30]. Não será, no entanto, apenas a respeito da aprovação de planos territoriais que se verifica um monopólio público. O mesmo vale a nosso ver no que diz respeito à iniciativa que precede a aprovação.

Conclui-se neste último sentido, tendo não apenas em consideração da letra do artigo 74.º, n.º 1, do RJIGT, como sobretudo a natureza necessariamente gestativa dos procedimentos de planeamento enquanto procedimentos plurais – nos quais intervêm coordenadamente diferentes entidades públicas – e participados. Com efeito, a configuração mesma desses procedimentos – e do mesmo modo da Administração interveniente a este nível – revela-se incompatível com a sua conversão em mera rotina carimbante

---

[27] Para a noção de tarefa pública em geral, cfr. VITAL MOREIRA, *Administração Autónoma e Associações Públicas*, Coimbra Editora, Coimbra, 1998, p. 289.

[28] Na definição de PEDRO GONÇALVES, "a privatização orgânica material representa a outorga da responsabilidade pela execução de funções públicas a entidades particulares", cfr. *Entidades Privadas com Poderes Públicos – O Exercício de Poderes Públicos de Autoridade por Entidades Privadas com Funções Administrativas*, Almedina, Coimbra, 2005, p. 396.

[29] A este respeito, cfr. JOÃO MIRANDA, *A Função Pública Urbanística e o seu Exercício por Particulares*, Dissertação de Doutoramento FDUL, policop., 2010, em especial, p. 276 segs. e 305.

[30] Em termos próximos, fala JOÃO MIRANDA numa "reserva de administração em matéria de planeamento", cfr. *Idem*, p. 305.

de soluções previamente definidas, por muito que esta se tenha vindo a verificar por vezes na prática[31]/[32].

2.3.3. Em sede jurídico-constitucional, o planeamento territorial constitui tarefa cometida a um conjunto de entes públicos territoriais e não a um específico ente territorial menor.

Por outro lado, e tendo particularmente em conta o artigo 65.º, n.º 4, da Constituição, não se pode falar a este nível numa rigorosa distribuição de atribuições ou interesses entre Estado e entes territoriais menores[33]. Designadamente, não se pode falar de uma *reserva constitucional de interesses próprios das autarquias locais* em matéria de urbanismo e de ordenamento do território; também não se pode falar, em alternativa, numa reserva de interesses próprios *em matéria de urbanismo* no confronto com o ordenamento do território[34].

Pelo contrário: está em causa, na exacta expressão de FERNANDO ALVES CORREIA, um "condomínio de interesses" que abrange tanto o âmbito do ordenamento do território como o âmbito do urbanismo[35].

---

[31] Em sentido contrário, sustenta JOÃO MIRANDA que os privados podem ser habilitados contratualmente nos termos dos artigos 6.º-A e 6.º-B do RJIGT a apresentar propostas de plano, cfr. *Ibidem*, p. 320 segs.

[32] Assinale-se, no entanto, a especificidade introduzida pelo artigo 26.º do Regime Jurídico dos Planos de Pormenor de Reabilitação Urbana (Decreto-Lei n.º 307/2009, de 23 de Outubro).

[33] O artigo 65.º, n.º 4, resultante da revisão constitucional de 1997, constitui o culminar de um movimento doutrinário e jurisprudencial, o qual pode encontrar-se sintetizado em ANDRÉ FOLQUE, *A Tutela Administrativa nas Relações entre o Estado e os Municípios*, Coimbra Editora, Coimbra, 2004, p. 17 segs.

[34] Neste sentido, na jurisprudência constitucional, v. Acórdão n.º 432/93, de 13 de Julho, DR, II, 18/08/1993; Acórdão n.º 674/95, de 23 de Novembro, DR, II, 21/03/2006; Acórdão n.º 517/99, de 22 de Setembro (DR, II, 11/11/1999), este último culminando a jurisprudência incidente sobre o DL n.º 351/93, de 7 de Outubro. Em sentido diferente, pelo menos em termos tendenciais, parece orientar-se JOÃO MIRANDA, cfr. *As Relações entre Planos Territoriais – Alguns Problemas*, Revista Jurídica AAFDL, n.º 22, 1998, p. 95 segs., p. 103. Por último, CLÁUDIO MONTEIRO (cfr. *O Domínio da Cidade...*, p. 216) entende que se justifica recuperar a distinção material entre ordenamento do território e urbanismo como principal critério de repartição de atribuições e competências entre o Estado e as autarquias locais neste domínio, trazendo à colação o n.º 4 do artigo 65.º da Constituição que ainda distingue os dois domínios. Neste último caso, e com todo o respeito, estamos perante um *non sequitur*, pois mesmo que subsista uma distinção entre ordenamento do território e urbanismo, daí não decorre que lhe corresponda uma distribuição *constitucional* de atribuições entre Estado e municípios.

[35] Cfr. *Manual de Direito do Urbanismo*, I, p. 142 segs.

A prescrição constitucional de tal condomínio deixa ao legislador ordinário a tarefa de distribuir adequadamente atribuições e competências entre diferentes entes territoriais – Estado, regiões autónomas e autarquias locais – e respectivos órgãos nesta matéria. Poderá mesmo dizer-se que *as opções fundamentais que consubstanciam a estrutura organizatória do Direito do Planeamento Territorial são fixadas pelo legislador ordinário*, apenas com a ressalva de todos os entes territoriais relevantes não serem privados de um núcleo de poderes com significado suficientemente expressivo da respectiva responsabilidade condominial.

2.3.4. O facto de, em matéria de planeamento territorial, se verificar um condomínio de interesses a ser concretizado no âmbito de certa repartição legislativa de atribuições e competências pelos entes territoriais relevantes e respectivos órgãos conduz a que, a este nível, os poderes do Governo sobre os municípios não possam ser equacionados no âmbito de uma relação de tutela.

Com efeito, esta última – constitucionalmente restrita a uma tutela de legalidade – releva do controlo governamental da prossecução dos seus "interesses próprios" pelos municípios[36]. Mas havendo interesses condominiais, os poderes estaduais que sejam definidos pelo legislador já não terão de se reconduzir necessariamente a poderes de controlo de legalidade dos actos ou omissões praticados pelos órgãos municipais. Tais poderes antes devem ser entendidos como relevando da concretização, pelo legislador, do princípio constante do artigo 65.º, n.º 4, da Constituição[37].

De mencionar que previamente à introdução deste preceito pela revisão de 1997, poder-se-ia considerar ter a Constituição uma tónica mais descentralizada em sede de estrutura organizatória do sistema de planeamento territorial. Mas mesmo então, assinale-se, um sector doutrinário e jurisprudencial relevante havia já concluído no sentido de o legislador poder e dever cometer ao Governo, em matéria de ordenamento do território e do

---

[36] Distinguindo a partir deste aspecto os poderes tutelares do Governo de outros poderes de intervenção intra-administrativa do Governo, cfr. PAULO OTERO, *O Poder de Substituição em Direito Administrativo – Enquadramento Dogmático-Constitucional*, II, Lex, Lisboa, 1994, p. 673 segs.

[37] Nas palavras de MARIA DA GLÓRIA DIAS GARCIA, verifica-se "a insuficiência das relações tutelares, de superintendência e de hierárquicas para resolver as questões interorgânicas de Direito do Urbanismo", cfr. *Direito do Urbanismo*, p. 72. No mesmo sentido, ANDRÉ FOLQUE, *A Tutela Administrativa...*, 431 segs.

urbanismo, poderes distintos dos poderes de tutela[38]. Tal em concretização das tarefas já então tidas por constitucionalmente cometidas ao Estado na mesma matéria[39].

2.3.5. Como vimos, no respeito pelo artigo 65.º, n.º 4, as opções fundamentais que consubstanciam a estrutura organizatória do sistema de planeamento territorial são hoje fixadas pelo legislador ordinário. Essas – que, no essencial, resultam de uma leitura integrada da LBPOTU e do RJIGT – são as seguintes:

  i) Cabe aos municípios perspectivar integrada e ponderadamente os direitos e interesses com incidência territorial, vertendo-os no regime de ocupação e uso do solo e, inerentemente, em normas de planeamento com eficácia plurisubjectiva. Em correspondência, é no âmbito dos planos municipais que a classificação e qualificação do solo essencialmente se encontra, o que se confirma por referência aos artigos 7.º, n.º 2, alínea *c)*; 8.º, alínea *b)* e 9.º, n.º 2, da LBPOTU[40];

---

[38] Particularmente relevante foi o Parecer n.º 53/87, do Conselho Consultivo da Procuradoria-Geral da República, de 23 de Outubro de 1987 (BMJ, 377, 1988, p. 131 segs.), que "para que tutela existisse tornar-se-ia, na realidade, mister que os interesses públicos implicados no urbanismo e no ordenamento do território, subjacentes ao citado preceito, revestissem carácter exclusivamente municipal, só pela autarquia devendo e podendo ser prosseguidos".

[39] Cfr. FERNANDO ALVES CORREIA, *As Grandes Linhas da Recente Reforma do Urbanismo Português*, Almedina, Coimbra, 1993, p. 36. O legislador ordinário seguiu marcadamente este caminho e fê-lo a coberto da jurisprudência constitucional. Veja-se o Acórdão n.º 432/93, em cujos termos as "decisões em matéria de ordenamento do território e planeamento urbanístico (...) não são privativas das autarquias (...). E não são porque respeitam ao interesse geral da comunidade constituída em Estado" e, assim, "transcendem o universo dos interesses específicos das comunidades locais". No mesmo sentido, e ainda previamente à revisão constitucional de 1997, vejam-se os Acórdãos n.º 674/95 e 379/96, todos em www.tribunalconstitucional.pt. Ao nível da jurisprudência administrativa, mencione-se o Acórdão do STA de 23 de Fevereiro de 1995 (1.ª Secção, Rec. 34478, publicado na Revista Jurídica do Urbanismo e do Ambiente, n.º 7, 1997, p. 255 segs.), relativo à emissão pela administração central de pareceres vinculativos dos órgãos municipais no exercício de competências urbanísticas, em cujos termos essa "não representa qualquer forma de tutela, mas antes o exercício de competências próprias visando a prossecução de interesses gerais postos a cargo dessa administração central".

[40] O facto de a definição do regime de uso do solo caber aos municípios não significa que lhes caiba *em exclusivo* (cfr. GONÇALO REINO PIRES, *A Classificação e a Qualificação do Solo e a Admissibilidade de Sistemas Paralelos de Definição do Regime de Uso do Solo*, in

ii) Em correspondência, a intervenção do Estado, através dos seus órgãos e serviços, ao nível da definição do regime de ocupação e uso do solo tem essencialmente lugar no âmbito de procedimentos atinentes a planos municipais. Nestes procedimentos, a intervenção do Estado não é uma intervenção *co-decisora*, mas meramente *auxiliar* (designadamente, em sede de aferição dos direitos e interesses relevantes e da sua repercussão territorial, bem como de coordenação das entidades relevantes) e de *controlo de legalidade* (a este último nível, o RJIGT tem vindo a orientar-se cada vez mais no sentido de privilegiar o auto-controlo municipal em prejuízo de um hetero-controlo governamental)[41]. Salvaguarde-se apenas o procedimento culminante na suspensão de planos municipais, a qual pode ser determinada por resolução do Conselho de Ministros "em casos excepcionais de reconhecido interesse nacional ou regional, ouvidas as câmaras municipais das autarquias abrangidas" (RJIGT, artigo 100.º, n.º 2, alínea *a)*);

iii) Se, por via de regra, a intervenção do Estado na definição do regime de ocupação e uso do solo tem lugar em procedimentos relativos a planos municipais, cumpre ter presente a possibilidade de estarem em causa interesses singulares relativamente aos quais pode ser afirmada uma abstracta prevalência no confronto com todos os outros[42]. Nestes casos, são fixadas por lei ou com fundamento na lei servidões administrativas ou restrições de utilidade pública que o regime de uso dos solos vertido nos planos municipais há-de necessariamente reflectir (LBPOTU, artigo 25.º, n.º 3; RJIGT, artigos 45.º, n.º 2, alínea *c)*, 86.º, n.º 1, alínea *c)*; 89.º, n.º 1, alínea *c); 92.º*, n.º 1, alínea *c)*);

iv) Cumpre também ter presente a possibilidade de estarem em causa interesses de natureza especial, designadamente traduzidos na

---

Os Dez Anos da Leis de Bases da Política de Ordenamento do Território e do Urbanismo, cit., p. 93 segs., p. 95), cumprindo desde logo ter presente o cometimento ao Estado de interesses especiais a serem vertidos em planos especiais.

[41] Regressaremos a este aspecto a respeito do regime procedimental dos planos municipais, cfr. *infra*, 4.3. Também FERNANDA PAULA OLIVEIRA exclui, ao nível dos planos municipais, uma intervenção co-decisora, mas, ao contrário do que aqui se defende, considera tratar-se de uma imposição constitucional e não de uma mera opção legislativa, cfr. *A Discricionariedade de Planeamento...*, p. 650 segs.

[42] Cfr. *infra*, 3.3.

salvaguarda de recursos e valores naturais e na permanência dos sistemas indispensáveis à utilização sustentável do território: no que diz respeito a estes, o legislador comete ao Estado a tarefa de os prosseguir através de planos especiais, instrumentos supletivos de que admissivelmente constam normas de ocupação e uso de solo com eficácia plurisubjectiva (LBPOTU, artigos 8.º, d) e 9.º, n.º 4; RJIGT, artigos 42.º e segs.).

v) Se o regime de ocupação e uso do solo cabe essencialmente aos municípios, com as ressalvas assinaladas, o que releva do ordenamento do território – tendo, pois, carácter essencialmente directivo ou estratégico, nos termos anteriormente expostos – cabe essencialmente ao Estado. Tal vale tanto no que diz respeito ao ordenamento do território de âmbito nacional, como no que diz respeito ao ordenamento do território de âmbito regional, salvo no que diz respeito às regiões autónomas (a este último respeito, atente-se no Decreto Legislativo Regional n.º 14/2000/A, de 23 de Maio, alterado pelo Decreto Legislativo Regional 43/2008/A, e no Decreto Legislativo Regional n.º 43/2008/M, de 28 de Dezembro, que aprovam respectivamente o sistema regional de gestão territorial dos Açores e da Madeira).

2.3.6. Como acima se disse, cabe ao legislador ordinário tomar as opções fundamentais quanto à distribuição de atribuições e competências em matéria de planeamento territorial. Tal, com a ressalva de qualquer dos entes territoriais relevantes – Estado, regiões e autarquias locais – permanecer com um núcleo de atribuições e competências com significado suficientemente expressivo da respectiva responsabilidade constitucional neste domínio.

Esta última ressalva, sublinhe-se, opõe-se ao Estado – muito particularmente ao Estado legislador –, quer no momento em que prescreve atribuições e competências em matéria de planeamento territorial, quer no momento em que intervém regulativamente neste domínio.

É neste último contexto que se compreende a existência de uma *reserva municipal de densidade normativa urbanística*[43], em obediência à

---

[43] Tratar-se-á esta reserva municipal de densidade normativa urbanística de uma reserva de administração da natureza especial. Para o conceito de reserva de administração, explorado primeiramente entre nós por Nuno Piçarra (cfr. *A Reserva de Administração*, O Direito, 1990, p. 325-353 e 571-601), veja-se, por último, Paulo Otero, *Legalidade e Administração...*, p. 749 segs. e, no específico domínio do planeamento territorial, FERNANDA PAULA OLIVEIRA, *A Discricionariedade de Planeamento...*, p. 93 segs.

qual o Estado não pode intervir nesta matéria em termos tais que esgotem um qualquer espaço de intervenção municipal, conduzindo então a que competências municipais de planeamento se caracterizem pela mera *eventualidade*.

Esta reserva – que, como foi dito, se impõe ao legislador – comprime a possível densidade de normas estaduais em matéria urbanística. Mais: a mesma reserva é – no âmbito de uma leitura harmonizada de preceitos constitucionais – não apenas compressiva das competências legislativas genérica do Parlamento e concorrencial do Governo (artigos 161.°, alínea *c)*, e 198.°, n.° 1, alínea *a)*, da Constituição), como *sobretudo* compressiva da reserva material de lei prescrita pelo artigo 165.°, n.° 1, alínea *b)* a respeito dos direitos, liberdades e garantias. Na verdade, a normação municipal em matéria urbanística interfere, por via de regra, com tais direitos (*maxime*, com o direito de propriedade). Assim, quando em obediência ao disposto no artigo 65.°, n.° 4, da Constituição – e, bem assim, aos princípios da descentralização e da autonomia local – se considera comprimido o poder legislativo estadual em matéria de normação urbanística, está-se necessariamente a considerar comprimida também a competência legislativa reservada da Assembleia da República em matéria de direitos, liberdades e garantias.

Afirmar que uma *reserva municipal de densidade normativa urbanística* se assume como compressiva da reserva material de lei significa afirmar, não apenas que se admite a incidência de normas de planeamento municipal sobre direitos fundamentais – mais especificamente, sobre o direito de propriedade do solo –, como se exclui uma intervenção legislativa excessivamente densa sobre o mesmo domínio[44].

2.3.7. Em sede de caracterização da Administração Pública interveniente em matéria de planeamento territorial, poderá ainda falar-se, com Colaço

---

[44] A compressão da reserva de material de lei por uma reserva de densidade normativa urbanística que aqui divisamos é paralela à compressão da reserva material de lei pela reserva de normação autónoma universitária a que nos referimos noutro momento, cfr. *As Faculdades Normativas Universitárias no Quadro do Direito Fundamental à Autonomia Universitária*, Almedina, Coimbra, 2004, p. 164 segs. Recentemente, em termos próximos ainda que em contexto alterado e partindo de enquadramento distinto, sustentou CLÁUDIO MONTEIRO que a questão que se põe a respeito da interferência do planeamento urbanístico no direito de propriedade não é verdadeiramente a questão da reserva de lei, mas pelo contrário "é a dos limites da lei enquanto instrumento de conformação do conteúdo do direito de propriedade imobiliária urbana", cfr. *O Domínio da Cidade...*, p. 233.

Antunes, numa sua "estrutura procedimental e participativa, onde confluem uma pluralidade de interesses públicos e privados"[45].

2.4. ESTRUTURA NORMATIVA

Ao nível da sua estrutura normativa, o sistema de planeamento territorial apresenta uma marcada singularidade no confronto com o sistema jurídico em geral. Na verdade, se este último se estrutura em obediência a um princípio de hierarquia rígida, o sistema de planeamento territorial estrutura-se em obediência a um *princípio de hierarquia flexível* e, para além disso, em obediência a um *princípio de coordenação*. Regressaremos aqui, já depois de conhecidos os tipos de planos territoriais previstos no RJIGT[46].

3. A ACTIVIDADE DE PLANEAMENTO TERRITORIAL

3.1. PRELIMINARES

Ao prescrever os termos da elaboração, aprovação, alteração, extinção e garantia dos planos territoriais, o Direito do Planeamento Territorial regula uma determinada actividade. O aspecto que sobretudo importa desenvolver a seu respeito prende-se com a discricionariedade nela envolvida (3.2.) e com a verificação dos vínculos jurídicos que em qualquer caso sobre ela incidem – sobretudo princípios fundamentais de Direito Administrativo com relevância particular nesta sede (3.3.).

3.2. O PLANEAMENTO TERRITORIAL ENTRE VINCULAÇÃO E DISCRICIONARIEDADE

3.2.1. A actividade de planeamento territorial envolve a concretização e a ponderação de um conjunto significativo de direitos e interesses juridicamente protegidos com incidência territorial, nela estando essencialmente em causa bens como a propriedade, o ambiente, a habitação, a qualidade de vida, o património cultural ou a fruição cultural.

---

[45] Cfr. *Direito Urbanístico*, p. 85.
[46] Cfr. *infra*, 4.6.

Os mesmos direitos e interesses são contemplados – desde logo ao nível constitucional – com um amplo grau de abertura, ou seja, por normas com a estrutura de princípios a que inerentemente correspondem previsões fortemente imprecisas. Assim, o apuramento daqueles que são os seus próprios ditames em concreto – ou seja, a sua *concretização* – envolve necessariamente uma ampla margem de apreciação.

Com efeito, e porque tal apuramento passe, quer por uma atenção a circunstâncias díspares e variáveis, quer por uma afectação de meios escassos a verificar em concreto, quer ainda por juízos probabilísticos ou de antecipação de cenários futuros – juízos de prognose[47] –, o mesmo plasmar-se-á necessariamente em opções que não podem, nem devem, ser integralmente pré-determinadas em grau constitucional ou legislativo. As correspondentes opções hão-de, pois, caber autonomamente à Administração no momento do planeamento. Do mesmo modo, e salvo violação de um princípio geral de Direito Administrativo, não se admitirá a revisão judicial dessas opções, sob pena de se admitir uma dupla administração ao arrepio do princípio da separação de poderes.

Deve ainda ter-se em conta que, mesmo depois de fixados aqueles ditames, cumprirá contemplar *ponderadamente* os direitos e interesses em causa – ou melhor dizendo, os correspondentes bens jurídicos – na fixação de cada regime de uso do solo propriamente dito, determinando o seu peso relativo em cada caso. E se haverá circunstâncias em que se pode concluir inter-subjectivamente que essa determinação é errónea, noutros casos – porventura na maioria dos casos – tal não sucederá. Ora, nestes últimos casos também não se poderá admitir, pela mesma razão, uma invalidação judicial.

Recorde-se, a este respeito, que é o facto de a actividade de planeamento territorial passar necessariamente pela ponderação em concreto dos bens correspondentes a um conjunto múltiplo de direitos e interesses com incidência territorial que conduz a generalidade da doutrina a referir-se a uma discricionariedade de planeamento que se afasta do paradigma da tradicional discricionariedade administrativa. Na verdade, se esta última surgirá sempre vinculada quanto ao fim a prosseguir, já em sede de pla-

---

[47] Sobre estes, cfr. Sérvulo Correia, *Legalidade e Autonomia Contratual nos Contratos Administrativos*, Almedina, Coimbra, 1987, em especial, p. 490 segs. Especificamente sobre a imprescindibilidade de juízos de prognose no âmbito do planeamento territorial, de destacar Werner Hoppe / Christian Bönker / Susan Grotefels, *Öffentliches Baurecht*, 3.ª ed., Beck, Munique, 2004, p. 153 segs.

neamento territorial, os bens em presença apresentam-se como bens ponderáveis e não como bens que pura e simplesmente consubstanciem um "parâmetro teleológico heterodeterminado"[48].

Em suma, impõe-se reconhecer existir uma ampla discricionariedade ao nível da actividade de planeamento, na medida em que esta passe quer pela *concretização* dos múltiplos direitos e interesses juridicamente protegidos com incidência territorial, quer pela *ponderação* dos correspondentes bens jurídicos – operações que, embora jurídicas, não conduzem a resultados inter-subjectivamente unívocos.

Tenha-se ainda em conta que, depois de concretizados os direitos ou interesses relevantes e ponderados os correspondentes bens, cumpre ainda definir o concreto modelo de ocupação e uso do solo, o que necessariamente é feito no âmbito das técnicas de planeamento relevantes.

3.2.2. Disse-se acima que, traduzindo-se essencialmente em operações *jurídicas* de concretização e de ponderação, a actividade administrativa de planeamento é uma actividade marcada por uma ampla discricionariedade. Não se pense que estamos perante um contrasenso. Com efeito, a actividade administrativa, também quando discricionária, releva do exercício de uma função jurídica – é, a todos os títulos, uma actividade jurídica[49]. O que se deve frisar é que falar em actividade *jurídica* não significa necessaria-

---

[48] Assim, afirma ANTÓNIO DUARTE DE ALMEIDA que, na medida em que, previamente à actividade administrativa de planeamento se encontrem apenas enunciados os interesses que devem ser tidos em conta na ponderação, torna-se "difícil, senão impossível, reconhecer um interesse público específico, dotado de uma fisionomia ainda caracterizada, que constitua o parâmetro teleológico heterodeterminado" cfr. *A Função das Medidas Preventivas e a Liberdade de Conformação dos Planos Urbanísticos*, Dissertação de Mestrado FDUL, policop., 2010, 1995, p. 128. No mesmo sentido, de destacar GONÇALO REINO PIRES, para o qual os interesses em presença "apresentam-se, para efeitos de actividade de planeamento territorial, como interesses sujeitos a ponderação e não como interesses heterodeterminados tendentes à vinculação da Administração à prossecução de dado fim". Em consequência, a apreciação judicial da validade da actividade administrativa não se traduz na verificação da prossecução de um dado interesse público, deslocando-se para a estrutura da actividade, cfr. *A Classificação e a Qualificação por Planos Municipais de Ordenamento do Território – Contributo para a Compreensão do seu Regime Substantivo e para a Determinação do Regime da sua Impugnação Contenciosa*, Dissertação de Mestrado FDUL, policop., 2005, p. 168.

[49] No mesmo sentido, focando especificamente a atenção no domínio do planeamento urbanístico, afirma enfaticamente FERNANDA PAULA OLIVEIRA que "na zona da discricionariedade, a actividade administrativa é *funcional e materialmente jurídica*", cfr. *A Discricionariedade de Planeamento...*, p. 638 segs.

mente falar em actividade *judicialmente revisível*. Cumpre, pois, distinguir o momento administrativo e o momento judicial, ou seja, os momentos *igualmente jurídicos* da decisão e da fiscalização[50].

O momento da fiscalização poderá culminar na invalidação de uma directiva ou norma de planeamento sempre que se verifique *erro manifesto de concretização* – imputando-se a um princípio constitucional ou legal um ditame que, à evidência, não lhe corresponde ou deixando de se inferir do mesmo princípio um ditame que à evidência lhe corresponde – ou *erro manifesto de ponderação*. Neste último caso, atribui-se a um bem jurídico em conflito, por excesso ou por defeito, um peso que notoriamente não lhe corresponde no confronto com outros bens, sendo tal inter-subjectivamente apurável[51].

3.2.3. Até ao momento, ao abordarmos a discricionariedade administrativa envolvida na actividade de planeamento territorial, temos focado essencialmente as relações entre administração e jurisdição. Mas deve dizer-se que o problema se coloca também no que diz respeito à relação com o legislador. Tal, na medida em que a discricionariedade de planeamento corresponda a um espaço de autonomia administrativa que o legislador não pode eliminar ou comprimir excessivamente. Estamos, pois, perante uma reserva de administração perante o legislador.

Na verdade, as actividades de concretização e de ponderação envolvidas no planeamento territorial desenvolvem-se necessariamente em

---

[50] Inspiramo-nos aqui em Vieira de Andrade, para o qual a actividade ou função de decidir exige "conhecimento completo de todas as circunstâncias relevantes de facto e de direito, uma ponderação real entre as alternativas e os respectivos efeitos e a escolha da solução que melhor realize o interesse público (os interesses públicos) que o agente, enquanto 1.º intérprete e autor competente e responsável pela decisão, tem a seu cargo". Já a actividade ou função de fiscalização implica, por seu turno a fixação de um "paradigma normativo abstracto, até onde este seja determinável" e, bem assim, a submissão da decisão que vai ser controlada "a testes de juridicidade considerados fundamentais, para detectar o eventual incumprimento dos princípios que regulam a actividade decisória", cfr. *A Justiça Administrativa*, Almedina, Coimbra, 11.ª ed., 2011, p. 79.

[51] A jurisprudência alemã enumerou um conjunto de "vícios de ponderação" traduzidos em *falta de ponderação* (não é levada a cabo qualquer ponderação), *défice de ponderação* (na ponderação não são tidos em conta interesses relevantes), *vício de valoração da ponderação ou vício de pesagem* (manifestamente, atribui-se a um interesse um peso maior ou menor do que aquele que ele tem) e *desproporcionalidade na ponderação* (a valoração atribuída a dado interesse é desproporcional ao seu peso objectivo). Veja-se a este respeito o exaustivo tratamento de Fernanda Paula Oliveira, *A Discricionariedade de Planeamento...*, p. 155 segs.

concreto, implicando inerentemente estruturas organizatórias próximas dos factos e tecnicamente especializadas, bem como estruturas procedimentais desenhadas para potenciar, quer a coordenação entre diferentes entidades públicas, quer a participação de múltiplos interessados. Se assim é, tratar-se-á necessariamente de actividades administrativas relativamente incondicionadas pelo legislador numa lógica de adequação organizatório-procedimental[52], ou de outro modo, numa lógica que tenha em conta a administração como "realidade funcional específica pensada a partir da Constituição"[53].

No que afirmamos, temos particularmente em conta o planeamento urbanístico[54]. No que toca ao ordenamento do território, a referida lógica de adequação organizatório-procedimental perde acuidade, já que estão em causa, por via de regra, directivas genéricas. E no que toca ao ordenamento do território de alcance nacional, admite-se mesmo que o correspondente PNPOT seja aprovado por lei da Assembleia da República, nos termos previstos pelo artigo 34.º do RJIGT.

Quando se trate de planeamento urbanístico – o qual, no nosso ordenamento é um planeamento de âmbito municipal –, a reserva de que ora falamos coincidirá materialmente com a reserva de densidade normativa urbanística a que anteriormente nos referimos a respeito da estrutura organizatória do Direito do Planeamento Territorial.

Reitere-se que a reserva em causa configura-se como compressiva, não apenas das competências legislativas genérica do Parlamento e con-

---

[52] Evidencia-se também aqui que uma reserva de administração é uma decorrência de uma reserva constitucional de Direito Administrativo, estando essencialmente em causa garantir que dada actividade seja exercida no âmbito dos específicos vínculos materiais, organizatórios e procedimentais de Direito Administrativo que se encontram desenhados a partir da Constituição. Para mais desenvolvimentos, cfr. o nosso *As Duas Subtracções – Esboço de uma Reconstrução da Separação entre as Funções de Legislar e de Administrar*, Revista da Faculdade de Direito da Universidade de Lisboa, vol. XVI, 2000, p. 99 segs., em especial, p. 118 segs.

[53] Expressão de EBERHARD SCHMIDT-ASSMANN, *Verwaltungslegitimation als Rechtsbegriff*, Archiv des Öffentlichen Rechts, n.º 116, 1991, p. 329 segs. p. 364.

[54] Em termos próximos, argumentando que não se compreenderia que a Constituição possibilitasse a conformação do território de um modo geral e abstracto por via legislativa, desatendendo a concretas circunstâncias díspares e variáveis a ter necessariamente em conta, mas chamando à colação o artigo 65.º, n.º 4, da Constituição, que a nosso ver é inconclusivo a este respeito, cfr. GONÇALO REINO PIRES, *A Classificação e a Qualificação...*, em especial, p. 62 segs. e 132. Ver também, FERNANDA PAULA OLIVEIRA, *A Discricionariedade de Planeamento...*, p. 130-131, nota 45; CLÁUDIO MONTEIRO, *O Domínio da Cidade...*, p. 232 segs.

correncial do Governo (artigos 161.º, alínea c), e 198.º, n.º 1, alínea a), da Constituição), como *sobretudo* compressiva da reserva material de lei prescrita pelo artigo 165.º, n.º 1, alínea b) a respeito dos direitos, liberdades e garantias e direitos análogos. Na verdade, o planeamento territorial interfere, por via de regra, com tais direitos (*maxime*, com o direito de propriedade). Pelo que, quando se considera comprimido o poder legislativo estadual em matéria urbanística, está-se concomitantemente a considerar comprimida a competência legislativa reservada da Assembleia da República em matéria de direitos fundamentais.

3.2.4. Acabámos de verificar que as actividades de concretização e de ponderação envolvidas no planeamento territorial hão-de ser, por força da Constituição, actividades administrativas relativamente incondicionadas pelo legislador.

Tal manifesta-se na estrutura das normas legislativas relativas ao planeamento territorial. Na verdade, e por via de regra, a essas não corresponde um programa causal – susceptível de se reconduzir à fórmula *se-então* –, mas um programa final, em cujo âmbito o legislador apenas fixa os fins e objectivos a atingir, condicionando muito latamente a subsequente actividade administrativa. É o que se confirma se tivermos em conta os artigos 3.º e 6.º da LBPOTU e os artigos 8.º e seguintes e 69.º e seguintes do RJIGT.

Neste âmbito, e tomando particularmente em conta os planos municipais, podem-se distinguir os *objectivos gerais* de todos os PMOT condensados no artigo 70.º do RJIGT dos *objectivos concretos ou específicos* de cada um, consignados nos artigos 84.º, 87.º e 90.º do mesmo diploma[55]. Tais objectivos cumulam-se aos "fins" e aos "objectivos do ordenamento do território e do urbanismo" contemplados respectivamente no artigo 3.º e 6.º da LBPOTU.

Lidos tais preceitos, o que fundamentalmente se encontra é uma precisão teleologicamente ordenada dos direitos e interesses com repercussão territorial que se encontram primeiramente contemplados na Constituição. A mesma precisão, salvo quando se traduza em relações de prevalência nos termos a verificar adiante, não prejudica e em pouco condiciona, a ponderação entre os mesmos direitos e interesses (*rectius*, entre os bens jurídicos que lhes correspondem) envolvida na elaboração e aprovação de cada plano territorial.

---

[55] Cfr. FERNANDA PAULA OLIVEIRA, *A Discricionariedade de Planeamento...*, p. 501.

3.2.5. Ao referirmo-nos acima à discricionariedade de planeamento, concentrámo-nos naquela que se verifica ao nível da conformação das soluções materiais de planeamento propriamente ditas. Mas, para além dessa discricionariedade – *discricionariedade ao nível da determinação do conteúdo dos planos* –, cumpre mencionar a existência de discricionariedade a outros níveis, designadamente *quanto à elaboração ou não elaboração do plano* (quanto ao *an*).

O RJIGT apenas determina, como sendo de elaboração obrigatória, o PNPOT (artigo 30.º) e o PDM (artigo 84.º, n.º 3). No que respeita aos restantes planos, verificar-se-á discricionariedade a este nível, o que encontra expressão, no que toca aos PU e PP, no dever de fundamentar a sua oportunidade (artigo 74.º, n.º 2). Tal, sem prejuízo do dever geral de planear o território, tidos em consideração os direitos e interesses com incidência territorial relevantes (artigo 4.º, da LBPOTU). Nalguns casos, esses poderão manifestamente impor a elaboração deste ou daquele plano, designadamente de um plano sectorial ou de um plano especial, verificando-se então uma "redução da discricionariedade a zero"[56]. Cumpre, por outro lado, não excluir hipóteses de auto-vinculação, sendo de mencionar em particular o caso em que os órgãos municipais, no âmbito dos PDM, prevêem a elaboração de um PU ou de um PP para uma determinada área[57,58,59].

---

[56] Sobre a possibilidade de "redução da discricionariedade a zero", cfr. *Ermessen und Ermessensreduktion – ein Problem im Schnittpunkt von Verfassungs- und Verwaltungsrecht*, Archiv des Öffentlichen Rechts, n.º 1, 1997, p. 32 segs.

[57] Como é evidente, a auto-vinculação passa por uma decisão pelo órgão titular da competência discricionária relativamente ao seu exercício futuro. Assim, se no âmbito de um PDM pode ser prevista a elaboração de um PU ou PP para uma determinada área, o mesmo não pode ser dito genericamente a respeito de um plano de âmbito nacional ou regional. Neste sentido, excluindo a possibilidade de planos estaduais afastarem o "juízo de oportunidade" que cabe aos órgãos municipais em sede de elaboração de planos de urbanização e planos de pormenor, cfr. DULCE LOPES, *Planos Especiais de Ordenamento do Território – Regime e Experiência Portugueses em Matéria de Coordenação, Execução e Perequação*, Revista CEDOUA, n.º 17, 2006, p. 83-93, p. 89. DULCE LOPES ressalva com razão a hipótese de o plano estadual ter sido objecto de prévia contratualização com o município. No que diz respeito aos PEOT, essa hipótese encontra-se expressamente prevista no artigo 49.º do RJIGT, em cujos termos, a resolução que aprova tais planos "deve consagrar as formas e os prazos, previamente acordados com as câmaras municipais envolvidas, para a adequação dos planos municipais de ordenamento de território abrangidos".

[58] Afirma FERNANDA PAULA OLIVEIRA que não existe diferença entre essa auto-vinculação e vinculação relevante da celebração de um contrato para planeamento, já que "numa e noutra situação, a Administração municipal *antecipa* o exercício dos seus poderes

Uma outra matéria na qual se pode verificar uma álea relevante de discricionariedade diz respeito ao *tipo* de planos. Com efeito, e no que toca aos planos de âmbito municipal, cumpre mencionar a possível escolha entre um PU ou um PP – ou ainda, entre diversos tipos de PP –, tidos em conta os variáveis âmbitos territoriais de incidência dos mesmos[60], bem como os seus âmbitos materiais abertos[61].

Por fim, caso se entenda que o que está em causa nos diferentes preceitos do RJIGT relativos ao conteúdo material dos planos (de destacar os artigos 85.º, 88.º e 91.º, relativos ao conteúdo material dos planos municipais) é apenas o *conteúdo mínimo dos planos*, persistindo para além desse um seu *conteúdo facultativo*, cumprirá ainda falar em discricionariedade quanto ao *conteúdo dos planos*[62].

3.2.6. A actividade de planeamento, podendo ser judicialmente revista em casos de erro manifesto ao nível da concretização e/ou ponderação, pode também ser invalidada no caso de se revelar contrária aos princípios fundamentais que genericamente vinculam a Administração Pública (artigo 266.º, n.º 2, da Constituição)[63]. A este respeito – e por deterem especial acuidade ou levantarem problemas específicos em sede de planeamento territorial –, cumpre atender separadamente aos princípios da legalidade, da imparcialidade, da igualdade, da proporcionalidade e da tutela da confiança.

---

de planeamento, limitando, deste modo, a sua actuação no momento em que os mesmos devem ser operacionalizados", cfr. *A Discricionariedade de Planeamento...*, p. 319-320. Temos dúvidas sobre esta solução, já que não nos parece possível uma auto-vinculação a este nível que não passe por uma intervenção da assembleia municipal, órgão competente para a aprovação do plano mas que não intervém em sede de contratação para planeamento. Por outro lado, não configuramos como tal solução se possa coadunar com o disposto no artigo 6.º-A, n.º 2.

[59] Sobre a questão conexa das reservas de urbanização, cfr. *infra*, 4.2.

[60] Já no caso dos PDM, pelo contrário, o seu âmbito territorial é fixo e há-de corresponder à totalidade da área de cada município.

[61] Cfr. FERNANDA PAULA OLIVEIRA, *A Discricionariedade de Planeamento...*, p. 324-325.

[62] Nesse sentido, cfr. FERNANDA PAULA OLIVEIRA, *A Discricionariedade de Planeamento...*, p. 368 segs.

[63] Sobre os mesmos, v. por todos Marcelo Rebelo de Sousa e André Salgado Matos, *Direito Administrativo Geral – Introdução e Princípios Fundamentais*, I, 3.ª ed., 2008.

3.3. O PRINCÍPIO DA LEGALIDADE

A actividade de planeamento territorial enquanto actividade administrativa está sujeita ao bloco de legalidade. São de destacar alguns elementos materiais reconduzíveis ao mesmo bloco com relevância para a sua disciplina. São esses, para além das *directivas de planeamento* – traduzidos nos fins e objectivos gerais e específicos dos planos a que nos referimos no ponto anterior –, as *condicionantes*, os *standards urbanísticos* e as *relações de prevalência legalmente estabelecidas*.

3.3.1. Condicionantes

A) As condicionantes correspondem a vínculos ou restrições incidentes sobre o uso do solo, determinados por lei ou com fundamento na lei, em nome de interesses singulares com expressão territorial. Quando tais interesses se materializam na protecção de dada coisa (um prédio ou coisa de outra natureza, como águas, aquedutos, infra-estruturas ou vias de transporte), trata-se de *servidões administrativas*; já se estiver em causa um interesse que se não se materializa na protecção de dada coisa, mas em mero condicionamento do uso do solo, estão em causa *restrições de utilidade pública*, assim na terminologia doutrinariamente trabalhada por Marcello Caetano[64] e hoje transposta para a LBPOTU e para o RJIGT.

Desde logo nos termos do artigo 25.º, n.º 3, da LBPOTU, as servidões administrativas e restrições de utilidade pública vinculam a actividade de planeamento e devem ser reflectidas nos planos territoriais com eficácia plurisubjectiva[65], cujas plantas de condicionantes as devem integrar (arti-

---

[64] Cfr. *Manual de Direito Administrativo*, 10.ª ed. Almedina, Coimbra, p. 1052 segs. As definições que adoptamos não coincidem rigorosamente com as de *servidões administrativas* ("encargo imposto por disposição da lei sobre certo prédio em proveito da utilidade pública de uma coisa") e *restrições de utilidade pública* (limitação que atinge o direito de uso do solo "em nome de interesses públicos abstractos") adoptadas por Marcello Caetano, ainda que nelas se inspirem. Na verdade, parece-nos melhor, a respeito das servidões de utilidade pública, falar num interesse que se materializa na protecção duma coisa do que em utilidade pública de uma coisa, a qual não existe por si.

[65] A formulação utilizada no artigo 25.º, n.º 3, da LBPOTU, é a de que "são directamente aplicáveis aos instrumentos de gestão territorial referidos no número anterior [vinculativos dos particulares] as novas leis ou regulamentos que colidam com a sua disposições ou estabeleçam servidões administrativas ou restrições de utilidade pública que afectem as

gos 45.º, n.º 2, alínea *c)*, 86.º, n.º 1, alínea *c)*; 89.º, n.º 1, alínea *c)*; 92.º, n.º 1, alínea *c)*, do RJIGT).

O facto de as condicionantes se imporem imponderavelmente aos planos territoriais, prejudicando uma ponderação de interesses a desenvolver-se no concreto momento do planeamento tem conduzido a que se questione a sua desejabilidade e mesmo a sua constitucionalidade[66]. Tal, no confronto com uma reserva de planeamento urbanístico, consubstanciada numa actividade administrativa relativamente incondicionada pelo legislador – uma actividade em cuja prossecução seja efectivamente permitido à Administração concretizar direitos ou interesses com incidência territorial e apurar *concretas relações de prevalência* (isto é, *relações condicionadas a circunstâncias territoriais variáveis*) entre os mesmos[67].

Tal raciocínio não é seguramente destituído de sentido, confirmando-o o que ficou desenvolvido no ponto anterior a respeito da *concretização* e da *ponderação* enquanto operações jurídicas co-essenciais à actividade de planeamento a serem necessariamente desenvolvidas pela Administração.

Não se devem no entanto desconsiderar situações em que um determinado interesse com repercussão territorial *prevalece no confronto com*

---

suas disposições". Trata-se de formulação infeliz a vários títulos. Desde logo porque a fórmula "directamente aplicáveis aos instrumentos", para além de tecnicamente incorrecta no contexto (a aplicabilidade directa é a destinatários e não de instrumentos), apenas será conclusiva no que diz respeito à prevalência das ditas "leis ou regulamentos" sobre os planos com eficácia plurisubjectiva e não no que diz respeito à aplicabilidade directa propriamente dita (assim não mediatizada pelos planos) relativamente aos particulares. É também infeliz a referência "a novas leis e regulamentos", susceptível de sugerir erroneamente que as condicionantes em vigor à data da entrada em vigor da LBPOTU não prevalecem sobre os planos com eficácia plurisubjectiva, então ao arrepio do princípio da hierarquia normativa e da tutela dos interesses que lhes subjazem.

[66] Criticando as servidões administrativas e as restrições de utilidade pública por surgirem desgarradas de "uma visão omnicompreensiva e concreta sobre o território", cfr. GONÇALO REINO PIRES, *A Classificação e a Qualificação...*, p. 230-231 e *A Classificação e a Qualificação do Solo e a Admissibilidade...*, *loc. cit.*, p. 98. No mesmo sentido, focando particularmente a Reserva Agrícola Nacional e a Reserva Ecológica Nacional, defendendo a sua inconstitucionalidade no confronto com uma "reserva de plano", cfr. CLÁUDIO MONTEIRO, *O Domínio da Cidade...*, p. 232 segs.

[67] Em geral, sobre relações de prevalência condicionadas no âmbito de operações de ponderação, cfr. ROBERT ALEXY, *Théorie der Grundrechte*, 3.ª ed, Suhrkamp, Frankfurt am Main, 1996, p. 80 segs. Especificamente sobre a actividade de planeamento, frisando dever ter-se como fundamental para a determinação do peso do direito ou interesse em causa "a qualidade do mesmo na situação concreta", cfr. FERNANDA PAULA OLIVEIRA, *A Discricionariedade de Planeamento...*, p. 170-171.

todos os outros, sendo tal apurável em abstracto – isto é, independentemente de concretas e variáveis circunstâncias territoriais a apurar no âmbito de cada plano. Ora, é desde logo em tais situações que se justificará o estabelecimento de servidões administrativas e restrições de utilidade pública. Atente-se por exemplo no interesse consubstanciado na segurança aeronáutica – o qual impõe que as zonas confinantes com aeródromos civis e instalações de apoio à aviação civil estejam sujeitas a servidões aeronáuticas[68]. Ou no interesse consubstanciado na protecção e valorização de bens imóveis classificados – o qual se projecta na definição de correspondentes zonas de protecção[69]. Ou ainda no interesse consubstanciado na protecção dos recursos hídricos – o qual dita, designadamente, a fixação de perímetros de protecção para captações de águas, para aquíferos ou para bacias hidrográficas[70].

Note-se que dizer que um interesse com repercussão territorial prevalece no confronto com todos os outros, sendo tal determinável em abstracto, *não equivale a dizer que essa repercussão territorial seja, também ela, determinável em abstracto.* Tal não sucede, aliás, por via de regra. Em regra, a repercussão territorial do interesse abstractamente prevalecente apenas se deixa apurar em concreto[71]. Pense-se, por exemplo, nas zonas especiais de protecção de imóveis classificados ou em vias de classificação. Nos termos do artigo 43.º, n.º 2 a 5, da Lei n.º 107/2001 e dos artigos 41.º e seguintes do DL n.º 309/2009, a concreta repercussão territorial do interesse abstractamente prevalecente (consubstanciado na protecção e valorização do património cultural) apenas se deixa determinar ao nível de

---

[68] Decreto-Lei n.º 45987, de 22 de Outubro.
[69] As zonas de protecção encontram-se previstas no artigo 43.º da Lei n.º 107/2001, de 8 de Setembro – desenvolvida pelo Decreto-Lei n.º 309/2009, de 23 de Outubro –, cumprindo distinguir a zona geral de protecção a que se refere o n.º 1 e as zonas especiais de protecção a que se referem os n°s. 2 e 3. Num e noutro caso, trata-se de "servidões administrativas, nas quais não podem ser concedidas pelo município, nem por outra entidade, licenças para obras de construção e para quaisquer trabalhos que alterem a topografia, os alinhamentos e as cérceas e, em geral, a distribuição de volumes e coberturas ou o revestimento exterior dos edifícios sem prévio parecer favorável da administração do património cultural competente".
[70] V. em particular Decreto-Lei n.º 382/99, de 22 de Setembro.
[71] Não é pois verdadeira a afirmação de GONÇALO REINO PIRES segundo a qual "o estabelecimento de servidões administrativas e restrições de utilidade pública surge *sempre* desgarrado" da concretude territorial, cfr. *A Classificação e a Qualificação do Solo e a Admissibilidade...*, *loc. cit.*, p. 98.

cada zona (definida por portaria do membro do Governo responsável pela área de cultura), traduzindo-se numa sua precisa extensão e nas restrições ao uso do solo que se revelem adequadas[72].

B) O estabelecimento de condicionantes justificar-se-á também quando, não sendo possível determinar que um interesse prevalecerá sempre sobre todos os outros, seja possível, ainda assim, determinar abstractamente uma sua proeminência *prima facie* no confronto com todos os outros – apenas devendo, pois, tal interesse ser sacrificado quando se demonstre em concreto que a sua proeminência de princípio não se confirma. A este último nível, cumpre referir sobretudo a Reserva Agrícola Nacional (RAN) e a Reserva Ecológica Nacional (REN):

i) Quanto à RAN (uma restrição de utilidade pública essencialmente traduzida, nos termos dos artigos 20.º e seguintes do respectivo regime[73], na declaração das áreas nela incluídas como "áreas *non aedificandi*, numa óptica de uso sustentado e de gestão eficaz do espaço rural", sendo os usos não agrícolas interditos ou sujeitos a requisitos materiais e procedimentais específicos, o mais característico dos quais corresponde à sujeição a parecer prévio vinculativo ou a comunicação prévia às "entidades" previstas no artigo 33.º), justifica-se essa na proeminência do interesse consubstanciado na preservação de solos aptos para a agricultura. Tal proeminência pode não se confirmar em concreto perante a representação do particular peso de outros interesses. O que se reflecte no facto de as áreas de RAN, que o sejam nos termos dos artigos 8.º e seguintes – designadamente, por terem elevada ou moderada aptidão para a actividade agrícola –, se imporem apenas *prima facie* aos planos territoriais com eficácia plurisubjectiva. Com efeito, os planos municipais – e, *mutatis mutandis*, os planos especiais – podem reflectir "a exclusão" de áreas *em princípio* integradas na RAN (artigo 12.º, n.º 1, *b)*). Tal só sucederá, note-se, perante a concordância das "entidades" estaduais com competências a este nível. Estas podem, no limite, aprovar a delimitação definitiva da RAN contra a vontade dos órgãos dos mu-

---

[72] Estas podem ser depois desenvolvidas PP de salvaguarda (artigo 64.º do DL n.º 309/2009, de 23 de Outubro).

[73] Decreto-Lei n.º 73/2009, de 31 de Março.

nicípios⁷⁴, devendo, em qualquer caso, as plantas de condicionantes dos seus planos integrar tal delimitação (artigo 14.º, n.º 16)⁷⁵;

ii) Quanto à REN (uma restrição de utilidade pública essencialmente traduzida, nos termos dos artigos 20.º e seguintes do respectivo regime⁷⁶, na interdição de certos usos nas áreas correspondentes, salvo se verificadamente compatíveis com os seus objectivos ou correspondentes a acções de interesse público reconhecido), fundamenta-se na proeminência *prima facie* do interesse consubstanciado na conservação da natureza e da biodiversidade. Tal interesse justifica que a delimitação de REN passe primeiramente por um "nível estratégico", em cujo âmbito são definidas orientações de âmbito nacional e regional (elaboradas, consoante os casos, pela Comissão Nacional de REN ou pelas CCDR e aprovadas por resolução do Conselho de Ministros) acompanhadas por um "esquema nacional de referência" que inclui a identificação gráfica das principais componentes de protecção dos sistemas e processos biofísicos, dos valores a salvaguardar e dos riscos a prevenir (artigos 5.º, nºs 1, alínea *a)* e 2; 7.º e 8.º). Na medida em que aquela proeminência *prima facie* possa não se confirmar em concreto, perante a precisa representação do peso de outros direitos ou interesses com incidência territorial⁷⁷, o "nível estratégico" distingue-se de

---

[74] Nos termos dos artigos 11.º e seguintes do Regime da RAN, a delimitação *em definitivo* da RAN cabe, por via de regra, à Direcção Regional de Agricultura e Pescas (DRAP) territorialmente competente e tem lugar no âmbito da elaboração, alteração ou revisão de PMOT ou de PEOT. Tratando-se de procedimento de formação de PMOT, a delimitação tem lugar perante proposta da câmara municipal, ou no âmbito da comissão de acompanhamento ou da conferência de serviços a que se referem os artigos 75.º-A e 75.º-C do RJIGT – o correspondente parecer ou acta incluem a posição final da DRAP que, se favorável à proposta camarária, corresponde à sua aprovação (artigo 14.º, n.º 5) – ou posteriormente, podendo, no limite, envolver uma reformulação da proposta da câmara municipal contra a vontade desta, então a homologar pelo membro do Governo responsável pela área do desenvolvimento rural (artigo 14.º, nºs 14 a 16).

[75] Tenha-se ainda em conta a hipótese especial prevista no artigo 17.º do Regime de RAN, do qual resulta que a prevalência em concreto de outros interesses sobre o interesse consubstanciado na preservação de solos aptos para a agricultura pode, "em casos excepcionais", ser decidida pelo Governo, ouvida a câmara municipal, através de resolução do Conselho de Ministros que então altere a delimitação de RAN.

[76] Decreto-Lei n.º 166/2008, de 22 de Agosto.

[77] Estabelece, mais precisamente, o artigo 9.º, n.º 2, do Regime da REN, que, a um nível operativo, "deve ser ponderada a necessidade de exclusão de áreas com edificações legalmen-

um "nível operativo", traduzido na delimitação a nível municipal das áreas integradas na REN e em cujo âmbito se podem, então, verificar exclusões de áreas que, ao primeiro nível, deveriam ser integradas na REN (artigos 5.º, n.º 1, alínea b); 9.º e seguintes). Também aqui, tal sucederá necessariamente perante a concordância das "entidades" estaduais responsáveis pela REN, que podem no limite aprovar a delimitação definitiva da REN contra a vontade dos órgãos municipais[78]/[79].

C) As servidões administrativas e restrições de utilidade pública vinculam os particulares nos seus próprios termos, sendo pois relevantes em sede de controlo prévio de operações urbanísticas ainda que não mediatizadas pelos planos territoriais ou mesmo contra os planos territoriais[80] – tal, evidentemente, sem prejuízo do imperativo de os mesmos planos se lhes conformarem. É o que se encontra confirmado no artigo 25.º, n.º 3, da LBPOTU e no artigo 3.º do Decreto Regulamentar n.º 11/2009, em cujos termos "nas áreas abrangidas por restrições e servidões de utilidade pública, os respectivos regimes prevalecem sobre as

---

te licenciadas ou autorizadas, bem como das destinadas à satisfação das carências existentes em termos de habitação, actividades económicas, equipamentos e infra-estruturas".

[78] Nos termos dos artigos 9.º e seguintes do Regime da REN, a delimitação "a nível operativo" da REN – ou seja, a respectiva delimitação *em definitivo* por contraposição à delimitação *prima facie*, que tem lugar a nível estratégico – tem lugar no âmbito de procedimento que decorre perante proposta da câmara municipal e que pode eventualmente ser simultâneo a procedimento de elaboração, alteração ou revisão de plano municipal (artigos 11.º e 15.º). Num ou noutro caso, tal delimitação cabe, por via de regra, à CCDR e pode, no limite, envolver uma reformulação da proposta da câmara municipal contra a vontade desta, então a homologar pelo membro do Governo responsável pela área do ambiente e do ordenamento do território (artigo 11.º, n.ºs. 14 e 15, aplicável directamente ou *ex vi* do artigo 15.º, n.º 3). Tenha-se ainda em conta a possibilidade prevista no artigo 14.º de delimitação da REN em simultâneo com a elaboração, alteração ou revisão de PEOT. Esta, a ter lugar, determinará a revogação e consequente actualização da carta municipal de REN (n.º 2, alínea d)).

[79] Tenha-se ainda em conta a hipótese especial prevista no artigo 17.º do Regime de REN, do qual resulta que a prevalência em concreto de outros interesses sobre o interesse consubstanciado na conservação da natureza e da biodiversidade pode, "em casos excepcionais", ser decidida pelo Governo, ouvida a câmara municipal, através de resolução do Conselho de Ministros que então altere a delimitação de REN.

[80] Neste sentido, por último, CLÁUDIO MONTEIRO, *O Domínio da Cidade...*, p. 234 e 237-238.

demais disposições dos regimes de uso do solo das categorias em que se integrem"[81].

3.3.2. *Standards* urbanísticos

A) Integram o bloco normativo vinculativo da actividade de planeamento territorial, para além das condicionantes, as determinações definidas por lei ou regulamento que consubstanciem critérios gerais de classificação e qualificação do solo e, bem assim, indicadores e limiares de qualidade urbanística, relativos nomeadamente ao dimensionamento de zonas verdes e de recreio, aos equipamentos, às infra-estruturas viárias, aos estacionamentos, etc.

Tais determinações – usualmente ditas *standards* urbanísticos – não têm por objectivo, como bem nota ALVES CORREIA no rumo definido por García de Enterría e Parejo Alfonso, "regular directamente o uso do solo e das construções", mas "estabelecer critérios de fundo a observar obrigatoriamente pelo planeamento urbanístico", não se tratando, pois, de "preceitos legais de aplicação directa, mas antes de obrigações legais impostas ao planificador"[82].

Há, desde logo, *standards* urbanísticos na Lei dos Solos[83] e no RJIGT, sendo, a este último nível, de destacar o artigo 72.º, n.º 3, que prescreve o carácter excepcional da reclassificação do solo como solo urbano, limitando-a aos casos "em que tal for comprovadamente necessário face à dinâmica demográfica, ao desenvolvimento económico e social e à indispensabilidade de qualificação urbanística"[84]. Ao nível legislativo, e entre

---

[81] Quanto ao artigo 25.º, n.º 3, da LBPOTU, a sua redacção não é conclusiva, pois refere-se a uma "aplicabilidade directa aos planos" sem permitir inferir que a consagração desta exclui a aplicabilidade directa aos particulares, aspecto bem assinalado por GONÇALO REINO PIRES, cfr. *A Classificação e a Qualificação do Solo e a Admissibilidade...*, p. 99. Neste contexto, precise-se que a força vinculativa das servidões administrativas e restrições de utilidade pública decorre dos regimes que especificamente as consagram, devendo o artigo 25.º da LBPOTU – na medida em que não a exclua – e o artigo 3.º do Decreto Regulamentar n.º 11/2009 serem lidos no sentido de a confirmarem.

[82] Cfr. *Manual de Direito do Urbanismo*, I, p. 668.

[83] Atente-se nos artigos 14.º e seguintes, 36.º e seguintes e 41.º e seguintes da Lei dos Solos.

[84] Assinalando estarmos aqui perante um *standard* urbanístico, cfr. ALVES CORREIA, *Manual de Direito do Urbanismo*, I, p. 669. Também sobre *standards* urbanísticos, de des-

outros exemplos, refiram-se também o artigo 8.º, n.º 2, da Lei de Bases da Actividade Física e do Desporto[85] (em cujos termos os planos devem prever a existência de "infra-estruturas de utilização colectiva para a prática desportiva") ou o artigo 6.º do Regulamento Geral do Ruído[86] (em cujos termos os PMOT "asseguram a qualidade do ambiente sonoro, promovendo a distribuição adequada dos usos do território, tendo em consideração as fontes de ruído", designadamente através da classificação, delimitação e disciplina de "zonas sensíveis" e de "zonas mistas")[87]. Mencione-se ainda a disposição da Concordata de 2004, em cujos termos os planos territoriais devem prever a afectação de espaços para fins religiosos (artigo 25.º, n.º 2).

Os *standards* que assim exemplificativamente referimos são, como é bom de ver, muito imprecisos. *Standards* qualitativos mais precisos encontram-se hoje no Decreto Regulamentar n.º 11/2009, de 29 de Maio, que veio estabelecer critérios uniformes de classificação e reclassificação do solo, de definição de utilização dominante, bem como das categorias relativas ao solo rural e urbano. Quanto a *standards* quantitativos, os mesmos escasseiam no nosso ordenamento.

B) Não se confundam *standards* urbanísticos com parâmetros urbanísticos supletivos, como sejam os que se encontram hoje definidos pela Portaria n.º 216-B/2008, de 3 de Março, ao abrigo do artigo 6.º, n.º 3, da Lei n.º 60/2007, de 4 de Setembro. Na verdade, não se está aqui perante critérios, indicadores e limiares *vinculativos* da actividade de planeamento urbanístico, mas antes perante parâmetros susceptíveis de redefinição por planos municipais e, assim, apenas aplicáveis a operações urbanísticas perante a ausência de parâmetros definidos por estes últimos.

C) Poder-se-á, eventualmente, lamentar a ausência entre nós de verdadeiros *standards* urbanísticos de natureza quantitativa que efectivamente vinculem a actividade de planeamento urbanístico (designadamente, relativos ao dimensionamento de áreas destinadas a espaços verdes e de utilização colectiva, infra-estruturas viárias e equipamentos de utilização

---

tacar, entre Autores portugueses, FERNANDA PAULA OLIVEIRA, *A Discricionariedade de Planeamento...*, p. 509 segs.; Colaço Antunes, *Direito Urbanístico...*, p. 158-159.

[85] Lei n.º 5/2007, de 16 de Janeiro
[86] Aprovado pelo Decreto-Lei n.º 9/2007, de 17 de Janeiro.
[87] Mantém-se, pois, o diagnóstico feito por COLAÇO ANTUNES, cfr. *Direito Urbanístico...*, p. 158-159.

colectiva), se bem que haja vozes que tendam a encarar mal o respectivo estabelecimento em nome de uma "reserva de plano"[88].

Uma possível solução – que passa pela contemplação de *standards* quantitativos, mas que simultaneamente preserva a imprescindibilidade do desenvolvimento em concreto das operações de concretização e de ponderação co-essenciais à actividade de planeamento – poderá traduzir-se na fixação de índices mínimos e máximos que não afectem a necessária adequação territorial das determinações a prescrever em cada plano[89]. Outra solução possível traduz-se em prescrever índices com a natureza de "directrizes quantitativas" a ter em conta ao nível da ponderação e cuja preterição envolve uma fundamentação acrescida[90].

3.3.3. Relações de prevalência legalmente estabelecidas

Dissemos já, repetidas vezes, que à actividade de planeamento é co-essencial uma actividade de ponderação entre diferentes direitos e interesses (*rectius*, entre os bens jurídicos que lhe correspondem). Ora, esta última surge limitada no caso de o legislador prescrever abstractamente relações de prevalência entre os mesmos. Temos aqui em conta o artigo 9.º do RJIGT, do qual se inferem as seguintes relações de prevalência[91]:

i) Prevalência dos interesses consubstanciados na defesa nacional, segurança, saúde pública e protecção civil sobre todos os outros (n.º 2);

ii) Prevalência dos interesses ambientais, económicos, sociais e culturais com incidência territorial sobre os restantes, ressalvados os referidos em *i)* (n.º 1);

iii) Prevalência dos interesses que se exprimem na classificação dos solos como rurais sobre os interesses que se exprimem na classificação dos solos como solos urbanos (n.º 3)

Uma vez que, em termos absolutos, não se pode afirmar seriamente uma abstracta prevalência de todos os interesses referidos em *i)* sobre os interesses

---

[88] Assim, GONÇALO REINO PIRES, *A Classificação e a Qualificação...*, p. 213.
[89] Assim, COLAÇO ANTUNES, *Direito Urbanístico...*, p. 158-159.
[90] Cfr. GONÇALO REINO PIRES, *A Classificação e a Qualificação...*, p. 214.
[91] Cfr. FERNANDA PAULA OLIVEIRA, *A Discricionariedade de Planeamento...*, p. 179-180.

referidos em *ii)* e *iii)* ou de todos os interesses referidos em *ii)* sobre todos os restantes, deve considerar-se as mesmas relações como tendo apenas um relevo *prima facie* infirmável em concreto ou, nas palavras de FERNANDA PAULA OLIVEIRA, como "preferências relativas dependentes da situação"[92].

3.3. O PRINCÍPIO DA IGUALDADE

3.3.1. As soluções de planeamento territorial, na medida em que se traduzam numa disciplina particularizada dos solos, são sempre soluções diferenciadoras. Assim o sendo necessariamente, o que sempre se imporá, à luz do princípio da igualdade, é que se trate de soluções *não arbitrárias*. Com efeito, o princípio da igualdade como *proibição do arbítrio* aplica-se plenamente a este nível.

ALVES CORREIA – reconhecendo que o conceito da proibição do arbítrio assume uma relevância nuclear também em sede de planeamento territorial[93] – refere-se, neste contexto, a um correspondente *princípio da igualdade imanente ao plano*, o qual implica a invalidade todas aquelas soluções que se revelem "totalmente ilógicas, tendo em conta os fins do plano, irrazoáveis, objectivamente infundadas e arbitrárias"[94].

3.3.2. A grande questão que se coloca em sede de planeamento territorial, precisamente porque este sempre se traduzirá numa disciplina particularizada dos solos, releva de haver soluções *não arbitrárias* – ou não desconformes com um *princípio de igualdade imanente ao plano* – que, ainda assim, implicam marcadas distinções de tratamento. Uma vez que tais distinções importam uma repartição distinta das vantagens e desvantagens associadas à tarefa pública de planeamento, persiste um problema de igualdade – ou de desigualdade – para além da não arbitrariedade do plano e, assim, para além da não invalidade do plano.

---

[92] Prossegue a Autora afirmando que "o artigo 9.º do RJIGT não pode ser perspectivado como a solução para todos os problemas resultantes de conflito entre interesses públicos incompatíveis, devendo, por isso, na ausência de regulamentação quanto à forma de resolução dos mesmos, ficar a resposta dependente das circunstâncias do concreto caso de planeamento e da explicitação dos critérios tidos em consideração para o efeito", cfr. *A Discricionariedade de Planeamento...*, p. 181.
[93] Cfr. *O Plano Urbanístico...*, p. 424-425.
[94] *Idem*, p. 457.

ALVES CORREIA refere-se neste contexto a um *princípio da igualdade transcendente ao plano*, o qual, não determinando a invalidade das soluções de planeamento diferenciadoras, impõe que as mesmas sejam acompanhadas de soluções compensatórias dos particulares que sejam colocados em situação de desvantagem[95]. Materialmente no mesmo sentido, a LBPOTU veio consagrar um correspondente *princípio de equidade* em cujos termos se assegura "a justa repartição dos encargos e benefícios decorrentes da aplicação dos instrumentos de gestão territorial" (artigo 5.º, alínea *e)*).

Semelhante linha orientadora conhece concretização no RJIGT ao nível da consagração de um princípio de perequação compensatória (artigos 135.º e segs.) e de correspondentes mecanismos de perequação (artigos 138.º segs.)[96], bem como de um dever de indemnização no caso de a compensação não ser possível face a esses mecanismos (artigo 139.º). Nos termos do artigo 139.º, n.º 1, o dever de indemnização está sujeito a pressupostos apertados. Terá de se tratar de restrições singulares a possibilidades objectivas de aproveitamento do solo (fórmula que há-de ser interpretada à luz de um princípio de vinculação situacional do solo[97]), que sejam preexistentes e juridicamente consolidadas[98] e que comportem uma restrição significativa na sua utilização de efeitos equivalentes a uma expropriação[99]. O artigo 139.º, n.º 2, prevê, em termos igualmente apertados, os pressupostos do dever de indemnização em caso de revisão do plano.

3.4. O PRINCÍPIO DA IMPARCIALIDADE

O princípio da imparcialidade obriga a Administração a considerar todos os interesses relevantes para cada decisão de planeamento (vertente positiva) e a desconsiderar todos os interesses irrelevantes, desde logo

---

[95] *Ibidem*, p. 459 segs.
[96] V. *infra*, 7.5.
[97] Verificámos já que um princípio de vinculação situacional do solo se compreende face à função social da propriedade, cfr. *supra*, 2.2.
[98] A fórmula "preexistentes e juridicamente consolidadas" parece apontar para a necessidade de ter havido controlo administrativo prévio favorável de operação urbanística culminante em licença ou acto equivalente, que seja posto em causa pelo novo plano. Sobre este critério, veja-se o Acórdão do Supremo Tribunal Administrativo de 28/09/2010 proferido no processo n.º 0412/10.
[99] Semelhante restrição significativa há-de corresponder a uma afectação significativa ou particularmente gravosa da utilidade económica do terreno.

aqueles que não se possam qualificar verdadeiramente como "interesses" no âmbito do Direito, designadamente por relevarem do benefício de amigos ou do prejuízo de inimigos (vertente negativa).

Questão complexa é a de saber quando se pode considerar respeitada a vertente positiva e, assim, quais os interesses que indispensavelmente tem de ser considerados ao nível de cada concreto plano. Encarando este problema, FERNANDA PAULA OLIVEIRA[100] desenvolveu fórmula originalmente articulada pela jurisprudência federal administrativa alemã, de acordo com a qual "devem ser colocados na ponderação aqueles interesses, segundo a natureza das coisas, aí devam ser considerados". Reconhecendo que se trata de fórmula tautológica, a Autora sublinha certeiramente que a mesma tem, ainda assim, "o condão de colocar o acento tónico nas circunstâncias específicas do caso concreto como relevantes para a delimitação do que deve ser colocado na ponderação: não há uma resposta com validade geral sobre esta questão, mas uma resposta a encontrar segundo considerações de cada caso concreto e dos objectivos de planeamento prosseguidos pelo plano. Em consequência, deve aceitar-se que não é só a *natureza intrínseca* de um interesse que determina a sua relevância, mas também o *contexto particular* em que a situação se insere no decurso da planificação".

Os variados interesses que pedem concretização e ponderação ao nível de cada plano relevam de outras tantas atribuições de um conjunto múltiplo de entidades públicas a serem prosseguidas através de um conjunto de instrumentos. Compreende-se pois que à imparcialidade corresponda uma exigência de *coordenação* entre todas essas entidades – a ter lugar no âmbito de cada procedimento de planeamento territorial – e todos esses instrumentos (LBPOTU, artigo 5.º, alínea *c)*[101]).

3.5. O PRINCÍPIO DA PROPORCIONALIDADE

O planeamento territorial implica uma ponderação entre múltiplos bens jurídicos correspondentes a outros tantos direitos e interesses. Essa

---

[100] Cfr. *A Discricionariedade de Planeamento...*, p. 164.

[101] Estabelece-se aí que a política de ordenamento do território e de urbanismo obedece ao princípio geral de "coordenação, articulando e compatibilizando o ordenamento com as políticas de desenvolvimento económico e social, bem como as políticas sectoriais com incidência na organização do território, no respeito por uma adequada ponderação dos interesses públicos e privados em causa".

ponderação, que pode ter lugar a um nível mais ou menos abstracto, culmina no estabelecimento de relações de prevalência – relações essas que são apuráveis, consoante os casos, em abstracto (havendo então lugar a condicionantes ou preferências legalmente estabelecidas)[102] ou em concreto (havendo então relações de prevalência condicionadas a circunstâncias territoriais variáveis).

Apurada uma relação de prevalência (por exemplo, entre o bem jurídico ambiente e o bem jurídico propriedade), cumpre ainda determinar as concretas soluções de planeamento que a reflictam (por exemplo, exclusão do *jus aedificandi* em dada zona ou sua redução em medida mais ou mesmo acentuada, em ordem a respeitar o bem que se verificou ser prevalecente). Ora, é ao nível da determinação destas últimas soluções que o princípio da proporcionalidade ganha acuidade.

Com efeito, *depois* de apurada uma relação de prevalência, o princípio da proporcionalidade irá impor que a concreta solução de planeamento adoptada – e que reflicta tal relação – seja *adequada*, isto é, seja apta a salvaguardar o bem jurídico prevalecente (no exemplo dado, traduzindo-se numa carga edificativa que não comprometa os valores ambientais em jogo) e *necessária,* isto é, seja a menos lesiva possível para o bem não prevalecente (no exemplo dado, traduzindo-se se possível na redução do *jus aedificandi* mas já não na sua exclusão)[103]. A doutrina e a jurisprudência referem ainda habitualmente ao princípio da proporcionalidade uma exigência de *equilíbrio*, na qual está em causa um balanço entre os custos e as vantagens da solução adoptada e, do mesmo modo, uma exigência de que as segundas não superem manifestamente os primeiros[104].

O exposto confirma pois que as exigências do princípio da proporcionalidade acrescem às exigências da ponderação. Estas últimas relevam do estabelecimento de uma recta relação de prevalência entre bens jurídicos; já as primeiras incidem sobre a concreta solução reflectora dessa relação de prevalência.

---

[102] Cfr. *Supra*, 3.2.

[103] De acordo com o que tem vindo a ser decidido pelo Tribunal Constitucional, um maior grau ou intensidade ao nível da adequação pode justificar um menor grau ou intensidade ao nível da necessidade, cfr. Acórdãos n.º 76/85, ATC, 5.º vol., p. 207 segs. e ainda 187/2001 e 309/2001, estes últimos em www.tribunalconstitucional.pt.

[104] Manifestámos já dúvidas a respeito deste terceiro termo do princípio da proporcionalidade, pois na verdade, uma eventual questão de desequilíbrio relevará sempre de uma antecedentemente mal resolvida questão de ponderação, cfr. *Sobre a Justificação das Restrições aos Direitos Fundamentais*, in *Estudos em Homenagem ao Prof. Doutor Sérvulo Correia*, Coimbra Editora, Coimbra, 2010, p. 557 segs., p. 572.

Devemos esclarecer que ao distinguirmos ponderação e proporcionalidade – à luz do que defendemos noutro momento[105] – estamos a partir de uma noção restrita de ponderação. Com efeito, temos por *ponderação* apenas a avaliação e apuramento do peso relativo de diferentes bens jurídicos. Nessa medida, faz sentido distinguir a *ponderação* da *avaliação da proporcionalidade da medida ou solução subsequentemente adoptada tendo em conta tal peso*. Diga-se, no entanto, que se reconduzirmos à ponderação *mais* do que a avaliação e apuramento do peso relativo de bens jurídicos, a avaliação da proporcionalidade passará, também ela, a integrar a ponderação. É esta última a linha adoptada pela generalidade dos Autores[106].

3.6. O PRINCÍPIO DA BOA FÉ

O princípio em epígrafe exige o respeito pelas situações de confiança que mereçam tutela[107]. Em sede de planeamento territorial, tal traduz-se no respeito pelas situações juridicamente consolidadas – quer por referência a decisões de licenciamento, de autorização ou de admissão de comunicação prévia, quer ainda por referência a pré-decisões com a natureza de actos prévios (caso da informação prévia favorável) ou actos parciais (caso da aprovação do projecto de arquitectura) –, bem como pelas situações fácticas relativamente às quais uma passividade administrativa perdurante no tempo haja gerado razoavelmente uma forte expectativa na sua manutenção[108].

---

[105] Cfr. *Idem*.

[106] Cumpre destacar HOPPER, BÖNKER e GROTEFELS, os quais reconduzem à ponderação várias fases, entre elas *uma fase traduzida na avaliação e determinação do peso dos bens ou interesses relevantes* e uma *fase traduzida no apuramento de decisões de planeamento que reflictam um adequado compromisso dos mesmos bens e interesses, tendo em conta o seu peso*, cfr. *Öffentliches Baurecht*, em especial, p. 166. Ora, se for esta a acepção adoptada de *ponderação*, deixará de fazer sentido distinguir *ponderação* e *proporcionalidade*, já que a última fase mencionada envolverá uma avaliação da necessidade, da adequação e do equilíbrio da solução de planeamento que esteja em causa.

[107] De mencionar que uma exigência de tutela da confiança decorre também do princípio da segurança jurídica, sendo aliás assim que a mesma é enquadrada no âmbito do artigo 5.º, alínea *i)*, da LBPOTU.

[108] Sobre a tutela da confiança em matéria de planeamento territorial, são de destacar entre nós FAUSTO DE QUADROS, *Princípios Fundamentais de Direito Constitucional e de Direito Administrativo em Matéria de Direito do Urbanismo*, in *Direito do Urbanismo*,

De mencionar que as situações de confiança a que nos referimos não se impõem como limites absolutos à actividade de planeamento territorial, podendo-se-lhe contrapor outros direitos ou interesses juridicamente protegidos que se revelem concretamente ponderosos. Claro está que o atendimento destes últimos deve passar, pelo menos por via de regra e à luz do princípio da justa distribuição dos encargos públicos, pela previsão pelos planos correspondentes de adequados mecanismos de ressarcimento ou compensação[109].

3.7. OUTROS PRINCÍPIOS

Para além dos mencionados princípios gerais de Direito Administrativo, são ainda de mencionar como detendo relevância em sede de planeamento territorial outros princípios – alguns deles comuns a outros ramos de Direito Administrativo especial como o Direito do Ambiente –, entre os quais se destacam um princípio de sustentabilidade e solidariedade intergeracional e um princípio de compatibilidade dos usos.

O primeiro princípio mencionado – contemplado no artigo 5.º, alínea *a)*, da LBPOTU – traduz-se essencialmente no comando de se assegurar a transmissão às gerações futuras de um território e de espaços edificados correctamente ordenados. Nos termos desenvolvidos por FERNANDA PAULA OLIVEIRA, pode ser assacada ao mesmo princípio uma vertente económica, uma vertente ambiental e uma vertente social, "traduzindo a necessidade de equilíbrio entre o progresso económico, a coesão social e a sustentabilidade ambiental"[110]. Deve ter-se em conta que, embora o princípio em causa tenha inequívoco peso enquanto directriz de actuação administrativa e tenha importantes traduções procedimentais – caso da avaliação ambiental estratégica –, o mesmo pesará pouco enquanto parâmetro material autóno-

---

INA, Oeiras, 1989, p. 279; MARIA DA GLÓRIA DIAS GARCIA, *Direito do Urbanismo entre a Liberdade...*, loc. cit., p. 110; FERNANDA PAULA OLIVEIRA, *A Discricionariedade de Planeamento...*, p. 555 segs., 624 segs. e 677 segs.

[109] No mesmo sentido, afirmar FERNANDA PAULA OLIVEIRA que nestas situações, "o plano terá de considerar, ainda que de forma genérica, mas clara, os mecanismos de ressarcimento ou de compensação, que terão de resultar dele, pelo menos nos seus elementos essenciais, e não ser simplesmente relegados para o momento da respectiva execução", cfr. *A Discricionariedade de Planeamento...*, p. 678.

[110] Cfr. *A Discricionariedade de Planeamento...*, p. 525.

mo de controlo dos planos. Tal, sob pena de o controlo judicial se converter numa dupla administração.

Também relevante enquanto directriz de actuação é o *princípio de compatibilidade dos usos*. Exige este último que, no âmbito do planeamento, seja determinada uma distribuição adequada dos usos (*v.g.* habitação, comércio, indústria, etc.) por zonas, em termos que salvaguardem a qualidade de vida e a qualidade ambiental. O mesmo princípio é violado quando se prescrevam usos incompatíveis entre si na mesma zona ou em zonas confinantes (por exemplo, uso industrial em zona confinante com zona ambientalmente sensível), sendo nesta sua vertente *negativa* que tem sido tratado: HOPPE, BÖNKER e GROTEFELS[111] e, entre nós, FERNANDA PAULA OLIVEIRA referem-se a um *princípio de separação dos usos incompatíveis*, o qual encontra correspondência material no *princípio de afastamento preventivo* do Direito do Ambiente[112].

3.8. FORÇA NORMATIVA DOS FACTOS?

A discricionariedade envolvida no planeamento territorial é, segundo alguns Autores, limitada pela força normativa dos factos, tratando-se este de vínculo que acresce aos princípios enumerados. Nesse sentido, é de destacar entre nós a voz de Colaço Antunes, para o qual a "realidade dos factos, bem como as características intrínsecas e naturais dos terrenos e bens jurídicos supõem um limite à vontade planificatória, pelo que não custa admitir que a força normativa do fáctico seja um critério constrangedor da discricionariedade do planificador"[113].

Não acompanhamos esta posição. Com efeito, não serão os factos em si mesmos que constrangerão a discricionariedade. Antes será a projecção de princípios jurídicos em factos – em circunstâncias territoriais específicas – que ditará conclusões normativas relevantes, traduzidas por exemplo na permanência desta edificação (à luz da tutela da confiança) ou na preservação daquela paisagem (à luz da protecção do ambiente).

---

[111] Cfr. *Öffentliches Baurecht*, p. 215-216.
[112] Cfr. *A Discricionariedade de Planeamento...*, p. 540. Os afastamentos legalmente exigidos de certos usos em relação aos aterros de resíduos sólidos serão corolários de tais princípios (Decretos-Lei n.º 544/99, de 13 de Dezembro e 183/2009, de 10 de Agosto).
113 Cfr. *Direito Urbanístico...*, p. 159-160.

4. OS PLANOS TERRITORIAIS

4.1. Os planos territoriais em geral

4.1.1. O planeamento territorial desenvolve-se através de um conjunto de instrumentos de planeamento: os planos territoriais. Cumpre, pois, proceder à sua identificação e classificação.

4.1.2. O legislador distingue entre "instrumentos de desenvolvimento territorial" e "instrumentos de planeamento territorial" (LBPOTU, artigos 8.º, alíneas *a)* e *b)* e 9.º, n°s. 1 e 2), contando-se entre os primeiros o *programa nacional da política de ordenamento do território* (PNPOT)[114], os *planos regionais de ordenamento do território* (PROT)[115] e os *planos intermunicipais de ordenamento* (PIMOT)[116] e, entre os segundos, os *planos municipais de ordenamento do território* (PMOT)[117], estes últimos correspon-

---

[114] Nos termos do artigo 9.º, n.º 1, alínea *a)*, da LBPOTU, o PNPOT é um instrumento cujas directrizes e orientações fundamentais traduzem um modelo de organização espacial que terá em conta o sistema urbano, as redes, as infra-estruturas e os equipamentos de interesse nacional, bem como as áreas de interesse nacional em termos agrícolas, ambientais e patrimoniais. O mesmo preceito é desenvolvido depois pelo RJIGT, cujo artigo 26.º determina que o PNPOT estabelece as grandes opções com relevância para a organização do território nacional, consubstancia o quadro de referência a considerar nos demais instrumentos de gestão territorial e constitui um instrumento de cooperação com os demais Estados membros para a organização do território da União Europeia.

[115] Nos termos do artigo 9.º, n.º 1, alínea *b)*, da LBPOTU, os PROT são instrumentos que, de acordo com as directrizes definidas a nível nacional e tendo em conta a evolução demográfica e as perspectivas de desenvolvimento económico, social e cultural, estabelecem as orientações para o ordenamento do território regional e definem as redes regionais de infra-estruturas e transportes, constituindo o quadro de referência para a elaboração dos planos municipais. O mesmo preceito é desenvolvido pelo RJIGT, cujo artigo 51.º, n.º 1, estabelece que os PROT definem a estratégia regional de desenvolvimento territorial, integrando as opções estabelecidas a nível nacional e considerando as estratégias municipais de desenvolvimento local.

[116] Nos termos do artigo 9.º, n.º 1, alínea *c)*, da LBPOTU, os PIMOT visam a articulação estratégica entre áreas territoriais que, pela sua interdependência, necessitam de coordenação integrada. O mesmo preceito é desenvolvido pelo RJIGT, cujo artigo 60.º acrescenta que os PIMOT asseguram a articulação entre os PROT e os planos municipais, abrangendo a totalidade ou a parte das áreas territoriais pertencentes a dois ou mais municípios vizinhos.

[117] O legislador tomou a infeliz opção de designar como planos de *ordenamento do território* todos os planos municipais, assim a partir de certa concepção doutrinária que, enquanto tal, não vincula o intérprete. Para o sentido da expressão *ordenamento do território*, v. *Supra*, 1.1.

dentes a planos directores municipais (PDM), planos de urbanização (PU) e planos de pormenor (PP)[118].

A designação legal não prejudica que todos esses instrumentos – tanto os ditos de "desenvolvimento territorial" como os ditos de "planeamento territorial" – se reconduzam doutrinariamente a planos territoriais, os quais se distinguem por deter, num caso, uma incidência macro-territorial e carácter directivo e, noutro, uma incidência mais restrita e carácter normativo, assim traduzido em específicas permissões, obrigações ou proibições de uso do solo.

São também instrumentos de planeamento territorial ou planos territoriais, na acepção doutrinária da expressão, os *instrumentos de planeamento sectorial* ou *planos sectoriais* (LBPOTU, artigos 8.º, alínea c) e 9.º, n.º 3)[119] e os *instrumentos de natureza especial* ou *planos especiais de ordenamento do território* (LBPOTU, artigos 8.º, alínea d) e 9.º, n.º 4)[120].

4.1.3. A sistematização do RJIGT parte de uma classificação dos planos territoriais de acordo com o seu *âmbito*. A saber, nos termos do artigo 2.º do mesmo diploma, são instrumentos de âmbito nacional, o PNPOT, os planos sectoriais e os planos especiais; são instrumentos de âmbito

---

[118] Quanto aos planos municipais veja-se o explanado no ponto seguinte.

[119] Nos termos destes preceitos, os planos sectoriais programam ou concretizam as políticas de desenvolvimento económico e social com incidência espacial, nomeadamente no domínio dos transportes, das comunicações, da energia e recursos geológicos, da educação e da formação, da cultura, da saúde, da habitação, do turismo, da agricultura, do comércio e da indústria, das florestas e do ambiente. Os mesmos preceitos são desenvolvidos pelo RJIGT, cujo artigo 35.º, n.º 2, determina serem planos sectoriais: *a)* os planos, programas e estratégias de desenvolvimento respeitantes aos diversos sectores da administração central nos referidos domínios; *b)* os planos de ordenamento sectorial e os regimes territoriais definidos ao abrigo de lei especial; *c)* As decisões sobre a localização e a realização dos grandes empreendimentos públicos com incidência territorial.

[120] Nos termos dos referidos preceitos, os instrumentos de natureza especial ou planos especiais de ordenamento do território (PEOT) estabelecem um meio supletivo de intervenção do Governo apto à prossecução de objectivos de interesse nacional, ou transitoriamente, de salvaguarda de princípios fundamentais do programa nacional de ordenamento do território não salvaguardados por plano municipal. O artigo 42.º do RJIGT precisa que aos PEOT correspondem regimes de salvaguarda de recursos e valores naturais e de garantia da permanência dos sistemas indispensáveis à utilização sustentável do território, reconduzindo-se a este tipo os planos de ordenamento das áreas protegidas, os planos de ordenamento das albufeiras de águas públicas, os planos de ordenamento da orla costeira e os planos de ordenamento dos estuários.

regional, os PROT; são instrumentos de âmbito municipal, os PIMOT e os PMOT. Trata-se, no entanto, de classificação oscilante quanto aos critérios subjacentes:

i) A ambígua expressão *âmbito nacional* oscila entre o critério da incidência territorial e o critério das atribuições prosseguidas. Com efeito, os instrumentos de *âmbito nacional* tanto podem ter uma incidência territorial nacional – caso do PNPOT e de alguns instrumentos sectoriais – como uma incidência territorial mais restrita, possivelmente mesmo infra-municipal – caso de outros instrumentos sectoriais e dos instrumentos especiais. Nestes últimos casos, os instrumentos são de *âmbito nacional*, não em razão da sua incidência territorial, mas em razão dos interesses neles prosseguidos;

ii) Se os instrumentos de *âmbito nacional* não se podem identificar enquanto tais a partir da sua incidência territorial, os instrumentos de *âmbito regional* (PROT) apenas se diferenciam nessa razão, isto é, pela sua incidência territorial infra-nacional, mas supra-municipal. Com efeito, os PROT relevam de interesses cometidos ao Estado, sendo correspondentemente a sua elaboração e aprovação da competência de órgãos do Estado[121];

iii) Os instrumentos de *âmbito municipal* podem ser de âmbito territorial municipal (PDM), infra-municipal (PU e PP) ou inter-municipal (PIMOT). Em todos os casos estão em causa interesses cometidos aos municípios a serem prosseguidos pelos respectivos órgãos ou por órgãos inter-municipais.

4.1.4. Se a classificação dos planos territoriais de acordo com o seu âmbito – nacional, regional ou municipal – se revela dogmaticamente oscilante, ainda que se trate daquela que subjaz à sistematização adoptada no RJIGT,

---

[121] No âmbito da versão original da LBPOTU, datada de 1998, pretendia cometer-se às regiões administrativas a responsabilidade pelos PROT. O sucesso correspondente ao referendo realizado em 8 de Novembro de 1998 – que ditou o fracasso do projecto traduzido na criação de regiões administrativas – conduziu a que o RJIGT cometesse a órgãos desconcentrados do Estado (as actuais comissões de coordenação e desenvolvimento regional) a competência para elaborar aqueles instrumentos e ao Conselho de Ministros a competência para sua aprovação (artigos 55.º e 59.º).

outras classificações, resultantes sobretudo do labor doutrinário, revelam maior rigor[122].

Neste âmbito, e em razão da sua finalidade, são de distinguir *planos globais ou gerais*, *planos especiais* e *planos sectoriais*. Os *planos globais* têm por fim a disciplina integrada do território sobre o qual incidem, articulando todos os direitos e interesses que nele se repercutam[123]. Os *planos especiais* têm também por fim a disciplina de certa parcela de território, mas ao contrário dos primeiros, a perspectiva que lhes subjaz não é uma de articulação dos múltiplos interesses com repercussão territorial, mas de garantia de um específico interesse – caracteristicamente, um interesse traduzido na salvaguarda de recursos ou valores naturais ou ambientais. Por contraposição às duas primeiras espécies, os *planos sectoriais* não têm por finalidade primordial a disciplina da ocupação e uso do solo, mas a programação ou concretização de políticas de desenvolvimento económico e social com reflexo no território (políticas de transportes, de comunicações, de energia, etc.). A disciplina do território corresponde, pois, a um reflexo dos planos sectoriais e não tanto a um seu propósito.

4.1.5. Quanto aos seus efeitos, cumpre distinguir os planos que apenas adstringem as entidades públicas dos planos que adstringem também os particulares. Estes últimos designam-se *planos com eficácia plurisubjectiva*. Os primeiros, por seu turno, designam-se, consoante os casos, como *planos com eficácia auto-vinculativa* (adstringente das entidades públicas que os aprovam) ou como *planos com eficácia hetero-vinculativa* (adstringente de outras entidades públicas que não apenas as que os aprovam)[124].

Apenas os PMOT e os PEOT têm eficácia plurisubjectiva, o mesmo não sucedendo com os PNPOT, PROT, PSOT e PIMOT, os quais detêm

---

[122] Para a classificação doutrinária dos planos territoriais, cfr. muito particularmente FERNANDO ALVES CORREIA, *Manual de Direito do Urbanismo*, I, p. 369 segs.

[123] Entre tais interesses contam-se interesses culturais e interesses ambientais com incidência territorial. E, no que respeita aos interesses ambientais, a respectiva consideração articulada no âmbito dos planos globais corresponde a uma exigência do princípio da integração de Direito do Ambiente, defendendo ainda FERNANDA PAULA OLIVEIRA que, por força do princípio da integração, torna-se obrigatória a aplicação de todos os restantes princípios ecológicos – nomeadamente os da prevenção, da precaução e do poluidor pagador, cfr. *A Discricionariedade de Planeamento...*, p. 379.

[124] Para a distinção, cfr. por todos FERNANDO ALVES CORREIA, *Manual de Direito do Urbanismo*, I, p. 384 segs.

concomitantemente eficácia hetero e auto-vinculativa (LBPOTU, artigo 11.º, n.º 1; RJIGT, artigo 3.º, n.º 2). Se assim é, as entidades públicas não devem repercutir a sua vinculação a estes últimos instrumentos em actos administrativos que tenham como destinatários os particulares (caso das licenças urbanísticas)[125].

Tal compreende-se tendo em conta que o sistema de planeamento territorial se desenvolve em cascata – isto é, dos planos de maior âmbito para os planos de menor âmbito – assim pelo menos quando considerado em abstracto. Em tal sistema, prefere-se que os diferentes direitos e interesses com incidência territorial sejam contemplados integradamente nos planos municipais, estes sim com eficácia plurisubjectiva[126]. Deste modo, as soluções vertidas em planos de maior âmbito sem eficácia plurisubjectiva são coordenadamente contempladas em planos globais de âmbito municipal com tal eficácia (artigos 5.º, alínea c) e 7.º, n.º 2, da LBPOTU e artigo 8.º do RJIGT).

Tal lógica reflecte-se na aplicabilidade aos planos com eficácia plurisubjectiva do dever de adaptação previsto no artigo 97.º, n.º 1, alínea a), do RJIGT, impondo-se a sua alteração em prazo curto (90 dias) em ordem a contemplar as soluções vertidas em planos sem a mesma eficácia que lhes sobrevenham. Assim sendo, parecerá negligenciável, em termos teóricos, o risco de estas últimas soluções serem desrespeitadas em concreto. Tratar-se-á, no entanto, de uma mera aparência. Tal risco existe e é agravado pelo facto de o RJIGT nada prever de espe-

---

[125] "Proibições de construção" constantes de um desses instrumentos, designadamente dos PROT, não equivalem, pois, a "proibições de licenciamento" (no mesmo sentido, cfr. FERNANDA PAULA OLIVEIRA, *Alguns Aspectos do Novo Regime dos Planos Regionais de Ordenamento do Território. Em especial a questão da sua eficácia jurídica*, Revista Jurídica do Urbanismo e do Ambiente, n°s 11/12, 1999, p. 84). Tal é confirmado pelo artigo 24.º, n.º 1, alínea a), do RJUE, no qual se estabelece que o pedido de licenciamento é indeferido quando viole PMOT ou PEOT, não sendo uma menção feita a qualquer outro plano territorial.

Dissemos que quaisquer "proibições de construção" constantes de um desses instrumentos, designadamente de PROT, não equivalem a "proibições de licenciamento". Deve acrescentar-se agora que os planos destituídos de eficácia plurisubjectiva nem mesmo devem conter "proibições de construção", isto é, nem mesmo devem conformar o território em termos precisos. Se o fizerem, contrariam o respectivo perfil tal como definido pelo legislador.

[126] Cfr. JOÃO MIRANDA, *A Dinâmica Jurídica do Planeamento Territorial: A Alteração, a Revisão e a Suspensão dos Planos*, Coimbra Editora, Coimbra, 2002, p. 92, nota 195.

cífico em ordem a garantir o pleno cumprimento do mencionado dever de adaptação[127].

4.1.5. Os planos com eficácia plurisubjectiva podem teoricamente classificar-se em planos imediatos e planos mediatos. Os *planos imediatos* produzem efeitos permissivos quanto à consecução de operações urbanísticas independentemente de acto administrativo subsequente. Já quanto aos *planos mediatos*, o respectivo significado permissivo apenas se actualiza quando intermediado por acto administrativo subsequente, com a natureza de licença ou outra.

No quadro dos actuais RJIGT e RJUE não há planos imediatos. Mesmo os planos de pormenor que contenham as especificações correspondentes às alíneas *c)*, *d)* e *f)* do n.º 1 do artigo 91.º do RJIGT não são *planos imediatos* que dispensem subsequentes actos administrativos. Com efeito, face a tais planos, impõe-se ainda uma *admissão de comunicação prévia* para que uma das operações urbanísticas previstas no artigo 6.º, n.º 1, alínea *e)* do RJUE possa ser levada a efeito – sendo que tal admissão tem a natureza de acto administrativo[128]. Nunca se está pois, a respeito da admissão de comunicação prévia, perante mero requisito de eficácia de permissão urbanística imediata já constante de plano. Conclui-se neste último sentido, tendo em conta o facto de, face ao actual RJUE, a admissão em causa envolver uma nova volição administrativa – uma volição tácita –, não se esgotando o seu significado na mera verificação de volição já constante de plano.

---

[127] Na ausência de meios específicos para fazer face ao incumprimento do dever previsto no artigo 97.º do RJIGT, José Luís Cunha propõe em circunstâncias extremas que o Estado recorra às medidas extremas da suspensão de planos ou da adopção de medidas preventivas, cfr. *Planos Sectoriais ou Políticas Marginais? A Integração das Políticas Sectoriais no Sistema de Gestão Territorial*, in AA. VV., *Os Dez Anos da Lei de Bases da Política de Ordenamento do Território e de Urbanismo*, coord. Fernando Gonçalves / João Ferreira Bento / Zélia Gil Pinheiro, Ad Urbem, Lisboa, 2010, 165-178, 174.

[128] Pedro Gonçalves fala num "acto administrativo ficcionado, criado por uma ficção legal" (cfr. *Simplificação Procedimental e Controlo Prévio de Operações Urbanísticas*, in *I Jornadas Luso-Espanholas de Urbanismo*, obra colectiva, Almedina, Coimbra, 2009, p. 79 segs., p. 102), mas, noutro sentido, e por boas razões, João Miranda sustenta que, face à actual versão do RJUE, não se pode falar em rigor noutra coisa que não num deferimento tácito, cfr. *A Função Pública Urbanística...*, p. 486-487.

4.2. Os planos municipais em especial

4.2.1. Os planos municipais, PDM, PU e PP – planos impropriamente ditos pelo legislador como *de ordenamento do território*, pois trata-se prevalentemente de planos urbanísticos ou, no caso dos PDM, de planos híbridos – merecem atenção especial, pois são aqueles que detêm maior relevância no sistema de planeamento territorial português. Nomeadamente, e face à estrutura do mesmo sistema tal como delineada pelo legislador, é no âmbito dos planos municipais que a classificação e qualificação do solo essencialmente se encontra (LBPOTU, artigos 7.º, n.º 2, alínea *c)*; 8.º, alínea *b)* e 9.º, n.º 2)[129].

4.2.2. O PDM, de elaboração obrigatória (RJIGT, artigo 84.º, n.º 4), é o instrumento de planeamento com maior grau de sedimentação em Portugal, cobrindo hoje todo o território nacional. Trata-se do plano global por excelência, reflectindo a multiplicidade de direitos e interesses juridicamente protegidos com expressão territorial e fixando correspondentemente o modelo de organização espacial de cada território municipal no seu todo, o qual tem por base a classificação e a qualificação do solo (LBPOTU, artigos 9.º, n.º 2, alínea *a)*; RJIGT, artigo 84.º).

Note-se que ao PDM correspondem normas urbanísticas – isto é, específicas permissões, proibições e obrigações de uso do solo urbano –, e também directivas de ordenamento do território, pelo que se trata de um plano híbrido. O respectivo conteúdo material é aquele que se encontra fixado pelo artigo 85.º do RJIGT.

Os aspectos a integrar no conteúdo material do PDM são enumerados no artigo 85.º do RJIGT[130], incluindo-se aí a especificação dos índices, indicadores e parâmetros de referência urbanísticos. Quanto ao conteúdo documental, esse é definido pelo artigo 86.º do mesmo diploma.

Os índices, parâmetros e indicadores definidos em PDM podem ser directamente aplicáveis (ou seja aplicável independentemente de mediação

---

[129] Mais: tendo em conta a inventariação das funções dos planos feita entre nós por ALVES CORREIA, Autor que as reconduz à *inventariação do solo*, à *conformação do território*, à *conformação do direito de propriedade do solo* e à *gestão do território* (cfr. *Manual de Direito do Urbanismo*, I, p. 363), essas são prevalentemente desempenhadas pelos planos territoriais municipais.

[130] Sobre o conteúdo dos PDM, é de assinalar a reflexão desenvolvida entre nós por LUÍS FILIPE COLAÇO ANTUNES no âmbito de uma distinção por si formulada entre "planos operativos" e "planos executivos", *Direito Urbanístico*..., p. 137-138 e 168-169.

por PU ou PP) ou não, impondo-se então subsequente especificação a ser feita por PU ou PP. A consequência de o PDM verter soluções não directamente aplicáveis – e portanto não aplicáveis supletivamente na ausência de PU ou PP – é a constituição de "reservas de urbanização", ou seja, áreas sujeitas a posterior PU ou PP, ficando a viabilização de operações urbanísticas condicionada à emissão destes últimos[131].

Com vista a impedir que tais reservas se convertam em vínculos de não edificabilidade por tempo indeterminado, o artigo 85.°, n.° 2, do RJIGT permite a aplicabilidade directa dos índices, parâmetros e indicadores constantes de PDM quando tenha decorrido o prazo de cinco anos sobre a sua data de entrada em vigor sem que tenha sido aprovado o PU ou PP correspondente (alínea *a)*) e desde que aqueles definam já os usos, cérceas máximas, rede viária e estacionamentos (alínea *b)*).

4.2.3. Nos termos do artigo 87.° do RJIGT, os PU incidem sobre uma parte do território municipal, definindo a correspondente estrutura urbana, o regime de uso do solo e os critérios de transformação do território.

Atente-se no facto de os PU, na sequência da reforma de 2007, poderem incidir sobre áreas não incluídas em perímetro urbano (artigo 87.°, n.° 2)[132]. Tal não prejudicará a sua natureza de plano urbanístico, já que sempre se tratará, consoante os casos, de contemplar soluções integradas que têm por centro o espaço urbano ou que incidem sobre áreas destinadas a usos e funções urbanas.

O conteúdo material e documental dos planos de urbanização é o fixado nos artigos 88.° e 89.° do RJIGT.

---

[131] Sobre reservas de urbanização, v. por último FERNANDA PAULA OLIVEIRA, *A Discricionariedade de Planeamento...*, p. 306 segs.

[132] Assinala FERNANDA PAULA OLIVEIRA, que da reforma do RJIGT de 2007, resulta que "o facto de uma área ser abrangida por um plano de urbanização, que regula os usos urbanos nela admitidos, não significa a sua reclassificação como solo urbano, embora este não esteja impedido, desde que tenha em conta o princípio da excepcionalidade da reclassificação dos solos como urbanos, de proceder a tal reclassificação, isto é, à adequação do perímetro urbano definido no plano director municipal em função do zonamento e da concepção geral da organização urbana definidos", cfr. *Regime Jurídico dos Instrumentos de Gestão Territorial – Alterações ao Decreto-Lei n.° 316/2007, de 19 de Setembro*, Almedina, Coimbra, 2008, p. 69-70. Sobre o alargamento da área de intervenção dos PU após 2007, v. ainda da mesma Autora, *A Discricionariedade de Planeamento...*, p. 322-323.

4.2.4. O PP especifica com detalhe as soluções urbanísticas aplicáveis a uma área contínua do território municipal (artigo 90.º, n.º 3, RJIGT).
O conteúdo material dos PP é o definido no artigo 91.º, n.º 1, sendo de destacar que o mesmo, para além de definir o desenho urbano e incluir indicadores, índices e parâmetros urbanísticos muito específicos, pode definir já as operações urbanísticas necessárias à sua implementação (alíneas *b)* e *f)*). É também de destacar que o conteúdo material definido pelo legislador não é um conteúdo obrigatório a ser reiterado em todos os PP; antes se devem verificar adaptações às condições da área territorial e aos objectivos prosseguidos pelo município. Pode ser mais ou menos extenso, mais ou menos simplificado, o que se articula com o facto de o RJIGT, depois da reforma de 2007, ter deixado de prever a categoria especial dos PP de conteúdo simplificado.
O conteúdo documental é estabelecido pelo artigo 92.º, do RJIGT.

4.2.5. Os PP podem revestir modalidades específicas adaptadas a finalidades particulares de intervenção. É o que resulta do artigo 91.º-A do RJIGT, cujo número 2 enumera:

a) O *PP de intervenção em espaço rural*. Este tem a particularidade de incidir sobre espaço rural – tendo o conteúdo material especificado no artigo 91.º-A, n.º 3, do RJIGT –, o que torna incerta a sua natureza de plano urbanístico. De destacar o disposto no artigo 91.º-A, n.º 4, em cujos termos "o plano de intervenção no espaço rural não pode promover a reclassificação do solo rural em urbano, com excepção justificada das áreas expressamente destinadas à edificação e usos urbanos complementares". A fórmula "usos urbanos complementares" refere-se a usos complementares de actividades autorizadas no solo rural. Estas últimas podem não ser apenas agrícolas, mas outras, como sejam actividades turísticas;

b) O *PP de reabilitação urbana*. Este abrange solo urbano correspondente à totalidade ou parte de um centro histórico delimitado em PDM ou PU eficaz, uma área crítica de recuperação e reconversão urbanística ou uma área de reabilitação urbana constituída nos termos da lei (artigo 91.º-A, n.º 5, do RJIGT). O facto de estarmos perante uma área delimitada em PP de reabilitação urbana é determinante para efeitos de regime, tendo em conta o disposto no artigo 91.º-A, n.º 6, do RJIGT e também o Regime Jurídico da Reabilitação Urbana (Decreto-Lei n.º 307/2009, de 23/10);

c) O *PP de salvaguarda*. Este está previsto na Lei de Bases do Património Cultural (Lei n.º 107/2001, de 8 de Setembro), desenvolvida a este respeito pelo Decreto-Lei n.º 309/2009, de 23 de Outubro. Nos termos do artigo 64.º deste último diploma, estabelecem-se no PP de salvaguarda as soluções urbanísticas necessárias à preservação e valorização do património cultural existente na sua área de intervenção, desenvolvendo as restrições e os efeitos estabelecidos pela classificação do bem imóvel e pela zona especial de protecção[133].

4.2.6. O PP pode ter efeitos registais, ou seja, as parcelas nele identificadas podem ser registadas desde que se encontrem reunidos os requisitos previstos nos artigos 92.º-A e 92.º-B, do RJIGT. De destacar que aquele que pretenda que seja lavrado um registo com base em PP tem de ser detentor de correspondente certidão, sendo que a emissão da mesma depende do pagamento das taxas e compensações previstas no artigo 92.º-B, n.º 1, do mesmo diploma.

4.3. Continuação: o regime procedimental dos planos municipais

4.3.1. O procedimento de elaboração e aprovação dos planos municipais é regulado nos artigos 74.º e seguintes do RJIGT. São de destacar os seguintes aspectos:

a) Quanto à iniciativa, trata-se de procedimento de iniciativa exclusivamente pública, cabendo à câmara municipal deliberar sobre o respectivo início (artigo 74.º, n.º 1). De referir, para além da possibilidade de exercício de direito de petição – o qual não se confunde com direito de iniciativa –, o disposto no artigo 6.º-A do RJIGT, em cujos termos "os interessados na elaboração, alteração ou revisão de um plano de pormenor podem apresentar à câmara municipal propostas de contratos que tenham por objecto a elaboração de um projecto de plano, sua alteração ou revisão". Tal possibilidade não

---

[133] Sobre zonas especiais de protecção, exemplo maior de servidões administrativas, cfr. *supra*, 3.3.

prejudica o monopólio de iniciativa pública, já que os contratos celebrados nunca prejudicarão o exercício dos poderes públicos municipais relativamente ao procedimento de elaboração do plano, entre eles, o poder de deliberar o respectivo início (n.º 2)[134];

b) A instrução nos procedimentos de planeamento é apoiada pelo acompanhamento. Traduz-se este na intervenção procedimental das entidades e serviços da Administração Pública (estadual ou regional) que se revele aconselhável em virtude de as soluções de planeamento interferirem com o seu âmbito de atribuições. Nos termos do artigo 75.º-A, o acompanhamento é assegurado por uma comissão de acompanhamento, uma conferência procedimental instrutória composta por representantes daquelas entidades e serviços investidos em poderes para as vincular[135]. O parecer da comissão de acompanhamento é não vinculativo, incidindo sobre as matérias enumeradas no artigo 75.º-A, n.º 4;

c) No que toca aos PU e PP o acompanhamento não é obrigatório, podendo as entidades e serviços que nele interviriam ser auscultadas no âmbito de uma conferência de serviços subsequente à elaboração da proposta de plano, assegurando-se assim o respeito pelo princípio da imparcialidade e pelo correspondente princípio da coordenação (artigo 75.º-C);

d) O acompanhamento distingue-se da concertação, a qual se traduz na harmonização possível das soluções de planeamento com as objecções formuladas pelas entidades e serviços administrativos que intervenham no procedimento. O acompanhamento pode não obstante incluir a concertação (artigo 76.º);

e) A participação dos particulares no âmbito dos procedimentos de planeamento tem lugar em dois momentos distintos. Quanto à participação preventiva, essa ocorre subsequentemente à deliberação municipal de elaboração do plano, a qual deve fixar o correspondente período (artigo 74.º, n.º 1, e 77.º, n.º 2). A outra forma de participação – a discussão pública – tem lugar após a instrução, incidindo já sobre a proposta de plano que daí haja resultado (artigo 77.º, n°s. 3 a 8);

---

[134] Discutimos já a concepção distinta defendida por João Miranda, v. *supra* 2.3.

[135] Sobre a natureza da comissão de acompanhamento, afirmando que estamos perante uma conferência procedimental instrutória, Fernanda Paula Oliveira, *A Discricionariedade de Planeamento...*, 252 segs.

f) No que diz respeito aos PDM, a aprovação pode ser precedida de parecer não vinculativo da comissão de coordenação e desenvolvimento regional territorialmente competente, o qual incide sobre questões de legalidade, incluída a compatibilidade ou conformidade com os instrumentos de gestão territorial eficazes (artigo 78.º, n°s 1 e 2). Caso não se conforme com parecer no sentido da ilegalidade de alguma solução, o município assume integralmente a correspondente responsabilidade, sendo certo que a respectiva faculdade de contrariar o mesmo parecer não equivale a uma faculdade de violar a lei e os regulamentos aplicáveis;

g) A aprovação dos planos municipais cabe à assembleia municipal, sendo subsequente a proposta camarária. Discute-se a possibilidade de a assembleia municipal introduzir alterações à proposta apresentada pela câmara municipal. FERNANDA PAULA OLIVEIRA nega essa possibilidade, defendendo a existência de um voto bloqueado nesta matéria e baseando-se para o efeito sobretudo na redacção actual do artigo 79.º, n.º 1 (a possibilidade de introduzir alterações estava expressamente prevista antes da reforma de 2007)[136]. Induzirão conclusão contrária a legitimidade democrática da assembleia municipal, bem como a própria natureza constitutiva da aprovação no contexto procedimental administrativo;

h) Subsequentemente à aprovação e antes do cumprimento dos requisitos de eficácia previstos nos artigos 148.º e seguinte (entre os quais se destaca a publicação no Diário da República), pode ter lugar ratificação pelo Governo. A ratificação governamental sofreu uma drástica redução do seu alcance com a reforma do RJIGT de 2007, passando a ter lugar apenas relativamente a PDM no caso de os mesmos violarem PROT ou PEOT (artigo 80.º, n.º 1). A ratificação tem lugar a solicitação da câmara municipal, sendo essa obrigatória caso a questão de compatibilidade com os PROT ou PEOT tenha sido suscitada no procedimento (artigo 80.º, n.º 2);

i) No âmbito dos procedimentos de planeamento municipal tem lugar, por via de regra, avaliação ambiental estratégica nos termos conjugados do 74.º, n°s. 5 a 9 do RJIGT e do Decreto-Lei n.º 232/2007, de 15 de Junho. A avaliação ambiental estratégica, a ter

---

[136] Cfr. *Regime Jurídico dos Instrumentos de Gestão Territorial...*, p. 29 e *A Discricionariedade de Planeamento...*, p. 237-238.

lugar – pode ser dispensada nos casos de PU ou PP quando verificadas determinadas condições (artigo 74.º, n.º 5, do RJIGT) – é um subprocedimento incorporado no procedimento de elaboração do plano, adoptando-se solução distinta da adoptada pelo Decreto-Lei n.º 69/90, de 3 de Maio.

4.3.2. Caso seja preterida alguma formalidade integrante do procedimento de elaboração dos planos municipais, tal gerará, por via de regra, a invalidade, mais precisamente, a nulidade. Tal poderá não ocorrer em razão de a formalidade preterida ter um carácter meramente interno ou a invalidação ser uma consequência manifestamente desproporcionada face à gravidade do vício, em termos excessivamente rígidos tendo em conta a finalidade associada à prescrição da formalidade[137].

4.4. TIPICIDADE DOS PLANOS TERRITORIAIS

Os planos territoriais são típicos, cabendo ao legislador a respectiva designação, a definição do seu conteúdo característico e do seu regime procedimental (LBPOTU, artigo 34.º). A tipicidade dos planos opõe-se à Administração e, previamente, ao próprio legislador, tendo em conta ser a LBPOTU uma lei de bases.

O princípio da tipicidade dos planos, tal como previsto no mencionado artigo 34.º, importa, não apenas um comando para o futuro – o qual exclui a possibilidade de criação de novos instrumentos –, como um comando relativo aos instrumentos criados anteriormente à LBPOTU. Com efeito, estabelece aquele preceito que "todos os instrumentos de natureza legal ou regulamentar com incidência territorial actualmente existentes deverão ser reconduzidos, no âmbito do sistema de planeamento estabelecido pela presente lei, ao tipo de instrumento que se revele adequado à sua vocação específica".

A nosso ver, subtraem-se a este último comando aqueles regimes territoriais que detenham a natureza de servidões administrativas ou restrições de utilidade pública, pois estes são salvaguardados enquanto tais pela própria LBPOTU à margem da tipificação de instrumentos de gestão

---

[137] Neste sentido relativamente aos regulamentos em geral, cfr. MARCELO REBELO DE SOUSA / ANDRÉ SALGADO DE MATOS, *Direito Administrativo Geral – Actividade Administrativa*, Dom Quixote, Lisboa, 2007, p. 258.

territorial por si feita. Na verdade, a autonomia de tais condicionantes no confronto com os planos territoriais tipificados, resulta explícita do artigo 25.º, n.º 3, da LBPOTU[138] e, em correspondente desenvolvimento, dos artigos 45.º, n.º 2, alínea c), 86.º, n.º 1, alínea c); 89.º, n.º 1, alínea c); 92.º, n.º 1, alínea c), do RJIGT.

Não se acompanham, pois, os esforços doutrinários no sentido de reconduzir algumas daquelas condicionantes a planos territoriais, designadamente no sentido de reconduzir os regimes territoriais correspondentes à RAN e à REN a planos sectoriais[139]. É certo que, nos termos do artigo 35.º, alínea b), do RJIGT "são considerados planos sectoriais (...) os regimes territoriais especiais definidos ao abrigo de lei especial". Mas semelhante cláusula – sob pena de ilegalidade no confronto com a expressa preservação da autonomia das servidões administrativas e restrições de utilidade pública pela LBPOTU – não há-de ser lida como inclusiva destas condicionantes e inerentemente como preclusiva da sua eficácia plurisubjectiva, eventualmente mesmo contra os planos territoriais[140], quando prescrita nos correspondentes regimes.

O princípio da tipicidade dos planos não pode ser entendido também no sentido de precludir que figuras previstas por lei, designadamente no âmbito do Direito da Urbanização e da Edificação – como seja maximamente o caso da licença de operação de loteamento –, possam desempenhar funções de conformação territorial semelhantes às prosseguidas por planos territoriais.

---

[138] De resto, mesmo que a própria LBPOTU não salvaguardasse tais regimes territoriais, os mesmos sempre se encontrariam prescritos em actos legislativos cuja legalidade não poderia ser desafiada, não se tratando de diplomas de desenvolvimento daquela – as leis de bases apenas prevalecem sobre os respectivos diplomas de desenvolvimento e não sobre a generalidade dos actos legislativos, cfr. 112.º, 2, da CRP. Os diplomas que prescrevem aqueles regimes territoriais que não surjam a título de desenvolvimento da LBPOTU, não padecendo possivelmente do vício de ilegalidade, poderão é certo – quando se demonstre que lhe correspondem opções fundamentais colidentes com a LBPOTU, o que não é aqui o caso face ao citado artigo 25.º, n.º 3 – padecer do vício de inconstitucionalidade orgânica face ao disposto no artigo 165.º, alínea z), da CRP.

[139] Cfr. Fernanda Paula Oliveira, *A Reserva Ecológica Nacional e o Planeamento do Território*, Revista Jurídica do Urbanismo e do Ambiente, n°s. 27/28, 2008, p. 33 segs.

[140] Estabelece correspondentemente o artigo 3.º, n.º 3, do Decreto Regulamentar n.º 11/2009, de 29 de Maio, que "nas áreas abrangidas por restrições e servidões de utilidade pública, os respectivos regimes prevalecem sobre as demais disposições dos regimes de uso do solo das categorias em que se integram".

4.5. RELAÇÕES ENTRE PLANOS TERRITORIAIS

4.5.1. Foi já mencionado, a respeito da estrutura normativa do sistema de planeamento territorial, que as relações entre planos territoriais não obedecem a um princípio de hierarquia rígida, mas *flexível*, a que acresce um *princípio de coordenação*. Cumpre agora desenvolver.

4.5.2. Também ao nível das relações entre os planos vale um princípio de hierarquia. Com efeito, o princípio geral também aqui é o de que os planos superiores – que o sejam em razão de um critério organizatório ou funcional – prevalecem sobre os planos inferiores, sendo estes nulos no caso de contrariarem aqueles (RJIGT, artigo 102.º, n.º 1).

Para o efeito, os planos de âmbito nacional e de âmbito regional (todos planos de ordenamento do território) prevalecem sobre os planos de âmbito municipal (que podem ser tanto planos de ordenamento do território de âmbito mais restrito, como planos urbanísticos). Tal prevalência – que resulta expressa do artigo 10.º, n.º 1 da LBPOTU e do artigo 24.º do RJIGT – explica-se em razão de um *critério organizatório* (os primeiros provêm da Administração estadual e os segundos da Administração local autárquica[141]) e de um *critério funcional* (os planos de ordenamento do território apenas cumprem a sua função directiva, associada à preservação de direitos e interesses constitucionalmente protegidos, se prevalecerem sobre planos de âmbito mais restrito, entre eles planos urbanísticos).

Quanto à relação entre planos de âmbito municipal entre si, os planos de âmbito territorial mais amplo prevalecem – em termos flexíveis, como veremos – sobre os planos de âmbito territorial mais restrito (assim, os PDM prevalecem sobre os PU e ambos prevalecem sobre os PP).

Quanto à relação entre planos de âmbito nacional e regional entre si, o problema configura-se como mais complexo. Não se verifica uma pari-

---

[141] Um fundamento organizatório não é valorativamente neutro, já que a prevalência de planos de âmbito estadual sobre planos de âmbito municipal há-de salvaguardar o princípio democrático, bem como o princípio da igualdade. Em qualquer caso, para uma crítica a um sistema que tem como organizado "verticalmente em forma de uma pirâmide de poder, acompanhada de uma *cascata* de figuras de plano hierarquizadas de cima para baixo", cfr. ANA ROXO, *A LBPOTU e a Tomada de Decisão – Visão e Acção Territorial*, in *Os Dez Anos da Lei de Bases da Política de Ordenamento do Território e de Urbanismo*, cit., p. 135-140., p. 135-136.

dade hierárquica e uma inerente mútua revogabilidade entre os mesmos, na medida em que:

a) Quanto ao PNPOT, beneficia este do princípio da preferência de lei (CRP, artigos 112.º, n.º 5 e 266.º, n.º 2), na medida em que seja aprovado por lei da Assembleia da República (RJIGT, artigo 34.º), pelo que há-de prevalecer sobre todos os restantes planos. O artigo 23.º, nºs. 3, 4 e 5 do RJIGT terão necessariamente de ser lidos a esta luz, sem prejuízo de relativamente ao PNPOT, e dada a sua natureza directiva, estar em causa uma relação de compatibilidade[142];

b) Quanto à relação entre PEOT, por um lado, e PROT e PSOT, por outro, o primeiro pode revogar parcialmente ou alterar os segundos, indicando então expressamente as normas atingidas (RJIGT, artigo 25.º, n.º 2); mas se um PROT ou PSOT suceder a um PEOT e o contrariar não o revoga ou altera, antes determina a respectiva alteração por adaptação (RJIGT, artigo 25.º, n.º 1)[143];

c) Quanto à relação entre PROT e PSOT, pode entender-se resultar do artigo 23.º, nºs. 4 e 5 do RJIGT uma prevalência dos PSOT preexistentes relativamente aos PROT[144], sem prejuízo do dever de coordenação dos PSOT com os PROT que lhes sejam anteriores.

4.5.3. A relação de hierarquia, quando existente, pode revestir duas modalidades: a *compatibilidade*, menos exigente, e a *conformidade*, mais exigente (RJIGT, artigos 101.º, n.º 1 e 102.º, n.º 1).

A compatibilidade diz respeito à relação com planos hierarquicamente superiores que revistam uma função meramente directiva, saldando-se na prescrição de fins ou orientações e não na conformação do uso do solo

---

[142] Face ao princípio da preferência de lei temos dificuldade em aceitar a ideia de compatibilidade diferida com o PNPOT sustentada por FERNANDO ALVES CORREIA, *Manual de Direito do Urbanismo*, I, p. 509. Tal sem prejuízo da adequação material da mesma ideia, testando-se aqui porventura a pertinência da solução traduzida em prescrever a forma de lei para um plano territorial...

[143] Sobre as relações entre PEOT, por um lado, e PROT, por outro, veja-se o Acórdão da 1.ª Secção do Supremo Tribunal Administrativo de 11 de Novembro de 2004, proferido no processo n.º 873/2003. Concluiu-se aí que um PEOT que derrogue PROT é válido – verificando-se uma "prevalência normativa dos planos especiais" – mesmo que não indique expressamente as normas derrogadas, já que a obrigação em causa tem "um sentido de recomendação ou ordenação, não cominativo".

[144] Cfr. FERNANDO ALVES CORREIA, *Manual de Direito do Urbanismo*, I, p. 513.

(tendencialmente, planos de ordenamento do território). Do que se trata, pois, é de exigir a correspondência com os fins, directivas ou orientações prescritos.

A conformidade é mais exigente e diz respeito à relação com planos igualmente mais exigentes, nos quais já não está em causa apenas a prescrição de fins, directivas ou orientações, mas a conformação normativa do uso do solo. Neste caso, os planos de hierarquia inferior não podem contrariar as específicas permissões, proibições e obrigações que se encontrem determinados em plano de hierarquia superior.

4.5.4. As relações entre os planos são estruturadas de acordo com um princípio de hierarquia flexível. Na verdade, quanto a algumas dessas relações, verifica-se a possibilidade de planos de hierarquia inferior contrariarem planos de hierarquia superior verificadas determinadas condições.

Desde logo, um PDM – então sujeito a ratificação – pode derrogar um PROT ou um PSOT (RJIGT, artigo 80.º, n°s. 1 e 5)[145]. Quanto aos PU e PP, o artigo 25.º, n.º 3, do RJIGT admite que os mesmos derroguem PDM[146].

4.5.5. Um princípio de hierarquia – flexível, como vimos – não é o único princípio a reger as relações entre planos. Tendo em conta o disposto no artigo 10.º da LBPOTU e no artigo 20.º e seguintes do RJIGT, cumpre ainda mencionar um *princípio de coordenação*, o qual obriga a que a tarefa de planeamento territorial seja sempre prosseguida tendo em atenção os outros planos ou instrumentos relevantes – também de hierarquia inferior – assegurando-se as necessárias compatibilizações. O mesmo princípio – um afloramento do princípio da imparcialidade – é reiterado, especificamente quanto aos planos municipais, pelo artigo 74.º, n.º 3, do RJIGT[147].

Quando se trata de coordenação com instrumentos de hierarquia inferior e incidentes sobre a mesma área (*rectius*, sobre área territorial mais restrita), cumpre falar num *princípio de contra-corrente*. Como bem afir-

---

[145] Não o PNPOT ou um PEOT, verificando-se quanto a estes uma hierarquia rígida entre planos de âmbito nacional e de âmbito municipal.

[146] Estabelece-se no mencionado artigo 25.º, n.º 3, que "na ratificação de planos directores municipais e nas deliberações municipais que aprovam os planos não sujeitos a ratificação devem ser expressamente indicadas as normas dos instrumentos de gestão territorial preexistentes revogadas ou alteradas".

[147] Cfr. FERNANDA PAULA OLIVEIRA, *Os Princípios da Nova Lei do Ordenamento do Território: da Hierarquia à Coordenação*, Revista CEDOUA, n.º 1, 2000, p. 21 segs.

ma FERNANDO ALVES CORREIA, trata-se aqui de uma *obrigação de procedimento* – traduzida no dever de identificar os planos em causa e ponderar as suas soluções – e não tanto uma *obrigação de conteúdo*, pois no limite, o plano de hierarquia superior pode contrariar o plano de hierarquia inferior, apenas cumprindo falar num imperativo suplementar de ponderação[148].

Se o princípio da contra-corrente obriga a ponderar as soluções constantes de planos hierarquicamente inferiores que incidam sobre a mesma área territorial, o *princípio da articulação* obriga genericamente a ponderar as soluções constantes de planos que, à luz do princípio da imparcialidade na sua vertente positiva, devam ser considerados – designadamente planos cuja área territorial confine com a área territorial de incidência do plano em elaboração (por exemplo, PDM de municípios vizinhos).

4.6. NATUREZA DOS PLANOS TERRITORIAIS

4.6.1. A natureza dos planos territoriais tem vindo a ser discutida desde logo no que toca aos planos urbanísticos, os quais são sempre planos municipais – ainda que os planos municipais nem sempre sejam planos urbanísticos.

Tem vindo a duvidar-se, relativamente a estes, que se trate de regulamentos administrativos. Tal em virtude de se considerar que aos mesmos não correspondem comandos gerais e abstractos, mas uma disciplina particularizada e diferenciada do solo (e, inerentemente, *de concretos e distintos solos*). Preconiza-se então, consoante o entendimento adoptado, a respectiva classificação como actos administrativos, como actos mistos ou ainda como uma nova forma de actuação administrativa[149].

A nosso ver, no entanto, aos planos urbanísticos correspondem ainda comandos gerais e abstractos. Os mesmos, ainda que contenham uma disciplina diferenciada e particularizada do solo destinam-se a um conjunto indeterminável de pessoas – todas aquelas que sejam ou venham a ser titulares de direitos reais sobre imóveis inseridos no solo classificado e qualificado pelo plano –, regulando um conjunto indeterminável de situações relevantes de outras tantas operações urbanísticas a desenvolver

---

[148] Cfr. *Manual de Direito do Urbanismo*, I, p. 499-500.

[149] Para uma enumeração dos diferentes entendimentos a este respeito, cfr. FERNANDO ALVES CORREIA, *O Plano Urbanístico e o Princípio da Igualdade*, p. 217 segs.

nesse solo. Confirmando este entendimento, o artigo 69.º, n.º 1, do RJIGT declara terem os planos municipais "natureza regulamentar".

4.6.2. Mais recentemente, a natureza dos planos territoriais tem vindo a ser discutida, não a respeito dos planos urbanísticos, mas dos planos de ordenamento do território, em particular daqueles que a LBPOTU qualifica como "instrumentos de desenvolvimento territorial". Com efeito, sublinha-se que lhes correspondem directivas e não normas propriamente ditas, imputando-se-lhes uma natureza estratégica diversa da natureza regulamentar[150]. Ao prescrever a natureza regulamentar apenas dos PEOT (artigo 42.º, n.º 1), nada especificando a respeito dos demais, poderá entender-se que RJIGT reflecte tal entendimento.

É de dizer que, traduzindo-se conteudisticamente na determinação de fins a serem prosseguidos pelas entidades públicas, os planos de ordenamento do território apresentam características próprias. E não é seguramente impensável, em termos dogmáticos, a configuração de uma forma de actuação administrativa – o plano directivo ou estratégico –, designadamente uma forma que inclua quer os instrumentos de ordenamento do território, quer os instrumentos de planeamento económico.

Mas essa nova forma, a equacionar-se, não deverá reconduzir-se ainda, designadamente para efeitos de contencioso, a um regulamento? Na verdade, uma directiva, ao prescrever um fim, constituirá ainda um comando genérico, ainda que apenas determinado teleologicamente, a que sempre corresponderá uma previsão a relevar num conjunto indeterminável de situações. Sempre se poderá aduzir, é certo, que tais directivas não podem ser estruturalmente divididas em previsão e estatuição, pois nelas, a prescrição de um fim (a existência de uma previsão teleologicamente determinada) não é acompanhada pela determinação de um meio de realização desse fim (por uma estatuição)[151].

---

[150] Assim, FERNANDA PAULA OLIVEIRA, *A Discricionariedade de Planeamento...*, p. 27-28 e 124. Curiosamente, a Autora não denega aos planos de ordenamento do território natureza normativa – encontrando neles "as características da generalidade, abstracção e pretensão imanente de duração típicas das normas jurídicas, a que se pode acrescentar a criação ou inovação jurídica" –, mas não tem tal natureza normativa como suficiente para afirmar uma natureza regulamentar. Esta suporia, infere-se, uma normatividade não meramente programática e vinculativa dos particulares.

[151] Neste sentido, VIEIRA DE ANDRADE questionou se, ao nível do planeamento, persiste a divisão estrutural entre previsão e estatuição, já que pode então falhar a "interpenetração necessária entre a hipótese (onde se estabelece o fim) e a estatuição (onde se indica

4.7. Razão de ordem

Os capítulos seguintes serão dedicados a alguns aspectos do regime dos planos territoriais, que em virtude da sua especificidade ou particular complexidade, exigem um tratamento especial. São esses: a dinâmica dos planos territoriais (5), a garantia dos planos territoriais (6) e a execução dos planos territoriais (6).

5. A DINÂMICA DOS PLANOS TERRITORIAIS

5.1. Aspectos gerais

Os planos, embora tendam à estabilidade, não são instrumentos imutáveis, antes lhes correspondendo uma dinâmica[152]. Esta diz respeito às vicissitudes que interferem com o mesmo após a sua entrada em vigor, relevando da sua reforma ou afectando a produção dos seus efeitos.

As principais vicissitudes previstas por lei são a revisão, a alteração, a suspensão e a rectificação, havendo ainda que problematizar a possibilidade da sua revogação simples.

Cada uma dessas vicissitudes tem uma regulação específica, a ser verificada de seguida. Não deixa, no entanto, de haver normas que são comuns – ou que são comuns a algumas delas.

Designadamente, na medida em que haja lugar a uma reclassificação do solo de rural para urbano – o que poderá acontecer particularmente se se tratar de uma revisão ou de uma alteração –, aplicar-se-á o limite prescrito no artigo 72.º, n.º 3, do RJIGT: a reclassificação apenas pode ter lugar nos casos em que tal seja "comprovadamente necessário face à dinâmica demográfica, ao desenvolvimento económico e social e à indispensabilidade da qualificação urbanística".

Para além de limites comuns, haverá princípios comuns a diferentes figuras da dinâmica dos planos. Muito particularmente, cumpre destacar um princípio de conexão entre a dinâmica dos planos e o instituto da ava-

---

a medida que é meio de realização do fim)", cfr. *O Dever de Fundamentação Expressa de Actos Administrativos*, Almedina, Coimbra, 1992, p. 251 segs.

[152] Em geral, sobre a problemática da dinâmica dos planos, cfr. por todos João Miranda, *A Dinâmica Jurídica* ..., em especial, p. 71 segs. e 209 segs.

liação a que se referem os artigos 144.º e seguintes, a observar nos casos em que a primeira envolva discricionariedade administrativa[153].

5.2. A REVISÃO

A *revisão* trata-se de uma "reconsideração ou reapreciação global, com carácter estrutural ou essencial, das opções estratégicas do plano, dos princípios e objectivos do modelo territorial definido ou dos regimes de salvaguarda e valorização dos recursos e valores territoriais" (RJIGT, 93.º, n.º 3).

Incidindo sobre PEOT e PMOT (LBOTU, artigo 27.º), a revisão tem como *pressupostos* os especificados no artigo 98.º, n.º 1 do RJIGT. Nos respectivos termos, pode decorrer: *a)* Da necessidade de adequação à evolução, a médio e longo prazos, das condições económicas, sociais, culturais e ambientais que determinaram a respectiva elaboração; *b)* De situações de suspensão do plano e da necessidade de adequação aos interesses públicos que hajam determinado essa suspensão.

Quanto ao *tempo*, ainda nos termos do artigo 98.º do RJIGT, a revisão apenas pode ter lugar, no primeiro caso, decorridos 3 anos após a data de entrada em vigor do plano (n.º 2) – assim em homenagem a uma ideia de estabilidade dos planos[154] –, mas tem obrigatoriamente que ter lugar no prazo de 10 anos após a entrada em vigor ou a última revisão (n.º 3) – assim em homenagem a uma ideia de não imutabilidade dos planos[155]. Neste último caso, pode entender-se existir uma presunção legal inilidível de que se verifica a necessidade de adequação do plano à evolução das condições que determinaram a respectiva elaboração. De precisar que, no

---

[153] Sustentando que a avaliação constitui uma condição prévia à mutabilidade do plano, cfr. JOÃO MIRANDA, *A Dinâmica Jurídica...*, p. 284. No mesmo sentido especificamente sobre a revisão dos planos com os pressupostos previstos no artigo 98.º, n.º 1, alínea *a)*, cfr. FERNANDA PAULA OLIVEIRA, *A Discricionariedade de Planeamento...*, p. 350-351.

[154] Em homenagem à mesma ideia, bem como à de responsabilização da Administração pelas soluções por si prescritas, FERNANDA PAULA OLIVEIRA sustenta que a proibição de alteração no período de três anos "vale igualmente para aquelas situações de alteração de planos municipais de escala hierárquica superior decorrentes da aprovação de planos municipais mais concretos com disposições conformes com as suas", cfr. *A Discricionariedade de Planeamento...*, p. 353.

[155] FERNANDO ALVES CORREIA, a partir deste regime, distingue entre uma revisão ordinária, que tem necessariamente lugar 10 anos após a entrada em vigor do plano ou após a sua última revisão, e uma revisão extraordinária, que se verifica antes de decorrido tal prazo quando reunidos os pressupostos definidos por lei, cfr. *Manual de Direito do Urbanismo*, I, p. 589.

mesmo caso, o procedimento de revisão tem de ser iniciado no prazo de 10 anos, mas não tem necessariamente de se encontrar concluído – com o plano revisto em vigor – dentro do mesmo[156].

Quanto ao procedimento, aplica-se à revisão o procedimento de elaboração, aprovação, ratificação e publicação (RJIGT, artigo 96.º, n.º 7).

5.3. A ALTERAÇÃO

5.3.1. Quanto à *alteração*, que pode considerar-se o conceito ou figura central da dinâmica dos planos territoriais[157], não se trata de uma reponderação ou reapreciação global dos planos, mas de uma modificação parcial, relativa a aspectos parcelares ou pontuais – incluída a disciplina de uso do solo, desde que respeitante a uma parte delimitada da área de intervenção.

Incidindo sobre todos os instrumentos de gestão territorial, os pressupostos da alteração são os definidos no artigo 25.º da LBPOTU e no artigo 93.º, n.º 2, do RJIGT. A este nível cumpre distinguir:

> *i)* A *auto-alteração*, determinada pela evolução das condições económicas, sociais e culturais e ambientais que subjazem ao plano, desde que com uma incidência parcial, designadamente quanto à área de incidência do plano (alínea *a)*). A avaliação subjacente a uma auto-alteração é, como é bom de ver, uma avaliação prognóstica, que envolve uma significativa discricionariedade;
> *ii)* A *hetero-alteração*, determinada pela superveniente aprovação ou ratificação de planos ou pela entrada em vigor de leis e regulamentos com os quais o plano não se compatibilize ou conforme (alíneas *b)* e *c)*).

Quanto ao tempo, nos termos do artigo 95.º do RJIGT, a alteração apenas pode ter lugar decorridos três anos sobre a respectiva entrada em vigor (n.º 1). Tal salvo nas hipóteses especiais previstas no n.º 2[158] - designa-

---

[156] Segundo FERNANDO ALVES CORREIA, e tendo em conta o disposto no artigo 85.º, n.º 1, alínea *u)*, do RJIGT, o PDM pode estabelecer um prazo diferente (necessariamente mais curto, supomos) para a sua revisão, cfr. *Manual de Direito do Urbanismo*, I, p. 590.

[157] Cfr. FERNANDO ALVES CORREIA, *Manual de Direito do Urbanismo*, I, p. 567 segs.

[158] São essas: *a)* As alterações por adaptação previstas no artigo 97.º e as correcções materiais e rectificações previstas no artigo 97.º-A; *b)* As alterações simplificadas no artigo

damente nas hipóteses de alteração por adaptação ou alteração simplificada a tratar de seguida – bem como nas situações em que a modificação seja ditada por questões de ilegalidade[159].

Quanto ao procedimento, no que diz respeito à alteração o mesmo é idêntico ao da elaboração, aprovação, ratificação e publicação dos planos, apenas com algumas especialidades (RJIGT, artigo 96.º).

A mais importante especialidade diz respeito ao acompanhamento: as alterações de PEOT previstas nas alíneas *b)* a *d)* do mencionado artigo 95.º, n.º 2, bem como as alterações de PDM, não implicam a formação de comissão de acompanhamento, seguindo-se o regime definido para os PU e PP pelo artigo 75.º-C do RJIGT. Assim, o órgão responsável pelo procedimento solicita os pareceres que entenda necessários e a proposta de alteração é remetida à comissão de coordenação e desenvolvimento regional territorialmente competente que procede a uma conferência de serviços nos termos e para os efeitos do n.º 3 do mesmo artigo.

Outra especialidade diz respeito à avaliação ambiental: as pequenas alterações só são objecto de tal avaliação no caso de se determinar que são susceptíveis de ter efeitos significativos no ambiente (n.ºs. 3 a 6 do artigo 96.º).

5.3.2. O legislador prevê modalidades específicas de alteração que seguem um regime especial, quer quanto ao tempo, quer quanto aos pressupostos, quer quanto ao procedimento. Trata-se da *alteração por adaptação* e da *alteração simplificada*.

97.º-B; *c)* As alterações resultantes de circunstâncias excepcionais, designadamente de situações de calamidade pública ou de alteração substancial das condições económicas, sociais, culturais e ambientais que fundamentaram as opções definidas no plano; *d)* As alterações resultantes de situações de interesse público não previstas nas opções do plano reconhecidas por despacho do membro do Governo responsável pelo ordenamento do território e do ministro competente em razão da matéria, designadamente decorrentes da necessidade de instalação de infra-estruturas de produção e transporte de energias renováveis, de infra-estruturas rodoviárias, de redes de saneamento básico e de abastecimento de água, de acções de realojamento, da reconversão de áreas urbanas de génese ilegal e as relativas à reserva ecológica e reserva agrícola nacionais, bem como da classificação de monumentos, conjuntos e sítios; *e)* As alterações aos planos de ordenamento de áreas protegidas decorrentes de alterações dos limites da área protegida respectiva.

[159] Como bem assinala FERNANDA PAULA OLIVEIRA, o prazo de três anos "não deve valer para situações de invalidade do plano, que, podendo ser declarada a todo o tempo pela própria Administração, tem de permitir desencadear um procedimento de alteração correspondente", cfr. *A Discricionariedade de Planeamento...*, p. 352 e 660.

Quanto ao tempo, ambas podem ter lugar antes de decorridos 3 anos da entrada em vigor do plano (RJIGT, artigo 95.º, n.º 2, *a)* e *b)*).

A *alteração por adaptação* aplica-se a todos os instrumentos de gestão territorial e decorre de um dos pressupostos alternativos previstos no artigo 97.º, n.º 1, ou seja: entrada em vigor de leis ou regulamentos, incluídos planos territoriais, bem como servidões administrativas e restrições de utilidade pública[160] (alínea *a)*); incompatibilidade com certas opções dos PROT no caso de planos municipais (alínea *c)*); variação mínima da área de construção inicialmente prevista – até 3% (alínea *d)*).

No caso de PMOT, o procedimento de alteração por adaptação resume-se à elaboração e aprovação de proposta pela câmara municipal e à aprovação pela assembleia municipal (RJIGT, artigo 79.º, n.º 1, *ex vi* do artigo 97.º, n.º 3), sem prejuízo dos requisitos integrativos de eficácia previstos nos artigos 148.º e seguintes do RJIGT.

De realçar que as alterações por adaptação devem estar concluídas no prazo de 90 dias, não havendo no entanto sanção para o incumprimento desse prazo (artigo 97.º, n.º 2)[161]. Em todo o caso, não havendo lugar a alteração por adaptação quando essa seja exigida, o plano padecerá de ilegalidade superveniente e será consequentemente inválido[162].

A *alteração simplificada* aplica-se apenas a planos municipais e tem por pressuposto a existência de uma lacuna em sede de regime de uso do solo provocada pela cessação de uma restrição ou servidão de utilidade pública ou pela desafectação de bens imóveis do domínio público ou dos fins de utilidade pública a que esse encontravam adstritos[163].

---

[160] No sentido da aplicabilidade do procedimento de alteração por adaptação também quando estejam em causa servidões administrativas e restrições de utilidade pública, invocando nesse sentido também o disposto no artigo 93.º, n.º 2, alínea *c)*, do RJIGT, cfr. CLÁUDIO MONTEIRO, *O Domínio da Cidade...*, p. 236-237.

[161] Cfr. FERNANDO ALVES CORREIA, *Manual de Direito do Urbanismo*, I, p. 583. De acordo com o mesmo Autor, o prazo em causa não se aplica quando se trate de adaptação a PNPOT superveniente, "não só porque aquele é um prazo muito curto e totalmente irrealista, como ainda porque o PNPOT não *identifica* as disposições dos planos hierarquicamente inferiores preexistentes consideradas com ele incompatíveis", cfr. *Idem*, p. 509.

[162] *Ibidem*, p. 584.

[163] Desenvolve FERNANDA PAULA OLIVEIRA, que "não apenas se exige que estejam cumpridos na situação concreta, os pressupostos constantes das alíneas *a)* e *b)* do n.º 1 do artigo 97.º-B, como é necessário, ainda, que a cessação de restrições ou servidões de utilidade pública ou desafectação de bens imóveis do domínio público ou dos fins de utilidade pública a que se encontram adstritos determine uma *lacuna de regulamentação*, o que nem sempre sucede.", cfr. *Regime Jurídico dos Instrumentos de Gestão Territorial...*, p. 35-36.

Essa lacuna, a verificar-se (e preenchendo-se o disposto nas alínea *a)* e *b)* do n.º 1 do artigo 97.º-B do RJIGT), tem de ser "integrada" – o legislador socorre-se aqui da expressão "integração", dando-lhe um sentido impróprio –, passando a aplicar-se à área em causa o regime aplicável às parcelas confinantes (artigo 97.º-B, n.º 2). "Integrar" essa lacuna nestes termos é precisamente o objectivo da alteração simplificada.

De notar que, como afirma FERNANDA PAULA OLIVEIRA, "a lei não impõe que o município adopte a regra integradora prevista no n.º 2 (aplicação das normas do plano aplicáveis às parcelas confinantes). Se pretender adoptar esta, basta desencadear o procedimento simplificado (...); caso pretenda uma uma solução distinta, deve desencadear um procedimento de alteração normal e, eventualmente, sujeitar a área a medidas preventivas enquanto aquela alteração está em curso"[164].

Quanto ao procedimento de alteração simplificada, esse está previsto nos n°s 3 a 6 do mencionado artigo 97.º-B. A este último nível, é de destacar a inexistência de acompanhamento, a existência de discussão pública por prazo não inferior a 10 dias e subsequente dever de ponderação e a exigência de parecer final da comissão de coordenação e desenvolvimento regional territorialmente competente (RJIGT, artigo 78.º *ex vi* do 97.º-B, n.º 6).

5.4. A SUSPENSÃO

Entre as vicissitudes dos planos, de destacar ainda a *suspensão*. Esta pode incidir sobre qualquer instrumento de gestão territorial (LBPOTU, artigo 26.º) e tem sempre por pressuposto a verificação de circunstâncias excepcionais que a tornem premente em face da prossecução do interesse público (RJIGT, artigos 99.º e 100.º).

No caso dos PMOT, nos termos do artigo 100.º, a suspensão tem lugar em casos excepcionais de reconhecido interesse nacional ou regional[165] – sendo nestes casos determinada por resolução do Conselho de Ministros, ouvidas as câmaras municipais envolvidas (n.º 2, alínea *a)*) – ou quando se verifiquem circunstâncias excepcionais resultantes de alteração significati-

---

[164] *Idem*, p. 37.
[165] Para uma problematização da cláusula de interesse nacional neste caso, cfr. ANDRÉ FOLQUE, *A Tutela Administrativa...*, p. 446-447. Problematizando a constitucionalidade desta solução, cfr. JOÃO MIRANDA, *A Dinâmica Jurídica...*, p. 274 segs. A nosso ver, não há qualquer inconstitucionalidade, cfr. *supra*, 2.3.

va das perspectivas de desenvolvimento local ou de situações de fragilidade ambiental incompatíveis com a concretização das opções estabelecidas no plano – sendo nestes casos determinada por deliberação da assembleia municipal, sob proposta da câmara municipal (n.º 2, alínea b)) sobre a qual incide parecer da comissão de coordenação e desenvolvimento regional territorialmente competente (n°s. 4 a 7)[166].

A suspensão é temporária e limitada a um determinado âmbito de incidência territorial e material. É o que decorre do artigo 99.º, n.º 3 e 100.º, n.º 3, do RJIGT, segundo o qual o acto que determine a suspensão (no caso dos PMOT, resolução do conselho de ministros ou deliberação da assembleia municipal, consoante os casos) deve indicar "o prazo e a incidência territorial da suspensão, bem como indicar expressamente as disposições suspensas".

De notar que a suspensão determinada por deliberação da assembleia municipal implica obrigatoriamente o estabelecimento de medidas preventivas e a abertura de procedimento de planeamento (artigo 100.º, n.º 8). Pretende-se que a suspensão não equivalha a uma situação de vazio de planeamento[167].

5.5. OUTRAS VICISSITUDES

5.5.1. Quanto à rectificação, encontra-se prevista, na sequência da reforma de 2007 do RJIGT, pelo respectivo artigo 97.º-A. Reconduzem-se à figura da rectificação tanto as "correcções materiais" como as "rectificações" aí previstas.

As "correcções materiais" são admissíveis a todo o tempo por declaração da entidade responsável pela elaboração do plano[168] – comunicada previamente ao órgão competente para a aprovação do plano e à comissão de coordenação de desenvolvimento regional – para efeitos de: *a)* Acertos de cartografia determinados por incorrecções de cadastro, de transposição de

---

[166] Quanto aos pressupostos, procedimento, forma e competência para a suspensão de instrumentos de desenvolvimento territorial, PSOT e PEOT, v. artigos 99.º, n.º 1 e 2 e 100.º, n.º 1, do RJIGT.

[167] Sobre esta solução, v. FERNANDA PAULA OLIVEIRA, *Regime Jurídico dos Instrumentos de Gestão Territorial*, p. 38.

[168] Publicada na mesma série do Diário da República em que tenha sido publicado o plano corrigido.

escalas, de definição de limites físicos identificáveis no terreno, bem como discrepâncias entre plantas de condicionantes e plantas de ordenamento; *b)* Correcções de erros materiais, patentes e manifestos, na representação cartográfica; *c)* Correcções de regulamentos ou de plantas determinadas por incongruência entre si (nºs. 1, 2 e 3).

Já as "rectificações" dos instrumentos de gestão territorial – destinadas à correcção de lapsos gramaticais, ortográficos, de cálculo ou de natureza análoga; ou à correcção de erros materiais provenientes de divergências entre o acto original e o acto efectivamente publicado no Diário da República – são admissíveis, mediante declaração da respectiva entidade emitente, até 60 dias após a publicação ou a todo o tempo, consoante se trata de instrumento objecto de publicação na 1.ª ou na 2.ª série do Diário da República (nºs 4 e 5).

5.5.2. Questão que tem sido suscitada prende-se com a admissibilidade de revogação simples – assim sem substituição – de planos territoriais. A este respeito, a melhor posição é a adoptada por FERNANDO ALVES CORREIA, para o qual "sendo os planos municipais elaborados e aprovados pelos órgãos competentes do município com base numa incumbência constitucional – que se encontra definida pelo artigo 65.º, n.º 4, da Lei Fundamental – e *legal* (cfr., desde logo, o artigo 4.º da LBPOTU, respeitante ao *dever de ordenar o território* incidente sobre o Estado, as regiões autónomas e as autarquias locais) e atendendo à natureza *específica* dos *fins públicos* que eles visam prosseguir – que são os de um ordenamento racional da ocupação, uso e transformação do solo –, a sua manutenção ou a sua eliminação não estão na disponibilidade dos municípios. Não é, assim, admissível a revogação, pura e simples, isto é, sem substituição, de um plano no seu todo (sendo, no entanto, possível, a revogação, pura e simples, de alguma ou algumas disposições de um plano, por exemplo, de disposições ilegais, inúteis, incongruentes ou tecnicamente incorrectas). Esta afirmação não é posta em causa pelo artigo 25.º, n.º 3, do RJIGT, pois a revogação aí prevista de disposições de um PDM por um PU ou por um PP nem é uma revogação total, nem uma "revogação simples", mas uma "revogação-substituição""[169].

---

[169] Cfr. *Manual de Direito do Urbanismo*, I, p. 601. Noutro sentido, cfr. JOÃO MIRANDA, *A Dinâmica Jurídica*..., p. 222-223.

6. A GARANTIA DOS PLANOS TERRITORIAIS

6.1. Noção e tipos de garantia dos planos

Estão em causa, no âmbito da garantia dos planos, os meios destinados a salvaguardar as soluções de planeamento, permitindo preventivamente a sua adopção ou sancionando repressivamente a sua violação.

Caso se trate de salvaguardar futuras soluções a serem adoptadas no âmbito de dado procedimento de planeamento, cumpre falar de *garantia preventiva* dos planos. Já no caso de se tratar de sancionar a violação de soluções de planeamento já vigentes, cumpre falar de *garantia repressiva*.

6.2. Garantia preventiva dos planos

Na garantia preventiva dos planos está em causa salvaguardar a possibilidade de futura adopção de soluções de planeamento que se revelem materialmente adequadas. O legislador contemplou essencialmente dois meios relevantes dessa garantia: as medidas preventivas e a suspensão de concessão de licenças.

6.2.1. As medidas preventivas

A) As medidas preventivas destinam-se a evitar a alteração das circunstâncias e das condições de facto existentes que possa comprometer a futura adopção de soluções de planeamento materialmente adequadas ou tornar mais onerosa a execução do plano[170].

Tais medidas podem ser adoptadas no que diz respeito a planos com eficácia plurisubjectiva (PEOT e PMOT). Quanto às medidas susceptíveis de adopção no âmbito da elaboração, revisão ou alteração de PEOT, aplicam-se os artigos 7.º a 13.º da Lei dos Solos (*ex vi* do artigo 107.º, n.º 9,

---

[170] Sobre medidas preventivas, na doutrina portuguesa, Fernando Alves Correia, *Manual de Direito do Urbanismo*, I, p. 531 segs.; Fernanda Paula Oliveira, *As Medidas Preventivas dos Planos Municipais de Ordenamento do Território – Alguns Aspectos do seu Regime Jurídico*, Coimbra Editora, Coimbra, 1992, *passim*; Fernanda Paula Oliveira / Dulce Lopes, *Medidas Cautelares dos Planos*, Revista CEDOUA, n.º 2, 2002, p. 45-68; Fernanda Paula Oliveira, *A Discricionariedade de Planeamento...*, p. 240 segs.

do RJIGT). Já quanto às susceptíveis de adopção no âmbito da elaboração, revisão ou alteração de PMOT, aplicam-se os artigos 107.º e seguintes do RJIGT, a tratar de seguida.

B) O catálogo de possíveis medidas preventivas decorre do artigo 107.º, n.º 4. Infere-se de tal preceito que essas se podem traduzir:

i) Na proibição ou limitação de certas acções urbanísticas, incluindo-se no conceito de acções urbanísticas tanto operações urbanísticas propriamente ditas como acções materiais (derrube de árvores em maciço ou destruição do solo vivo e do coberto vegetal). Trata-se aqui de medidas conservatórias, já que está em causa garantir a manutenção da situação existente antes do início do procedimento de planeamento;

ii) Na sujeição a parecer vinculativo de certas acções urbanísticas. Trata-se aqui de medidas antecipatórias, no sentido em que o parecer emitido possa verter já os objectivos e eventualmente mesmo as soluções antevistas para o novo plano[171].

C) A prescrição de medidas preventivas tem lugar em duas circunstâncias:

i) Subsequentemente a uma decisão de elaboração, revisão ou alteração de plano (artigo 107.º, n.º 1), relevando neste caso a adopção de medidas preventivas de um subprocedimento enxertado no procedimento de planeamento;

ii) Em consequência da suspensão de PMOT (artigos 100.º, n.º 8 e 107.º, n.º 2)

No caso de a adopção de medidas preventivas ter lugar no âmbito de procedimento de revisão ou alteração de plano, o respectivo estabelecimento determina a suspensão de eficácia do mesmo plano na área abrangida pelas mesmas (artigo 107.º, n.º 3, 1.ª parte). O estabelecimento de medidas preventivas pode implicar também a suspensão de eficácia de outros planos municipais com a mesma área de incidência se houver deliberação

---

[171] A este respeito, por último, FERNANDA PAULA OLIVEIRA, *A Discricionariedade de Planeamento...*, p. 240 segs.

nesse sentido – deliberação da assembleia municipal sob proposta da câmara municipal (artigo 107.º, n.º 3, 2.ª parte).

D) Quanto aos limites a que estão sujeitas as medidas preventivas, cumpre falar em limites materiais e em limites formais.

Em sede de limites materiais, são particularmente relevantes neste domínio os afloramentos do princípio da proporcionalidade nas suas diferentes vertentes. Tenha-se particularmente em conta a este respeito o artigo 107.º, n.º 5, que aflora a vertente da necessidade[172], e o artigo 110.º, n.º 1, que reflecte a vertente do equilíbrio[173]. O artigo 111.º, n.º 1 – relativo ao âmbito territorial das medidas preventivas[174] – e o artigo 112.º, n°s. 1 e 2 – relativo ao respectivo âmbito temporal[175] – constituem também expressões do princípio da proporcionalidade.

Um outro limite material relevante é o princípio da não retroactividade das medidas preventivas decorrente do artigo 107.º, n.º 6, em cujos termos ficam excluídas do âmbito de aplicação das medidas preventivas as acções validamente autorizadas antes da sua entrada em vigor, bem como aquelas em relação às quais exista já informação prévia favorável válida. O artigo 107.º, n.º 7, excepciona o princípio da não retroactividade, determinando que "em casos excepcionais, quando a acção em causa prejudique de forma grave e irreversível as finalidades do plano", a medida preventiva pode afectar acção validamente autorizada. Neste caso, verificar-se-á uma restrição singular, muito embora temporária, a possibilidades objectivas de aproveitamento do solo preexistentes e juridicamente consolidadas, pelo que haverá lugar a indemnização nos termos do artigo 116.º, n.º 2, alínea *b)*.

Em sede de limites materiais às medidas preventivas, cumpre referir por último o princípio da determinidade ou precisão, o qual se desdobra em

---

[172] Nos seus termos, "as medidas preventivas abrangem apenas as acções necessárias para os objectivos a atingir".

[173] Nos seus termos, "o estabelecimento de medidas preventivas deve ser limitado aos casos em que fundamentalmente se preveja ou receie que os prejuízos resultantes da possível alteração das características do local sejam socialmente mais gravosas do que os inerentes à adopção das medidas".

[174] Nos seus termos, "a área sujeita às medidas preventivas deve ter a extensão que se mostre adequada à satisfação dos fins a que se destina".

[175] Nos seus termos, "o prazo de vigência das medidas preventivas (…) não pode ser superior a dois anos, prorrogável por mais um quando tal se mostre necessário". O n.º 2 do mesmo artigo prescreve que "na falta de fixação de prazo de vigência, as medidas preventivas vigoram pelo prazo de um ano, prorrogável por seis meses".

determinidade material (nos termos do artigo 107.º, n.º 5, as medidas preventivas são "as mais determinadas possível") e em determinidade territorial (nos termos do artigo 111.º, n.º 2, "a entidade competente para o estabelecimento das medidas preventivas deve proceder à delimitação da área a abranger, devendo os limites dessa área, quando não possam coincidir, no todo ou em parte, com as divisões administrativas, ser definidos, sempre que possível, pela referência a elementos físicos facilmente identificáveis").

E) Quanto aos limites formais às medidas preventivas, cumpre referir que as mesmas, quando referidas a PMOT, são adoptadas na sequência de um procedimento regulado pelo artigo 109.º, o qual tem três momentos essenciais: *i)* proposta camarária; *ii)* parecer da comissão de coordenação e desenvolvimento regional; *iii)* aprovação pela assembleia municipal. Não há lugar a audiência dos interessados nem a discussão pública (artigo 109.º, n.º 6), podendo problematizar-se tal solução à luz do artigo 267.º, n.º 5, da Constituição.

Em sede de limites formais, de mencionar o dever de fundamentação. Estabelece o artigo 110.º, n.º 2, quanto ao teor da fundamentação, que "o estabelecimento de medidas preventivas deve demonstrar a respectiva necessidade, bem como esclarecer as vantagens e inconvenientes de ordem económica, técnica, social e ambiental consequentes da sua adopção". Por seu turno, o artigo 110.º, n.º 3, estabelece que "quando o estado dos trabalhos de elaboração ou revisão dos planos o permita, deve a entidade competente para o estabelecimento de medidas preventivas precisar quais as disposições do futuro plano cuja execução ficaria comprometida na ausência daquelas medidas".

F) A vigência ou eficácia das medidas preventivas depende de publicação, à qual as mesmas se encontram sujeitas nos termos do artigo 109.º, n.º 7.

A vigência pode cessar por revogação (artigo 112.º, n.º 3, alínea *a*))[176] ou por caducidade. Esta última tem lugar por decurso do prazo previsto

---

[176] Atente-se no disposto no artigo 112.º, n.º 4, segundo o qual "as medidas preventivas devem ser total ou parcialmente revogadas quando se revelem desnecessárias", decorrendo isso dos "trabalhos de elaboração ou revisão do plano". Há outros casos excluídos desta medida de garantia preventiva dos planos, referidos aos casos em que há informação prévia favorável ou em que já foi aprovado o projecto de arquitectura. Assim, FERNANDO ALVES CORREIA, *Manual de Direito do Urbanismo*, I, p. 554 segs.

(artigo 112.º, n.º 3, alínea *b)*), em virtude da entrada em vigor do plano que determinou a adopção das medidas (artigo 112.º, n.º 3, al. *c)*)[177], em virtude de não prossecução do procedimento de planeamento ao qual as medidas se referem (artigo 112.º, n.º 3, alínea *d)*) ou por cessar o interesse que as determinou (artigo 112.º, n.º 3, *e)*).

De destacar o disposto no artigo 112.º, n.º 5, segundo o qual "uma área só poderá voltar a ser abrangida por medidas preventivas depois de decorridos quatro anos sobre a caducidade das anteriores, salvo casos excepcionais, devidamente fundamentados". Em tais casos, haverá lugar a dever de indemnizar (artigo 112.º, n.º 6). Trata-se aqui de uma outra excepção à regra segundo a qual a adopção de medidas preventivas não envolve tal dever (artigo 116.º, n.º 1), a acrescer à que se encontra prevista no artigo 116.º, n.º 2, alínea *b)* (esta última referida aos casos em que sejam provocados danos particularmente gravosos, ainda que transitórios, designadamente afectando direitos de uso do solo preexistentes e juridicamente consolidados).

6.2.2. Suspensão de concessão de licenças

A chamada suspensão de concessão de licenças traduz-se em os procedimentos de controlo urbanístico prévio – de licenciamento e outros regulados pelo RJUE – ficarem automaticamente suspensos desde a data de início da discussão pública de projecto de PMOT ou PEOT[178]. Tal, até à data de entrada em vigor do plano ou, no caso de esta não ter lugar no período de 150 dias após o início da discussão pública, até ao termo deste período (RJIGT, artigo 117.º, n°s. 1 e 3).

Revela-se curiosa a solução constante do artigo 117.º, n.º 5, do RJIGT, na medida em que aí se admite uma pré-eficácia dos planos territoriais sujeitos a discussão pública, embora em termos condicionados. Com efeito, estabelece-se aí que "quando haja lugar à suspensão do procedimento (...), os interessados podem apresentar novo requerimento com referência às

---

[177] De notar a este respeito o disposto no artigo 112.º, n.º 8, que "os planos municipais que façam caducar as medidas preventivas devem referi-lo expressamente".

[178] Tal salvo se a operação urbanística sujeita a controlo prévio se tratar de obra de reconstrução ou de alteração em edificação existente, desde que a mesma não origine ou agrave desconformidade com as normas em vigor ou tenha como resultado a melhoria das condições de segurança e de salubridade da edificação.

regras do plano colocado à discussão pública", ficando "a respectiva decisão final condicionada à entrada em vigor das regras urbanísticas que conformam a pretensão".

6.3. GARANTIA REPRESSIVA DOS PLANOS

6.3.1. A garantia repressiva dos planos territoriais releva das sanções decorrentes da sua violação. Para além da responsabilidade contra-ordenacional dos infractores (artigo 104.º do RJIGT), cumpre referir a cominação de invalidade de planos e actos.

Quanto aos planos, prescreve o artigo 102.º, n.º 1, do RJIGT que são nulos os planos elaborados e aprovados em violação de qualquer plano territorial com o qual devessem ser compatíveis ou conformes. De notar que, em homenagem ao princípio da tutela da confiança, estabelece o artigo n.º 2 do mesmo artigo, que salvo menção expressa em contrário, acompanhada da assunção do dever de indemnizar, a declaração de nulidade de um plano territorial não prejudica os efeitos dos actos administrativos que tenham sido praticados com base nele.

Esta última solução comprime o alcance da norma prescritiva da nulidade dos actos praticados em violação de planos territoriais aplicáveis, correspondente ao artigo 103.º do RJIGT. De mencionar também que o artigo 68.º, alínea *a)*, do RJUE, vem precisar os termos da cominação de nulidade no que diz respeito aos actos de controlo prévio de operações urbanísticas (licença, admissão de comunicação prévia ou outro): a nulidade apenas tem lugar no caso de violação de planos territoriais com eficácia plurisubjectiva, o que bem se compreende já que só estes são oponíveis aos particulares, destinatários dos actos de controlo prévio.

6.3.2. Em sede de garantia repressiva dos planos territoriais com eficácia-plurisubjectiva são ainda de mencionar as medidas previstas nos artigos 105.º e 106.º do RJIGT e 102.º e seguintes do RJUE, usualmente ditas "medidas de tutela de legalidade urbanística" – assim também pelo legislador, embora impropriamente, pois não estão em causa apenas planos urbanísticos.

Reconduzem-se essas essencialmente ao embargo de trabalhos, por um lado, e à demolição de obras e reposição de terrenos, por outro.

O embargo de trabalhos consiste na ordem de paralisação imediata dos trabalhos. Nos termos do artigo 103.º do RJUE, o embargo obriga à suspensão imediata, no todo ou em parte, dos trabalhos de execução da obra (n.º 1) e, no caso de se tratar de obra objecto de controlo prévio, o embargo determina a suspensão de eficácia do correspondente acto (licença ou outro) (n.º 2).

O embargo corresponde a uma decisão provisória (CPA, artigo 84.º) tomada no âmbito de procedimento tendente a decisão que defina com carácter definitivo a situação jurídica da obra, a qual poderá corresponder a uma decisão de legalização ou, ao invés, de demolição. Do que se trata essencialmente é de evitar prejuízos que ainda podem ser evitados, também do próprio particular.

O embargo caduca logo que seja proferida decisão com carácter definitivo sobre a obra (CPA, artigo 85.º, alínea a); RJUE, artigo 104.º, n.º 1). Não sendo emitida decisão final ou fixado prazo para o embargo, este sempre caduca no prazo de seis meses após a sua determinação (RJUE, artigo 104.º, n.º 2).

Quanto à demolição da obra ou reposição do terreno ao seu estado anterior, estão as mesmas medidas previstas no artigo 105.º do RJIGT e artigo 106.º do RJUE.

A demolição é particularmente gravosa, o que justifica o afloramento do princípio da proporcionalidade prescrito no artigo 106.º, n.º 2, do RJUE. Nos respectivos termos "a demolição pode ser evitada se a obra for susceptível de ser licenciada ou objecto de comunicação prévia ou se for possível assegurar a sua conformidade com as disposições legais e regulamentares mediante trabalhos de correcção ou de alteração".

Outro afloramento do princípio da proporcionalidade traduz-se em não ser qualquer infracção de normas legais e regulamentares que deve dar origem a medidas como as tratadas. Na verdade, é necessário que esteja em causa o desrespeito por requisitos *substanciais* da decisão e não por meros requisitos formais, sejam estes de validade ou de eficácia[179].

6.3.3. Quanto à competência para o embargo e demolição, cumpre distinguir situações.

---

[179] No mesmo sentido, afirma DULCE LOPES que "por exemplo, não será legítimo recorrer a tais medidas se, existindo licenciamento, apenas faltar a publicação do alvará ou se, sendo emanado um acto em desrespeito de um parecer em princípio vinculativo, o mesmo não for recebido no prazo legal para o efeito, perdendo, assim, a característica da vinculatividade, nos termos do artigo 19.º, n.º 11, do RJUE", cfr. *Medidas de Tutela da Legalidade Urbanística*, Rev. CEDOUA, n.º 2, 2004, p. 49-90.

No caso de obras não licenciadas – isto é, obras que pura e simplesmente não tenham sido objecto de controlo prévio ou que sejam prosseguidas em desconformidade com o respectivo acto (licença ou outro) – a competência pertence ao presidente da câmara municipal (RJIGT, artigo 105.º, n.º 1, al. *a)*; RJUE, artigo 106.º, n.º 1), assim sendo quer esteja em causa violação de PMOT ou de PEOT. Neste último caso, o membro do Governo responsável apenas poderá participar o facto ao presidente da câmara municipal (RJIGT, artigo 105.º, n.º 2).

Já no caso de se tratar de obras que tenham sido objecto de controlo prévio e sejam prosseguidas em conformidade com o correspondente acto (licença ou outro), mas sendo este nulo por desconformidade com PEOT ou PMOT[180], a competência pertence ao membro do governo responsável (se estiver em causa violação de PEOT) ou ao presidente da câmara municipal (se estiver em causa violação de PMOT)[181].

Na eventualidade de o presidente da câmara municipal não exercer alguma das competências que detém nos casos mencionados, o artigo 108.º-A do RJUE admite o exercício de poder de substituição pelo presidente da comissão de coordenação e desenvolvimento regional[182]. Se

---

[180] De facto, obras licenciadas também podem ser embargadas ou demolidas, já que a licença é nula. Neste sentido, veja-se, por exemplo, o Acórdão do STA de 06/03/2007 (proferido no processo 0873/03), em cujos termos o poder de demolição subsiste mesmo que tenha havido licença, havendo nulidade da licença.

A determinação de um embargo ou demolição, tendo havido controlo administrativo prévio da operação urbanística, não deixa de ser problemático. É certo que o acto é nulo, mas terá sido emitido por um órgão municipal, suscitando-se relevantes questões sob o ponto de vista do princípio da tutela da confiança. O legislador terá atendido aqui aos imperativos do princípio da legalidade. Em qualquer caso, o problema da tutela da confiança permanece relevante em sede de responsabilidade, designadamente em sede de responsabilidade pelos custos inerentes ao embargo ou demolição. Do artigo 105.º, n.º 3, do RJIGT, resulta que esta última responsabilidade é do infractor (os custos correm por conta do dono da obra), cabendo-lhe suportar os prejuízos e encargos decorrentes da sua actividade ilícita. Trata-se, aliás, de solução jurisprudencialmente sedimentada. Mas esta solução tem eventualmente de ser ponderada na hipótese de ter havido controlo administrativo prévio: tratando-se de obra licenciada, é de admitir que a responsabilidade não corra (pelo menos em exclusivo) por conta do particular. Neste último sentido, cfr. DULCE LOPES, *Medidas de Tutela da Legalidade Urbanística, loc. cit.*, p. 59.

[181] Não é de excluir a possibilidade do presidente da câmara ter também competência no caso de se tratar de violação de PEOT, tendo em conta o disposto no artigo 102.º, al. *c)*, do RJUE, havendo então uma situação de concorrência competencial.

[182] Estabelece-se aí que "o presidente da CCDR territorialmente competente pode determinar o embargo, a introdução de alterações, a demolição do edificado ou a reposição

esta se trata de solução anómala, tal não se deve à existência de um poder de substituição[183] – pois cabe essencialmente ao legislador distribuir atribuições e competências neste domínio, sendo constitucionalmente admissível cometer a um órgão do Estado um poder de substituição[184] –, mas ao facto de o mesmo ser atribuído a um órgão da Administração desconcentrada e periférica do Estado, cuja legitimidade sempre será problemática no confronto com o órgão autárquico cuja omissão se colmata. Com efeito, seria melhor que o poder de substituição pertencesse ao membro do Governo responsável pela área do ordenamento do território. Em qualquer caso, da decisão do presidente da comissão de coordenação e desenvolvimento regional sempre caberá recurso hierárquico (CPA, artigo 166.º).

6.3.4. O embargo ou demolição são levadas a cabo pelo particular, sendo possível execução coerciva mediante posse administrativa para o efeito (RJUE, artigo 107.º).

7. A EXECUÇÃO DOS PLANOS TERRITORIAIS

7.1. ASPECTOS GERAIS

Os planos territoriais – e falamos agora particularmente daqueles que revestem uma natureza efectivamente conformadora do território e não meramente directiva, caso dos planos municipais – detêm uma vocação para a execução[185]. Por execução, referimo-nos tanto à implementação propriamente dita das soluções de planeamento (execução

---

do terreno em quaisquer operações urbanísticas desconformes com o disposto em plano municipal ou plano especial, sempre que não se mostre assegurada pelo município a adopção das referidas medidas de tutela da legalidade urbanística".

[183] O poder de substituição não deve ser confundido com tutela substitutiva, já que não está em causa a intervenção do Estado na prossecução de atribuições dos municípios, mas antes a prossecução pelo Estado de atribuições suas, através de poderes próprios. Para a distinção entre tutela substitutiva e poder de substituição, cfr. Paulo Otero, *O Poder de Substituição...*, II, *passim*.

[184] Cfr. *supra*, 2.3.

[185] Cfr. FERNANDO ALVES CORREIA, *Manual de Direito do Urbanismo*, II, Almedina, Coimbra, 2010, p. 17 segs.

material) como à repartição ou compensação das vantagens e desvantagens que dessas soluções decorrem para os particulares (execução jurídica)[186].

No que toca aos planos municipais, a respectiva execução encontra-se expressamente regulada pelos artigos 16.º e seguintes da LB-POTU e pelos artigos 118.º e seguintes do RJIGT. Pode dizer-se no entanto que, no âmbito do RJIGT, a execução dos planos municipais se inicia decisivamente ao nível do seu próprio conteúdo. Com efeito, com a clara intenção de prevenir situações de não execução, o RJIGT prescreveu, ao nível do conteúdo obrigatório dos planos municipais, menções relativas à respectiva execução, daí resultando inclusivamente que as opções fundamentais nesta sede devem constar desde logo dos próprios planos[187].

---

[186] Para a distinção entre execução material e execução jurídica, cfr. FERNANDA PAULA OLIVEIRA, *A Discricionariedade de Planeamento...*, p. 435.

[187] Assim e no que toca aos PDM, estabelece a alínea *m)* do n.º 1 do artigo 85.º deverem os mesmos definir "a programação da execução das opções de ordenamento estabelecidas", estabelecendo a precedente alínea *l)* o imperativo de definição de "unidades operativas de planeamento e gestão para efeitos de programação da execução do plano, estabelecendo para cada um das mesmas os respectivos objectivos, bem como os termos de referência para a necessária elaboração de planos de urbanização e de pormenor". A alínea *s)*, por seu turno, determina que os PDM devem definir "os critérios de perequação compensatória de benefícios e encargos decorrentes da gestão urbanística a concretizar nos instrumentos de planeamento previstos nas unidades operativas de planeamento e gestão". Se assim é quanto ao conteúdo material do PDM, quanto ao conteúdo documental, prescreve o artigo 86.º, n.º 2, alínea *d)* dever o mesmo ser acompanhado por um "programa de execução, contendo designadamente disposições indicativas sobre a execução das intervenções municipais previstas, bem como sobre os meios de financiamento das mesmas".

No que toca aos PU, os mesmos devem, quanto ao seu conteúdo material, incluir "a delimitação e os objectivos das unidades ou subunidades operativas de planeamento e gestão e a estruturação das acções de perequação compensatória", bem como "a identificação dos sistemas de execução do plano" (artigo 88.º, alínea *j)*). Devem ainda ser acompanhados de programa de execução (artigo 89.º, n.º 2, alínea *c)*).

Também no que toca ao conteúdo material dos PP se impõe "a identificação dos sistemas de execução" e a "estruturação das acções de perequação compensatória", acrescendo aqui o imperativo de "programação dos investimentos públicos associados, bem como a sua articulação com os investimentos privados" (artigo 91.º, n.º 1, alíneas *j)* e *l)*). Em sede de conteúdo documental, é exigido um "programa de execução das acções previstas e respectivo plano de financiamento" (artigo 92.º, n.º 2, alínea *d)*).

7.2. Princípios

7.2.1. A execução das soluções constantes dos planos municipais passa por actividades de programação e, bem assim, pela distribuição de responsabilidades entre diferentes entidades públicas e privadas – trata-se, pois, de uma execução programada e coordenada.

Do artigo 16.º da LBPOTU e do artigo 118.º do RJIGT inferem-se dois princípios gerais ao nível da distribuição de responsabilidades entre diferentes entidades: a *responsabilidade municipal pela execução* e o *dever de colaboração dos particulares*.

No que toca à *responsabilidade municipal pela execução* – um afloramento da ideia de planeamento territorial como tarefa pública[188] – infere-se essa do n.º 1 do mencionado artigo 118.º do RJIGT, em cujos termos "o município promove a execução coordenada e programada do planeamento territorial, com a colaboração das entidades públicas e privadas, procedendo à realização das infra-estruturas e dos equipamentos de acordo com o interesse público, os objectivos e as prioridades estabelecidas nos planos municipais de ordenamento do território".

O *dever de colaboração* dos particulares resulta dos n.ºs. 2 e 3 do artigo 118.º, traduzindo-se, quer num *dever de concretização e adaptação às metas e prioridades estabelecidas no plano* (n.º 2), quer num *dever de participação no financiamento dos sistemas gerais de infra-estruturas e equipamentos públicos municipais e intermunicipais* (n.º 3). Deve dizer-se que estes deveres pedem concretização em normas que determinem as específicas obrigações a que os particulares se encontram obrigados no seu âmbito e que geralmente se encontram conexas com o controlo prévio favorável de operações urbanísticas.

7.2.2. As actuações das entidades públicas e privadas ao nível da execução dos planos podem, nos termos do artigo 17.º da LBPOTU e do artigo 121.º do RJIGT, ser enquadradas por programas de acção territorial, os quais revestem natureza contratual, articulando as actuações daquelas mesmas entidades e ordenando-as no tempo[189]. Nos termos do n.º 2 do mencionado

---

[188] Cfr. *supra*, 2.3.

[189] Na síntese de Jorge Alves Correia, "os Programas de Acção Territorial, tal como foram concebidos pelo nosso legislador, comungam de duas características essenciais: uma de *natureza contratual*, na medida em que unem, pela via contratual, uma multiplicidade de sujeitos (públicos e privados) na execução dos planos; e outra de *índole temporal*, na

artigo 121.º, os programas de acção territorial "têm por base um diagnóstico das tendências de transformação das áreas a que se referem, definem os objectivos a atingir no período da sua vigência, especificam as acções a realizar pelas entidades neles interessadas e estabelecem o escalonamento temporal dos investimentos neles previstos".

7.2.3. Outro princípio aplicável à execução dos planos é o princípio da conexão entre essa e a política dos solos, cujos meios e instrumentos devem também prosseguir os fins prescritos naqueles[190]. O mesmo princípio decorre do artigo 16.º, n.º 2, da LBPOTU, em cujos termos "para a execução coordenada e programada dos instrumentos de planeamento territorial, os meios de política dos solos a estabelecer na lei devem contemplar, nomeadamente, modos de aquisição ou disponibilização de terrenos, mecanismos de transformação fundiária e formas de parceria ou contratualização, que incentivem a concertação dos diversos interesses".

7.2.4. Quanto aos meios envolvidos na execução dos planos, vigora o princípio da legalidade quando se trate de actuações administrativas. Tal é confirmado pelo artigo 118.º, n.º 1, *in fine*, o qual cinge a execução aos "meios previstos na lei".

7.3. SISTEMAS DE EXECUÇÃO

7.3.1. Os sistemas de execução são os definidos pelos planos municipais – em regra pelos PU e pelos PP (RJIGT, artigos 88.º, alínea *j)* e 91.º, alínea *j)*) –, decorrendo da lei uma preferência por uma execução sistemática, isto é, por uma execução promovida no âmbito de sistemas de execução – entre os quais se contam o *sistema de compensação*, o *sistema de cooperação* e o *sistema de imposição administrativa* (RJIGT, artigos 122.º e seguintes) – e assim não traduzida num conjunto disperso de operações urbanísticas. Tal no que diz respeito aos solos cuja urbanização seja possível programar[191].

---

medida em que graduam os tempos de actuação das intervenções urbanísticas previstas para uma determinada área", cfr. *Contratos Urbanísticos – Concertação, Contratação e Neocontratualismo no Direito do Urbanismo*, Almedina, Coimbra, 2009, p. 189.

[190] Cfr. FERNANDO ALVES CORREIA, *Manual de Direito do Urbanismo*, II, p. 24-25.

[191] FERNANDO ALVES CORREIA, exclui uma execução assistemática – isto é, levada a cabo através de operações urbanísticas avulsas – salvo nos casos de zonas urbanas con-

Qualquer um destes sistemas tem lugar dentro de uma específica unidade territorial – *unidade de execução*, assim denominada por precisamente se tratar de área sujeita a intervenção urbanística orientada à implementação de plano territorial, traduzida num conjunto de operações materiais e jurídicas[192].

Cada unidade de execução é delimitada pela câmara municipal, por iniciativa própria ou a requerimento dos interessados, podendo corresponder a uma unidade operativa de planeamento e gestão, à área abrangida por um PP ou a parte desta. Na falta de PP, a delimitação da unidade – a qual consiste na fixação em planta cadastral dos limites físicos da respectiva área com identificação dos prédios abrangidos – deve ser precedida de discussão pública em termos análogos aos previstos para o mesmo plano (RJIGT, artigos 119.º, n.º 2 e 120.º, n°s. 1, 3 e 4)[193].

Em qualquer dos casos, cada unidade de execução deve ser delimitada com o intuito de "assegurar um desenvolvimento urbano harmonioso e a justa repartição de benefícios e encargos pelos proprietários abrangidos, devendo integrar as áreas a afectar a espaços públicos ou equipamentos previstos nos planos de ordenamento" (RJIGT, artigo 120.º, n.º 4).

7.3.2. Os mencionados sistemas – de compensação, de cooperação e de imposição administrativa – distinguem-se entre si em razão da respon-

---

solidadas, cfr. *Manual de Direito do Urbanismo*, II, p. 83-84. FERNANDA PAULA OLIVEIRA adopta um entendimento menos exigente, que aqui seguimos, referindo-se apenas a uma preferência legal pela execução sistemática no que diz respeito aos solos cuja urbanização seja possível programar. Tal preferência justifica-se em uma execução sistemática ser a única que permite alcançar o objectivo de impedir a disseminação irregular de operações urbanísticas pelo território e, bem assim, o funcionamento dos mecanismos de perequação, a qual tem lugar entre os proprietários no âmbito de uma unidade de execução. Já no que diz respeito aos solos urbanizados, uma execução assistemática apresenta-se como regra, cfr. *A Discricionariedade de Planeamento...*, p. 437.

[192] Sobre unidades de execução, cfr. FERNANDO ALVES CORREIA, *Manual de Direito do Urbanismo*, II, p. 63 segs. e DULCE LOPES, *Planos de Pormenor, Unidades de Execução e Outras Figuras de Programação Urbanística em Portugal*, Direito Regional e Local, n.º 3, 2008, p. 8-17, p. 13 segs.

[193] Sobre as virtualidades das unidades de execução delimitadas à margem de PP, cfr. FERNANDA PAULA OLIVEIRA, *As Virtualidades das Unidades de Execução num Novo Modelo de Ocupação do Território: Alternativa aos Planos de Pormenor ou Outra Via de Concertação de Interesses no Direito do Urbanismo*, Direito Regional e Local, n.º 2, 2008, p. 17-31, p. 19 segs.

sabilidade pela iniciativa, pela programação e pela execução propriamente dita[194].

No sistema de compensação, previsto no artigo 122.º e adequado a intervenções urbanísticas admissíveis mas não prioritárias, os particulares participantes na unidade de execução – os quais assumem a iniciativa, a programação e a execução propriamente dita, sob controlo administrativo – ficam obrigados a prestar ao município compensação definida de acordo com as regras estabelecidas nos planos ou em regulamento municipal (n.º 1), sendo os respectivos direitos e obrigações definidos por contrato de urbanização (n.º 2) e cabendo-lhes proceder à perequação dos benefícios e encargos resultantes da execução (nºs. 3 e 4).

No sistema de cooperação, previsto no artigo 123.º e adequado a intervenções urbanísticas úteis ou desejáveis mas também não prioritárias, a iniciativa e a programação pertencem ao município, mas verifica-se subsequentemente, ao nível da execução propriamente dita, uma actuação coordenada do município e dos particulares (n.º 1). Os direitos e as obrigações das partes são definidos por contrato de urbanização (n.º 2). Este último pode revestir uma de duas modalidades: *a)* Contrato de urbanização entre os proprietários ou os promotores da intervenção urbanística, na sequência da iniciativa municipal; *b)* Contrato de urbanização entre o município, os proprietários ou os promotores da intervenção urbanística e, eventualmente, outras entidades interessadas na execução do plano.

No sistema de imposição administrativa, previsto no artigo 124.º e adequado a intervenções com prioridade absoluta, o município, ao qual cabe a iniciativa e programação, assume também a tarefa traduzida na execução propriamente dita (isto é, a tarefa de urbanizar), actuando directamente ou mediante concessão de urbanização (n.º 1). Neste último caso, o concessionário é necessariamente escolhido por concurso público (n.º 2 e 4)[195] e exerce, em nome próprio, os poderes de intervenção do concedente (n.º 3). Aplicam-se aos contratos de concessão de urbanização, com as necessárias adaptações, as disposições relativas à concessão de obras públicas[196].

---

[194] Cfr. FERNANDA PAULA OLIVEIRA, *Sistemas e Instrumentos de Execução dos Planos*, Almedina, Coimbra, 2002, p. 25 segs. e *A Discricionariedade de Planeamento...*, p. 438 segs.

[195] Problematizando a possibilidade de o concessionário se tratar de empresa municipal, cfr. FERNANDO ALVES CORREIA, *Manual de Direito do Urbanismo*, II, p. 77.

[196] A este respeito, cfr. ALEXANDRA LEITÃO, *A Contratualização no Domínio do Urbanismo*, *loc. cit.*, p. 20.

7.4. INSTRUMENTOS DE EXECUÇÃO

Os "instrumentos de execução dos planos" enumerados pelos artigos 126.º e seguintes do RJIGT correspondem fundamentalmente a um conjunto de meios – alguns correspondentes a institutos jurídicos de larga tradição – cuja potencial utilidade em sede de implementação dos planos territoriais determinou que fossem contemplados a este nível, associando-se-lhes um conjunto de regras específicas.

São esses:

a) O direito de preferência do município nas transmissões a título oneroso, entre particulares, de terrenos ou edifícios situados nas áreas do plano com execução programada (artigo 126.º, n.º 1), o qual pode ser exercido com a declaração de não aceitação do preço convencionado (n°s. 2, 3 e 4)[197]. Através deste instrumento, é admitido à Administração adquirir os solos que se revelem necessários à execução das soluções de planeamento cuja concretização se encontra a seu cargo;

b) A demolição de edifícios, a qual só pode ser autorizada quando: *a)* Seja necessária à execução de plano e, no caso de PP, se encontre expressamente prevista no mesmo[198]; *b)* Careçam dos requisitos de segurança e salubridade indispensáveis ao fim a que se destinam e a respectiva beneficiação ou reparação seja técnica ou economicamente inviável – ou seja, a destruição deve ser evitada no caso de o edifício ser recuperável[199] (artigo 127.º);

c) A expropriação de terrenos e edifícios quando se verifique "causa de utilidade pública da execução do plano", sendo de atentar a este último nível na enumeração exemplificativa constante do n.º 2 do artigo 128.º. De notar que nos termos do artigo 130.º, os proprietários podem exigir a expropriação quando se trate de terrenos

---

[197] Cfr. FERNANDO ALVES CORREIA, *Manual de Direito do Urbanismo*, II, p. 87 segs.

[198] Lendo assim o artigo 127.º, alínea *a)*, do RJIGT, a partir de uma articulação entre tal preceito e as disposições pertinentes do RJUE, cfr. FERNANDA PAULA OLIVEIRA, *Sistemas e Instrumentos de Execução...*, p. 40.

[199] Segundo FERNANDA PAULA OLIVEIRA, se a demolição estiver expressamente prevista em plano, deve ainda assim ser admissível *contra* o disposto no artigo 127.º, alínea *b)*, do RJIGT. Esta disposição terá pois carácter supletivo, aplicando-se apenas na ausência de previsão expressa em sentido contrário do plano, cfr. *Sistemas e Instrumentos de Execução...*, p. 40.G

necessários a regularização de estremas indispensável à realização do aproveitamento previsto em plano de pormenor;
d) A reestruturação da propriedade, quando a utilidade pública de execução do plano se verifique em relação a um conjunto de prédios de diversos proprietários (artigo 129.º). Nesse caso, pode o município promover o sistema de cooperação ou o sistema de imposição administrativa, bem como apresentar uma proposta de acordo para a estruturação da compropriedade sobre o ou os edifícios que substituírem os existentes (n.º 1). Subsequentemente, o mesmo município pode proceder à expropriação: *a)* se os proprietários não subscreverem o acordo proposto ou outro alternativo no prazo fixado; *b)* Se os mesmos não derem início às obras ou não as concluírem nos prazos fixados (n.º 2). Nestes casos, os edifícios reconstruídos ou remodelados ou os prédios sem construção serão alienados pela câmara municipal em hasta pública, tendo os anteriores proprietários direito de preferência nos termos do n.º 3;
e) O reparcelamento do solo urbano de acordo com as disposições do plano nos termos do artigo 131.º, segundo os critérios previstos no artigo 132.º e com os efeitos previstos no artigo 133.º, a saber: *a)* Constituição de lotes para construção ou de parcelas para urbanização; *b)* Substituição, com plena eficácia real, dos antigos terrenos pelos novos lotes ou parcelas; *c)* Transmissão para a câmara municipal, de pleno direito e livre de quaisquer ónus ou encargos, das parcelas de terrenos para espaços verdes públicos e de utilização colectiva, infra-estruturas e equipamentos públicos. Um outro efeito decorrente do reparcelamento é a obrigação de urbanizar a zona nos termos do artigo 134.º [200].

7.5. COMPENSAÇÃO

7.5.1. No quadro do princípio que, a partir do tratamento de ALVES CORREIA, se designa como *igualdade transcendente ao plano*, impõe-se a devida perequação compensatória dos benefícios e encargos dele decorrentes[201].

---

[200] Sobre o reparcelamento do solo urbano, cfr. FERNANDO ALVES CORREIA, *Manual de Direito do Urbanismo*, II, p. 105 segs.

[201] V. *supra*, 3.3.

Com efeito, a execução dos planos – tomada agora a expressão em sentido amplo – há-de envolver tal distribuição.

É o que resulta confirmado nos artigos 135.º e 136.º do RJIGT, os quais contemplam um direito à perequação, bem como um correspectivo dever de perequação. O artigo 137.º, por seu turno, consagra os objectivos da perequação. Curiosamente contemplam-se aí objectivos que transcendem a justa distribuição dos benefícios e encargos decorrentes do plano. Com efeito, para além da redistribuição das mais-valias atribuídas pelo plano aos proprietários (alínea *a)*) e da compensação de particulares nas situações em que tal se revele necessário (alínea *c)*, *in fine*), prevê-se, como objectivos mais ou menos conexos da perequação: a obtenção pelos municípios de meios financeiros adicionais para a realização de infra-estruturas urbanísticas e para o pagamento de indemnizações por expropriação (alínea *b)*); a disponibilização de terrenos e edifícios ao município para a implementação, instalação ou renovação de infra-estruturas, equipamentos e espaços urbanos de utilização colectiva (alínea *c)*); o estímulo de oferta de terrenos para urbanização e construção, evitando-se a retenção dos solos com fins especulativos (alínea *d)*); a eliminação das pressões e influências dos proprietários ou grupos para orientar as soluções do plano na direcção das suas intenções (alínea *e)*).

7.5.2. A perequação executa-se por recurso a certos mecanismos, os quais devem encontrar-se previstos nos planos com eficácia plurisubjectiva, sendo que a sua aplicação tem lugar no âmbito de planos de pormenor ou de unidade de execução delimitada nos termos anteriormente verificados (RJIGT, artigo 136.º).

Os artigos 138.º e seguintes do RJIGT contêm uma enumeração exemplificativa de mecanismos de perequação, os quais podem ser conjunta ou coordenadamente utilizados pelo município. São esses:

> *a)* O estabelecimento de um *índice médio de utilização*. Do que se trata essencialmente é da fixação de um direito abstracto de construir correspondente a uma edificabilidade média. Quando a edificabilidade do terreno for inferior à média, o proprietário deverá ser compensado quando pretenda urbanizar na forma prevista em regulamento municipal. Já quando a edificabilidade for superior à média, o proprietário deverá, aquando da emissão do alvará, ceder para o domínio privado do município uma área com a possibilidade

construtiva em excesso (artigo 139.º). Em alternativa à compensação dos proprietários prejudicados aquando da urbanização e à cedência de certa área pelos proprietários beneficiados, o plano pode admitir a compra e venda do índice médio de utilização entre uns e outros (artigo 140.º)

b) O estabelecimento de uma *área de cedência média*. Do que se trata aqui é de um mecanismo igualizador dos particulares na medida em que os mesmos se encontrem obrigados a ceder ao município certas parcelas de terreno aquando do descondicionamento de operação de loteamento – está-se pois perante uma técnica perequativa dos encargos e não dos benefícios[202]. Com efeito, fixando-se uma área de cedência média, o proprietário obrigado a uma área de cedência efectiva superior à área de cedência média deve ser compensado; já o proprietário obrigado a uma área de cedência efectiva inferior à área de cedência média terá de compensar o município (artigo 141.º);

c) A *repartição dos custos de urbanização*. Aqui, a igualização dos proprietários diferenciadamente tratados é obtida em virtude de a comparticipação nos custos de urbanização – incluídos os custos relativos às infra-estruturas gerais e locais – ser determinada, não apenas tendo em conta a superfície do lote ou parcela, mas também o tipo ou intensidade de aproveitamento urbanístico determinados pelas disposições dos planos (artigo 142.º).

De notar, com FERNANDA PAULA OLIVEIRA, que, ao nível dos mecanismos de perequação, se verifica um amplo espaço de discricionariedade deixado ao município, e que se traduz ora na escolha de um dos mecanismos mencionados, ora na sua conformação concreta, ora na sua utilização complementar, ora ainda na criação de mecanismos de perequação novos[203]. Ponto é que sejam prosseguidos os objectivos previstos no artigo 137.º e aos quais nos referimos anteriormente.

7.5.3. Cada unidade de execução pode estar associada a um fundo de compensação – gerido pela câmara municipal com a participação dos interes-

---

[202] Para a distinção entre técnicas perequativas dos benefícios e técnicas perequativas dos encargos, cfr. Jorge Carvalho / FERNANDA PAULA OLIVEIRA, *Perequação, Taxas e Cedências – Administração Urbanística em Portugal*, Almedina, Coimbra, 2003, p. 31 segs.

[203] Cfr. *A Discricionariedade de Planeamento*..., p. 445.

sados – com os objectivos previstos no artigo 125.º do RJIGT: *a)* Liquidar as compensações devidas pelos particulares e respectivos adicionais; *c)* Cobrar e depositar em instituição bancárias as quantias liquidadas; *d)* Liquidar e pagar as compensações devidas a terceiros.

7.5.4. Caso o efeito de igualização pretendido com os mecanismos de perequação não se mostre susceptível de ser prosseguido através dos mesmos, e se preencham os critérios de indemnizabilidade previstos no artigo 18.º da LBPOTU e no artigo 143.º do RJIGT[204], haverá lugar a dever de indemnização nos respectivos termos. Deste modo, este dever tem carácter simultaneamente *subsidiário* – relativamente aos mecanismos de perequação – e *excepcional* – dados os apertados critérios de indemnizabilidade consagrados[205].

---

[204] V. *supra*, 3.3.
[205] Neste último sentido, cfr. FERNANDA PAULA OLIVEIRA, *Sistemas e Instrumentos...*, p. 23.

DIREITO ADMINISTRATIVO DA RELIGIÃO

MIGUEL ASSIS RAIMUNDO

1. O DIREITO ADMINISTRATIVO DA RELIGIÃO

1.1. INTRODUÇÃO

a) Possibilidade e sentido de um direito administrativo da religião em Estado de direito democrático e laico

Vale a pena começar por sublinhar uma evidência: o fenómeno religioso tem ganho uma expressão significativa nos tempos mais recentes[1]. Não apenas como fenómeno social: a religião reassumiu o estatuto de *topos* político[2], e portanto, como não podia deixar de ser, reassumiu também o estatuto de questão jurídica[3].

A evolução histórica do direito sobre o fenómeno religioso em Portugal é expressiva. Mesmo concentrando a análise nos últimos dois séculos, passou-se por períodos de religião de Estado com mera tolerância de outras religiões (apenas para os cidadãos estrangeiros) e regalismo, ou seja, "união entre o trono e o altar", para uma postura de separação e mesmo combate ao

---

[1] GIUSEPPE DALLA TORRE, *Lezioni di Diritto Ecclesiastico*, 3ª ed., Torino: Giappichelli, 2007, 109.

[2] Assim, MATTHIAS MAHLMANN, "Religious Tolerance, Pluralist Society and the Neutrality of the State: The Federal Constitutional Court's Decision in the Headscarf Case", *The German Law Journal*, 4, (11), 2003, pp. 1099 ss., 1099; KARL-HEINZ LADEUR/INO AUGSBERG, "The Myth of the Neutral State: The relationship between state and religion in the face of new challenges", *The German Law Journal*, 8, (2), 2007, pp. 143 ss., 143.

[3] JORGE BACELAR GOUVEIA, "Religião e Estado de Direito - uma visão panorâmica", in AA/VV, *Estudos Jurídicos e Económicos em Homenagem ao Prof. Doutor António de Sousa Franco*, Vol. II, Lisboa: Faculdade de Direito da Universidade de Lisboa, 2006, pp. 429 ss., 431.

fenómeno religioso enquanto dimensão autónoma da esfera pública, passando a entender-se a religião como perniciosa, obscurantista, irracional (situação que, tendo raízes profundas no período monárquico, foi particularmente evidente a partir da instauração da I República, em 1910, que apontava para um modelo de actuação deliberada do Estado no sentido da *eliminação* da religião e particularmente da religião católica; passou-se depois a um novo modelo de separação com religião de Estado informal; actualmente temos um panorama normalizado de relações *separadas* mas *próximas* entre o Estado e as várias confissões religiosas, com a afirmação clara da liberdade religiosa no quadro de um Estado de Direito democrático e plural[4].

É neste contexto que se torna possível falar (em rigor, *voltar* a falar) de um direito da religião, e de um direito administrativo da religião, depois de

---

[4] A evolução das relações entre o Estado e a religião em Portugal não pode aqui ser desenvolvida. Limitamo-nos a fornecer algumas referências não exaustivas e de diferentes perspectivas: JORGE MIRANDA, "A Concordata e a ordem constitucional portuguesa", in AA/VV, *A Concordata de 1940 Portugal - Santa Sé*, Lisboa: Edições Didaskalia, 1993, pp. 67 ss.; JÓNATAS MACHADO, *Liberdade religiosa numa comunidade constitucional inclusiva. Dos direitos da verdade aos direitos dos cidadãos*, Studia Iuridica - 18, Coimbra: Coimbra Editora, 1996; JORGE MIRANDA, "A liberdade religiosa em Portugal e o anteprojecto de 1997", *Direito e Justiça*, (2), 1998, pp. 3 ss.; ANTÓNIO MARQUES DOS SANTOS, "Citoyens et fidéles dans les pays de l'Union Europeénne: rapport portugais", in AA/VV, *Cittadini e fedeli nei paesi dell'Unione Europea. Una doppia appartenenza alla prova della seccolarizzazione e della mondializzazione. Atti del Colloquio Università per Stranieri, Reggio Calabria 12-15 Novembre, 1998*, Bruxelas/Milão/Berlin: Bruylant/Giuffrè/Nomos Verlag, 1999, pp. 231 ss.; PAULO PULIDO ADRAGÃO, *A liberdade religiosa e o Estado*, Coimbra: Almedina, 2002; J. BACELAR GOUVEIA, "Religião e Estado de Direito...", cit.; VITALINO CANAS, "Os acordos religiosos ou a generalização da fórmula concordatária", in TRIBUNAL CONSTITUCIONAL *(coord.)*, *Estudos em memória do Conselheiro Luís Nunes de Almeida*, Coimbra: Coimbra Editora, 2007, pp. 281 ss.; MIGUEL NOGUEIRA DE BRITO, "Liberdade religiosa, liberdade da Igreja e relação entre o Estado e a Igreja: reflexões a partir da história constitucional portuguesa", in *Estudos em memória do Conselheiro Luís Nunes de Almeida*, cit., 2007, pp. 145 ss.; JOÃO SEABRA, *O Estado e a Igreja em Portugal no início do século XX. A lei da separação de 1911*, Cascais: Principia, 2009; ALEJANDRO TORRES GUTIÉRREZ, *El derecho de libertad religiosa en Portugal*, Madrid: Dykinson, 2010. São ainda fundamentais os acórdãos do Tribunal Constitucional n.º 423/87 (Monteiro Dinis), proc. 110/83, e n.º 174/93 (Alves Correia), proc. 322/88 (disponíveis em tribunalconstitucional.pt), particularmente a declaração de voto do Conselheiro JOSÉ DE SOUSA E BRITO neste último aresto. Para uma bibliografia mais completa, partindo da perspectiva constitucional, permitimo-nos remeter para JORGE MIRANDA/PEDRO GARCIA MARQUES, anotação ao art. 41º da CRP, em JORGE MIRANDA/RUI MEDEIROS, *Constituição Portuguesa Anotada*, Tomo I - *Introdução Geral. Preâmbulo. Artigos 1.º a 79.º*, 2ª ed., Coimbra: Coimbra Editora, 2010, 891-893.

décadas oscilando entre a indiferença, ou entre posições extremadas, com visões estritamente fideístas ou, no pólo oposto, de combate ao fenómeno religioso em geral (ou a alguma sua manifestação em particular); de parte a parte, com a hostilidade de um combate puramente ideológico, norteado por abstracções, preconceitos e instrumentalização da história e dos seus episódios, como se a história fosse obstáculo ou garantia fosse do que fosse. Como alguns já notaram, em todos os contextos onde este ambiente foi ou é promovido na discussão sobre a regulação jurídica do fenómeno religioso, o debate jus-científico subsequente é inevitavelmente empobrecido[5].

É claro que em poucas áreas jus-científicas como na do direito da religião se confirma aquele princípio epistemológico segundo o qual é impossível separar inteiramente sujeito e objecto; os que se ocupam do direito da religião são, eles próprios, pessoas que têm uma posição – e esta é uma área onde as posições normalmente são *fortes, e convictamente afirmadas* – sobre a procura de um sentido para a sua vida[6]. Há mesmo quem sustente que certos desenvolvimentos doutrinais ou jurisprudenciais na matéria são inteiramente explicáveis pela posição pessoal dos próprios operadores do direito sobre a religião[7], incluindo as suas

---

[5] Assim, GIUSEPPE CASUSCELLI, "Perché temere una disciplina della libertà religiosa conforme a Costituzione?", *Il Diritto Ecclesiastico*, CXVIII, (3-4), 2007, pp. 21 ss., passim, mais claramente a pp. 21 ss.

[6] Cf. já as certeiras considerações de JOSÉ JOAQUIM GOMES CANOTILHO, "Anotação ao acórdão nº 174/93 do Tribunal Constitucional", *Revista de Legislação e Jurisprudência*, ano 126º, (3832 a 3834), 1994, pp. 271-278, 271-272.

[7] No artigo clássico de RICHARD JOHN NEUHAUS, "A New Order of Religious Freedom", *George Washington Law Review*, 60, 1992, pp. 620 ss, o Autor comentava a teoria jurisprudencial e doutrinal que, iniciada a partir do acórdão *Everson c. Board of Education*, de 1947, do Supremo Tribunal Federal, ficou conhecida como a teoria da "wall of separation". Basicamente, a teoria é uma afirmação de que seria possível imputar aos "Founding Fathers" e aos "Framers" da Constituição de 1787 a defesa de uma separação estrita entre o Estado e a religião. Um dos elementos de suporte dessa tese era uma carta escrita por Thomas Jefferson a uma igreja – a *Danbury Baptist Association* – na qual Jefferson explicava o Primeiro Aditamento à Constituição (que contém a *establishment clause*) como pretendendo erigir "a wall of separation between church and State." Segundo Neuhaus, a teoria do Supremo Tribunal pode ser explicada com o sério embaraço da elite académica e da magistratura norte-americanas face aos fundamentos profundamente *religiosos* da Constituição de 1787 e mesmo do Primeiro Aditamento. Esse embaraço teria chegado ao ponto de construir uma teoria revisionista da história, atribuindo a um escrito privado de Jefferson um valor inusitado e anacrónico. Pode acompanhar-se este debate – que continua – e os seus reflexos em ANDREW M. KOPPELMAN, "Secular Purpose", *Virginia Law Review*, 88, 2002, pp. 87-166; PATRICK M. GARRY, "The Myth of Separation: America's Historical Experience

tomadas de posição "afectivas"[8]. Sem negar, obviamente, que a circunstância pessoal de cada um possa ter influência no tratamento científico de uma matéria, o tratamento pode, no entanto dizer-se *científico* (*só pode dizer-se científico*) se obedecer a certos cânones de procura de objectividade e de diálogo racional e razoável em busca da concretização dos valores do direito. Se os membros da comunidade científica colocarem as respectivas razões em debate e discussão, não há qualquer motivo para se considerar diminuída ou aumentada o valor do contributo em atenção à proveniência ateia ou religiosa (e dentro desta, as várias existentes), indiferente ou agnóstica, do seu autor.

Mas abordar um tal tema – o direito administrativo da religião – hoje, impõe colocar uma questão prévia: será sequer admissível autonomizar um ramo do Direito Administrativo especial cujas normas estejam relacionadas com a religião?

Essa questão prévia pode subdividir-se em duas interrogações diferentes, que por vezes se cruzam: (i) será possível a existência de um direito administrativo da religião num Estado laico, onde as esferas do religioso e do poder público são separadas?; e (ii) haverá campo de intervenção autónomo do direito administrativo, numa área, como é a da religião, onde a regulação existente assenta na previsão de "direitos de liberdade" – de consciência, de religião, de associação – que, portanto, apenas pediriam do Estado uma postura *de abstenção*?

Deve compreender-se, em primeiro lugar, que a pergunta colocada – será possível a existência de um direito administrativo da religião – realmente apenas se apresenta como questão *problemática* num Estado *laico*. Num contexto onde o Estado fosse confessional e lhe coubesse, por exemplo, a uniformização de todos os cultos religiosos e a proibição de cultos

---

with Church And State", *Hofstra Law Review*, 33, (2), 2004, pp. 475-500; KENT GREENAWALT, *Religion and the Constitution*, Vol. 1 - *Free Exercise and Fairness*, Princeton/Oxford: Princeton University Press, 2009 (reimpr. da ed. de 2006), 11 ss; IDEM, *Religion and the Constitution*, Vol. 2 - *Establishment and Fairness*, Princeton/Oxford: Princeton University Press, 2009 (reimpr. da ed. de 2008), 18 ss, particularmente 28 ss; RICHARD W. GARNETT, "Religious Liberty, Church Autonomy, and the Structure of Freedom", in JOHN WITTE JR./FRANK S. ALEXANDER, *Christianity and Human Rights: An Introduction*: Cambridge University Press, 2010, pp. 226-238, disponível em http://ssrn.com/paper=1585191.

[8] Assim, a propósito dos casos decididos pelo Tribunal Constitucional em matéria de ensino religioso na escola pública, afirmando que essa jurisprudência se revelou "ainda muito condicionada, do ponto de vista afectivo, pelos dados fácticos e normativos do sistema tradicional", veja-se J. MACHADO, *Liberdade religiosa...* cit., 379.

divergentes daquele que fosse publicamente apoiado, não haveria a mínima dúvida sobre a pertinência de um direito administrativo da religião e sobre a existência de uma parte da administração pública que estaria dedicada a essa tarefa. Um direito administrativo da religião seria, em tal contexto, algo de completamente natural, pois nesse contexto a união entre os fins públicos e o fenómeno religioso estaria claramente assumida. Porém, esta conclusão é inquietante: ela leva a inquirir se será possível haver normas de direito administrativo sobre o fenómeno religioso sem estarmos perante um Estado que programe as escolhas religiosas dos seus cidadãos e/ou que interfira de forma desmedida na actuação das confissões religiosas.

Assim, a pergunta que acima fazemos encontra a sua justificação na circunstância de sabermos que, no quadro civilizacional no qual nos inserimos, a religião e o Estado existem e funcionam em *esferas diferenciadas*. Isto é, a pergunta impõe-se porque o modelo de relação entre Estado (*lato sensu*, incluindo todos os poderes públicos) e religião, em Estado de Direito democrático de matriz ocidental, como o nosso, é um modelo de *autonomia* e de *separação*.

Por consequência, se o direito administrativo é aquele conjunto de normas jurídicas que se reporta ao exercício da função administrativa, e se esta consiste na satisfação das necessidades colectivas, *para compreender a possibilidade e a existência de um direito administrativo da religião, é preciso dar o passo de qualificar o fenómeno religioso como algo que está de algum modo relacionado com a satisfação das necessidades colectivas*, e que dessa forma *interesse* ao Estado – no sentido de ser um interesse que de acordo com o direito o Estado está obrigado a considerar e a prosseguir.

Adiantamos já aquilo que em nosso entender permite, de forma simples, compreender e justificar essa ligação. O direito administrativo da religião existe porque (i) a boa ordenação jurídica da sociedade pressupõe e exige um regime adequado para o exercício da liberdade religiosa; e (ii) a tradição dos ordenamentos de tipo ocidental nos quais nos filiamos e as próprias opções essenciais da comunidade política nacional inculcam a ideia de que *um regime adequado para o exercício da liberdade religiosa não dispensa a intervenção, tanto activa/positiva como passiva/negativa, das entidades públicas ou de entidades a elas equiparadas*.

Com efeito, o âmbito das matérias de que o direito se ocupa está, até certo ponto, excluído de uma decisão voluntarista, antes se apresentando em muitos casos como um simples reconhecimento da realidade:

certa matéria deve ser regulada pelo direito porque ela se apresenta como situação social carecida de regulação. Os Estados são obrigados a *tomar os cidadãos como os encontram*, na expressão feliz de Kent Greenawalt[9]. Se é assim, então isso significa que têm de tomar como um *dado* a *pertença religiosa de uma boa parte dos cidadãos*, pois o que a história e a cultura revelam é que "a religiosidade é parte integrante da humanidade"[10], "um fenómeno social incontornável"[11], de dimensão verdadeiramente global[12]. De tal forma assim é que pode formular-se uma aparente contradição: "[j]uridicamente, Deus existe, e contudo, não existe (...)"[13]: porque existem os fiéis, para os quais Deus existe; e os fiéis, por serem pessoas, merecem tutela. As comunidades religiosas são deste mundo e actuam neste mundo, por muito que a sua referência não seja (só) este mundo – e daí a necessidade da sua regulação[14].

Isto não significa, obviamente, que as relações entre o direito e o fenómeno religioso sejam de inteira coincidência. Seguindo a análise de Bacelar Gouveia, tanto encontramos casos de *coincidência*, de *indiferença* ou de *conflito* entre as esferas normativas do direito e da religião[15]. Quer isto dizer que há normas *comuns* ao direito e à religião; há, por outro lado, áreas nas quais as duas esferas não intervêm simultaneamente (que são portanto áreas de indiferença); e há normas jurídicas *contrárias* a normas religiosas, correspondentes às situações de confronto que podem colocar o "cidadão"

---

[9] K. GREENAWALT, *Religion and the Constitution, 1*, cit., 184: "States must take citizens as they find them". O Autor faz essa afirmação a propósito das normas sobre actividades económicas, que obrigam a respeitar o domingo como dia de descanso semanal: também aí, estamos perante uma norma jurídico-pública que se limita a recolher aquilo que é a prática da maioria sociológica. Como explica o Autor, em nota, se a ideia é assegurar a toda a sociedade um dia de descanso semanal, estranho seria que ele não fosse o dia no qual a maioria dos cidadãos observa esse descanso. Em particular no caso português, referindo que no caso dos feriados religiosos a tradição católica se confunde com as próprias tradições e cultura nacionais, veja-se V. CANAS, "Os acordos religiosos...", cit., 283; ANDRÉ FOLQUE, "Portugal a caminho da liberdade religiosa", *Forum Canonicum*, **IV**, (1-2), 2009, pp. 271 ss., 274.

[10] J. BACELAR GOUVEIA, "Religião e Estado de Direito...", cit., 430.

[11] V. CANAS, "Os acordos religiosos...", cit., 281.

[12] BRIAN M. AWE, "Religion in the EU: Using Modified Public Reason to Define European Human Rights", *The German Law Journal*, **10**, (11), 2009, pp. 1439 ss., 1442.

[13] A. FOLQUE, "Portugal a caminho da liberdade religiosa", cit., 271.

[14] HANS MICHAEL HEINIG, "Law on Churches and Religion in the European Legal Area – Through German Glasses", *The German Law Journal*, **8**, (6), 2007, pp. 563 ss., 566.

[15] J. BACELAR GOUVEIA, "Religião e Estado de Direito...", cit., 432-433.

em conflito com o "crente"[16]. Isto é, o direito tem de tomar a pertença religiosa das pessoas como um dado, mas isso não significa que não possa e em alguns casos não *deva* influir sobre o modo como essa pertença se projecta na vida em sociedade. Se se vir bem, é mesmo isso que terá necessariamente de acontecer: o direito visa compor, de forma justa, as situações sociais. Para que tal aconteça, é preciso conciliar interesses de naturezas diferentes: isso implica *sempre* conciliar as dimensões juridicamente relevantes do religioso com outras esferas da convivência social, e nos Estados de Direito onde seja admitido o pluralismo religioso, implica mesmo conciliar entre si *diferentes manifestações* do fenómeno religioso. Dessa conciliação não ficam de fora as entidades administrativas e equiparadas, que têm a seu cabo a satisfação de necessidades colectivas: na educação, na actividade de polícia, no ordenamento do território e no urbanismo, na prestação de cuidados de saúde e na protecção da saúde pública, nas forças armadas e noutras esferas de intervenção da administração pública, levantam-se questões de intersecção com a religião que apresentam relevância jurídica. A liberdade religiosa exige do poder político a criação de condições mínimas e a remoção de obstáculos (sociais, culturais, económicos) a fim de permitir a cada crente o desenvolvimento e expressão da sua dimensão religiosa; exige a realização de tarefas e não apenas a abstenção de violar a liberdade religiosa[17].

Deste modo, o direito administrativo da religião surge-nos como uma decorrência do próprio pluralismo do Estado de Direito e da sua específica concepção de liberdade. Não há à partida uma relação de causa-efeito entre direito administrativo da religião e violação do princípio da separação igrejas-Estado, *se e enquanto o direito administrativo da religião consagrar soluções ao serviço da liberdade religiosa e do interesse público*. O carácter das normas estatais sobre religião alterou-se manifestamente, ao longo da história: de um conjunto de normas jurídicas destinadas a assegurar a coincidência entre *cives* e *fides* (como em teocracia ou confessionalismo de Estado) ou a assegurar que a esfera do religioso ficava sob a tutela do poder

---

[16] J. BACELAR GOUVEIA, "Religião e Estado de Direito...", cit., 433.

[17] JOSÉ JOAQUIM GOMES CANOTILHO/JÓNATAS MACHADO, "Bens culturais, propriedade privada e liberdade religiosa", *Revista do Ministério Público*, **ano 16º**, (64), 1995, pp. 11--38, 26 e nota; ANDRÉ FOLQUE, "Estado de direito e ordens religiosas", *Brotéria*, **162**, 2006, pp. 165-184, 184; A. FOLQUE, "Portugal a caminho da liberdade religiosa", cit., 272. No direito comparado, no mesmo sentido, G. CASUSCELLI, "Perché temere una disciplina...", cit., 28.

público (como em períodos de regalismo ou jurisdicionalismo[18]), passou a ser um conjunto de normas destinadas a assegurar, precisamente, que *não existe obrigação de coincidência entre cidadania e pertença a uma confissão* (o que decorre do princípio da separação igrejas-estado); que são criadas as condições para que a identidade religiosa seja, ou *possa ser*, assumida como algo de pessoal e individual, sem coacção vinda do exterior[19] – seja esse "exterior" o próprio poder público, sejam os outros particulares[20]; e que a liberdade religiosa tenha *condições materiais e imateriais de efectivação* na sociedade. Na síntese feliz de Pierluigi Consorti, o direito que o Estado produz sobre a religião só pode ser, hoje em dia, um direito sobre a *liberdade* de religião[21]. É esta, no fundo, uma das consequências da valorização do *sujeito* que a idade moderna trouxe[22]; o direito sobre a religião tem como referência central a liberdade, ao invés de ter por referência central, por exemplo, uma qualquer tomada de posição sobre a questão de saber se as pessoas devem ou não ter uma religião, e qual.

Por outras palavras, o direito administrativo da religião torna-se necessário porquanto *o assegurar da liberdade religiosa não se basta com uma qualquer hipotética postura de "indiferença" do Estado face a esse domínio da vida das pessoas*. O Estado tem de regular os aspectos relevan-

---

[18] Sobre estes conceitos, cf. as referências citadas acima, na nota (4).

[19] Concebendo a liberdade religiosa como "imunidade de coacção" para dar a Deus culto segundo a própria consciência, MYRIAM CORTÉS DIÉGUEZ, "Del Concilio Vaticano II a la Ley Orgánica de Libertad Religiosa. La evolución del derecho a la libertad religiosa en España", *Revista Española de Derecho Canónico*, 63, 2006, pp. 229-253, 246.

[20] Obrigando o poder público a actuar de forma suficiente e decisiva na protecção da liberdade religiosa perante ameaças privadas a essa liberdade, sob pena de o próprio Estado se constituir na violação de direitos fundamentais – assim (com referência a um caso, julgado pelo TEDH, de sucessivos actos de violência religiosa na Geórgia, não acompanhados de adequada investigação policial e punição criminal), IAN LEIGH, "New trends in religious liberty and the European Court of Human Rights", *Ecclesiastical Law Journal*, 12, (3), 2010, pp. 266-279, 267-268. Está em causa aquilo a que PAULO OTERO, *Instituições Políticas e Constitucionais*, Vol. I, Coimbra: Almedina, 2007, 536, chama a "função de protecção perante terceiros" atribuída ao Estado em sede de direitos fundamentais: o aparelho de poder público deve funcionar de modo efectivo na defesa desses direitos. Veja-se, para um correcto acolhimento deste entendimento na jurisprudência nacional, RPt 19-02-2008 (Carlos Moreira), proc. 726795, disponível em www.dgsi.pt, tal como os demais acórdãos sem indicação de fonte.

[21] PIERLUIGI CONSORTI, *Diritto e religione*, 2ª ed., Roma-Bari: Laterza, 2010.

[22] Em sentido próximo, K.-H. LADEUR/I. AUGSBERG, "The Myth of the Neutral State…", cit., 144-145.

tes da convivência social que se relacionam com o fenómeno religioso[23]; e alguns desses aspectos, por estarem ligados ao exercício da função administrativa e exigirem a intervenção de entidades administrativas, são do universo jurídico-administrativo.

É certo que, fazendo um exercício de pensamento, poderíamos pensar que num Estado laico, houvesse uma única norma a regular as relações entre o Estado e os seus membros a propósito da religião. Essa única norma seria: *o Estado nada tem que ver com a religião*. Esse tipo de postura é evidenciado em algumas tomadas de posição, mesmo contemporâneas, conquanto marginais, sobre o fenómeno religioso[24].

O problema, contudo, insista-se, é que a complexidade do tema exige, *mesmo num quadro de separação e aconfessionalidade do Estado*, um conjunto de regras jurídicas que assegurem, a propósito desta ou daquela área de intervenção claramente pública, as condições de exercício da liberdade religiosa e a conciliação entre essa liberdade e outros bens protegidos pelo ordenamento.

O constituinte espanhol conseguiu uma boa síntese deste paradoxo aparente, ao dispor que "[o]s poderes públicos terão em conta as crenças religiosas da sociedade espanhola (...)" (art. 16/3 Constituição espanhola), que é como quem diz: não basta, para que os poderes públicos cumpram a sua missão, que eles *ignorem* as crenças religiosas da sociedade espanhola, que lhes sejam indiferentes: é preciso que as *tenham em conta*, nas implicações práticas que tais crenças têm: na educação, no casamento, no trabalho, no urbanismo, em situações de fragilidade, como na doença, e até quando tudo acaba, isto é, na morte. Por isso, o mesmo art. 16º/3 da Constituição espanhola continua dizendo: "(...) e manterão as *consequentes relações de cooperação* com a Igreja Católica e as demais confissões" – ou seja, na narrativa constitucional espanhola, o dever de ter em conta implica

---

[23] Neste sentido, OTHON MORENO DE MEDEIROS ALVES, *Liberdade religiosa institucional: direitos humanos, direito privado e espaço jurídico multicultural*, Fortaleza-Ceará: Fundação Konrad Adenauer, 2008, 64.

[24] De acordo com as quais, por exemplo, a laicidade do Estado deveria levar a prescindir de uma Lei da Liberdade Religiosa que concretizasse de forma positiva direitos emergentes da liberdade religiosa, e de uma Comissão da Liberdade Religiosa. Tais medidas significariam um afastamento do princípio de base segundo o qual o Estado deve lidar com as confissões religiosas como lida com quaisquer outras associações de cidadãos. V. neste sentido a pronúncia da associação "República e Laicidade" sobre a Lei de Liberdade Religiosa, disponível em http://www.laicidade.org/documentacao/legislacao-portuguesa/portugal/republica-1974/posicao-da-rl-perante-a-llr-e-a-clr/.

(tem por consequência) relações de *cooperação*, não se bastando com uma postura de indiferença ou separação estrita[25].

Da mesma forma, a constituição belga, depois de garantir um ensino público neutro, esclarece que a própria neutralidade *implica o respeito pelas concepções filosóficas, ideológicas ou religiosas dos pais e dos alunos* (art. 24/§ 1º). Mas se a neutralidade implica o respeito pelas concepções religiosas, isso significa, logo aí, pelo menos, um dever de *conhecimento mínimo* dessas concepções e da sua transmissão aos estudantes: porque só se pode respeitar o que se conhece. É fácil ver que tudo isto tem relevância, por exemplo, ao nível da construção dos currículos escolares, matéria de intervenção pública por excelência, limitando a margem de livre decisão dos decisores públicos nessa construção.

Das considerações anteriores já resulta que não resiste a um exame atento a eventual pré-compreensão de que o direito administrativo pouco teria que ver com o fenómeno religioso, se este assenta sobre um direito de liberdade religiosa. Com efeito, poderia dizer-se, se a liberdade religiosa é concebida como um direito negativo, que apenas exigiria uma intervenção *de abstenção* por parte do aparelho administrativo, onde estaria o campo de intervenção das entidades administrativas, cujo objectivo é a prossecução do interesse público? Porém, como se viu, a incidência da liberdade religiosa exige múltiplas intervenções regulatórias, que se prendem com a necessidade de a conciliar com outros bens protegidos, e em alguns casos, *de promover activamente* a liberdade religiosa, bem como a tolerância, que segundo as concepções actuais, vai associada àquela liberdade. Diremos até que se alguma tendência se nota no tratamento da liberdade religiosa, é exactamente a da crescente relevância do direito administrativo, através da afirmação cada vez mais intensa de deveres de actuação positiva por parte do Estado na matéria, tendência que já foi notada na doutrina a propósito da jurisprudência do Tribunal Europeu dos Direitos do Homem sobre liberdade religiosa[26].

Tudo isto se torna ainda mais claro ao concretizar. Assim, as forças armadas são uma missão eminentemente pública, representando o exemplo acabado de uma função de satisfação de necessidades colectivas, no caso, a defesa nacional. E no entanto, os membros das forças armadas são pessoas, e isso, na experiência humana, significa que alguns deles encontram na pertença a uma religião a forma de estabelecer a sua ligação com o abso-

---

[25] Assim, M. Cortés Diéguez, "Del Concilio Vaticano II...", cit., 247.
[26] Desenvolvidamente, I. Leigh, "New trends...", cit., 267 e ss.

luto. Num Estado que não seja, ele próprio, intolerante face à religião, isso *exige* que se permita aos membros das forças armadas o exercício da liberdade religiosa, criando-se, portanto, as condições *práticas* da sua efectivação. As normas que o fazem são normas de direito administrativo: elas são modeladas em atenção à conciliação entre o interesse público no cumprimento da missão das forças armadas, que é parte da função administrativa, e o interesse dos concretos trabalhadores do Estado que exercem funções nessa área; a pessoa enquanto indivíduo é titular da liberdade religiosa, mas enquanto militar, é notório que não a pode desenvolver com a mesma ausência de peias de qualquer outro cidadão, em atenção à especificidade da organização militar[27]. Aquelas normas regulam um certo aspecto da relação entre os membros das forças armadas e o Estado que eles servem: o aspecto do *exercício da liberdade religiosa numa relação que está funcionalizada ao interesse público*. Contudo, e ao contrário do que poderia parecer, essa regulação pelo direito administrativo consegue-se *sem que isso viole o princípio da aconfessionalidade do Estado*.

O raciocínio acima feito para justificar a possibilidade de normas estatais sobre o fenómeno religioso não é, afinal, diferente daquele que norteia o regime de outros direitos fundamentais de liberdade. Há muitos outros casos nos quais o direito administrativo regula aspectos conexos com tais direitos, sem que se diga que isso representa uma *intromissão* ou uma *colonização* indevida da esfera individual. As pessoas têm direito à cidadania (art. 26º/1 CRP, art. 15º DUDH), mas a atribuição da cidadania é algo que tem repercussões significativas do ponto de vista da boa ordenação da comunidade (isto é, *é um problema relevante de interesse público*),o que dá origem à criação de entidades administrativas e procedimentos administrativos cuja missão é a de permitir o exercício desse direito nas condições constitucionais e legais. Da mesma maneira, as pessoas têm direito à liberdade de expressão e à liberdade de informar e ser informadas, mas dado que tais liberdades carecem de condições de implementação de natureza colectiva – por exemplo, a liberdade de *ser informado* depende da existência de *órgãos de informação* – o legislador constituinte prevê não só que exista uma regulação da comunicação social (art. 38º/4, 6 e 7 CRP) como impõe mesmo a existência de um *serviço público de televisão e de rádio* (art. 38º/5 CRP), cuja regulação é, nessa medida, província do direito administrativo.

---

[27] Assim, José Luis Martín Delpón, "Libertad religiosa y Fuerzas Armadas", *Revista Española de Derecho Canónico*, **62**, 2005, pp. 589-624, 590.

Os exemplos poderiam ser multiplicados, sempre chegando a esta conclusão: *não pode concluir-se, da simples existência de um direito administrativo da religião – e de uma administração pública da religião –, que ocorre uma violação do princípio da aconfessionalidade do Estado.* Apenas a feição concreta dessas regras jurídicas, isto é, *as matérias que elas regulam, e o modo como o fazem*, poderão permitir concluir, se for o caso, pelo desrespeito desse princípio. Por outro lado, também não seria correcto negar a relevância do direito administrativo na regulação do fenómeno religioso, dado que a complexidade dos problemas que o mesmo coloca na vida social exige uma intervenção significativa, por omissão e por acção, de entidades que têm a seu cargo o exercício da função administrativa. A actividade administrativa e as normas que a regem podem ter efeitos lesivos para os direitos fundamentais; e é por isso que o estudo detalhado do direito que regula essa actividade surge como um complemento necessário à afirmação desses direitos num nível elevado de generalidade e abstracção, característica do nível constitucional[28]. Com efeito, é ao nível do direito infra-constitucional que são feitas as operações de ponderação e concordância prática de direitos e valores concorrentes e de limitação das formas de exercício dos direitos fundamentais; é por isso a este nível que deve ser quotidianamente aplicado o *teste da proporcionalidade* à regulação jus-administrativa com incidência no fenómeno religioso[29].

Desta forma, acabamos por chegar a uma síntese que reconhece que a influência de um princípio de neutralidade na regulação sobre o fenómeno religioso deve ser adequadamente situada. Isso não significa que deve ser *eliminado* esse princípio, mas significa que a postura sobre ele só pode ser de um aprofundamento do seu significado, passando para além da abordagem superficial. Com efeito, se reconhecermos que o tipo de regulação oferecida pelo direito não prescinde nem pode prescindir de uma postura valorativa sobre aquilo que regula[30], e se reconhecermos também, como se acabou de fazer, que a boa ordenação da sociedade exige e implica que

---

[28] Neste sentido, J. J. Gomes Canotilho/J. Machado, "Bens culturais...", cit., 30.

[29] J. J. Gomes Canotilho/J. Machado, "Bens culturais...", cit., 30.

[30] Para a fundamentação desta afirmação, de diferentes perspectivas, veja-se, por exemplo, Arthur Kaufmann, "A problemática da filosofia do direito ao longo da história", in Arthur Kaufmann (Org.)/Winfried Hassemer (Org.), *Introdução à Filosofia do Direito e à Teoria do Direito Contemporâneas (trad. port.)*, Lisboa: Fundação Calouste Gulbenkian, 2002, pp. 57-208; Luís Pedro Pereira Coutinho, *A Autoridade Moral da Constituição. Da Fundamentação da Validade do Direito Constitucional*, Coimbra: Coimbra Editora, 2009.

o Estado regule juridicamente os aspectos que acima referimos, impõe-se concluir que ou o modelo ocidental de relação entre o Estado e as confissões religiosas *não é inteiramente neutro*, como alguns autores (não propriamente defensores de um regime de fusão igreja-Estado...) têm já sublinhado, ou, pelo menos, que *a neutralidade não significa bem aquilo que intuitivamente se poderia pensar*; não significa, seguramente, indiferença, nem separação absoluta[31].

Adoptando uma perspectiva de teoria dos sistemas, poderia representar-se a existência de diversos subsistemas sociais em presença, dos quais fariam parte os subsistemas religiosos. Tais subsistemas não só existem (e portanto, como se disse, *impõem* ao Estado o seu reconhecimento), como essa existência é susceptível de uma apreciação grandemente positiva, *mesmo considerando os fins do Estado*: a pertença religiosa significa, na esmagadora maioria dos casos, cidadãos conscientes, generosos, guiados por normas aceitáveis de conduta em sociedade. A questão, contudo, é que para que os direitos fundamentais possam continuar a ser exercidos num quadro geral de liberdade – isto é, livre de coacção externa decisiva – tem de existir uma intervenção arbitral que garanta que eventuais tendências *totalitárias* de um determinado subsistema social são, *hoc sensu*, neutralizadas. O poder público tem, por isso, um papel de promoção activa da tolerância entre diferentes grupos religiosos (e entre grupos religiosos e não religiosos); e além disso, não pode ter o papel de *eliminação do pluralismo religioso*: essa seria uma forma inadmissível de eliminar o conflito sobre a religião[32]. Assim, a neutralidade do Estado face à religião é descrita por alguns como um *símbolo de um processo contínuo de reprodução da neutralidade*[33], mais do que propriamente como uma realidade estática e acabada à qual se aspira.

---

[31] Sobre o tema, cf., v.g., JEAN-MARIE WOEHRLING, "Entre impossible neutralité et difficile pluralisme, un nécessaire retour au systéme de reconnaissance?", *Revue de Droit Canonique*, **54**, 2004, pp. 5-14; K.-H. LADEUR/I. AUGSBERG, "The Myth of the Neutral State...", cit..

[32] Assim, a propósito da jurisprudência do TEDH, veja-se I. LEIGH, "New trends...", cit., 267.

[33] K.-H. LADEUR/I. AUGSBERG, "The Myth of the Neutral State...", cit., 147. Fazendo a mesma observação sobre a liberdade religiosa, "conceito aberto" que "requer um contínuo e denodado esforço para os juristas", veja-se A. FOLQUE, "Portugal a caminho da liberdade religiosa", cit., 274.

b) Aproximação à noção de religião

i) A necessidade de aproximação

As considerações acima feitas permitem fundamentar o tratamento jurídico-administrativo do fenómeno religioso no quadro de um Estado de Direito.

As dificuldades crescem quando se procura encontrar o objecto dessas regras; ou, talvez melhor, quando se procura encontrar uma definição do objecto do direito administrativo da religião *que não seja, ela própria, uma tomada de posição inadmissível em termos de liberdade religiosa*, e que não deixe de fora do seu âmbito de abrangência realidades que deveriam nele estar contidas[34]. A interrogação pode contextualizar-se com o art. 3°/2 da lei da liberdade religiosa (lei n.º 16/2001, de 22 de junho doravante referida como LLR, que veda ao Estado a decisão sobre *questões religiosas*. Mas, poderá perguntar-se, ter uma definição de religião que norteie a aplicação de normas jurídicas estatais não será, precisamente, resolver *a questão religiosa por excelência*, que é a de saber *o que é religioso e o que não é*?

Com efeito, se a definição de religião estiver na base da construção de comandos normativos, isso torna de imediato manifesto o perigo de perfilhar uma concepção demasiado restritiva de religião. Ainda que tal concepção possa apresentar-se quase como auto-evidente e partilhada pela quase totalidade dos membros de uma comunidade, há que acautelar a possibilidade de ela deixar de fora algo de essencial que seja vivenciado por outros, de uma forma que ainda podemos designar como *religiosa*. Se a definição de religião se fizer a partir dos pressupostos *das concepções religiosas maioritárias*, isso coloca problemas no tratamento das minorias religiosas, o que contraria a elevada dimensão jus-fundamental da liberdade religiosa[35]. Nem sequer é preciso sair das grandes religiões tradicionais para comprovar esta asserção: assim, por exemplo, uma definição de religião que partisse da crença na exis-

---

[34] K.-H. LADEUR/I. AUGSBERG, "The Myth of the Neutral State...", cit., 143-144, sublinham o carácter problemático de qualquer definição estatal de religião, à luz do princípio da neutralidade em matéria religiosa; A. FOLQUE, "Portugal a caminho da liberdade religiosa", cit., 272, afirma que tal pretensão definitória pode mesmo sufocar a liberdade religiosa, mas reconhece que saber, com razoabilidade, o que é o sagrado e o profano é uma questão determinante. Cf. desenvolvidamente, a propósito do conceito constitucional de religião, J. MACHADO, *Liberdade religiosa...* cit., 210 e ss.

[35] J. MACHADO, *Liberdade religiosa...* cit., 211.

tência de um único Deus seria claramente inaceitável, pois excluiria todas as religiões não monoteístas. Mas mesmo se se alargasse o âmbito da definição para abranger a crença na existência de um deus ou deuses pessoais e criadores, ficariam excluídos o budismo, o taoísmo e o confucionismo (e porventura o hinduísmo), que sendo reconhecidas universalmente como religiões, não têm uma matriz teísta[36]. Mesmo uma simples referência a uma concepção de bem ou salvação individual pode apresentar-se como problemática, perante certos fenómenos[37]. Não faltam por isso posições que duvidam da própria *possibilidade* de definir juridicamente a religião[38], ou que recusam a atribuição de competência ao Estado para esse efeito[39].

No entanto, pensamos que na regulação pelo direito dos aspectos relevantes do religioso, e consequentemente também no *estudo* das relações entre o direito e a religião (tarefa que aqui empreendemos), é imprescindível ter uma noção daquilo que deve entender-se por esta segunda realidade[40]. Para múltiplos fins, a fronteira entre aquilo que é religioso e aquilo que não é representa a diferença entre a tutela ou a não tutela por parte do direito; para o dizer de forma mais rigorosa, a previsão, a *factispecies* de múltiplas normas jurídicas parte, implícita ou explicitamente, da existência de uma determinada realidade que seja possível reconduzir à esfera do religioso[41], ou, mais amplamente, da liberdade religiosa. Desta forma, porque o direito da religião (e por isso o direito administrativo da religião) se organiza com base na noção de religião, também o respectivo estudo não pode prescindir de uma tentativa de enquadramento dessa noção, ainda

---

[36] A evolução da noção de religião utilizada pelos tribunais ao longo do tempo ilustra este problema na perfeição; veja-se Silvio Ferrari, "Le régime des cultes reconnus en Italie (avec quelques références à l'Éspagne)", *Revue de Droit Canonique*, 54, 2004, pp. 151-162, 157, sobre o caso italiano; K. Greenawalt, *Religion and the Constitution, 1*, cit., 125 ss., particularmente 125-126, para a evolução norte-americana. V. também, em geral, J. Machado, *Liberdade religiosa...* cit., particularmente 210 ss.

[37] Exemplo comum na doutrina é o dos "cultos satânicos" – cf. J. Bacelar Gouveia, "Religião e Estado de Direito...", cit., 444.

[38] S. Ferrari, "Le régime des cultes reconnus en Italie...", cit., 157; A. Folque, "Portugal a caminho da liberdade religiosa", cit., 272.

[39] Neste sentido decidiu o TEDH, no acórdão *Manoussakis e outros c. Grécia*, de 26-09-1996.

[40] K. Greenawalt, *Religion and the Constitution, 1*, cit., 124, 137.

[41] J. Machado, *Liberdade religiosa...* cit., 208, sublinhando a necessidade de encontrar um conteúdo semântico adequado para o termo "religião" no plano constitucional, questão plenamente transponível para o nosso tema; J. Bacelar Gouveia, "Religião e Estado de Direito...", cit., 443; K. Greenawalt, *Religion and the Constitution, 1*, cit., 124.

que, como é natural, esse enquadramento possa ter de ser ajustado perante a concreta realidade do direito positivo que verse esta ou aquela matéria particular[42].

Assim, parece-nos essencial reconhecer que a construção de critérios de direito para a solução de casos concretos tem de admitir a possibilidade de uma definição do que é religioso. Não procede a crítica de que ao Estado não cabe fazer teologia – de facto, não cabe, mas quando o Estado decide se uma entidade é religiosa ou não para efeitos de a submeter ou não à aplicação de uma certa norma jurídica que só se aplica a entidades religiosas, terá de o fazer de acordo com algum critério[43]. É claro que este reconhecimento, digamos assim, de "natureza das coisas" não afasta os perigos que acima identificámos; mas se as coisas forem bem feitas, esse critério de definição do sentido do religioso não será propriamente teológico, mas sim o produto de uma interpretação correcta, pelo intérprete-aplicador, daquilo que é *o consenso social juridicamente aceitável, entendido de forma aberta (nomeadamente, aberta à possibilidade de entendimentos alternativos razoáveis), sobre o que é e não é religioso*[44] (e por isso saber o que é religioso exige sempre a *comparação* com outras manifestações do religioso[45]). Deixar o campo da definição do que é religioso à pura vontade dos indivíduos ou dos grupos (isto é, à auto-definição e auto-qualificação),

---

[42] NORMAN DOE, "Religions et droit au Royaume-Uni", *Revue de Droit Canonique*, **54**, 2004, pp. 193-208, 197, a propósito do direito inglês. De facto, não é de excluir que, atendendo à função concreta de cada norma e de cada problema específico, se possam admitir diferenças pontuais no que se entende por religião, ou motivos religiosos.

[43] Aliás é patente a contradição ínsita numa decisão como a do TEDH no acórdão *Manoussakis* já referido. Ao mesmo tempo que diz que aos Estados não cabe definir o que é religioso, o TEDH afirma que é suficiente para que seja considerado religioso "um grupo de crentes que se apoiem entre si com sinceridade". O que significa, pelo menos, que se não houver *um grupo*, ou se não for um grupo *de crentes*, ou ainda se *não se apoiarem entre si com sinceridade*, para o Tribunal, não há "religião". Ora, isso não é mais nem menos do que um conceito de religião. Por outro lado, nessa decisão, o TEDH aplicou o art. 9º da CEDH, que protege a liberdade religiosa – e não o 7º, o 8º ou o 10º, que falam de outras coisas. Por isso, a não ser que queiramos entrar no mundo do absurdo, "religião" tem um significado, e esse significado não é o mesmo que "consciência", ou "espiritualidade", ou "ideologia", ou "ética"...

[44] Em sentido coincidente, PEDRO MARIA PEDROSO, "Os acordos entre o Estado e as confissões religiosas", in AA/VV, *Liberdade Religiosa - Realidade e Perspectivas (actas das V jornadas de Direito Canónico)*, Lisboa: Universidade Católica Editora, 1998, pp. 73 ss., 75; A. FOLQUE, "Portugal a caminho da liberdade religiosa", cit., 274.

[45] A. FOLQUE, "Portugal a caminho da liberdade religiosa", cit., 272, 274.

só porque é *difícil* ou *delicado* definir a religião de acordo com parâmetros *juridicamente aceitáveis*, seria abdicar de uma construção do direito que simultaneamente tenha aderência à realidade e seja conforme com princípios de justiça[46]. Afinal, também é difícil definir o que é a vida – outra dessas coisas que a Constituição diz serem *invioláveis* (art. 24º/1 CRP), tal como a liberdade religiosa – mas não dizemos que está na disponibilidade de cada pessoa ou grupo dizer o que é ou não é uma vida humana para efeitos de tutela pelo direito.

Procuramos, desta forma, uma definição de religião que seja suficientemente flexível para abarcar um conjunto amplo de realidades (em atenção ao facto de no fenómeno religioso estarmos perante uma zona de marcada *liberdade* e portanto abertura) e que, por outro lado, seja suficientemente caracterizada para não abandonar a essência do fenómeno religioso tal como ele é consensualmente entendido.

ii) Os tópicos de aproximação

Assim, diremos que genericamente, a definição operativa de religião com a qual trabalharemos será a daquele conjunto de manifestações que traduzem essa particular *atitude do Homem face à experiência do sagrado*[47].

A experiência religiosa nasce da consciência da imperfeição ou da incompletude, da finitude, da contingência humana, numa palavra, da sua *limitação*[48]. Esta experiência é dada por muitas formas de limitação: a morte e a doença, mas também a consciência do homem quando, perante as suas próprias acções e os seus pensamentos, "se espanta, negativamente, erguendo, perplexo, a pergunta: como foi possível ter feito isso? – aí não era eu. Há, pois, o 'isso' em nós sem nós, de tal modo que fazemos a experiência do infra ou extra-pessoal em nós"[49]. A atitude religiosa surge quando, a partir desta

---

[46] Defendendo, contudo, que a referência à auto-imagem da confissão é o critério cimeiro, DIANA ZACHARIAS, "Protective Declarations Against Scientology as Unjustified Detriments to Freedom of Religion: A Comment on the Decision of the Federal Administrative Court of 15 December 2005", *The German Law Journal*, 7, (10), 2006, pp. 833 ss., 841, sublinhando a jurisprudência do Tribunal Administrativo federal nesse sentido.

[47] Sobre todo este ponto seguimos sobretudo a síntese recente dada por ANSELMO BORGES, *Religião e diálogo inter-religioso*, Coimbra: Imprensa da Universidade de Coimbra, 2010, 34 ss.

[48] A. BORGES, *Religião e diálogo inter-religioso*, cit., 34 ss.

[49] A. BORGES, *Religião e diálogo inter-religioso*, cit., 21.

consciência, "o homem transcende esse limite e articula um mundo simbólico de esperança de sentido último e salvação"[50]; *sentido último e esperança de salvação* são assim o essencial da noção de religião[51].

A *atitude* religiosa, por sua vez, apresenta-se como aquele "encontro vivencial com o sagrado e a acção correspondente ao homem determinado pelo sagrado"[52]. Tal encontro pressupõe, em primeiro lugar, uma referência à transcendência, àquilo que é absoluto, não limitado, e que sempre permanece velado, escondido, em última análise incognoscível. Mas também o reconhecimento de que essa transcendência está presente no mundo, é, assim, uma *imanência*. Nesse sentido, *dá-se a conhecer ao homem, interpela-o e atrai-o*[53]; mas atrai-o para algo mais do que essa imanência. A religião é mais do que uma sociedade espiritual[54], e por isso se destaca das chamadas mundividências seculares (como o marxismo ou o humanismo secular). Estas partilham a procura de um sentido para a vida, mas nem toda a resposta a essa procura é religiosa, podendo ser apenas secular. Estas realidades são tuteladas ("apenas") ao abrigo de outros direitos, em particular as liberdades de consciência, expressão, reunião e manifestação; assim tem de ser, para que a realidade religiosa não seja descaracterizada[55].

De alguma maneira, a experiência de um encontro com o sagrado, ao interpelar o homem, *pede* uma acção coerente com essa interpelação. Numa palavra, a interpelação pede uma *prática* religiosa: como nota James Frazer, uma crença sem prática não é uma religião, mas uma teologia[56]. Essa prática concretiza-se de modo particular naquilo que se chama o *culto*, que é o conjunto dos actos externos que expressam a referência ao transcendente[57].Numa das notas etimológicas possíveis e sublinhadas pela

---

[50] A. Borges, *Religião e diálogo inter-religioso*, cit., 18.
[51] A. Borges, *Religião e diálogo inter-religioso*, cit., 35.
[52] A. Borges, *Religião e diálogo inter-religioso*, cit., 36.
[53] A. Borges, *Religião e diálogo inter-religioso*, cit., 42-44.
[54] A. Folque, "Portugal a caminho da liberdade religiosa", cit., 271.
[55] J. Machado, *Liberdade religiosa...* cit., 218 ss; P. Pulido Adragão, *A liberdade religiosa...* cit., 408. No direito comparado, no mesmo sentido, veja-se, com exemplos, N. Doe, "Religions et droit au Royaume-Uni", cit., 197-198.
[56] Citado por Peter Stilwell, "Religião", in AA/VV, *Dicionário da História Religiosa de Portugal*, Lisboa: Círculo de Leitores/Centro de Estudos Religiosos da Universidade Católica Portuguesa, 2001, 101 ss., 101-102. No mesmo sentido essencial, P. M. Pedroso, "Os acordos...", cit., 74.
[57] Piero Bellini, "Confessioni religiose", in AA/VV, *Enciclopedia del Diritto*, vol. VIII, Milano: Giuffrè, 1961, pp. 926-928, 926.

tradição, religião (*religio*) opõe-se a *negligio*; a religião é uma acção, uma conduta "diligenter", como sublinhava Cícero, no cumprimento daquilo que é pedido pela relação com o sagrado[58]. Uma acção diligente que irrompe por todo o quotidiano: a dimensão ética e moral da religião "lembra que o agir do crente não se esgota na vida ritual, mas atinge todos os momentos da sua vida quotidiana"[59]. Por essa razão, os membros de uma religião são os *fiéis*; não porque o sejam *sempre*, mas porque assumem o compromisso de procurar sê-lo, e essa assunção é já uma forma de fidelidade. Não por acaso, um dos étimos propostos como origem da palavra "religião" (*religio*) é *relegere*, ou seja, voltar a ler, compreender, ser persistente – o que pressupõe fidelidade.

Enfim, *pertencer* a uma religião significa também partilhar com outros, no essencial, uma determinada e mesma atitude face ao sagrado. Como sublinharam já Lactâncio e S. Agostinho, a prática religiosa é uma prática interior *e exterior*, gerando, por isso, *comunhão*[60]/[61]. Assim se *religa* o crente à divindade, e também àqueles que partilham a mesma crença: temos, então, a compreensão do segundo étimo proposto para a palavra religião – *religare*. E como tem sido notado, independentemente de saber qual deles realmente deu origem a *religio*, é significativo que ambos os étimos propostos sublinhem aspectos reconhecidos como universais na religião. Como teremos oportunidade de ver, esta dimensão colectiva é fundamental, no reconhecimento do carácter religioso de determinadas manifestações. Para além disso, é na dimensão colectiva da religião, na sua capacidade de criar *coesão social*[62], que se encontra, para o bem e por vezes para o mal, uma das razões do interesse do poder público no fenómeno em apreço. Deve sublinhar-se, contudo, que a necessidade de ritos externos para a qualificação de um grupo como confissão religiosa não é isenta de controvérsia[63]; não pode esquecer-se uma prevenção genérica, que aqui se

---

[58] *Apud* P. Stilwell, "Religião", cit., 102.
[59] P. Stilwell, "Religião", cit., 104.
[60] P. Stilwell, "Religião", cit., 102.
[61] Não quer isto dizer que uma prática puramente individual seja desprovida de tutela: sê-lo-á enquanto liberdade de pensamento e de consciência, de expressão e de livre desenvolvimento da personalidade, mas não enquanto liberdade religiosa – assim, P. M. Pedroso, "Os acordos...", cit., 74.
[62] P. Stilwell, "Religião", cit., 104.
[63] S. Ferrari, "Le régime des cultes reconnus en Italie...", cit., 157-158, dando nota de posição do Conselho de Estado italiano no sentido de não se tratar de elemento "sine qua non".

repete: há que ter cuidado para que a referência aos ritos não corresponda à queda num modelo estereotípico de religião[64]; a liberdade religiosa é um direito com âmbito normativo alargado[65] e protegem-se, portanto, os comportamentos religiosos em todas as suas expressões, "mesmo as mais recentes e inconvencionais"[66].

1.2. DIREITO ADMINISTRATIVO DA RELIGIÃO: CONCEITO E LIMITES

a) Direito administrativo da religião: definição

Entendemos por direito administrativo da religião *o conjunto das regras e princípios jurídicos de direito administrativo que apresentam uma conexão específica com o fenómeno religioso.*
O fenómeno religioso é entendido aqui como o analisámos na secção precedente. E embora isso já resulte do que se escreveu até agora, vale a pena sublinhar que cabe dentro das preocupações do direito administrativo da religião também a regulação jurídica das *diversas posições possíveis* face a tal fenómeno. Recorde-se a observação de Consorti segundo a qual o direito administrativo da religião só pode ser, hoje, um direito da *liberdade de religião*, ou seja, há-de tratar não só das pessoas e das instituições que se assumem como religiosas, mas também daquelas que perante o sagrado assumem uma posição de indiferença ou mesmo de negação frontal; e no meio, também há-de proteger, pela via da acção e da omissão, *a liberdade individual e inalienável de escolher entre essas posturas*. A liberdade aqui em causa é uma liberdade de *crença ou não crença*, e por isso tanto são objecto de tutela as "respostas religiosas (de fé) como as respostas não religiosas ao sentido da vida", incluindo "a liberdade de nem sequer se colocar essa interrogação"[67].

---

[64] J. J. GOMES CANOTILHO/J. MACHADO, "Bens culturais...", cit., 22-23.
[65] J. J. GOMES CANOTILHO/J. MACHADO, "Bens culturais...", cit., 22.
[66] J. J. GOMES CANOTILHO/J. MACHADO, "Bens culturais...", cit., 22.
[67] M. CORTÉS DIÉGUEZ, "Del Concilio Vaticano II...", cit., 246. Na senda do art. 16º/1 da Constituição espanhola, a autora distingue, no quadro de uma geral "liberdade de crença", a "liberdade ideológica", que teria ínsita a liberdade de não crer e a de nem sequer se colocar a pergunta sobre o sagrado, a "liberdade religiosa", que tem o sentido mais restrito de liberdade de definir a crença religiosa sem coacção, e a "liberdade de culto", que será a liberdade de praticar externamente a religião.

O que acabamos de dizer é apenas uma consequência do facto de que o direito administrativo da religião não se liberta da tensão inerente ao fenómeno religioso, enquanto expressão histórica de um debate interno à pessoa. O direito administrativo é direito, e portanto, trata de coisas que são humanas. Não ignora, por isso, que é *delicado* e sempre *controverso* o caminho que as pessoas seguem na procura de um sentido para as suas vidas. Deste modo, o direito administrativo da religião não pode desconhecer esse debate interno do homem, que se traduz, na sua vida, em *questões de relação do indivíduo com a sociedade que precisam de ser reguladas pelo direito*.

Esse é, contudo, um debate que os Estados de Direito de tipo ocidental tratam, juridicamente, do ponto de vista da *liberdade*. Liberdade, primeiro que tudo, de *tomar uma posição individual sobre o fenómeno religioso*, quer ela seja de professar ou de não professar uma religião, e até liberdade de *não tomar qualquer posição* (já que dentro das atitudes possíveis em matéria de liberdade religiosa não pode deixar de caber a *indiferença* face ao fenómeno religioso).

O direito administrativo da religião, assim definido, precisa de ser destrinçado de alguns outros planos de corte do ordenamento jurídico que apresentam com ele pontos de contacto.

b) Direito administrativo da religião e direito constitucional da religião

A distinção entre direito administrativo da religião e direito constitucional da religião é, como se apreende facilmente, uma distinção de *fonte* das normas e particularmente de *hierarquia* de fontes.

De todo o modo, a distinção, assim claramente traçada, não pode ignorar que em países de constituições extensas e programáticas como é a portuguesa, é especialmente relevante a afirmação segundo a qual a Constituição acaba por conter princípios basilares de cada um dos ramos do direito[68]. A justificação da sua previsão a nível constitucional justifica-se porque além de relevantes para a autonomia dogmática dos ramos de direito aos quais pertencem, assumem "um significado político, identificam-se com as concepções dominantes acerca da vida colectiva, consubstanciam uma ideia de Direito"[69].

---

[68] Jorge Miranda, *Manual de Direito Constitucional*, tomo I - *Preliminares. O Estado e os sistemas constitucionais*, 8ª ed., Coimbra: Coimbra Editora, 2009, 17.
[69] J. Miranda, *Manual, I*, cit., 17.

Assim é, também, para o direito administrativo, com incidência também no direito administrativo da religião. Algumas das normas constitucionais que regulam o exercício da função administrativa dispõem expressamente sobre aspectos de relação com o fenómeno religioso – normas que vedam às autoridades públicas questionar as pessoas sobre as suas convicções religiosas (art. 41º/3 CRP), ou relativas à organização e modo de prestação de serviços públicos como o ensino, vedando o seu carácter confessional (art. 43º/3 CRP).

Tais regras assumem, por isso, uma dupla pertença: ao direito constitucional e ao direito administrativo da religião, sem que os dois planos se confundam. Quando muito, o que deverá dizer-se (sem grande novidade) é que algumas das normas do direito administrativo da religião (de acordo com a definição acima dada, isto é, normas de direito administrativo que apresentam uma conexão específica com o fenómeno religioso) são revestidas da força activa e passiva reconhecida às normas constitucionais (arts. 3º/3, 204º e 277º e ss. da CRP)[70].

c) Direito administrativo da religião, direito da religião, direito eclesiástico

Nem todo o direito produzido por órgãos estatais sobre o fenómeno religioso é direito administrativo. Com efeito, a par das normas de direito administrativo da religião, outras existem pertencentes a outros ramos do direito: as normas que regulam o matrimónio religioso (v.g., arts. 1588º e ss. CC) são normas de direito da família; as que consagram impedimentos à sucessão testamentária dos sacerdotes (art. 2194º CC) são normas de direito das sucessões; as que regulam o valor das sentenças dos tribunais eclesiásticos católicos no direito português (art. 16º da Concordata de 2004) são normas de direito processual e da organização judiciária (e provavelmente de direito internacional privado), e por aí adiante. Todas estas normas têm em comum entre si, por um lado, o facto de protegerem a especificidade da relevância jurídica do fenómeno religioso, nas suas dimensões individual e colectiva, e por outro o de estarem também dispostas

---

[70] O mesmo que se disse sobre as normas de direito constitucional que se reportam ao fenómeno religioso pode obviamente dizer-se, *mutatis mutandis*, sobre quaisquer normas sobre a mesma matéria que resultem de fontes de direito internacional e direito da União Europeia, que também prevalecem sobre o direito de fonte legal.

para prevenir a discriminação de pessoas ou grupos *por causa* do próprio fenómeno religioso[71]; mas não são normas de direito *administrativo*[72].

Assim, ao conjunto dessas normas jurídicas sobre o fenómeno religioso chamaremos direito da religião ou, preferencialmente, direito eclesiástico, pelas razões que adiante apontaremos.

O direito da religião ou direito eclesiástico é, sublinhe-se, direito "do Estado"[73]. Esta afirmação evita a confusão desta realidade com o direito canónico, que corresponde ao ordenamento jurídico próprio da Santa Sé, como se verá adiante, e em geral com quaisquer outros ordenamentos internos das diversas confissões religiosas. Por outro lado, a afirmação de que se trata de direito do Estado tem um significado particular, pois significa que se trata de regras que gozam das características do direito estatal: em particular, a susceptibilidade de execução coerciva e a aplicação de princípio a todas as religiões[74].

Para agrupar este conjunto de todas as normas jurídicas sobre o fenómeno religioso, o recurso à designação "direito eclesiástico" não é isento de observações[75]. Poder-se-á dizer que etimologicamente, a designação aponta para uma subsunção do *religioso* ao *eclesiástico,* ou seja, para uma identificação entre *religião* e *igreja(s)*, quando na realidade, há religiões que não se assumem como uma *igreja* no sentido clássico (budismo, confucionismo), sendo o termo "igreja" resultante de uma "mundialização", na linguagem jurídica, de uma categoria que começou por ser utilizada por *uma* igreja particular (a Igreja Católica Apostólica Romana) para se definir a si própria.

---

[71] MANUEL SATURINO GOMES, "Direito eclesiástico do Estado", in AA/VV, *O Direito Concordatário: natureza e finalidades - Actas das XV Jornadas de Direito Canónico e das I Jornadas Concordatárias. 23-24 de Abril de 2007*, Lisboa: Universidade Católica Editora, 2008, pp. 121 ss., 123.

[72] E por isso não serão abordadas no presente trabalho. Embora haja, aqui e ali, aspectos desses regimes que de algum modo têm conexões jus-administrativas – por exemplo, a atuação dos ministros de culto aquando da celebração de casamentos religiosos com efeitos civis, onde se substituem aos conservadores do registo civil, é sem dúvida um caso de exercício privado de funções públicas, colocando diversos problemas de direito administrativo. Contudo, o estudo dessa matéria é mais adequadamente feito, quer no contexto das obras de Direito da Família, quer no contexto de outro ramo do Direito Administrativo Especial: o Direito Administrativo dos Registos e Notariado (objecto de um capítulo autónomo do presente *Tratado*).

[73] P. CONSORTI, *Diritto e religione*, cit., 4.

[74] O. M. D. MEDEIROS ALVES, *Liberdade religiosa institucional...* cit., 64.

[75] Cf. sobre isto M. SATURINO GOMES, "Direito eclesiástico do Estado", cit., 125 ss; P. CONSORTI, *Diritto e religione*, cit., 3 ss.

Por outro lado, acrescenta-se, uma vez que aquilo que entendemos por direito eclesiástico acaba por ser, em muitos casos, como vimos, um direito *da liberdade de pertencer ou não pertencer a uma religião e/ou igreja*, seria desajustado definir a realidade global como referida à igreja ("ecclesia").

Por esses motivos, cada vez mais os autores, particularmente anglo-saxónicos, falam simplesmente em "direito e religião" (*law and religion*), difundindo-se também os equivalentes "direito da religião"[76] e "direito das religiões"[77] ou o ligeiramente diferente "direito das relações Igreja-Estado"[78]. No ordenamento jurídico português, em particular, encontramos até, de forma algo invulgar, uma positivação na lei das designações "direito das religiões" (art. 53º/1 da Lei de Liberdade Religiosa) e "direito das confissões religiosas" (art. 2º/1 do Decreto-Lei 308/2003, de 10 de Dezembro), em ambos os casos a propósito das competências da Comissão da Liberdade Religiosa.

Porém, em nosso entender, justifica-se a manutenção da expressão "direito eclesiástico", que encontra uma tradição muito significativa, e actualmente em franca recuperação, quer em Portugal[79], quer nos ordenamentos e nas doutrinas de países próximos do nosso (Espanha[80], Itália[81], Alemanha[82]), sendo crescente a sua utilização referida ao direito europeu[83].

---

[76] Com indicações, O. M. D. MEDEIROS ALVES, *Liberdade religiosa institucional...* cit., 63; P. CONSORTI, *Diritto e religione*, cit.. Em Portugal, falando em direito da religião, veja-se J. BACELAR GOUVEIA, "Religião e Estado de Direito...", cit., 433.

[77] JOSÉ EDUARDO VERA JARDIM, "Uma concordata do Concílio e do Estado democrático", in AA/VV, *Estudos sobre a nova Concordata Santa Sé - República Portuguesa (18 de Maio de 2004) - Actas das XIII Jornadas de Direito Canónico 4-6 de Abril de 2005. Estudos vários*, Lisboa: Universidade Católica Editora, 2007, pp. 49 ss., 51.

[78] Cf. PAULO PULIDO ADRAGÃO, *Levar a sério a liberdade religiosa*, Coimbra: Almedina, 2012.

[79] Veja-se sobretudo M. SATURINO GOMES, "Direito eclesiástico do Estado", cit..

[80] JAVIER FERRER ORTIZ, *(Coord.), Derecho Eclesiástico del Estado Español*, Pamplona: EUNSA, 2004.

[81] G. DALLA TORRE, *Lezioni...* cit.; P. CONSORTI, *Diritto e religione*, cit..

[82] Em alemão utiliza-se a expressão *Staatskirchenrecht*, que corresponde, literalmente, ao "direito da[s relações] igreja-estado", sendo portanto uma expressão equivalente ao "direito eclesiástico" das línguas latinas. Cf. AXEL FREIHERR VON CAMPENHAUSEN, *Staatskirchenrecht: ein Studienbuch*, 3ª ed., München: C.H. Beck, 1996.

[83] MICHAL RYNKOWSKI, "Remarks on Art. I-52 of the Constitutional Treaty: New Aspects of the European Ecclesiastical Law?", *The German Law Journal*, 6, (11), 2005, pp. 1719 ss.; GIANFRANCO MACRÌ/MARCO PARISI/VALERIO TOZZI, *Diritto Ecclesiastico Europeo*, Roma: Laterza, 2006.

Não parece haver razões suficientemente fortes para abdicar de uma expressão com este nível de caracterização e permanência, que remete de imediato para um determinado contexto e conjunto de princípios.

Em suma, o direito da religião ou direito eclesiástico é o *género* do qual o direito administrativo da religião é uma *espécie*. A este trabalho interessa exactamente esta espécie: a das normas que tratam do fenómeno religioso especificamente na sua intersecção com o exercício da função administrativa.

d) Direito administrativo da religião e direito canónico

O direito administrativo da religião também não se confunde com o direito canónico, que é o direito interno da Igreja Católica[84]. O direito canónico era inicialmente referido como "direito eclesiástico", mas com o avanço nas nações europeias das diferenças religiosas na sociedade e do princípio da separação das igrejas do Estado, foi cunhada a distinção entre *direito eclesiástico civil* – ou seja, o direito estatal sobre o fenómeno religioso – e *direito eclesiástico em sentido estrito* – ou seja, o direito canónico[85]. Hoje em dia, prevalece esta última designação – direito canónico – precisamente para marcar a distinção com o direito eclesiástico do Estado.

As relações entre o direito do Estado e o direito canónico da Igreja Católica são, assim, de uma verdadeira *coordenação inter-ordenamental*, isto é, de coordenação entre ordenamentos jurídicos distintos[86], mas cujos âmbitos de aplicação se sobrepõem parcialmente e para os quais é necessário encontrar uma articulação[87]. Essa articulação é o objecto expresso da Concordata entre o Estado português e a Igreja Católica. Com efeito, é essa articulação que emerge, por exemplo, no reconhecimento pelo Estado da

---

[84] P. Consorti, *Diritto e religione*, cit., 4.

[85] Sobre isto, P. Consorti, *Diritto e religione*, cit., 4. Cf. também, com interesse, Matteo Nacci, *Origini, sviluppi e caratteri del jus publicum ecclesiasticum*, Vaticano: Lateran University Press, 2010.

[86] Com efeito, a construção do direito canónico assenta na reclamação da "independência formal" (a expressão é de P. Bellini, "Confessioni religiose", cit., 926) do ordenamento jurídico da Igreja Católica face à(s) ordem(ns) jurídica(s) estatal(ais). Para uma perspectiva mais alargada, e à luz da Constituição italiana, veja-se Francesco Finocchiaro, "Art. 7-8", in Giuseppe Branca (a cura di), *Commentario della Costituzione*, Bologna/Roma: Zanichelli/Foro Italiano, 1975, pp. 321 ss., 322 ss.

[87] F. Finocchiaro, "Art. 7-8", cit., 324; G. Dalla Torre, *Lezioni...* cit., 89 ss.

personalidade colectiva das instituições "constitucionais" da Igreja (a começar pela própria Igreja Católica e a terminar na Conferência Episcopal e nas dioceses nacionais) e das pessoas jurídicas canónicas (criadas por essas entidades): todas essas entidades são reguladas na sua constituição, órgãos e competências pelo direito canónico e não, obviamente, pelo direito do Estado, embora na sua actuação em território nacional devam, naturalmente, submeter-se ao direito português em múltiplos aspectos[88]. Assim, as normas da Concordata são notoriamente aproximadas da estrutura e do sentido das *normas de conflitos* ou normas de devolução, no sentido que o direito internacional privado dá a esse conceito; trata-se em primeira linha de remeter a regulação de determinada matéria para um dos ordenamentos potencialmente aplicáveis à situação jurídica.

Como se vê, a designação "direito canónico" aplica-se ao direito interno de uma confissão religiosa em particular, o qual, por razões históricas, teve um desenvolvimento muito significativo e que em países como Portugal influenciou grandemente o próprio direito do Estado[89].

Contudo, o género *direito confessional interno*, género esse do qual o direito canónico é uma espécie, tem e pode ter outras concretizações – embora, historicamente, o direito canónico tenha sido *espécie única* durante muito tempo. Qualquer confissão religiosa que tenha um ordenamento e uma organização internas baseadas em normas jurídicas apresentará as características do direito confessional interno. Nesses casos, à distinção de tais ordenamentos internos face ao direito eclesiástico do Estado aplicam-se as mesmas considerações feitas a propósito do direito canónico.

Por fim, deve traçar-se uma distinção entre o direito confessional interno, no sentido acima apontado, e as normas estatais de direito eclesiástico que são inspiradas ou baseadas nesse direito confessional. Esta distinção ajuda a compreender que embora as normas jurídicas do Estado possam estar em consonância com as normas do direito confessional, e possam mesmo, na sua origem, ter uma natureza *pactícia,* isto é, ser o resultado de negociação e acordo entre o Estado e a confissão religiosa – por exemplo, as normas que determinam a existência de feriados religiosos partilham essas duas características – tais normas não deixam de pertencer ao direi-

---

[88] Assim, veja-se o interessante RPt 19-02-2008 (Carlos Moreira), proc. 726795.

[89] Sobre a influência do direito canónico no sistema de fontes do direito português antigo, por todos, RUY DE ALBUQUERQUE/MARTIM DE ALBUQUERQUE, *História do Direito Português*, Vol. I, 12ª ed., Lisboa: s. ed., 2005.

to eclesiástico do Estado. Com efeito, a pertença ao direito eclesiástico do Estado é dada pelo título jurídico de vigência da norma no sistema de fontes. As normas estatais sobre feriados religiosos podem ter um sentido preceptivo coincidente com o de normas de um ordenamento confessional, mas num sistema como o português, que é de separação igrejas-Estado, há pelo menos duas diferenças sensíveis entre essas normas: enquanto norma estatal, a que estabelece um determinado dia como feriado não pode ter por significado uma *identificação do estado* com uma confissão religiosa, mas apenas o *reconhecimento de uma realidade sociológica determinada*; por outro lado, o *título jurídico* dessa norma não é, directamente, o título jurídico que lhe dá vigência *no ordenamento confessional*, mas sim um título jurídico válido *na ordem jurídica estatal*[90].

1.3. FONTES DO DIREITO ADMINISTRATIVO DA RELIGIÃO

a) Constituição

A essencialidade atribuída pela Constituição portuguesa à liberdade de consciência e de religião começa por ser clara ao nível linguístico e simbólico: como já tem sido notado entre nós, a Constituição proclama como *invioláveis* apenas a *vida* (art. 24°/1), a *integridade moral e física* (art. 25°/1) e a *liberdade de consciência, de religião e de culto* (art. 41°/1)[91]. Esta formulação de inviolabilidade da liberdade de consciência e religião retoma uma tradição importante no constitucionalismo ocidental[92]. Não ficam por aqui, no entanto, os traços que garantem à liberdade de consciência e religião um estatuto reforçado no plano dos direitos

---

[90] Entenda-se: não estamos a defender no texto uma qualquer opinião de exasperante positivismo legalista. O tal título jurídico de acesso de uma norma ao ordenamento nacional pode ser, por exemplo, o costume. Quando dizemos que uma norma, para aceder ao ordenamento nacional, tem de ser acolhida pelo sistema de fontes, não queremos dizer que tem de haver um acolhimento *pela fonte voluntária de produção normativa por excelência* (: a lei), já que há fontes de produção normativa *involuntária*, como é o caso do costume.

[91] JORGE MIRANDA/PEDRO GARCIA MARQUES, anotação ao art. 41°, in J. MIRANDA/R. MEDEIROS, *Constituição..., I*, cit., 893.

[92] Art. 4/1 da *Grundgesetz* alemã; art. 13/1 da Constituição grega; art. 5°/VI da Constituição brasileira; art. 27°/1 da Constituição de São Tomé e Príncipe; art. 48°/1 da Constituição guineense; art. 52°/1 da Constituição angolana.

fundamentais, já que o art. 19º/6 da Constituição as elenca no conjunto daquelas liberdades que não podem ser postas em causa mesmo em estado de sítio ou emergência[93]. A enorme relevância dada pelo constituinte nacional à liberdade religiosa encontrou eco na maioria das constituições dos países lusófonos, que revelam influências importantes do constitucionalismo português nesta matéria[94].

A Constituição consagra a liberdade religiosa nas suas dimensões individual e institucional ou colectiva (art. 41º/1 e 4, respectivamente)[95], no que é dobrada pela Lei da Liberdade Religiosa (arts. 8º a 19º e arts. 20º a 44º, respectivamente). A liberdade religiosa é, em primeiro lugar, como já se disse, imunidade de coação em matéria religiosa, isto é, direito de formar a própria convicção sobre a matéria. Por isso, as dimensões da liberdade religiosa colocam-se também como *direitos de não fazer*, como acontece de forma expressa em algumas constituições. Embora dogmaticamente isso resultasse já da própria noção de *direito* ou *liberdade*, razões históricas estão na origem da positivação dessas dimensões normativas negativas. Assim, o direito de praticar ou não praticar uma religião encontra-se previsto em diversas constituições[96]; outras garantem o direito de não ser obrigado a participar em quaisquer actos de culto, de não respeitar os seus dias de descanso e de não pertencer a uma comunidade religiosa[97]; a constituição alemã garante o direito dos professores de não serem obrigados a leccionar ensino religioso (art. 7/3)[98].

---

[93] J. BACELAR GOUVEIA, "Religião e Estado de Direito...", cit., 440.

[94] Cf., mais notoriamente, art. 27º da Constituição de São Tomé e Príncipe; arts. 28º e 48º da Constituição caboverdiana; art. 45º da Constituição angolana; art. 52º da Constituição da Guiné-Bissau; art. 45º da Constituição de Timor-Leste.

[95] A. FOLQUE, "Estado de direito...", cit., 166.

[96] Art. 78º/1 da Constituição moçambicana; art. 48º/1 da constituição cabo-verdiana.

[97] Art. 20 da constituição belga, art. 20 da constituição luxemburguesa, art. 9 da Lei Fundamental finlandesa, art. 15º/1 da Carta dos Direitos Fundamentais da República Checa, art. 53º/2 da constituição polaca, art. 24º/1 da Constituição eslovaca.

[98] Não podendo confundir-se os parâmetros de controlo – o parâmetro de controlo a considerar para o direito português é a constituição portuguesa – a verdade é que a perspectiva de *trans- ou inter-constitucionalismo* em matéria de liberdade religiosa, que aqui adoptamos, oferece um panorama particularmente enriquecedor. As diferentes experiências nacionais concretizaram-se em aspectos e dimensões normativas que em muitos casos devem considerar-se comuns ou compartilháveis pelas diversas experiências constitucionais, dessa forma auxiliando na interpretação dos preceitos constitucionais portugueses; é o caso dos exemplos apontados, que devem todos considerar-se dentro do âmbito de protecção da norma do art. 41º/1.

Autónoma da liberdade religiosa é a garantia da liberdade de culto (mesmo art. 41º/1), ou seja, do exercício dos actos nos quais, como vimos, a pertença religiosa em regra se concretiza. A garantia da liberdade de culto traduz-se no reconhecimento do carácter público e não simplesmente privado da prática religiosa[99].

Está igualmente garantida a reserva da identidade religiosa (art. 41º/3 CRP)[100], que tem como dimensão mais relevante a proibição da indagação, por entidades públicas, da posição da pessoa relativamente à religião, e a complementar proibição de atribuição de consequências negativas à ausência de resposta. O preceito é reforçado pela garantia do não tratamento informático de dados pessoais relativos à "fé religiosa" salvo nos três grupos de casos previstos no art. 35º/3 CRP: consentimento expresso do titular, autorização prevista por lei com garantias de não discriminação ou processamento de dados estatísticos não individualmente identificáveis.

Não autonomizado expressamente pela Constituição é o direito à propagação da religião, isto é, o direito a *missionar, procurar converter*, para a religião perfilhada, ao contrário do que sucede, por exemplo, na Constituição italiana (art. 19). Deve contudo chamar-se a atenção para o facto de outros direitos e liberdades fundamentais serem complementares ou facilitadores da liberdade religiosa[101] e permitirem revelar dimensões específicas desta. Assim, a propagação da religião certamente há-de considerar-se uma conduta tutelada pela liberdade de expressão (art. 37º/1 CRP), incluída no âmbito do direito de antena (art. 40º/1 CRP, na parte referente às "organizações sociais de âmbito nacional") e decorrente da própria garantia do direito ao ensino da religião no âmbito da confissão e sobretudo da garantia da possibilidade de utilização de meios de comunicação social próprios (art. 41º/5 CRP), os quais, por natureza, podem dirigir-se a um conjunto indeterminado de destinatários. Por fim, há-de notar-se que se a Constituição não autonomiza uma tal dimensão da liberdade religiosa, isso é expressamente feito pelo Direito infra-constitucional: o art. 8º/d) da Lei

---

[99] Cf. também arts. 19º das constituições belga e luxemburguesa, que autonomizam a liberdade de culto e do seu exercício público.

[100] V. também no mesmo sentido, por exemplo, art. 16/2 da constituição espanhola, art. 27º/2 da constituição santomense, art. 28º/3 da constituição cabo-verdiana.

[101] Veja-se a distinção e análise detalhada dos preceitos constitucionais directamente respeitantes à liberdade religiosa e dos que não o sendo, são instrumentais para essa liberdade, em J. MIRANDA, "A liberdade religiosa em Portugal...", cit., 8-10.

de Liberdade Religiosa consagra o direito de "procurar novos crentes" para a religião que se professa. Atento o próprio sentido da religião enquanto outorga de sentido último e comunhão, nele vai de certo modo implícita a ideia de procurar que outros façam parte do caminho que o crente trilhou. Sublinhe-se, contudo, que a cláusula geral de limites à liberdade religiosa (*maxime* firmada no art. 29º/2 da DUDH e no art. 9º/2 da CEDH) e o confronto com a liberdade de consciência, de pensamento e de religião dos outros fundamentará sempre a imposição de limites à liberdade de procurar novos crentes, quando ela se desenhe como *proselitismo*, no sentido pejorativo da palavra[102].

b) Direito internacional

A Declaração Universal dos Direitos do Homem protege em diversos preceitos a liberdade de convicção e religião. Além de instrumento convencional de direito internacional público, a Declaração é comumente considerada sede de normas de *jus cogens* (impondo-se, portanto, aos direitos nacionais, mesmo de fonte constitucional) e é expressamente acolhida pela Constituição portuguesa como critério interpretativo em matéria de direitos fundamentais (art. 16º/2 CRP)[103].

A proibição de efectuar qualquer discriminação com esses fundamentos surge logo no art. 2º da DUDH. É no entanto no art. 18º que se prevê expressamente a liberdade de pensamento, consciência e religião[104]. Numa formulação que irá ser depois acolhida, praticamente *ipsis verbis*, pela Convenção Europeia dos Direitos do Homem, primeiro, e pela Carta dos Direitos Fundamentais da União Europeia, depois, o art. 18º da DUDH

---

[102] É esse, parece, o sentido da proibição do proselitismo pela constituição grega (art. 13/2, *in fine*).

[103] Sobre o estatuto da DUDH no direito português, cf. Paulo Otero, "Declaração Universal dos Direitos do Homem e Constituição: a inconstitucionalidade de normas inconstitucionais?", *O Direito*, ano 122º, 1990, pp. 603 ss.; e a anotação de Jorge Miranda ao art. 16º da CRP, in J. Miranda/R. Medeiros, *Constituição...*, *I*, cit., 296 ss.

[104] A associação entre liberdade de pensamento, opinião, consciência e religião tem raízes profundas na tradição ocidental. Com efeito, a relativização da pertença religiosa passou, historicamente, pela sua colocação no campo das *opiniões* – assim, o art. 10 da Declaração dos Direitos do Homem e do Cidadão, de 1789, dispôs que "[n]inguém deve ser inquietado pelas suas opiniões, mesmo religiosas, desde que a manifestação destas não perturbe a ordem pública estabelecida pela lei".

vem revelar diversas dimensões da liberdade de pensamento em matéria religiosa: "a liberdade de mudar de religião ou de convicção, assim como a liberdade de manifestar a religião ou convicção, sozinho ou em comum, tanto em público como em privado, pelo ensino, pela prática, pelo culto e pelos ritos". A formulação é particularmente útil no quadro jurídico--constitucional nacional, já que enriquece de forma significativa a formulação constante do art. 41º da Constituição. A religião surge ainda na DUDH como elemento que *não* pode fundar restrições ao direito ao casamento e à constituição da família, atribuído a todas as pessoas a partir da idade núbil (art. 16º/1 DUDH). Por fim, e consagrado o direito dos pais de escolherem o tipo de educação a dar aos filhos (art. 26º/3 DUDH), mas estabelece-se uma orientação geral de *abertura* dessa mesma educação: à compreensão, tolerância e amizade "entre todas as nações e todos os grupos raciais ou religiosos" (art. 26º/2 DUDH).

O art. 29º/2 da DUDH consiste numa cláusula de limites aos direitos consagrados pela Declaração, pelo que tem aplicação também em matéria de liberdade religiosa[105]. Naquele preceito estabelece-se que só podem ser objecto das restrições que, previstas na lei, "constituírem disposições necessárias, numa sociedade democrática, à segurança pública, à protecção da ordem, da saúde e moral públicas, ou à protecção dos direitos e liberdades de outrem". Também esta disposição tem um significado particular na ordem jurídica portuguesa, já que enriquece o texto constitucional, que não contém cláusula idêntica onde sejam expressamente enunciados fundamentos *substantivos* de limitação a direitos fundamentais (sem prejuízo do art. 18º CRP), e é importante para o direito infra-constitucional, pois a Lei da Liberdade Religiosa acabou por não

---

[105] Não se ignora a discussão na doutrina constitucional acerca da eventual não aplicação do art. 29º/2 da DUDH no direito português; vejam-se as referências citadas em J. MIRANDA/R. MEDEIROS, *Constituição...*, I, cit., 300-301. Pela nossa parte, parece-nos claro que o art. 29º/2 da DUDH se aplica, porque revela alguns dos limites que têm necessariamente de ser colocados aos direitos fundamentais, ou vista a questão de outra maneira, exemplifica alguns bens ou valores que têm de entrar na ponderação de conflitos de bens ou valores. Note-se que para quem, como nós, admite que um direito fundamental pode, em princípio, ser limitado ou restringido pela atenção a outros bens ou valores que o imponham, mesmo sem previsão expressa (cf., para a demonstração JORGE REIS NOVAIS, *As restrições aos direitos fundamentais não expressamente autorizadas pela Constituição*, Coimbra: Almedina, 2003), nem por isso o art. 29º/2 da DUDH perde utilidade: qualquer cláusula de limites é útil, porque ajuda a *balizar* a ponderação de bens que pode ser necessário fazer.

incluir uma cláusula de limites suficiente, apesar de ter havido propostas nesse sentido[106]/[107].

Também a Convenção Europeia dos Direitos do Homem (tratado internacional ratificado pelo Estado português – cf. Lei n.º 65/78, de 13 de Outubro, rectificação em DR, I Série, n.º 286, de 14 de Dezembro de 1978, e Lei n.º 12/87, de 7 de Abril) adopta um esquema de protecção muito semelhante ao da DUDH. O art. 9º CEDH prevê a liberdade religiosa no enquadramento tradicional que lhe é dado também pela DUDH e que foi assumido pela Carta dos Direitos Fundamentais da União Europeia e pela Constituição Portuguesa: a liberdade de pensamento e de consciência. A formulação é em tudo semelhante à do art. 18º da DUDH.

Importante vem a ser o art. 9º/2 CEDH, já que situa expressamente no âmbito da liberdade religiosa uma cláusula de limites a essa liberdade, com conteúdo idêntico, no essencial, à que consta no art. 29º/2 da DUDH para todos os direitos nesta consagrados.

Assim, o art. 9º/2 da CEDH estabelece que as únicas restrições possíveis à liberdade religiosa são as que, previstas na lei, "constituírem disposições necessárias, numa sociedade democrática, à segurança pública, à protecção da ordem, da saúde e moral públicas, ou à protecção dos direitos e liberdades de outrem". Tais limitações, deve notar-se, afectam apenas as *manifestações* da liberdade religiosa, uma vez que, obviamente, as dimensões puramente individuais e íntimas, de consciência e crença, não são susceptíveis de qualquer limitação[108]. Além disso, o Tribunal Europeu dos Direitos do Homem tem valorizado a dimensão colectiva da liberdade religiosa, designadamente estabelecendo o nexo com a proibição, constante

---

[106] Iam nesse sentido J. MIRANDA, "A liberdade religiosa em Portugal...", cit., 19-20; PAULO PULIDO ADRAGÃO, "Liberdade Religiosa: o Anteprojecto de Proposta de Lei de 1998", *Revista da Faculdade de Direito da Universidade de Lisboa*, XXXIX, (2), 1998, pp. 693 ss., 698-699. Como nota Paulo Pulido Adragão, a Lei n.º 4/71 tinha na sua Base VIII uma cláusula desta natureza, a qual, no entanto, era negativamente influenciada pelas características do regime político durante o qual foi aprovada. A LLR viria a incluir no art. 6º uma cláusula de limites tímida, que dispõe que a liberdade de consciência, de religião e de culto só admitem as restrições necessárias para salvaguardar direitos ou interesses constitucionalmente protegidos.

[107] Ainda há que considerar a Resolução 36/55 da Assembleia Geral das Nações Unidas, de 25 de Novembro de 1981, que aprovou a Declaração sobre a eliminação de todas as formas de intolerância e discriminação fundadas na religião ou nas convicções.

[108] Assim, JAMES DINGEMANS, "The need for a principled approach to religious freedoms", *Ecclesiastical Law Journal*, 12, (3), 2010, pp. 371-378, 371-372.

do art. 11º da Convenção, de interferência arbitrária do Estado nas formas e organização interna do associativismo de matriz religiosa[109]. O art. 14º proíbe também de forma expressa qualquer discriminação com base em motivos religiosos, reforçando assim a afirmação da liberdade religiosa[110]. Por fim, no art. 2º do Primeiro Protocolo Adicional à CEDH consagrou-se o direito dos pais à educação dos filhos de acordo com as convicções religiosas, no que consiste uma explicitação daquilo que o art. 26º/3 da DUDH previa apenas em geral.

A efectividade das normas da CEDH em matéria de liberdade religiosa tem vindo a ganhar relevância pela actividade jurisdicional do Tribunal Europeu dos Direitos do Homem, sobretudo a partir da década de 90 do séc. XX, na sequência de diversos casos submetidos a essa jurisdição[111].

Mais do que isso, pode inclusivamente perguntar-se, atendendo à jurisprudência mais recente, se o TEDH não tem mesmo vindo a abandonar a sua inicial postura de *judicial restraint* relativamente aos modelos de relação entre Estado e religiões. Essa postura inicial, sem dúvida decorrente da existência de vários e muito diferentes modelos de relação Estado-religiões nos diversos países membros do Conselho da Europa[112], levou o TEDH a afirmar, em acórdão de 1990, que o art. 9º da CEDH não toma partido por qualquer sistema de relações Estado-religião, não vedando o sistema de Estado confessional[113]. Desta forma, a aplicação do art. 9º da CEDH teria sobretudo por escopo *medidas concretas* que interferissem com a liberdade religiosa, abdicando, de forma pragmática e compromissória, de tomar posição acerca de princípios mais gerais de relação entre o Estado e as religiões.

Contudo, sobretudo a partir dos casos em que decidiu sobre a proibição do véu islâmico no sistema educativo imposta em França e sobre os

---

[109] J. DINGEMANS, "The need for a principled approach...", cit., 373, com referências.
[110] GÉRARD GONZÁLEZ, "Convention Européenne des Droits de l'Homme, cultes reconnus et liberté de religion", *Revue de Droit Canonique*, 54, 2004, pp. 49-65, 50.
[111] Cf. G. GONZÁLEZ, "Convention Européenne...", cit., 51.
[112] Como nota G. GONZÁLEZ, "Convention Européenne...", cit., 51-52, os países membros desta organização internacional incluem Estados que consagram princípios de laicidade estritos – França e Turquia – regimes onde o Estado se associa ou identifica expressamente com uma determinada religião, como a Grécia, Malta, Suécia, Dinamarca, Islândia e Noruega e regimes de "separação suave" onde o Estado não assume como sua qualquer religião, embora possa reconhecer o carácter predominante de alguma delas, como acontece, de acordo com o autor, com Portugal, Espanha, Itália e Bulgária.
[113] G. GONZÁLEZ, "Convention Européenne...", cit., 52.

símbolos religiosos nas escolas italianas, fica claro que esta postura poderá estar a ser ultrapassada. Como nota de forma aguda Ian Leigh, a decisão do TEDH sobre o véu islâmico, não considerando a sua proibição pelas autoridades francesas contrária à liberdade religiosa, valeu-se de uma referência explícita ao princípio de secularismo estrito vigente no ordenamento jurídico francês (e noutros países do Conselho da Europa, como a Turquia e a Suíça); mas é duvidoso que tal referência possa assumir um valor genérico, considerando que muitos outros estados não partilham esse princípio de relação. Designadamente, poderá um tal princípio ser utilizado, expressa ou implicitamente, para decidir um caso, como o dos crucifixos nas escolas italianas, onde a ordem constitucional do Estado em questão assuma uma relação particular com uma confissão religiosa?[114] A resposta a tais questões está, manifestamente, ainda por encontrar. No que diz respeito ao espaço de vigência do direito da União Europeia, acrescem, porventura, como veremos, outros dados que a enriquecem, à luz do direito dos tratados e da Carta Europeia dos Direitos Fundamentais.

c) A questão do direito concordatário

Além dos instrumentos referidos, que se apresentam inequivocamente como tratados internacionais, a Igreja Católica subscreve tradicionalmente instrumentos de natureza bilateral que regulam as relações entre a Santa Sé e os diversos Estados. Actualmente, a Concordata de 2004 entre a República Portuguesa e a Santa Sé (aprovada para ratificação pela Resolução da Assembleia da República n.º 74/2004, de 16 de Novembro e ratificada pelo Decreto n.º 80/2004 do Presidente da República, da mesma data) regula as relações entre as duas entidades. Trata-se de um instrumento com uma importância notória para um estudo de direito administrativo da religião, mas exactamente por isso é necessário situá-la no quadro das fontes.

Se para alguns, de forma mais ou menos peremptória, a concordata é um tratado internacional[115], outros consideram a sua natureza jurídica "mais

---

[114] I. Leigh, "New trends...", cit., 270 ss.
[115] J. Miranda, "A Concordata e a ordem constitucional portuguesa", cit., 69-70; Vasco Pereira da Silva, "Património e Regime Fiscal da Igreja na Concordata", in AA/VV, *A Concordata de 1940 Portugal - Santa Sé*, Lisboa: Edições Didaskalia, 1993, pp. 133 ss., 133; J. Miranda, "A liberdade religiosa em Portugal...", cit., 22; P. Pulido Adragão, "Liberdade Religiosa...", cit., 707; J. Bacelar Gouveia, "Religião e Estado de Direito...", cit., 445;

do que controvertida"[116], sublinhando estes, por exemplo, que em muitos países não se reconhece à Santa Sé a qualidade de sujeito de direito internacional nem a capacidade de celebrar tratados. Evidentemente, trata-se de um tema onde as tensões igualitárias entre as confissões religiosas estão à flor da pele, já que por um lado, as outras confissões religiosas não têm, em regra, com os Estados, o mesmo tipo de relação que a Igreja Católica[117], e por outro lado, a justificação dada, historicamente, pela Igreja Católica para fundamentar a sua personalidade jurídica de direito internacional – e portanto a sua capacidade para a celebração de tratados – é a de que se trataria de uma *societas perfecta*, tal como o próprio Estado. Tal justificação é considerada por alguma doutrina como devendo levar à desconstrução do valor da concordata como tratado internacional no direito português[118]. Em suma, a história revela que a questão da natureza das concordatas com a Igreja Católica tem sempre sido objecto de controvérsia[119].

Consideramos, contudo, que a natureza e valor de tratado internacional da concordata é um dado histórico que resulta firmemente da natureza de sujeitos de direito internacional do Estado e da Igreja Católica, e que não põe em causa a liberdade religiosa, o princípio da igualdade e o princípio da separação das igrejas do Estado.

Não se trata, evidentemente, de ceder a concepções ultrapassadas que fundamentem esta conclusão na noção de *societas perfecta*. Deve a propó-

---

VASCO PEREIRA DA SILVA, "O património cultural da Igreja na Concordata de 2004", in AA/VV, *Estudos sobre a nova Concordata Santa Sé - República Portuguesa (18 de Maio de 2004) - Actas das XIII Jornadas de Direito Canónico 4-6 de Abril de 2005. Estudos vários*, Lisboa: Universidade Católica Editora, 2007, pp. 193 ss., 195; ANTÓNIO LUCIANO SOUSA FRANCO, "Princípios gerais da nova Concordata", in *Estudos sobre a nova Concordata*, cit., pp. 17 ss., 25; ANTÓNIO E. DUARTE SILVA, "A liberdade de consciência, de religião e de culto no actual direito português", *Revista do Ministério Público*, (115), 2008, pp. 43 ss., 72.

[116] JÓNATAS MACHADO, "A construção e a utilização de locais para o culto: a perspectiva das confissões religiosas minoritárias", *Revista do Ministério Público*, (69), 1997, pp. 119 ss., 141. Cf. igualmente JÓNATAS MACHADO, *O regime concordatário entre a «libertas ecclesiae» e a liberdade religiosa. Liberdade de Religião ou Liberdade da Igreja?*, Coimbra: Coimbra Editora, 1993; J. J. GOMES CANOTILHO, "Anotação...", cit..

[117] J. BACELAR GOUVEIA, "Religião e Estado de Direito...", cit., 445, questiona se o facto de as outras confissões terem "apenas" a oportunidade de celebrar acordos, dotados de menor força normativa do que as concordatas não as prejudica na comparação com a Igreja Católica.

[118] Veja-se sobretudo J. MACHADO, *O regime concordatário...* cit.

[119] F. FINOCCHIARO, "Art. 7-8", cit.; J. MACHADO, *O regime concordatário...* cit.; V. CANAS, "Os acordos religiosos...", cit., 281.

sito notar-se que a crítica à aplicação dessa noção às instituições eclesiais vem hoje dos próprios estudiosos do direito canónico, que sublinham que sendo a Igreja e o Estado instituições humanas, não podem deixar de ser imperfeitas[120].

Trata-se, isso sim, de reconhecer uma realidade que merece consenso, e que é a de que a Igreja Católica, como Santa Sé, se organizou a si mesma e nas suas relações com os outros sujeitos de Direito Internacional enquanto realidade *semelhante* a esses sujeitos, num certo sentido relevante[121]. A Igreja Católica, que foi membro fundador da comunidade internacional, nunca deixou de ver a sua personalidade jurídica internacional reconhecida, através da Santa Sé, em numerosos tratados, mesmo entre 1870 e 1929 (ou seja, desde o final dos Estados Pontifícios, ditado pela unificação italiana, ao Pacto de Latrão)[122]. Por outro lado, obstáculos dogmáticos ou técnicos determinados pela circunstância de que os tratados internacionais seriam instrumentos celebrados apenas entre Estados (o que encontraria um suposto ponto de apoio no art. 1º da Convenção de Viena sobre Direito dos Tratados) parecem poder ser ultrapassados pelo reconhecimento de que os Estados não são os únicos sujeitos de Direito Internacional[123]. Acresce que a Convenção de Viena ressalva, no seu art. 3º, o regime das convenções celebradas entre os Estados e outros sujeitos: ora, sendo a Convenção de Viena uma convenção de codificação de normas consuetudinárias, não só é possível o entendimento de que as normas dessa Convenção também sejam aplicadas a matérias como a conclusão e entrada em vigor, execução e extinção das concordatas[124], como *tem sido esse o entendimento efectivamente aplicado*. Desta forma, o reconhecimento da natureza de sujeito internacional da Santa Sé e a natureza jus-internacional das concordatas está de acordo com o estádio actual do direito internacional público[125].

---

[120] Neste sentido, Manuel Saturino Gomes, "As pessoas jurídicas canónicas", in AA/VV, *Estudos sobre a nova Concordata Santa Sé - República Portuguesa (18 de Maio de 2004) - Actas das XIII Jornadas de Direito Canónico 4-6 de Abril de 2005. Estudos vários*, Lisboa: Universidade Católica Editora, 2007, pp. 59 ss., 59.

[121] Cf. A. Folque, "Portugal a caminho da liberdade religiosa", cit., 273.

[122] J. Miranda, "A Concordata e a ordem constitucional portuguesa", cit., 70.

[123] F. Finocchiaro, "Art. 7-8", cit., 333; J. Miranda, "A Concordata e a ordem constitucional portuguesa", cit., 70.

[124] J. Miranda, "A Concordata e a ordem constitucional portuguesa", cit., 70.

[125] V. Canas, "Os acordos religiosos...", cit., 292. À mesma coclusão levam as reflexões de J. J. Gomes Canotilho / J. Machado, "Metódica Multinível...", cit., navine 263 ss.

Pretender que assim não fosse, isto é, que a Concordata não tivesse o valor de tratado internacional, só porque com a maioria das outras confissões religiosas não existe tal modalidade de relacionamento Igreja-Estado seria, parece-nos, querer forçar uma igualdade onde ela não existe nem tem necessariamente de existir.

Parece que aqui, como em muitas outras dimensões do regime jurídico das confissões religiosas em Portugal, a existência de um tratamento diferenciado da Igreja Católica, só por si, não significa uma violação da igualdade de tratamento das confissões religiosas. Dito de outra forma, o reconhecimento da natureza de tratado internacional da Concordata poderia ser problemático, à luz do direito português, se fosse acompanhado da afirmação de que *as outras confissões nunca poderiam constituir-se em sujeitos de direito internacional e outorgar convenções internacionais com a república portuguesa*.

Não parece, contudo, que seja essa a afirmação que fazem aqueles que defendem a natureza de tratado internacional da Concordata. Se tal afirmação fosse feita, aí sim, teríamos, não um tratamento diversificado ou especializado, mas um *privilégio*, para utilizar uma dicotomia traçada por Jorge Miranda[126]. De acordo com essa dicotomia, uma diferenciação de tratamento, desde que objectivamente justificada e norteada pelos princípios da adequação e necessidade, é compatível com o quadro constitucional; se assim for, nada obsta a que direitos e liberdades iguais na sua essência, *igualmente reconhecidos a todas as confissões*, tenham *diferentes condições de exercício ou estruturas organizatórias*[127].

Assim, pensamos que não existe, neste caso, qualquer discriminação inadmissível. A Santa Sé é reconhecida consensualmente enquanto sujeito de direito internacional, dotado de *jus tractum*; não significa isso uma negação do acesso ao mesmo estatuto por parte de quaisquer confissões religiosas que adquiram uma dimensão universal e com ela o estatuto de sujeito de direito internacional[128]. Nesta linha, deve mesmo notar-se que a

---

[126] JORGE MIRANDA, "A Constituição e a Concordata: brevíssima nota", in AA/VV, *Estudos sobre a nova Concordata Santa Sé - República Portuguesa (18 de Maio de 2004) - Actas das XIII Jornadas de Direito Canónico 4-6 de Abril de 2005. Estudos vários*, Lisboa: Universidade Católica Editora, 2007, pp. 101 ss., 106.

[127] J. MIRANDA, "A Constituição e a Concordata...", cit., 106.

[128] No mesmo sentido, V. CANAS, "Os acordos religiosos...", cit., 282, e 293, citando algumas igrejas e comunidades religiosas que tal como a Igreja Católica têm uma aspiração de universalidade; cf. também GOMES CANOTILHO/JÓNATAS MACHADO "Metódica Multinível:

fórmula concordatária tem ganho adeptos e hoje expandiu-se muito para lá das relações da Igreja Católica com os diversos Estados, sendo adoptada também por outras confissões religiosas de âmbito supranacional[129]. Já por aí se anula uma das críticas a essa fórmula: a partir do momento em que a fórmula concordatária está aberta a mais confissões religiosas, fica em causa o argumento de que essa fórmula é a expressão de privilégios e da superioridade de uma confissão face a outras. Mais do que isso, detecta-se uma alteração do próprio *conteúdo* das concordatas que a Santa Sé tem vindo a celebrar, que de instrumentos jurídicos de salvaguarda do papel principal da Igreja na sociedade (que chegaram a ser, em alguns contextos históricos) têm vindo a transforma-se em "veículo da liberdade religiosa, de tolerância e de igualdade de tratamento"[130].

Se deixássemos as reflexões por aqui, no entanto, poderiam colocar-se significativas dúvidas sobre a bondade das conclusões a que chegámos. Com efeito, poderia dizer-se com pertinência: é certo que não se nega às outras confissões que tenham aspirações universais o acesso à qualidade de sujeito de direito internacional, mas *dado que o acesso a essa qualidade depende em grande medida do reconhecimento pela comunidade internacional*, e dado que a situação da Santa Sé é reconhecidamente especial, resultando de uma evolução histórica antiga e porventura difícil de repetir, há dúvidas sobre se não poderão existir obstáculos *práticos* a que hipotéticas confissões de vocação universal ascendam a

---

Acordos Internacionais..." invocada. Entre nós, existe já um caso que porventura poderá ser filiado nesta linha: veja-se o acordo entre a República Portuguesa e o Imamat Ismaili, enquanto representante máximo da comunidade dos muçulmanos Shia Imami Ismaili, aprovado pela Resolução da Assembleia da República n.º 109/2010, de 24 de Setembro, e ratificado pelo Decreto n.º 94/2010 do Presidente da República, da mesma data. Depois de se dizer, no preâmbulo do acordo, que a comunidade dos muçulmanos Shia Imami Ismaili é "uma comunidade religiosa de âmbito mundial", faz-se, no artigo 1º/1 do acordo, o formal reconhecimento da personalidade jurídica do Imamat Ismaili, que é "a instituição (ou gabinete) do Imam dos muçulmanos Shia Imami Ismaili, escolhido através de designação sucessória nos termos da lei consuetudinária aplicável" (art. 1º/2). Note-se ainda que a base constitucional no Decreto n.º 94/2010 do Presidente foi o art. 135º/b) da CRP, referente à ratificação de tratados internacionais.

[129] V. Canas, "Os acordos religiosos...", cit., 283-291.

[130] V. Canas, "Os acordos religiosos...", cit., 287. Sublinhando a grande coincidência entre as soluções da Concordata de 2004 e as da LLR, veja-se A. L. Sousa Franco, "Princípios gerais...", cit., 26. E verificando que em alguns aspectos, a LLR confere inclusivamente uma tutela mais abrangente do que a Concordata, veja-se J. Miranda, "A Constituição e a Concordata...", cit., 112.

esse estatuto. Com efeito, ainda hoje é afirmação corrente que a Igreja Católica é a única confissão religiosa que goza de personalidade jurídica internacional[131].

As consequências disto serão, então, as seguintes: enquanto teoricamente poderá estar assegurada a igualdade, por força do reconhecimento da possibilidade de acesso à qualidade de sujeito internacional, na prática isso poderá constituir uma pura miragem, uma igualdade puramente formal. E isso significará que, na prática, apenas a Igreja Católica terá a possibilidade de celebrar tratados internacionais com o Estado português, e consequentemente, apenas essa confissão religiosa terá a possibilidade de beneficiar do *grau* (infra-constitucional mas supra-legislativo) dos tratados internacionais na hierarquia das fontes traçada pela Constituição portuguesa. Enquanto as outras confissões religiosas poderão ver as normas que estabelecem as suas relações com o poder público ou os direitos dos seus fiéis alteradas por lei, e sujeitas, portanto, às flutuações de maiorias políticas contingentes, a Igreja Católica e outras eventuais comunidades religiosas universais, beneficiando da natureza jus-internacional dos instrumentos (no caso da Igreja, a Concordata) por si outorgados, estarão protegidas de tal eventualidade.

Deve reconhecer-se que o problema em apreço existe; não é um problema ficcionado, nem nos parece que no quadro actual de promoção da igualdade *material* entre confissões religiosas, possa existir uma tão grande discrepância entre confissões religiosas no que toca à sua posição face ao Estado e em particular face às regras estatais sobre produção normativa e hierarquia de fontes.

Contudo, em nossa opinião, além da já referida via de abrir o *jus tractum* às igrejas de vocação e expressão universais, o problema poderá também ser resolvido a nível puramente interno, isto é, sem necessidade de o referir ao nível jus-internacional. Foi esse, parece, o objectivo do legislador ao criar a figura dos acordos legislativos ou acordos-lei, regulados nos arts. 45º a 50º da LLR. Como procuraremos demonstrar na secção própria, o regime jurídico dessa figura, bem interpretado, nomeadamente com atenção ao princípio da igualdade, parece apto a uma *generalização* do acesso das confissões religiosas *que também tenham uma presença relevante e*

---

[131] G. Dalla Torre, *Lezioni...* cit. (89 ss, 107, embora a partir do direito italiano); J. E. Vera Jardim, "Uma concordata do Concílio...", cit., 53. Já vimos acima, contudo, que a evolução recente das relações Estado-confissões em Portugal pode ir em sentido diferente, por força do acordo assinado com o Imamat Ismaili.

consolidada em Portugal a uma forma de produção normativa dotada de força jurídica reforçada. O resultado final é o da *elevação* dos acordos internos a um nível equivalente ao da concordata.

Em última análise, esse mecanismo resolve o problema, sem necessidade de intrincadas disputas sobre a natureza jus-internacional dos instrumentos de cooperação bilaterais, já que ataca directamente o núcleo duro da questão, que é, exactamente, o da força normativa (resistência passiva reforçada) dos instrumentos de cooperação.

Evidentemente, poderia questionar-se se a solução não acaba por contribuir para a criação de uma figura jurídica atípica, de contornos difusos e incertos, com prejuízo para o carácter sistemático do direito. Essa crítica será porventura justa. A verdade é que em matéria de relações Estado--religião, parece existir uma certa tendência para a atipicidade; cabendo perguntar se essa tendência não será, até certo ponto, necessária e justificada, pela enorme diferença de pressupostos e mundividências subjacente às diversas religiões. Com efeito, enquanto o direito internacional clássico está concebido como o produto de uma comunidade de países que são diferentes em termos de população e território mas ao nível da comunidade internacional partilham semelhanças organizatórias, as confissões religiosas caracterizam-se pela absoluta dispersão e não recondução a uma unidade de formas e meios de atuação. À falta de uma solução racionalizadora global, a solução possível parece ser a de ir construindo os regimes à medida dos problemas.

d) Direito da União Europeia

Na Europa actual, 79% dos cidadãos declara acreditar numa qualquer forma de transcendência[132]. Contudo, como é sabido, esse dado não significa uniformidade quanto à *referência* dessa fé no transcendente. Percorrendo brevemente o espaço europeu, encontramos países de maioria católica (v.g. Espanha, Itália, Portugal, Irlanda), outros de maioria protestante (v.g. Alemanha, Inglaterra, países escandinavos), outros de maioria ortodoxa (v.g. Grécia, a generalidade dos países de Leste)[133].

---

[132] B. M. AWE, "Religion in the EU...", cit., 1442, citando dados do Eurobarómetro de 2005.

[133] Cf. o interessante estudo sobre os países do Conselho da Europa feito por SILVIO FERRARI, "Dalla libertà religiosa ai rapporti tra Stati e religioni. Un'analisi politico-religiosa

Tudo isto surge, porém, sob um pano de fundo de elevada secularização das diversas sociedades nacionais (com uma ampla difusão de uma religiosidade puramente cultural ou de posturas agnósticas, de ateísmo ou simples indiferença); assumindo-se mesmo essa secularização, em alguns países, como um elemento identitário da comunidade política (é o caso da França[134]). Esta complexidade religiosa europeia, potenciada em alguns países pela ligação da religião ao sentimento nacional, terá sido uma das principais razões que levou os tratados europeus a não tratar a religião de forma desenvolvida[135].

Com efeito, mesmo à luz do Tratado de Lisboa, mantém-se válida a constatação segundo a qual o direito originário não atribui competências aos órgãos da União no que diz respeito ao tratamento da religião: dos arts. 3º e seguintes do TFUE, que definem as fronteiras entre as competências da União e as dos Estados, não consta explicitamente qualquer referência à religião[136]. Pelo contrário, há mesmo uma delimitação negativa da competência da União numa matéria que constitui um dos núcleos essenciais da regulação jurídica do fenómeno: o art. 17º/1 do TFUE vincula a União a respeitar e não interferir "no estatuto de que gozam, ao abrigo do direito nacional, as igrejas e associações ou comunidades religiosas nos Estados-Membros"[137]. A matéria da liberdade religiosa colectiva apresenta-se, pois, formal e expressamente excluída da competência da União, e devolvida primacialmente à intervenção regulatória dos Estados[138].

---

della giurisprudenza della Corte di Strasburgo", in SILVIO FERRARI (COORD.), *Per Francesco Margiotta Broglio*, s. loc.: S.I. - Digital Jobs, 2011, pp. 12 ss, com uma análise quantitativa da jurisprudência do TEDH de acordo com a repartição das confissões religiosas.

[134] PIERRE-HENRI PRÉLOT, "Le systéme français de séparation des églises et de l'État: éléments pour une approche comparée", *Revue de Droit Canonique*, 54, 2004, pp. 179-191, 179-180, afirma que há por trás de todo o crente ou não crente um cidadão, e este cidadão, em França, "é geralmente sensível ao conteúdo profundamente igualitário da doutrina laica, mesmo que lamente por vezes os seus rigores, excessos ou incoerências".

[135] B. M. AWE, "Religion in the EU...", cit., 1442.

[136] H. M. HEINIG, "Law on Churches and Religion...", cit., 564.

[137] Este preceito do TFUE reproduz praticamente *ipsis verbis* o texto da Declaração n.º 11 anexa ao Tratado de Amesterdão, de 1997, a qual, pode dizer-se, foi o primeiro momento da construção europeia no qual as relações igreja-Estado foram abordadas – cf. M. RYNKOWSKI, "Remarks...", cit., 1719; VINCENZO BUONOMO, "La Santa Sede e i concordati nella prospettiva dell'integrazione europea", in AA/VV, *O Direito Concordatário: natureza e finalidades - Actas das XV Jornadas de Direito Canónico e das I Jornadas Concordatárias. 23-24 de Abril de 2007*, Lisboa: Universidade Católica Editora, 2008, pp. 19 ss., 36.

[138] V. BUONOMO, "La Santa Sede e i concordati...", cit., 37.

Isto não significa, como é óbvio, que o Direito da União não tenha conexões importantes com o fenómeno religioso.

Assim, desde logo, e sem surpresas, o direito dos tratados incorpora um comando geral de prevenção e combate à discriminação, onde a propósito se elenca a religião e a crença como "categorias suspeitas", ou seja, como factor potencial de discriminação – art. 10º do TFUE[139].

Por outro lado, o TFUE, num aspecto importante, opera igualmente, no seu art. 17º/3, um reconhecimento do contributo específico das comunidades religiosas; com as quais se diz expressamente que as instituições europeias manterão um diálogo aberto, transparente e regular, no que poderá ser encarado como a sinalização de que, como sucede na maioria dos Estados membros, o fenómeno religioso é encarado positivamente[140]/[141].

A primeira das fontes europeias em importância, porém, deve considerar-se a respectiva Carta dos Direitos Fundamentais. O facto de ter por destinatários primeiros as instituições europeias não é fundamento para desconsiderar a sua relevância num estudo de direito administrativo português: primeiro, porque muitas actuações das instituições comunitárias têm directas repercussões na ordem jurídica nacional, não excluindo o seu sistema de direito administrativo[142], segundo, porque a Carta se aplica também aos Estados membros, quando estes apliquem o direito da União (art. 51º CDFUE)[143].

Assim, a Carta reconhece expressamente a liberdade de religião, no quadro tradicional da liberdade de pensamento e de consciência (art. 10º CDFUE). A previsão é quase *ipsis verbis* a do art. 18º DUDH e 9º/1 da CEDH. Garante-se a não discriminação em razão da religião ou convicções (art. 21º/1 CDFUE). Tal como na Constituição portuguesa e no Primeiro Protocolo à CEDH, garante-se o direito dos pais de assegurarem a educação dos filhos de acordo com as suas convicções religiosas (art. 14º/3 CDFUE).

---

[139] Esta norma, note-se, foi introduzida nos tratados apenas em 1998 – H. M. Heinig, "Law on Churches and Religion...", cit., 564.

[140] Cf. as considerações parcialmente convergentes de V. Buonomo, "La Santa Sede e i concordati...", cit., 37.

[141] O art. 13º do TFUE refere-se ainda à religião (ou aos ritos religiosos) mas lateralmente, no quadro das ressalvas admitidas sobre protecção dos animais no espaço europeu. No direito português, cf. o art. 26º da LLR.

[142] Sobre o tema, a propósito do direito italiano, Guido Greco, *Argomenti di Diritto Amministrativo*, 3ª ed., Milano: Giuffrè, 2008, 265 ss.

[143] Sobre o lugar da CDFUE no quadro das fontes, Jónatas Machado, *Direito da União Europeia*, Coimbra: Coimbra Editora, 2010, 267.

Para lá desta previsão tradicional da liberdade religiosa e suas dimensões complementares, encontra-se, ainda que de forma programática, uma disposição cujo sentido parece ser já o de avançar num certo sentido para um certo modelo europeu de relação entre as esferas do político e do religioso. É isso, a nosso ver, o que pode retirar-se da afirmação segundo a qual a União respeita a diversidade cultural, religiosa e linguística (art. 22º CDFUE). O preceito deve ser lido sobretudo como um comando contra a promoção, por via directa ou indirecta, da uniformização em matéria religiosa, aproximando-se de uma directriz de equidistância das instituições europeias face às diversas confissões, por um lado, e face aos diversos modelos dos Estados membros, por outro. Parece-nos que é da articulação do art. 22º da CDFUE com o art. 17º/3 do TFUE que resulta o essencial do que o direito originário pretende afirmar em matéria de relações entre os poderes da União e as religiões: uma relação onde aqueles reconhecem positivamente o papel destas e se comprometem até a apoiar esse papel, por meio de um diálogo "aberto, transparente *e regular*", ao mesmo tempo reconhecendo e defendendo o *pluralismo religioso* que caracteriza o espaço europeu.

Se a presença de algumas referências ao fenómeno religioso no direito europeu originário torna o mesmo *visível* nesse patamar, o que é um aspecto simbólico importante, a verdade é que de modo nenhum se conseguirá ter uma perspectiva global da posição do direito europeu sobre o fenómeno religioso sem o confronto do direito *derivado*.

Tal afirmação poderá parecer contraditória com o que acima se disse: se a União não tem competência sobre o fenómeno religioso, como é que a legislação europeia pode incidir sobre o mesmo? A resolução desta aparente contradição é dada por um axioma clássico da construção europeia: o facto de a União não ter competência numa dada matéria não impede que *regule os aspectos dessa matéria que são conexos com outros nos quais a competência da União efectivamente existe*. Assim, como nota Buonomo, as normas dos tratados que aparentemente devolvem a regulação sobre o fenómeno religioso para os direitos nacionais podem ser contrariadas pelos princípios do *acquis communautaire*, cuja aplicação é estritamente policiada pelas instâncias comunitárias[144]. Se o factor religioso é, por exemplo, um factor relevante quando está em em causa a liberdade contratual, ou a livre circulação de mercadorias no espaço europeu, isso é suficiente para

---

[144] V. Buonomo, "La Santa Sede e i concordati...", cit., 37.

que as instituições europeias assumam poderes regulatórios para, respectivamente, aprovar uma directiva que proíbe a discriminação por motivos religiosos (entre outros) na celebração de contratos, ou para aprovar excepções para a comida *kosher* no que diz respeito às regras sobre manipulação e comercialização de géneros alimentares no espaço europeu.

Assim, o balanço do direito europeu (que, recorde-se, integra agora também o adquirido da CEDH e a CDFUE) sobre o fenómeno religioso confirma que, tal como refere alguma doutrina[145], seria ingénuo duvidar da tendência para a *europeização* dos direitos nacionais relativos ao fenómeno religioso; e isso apesar da restrição da competência da União na matéria. Essa restrição é acompanhada pelo reconhecimento de competência em matérias onde o fenómeno religioso não é o objecto *principal* da regulação, mas é ainda assim afectado por ela. Resta saber, contudo, qual o caminho a trilhar nessa convergência, sabendo-se das enormes diferenças dos direitos nacionais e da sensibilidade política da questão. Por agora, cumpre sublinhar que, pelo menos nos seus dados essenciais, o direito europeu, partindo dos pontos firmes da liberdade religiosa e da proibição de discriminações injustificadas, aponta para um modelo não hostil – pelo contrário, favorável – ao fenómeno religioso.

e) Outras fontes

Sem prejuízo de existirem múltiplas referências dispersas em diplomas avulsos, que referiremos a propósito, a referência principal é agora constituída pela Lei de Liberdade Religiosa (Lei n.º 16/2001, de 22 de Junho – LLR – já alterada pela Lei n.º 91/2009, de 31 de Agosto), complementada pelo Decreto-Lei n.º 308/2003, de 10 de Dezembro, que aprovou o regime da Comissão da Liberdade Religiosa (entretanto alterado pelo Decreto-Lei n.º 204/2007, de 28 de Maio), e pelo Decreto-Lei n.º 134/2003, de 28 de Junho, que aprovou o regime do registo de pessoas colectivas religiosas.

Em termos de legislação sectorial, a evolução legislativa tem demonstrado lentidão em corresponder ao modelo emergente da Constituição de 1976 e ao salto qualitativo que esse modelo sofreu, no plano infra--constitucional, com a Lei n.º 16/2001. Assim, só em 2009 foi aprovada

---

[145] G. Casuscelli, "Perché temere una disciplina...", cit., 44.

a reforma dos regimes da assistência religiosa em situações especiais (Decretos-Leis n.ºs 251 a 253/2009, de 23 de Setembro); noutro sector fundamental que será objecto de análise – a educação religiosa – a legislação existente ainda se apresenta dispersa e, em alguns pontos, desactualizada, com desarmonias evidentes e dificuldades para o intérprete; devem ser considerados o Decreto-Lei n.º 407/89, de 16 de Novembro e o Decreto-Lei n.º 329/98, de 2 de Novembro, sobre educação religiosa e moral da Igreja Católica e das confissões não católicas, respectivamente, além dos diplomas gerais sobre o sistema de ensino, que referiremos na secção respectiva.

2. O MODELO DE RELAÇÃO ESTADO-RELIGIÃO NO DIREITO VIGENTE

2.1. Separação estrita ou separação cooperativa

Como se adivinha já do que foi dito na Introdução, o modelo de relação entre Estado e religião é um pressuposto determinante da feição do direito administrativo da religião. E embora os instrumentos internacionais de defesa da liberdade religiosa e a interpretação que deles vem sendo feita por instituições internacionais – no caso europeu, pelo Tribunal Europeu dos Direitos do Homem – apontem no sentido de uma crescente uniformização dos modelos nacionais, a verdade é que as opções constitucionais e infra-constitucionais específicas de cada tempo e lugar a esse respeito ainda permitem diferenciar orientações diferentes, que devem ser reconhecidas e respeitadas em estudos de direito administrativo vigente, como é o nosso.

Assim, a Constituição e a LLR, complementadas com as normas jurídico-internacionais aos quais Portugal se encontra vinculado, esboçam com suficiente clareza o modelo de relação que deve considerar-se vigente no direito português, e que serve como pressuposto e influência determinante das normas jurídico-administrativas relativas ao fenómeno religioso.

Não surpreenderá se tomarmos aqui como dado adquirido, na abordagem do modelo português, a ideia de separação entre as esferas do poder público e da religião, inequivocamente afirmada na Constituição (arts.

41º/4 e 288º/c)). Por outras palavras, dos vários modelos possíveis de relação, há alguns – como o da teocracia, mas também o do regalismo, ou o do jurisdicionalismo – que são incompatíveis, desde logo, com os princípios democrático e republicano, que integram a base da ideia de direito da Constituição portuguesa, o mesmo resultando da interpretação que tem vindo a ser feita dos próprios instrumentos internacionais de tutela dos direitos humanos[146].

A separação não é, acrescente-se igualmente, a única opção possível, nem um caminho unívoco e linear. Devem evitar-se simplificações excessivas numa matéria que, como poucas, está ligada à natureza cultural do direito. As diferentes tradições parecem demonstrar que não ocorre uma contradição valorativa essencial entre o reconhecimento, pelo Estado, da transcendência, ou mesmo a assunção da confessionalidade, e o reconhecimento da liberdade religiosa. Mesmo na Europa, diversas constituições assumem, sem aparente dificuldade, essas duas dimensões[147]: fala-se, nesses casos, em formas "fracas" de religião oficial, as quais são consideradas por muitos como compatíveis com a defesa e promoção da liberdade religiosa[148]. O direito dificilmente pode ser reduzido a ideias feitas, e assim temos, por exemplo, num país que tem uma religião de Estado – a Inglaterra – a defesa, pacífica na comunidade jurídica, de que ainda assim o sistema jurídico consagra os princípios da liberdade religiosa, igualdade entre as religiões e separação das igrejas do Estado[149]. Sem prejuízo de se reconhecer que a elevação ao nível constitucional desse tipo de afirmação causa dúvidas[150], tal elevação apenas significa

---

[146] Com efeito, mesmo o TEDH, que, como se viu, tem adoptado uma postura tendencialmente "neutra" perante os modelos nacionais de relação Estado-religião, já afirmou, no acórdão *Refah Partisi c. Turquia*, de 2003, a incompatibilidade de pelo menos um desses modelos com o princípio democrático: o modelo de Estado teocrático – cf. a referência em G. GONZÁLEZ, "Convention Européenne...", cit., 55, nota.

[147] Art. 44 da Constituição da República da Irlanda; arts. 3 e 13 da Constituição grega; arts. 4 e 66 e ss. da Constituição dinamarquesa; a constituição inglesa, como se sabe, consagra igualmente a coincidência entre a Coroa britânica e a chefia da Igreja de Inglaterra, com reflexos vários na orgânica constitucional, por exemplo ao nível da composição da Câmara dos Lordes, mas sem deixar de consagrar a liberdade religiosa, designadamente por via da adesão à Convenção Europeia dos Direitos do Homem.

[148] O. M. D. MEDEIROS ALVES, *Liberdade religiosa institucional...* cit., 22.

[149] Cf. N. DOE, "Religions et droit au Royaume-Uni", cit., 205, sem deixar de notar ambiguidades do sistema, p.e. a pp. 207-208.

[150] Neste sentido, J. BACELAR GOUVEIA, "Religião e Estado de Direito...", cit., 437-438.

que aquela comunidade política, no momento constituinte, assume maioritariamente uma certa concepção sobre o religioso, não havendo motivos para deduzir implacavelmente dessa assunção uma intenção *totalitária*, que violente o direito de auto-determinação religiosa das minorias. As opções político-constitucionais serão sem dúvida discutíveis, e em Estado de Direito, está afirmada essa margem de discussão. Assim, em Portugal, por exemplo, não é por se ter escolhido a forma republicana de governo (que é mesmo erigida em limite material de revisão) que não pode haver minorias que defendam a forma monárquica e pugnem pela sua adopção; e não é pelo facto de se ter proibido a pena de morte em qualquer circunstância (art. 24º/2 CRP) que se dirá que isso violenta o direito das minorias a defender a introdução dessa sanção no sistema penal; o que se quer dizer é que a comunidade política portuguesa, no momento constituinte, formou consenso na adopção do sistema republicano e na proibição da pena de morte. Da mesma forma, com a afirmação expressa e inequívoca do sistema de separação das igrejas do Estado, a mesma comunidade formou consenso, a nosso ver bem, na *não* identificação com qualquer confissão religiosa, eliminando as já referidas dificuldades práticas de implementação da liberdade religiosa resultantes da identificação do Estado com uma confissão[151].

Contudo, mesmo tomando como ponto incontroverso a separação de esferas entre o religioso e o político, no sentido de separação institucional e aconfessionalidade do Estado, não está tudo dito sobre a configuração concreta de um sistema: a separação pode ainda apresentar-se sob diferentes formas. Seguindo a lição da doutrina, partindo do princípio de separação, é possível distinguir dois grandes modelos alternativos na sua implementação: (i) um modelo de separação *cooperativa* (ou, como preferem alguns, *relativa*[152]), "em que o Estado colabora com as actividades desenvolvidas pelas confissões religiosas, havendo uma identidade de fins", e (ii) um mo-

---

[151] Um possível indício de que a opção constitucional foi a melhor parece estar na circunstância de os países do Conselho da Europa que mais litígios produzem em matéria de liberdade religiosa perante o TEDH são os países dos *extremos* do espectro: os de orientação laica mais estrita – a França e a Turquia – e os países de orientação confessional, com enorme destaque para a Grécia; e que os países onde mais vezes o TEDH considerou existirem ofensas à liberdade religiosa (designadamente, por ofensas aos direitos das minorias religiosas) são países de orientação confessional. Estes dados quantitativos foram colhidos no importante e já citado estudo de S. FERRARI, "Dalla libertà religiosa...", cit..

[152] P. PULIDO ADRAGÃO, *A liberdade religiosa...* cit. 462.

delo de separação neutral, estrita ou absoluta, "em que o Estado não intervém em actividades conjuntamente com as confissões religiosas"[153]/[154].

Sob formas e em contextos jurídico-constitucionais muito diversos, a distinção referida no texto é defendida na literatura *de jure condendo* e/ou reconhecida *de jure constituto*. Assim, a doutrina alemã refere-se ao sistema criado pela Lei Fundamental de Bona como um sistema de cooperação[155]. Em Espanha, partindo do art. 16°, § 3°, da Constituição, que estabelece que os poderes públicos "manterão" "relações de cooperação com a Igreja Católica e com as outras Confissões", a doutrina detecta uma postura positiva do estado Espanhol face ao factor religioso[156], levando à autonomização expressa do princípio da cooperação como princípio *constitucional*[157]. A previsão de acordos entre o Estado e as confissões nos arts. 7° e 8° da Constituição italiana de 1948 também permite falar num

---

[153] As citações são de J. BACELAR GOUVEIA, "Religião e Estado de Direito...", cit., 436.

[154] Algumas posições parecem ir no sentido de rejeitar uma separação estanque entre estes modelos. Tal separação estanque estaria ligada à reacção de algumas confissões (particularmente a Igreja Católica) contra o modelo francês de "laicismo", o qual, segundo alguns, estaria a provar bem nesse país, garantindo a liberdade religiosa. Para estes autores, a laicidade tem sempre a mesma configuração, se for *democrática* – vejam-se neste sentido as considerações de G. CASUSCELLI, "Perché temere una disciplina...", cit., 37-39. Admitimos que um modelo de separação laicista, pelo menos num país que respeita os direitos humanos, é melhor do que um modelo de confusão entre Estado e religião; e admitimos também que a separação estrita e a separação cooperativa têm mais semelhanças entre si do que qualquer uma delas tem com regimes teocráticos ou regalistas. Contudo, não nos parece que os modelos de separação laicista e cooperativa *se equivalham entre si nos princípios e nos resultados,* e consideramos que o modelo de separação cooperativa não só é mais perfeito como está consagrado no direito português. Por outro lado, é muito discutível que o modelo francês de separação radical esteja a provar bem, como transparece, a nosso ver, nos discursos de justificação e ataque da lei francesa de 2004 sobre o uso de símbolos religiosos nas escolas públicas (tema retomado adiante).

[155] RICHARD PUZA, "Citoyens et fidéles dans les pays de l'Union Europeénne: l'Allemagne", in AA/VV, *Cittadini e fedeli nei paesi dell'Unione Europea. Una doppia appartenenza alla prova della seccolarizzazione e della mondializzazione. Atti del Colloquio Università per Stranieri, Reggio Calabria 12-15 Novembre, 1998*, Bruxelas/Milão/Berlin: Bruylant/Giuffrè/Nomos Verlag, 1999, pp. 373 ss., 393; DIANA ZACHARIAS, "Access of Muslim Organizations to Religious Instruction in Public Schools: A Comment on the Decision of the Federal Administrative Court of 23 February 2005", *The German Law Journal*, 6, (10), 2005, pp. 1319 ss., 1320.

[156] P. M. PEDROSO, "Os acordos...", cit., 82; M. CORTÉS DIÉGUEZ, "Del Concilio Vaticano II...", cit., 247.

[157] M. CORTÉS DIÉGUEZ, "Del Concilio Vaticano II...", cit., 244.

princípio constitucional de cooperação e no afastamento de um princípio de separação estrita[158], entendendo-se também aqui que há uma valoração positiva do fenómeno religioso, que leva a promover o papel das confissões religiosas no desenvolvimento da comunidade[159]. Os casos brasileiro[160] e norte-americano[161] devem ser filiados nesta linha. Em alguns ordenamentos, está mesmo expressamente prevista a nível constitucional a obrigação de o Estado dar apoio às confissões religiosas[162].

De acordo com a distinção acima feita, o sistema constitucional português aponta para (ou pelo menos, *permite*) um modelo de separação cooperativa, tendo em conta não só a liberdade de organização das confissões religiosas como os direitos de as confissões acederem aos meios de comunicação social e desenvolverem ensino religioso em estruturas não públicas, privadas e cooperativas[163]. Estas normas parecem poder ser interpretadas no sentido de uma valoração positiva do fenómeno religioso pelo legislador constituinte e o seu compromisso em não remeter esse fenómeno exclusivamente para o plano privado e individual, já que tais normas garantem notoriamente à religião o acesso à esfera pública, em domínios estruturantes: o acesso aos meios de comunicação social e à possibilidade de transmissão dos princípios das diversas confissões através da educação.

Por outro lado, o constituinte nacional deixou também bem expresso, em diversas normas constitucionais, o compromisso genérico de colaboração e cooperação com todas as formações sociais na prossecução dos seus fins (cf. a referência global à subsidiariedade no art. 6º da Constituição e as referências sectoriais à cooperação ou colaboração com entidades da sociedade civil: arts. 54º a 56º, 65º/2/d), 67º, 70º/3, 71º/3, 73º/3, 78º/2/b) e 79º/2), o que não pode deixar de apontar para um modelo de cooperação

---

[158] P. M. PEDROSO, "Os acordos...", cit., 77; GIOVANNI B. VARNIER, "Il rapporto tra chiesa e communità politica tra Benedetto XV e Benedetto XVI. Una analisi ai margini del secolo breve", *Il Diritto Ecclesiastico*, CXX, (3-4), 2009, pp. 387 ss., 397.

[159] S. FERRARI, "Le régime des cultes reconnus en Italie...", cit., 154.

[160] Afirmando que o modelo brasileiro da Constituição de 1988 é aconfessional, mas não *irreligioso*, "sendo o fenômeno religioso visto não com indiferença, mas com interesse pelo Estado, que o aceita positivamente", cf. O. M. DE MEDEIROS ALVES, *Liberdade religiosa institucional...* cit., 20.

[161] Cf. em abstracto, tendo como pano de fundo o constitucionalismo norte-americano, R. W. GARNETT, "Religious Liberty...", cit., particularmente 236 ss.

[162] Cf. art. 29º/5 da Constituição romena.

[163] J. BACELAR GOUVEIA, "Religião e Estado de Direito...", cit., 441; V. PEREIRA DA SILVA, "O património cultural...", cit., 194.

com as comunidades religiosas, que são, reconhecidamente, estruturas sociais potenciadoras de integração, coesão, fraternidade e desenvolvimento integral da pessoa[164]. Repare-se que até podemos concordar que o legislador constituinte não deixou expresso um imperativo constitucional de cooperação *com as confissões religiosas*[165], ao contrário do que fizeram, por exemplo, as Constituições espanhola e italiana, mas provavelmente isso não era necessário, porque o legislador constituinte, como se retira das normas acima vistas, deixou, sem dúvida, *um imperativo constitucional de cooperação com as instâncias relevantes da sociedade, aí onde isso seja exigido para levar a cabo a sua missão*.

Por outro lado, ao nosso estudo interessa, além do sistema constitucional, o modelo consagrado no direito infra-constitucional vigente[166]. E o que pode dizer-se é que à luz deste, as indicações do constituinte, tal como as interpretamos, são plenamente confirmadas e desenvolvidas. O sistema da LLR afirma os princípios de separação (art. 3º) e não confessionalidade (art. 4º), mas igualmente o princípio de cooperação (art. 5º), dispondo expressamente que o Estado "cooperará com as igrejas e comunidades religiosas radicadas em Portugal (...) com vista designadamente à promoção dos direitos humanos, do desenvolvimento integral de cada pessoa e dos valores da paz, da liberdade, da solidariedade e da tolerância"[167]. O mesmo compromisso de cooperação com vista a esses valores se encontra afirmado na Concordata de 2004 com a Igreja Católica (cf. os respectivos considerandos, o art. 1º/1 e diversos dos preceitos da Concordata)[168], bem como no já citado acordo firmado com a comunidade Ismaili (cf. o art. 2º do acordo, aprovado pela Resolução da Assembleia da República n.º 109/2010).

Há, pois, uma assunção de que as igrejas e comunidades religiosas são *instâncias da sociedade que têm um papel particular na prossecução*

---

[164] Fundamentando igualmente o princípio da cooperação com as confissões religiosas nas múltiplas referências constitucionais à cooperação ou colaboração com entidades da sociedade civil, J. E. Vera Jardim, "Uma concordata do Concílio...", cit., 54. Em sentido convergente, também, J. Miranda, "A Constituição e a Concordata...", cit., 112.

[165] J. Machado, *Liberdade religiosa...* cit., 342.

[166] Desse ponto de vista, não é decisivo, sequer, saber se as normas constitucionais *impõem* um sistema de cooperação; basta saber que o permitem, o que parece um dado indiscutível, à luz do que foi dito.

[167] J. Bacelar Gouveia, "Religião e Estado de Direito...", cit., 441.

[168] Assim, J. Miranda, "A Constituição e a Concordata...", cit., 110, 112; A. L. Sousa Franco, "Princípios gerais...", cit., 19, 21-23.

de alguns dos fins que o próprio estado visa atingir: a promoção dos direitos humanos, o desenvolvimento *integral* de cada pessoa e os valores da paz, da liberdade, da solidariedade e da tolerância[169]. Com efeito, se a religião diz respeito às convicções mais profundas das pessoas sobre o mundo e sobre o sentido da sua vida, isso significa que ela diz respeito, necessariamente, ao núcleo da individualidade humana, o que significa que um princípio de cooperação com as religiões é de valorizar sobre um princípio de separação ou exclusão estritas: a expressão da religião tem uma implicação potencialmente *positiva* no desenvolvimento da personalidade e portanto da liberdade[170]. Deste modo, um princípio de separação cooperativa também beneficia aqueles que não crêem numa religião, mas que crêem no valor da liberdade individual[171].

A análise subsequente dos princípios estruturantes da relação Estado--religião afirmados pela Constituição e pela Lei de Liberdade Religiosa permitirá fundamentar a afirmação sintética, que acabamos de fazer, acerca da existência de um modelo de separação cooperativa no direito português vigente.

2.2. Princípios estruturantes do modelo de relação Estado-religião

a) Separação e aconfessionalidade

i) Separação organizatória e institucional

O art. 3º da LLR dispõe, com directa inspiração na Constituição, que "[a]s igrejas e demais comunidades religiosas estão separadas do Estado e são livres na sua organização e no exercício das suas funções e do culto." Na formulação, é relacionado um princípio organizatório com o exercício da liberdade religiosa – e de facto, a laicidade e a liberdade religiosa estão entre si numa relação de implicação mútua, podendo mesmo afirmar-se que o enfraquecimento de uma realidade traz inevitavelmente um enfraquecimento da outra[172]. A garantia dos pilares essenciais da laicidade – os

---

[169] J. Miranda, "A Constituição e a Concordata...", cit., 112, a propósito da Concordata.
[170] M. Mahlmann, "Religious Tolerance...", cit., 1114.
[171] M. Mahlmann, "Religious Tolerance...", cit., 1114.
[172] G. Casuscelli, "Perché temere una disciplina...", cit., 33.

princípios da separação e da aconfessionalidade do Estado – é, assim, uma garantia da *possibilidade* do exercício da liberdade religiosa.

Enquanto princípio jurídico aplicável à actividade administrativa, o mesmo apresenta-se com uma incidência sobretudo organizatória ou institucional: ele pretende estabelecer a *autonomia* relativa das esferas pública e religiosa(s), a *diferença* dessas esferas entre si, a sua não recondutibilidade às mesmas regras e princípios, e consequentemente, a impossibilidade de erigir os valores religiosos *enquanto tais* como padrão de legitimidade das normas e actos dos poderes públicos[173]. Os regimes de coincidência tanto podem ser de teocracia, com subordinação do poder civil ao religioso, como de cesaropapismo, regalismo ou jurisdicionalismo, formas estas às quais é comum a assunção pelo próprio Estado de poderes em matéria espiritual e de intervenção na vida das confissões religiosas[174]: *todos* são afastados pelo princípio de separação.

Com efeito, o princípio da separação, tal como ele é concebido no nosso direito, preconiza a total independência das confissões religiosas face ao Estado em termos de organização interna, tornando por exemplo dúbias quaisquer genéricas obrigações de notificação aos poderes públicos de actos internos da confissão religiosa[175]. No entanto, já não parece que coloque problemas a obrigatoriedade de notificação ao Registo das Pessoas Colectivas Religiosas de eventuais modificações aos elementos que serviram de base ao registo da pessoa colectiva (art. 41º LLR), porque esses elementos são essenciais para controlar o continuado preenchimento dos requisitos legais e constitucionais da constituição de pessoas colectivas religiosas, cuja violação superveniente pode levar à extinção da pessoa colectiva em questão (cf. em particular art. 182º/2/c) e d) do CC, *ex vi* art. 42º/1/d) LLR).

Articulado com a liberdade de organização interna das confissões religiosas, o princípio da separação tem como consequência, no direito português, a impossibilidade de revestir as pessoas colectivas religiosas de na-

---

[173] J. L. Martín Delpón, "Libertad religiosa...", cit., 604.

[174] P. Bellini, "Confessioni religiose", cit., 926; J. E. Vera Jardim, "Uma concordata do Concílio...", cit., 50. Veja-se também a declaração de voto de José Sousa e Brito ao acórdão do TC n.º 174/93, já citado.

[175] Por isso J. Miranda, "A Constituição e a Concordata...", cit., 112, considera de duvidosa constitucionalidade, face ao princípio da separação, a obrigação de notificação da nomeação e remoção de bispos e de modificação ou extinção de dioceses, paróquias e outras jurisdições eclesiásticas, prevista na Concordata.

tureza jurídico-pública[176]. Com efeito, a liberdade de associação religiosa, tal como prevista no ordenamento jurídico português, parece implicar a necessidade de manutenção da natureza *privada* das comunidades criadas, de modo a assegurar a sua independência face à actuação do poder público[177] e, obviamente, a independência deste face àquelas. A eventual recondução destas entidades ao universo das entidades públicas implicaria a sujeição a um conjunto de controlos e de princípios que não quadra bem com o princípio da separação e com o exercício de um direito de liberdade.

Já nos parece mais discutível, no entanto, a questão de saber se é possível estender às confissões religiosas certas normas primacialmente dirigidas à tutela de pessoas ou funções públicas. A questão colocou-se, entre nós, a propósito de diversas normas da Concordata de 1940, consideradas pela doutrina como inconstitucionais[178], normas essas que não passaram à nova Concordata, que tem apenas uma norma de remissão genérica para o direito nacional (art. 7° da Concordata de 2004)[179].

O problema parece-nos dever ser recolocado. Em algumas circunstâncias, os membros de uma confissão religiosa exercem verdadeiros poderes

---

[176] Assim, J. MIRANDA, "A liberdade religiosa em Portugal...", cit., 12, em nota; idem, "A Constituição e a Concordata...", cit., 108, a propósito da Igreja Católica, referindo que uma eventual qualificação dessa entidade como de direito público violaria o princípio da separação, porque levaria à sua integração na administração pública e sujeição à tutela do governo.No mesmo sentido, ELSA MARIA SANTOS COSTA, "Estatuto e reconhecimento das pessoas jurídicas canónicas - art. 8° a 12°"', in AA/VV, *Estudos sobre a nova Concordata Santa Sé - República Portuguesa (18 de Maio de 2004) - Actas das XIII Jornadas de Direito Canónico 4-6 de Abril de 2005. Estudos vários*, Lisboa: Universidade Católica Editora, 2007, pp. 313 ss., 318; A. L. SOUSA FRANCO, "Princípios gerais...", cit., 26-27, a propósito das pessoas jurídicas canónicas.

[177] De todo o modo, o ponto não deve ser absolutizado, sobretudo olhando para outros ordenamentos. No direito alemão, as comunidades religiosas podem constituir-se em pessoas colectivas de natureza pública, gozando de alguns traços de regime que a doutrina qualifica expressamente como poderes públicos e que são reservados às entidades públicas ou equiparadas, como o poder tributário. Sobre isto, R. PUZA, "Citoyens et fidéles...", cit., 393 ss; ALEXANDER HOLLERBACH, "Le droit ecclésiastique de l'État allemand: un «systéme des cultes reconnus»?", *Revue de Droit Canonique*, 54, 2004, pp. 169-177; D. ZACHARIAS, "Access of Muslim Organizations...", cit., 1323.

[178] As que asseguravam a protecção dos ministros da Igreja Católica no exercício do seu ministério nos mesmos termos da entidades públicas (art. 11°) e que puniam o uso ilícito do hábito eclesiástico e o exercício abusivo da jurisdição e das funções eclesiásticas (art. 15°). Pronunciando-se pela sua inconstitucionalidade à luz da Constituição de 1976, J. MIRANDA, "A Constituição e a Concordata...", cit., 109.

[179] A. L. SOUSA FRANCO, "Princípios gerais...", cit., 27.

ou funções públicas, como quando presidem à celebração de um casamento religioso com efeitos civis (altura em que exercem as mesmas funções dos conservadores do registo civil). Talvez por isso, aliás, os ministros de culto passam por um processo de certificação e acreditação (cf. *infra*). Essas situações, que se configuram como de exercício de funções ou poderes públicos por entidades privadas, merecem o respectivo enquadramento legal, necessariamente passando pela extensão da aplicação, *se e enquanto esse exercício perdura*, de múltiplas normas de direito administrativo[180]; sem que, manifestamente, se possa falar a esse propósito em qualquer violação do princípio da separação.

Estas considerações podem e devem ser extrapoladas, pelo que em qualquer caso onde se justifique a equiparação de pessoas (singulares ou colectivas) a entidades públicas ou que exercem funções ou poderes públicos ou de interesse público, o legislador (e a administração, na medida em que a norma de competência lhe confira margem de liberdade para tal) podem operar essa equiparação[181].

ii) Proibição de identificação com qualquer confissão

O princípio da aconfessionalidade ou não confessionalidade (art. 4º LLR) vai directamente ao cerne das relações Estado-religião. Pensamos poder diferenciar o seu valor preceptivo em duas dimensões normativas, bem patentes nos enunciados do art. 4º da LLR: (i) existe, em primeiro lugar, uma proibição de *identificação* entre o Estado e qualquer religião: o Estado não pode *adoptar*, isto é, assumir como sua, uma religião, qualquer que ela seja (art. 4º/1, primeira parte, da LLR); (ii) existe, em segundo lugar, uma dimensão de *delimitação das funções, atribuições e competências* dos órgãos de poder público: neste sentido, ao Estado, no exercício de qualquer das suas funções – política (incluindo as funções governativa

---

[180] Sobre o tema, por todos, PEDRO GONÇALVES, *Entidades Privadas com Poderes Públicos*, Coimbra: Almedina, 2005.

[181] Há outros lugares paralelos: os ministros de culto estão entre aqueles titulares de cargos públicos ou que exercem funções públicas, contra os quais o crime de homicídio é considerado qualificado (cf. art. 132º/2/l) CPenal); de acordo com o artigo 232º/2 CPC, ninguém pode ser citado ou notificado dentro dos templos, e lendo o preceito nota-se que ocorre uma equiparação entre essa situação e a do exercício de serviço público que não possa ser interrompido.

ou política *stricto sensu* e legislativa), administrativa e jurisdicional[182] – é vedado *pronunciar-se sobre questões religiosas* (art. 4º/1, segunda parte, da LLR).

A autonomia da proibição de identificação ínsita no princípio da não confessionalidade, quer face à exigência de não discriminação (art. 2º/2 LLR), quer face ao princípio da separação (art. 3º LLR), poderia levantar dúvidas.

Porém, a autonomia face ao princípio da separação existe: seria possível pensar numa situação onde Igreja e Estado fossem *separados* na sua organização, respeitando-se portanto o art. 3º LLR, mas ainda assim o Estado *aderisse* a uma confissão; contudo, o princípio da não confessionalidade veda tal opção.

Por outro lado, a exigência de não identificação presente no princípio da aconfessionalidade do Estado é mais específica e num certo sentido mais profunda do que a de não discriminação[183]. É concebível um sistema onde todas as confissões religiosas tivessem iguais direitos e deveres, respeitando assim o art. 2º/2 LLR, mas ainda assim existisse a assunção de uma delas como religião do Estado[184]. Nesse sistema hipotético, a única diferença entre as várias religiões estaria no facto de *simbolicamente* uma delas ser a religião do Estado; mas isso não teria necessariamente de se traduzir (pelo menos em abstracto) numa discriminação *jurídica*.

Contudo, no direito português, mesmo essa identificação meramente simbólica é vedada, por força do princípio da não confessionalidade. Tratou-se de uma opção do constituinte, que não ignorando a prevalência sociológica da religião católica, considerou ainda assim que tal prevalência não tinha lugar num texto constitucional. Como consequência e garantia da não identificação, o princípio da não confessionalidade molda os aspectos – simbólicos por excelência – da organização dos actos oficiais e do protocolo de Estado (art. 4º/2 LLR). Da Constituição retira-se igualmente

---

[182] Acolhemos, pois, a divisão de funções proposta por JORGE MIRANDA, *Manual de Direito Constitucional*, tomo V - *Actividade constitucional do Estado*, 4ª ed., Coimbra: Coimbra Editora, 2010, 22 ss..

[183] Embora não possa ser negada a ligação entre aconfessionalidade e princípio da igualdade. Considerando a neutralidade e não identificação do Estado com qualquer religião como um corolário da igualdade, e sublinhando também a sua ligação à garantia da imparcialidade, J. J. GOMES CANOTILHO/J. MACHADO, "Bens culturais...", cit., 29.

[184] Assim também, no campo das hipóteses, P. BELLINI, "Confessioni religiose", cit., 927.

o reforço desta proibição de identificação, mesmo que meramente simbólica, entre as esferas do político e do religioso, já que os partidos políticos não podem "(...) usar denominação que contenha expressões directamente relacionadas com quaisquer religiões ou igrejas, bem como emblemas confundíveis com símbolos nacionais ou religiosos" (art. 51°/3 CRP)[185].

O princípio da não confessionalidade, que é também declinado na sua relação com a educação, sob a forma da proibição do ensino confessional (art. 4°/4 LLR)[186] e da programação do ensino e da cultura sob directrizes religiosas (art. 4°/3 LLR) também parece permitir resolver problemas delicados, como o dos símbolos religiosos dispostos de tal forma e em contextos que possam significar uma identificação do Estado com uma certa religião – será o caso dos crucifixos nas salas de aulas no ensino público. Essa questão, a nosso ver, demonstra bem que a incidência do princípio da não confessionalidade pode verificar-se num plano estritamente simbólico. A presença exclusiva e central de um símbolo (primordialmente e reconhecidamente) religioso num edifício público tem, reconheça-se, um significado ambíguo[187]. Uma coisa é um professor de uma escola pública usar um símbolo religioso – conduta cuja proibição seria, a nosso ver,

---

[185] No caso *Refah Partisi c. Turquia*, de 2001, o TEDH considerou enquadrar-se na margem de liberdade de apreciação do Estado turco a proibição de um partido com inspiração islâmica, por se temer a colocação em causa da laicidade do Estado e o seu carácter democrático; cf. a referência em SARA GUERREIRO, "Símbolos de Deus - expressão de liberdade ou imposição do divino?", *Revista da Faculdade de Direito da Universidade de Lisboa*, **XLVI**, (2), 2005, pp. 1091 e ss., 1105.

[186] A não confessionalidade do ensino também poderia fundamentar a inconstitucionalidade de norma tendente a exigir uma declaração para não ter a disciplina de educação moral e religiosa – assim entendeu o TC no acórdão n.º 423/87, com o apoio da doutrina – v.g. J. MIRANDA, "A Constituição e a Concordata...", cit., 109.

[187] Já nos parece porventura demasiado forte a afirmação de que pode ter um significado *ofensivo*, como pretende P. CONSORTI, *Diritto e religione*, cit., 158. Temos dificuldade em admitir que a expressão de uma religião possa ser ofensiva. Ofensivos serão os símbolos de alguma coisa que para qualquer pessoa decente não tem qualquer conteúdo positivo e só pode ser símbolo do odioso e do interdito. Nos milhares de anos desde que há história humana registada, talvez só haja hoje dois ou três símbolos dessa natureza, sendo a cruz suástica o candidato mais claro. A cruz de Cristo, o crescente islâmico (ou, fora dos símbolos religiosos, a foice e martelo comunistas) são símbolos que ficaram associados a tragédias do mal humano, mas representam, além disso, para uma grande parte da humanidade, símbolos de algo positivo, cujo valor como caminho de vida nunca pode ser prejudicado pelas acções de pessoas concretas. De todo o modo, esta divergência com a afirmação de Consorti não nos impede de alinhar com o Autor no essencial da sua posição, como se dirá,

inconstitucional, no direito português[188] – e outra muito diferente é a *instituição* estatal colocar uma certa actividade – no caso a educação – sob os auspícios do universo de sentido para o qual esse símbolo remete; esta última situação já nos parece violadora da essência da não identificação do Estado com qualquer religião, que é um ponto essencial da concepção da laicidade vigente no nosso direito[189-190].

Não se trata, a nosso ver, de defender aqui uma concepção empobrecedora da esfera pública e de privatizar a pertença religiosa – não nos choca, por exemplo, que num edifício público como um hospital ou uma prisão exista um espaço de culto consagrado a uma determinada religião – nem sequer de garantir aos pais dos alunos ateus ou que perfilhem outra religião uma "imuni-

---

[188] A expressão das convicções religiosas é uma dimensão consensual da liberdade religiosa, como refere S. GUERREIRO, "Símbolos de Deus...", cit., 1093.

[189] Fazendo igualmente esta distinção entre o uso de símbolos religiosos em público pelos indivíduos – que deve considerar-se ínsito na liberdade religiosa individual, com as limitações legítimas, como por exemplo a obrigação de uma mulher com um véupoder ter de o retirar para permitir a sua identificação perante a autoridade policial – e a exibição de símbolos religiosos em lugares que estão afectos a actividades públicas (escolas, tribunais), veja-se M. MAHLMANN, "Religious Tolerance...", cit., 1111; P. CONSORTI, *Diritto e religione*, cit., 153 ss.

Foi também neste sentido a decisão do Tribunal Constitucional Federal alemão em 2003, num caso em que uma professora foi rejeitada numa candidatura ao ensino público por usar o *hijab* islâmico (o *hijab* não deve ser confundido com a *burqa*, que tapa por completo o corpo e face da mulher, deixando apenas visíveis os olhos, ou com o *niqab*, o véu islâmico; o *hijab* deixa a descoberto toda a face) – cf. M. MAHLMANN, "Religious Tolerance...", cit., particularmente 1103 e ss. No entanto, nessa decisão, os três juízes vencidos defenderam a tese oposta, de que um *hijab* usado por um professor é um símbolo atribuído ao Estado, e significando uma referência política ao Islão, poderia ser impedido o seu uso.

[190] É certo que poderá dar-se o caso, absolutamente excepcional, de os próprios símbolos religiosos terem uma dimensão inequívoca de violação da dignidade da pessoa humana que os usa. Se isso acontecer, se o símbolo religioso em questão for insuportável à luz da concepção de direitos fundamentais perfilhada no ordenamento jurídico – e estamos a pensar, admitimos, nos ordenamentos de matriz ocidental como o português – então será difícil admitir que o símbolo possa subsistir – assim, M. MAHLMANN, "Religious Tolerance...", cit., 1114; e registe-se que na sua decisão de 2003 sobre o caso da candidata a professora que usava *hijab*, o *Bundesverfassungsgericht* controlou explicitamente esta dimensão, quando procurou indagar se essa peça da indumentária feminina tinha como único significado a submissão da mulher; e concluiu que para quem o usa, tem igualmente o significado de modéstia e defesa da privacidade.

Notamos apenas que estas considerações já não têm que ver com a garantia da aconfessionalidade do Estado, mas sim com a garantia do respeito pela dignidade da pessoa humana, em geral e em particular no sistema de ensino.

zação" contra o fenómeno religioso[191]. Fomentar e legitimar esse tipo de conduta seria ceder a uma concepção, ela própria, intolerante face à religião. Dizer que a razão pela qual o crucifixo não deve estar exposto numa sala de aula é para garantir que ateus, judeus, muçulmanos ou membros de outras religiões não cristãs não sentem repulsa por esse símbolo é negar que o Estado tem um papel activo na promoção da tolerância, que é inclusive um dos princípios nos quais assenta o modelo de relação entre Estado e religião (v. *infra*). A impossibilidade de conviver pacificamente com a pertença religiosa de outra pessoa é uma forma de intolerância[192]; não é certamente para caucionar essa forma de intolerância que se afirma o princípio da não confessionalidade.

Da mesma maneira, não se pode admitir que em homenagem ao direito dos pais de educarem os filhos sem directrizes religiosas, seja eliminada do horizonte do sistema educativo público qualquer menção ao fenómeno religioso e aos seus símbolos[193]; ou que se considere que o uso de um símbolo

---

[191] A. FOLQUE, "Portugal a caminho da liberdade religiosa", cit., 273: "[u]m ateu não tem o direito de expurgar a religião da vida pública como também aquele que odeia música não pode exigir o silêncio, interrompendo a orquestra que toca na praceta ou num jardim público". Por exemplo, um dos argumentos utilizados em França para justificar a famosa lei de 2004 (cuja causa próxima foi o véu islâmico) que impede aos estudantes exibir de forma evidente símbolos religiosos na escola pública é precisamente o de que isso iria contra a concepção de uma "escola de todos" inerente ao Estado laico – cf. a referência em P. CONSORTI, *Diritto e religione*, cit., 155. Parece-nos que na ordem jurídica portuguesa, tais argumentos não poderão deixar de ser fortemente repudiados. Para uma análise da lei de 2004 e da polémica que a mesma gerou, veja-se S. GUERREIRO, "Símbolos de Deus...", cit., 1093 ss.

[192] G. B. VARNIER, "Il rapporto tra chiesa e communità politica...", cit., 392, defende mesmo que a questão dos crucifixos no início deste século XXI tem conotações de ódio sectário, que faz lembrar a perseguição ao catolicismo no início do século XX.

[193] Nas decisões das instâncias jurisdicionais alemãs das quais se recorreu para o *Bundesverfassungsgericht* e que deram origem ao já referido acórdão de 2003, estes argumentos foram utilizados, e os três tribunais que antes do Tribunal Constitucional se pronunciaram acolheram-nos, considerando que eram suficientes para impedir a contratação de uma professora que não deixaria de usar o *hijab* na escola pública. Essas decisões foram revogadas pelo Tribunal Constitucional, mas deve notar-se que há vários elementos no acórdão que lhe retiram alguma peremptoriedade – desde logo, foi aprovado por maioria (5-3), e quanto à substância, o Tribunal Constitucional não parece ter excluído a possibilidade de, à luz da Constituição alemã, os *Länder* poderem vir a aprovar legislação que proíba o uso deste tipo de símbolos religiosos. A decisão do Tribunal foi apenas a de que sem legislação expressa, e sem norma constitucional que expressamente o permitisse, tal diferenciação de tratamento não podia ter tido lugar. Os juízes que discordaram defenderam, em voto de vencido, pelo contrário, que não era necessária lei expressa porque tal diferença de tratamento encontraria fundamento suficiente na própria Lei Fundamental.

religioso é, só por si, suficiente para causar conflitos numa escola e que isso justifica, por exemplo, a não contratação de um professor que exiba um tal símbolo[194] – tudo isso é cair no barbarismo intolerante dos que consideram que *o conhecimento de uma realidade que existe é em si mesmo perigoso* e que por isso a melhor forma de educar uma comunidade é eliminar os focos de conflito através da segregação das pessoas que poderiam entrar em conflito. À luz dos direitos fundamentais ao livre desenvolvimento da personalidade e à educação, a educação por *omissão de informação sobre a diversidade do mundo* não pode ser um princípio educativo aceitável para o sistema público de ensino. Tanto é inadmissível que o Estado programe a educação de acordo com directrizes religiosas como que a programe de acordo com directrizes contrárias à religião[195]. O papel do Estado não é educar pessoas para serem crentes numa certa religião, mas também não é o de os educar para que não sejam crentes – antes esse papel é o de lhes permitir fazer uma escolha livre, a qual, aliás, ninguém (nem os próprios pais, obviamente) poderá impedir, quando tal escolha for feita. É preciso acautelar que com argumentos de tolerância não cheguemos, afinal, a resultados de intolerância – assim, uns pais podem dizer ao seu filho que toda a religião é má; mas esse filho tem o direito de reparar na forma como uma freira, ou um padre, uma muçulmana com véu, um judeu ortodoxo ou um monge budista, que por acaso tenham sido seus professores, se conduzem na vida; e tem até o direito de, a partir

---

[194] Este (arrepiante) argumento foi utilizado na justificação da lei de 2004 que em França proibiu o uso de símbolos religiosos pelos alunos (cf. S. GUERREIRO, "Símbolos de Deus...", cit., 1095) e também no voto dos três juízes vencidos na decisão de 2003 do Tribunal Constitucional Federal alemão a que já fizemos referência – cf. M. MAHLMANN, "Religious Tolerance...", cit., 1108. No direito português vigente, veja-se o disposto nos arts. 13º e 14º do Regime do Contrato de Trabalho em Funções Públicas, aprovado pela Lei n.º 59/2008, de 11 de Setembro, os quais proíbem qualquer discriminação no acesso à relação de emprego público ou na sua execução.

Este seria, a nosso ver, um caso claro de tal discriminação. Uma pessoa só pode ser julgada pelas suas acções, e não por um símbolo que traga consigo; e mesmo que se discorde do modo de ver a vida para o qual um símbolo remete, a pessoa humana que o traz é uma entidade distinta (e quem sabe, *crítica*) desse modo de vida proposto pela religião, tendo sempre as suas *humanas razões* para usar esse símbolo – cf. M. MAHLMANN, "Religious Tolerance...", cit., 1115.

[195] O que é apenas uma consequência de que o Estado não pode privilegiar a "razão secularizada" sobre a "razão teológica", sendo à luz do Direito português "constitucionalmente inadmissível a degradação estadual do fenómeno religioso ao estatuto de manifestação cultural inferior, produto da superstição ou da menoridade intelectual" – J. J. GOMES CANOTILHO/J. MACHADO, "Bens culturais...", cit., 29.

dos 16 anos (cf. art. 11º/2 LLR), escolher receber educação moral e religiosa e pertencer a uma religião. Ora, como nota Mathias Mahlmann, se uma tal opção existe, como se pode permitir que sejam negados os elementos para a fazer de forma consciente?[196]

No limite, a discussão *jurídica* sobre os símbolos religiosos no contexto da prestação de serviços públicos como a educação ou a justiça deve ser balizada pela referência ao princípio jurídico *organizatório* essencial da não confessionalidade do Estado, com o seu comando claro de *não identificação* com qualquer religião; e tem de ser privada de todo o ruído introduzido pelas muitas motivações sociológicas contraditórias que estão presentes na discussão conduzida em outros fóruns[197].

Situada a questão desta maneira, é a não confessionalidade do Estado, *um princípio básico e incontestado do ordenamento jurídico português,* que tem como *consequência* que o Estado enquanto instituição não pode identificar-se com qualquer religião, pelo que eventuais expressões simbólicas dessa identificação – isto é, aquelas expressões simbólicas cujo sentido é *exclusivamente ou primariamente* o de uma identificação religiosa *do Estado* com uma religião[198] – não são admitidas[199]. A laicidade *do Estado* impõe-no.

---

[196] M. MAHLMANN, "Religious Tolerance...", cit., 1110.

[197] Como notaM. MAHLMANN, "Religious Tolerance...", cit., 1109, os argumentos dos interessados na proibição do uso do hijab nas escolas vão desde "a esperança de server o Cristianismo reduzindo influências islâmicas, a condenação de qualquer expressão de escolhas políticas e religiosas por funcionários públicos, a vontade de fomentar o ateísmo com a proibição dos símbolos religiosos, concepções estritas sobre a neutralidade do Estado ou o laicismo, esperanças de emancipação das mulheres muçulmanas ou medo do agudizar da desintegração dos imigrantes e aumento das tendências intolerantes na comunidade imigrante, ou pura xenofobia, para nomear alguns". Cf. também, a propósito do caso francês e da particular (difícil) relação com o Islão, S. GUERREIRO, "Símbolos de Deus...", cit., 1099 ss.

[198] Dizemos "exclusivamente ou primariamente" porque há símbolos que têm conotações mistas, o que é um resultado da história e da cultura, que não podem ser eliminadas por voluntarismos estéreis. Na bandeira portuguesa, por exemplo, encontram-se diversas referências de ascendência religiosa, incluindo às cinco chagas de Cristo, mas parece que ninguém exigirá, com base no princípio da não confessionalidade do estado, que a bandeira (aliás insuspeita: é a bandeira *republicana*) seja alterada. Como explica J. MACHADO, *Liberdade religiosa...* cit., 360-361, a separação é um princípio, ou seja, um imperativo de optimização, e não uma regra, aplicável numa lógica de tudo ou nada. Por isso, como prossegue o mesmo Autor, pode haver e certamente há casos onde a separação não é total, como é o caso dos múltiplos aspectos do funcionamento da comunidade política portuguesa nos quais a relevância cultural de uma religião – a católica – a isso leva.

[199] Convergimos, por isso, no essencial, com a posição de P. CONSORTI, *Diritto e religione,* cit., 158.

Mas se é o princípio *organizatório do Estado* que está em causa, então, em compensação, a expressão individual da pertença religiosa, quer pelos trabalhadores do Estado (que não deixam de ser pessoas), quer por aqueles que entram em relação com o Estado, como os alunos de uma escola pública, não pode ser limitada, a não ser que existam ponderosas razões para esse efeito, à partida também dotadas de protecção constitucional. Por exemplo, pode admitir-se que a utilização de símbolos religiosos pelos alunos numa escola seja vedada *se* ela for feita no contexto de uma forma de proselitismo que violente a liberdade de consciência, ou *se* se demonstrar que há uma situação particular onde essa utilização poria em causa a segurança geral da comunidade escolar ou de alguém em particular, cifrando-se como uma *provocação*[200]. Aí estaremos no quadro de uma simples operação de ponderação de bens e valores de acordo com directrizes de proporcionalidade, partindo do ponto firme de que a liberdade religiosa não é um direito ilimitado[201]. O que não é minimamente defensável e é mesmo *perigoso*, tendo em conta que estamos perante direitos fundamentais de liberdade, é que qualquer norma ou decisão *parta do princípio* de que a expressão da religião por uma pessoa é susceptível de causar dano à liberdade de consciência ou à segurança de outra ou outras pessoas, porque isso seria a mesma coisa que admitir que uma manifestação *por princípio* pode gerar desacatos, ou a publicação de um jornal *por princípio* pode gerar ofensas ao bom nome, e por isso o melhor seria tais actividades não serem permitidas[202].

---

[200] Era esse o sentido de diversas normas administrativas vigentes em França, bem como da jurisprudência, antes da lei de 2004 sobre os símbolos religiosos – cf. a referência em S. GUERREIRO, "Símbolos de Deus...", cit., 1096 ss.

[201] Convém não esquecer que a liberdade religiosa não garante a ninguém o direito de manifestar *sempre e independentemente do contexto* a sua fé religiosa; os limites gerais do exercício de qualquer direito fundamental são aplicáveis. Assim, a propósito da jurisprudência do TEDH, S. GUERREIRO, "Símbolos de Deus...", cit., 1107. V. genericamente, sobre os limites à liberdade religiosa, J. MACHADO, *Liberdade religiosa...* cit., 280 ss; P. PULIDO ADRAGÃO, *A liberdade religiosa...* cit., 411 ss.

[202] Próximos destas considerações, embora a outro propósito, insurgindo-se contra uma posição da Câmara Municipal do Porto da qual parecia resultar que o uso religioso de um imóvel de interesse cultural, *só por si*, poria em causa a preservação desse património, pode ver-se J. J. GOMES CANOTILHO/J. MACHADO, "Bens culturais...", cit., 33-34.

iii) Ausência de atribuições e competências sobre matéria religiosa

Além do comando de não identificação, como vimos, a não confessionalidade representa igualmente uma *delimitação negativa de competência* (ou até melhor: de *atribuições*) dos órgãos do Estado sobre um conjunto de questões: as que a lei considera "questões religiosas". Pode falar-se numa diferenciação *teleológica*, isto é, de *fins*, entre o Estado e a esfera religiosa[203].

Com a afirmação do carácter não confessional do Estado trata-se de reconhecer a sua "radical incompetência" para fazer juízos de valor sobre religião[204]. É este, aliás, um dos fundamentos do comando de não identificação: é também porque o Estado não tem competência para decidir qual o melhor caminho para a salvação espiritual das pessoas que ele não pode identificar-se com qualquer confissão. Da mesma maneira, o Estado não tem competência para decidir *afastar* a *resposta religiosa* como uma resposta possível à procura de sentido. Com efeito, o facto de o direito impor que *o Estado* seja laico não significa nem pode significar que o direito imponha ou sequer *sugira* que *as pessoas* sejam laicas[205].

O princípio tem ainda outros corolários: é por força desta delimitação competencial negativa que as autoridades estatais (e portanto, também administrativas) não podem decidir questões estritamente internas sobre o funcionamento de uma confissão[206] ou sobre os respectivos aspectos doutrinais[207]. Isso também significa que é inadmissível que o Estado tenha, di-

---

[203] J. MACHADO, *Liberdade religiosa...* cit., 357.

[204] M. CORTÉS DIÉGUEZ, "Del Concilio Vaticano II...", cit., 247. Já assim, P. BELLINI, "Confessioni religiose", cit., 926, que sublinha, bem, que a colocação da aconfessionalidade do Estado como um problema de incompetência é uma construção bem mais avançada do que a da defesa de uma "indiferença" do Estado face à religião. Veja-se ainda VALERIO TOZZI, "Quale regime per i rapporti Stato-chiese in Italia?", *Il Diritto Ecclesiastico*, CXVI, (2-3), 2005, pp. 536 ss., 548; D. ZACHARIAS, "Access of Muslim Organizations...", cit., 1320; G. CASUSCELLI, "Perché temere una disciplina...", cit., 42-43.

[205] P. M. GARRY, "The Myth of Separation...", cit., *passim*, por exemplo 500, em conclusão. O autor reflecte sobre o direito constitucional norte-americano, mas a afirmação é plenamente partilhável.

[206] Sem prejuízo, obviamente, de os tribunais terem de ser chamados a intervir se os actos internos da confissão violam regras jurídicas imperativas do ordenamento nacional: assim, RPt 19-02-2008 (Carlos Moreira), proc. 726795.

[207] Em alguns momentos, os paralelos parecem tocar-se: por exemplo, o exercício de alguns direitos colectivos pode exigir que uma autoridade administrativa tenha de aferir qual é, à luz dos estatutos de uma pessoa colectiva religiosa, a pessoa singular que tem

recta ou indirectamente, qualquer postura contrária à emergência de novas confissões religiosas, mesmo que se apresentem como resultado de cisão de confissões existentes, como aconteceria se o Estado prejudicasse uma entidade por ser uma "seita" ou uma "heresia". Com efeito, o Estado aconfessional não pode ter qualquer posição de observância ou de promoção da observância da ortodoxia de qualquer confissão. Isto tem como consequência que do ponto de vista da tutela da liberdade religiosa, um conjunto de pessoas que pertencia a uma confissão, seguiu um caminho diferente da maioria[208] e conseguiu implantação tem tanta legitimidade a exigir o seu reconhecimento como pessoa colectiva religiosa (v. *infra*) e a beneficiar dos direitos daí emergentes como a confissão da qual originou.

A esse entendimento não obsta o facto de o art. 22º/2 da LLR reconhecer a possibilidade de cláusulas de salvaguarda da identidade religiosa e do carácter próprio da confissão professada. Esse reconhecimento não tem por sentido transferir para o Estado qualquer poder ou dever de implementar essas cláusulas, mas é antes um corolário da liberdade de auto-organização e auto-compreensão da comunidade religiosa, que tem o direito de ser coerente com os seus princípios federadores. Retomando ideia acima expressa, as cláusulas de salvaguarda têm de ser tomadas pelo Estado como um dado, de acordo com os princípios da separação e aconfessionalidade, na estrita e justa medida em que possam ter consequências relevantes do ponto de vista de relação *daquela confissão* com o Estado. Por exemplo, o funcionamento de uma dessas cláusulas de salvaguarda pode significar que um anterior representante dessa confissão perca essa qualidade, o que o Estado terá de tomar em conta, na medida em que as acções dessa pessoa deixarão de vincular a igreja ou comunidade religiosa. Mas obviamente, já não pode uma confissão, por força de uma cláusula de salvaguarda, prejudicar ou impedir, com o concurso do Estado, a liberdade religiosa de

---

poder de representar aquela num procedimento administrativo, ou que pode exercer as funções de ministro de culto. No entanto, nesse caso, a autoridade administrativa deverá tomar o resultado da aplicação de tais estatutos como um dado de facto indisponível, e certamente que a uma sua eventual tomada de posição sobre esse assunto nunca poderá ser atribuída qualquer eficácia produtora de efeitos jurídicos: tratar-se-ia sempre de acto nulo, por incompetência absoluta (falta de atribuições), nos termos do art. 133º/2/b) do CPA.

[208] A palavra "seita" tem duas etimologias concorrentes, ambas do latim: *secta*, particípio passado do verbo *sequire* (seguir), com o sentido de "caminho"; e o homónimo *secta*, particípio passado do verbo *secare* (cortar), que passou a fazer parte do conjunto semântico da palavra "seita", tendo em conta que desde cedo esta palavra passou a ser utilizada para significar uma cisão (portanto, um corte) a partir de uma religião maioritária.

outras pessoas ou comunidades, incluindo das que já pertenceram a essa confissão: essas, evidentemente, gozarão de todos os direitos de liberdade religiosa individual *e colectiva* – como a doutrina frequentemente sublinha, muitas religiões têm características sectárias na sua origem[209].

b) Cooperação

Como já se disse, a LLR consagra, no art. 5°, o princípio da cooperação do Estado com as igrejas e comunidades religiosas, em atenção à parcial comunidade de fins, expressamente admitida no próprio preceito. Expressão de um regime de separação – só nesses é possível a cooperação[210] – o princípio da cooperação é, contudo, a *diferença específica* de um modelo como o português face a outros modelos mais interessados em garantir apenas que não ocorrem "contaminações" recíprocas entre Estado e religião. O princípio da cooperação vai mais além do que isso, como se verá.

O princípio em apreço está, contudo, aparentemente formulado, na LLR, de um modo que pode ser considerado restritivo: literalmente, o Estado só cooperaria com as igrejas ou comunidades *radicadas em Portugal*, subconjunto relativamente restrito das igrejas ou comunidades presentes no país (como veremos *infra*); só em relação a elas se verificaria a tal comunidade de fins com o Estado.

Esta limitação, contudo, tem de ser relativizada. O legislador foi claramente traído pela vontade de dizer diversas coisas num só preceito, de forma sintética. Assim, a análise da LLR e do resto do ordenamento nacional revela que o princípio da cooperação se estende a *todas* as comunidades religiosas, sejam elas radicadas ou não.

Não se trata de uma interpretação *contra legem*: a própria LLR é inequívoca quando estabelece formas de cooperação (*lato sensu*) entre o Estado e as confissões religiosas, não exigindo a respectiva radicação. Qualquer igreja ou comunidade *inscrita* pode exercer ensino religioso nas escolas públicas (art. 24° LLR), o que pressupõe uma cooperação estreita, quanto mais não seja na utilização, pelas comunidades, do espaço escolar público; qualquer igreja ou comunidade tem também acesso, no âmbito dos servi-

---

[209] A. Folque, "Portugal a caminho da liberdade religiosa", cit., 272.
[210] Como sublinha J. Miranda, "A Constituição e a Concordata...", cit., 110.

ços públicos de radiotelevisão e radiodifusão, a tempos de antena (art. 25º LLR), o que pressupõe a disponibilização desse espaço pelos prestadores desses serviços públicos; o dever de ouvir as igrejas ou comunidades sobre a afectação de espaços religiosos em planos é igualmente independente da radicação (art. 28º LLR); a maior parte dos benefícios fiscais são dados também independentemente dessa qualidade (art. 32º LLR).

Por que razão, então, o princípio da cooperação aparece enunciado com tamanha parcimónia no art. 5º da LLR? Parece-nos que para marcar o lugar particular reservado às igrejas e comunidades radicadas, do ponto de vista das suas relações com o Estado. Com efeito, como veremos, as igrejas e comunidades radicadas são as únicas que têm acesso a uma figura que procura aproximar-se das fontes concordatárias – os acordos dos arts. 45º a 50º da LLR – assim como são as únicas que têm assento por direito próprio na Comissão da Liberdade Religiosa, e ainda uma série de outras vias de colaboração com o Estado que não estão ao dispor das comunidades não radicadas (v. *infra*). Porém, a existência de diversos graus ou formas de cooperação não permite dizer que a cooperação só existe para as confissões radicadas, mas apenas que, pela sua maior expressão e presença no território português, essas confissões poderão cooperar de *forma qualificada* com o Estado.

Este último ponto leva-nos, por fim, à última indicação relevante que o legislador incluiu no art. 5º da LLR: a já referida possibilidade de diferenciação das confissões religiosas segundo a sua representatividade. Compreende-se que o legislador tenha querido apontar um critério de representatividade especificamente no âmbito da *cooperação* do Estado com as confissões religiosas. Com efeito, basta pensar, por exemplo, que a cooperação estatal pode envolver a afectação de recursos públicos escassos, sendo necessário encontrar critérios de selecção adequados; aquilo que o art. 5º da LLR comunica é que a representatividade pode ser um desses critérios. Porém, voltamos a notar que com a ânsia de tudo dizer numa formulação sintética, o legislador encerrou mais uma ideia geral numa expressão demasiado restrita. Manifestamente, não é só entre as igrejas e comunidades *radicadas* que vigora o critério da representatividade, o que mais uma vez é confirmado pela própria LLR, quando a propósito da distribuição do tempo de antena dado às confissões religiosas, se refere expressamente ao critério da representatividade, aplicando-o a todas as confissões *inscritas* (art. 25º/2 LLR). Note-se, por fim, que o entendimento do princípio da cooperação no sentido amplo que propomos é essencial para que o mesmo não seja "encerrado" num qualquer domínio restrito e fechado onde a cooperação só existiria entre o Estado e uma ou duas confissões "de confiança", ou porventura mesmo uma confissão dominante[211]. A cooperação é um princípio transversal, que certamente beneficia todas as expressões do fenómeno religioso, embora, como é evidente, não tenha de as beneficiar do mesmo modo – há, e tem sentido que haja, graus diferentes de cooperação.

Assim, retira-se do art. 5º da LLR um princípio de largo alcance, susceptível de modelar profundamente as relações entre o Estado e os diversos sujeitos religiosos. Em particular, o princípio, em articulação com as demais normas da LLR e do sistema que permitem e regulam formas específicas de cooperação, surge como conferindo sempre ao Estado (aqui, entendido em sentido amplo) a possibilidade de estabelecer (mormente por via contratual – v. o art. 51º da LLR) quaisquer formas de prossecução concertada das missões respectivas que sejam consideradas adequadas, seja pela disponibilização temporária[212] ou definitiva[213] de espaços físicos às confissões religiosas, pela atribuição de apoio técnico ou mesmo pela atribuição de apoios financeiros[214] a actividades das confissões que sejam

---

[211] Prevenção justa que é feita por J. MACHADO, *Liberdade religiosa...* cit., 340. Já não seguimos o mesmo autor quando prossegue (pp. 341-342) fazendo uma associação mais do que duvidosa entre o princípio da cooperação (e os que o defendem) e a defesa da protecção da confissão dominante, ou a prossecução de um bem comum confessional, ou a tolerância caritativa para com o erro.

[212] O princípio da cooperação é, por exemplo, respaldo mais do que suficiente para a atuação de promoção e apoio do Município de Lisboa na recente visita do Papa Bento XVI a Portugal, disponibilizando uma praça central da cidade para a celebração de um acto de culto. Trata-se de um bom exemplo de assunção descomplexada, pelo poder público, de que uma colaboração próxima com uma confissão não é necessariamente uma violação do princípio da não confessionalidade ou uma diferença de tratamento injustificada. Uma postura que defendesse a impossibilidade de tal promoção e apoio colocaria o fenómeno religioso numa posição inferiorizada face, por exemplo, a um qualquer festival de Verão, ou a um espectáculo de acrobacias com aviões – actividades culturais que ninguém pensa em dizer que um município não possa apoiar...

[213] Veja-se a sugestão de J. MACHADO, *Liberdade religiosa...* cit., 396, no sentido de as autarquias disponibilizarem às confissões religiosas minoritárias terrenos onde estas possam construir os seus edifícios de culto. Com efeito, parece-nos uma possibilidade que, mesmo na ausência de outra norma específica, encontra fundamento no princípio da cooperação (articulado com o princípio da igualdade na sua vertente de igualdade material).

[214] Com efeito, não vemos, à partida, qualquer problema na atribuição de financiamentos públicos (seja directamente, seja, indirectamente, como acontece, no fundo, com as isenções e benefícios fiscais) a actividades das entidades religiosas, desde que, obviamente,

susceptíveis de produzir os frutos de *coesão* e *promoção da dignidade* que historicamente a pertença religiosa tem originado.

Além disso, pela forma como está formulado, o princípio da cooperação veda, sem margem para dúvidas, quaisquer normas ou decisões administrativas que assentem em pressupostos de *menorização*, sob qualquer forma, pelo poder público, do fenómeno religioso – em consonância, por isso, com a regra constante do art. 17°/3 TFUE. Como se retira da formulação do art. 5° da LLR, as entidades religiosas prosseguem fins em grande medida semelhantes (embora não iguais, nem da mesma forma) a alguns fins de interesse público, o que ajuda a sustentar e compreender algumas soluções existentes (como o dever de prever espaços de uso religioso nos planos – art. 28°/2 LLR), e porventura a *construir novas soluções* baseadas em pressupostos análogos.

c) Igualdade e não discriminação

A igual liberdade de todas as confissões religiosas constitui um elemento essencial da laicidade[215]. O princípio da igualdade surge na LLR quer na sua formulação constitucional, como uma proibição de discriminação com base em diversas categorias suspeitas (cf. art. 2°/1 LLR e art. 13° CRP), quer, ainda, sob a forma de uma proibição de discriminação por referência às igrejas ou comunidades religiosas colectivamente consideradas: "O Estado não discriminará nenhuma igreja ou comunidade religiosa relativamente às outras" (art. 2°/2 LLR).

O princípio da igualdade e não discriminação vincula toda e qualquer actividade administrativa, independentemente da sua forma: afirmação particularmente relevante perante os fenómenos emergentes de regulação pela informação e atuação administrativa informal. Na verdade, a simples divulgação de informação por entidades públicas pode

---

se encontre nessas actividades o carácter de interesse público que tem de estar pressuposto em qualquer afectação de fundos públicos. Na verdade, contrariamente ao entendimento que entre nós já foi perfilhado por J. MACHADO, *Liberdade religiosa...* cit., 367 ss, não nos parece que haja, à partida, qualquer razão para um cidadão católico ou muçulmano se sentir discriminado e oprimido com a atribuição de uma parte dos seus impostos a outra confissão que não a sua.

[215] G. CASUSCELLI, "Perché temere una disciplina...", cit., 28, embora não concordemos com algumas das consequências que o Autor daí parece retirar.

ser violadora do princípio da igualdade entre confissões religiosas, por exemplo se constituir (ou induzir) uma diferença de tratamento injustificada[216]. Dado que a atuação informal e em geral as formas de atuação não unilateralmente vinculativas da administração não se colocam fora da vinculação à juridicidade[217], os particulares poderão reagir contra elas, quer promovendo a sua cessação quer, no limite, havendo danos, exigindo o respectivo ressarcimento, se se verificarem os demais pressupostos da responsabilidade civil.

A igualdade exige em alguns casos a adopção de normas de garantia da igualdade formal, noutros a garantia da igualdade material[218]. Se, como vimos acima, os Estados têm de reconhecer os cidadãos como eles são, isso significa necessariamente reconhecer que os cidadãos não são uma entidade abstracta e homogénea, mas entidades concretas e diferenciadas. Os Estados estão vinculados, desta forma, ao reconhecimento da diversidade

---

[216] Vejam-se os dois casos referidos por D. ZACHARIAS, "Protective Declarations Against Scientology...", cit., 834 ss: no primeiro, decidido pelo Tribunal Constitucional federal, o Governo federal alemão emitiu um comunicado no qual dava informação aos cidadãos sobre um determinado movimento que era qualificado, entre outros adjectivos, como "psico-seita", afirmando ainda o comunicado que esse movimento manipularia os seus membros. No segundo, decidido pelo Tribunal Administrativo federal, a cidade de Hamburgo distribuiu às empresas uma "declaração", aconselhando essas empresas a fazer os seus clientes e fornecedores assiná-la. Tratava-se de uma declaração de não pertença à chamada Igreja da Cientologia, e o objectivo era evitar que as empresas tivessem perdas de imagem por terem relações comerciais com pessoas que depois viessem a ser associadas àquela Igreja (genericamente acusada de utilizar a capa da religião para esconder uma actividade essencialmente comercial). Um membro da Igreja da Cientologia, que explorava uma creche na qual também fornecia suplementos vitamínicos, recusou-se a assinar a declaração que lhe foi apresentada pelo fornecedor desses suplementos. Este, na sequência dessa recusa, cessou as relações comerciais entre ambos. A cidadã em causa, invocando a protecção constitucional da liberdade religiosa, demandou a cidade de Hamburgo, exigindo (e conseguindo) que esta parasse de distribuir a declaração.

[217] Assim, PEDRO GONÇALVES, "Advertências da Administração Pública", in AA/VV, *Estudos em Homenagem ao Prof. Doutor Rogério Soares*, Studia Iuridica 61, Ad Honorem 1, Coimbra: Coimbra Editora, 2001, pp. 723-796, 756 e nota; PAULO OTERO, *Legalidade e Administração Pública. O sentido da Vinculação Administrativa à Juridicidade*, Coimbra: Almedina, 2003, 916-917; BERNARDO DINIZ DE AYALA, "A actividade contratual e negociações informais da Administração; dois modos de actuação administrativa com oscilações na tutela jurisdicional do particular", in AA/VV, *Estudos em Homenagem ao Professor Doutor Sérvulo Correia*, Vol. II, Lisboa: Faculdade de Direito da Universidade de Lisboa/Coimbra Editora, 2010, pp. 239-276, 269.

[218] J. J. GOMES CANOTILHO/J. MACHADO, "Bens culturais...", cit., 24-25.

em matéria religiosa, numa perspectiva que permite e poderá mesmo exigir normas de diferenciação entre confissões[219].

Pode mesmo afirmar-se que em alguns casos, é a falta de diferenciação entre confissões, com a adopção de normas estritamente neutrais, que pode pôr em perigo a liberdade religiosa, já que tais normas poderão ser inócuas para as religiões bem sedimentadas, mas de cumprimento desproporcionadamente difícil para as confissões emergentes[220]; na atuação das entidades administrativas deverá ser tido em conta que as minorias religiosas, por o serem, estão mais expostas aos "obstáculos de facto" colocados ao exercício da liberdade religiosa, que poderão funcionar como discriminações indirectas[221]. Trata-se da questão delicada da protecção das minorias religiosas, relevante na história portuguesa mais recente, onde (como é regra no direito comparado) o caminho tem sido não o de anular os direitos de que os católicos gozam, mas antes estendê-los a outras confissões[222].

Se a afirmação do princípio da igualdade na sua vertente de igualdade material é clara, mais difícil é a sua implementação, particularmente nas múltiplas instâncias onde pode surgir a eventual relevância da representatividade social de uma ou mais confissões religiosas como fundamento de qualquer medida do poder público. Será admissível, por exemplo, à luz do princípio constitucional da igualdade, a criação de órgãos com representantes das confissões, cuja composição reflicta a representatividade social das mesmas? Ou que esse mesmo critério seja utilizado na distribuição de espaços de culto nos planos urbanísticos?[223]

Como princípio, há sem dúvida aspectos da liberdade religiosa que têm de valer para todos os indivíduos e confissões, independentemente do número dos seus fiéis[224]. Contudo, trata-se de princípios, e como tal é possível introduzir diferenciações aí onde elas se justifiquem pelos métodos

---

[219] Assim, J. J. GOMES CANOTILHO/J. MACHADO, "Bens culturais...", cit., 24-25; J. MIRANDA, "A Constituição e a Concordata...", cit., 105-106. É, como nota Jorge Miranda, o entendimento perfilhado também pela jurisprudência do Tribunal Constitucional, da qual se pode assinalar o acórdão n.º 423/87 (Monteiro Dinis), proc. 110/83. Na doutrina estrangeira, R. PUZA, "Citoyens et fidéles...", cit., 395.

[220] J. J. GOMES CANOTILHO/J. MACHADO, "Bens culturais...", cit., 28, 31; J. MACHADO, *Liberdade religiosa...* cit., 396.

[221] G. CASUSCELLI, "Perché temere una disciplina...", cit., 32.

[222] A. FOLQUE, "Portugal a caminho da liberdade religiosa", cit., 272-273.

[223] Parecendo insurgir-se contra tal possibilidade, J. J. GOMES CANOTILHO/J. MACHADO, "Bens culturais...", cit., 28, nota.

[224] Neste sentido, J. MIRANDA, "A Constituição e a Concordata...", cit., 106.

e técnicas normais, em atenção a outros fins valiosos. Uma pessoa pode sem dúvida iniciar, ela própria, uma religião e o culto respectivo; mas não é aceitável que a partir do momento em que consiga converter para essa fé duas ou três pessoas, esse grupo possa constituir uma pessoa colectiva religiosa e celebrar com o Estado português acordos que condicionam o conteúdo de uma lei da Assembleia da República, como acontece com aquelas que a lei chama *igrejas ou comunidades radicadas* (v. *infra*).

Desenvolvamos este último exemplo: com efeito, a criação desta diferenciação, deste *subconjunto* das pessoas colectivas religiosas *radicadas*, com regime autónomo no quadro das formas jurídicas de exercício da liberdade religiosa, é, habitualmente, objecto de críticas em todos os ordenamentos onde se encontre consagrada. Embora haja cambiantes, a crítica assenta na ideia geral segundo a qual não deve admitir-se que haja uma consagração *gradual* da liberdade religiosa, em que há cidadãos que, por fazerem parte de uma certa confissão religiosa não reconhecida, têm uma certa medida de direitos e liberdades em matéria religiosa; outros, por pertencerem a uma confissão reconhecida, têm esses e mais alguns; outros, por pertencerem a uma confissão reconhecida *e radicada*, têm ainda mais algumas vantagens; e ainda poderia acrescentar-se, no nosso direito, a situação de máxima vantagem, que seria a de pertencer a uma confissão radicada *que tenha celebrado um acordo com o Estado nos termos dos arts. 45º a 50º da LLR*, ou à Igreja Católica.

Para os autores que perfilham esta crítica, a criação de graus ou escalões diferentes de acesso aos benefícios públicos seria ilegítima, porque, argumenta-se, *todos os cidadãos devem ter igual liberdade religiosa*; não deve existir uma liberdade religiosa para os católicos (por exemplo), e outra (menor) para os membros de outras confissões reconhecidas, e eventualmente outra ainda para aqueles cujas confissões não sejam reconhecidas[225]. Esta posição nega, igualmente, a possibilidade de recorrer a índices como a aceitação ou implantação social das confissões para diferenciar regimes jurídicos, com os argumentos de que isso seria conferir relevância a flutuações sociológicas e abdicaria da tarefa de protecção das minorias[226].

Pela nossa parte, não hesitamos em considerar que as diferenciações em termos de representatividade das confissões são constitucional e legalmente admissíveis, à luz de uma concepção adequada do princípio da

---

[225] Nesta linha, v.g., G. CASUSCELLI, "Perché temere una disciplina...", cit., 25-26.
[226] G. CASUSCELLI, "Perché temere una disciplina...", cit., 27.

igualdade. A lei dá múltiplas indicações nesse sentido (como se viu já a propósito do princípio da cooperação, e como se pode ainda ver a propósito da composição da Comissão da Liberdade Religiosa e da Comissão do Tempo de Emissão das Confissões Religiosas – cf. *infra*) e em determinados contextos de atribuição ou distribuição de recursos escassos (como são, por exemplo, os espaços físicos destinados à assistência religiosa num hospital, ou os apoios financeiros), isso parece mesmo impor-se.

Por outro lado, pode mesmo perguntar-se se, no âmbito de um Estado de Direito democrático de direitos fundamentais, a diferenciação em termos de representatividade social não poderá mesmo impor-se, quando se apresenta apenas como uma função da representatividade de um certo modo de viver. Uma ordem constitucional tem de ser aberta a sensibilidades diversas, restando apenas saber se todas essas sensibilidades têm igual *valor* para a comunidade na qual se querem afirmar. Partindo do princípio que uma dada ordem de valores existe numa sociedade, pode perguntar-se, com pertinência, se as minorias não terão de procurar *activamente* o seu lugar, constituindo a superação desse "teste" a contraprova do respectivo valor de criação de coesão social, ao invés de se conferir a uma confissão representatividade exactamente igual às demais, quando ela apenas conseguiu um lugar marginal na cultura de uma comunidade[227]. Estas considerações têm como principal consequência que é compreensível e justificável, à luz do princípio da igualdade, a criação de graus diferentes de acesso a vantagens atribuídas em relação com o fenómeno religioso, por exemplo através da consagração de regimes diferenciados entre os grupos religiosos informais e os que se constituem em pessoas colectivas, ou entre as pessoas colectivas inscritas e as que sejam inscritas *e radicadas*, apenas para dar exemplos com consagração no nosso direito.

d) Tolerância

Porventura o mais inovador e inesperado dos princípios jurídicos do direito da religião aparece-nos no art. 7º da LLR, com a epígrafe "princípio da tolerância".

---

[227] Assim, retirando daí várias consequências práticas, designadamente na composição de órgãos de representação de interesses sociais, K.-H. LADEUR/I. AUGSBERG, "The Myth of the Neutral State...", cit., 151.

Com tal designação, quis o legislador consagrar, no fundo, um princípio sobre a resolução de conflitos em matéria de liberdade religiosa. Aí se dispõe, com efeito, que "[o]s conflitos entre a liberdade de consciência, de religião e de culto de uma pessoa e a de outra ou outras resolver-se-ão com tolerância, de modo a respeitar quanto possível a liberdade de cada uma".

Pode perguntar-se, contudo, se tal princípio tem efectivamente um conteúdo preceptivo, ou se se apresenta como uma espécie de declaração voluntarista de boas intenções. E mesmo que se considere que há esse conteúdo preceptivo, será que o suposto princípio da tolerância tem autonomia suficiente dos já conhecidos princípios da proporcionalidade ou da concordância prática, que também mandam, em caso de conflito entre direitos, privilegiar a solução que melhor consiga salvaguardar a máxima expansão dos direitos em questão.

Trata-se, como é evidente, de uma pergunta que só poderá ser respondida cabalmente com alguma experiência de aplicação do preceito. À partida, diríamos que existe, porventura, um sentido específico para um princípio da tolerância no direito da religião; esse sentido é o de comunicar que *como ponto de partida, as posições sobre liberdade de consciência, religião e culto podem ser conciliáveis*. Isto é, o "valor acrescentado" que o princípio da tolerância parece trazer é o de uma afirmação da *possibilidade de princípio* da *satisfação de todos os direitos*, e da procura *activa* desse resultado. É, num certo sentido, uma positivação *qualificada* do princípio da proporcionalidade; qualificada, porque enquanto o princípio da proporcionalidade apenas procura a solução que signifique, para os direitos em presença, a máxima satisfação possível, não tomando partido sobre se é possível ou não essa satisfação, o princípio da tolerância oferece *um ponto de vista material, pois afirma que em princípio o resultado da ponderação permitirá que nenhum dos direitos seja excluído.*

O que se retira, pois, a nosso ver, do princípio da tolerância é uma indicação simbólica do legislador no sentido de que tem de ser procurada uma solução *que permita a coexistência* de todas as posições, para os conflitos que envolvam confronto de posições diferentes sobre matérias de consciência, religião e culto. É o direito a assumir a sua proximidade com um *diálogo*: tal como numa conversa, o direito assenta na possibilidade de outra consciência, de outra verdade, que impõe dar a conhecer as nossas razões, não usar as nossas convicções como arma e não demonizar o adversário[228].

---

[228] G. CASUSCELLI, "Perché temere una disciplina...", cit., 44, referindo-se ao pensamento de Guido Calogero, que vê a essência do direito como um diálogo.

Poderíamos dizer, continuando a imagem, que o legislador procura aqui afirmar que quando um crente, ou dois crentes que crêem em coisas diferentes, e um não crente se encontram, é importante a discussão travada sobre as razões de cada um, mas em princípio ela não impedirá que cada um trate o outro por "caro amigo"[229].

A simples explicação deste que nos parece ser o conteúdo preceptivo do princípio da tolerância – no fundo, esta afirmação de que para o legislador, em princípio *não é impossível ter convicções profundas e conviver com convicções diferentes* – poderia levar a pensar que o mesmo está muito longe de ter reflexos concretos no direito positivo. Essa conclusão, para nós, seria precipitada. Tanto quanto vemos, o princípio da tolerância tem uma consequência imediata, que é a de *desautorizar, em princípio, tomadas de posição segundo as quais a diferença de convicções seja, sem outras provas e outros fundamentos,* razão para prescindir de uma satisfação de todos os interesses em presença. O princípio da tolerância aponta no sentido de que salvo demonstração em contrário, é *sempre possível* aquilo que já foi designado, numa expressão feliz, como a "separação institucionalizada entre a fé individual e a política"[230], isto é, a capacidade de cada um de, nas relações sociais, estar com outros que não partilham das mesmas convicções sobre o sentido da vida.

Uma pequena ilustração, que porventura pode servir para abrir perspectivas sobre o campo de intervenção do princípio. O princípio da tolerância, em nosso entender, obriga, por exemplo, a fazer a demonstração de que *um espaço físico não pode ser partilhado por várias confissões religiosas e mesmo por várias sensibilidades (religiosas ou não)*. Com efeito, perante um problema de escassez de espaço para levar a cabo uma certa actividade, o princípio da tolerância *aponta com clareza* no sentido de que *não há nenhuma razão para,* prima facie, *os vários envolvidos não conseguirem coexistir*. Por isso, terão de ser os interessados em que essa partilha *não* se faça a demonstrar a impossibilidade ou inconveniência de isso acontecer. Estas considerações podem mesmo autorizar, por exemplo, que o próprio legislador adopte soluções de promoção activa e concreta da tolerância[231].

---

[229] Como fazem, poe exemplo, no meio do mais ardoroso despique, o cardeal da Igreja Católica Philippe Barbarin e o filósofo agnóstico, republicano e laico Luc Ferry, em *Quel devenir pour le christianisme?*, Paris: Salvator, 2009, pp. 102-104.
[230] K.-H. LADEUR/I. AUGSBERG, "The Myth of the Neutral State...", cit., 145.
[231] Como veremos adiante, isso parece ter acontecido no âmbito do regime de assistência religiosa nas prisões e hospitais, onde a lei prevê que, se necessário, a Igreja Católica partilhe com as confissões cristãs os seus espaços de culto.

Provavelmente, a consideração da questão dos símbolos religiosos usados por funcionários e agentes públicos sob o prisma do princípio da tolerância também poderia oferecer contributos importantes.

2.3. Vinculação da administração à liberdade religiosa "individual" e "colectiva"

A doutrina distingue consensualmente entre dimensões individuais da liberdade religiosa e dimensões colectivas, reconhecendo a relevância particular destas para uma tutela adequada da liberdade religiosa[232]. Assim o fazem, também, a generalidade das fontes; começando pela Constituição, como vimos (art. 41º/1 e 4 CRP), passando pela LLR (cf. arts. 8º e ss. e 20º e ss.) e mesmo pela Concordata[233].

A consagração destas duas dimensões obedece a um movimento claro de reconhecimento da dimensão absolutamente central do colectivo no fenómeno religioso, e de certo modo de ultrapassagem de cisões artificiais entre o indivíduo e o grupo. Como já se notou, o reconhecimento de direitos aos grupos religiosos representa a ultrapassagem de uma concepção estritamente individualista da liberdade religiosa[234]; e a doutrina e a jurisprudência sublinham cada vez mais a íntima dependência entre a liberdade religiosa individual e a autonomia das confissões religiosas[235]. A protecção dos direitos colectivos de liberdade religiosa reforça, claramente, as condições práticas de exercício da liberdade religiosa individual.

É conveniente, apesar de tudo, manter a diferenciação entre as duas dimensões. A liberdade religiosa por vezes terá de exercer-se *pelo indivíduo contra o grupo*: o direito de *deixar de professar uma religião* (art. 9º/1/b) LLR) é exemplo disso. Aí está em causa a necessidade de conciliar a liberdade individual com a dimensão colectiva dessa liberdade, a pedir que o direito tenha particular atenção a esses casos em que uma pessoa pretende abandonar uma religião, para que deles não resulte violência para a sua consciência e património[236].

---

[232] Por exemplo: M. Cortés Diéguez, "Del Concilio Vaticano II...", cit., 246, 250-252.

[233] Sobre esta última, a propósito, A. L. Sousa Franco, "Princípios gerais...", cit., 19-20.

[234] P. M. Pedroso, "Os acordos...", cit., 75.

[235] G. Casuscelli, "Perché temere una disciplina...", cit., 29.

[236] A. Folque, "Portugal a caminho da liberdade religiosa", cit., 272.

Dúvida que se tem colocado é a de saber qual o real âmbito de aplicação das normas da LLR em termos de âmbito pessoal. Em nosso entender, as normas sobre as diversas dimensões subjectivas, individuais e colectivas, da LLR, aplicam-se, manifestamente, a todas as confissões religiosas, incluindo à Igreja Católica e aos seus membros[237]. Não obsta a essa conclusão a referência do art. 58º da Lei, a qual só se refere às disposições sobre igrejas e comunidades radicadas, e deve entender-se apenas como uma ressalva da primazia da Concordata (hoje, de 2004) sobre as normas da LLR, o que sempre resultaria da já mencionada natureza de tratado internacional daquele instrumento. Desta forma, o modelo de relações entre a LLR e a Concordata é o modelo de relações entre lei e direito internacional convencional. Como consequência, em tudo aquilo que sejam questões carecidas de regulação na relação entre o Estado português e a Igreja Católica, bem como nos direitos e obrigações dos católicos enquanto fiéis, e não encontre regulação na concordata, aplicar-se-ão os preceitos da LLR (ou de qualquer outro diploma geral). Esta conclusão é clara quanto às dimensões individuais da liberdade religiosa, que obviamente beneficiam todas as pessoas, incluindo os católicos, mas não pode excluir-se a possibilidade de outros aspectos do regime consagrado pela LLR poderem aplicar-se às pessoas colectivas religiosas católicas, caso o regime concordatário seja omisso.

A parte final do art. 58º da LLR pareceria fazer depender a aplicação de normas gerais, e particularmente das da LLR, de prévio acordo entre o Estado e a Igreja Católica ou de remissão expressa da lei. Mas não pode

---

[237] Neste sentido, em geral, embora entenda que há normas na parte relativa à liberdade colectiva que são normas sobre relações institucionais com a Igreja Católica (e por isso não lhe são aplicáveis), veja-se PAULO PULIDO ADRAGÃO/DIOGO GONÇALVES, "Educação religiosa católica nas escolas estatais, em Portugal: o estado da questão em 2006", in AA/VV, *Estudos sobre a nova Concordata Santa Sé - República Portuguesa (18 de Maio de 2004) - Actas das XIII Jornadas de Direito Canónico 4-6 de Abril de 2005. Estudos vários*, Lisboa: Universidade Católica Editora, 2007, pp. 175 ss., 186. Defendendo a aplicação do art. 13º da LLR (integrado na secção relativa ao regime da liberdade religiosa) à Igreja Católica, JOÃO SEABRA, "Assistência religiosa nas prisões e hospitais", in AA/VV, *Estudos sobre a nova Concordata Santa Sé - República Portuguesa (18 de Maio de 2004) - Actas das XIII Jornadas de Direito Canónico 4-6 de Abril de 2005. Estudos vários*, Lisboa: Universidade Católica Editora, 2007, pp. 137 ss., 146. Em sentido diferente (embora de forma que parece algo flutuante), entendendo que a Concordata define, "(...) com exclusividade e com prevalência sobre a Lei da Liberdade Religiosa, o estatuto próprio da actividade religiosa da Igreja Católica, *dos seus fiéis, dos seus eclesiásticos* e das suas pessoas colectivas ou jurídicas" (itálico nosso), veja-se A. L. SOUSA FRANCO, "Princípios gerais...", cit., 25.

entender-se assim: situações jurídicas carecidas de regulação não podem ficar sem ela pela ausência de prévio acordo entre o Estado e a Igreja. Essa parte final do preceito há-de entender-se, apenas, como uma afirmação de que além da Concordata, pode haver outros acordos entre o Estado e a Igreja sobre aspectos de interesse comum, assim como uma afirmação de que nada obstará a que a lei remeta expressamente certos pontos de relação com a Igreja Católica para a aplicação das leis gerais onde se entender adequado.

Os direitos decorrentes da liberdade religiosa em sentido amplo (arts. 8º e ss. LLR) constituem, assim, limitações não despiciendas à actividade administrativa, que está obrigada a respeitá-los (arts. 266º/1 CRP e 3º CPA) – donde a sua (mera) referência neste contexto. O sujeito passivo desses direitos será, em algumas ocasiões, uma entidade administrativa, e há manifestamente alguns casos em que essa será a regra – pense-se no direito de reserva da identidade religiosa (art. 9º/1/d) LLR), que ganha expressão crescente em contextos como os de juramentos e tomadas de posse[238], e protege os cidadãos mesmo contra formas mais subtis, indirectas e reflexas de intervenção administrativa[239]; no direito à objecção de consciência (art. 12º LLR); ou no direito à dispensa de trabalho, aulas ou provas escolares por motivo religioso (art. 14º)[240], o qual, conforme já

---

[238] No acórdão *Alexandridis*, de 2008, o TEDH considerou contrária ao art. 9º da CEDH a exigência de realização de uma "declaração solene" por um candidato ao exercício da advocacia, em substituição do juramento sobre o Evangelho, por considerar que ao obrigar a essa escolha, a norma obriga o candidato a revelar a sua (não) filiação religiosa. Cf. a referência em I. Leigh, "New trends...", cit., 277. Para recordar um exemplo do direito português, a inconstitucionalidade da norma que obrigava os alunos a declarar que não queriam ter educação e moral religiosa católica (declarada pelo acórdão n.º 423/87 do Tribunal Constitucional) também poderia ser fundamentada nesta dimensão subjectiva da liberdade religiosa.

[239] A entidade administrativa não pode *promover* junto da população a formulação sistemática de perguntas sobre a pertença religiosa, por exemplo por meio de actos ou operações materiais ou por divulgação de documentos ou informações nesse sentido. Recorde-se o caso da Igreja da Cientologia, já referido: D. Zacharias, "Protective Declarations Against Scientology...", cit., 836 ss. O *Bundesverwaltungsgericht* considerou que a ofensa à liberdade religiosa consistente no facto de as empresas apresentarem aos seus clientes e fornecedores a declaração de não pertença àquela Igreja era imputável à cidade de Hamburgo, tendo em conta que era esta entidade pública que distribuía a declaração.

[240] O direito à dispensa de aulas por motivo religioso não pode, contudo, significar um direito à não escolarização: a liberdade religiosa é aqui ultrapassada por uma exigência básica do bem comum e dos direitos individuais, a qual impõe a obrigatoriedade do ensino (pelo menos até certo grau) – R. Puza, "Citoyens et fidéles...", cit., 396.

decidiram os nossos tribunais, revela um princípio mais geral que pode ser aplicado também, com adaptações, às provas de acesso à profissão em ordens profissionais[241].

3. ADMINISTRAÇÃO PÚBLICA DA RELIGIÃO

3.1. COMISSÃO DA LIBERDADE RELIGIOSA

a) Composição, estatuto dos membros e funcionamento

Tal como sucede em muitos domínios da administração estreitamente relacionados com direitos fundamentais de liberdade, também aqui encontramos a consagração de um órgão administrativo independente, com a designação de Comissão da Liberdade Religiosa (cf. arts. 52° e ss. LLR e Decreto-Lei n.° 308/2003, de 10 de Dezembro). Procura-se assegurar, num domínio particularmente sensível, não só a independência face ao poder político, como a independência face aos interesses do sector no qual exerce a sua actuação.

Tais desideratos obtêm-se, em primeira linha, com a não colocação da Comissão sob tutela de qualquer ministério. A Comissão é definida como órgão independente de consulta da Assembleia da República e do Governo (art. 52° LLR, art. 1°/1 Decreto-Lei 308/2003). Como veremos adiante, esta consulta tem natureza vinculativa em certos aspectos chave da actuação do órgão.

A Comissão da Liberdade Religiosa é composta por onze membros com direito de voto (art. 56°/1 LLR), sendo o presidente nomeado pelo Conselho de Ministros de entre juristas de reconhecido mérito (art. 57° LLR). Dos restantes dez membros, dois são designados pela Conferência Episcopal Portuguesa[242]; três são nomeados pelo membro do Governo

---

[241] Veja-se TCAN 08-02-2007 (Carlos Medeiros de Carvalho), proc. 01394/06.0BE-PRT: marcação de um exame pela Ordem dos Advogados.

[242] A Conferência Episcopal Portuguesa, à qual a República Portuguesa, através do art. 8° da Concordata de 2004, reconhece personalidade jurídica, nos termos dos estatutos da Santa Sé, é a entidade da Igreja Católica que reúne o conjunto dos bispos católicos das dioceses portuguesas. Sobre a figura, E. M. SANTOS COSTA, "Estatuto e reconhecimento...", cit., 319-320; M. SATURINO GOMES, "As pessoas jurídicas canónicas", cit., 64-65.

competente na área da justiça de entre as pessoas indicadas pelas igrejas ou comunidades não católicas radicadas no país e pelas federações em que as mesmas se integrem, "tendo em consideração a representatividade de cada uma e o princípio da tolerância" (art. 56º/1/a) LLR); e cinco são pessoas de reconhecida competência científica nas áreas de actuação da Comissão, nomeadas pelo membro do Governo competente na área da justiça, "de modo a assegurar o pluralismo e a neutralidade do Estado em matéria religiosa" (art. 56º/1/b) LLR). O Decreto-Lei n.º 308/2003 consagrou igualmente a figura do vice-presidente, eleito pelos membros do órgão (art. 6º).

Podem ainda integrar a Comissão, por decisão desta, a título permanente, embora sem direito de voto, representantes dos ministérios que se entende estarem mais relacionados com as áreas de actuação da Comissão: justiça, finanças, administração interna e trabalho e solidariedade (art. 56º/2 LLR). Já não a título permanente, mas apenas para sessões da Comissão cujos assuntos lhes digam respeito, podem participar representantes de outros ministérios, também sem direito de voto (art. 56º/3 LLR).

A estes casos, veio o art. 4º/2 do Decreto-Lei n.º 308/2003 acrescentar um outro: sempre que na Comissão sejam versados assuntos relativos a uma confissão que não esteja nela representada, tem assento um representante dessa igreja ou comunidade religiosa, como observador e sem direito de voto. Aparentemente, este último caso representa a consagração de um verdadeiro direito autónomo da confissão religiosa em causa (uma concretização do direito de participação do interessado na formação da vontade dos órgãos administrativos, com a particularidade de isso acontecer num órgão *consultivo*). Com efeito, tal direito de participação surge sempre que sejam discutidos assuntos que lhe interessem ("tem assento", dispõe a norma), ao contrário do que sucede com a presença dos representantes dos ministérios, a qual, como se viu, depende sempre de uma decisão nesse sentido tomada pela própria Comissão.

Desta forma, pensamos que quatro linhas de força se retiram do modo como a lei regula a composição da Comissão: (i) equilíbrio entre a dimensão confessional e a dimensão técnica; (ii) prevalência do papel do Governo na nomeação dos membros; (iii) relevância de um critério de representatividade (sociológica) nos membros que integram o órgão *como representantes das confissões*; (iv) insistência na orientação das escolhas por critérios de pluralismo, neutralidade e tolerância, nos espaços de autonomia de escolha deixados pelo legislador.

As intenções de independência e pluralismo, que parecem resultar claras do pensamento legislativo, porventura não são levadas às últimas consequências, designadamente pela ausência de um papel directo da Assembleia da República no processo de formação do colégio, ao contrário do que chegou a estar previsto em Anteprojecto[243]. Pode igualmente sublinhar-se a circunstância de a Comissão estar dependente, no seu funcionamento administrativo, do apoio da Secretaria-Geral do Ministério da Justiça[244].

Também poderia apresentar-se como problemático, numa primeira leitura, o papel atribuído à Igreja Católica no seio da Comissão. Trata-se, como é notório, do afloramento de um problema de âmbito mais geral, que é o do tratamento específico da Igreja Católica no ordenamento jurídico português, que surge em letra de forma no art. 58º da LLR. E na verdade, não deixa de saltar à vista a circunstância de que entre os onze membros da Comissão, nove são nomeados pelo Governo (actuando através do Conselho de Ministros ou do Ministro da Justiça) e apenas dois são nomeados directamente por uma pessoa colectiva religiosa, pertencente à Igreja Católica (a Conferência Episcopal Portuguesa). Isto significa que apenas em relação à Igreja Católica ocorre a selecção dos representantes por órgãos *da própria igreja*; as demais confissões acedem a essa representação por "mediação ministerial"[245].

---

[243] P. PULIDO ADRAGÃO, "Liberdade Religiosa...", cit., 701-702, criticando a excessiva governamentalização e a ausência de pluralismo inter-orgânico. Já A. FOLQUE, "Portugal a caminho da liberdade religiosa", cit., 274, considera uma característica plural notória a nomeação do presidente "pelo Governo na sua expressão mais plural" (o Conselho de Ministros). Contudo, não podemos acompanhar o autor quando valoriza o pluralismo desta forma de designação: os membros do Conselho de Ministros estão politicamente dependentes do primeiro-ministro (art. 191º/2 CRP), provocando um executivo homogéneo; as reuniões do Conselho não são públicas, não se conhecendo as tomadas de posição divergentes; e talvez por isto, vigora uma regra de solidariedade governamental com as decisões do Conselho de Ministros (art. 189º CRP). Estas características não representam qualquer apreciação negativa da arquitectura constitucional do Governo: parece-nos positivo que o executivo actue como uma unidade, e o Governo tem uma legitimidade política inequívoca, dada pelo art. 187º CRP. Não nos parece é que o Conselho de Ministros represente um grande fórum de discussão pluralista, particularmente em comparação com a Assembleia.

[244] Art. 1º/2 Decreto-Lei n.º 308/2003 e art. 8º/3 do Decreto-Lei n.º 123/2011, de 29 de Dezembro (lei orgânica do Ministério da Justiça). Já perante o anteprojecto de 1997, JORGE MIRANDA sugeria, ao invés, o funcionamento junto da Assembleia da República: J. MIRANDA, "A liberdade religiosa em Portugal...", cit., 23.

[245] A expressão é de P. PULIDO ADRAGÃO, "Liberdade Religiosa...", cit., 702.

No entanto, uma consideração mais aturada da questão parece permitir concluir que esta presença específica é um simples corolário de uma opção mais geral (que já abordámos), claramente acolhida pelo legislador nesta sede: a opção de atribuir relevância à representatividade social das confissões religiosas, e de lhe atribuir relevância também na composição da Comissão. Tomada essa opção, dificilmente poderia chegar-se a outra conclusão que não esta: sendo a Igreja Católica sociologicamente maioritária, teria de ter uma posição significativa no seio do subconjunto dos membros da Comissão que representam as confissões religiosas. Veja-se, ainda, que essa presença específica está ainda enfraquecida, pois a Igreja Católica, sendo sociologicamente maioritária, é *minoritária* (dois em cinco) naquele subconjunto de membros da Comissão: os restantes três membros são necessariamente representantes de confissões religiosas não católicas[246]. Neste prisma, pode dizer-se, a composição da Comissão, garantindo uma representação específica da Igreja Católica, acaba por representar uma forma de *discriminação positiva* das minorias religiosas.

Por outro lado, a presença específica da Igreja Católica é também claramente contrabalançada por outras opções tomadas na forma de nomeação dos membros da Comissão. Desde logo, os membros que estão em representação de confissões não formam maioria do número total de membros (o que por maioria de razão implica que a Igreja Católica não forma maioria sozinha). Além disso, nitidamente, o legislador pretende que a nomeação dos cinco membros com funções técnicas (art. 56º/1/b) LLR e art. 4º/1/c) Decreto-Lei 308/2003) permita, *também ela*, uma forma atenuada de representação dos diversos matizes que pode assumir a atitude humana perante o divino e que aliás, como vimos, não são apenas relacionadas tributárias das confissões religiosas, antes integram, como uma parcela muito significativa, aqueles que não se revêem em qualquer confissão religiosa ou que se revêem mesmo numa perspectiva ateia. Ao dispor que o Ministro da Justiça nomeie essas cinco pessoas "de modo a assegurar o pluralismo e a neutralidade do Estado em matéria religiosa", o legislador aponta, no quadro de uma discricionariedade significativa, uma orientação geral de *equilíbrio* na composição da Comissão.

O mandato dos membros da Comissão é trienal e renovável (arts. 57º/1 LLR e 7º Decreto-Lei 308/2003). Desta forma, não se consagrou

---

[246] Contra a solução, exactamente por subrepresentar a Igreja Católica, largamente maioritária, pronunciou-se P. PULIDO ADRAGÃO, "Liberdade Religiosa...", cit., 702.

o princípio defendido pela Doutrina e presente em muitos estatutos de entidades independentes, segundo o qual os membros dessas entidades devem dispor de um mandato de duração superior à da legislatura. Outra habitual garantia de independência que não é acolhida é a limitação de mandatos[247].

Na versão inicial do Decreto-Lei n.º 308/2003, Presidente e vice--presidente eram remunerados mediante senhas de presença, e os demais membros tinham direito ao abono das despesas em que incorressem com a participação nas actividades da Comissão (art. 8º/1 e 2 Decreto-Lei 308/2003). A alteração trazida pelo Decreto-Lei n.º 204/2007 acabou com a distinção entre membros da Comissão e simplificou o cálculo dos valores a pagar. Passou a dispor-se que quando não sejam funcionários públicos ou agentes do Estado, os membros da comissão, por cada reunião em que efectivamente participem, têm direito a perceber senhas de presença no valor de 20% do índice 100 da tabela do regime geral da função pública.

Reflectindo a vocação para a investigação consagrada no elenco de competências da Comissão, a participação na mesma é expressamente considerada pelo legislador como compatível com o exercício de funções em dedicação exclusiva, tendo a natureza de funções de investigação científica de natureza jurídica (arts. 57º/2 LLR, a propósito do presidente do órgão, regime que o art. 8º/3 Decreto-Lei 308/2003 estendeu a todos os seus membros).

A Comissão pode funcionar em plenário ou em comissão permanente (art. 9º/1 Decreto-Lei 308/2003), sendo no entanto correctamente reservados ao plenário certos assuntos, mormente a aprovação final dos pareceres referidos no art. 3º/1/a) a d) do Decreto-Lei 308/2003 (art. 9º/2). A comissão permanente é composta pelos membros referidos no art. 4º/1/a) a c) do diploma, ou seja, pelo presidente e pelos membros que participam como representantes de confissões religiosas (art. 10º/1 Decreto-Lei 308/2003). O quórum de funcionamento da Comissão em qualquer das formações é constituído pela maioria do número legal dos membros, sendo as decisões tomadas à pluralidade de votos dos presentes (art. 12º/1 e 2 Decreto-Lei 308/2003). Como norma de protecção das minorias, o legislador confere expressamente aos membros vencidos em votação de pareceres referidos no art. 3º/1/a) a d) do diploma a possibilidade de lavrarem voto de vencido no parecer (art. 12º/4 Decreto-Lei 308/2003).

---

[247] P. PULIDO ADRAGÃO, "Liberdade Religiosa...", cit., 702.

b) Competências

A questão das competências da Comissão foi objecto de um vivo debate perante os anteprojectos que foram sendo apresentados. A opção essencial colocava-se entre a criação de um órgão essencialmente consultivo, ou a atribuição de competências de intervenção vinculativa, designadamente na interpretação de conceitos indeterminados de importância crucial, como o de "fins religiosos"[248]. Não suscitou consenso, por outro lado, a referência à dimensão de *investigação científica* no cômputo das competências da comissão, argumentando-se que a sede própria da investigação é a Universidade[249].

Não obstante as opiniões diversas, do elenco das competências da Comissão que acabou por ficar previsto na LLR retira-se uma actividade essencialmente de consulta e investigação em matéria de liberdade religiosa. Percebe-se uma notória separação de dois subconjuntos de competências: um primeiro, que poderíamos designar como regulatório *lato sensu*, e um segundo, de investigação sobre o fenómeno religioso em Portugal (arts. 53° e 54° LLR, arts. 2° e 3° Decreto-Lei 308/2003).

A Comissão emite parecer prévio às decisões mais relevantes em matéria de liberdade religiosa (acordos entre o Estado e as confissões religiosas; reconhecimento da radicação de igrejas e comunidades religiosas e também inscrição das mesmas, neste caso a pedido dos serviços de registo; composição da Comissão do Tempo de Emissão das Confissões Religiosas).

Estão-lhe cometidas, além disso, importantes funções que podem ser definidas como *regulatórias*, para lá das simplesmente consultivas: tem o poder-dever de alertar as autoridades competentes para qualquer atentado à liberdade religiosa (art. 3°/1/e) Decreto-Lei 308/2003) – o que necessariamente implica o poder-dever de *tomar conhecimento* de tais situações, designadamente servindo-se do dever de coadjuvação que onera todos os serviços e entidades públicas (art. 55° LLR) – e tem significativos poderes de *regulação pela informação*, cabendo-lhe tomar uma atitude positiva, e não meramente reactiva, de promoção da tolerância em matéria de liberdade religiosa, podendo agir por sua própria iniciativa (art. 3°/1/g), i), j) e l) Decreto-Lei 308/2003). Pelo caminho ficou a proposta, feita entre nós por

---

[248] P. PULIDO ADRAGÃO, "Liberdade Religiosa...", cit., 703.
[249] P. PULIDO ADRAGÃO, "Liberdade Religiosa...", cit., 703.

Jorge Miranda, de atribuição à Comissão do poder de fixação de *directivas* de orientação das decisões administrativas com incidências de liberdade religiosa.

De todo o modo, pode dizer-se que o debate não ficou encerrado com a aprovação da LLR. Com efeito, o Governo viria a alargar os casos de parecer obrigatório e a conferir carácter vinculativo a alguns dos pareceres da Comissão, em matéria de registo de pessoas colectivas religiosas, como veremos adiante, na secção própria.

3.2. COMISSÃO DO TEMPO DE EMISSÃO DAS CONFISSÕES RELIGIOSAS

A Comissão do Tempo de Emissão das Confissões Religiosas, prevista no art. 25°/2 e 3 da LLR, é o órgão ao qual cabe a atribuição e distribuição dos tempos de emissão disponibilizados às confissões religiosas nos serviços públicos de televisão e rádio[250].

Já aquando da discussão dos anteprojectos se suscitaram dúvidas quanto à necessidade de um órgão autónomo com estas funções, perante a previsão e as funções que já são atribuídas à Comissão da Liberdade Religiosa[251]; sem dúvida que num quadro de reforma das estruturas administrativas, como é o actual, a questão merece voltar a ser colocada.

Os membros da Comissão são nomeados por três anos por despacho conjunto dos membros do Governo responsáveis pelas áreas da justiça e da comunicação social, mediante parecer prévio da Comissão da Liberdade Religiosa (art. 25°/3 LLR).

Tal como acontece com a Comissão da Liberdade Religiosa, a composição da Comissão do Tempo de Emissão é norteada pelo princípio da representatividade das confissões religiosas. Com efeito, na Comissão estão representadas a Igreja Católica e as igrejas ou comunidades religiosas *radicadas no país*, ou seja, aquelas em relação às quais está comprovada a

---

[250] A Comissão do Tempo de Emissão, embora só consagrada com a LLR, já existia como grupo de trabalho constituído para efeitos de aplicação do art. 25° da Lei n.° 58/90 (consagrava o regime da actividade de televisão), cujo conteúdo era semelhante ao do actual art. 25° LLR. Sobre aquele regime, CARLOS BLANCO DE MORAIS, "Liberdade religiosa e direito de informação - o direito de antena das confissões religiosas e o serviço público de televisão", in JORGE MIRANDA (ORG.), *Perspectivas Constitucionais. Nos 20 Anos da Constituição de 1976*, Vol. II, Coimbra: Coimbra Editora, 1997, pp. 239 e ss., 256 ss.

[251] P. PULIDO ADRAGÃO, "Liberdade Religiosa...", cit., 703-704.

presença em Portugal há mais de 30 anos ou no estrangeiro há mais de 60 (art. 37º LLR), ou federações nas quais elas se integrem (art. 25º/3 LLR). Isto significa que as igrejas ou comunidades *inscritas* mas *não radicada* não estão presentes na Comissão do Tempo de Emissão.

Esta circunstância reforça a necessidade de que a distribuição dos tempos de emissão, que a lei dispõe que será norteada pelo princípio da representatividade (art. 25º/2 LLR), seja também controlada de acordo com os princípios em matéria de liberdade religiosa – a lei refere expressamente o princípio da tolerância (art. 25º/2 LLR), mas o princípio da igualdade (art. 2º LLR) deve igualmente ser convocado, tal como o princípio da proporcionalidade, atenta a dimensão jus-fundamental da matéria (art. 18º/2 CRP). Com efeito, o princípio da igualdade não é vulnerado pelo facto de o tempo de emissão ser proporcional à representatividade – antes isso representa uma instância de tratamento do desigual como desigual – e mantém, no mais, a sua plena efectividade, devendo a desigualdade de tratamento limitar-se à medida da diferença de representatividade, invalidando outras desigualdades não justificadas[252].

3.3. OUTRAS ENTIDADES E ÓRGÃOS

Além do ministro da justiça, cujas competências relevantes em sede de direito administrativo da religião ficaram já demonstradas pelo que se disse até aqui, e serão ainda mais claras na sequência, particularmente no parágrafo seguinte (dimensão comunitária e institucional da liberdade religiosa), existem várias outras entidades ou órgãos, dotados de maior ou menor permanência e integração na administração, que podem ser aqui referenciados. Quanto a estes, optou-se, contudo, por apenas os elencar, na medida em que a sua relevância se coloca a propósito de áreas do direito administrativo da religião que abordaremos *ex professo* em secções autónomas.

Assim, o Registo de Pessoas Colectivas Religiosas (RPCR) existe no quadro funcional do Registo Nacional de Pessoas Colectivas, que institucionalmente integra o Instituto dos Registos e Notariado, I. P.. Como

---

[252] Por exemplo, se a representatividade justifica a atribuição diferenciada de tempos de emissão, já não justificaria a disponibilização pelo operador de serviço público de mais e melhores meios técnicos às confissões mais representativas.

se disse acima, o RPCR é a estrutura administrativa que leva a cabo a centralização da informação pública sobre as pessoas colectivas religiosas inscritas, assumindo relevo na tramitação do processo de inscrição das mesmas, que abaixo será estudado. Além disso, é também este serviço que procede à autenticação dos certificados e credenciais dos ministros de culto (art. 15º/3 LLR).

Existem diversas estruturas administrativas criadas com o propósito específico de organizar a prestação de assistência religiosa nas *situações especiais* a que se reporta o art. 13º da LLR – em resumo, situações de privação de liberdade de movimentos dos cidadãos, que os impedem de exercer a sua liberdade religiosa da forma como o fariam se estivessem em situação normal. O serviço de assistência religiosa das forças armadas e forças de segurança, e as estruturas institucionais de assistência religiosa nos estabelecimentos de reclusão e de prestação de cuidados de saúde, serão estudados adiante.

Por outro lado, multiplicam-se também os órgãos de coordenação ou concertação, que garantem a articulação entre os poderes públicos e os grupos religiosos numa perspectiva globalizante – como a comissão paritária que acompanha os assuntos relacionados com a execução da Concordata no direito português – ou em diversos domínios específicos – como as comissões previstas em sede de gestão do património cultural. Tais estruturas serão igualmente mencionadas e estudadas a propósito desses regimes.

4. LIBERDADE RELIGIOSA: DIMENSÃO COMUNITÁRIA E INSTITUCIONAL

4.1. Dimensão colectiva da liberdade religiosa e formas jurídicas

Tendo ficado assente, no que já se disse, a dimensão central e inultrapassável da comunidade na vivência religiosa, não poderia isso deixar de ter implicações no plano da liberdade de associação. Essas implicações passam por um reconhecimento específico, quer a pessoas singulares quer às próprias pessoas colectivas (arts. 8º/f) e 22º/3 LLR, respectivamente), da liberdade de associação *de inspiração e com fins religiosos*. As pessoas podem não apenas professar individualmente uma determinada confissão religiosa, mas também organizar-se em "modo colectivo"[253] para tudo aquilo que entenderem pertinente à vivência comunitária dessa confissão. A liberdade de constituição de associações para fins religiosos é, na expressão de André Folque, uma liberdade de associação *qualificada*, pois a associação surge, em tais casos, como elemento temporal de suporte da liberdade religiosa[254]. Como se verá, o regime consagrado procura acolher essa especificidade.

Como é natural, a temática em apreço prende-se com a liberdade de utilização das formas jurídicas de enquadramento da actuação colectiva e em particular com a possibilidade de acesso às vantagens que a personalidade colectiva permite. No entanto, como já foi sublinhado entre nós, não deve esquecer-se que a liberdade de associação pode ser exercida pelos cidadãos deliberadamente sem recurso ao mecanismo da personalidade colectiva[255]. Os regimes legais não podem, por isso, fazer depender a liberdade de associação com fins religiosos da aquisição da personalidade colectiva, técnica que poderia ser instrumentalizada pelo poder público para efeitos de controlo, e isso mesmo que o procedimento de aquisição da personalidade colectiva não vulnerasse as exigências constitucionais. Pelo contrário, deve afirmar-se que a titularidade e o exercício dos direitos colectivos de liberdade religiosa (cf. arts. 22º e ss. da LLR, e demais previstos no ordenamento jurídico) em princípio não dependem de personalidade colectiva[256], a não ser que a própria lei *legitimamente* o disponha.

Do ponto de vista teórico e atendendo igualmente à experiência passada, dois modelos de enquadramento da liberdade de associação religiosa são concebíveis: um modelo que permitisse simplesmente a utilização dos mecanismos *gerais* de acesso à actuação em modo colectivo, sem lhes introduzir especificidades; e um modelo que passe pela consagração autónoma, no ordenamento jurídico, de tipos ou categorias especiais de pessoas colectivas de matriz religiosa[257].

---

[253] A expressão tem sido divulgada entre nós por Menezes Cordeiro, para significar a actuação institucionalizada através da personalidade colectiva; pode ver-se ANTÓNIO MENEZES CORDEIRO, *Tratado de Direito Civil Português*, Vol. I - Parte Geral - Tomo I, 3ª ed., Coimbra: Almedina, 2005.

[254] A. FOLQUE, "Estado de direito...", cit., 166.

[255] MANUEL AFONSO VAZ, "Regime das confissões religiosas", in JORGE MIRANDA (ORG.), *Perspectivas Constitucionais. Nos 20 Anos da Constituição de 1976*, Vol. III, Coimbra: Coimbra Editora, 1998, pp. 391 e ss..

[256] M. CORTÉS DIÉGUEZ, "Del Concilio Vaticano II...", cit., 252.

[257] ROSANA CORRAL GARCÍA, "La adquisición de personalidad jurídica civil de las asociaciones religiosas en Portugal", in AA/VV, *As Associações na Igreja - Actas das XII*

O ordenamento jurídico português segue esta segunda via. Com efeito, o legislador distingue as *pessoas colectivas religiosas*, previstas e reguladas nos arts. 33º e ss. da LLR, das *pessoas colectivas privadas com fins religiosos*, às quais se refere o art. 44º da LLR, para as submeter ao regime geral das pessoas colectivas privadas (o regime das associações e fundações previsto no Código Civil), "excepto quanto à sua actividade com fins religiosos"[258].

Desta forma, o legislador admite que cada confissão religiosa faça a opção por se constituir como pessoa colectiva religiosa, submetendo-se aos respectivos deveres e gozando dos respectivos direitos, ou de se constituir apenas como um dos tipos de pessoas colectivas disponíveis no ordenamento jurídico português[259].

Mais uma vez, essa opção parece a mais conforme com a liberdade de organização das confissões religiosas, já que uma confissão religiosa pode, por exemplo, não querer aceder aos benefícios públicos decorrentes da qualidade de pessoa colectiva religiosa[260], pois pode considerá-los um contributo para a perda da sua independência face ao poder público, o que em alguns casos é visto como essencial para a própria missão da confissão religiosa; ou pode até, como questão prévia, considerar que a simples ideia de uma organização formal seria contrária à sua particular visão do fim religioso[261].

Acresce que a remissão simples para o regime das associações privadas, sem outras alternativas organizatórias, poderia suscitar outro problema: uma vez que as associações reguladas pelo Código Civil têm um certo modelo orgânico pré-definido por lei, do qual não podem afastar-se, se apenas existisse a possibilidade de incorporação nesses termos, isso

---

Jornadas de Direito Canónico. Fátima, 19-21 Abril de 2004, Lisboa: Universidade Católica Editora, 2005, pp. 325 ss., 332.

[258] Esta última ressalva é problemática. O seu sentido, parece, é o de estender também às associações de direito privado e fins religiosos o regime previsto para o exercício da liberdade religiosa individual e porventura alguns dos aspectos de liberdade religiosa colectiva. A ser assim, como se vê, trata-se do influxo, no regime jurídico-civil das associações, de normas directamente inspiradas ou fundadas no direito constitucional e nos direitos fundamentais, representando uma manifestação do chamado "direito civil constitucional" – cf. neste sentido, a propósito do direito brasileiro, O. M. DE MEDEIROS ALVES, *Liberdade religiosa institucional...* cit., 19.

[259] M. AFONSO VAZ, "Regime das confissões religiosas", cit., 394-395.

[260] Sublinhando este aspecto, M. AFONSO VAZ, "Regime das confissões religiosas", cit.,395; Pulido Adragão, "Levar a sério a liberdade religiosa", cit., 25.

[261] Assim, P. BELLINI, "Confessioni religiose", cit., 926.

significaria uma indirecta ofensa à liberdade de organização interna das confissões religiosas, forçadas a adoptar um esquema de órgãos (assembleia geral, direcção, conselho fiscal) que poderá nada ter que ver com a forma de organização interna de uma determinada confissão religiosa[262].

Assim, resulta do regime consagrado uma ampla liberdade de escolha das formas de associação – incluindo a própria liberdade de não constituição de pessoas colectivas. Seguindo a sistematização que constava do próprio anteprojecto da LLR e que tem sido acolhida pela doutrina[263], podemos identificar pelo menos quatro formas diversas de exercício da liberdade de associação com fins religiosos, naquilo que é um nítido *crescendo* na institucionalização da confissão religiosa:

a) Reunião ou associação de pessoas com fins religiosos, mas *sem personalidade jurídica* (aflorada no art. 8º/f) LLR), a que alguma doutrina já chamou "grupos religiosos de facto"[264], e que em nosso entender, existindo uma verdadeira associação duradoura, ficarão sujeitas às regras sobre associações sem personalidade colectiva (arts. 195º e ss. do CC), excepto nos aspectos afastados pelo regime da liberdade religiosa colectiva da LLR;

b) *Pessoas colectivas privadas com fins religiosos* (previstas no art. 44º LLR), e que se regem pelo regime aplicável ao tipo de pessoa colectiva constituído, excepto nos fins religiosos, a propósito dos quais a LLR se aplicará;

c) Igrejas ou comunidades *inscritas como pessoas colectivas religiosas* (previstas nos arts. 33º e segs. LLR), às quais se aplica o regime aplicável ao tipo de pessoa colectiva constituído, excepto no regu-

---

[262] Este argumento foi expressamente utilizado na apresentação do anteprojecto de LLR, como fundamento da criação da categoria das pessoas colectivas religiosas. Cfr. as considerações (críticas) de P. PULIDO ADRAGÃO, "Liberdade Religiosa...", cit., 700.

[263] M. AFONSO VAZ, "Regime das confissões religiosas", cit., 395-396; P. PULIDO ADRAGÃO, "Liberdade Religiosa...", cit., 699; R. CORRAL GARCÍA, "La adquisición...", cit., 335; A. E. D. SILVA, "A liberdade de consciência...", cit., 77. Acrescentando às modalidades referidas no texto as várias hipóteses decorrentes da aplicação das normas transitórias da LLR às entidades já existentes aquando da sua entrada em vigor, veja-se V. CANAS, "Os acordos religiosos...", cit., 301-302. Com uma sistematização um pouco diferente, autonomizando a Igreja Católica, bem como as igrejas estrangeiras e as suas comunidades no território nacional (que podem permanecer como tal em lugar de criar uma pessoa colectiva nacional), A. FOLQUE, "Portugal a caminho da liberdade religiosa", cit., 273-274.

[264] P. PULIDO ADRAGÃO, "Liberdade Religiosa...", cit., 699.

lado nos arts. 33° e ss. da LLR, e os traços de regime da LLR que lhes digam especificamente respeito (v.g., arts. 24°, 25°, 28°, 32°);
d) Igrejas ou comunidades inscritas e *radicadas no país* (previstas no art. 37° LLR), às quais se aplicará todo o regime das pessoas colectivas religiosas e ainda o dos arts. 37° a 50° da LLR.

Destas diversas formas que ainda são reconduzíveis ao exercício da liberdade de associação de fim ou inspiração religiosa, trataremos aquelas que o legislador autonomiza e às quais dá um regime específico na LLR: as pessoas colectivas religiosas.

Sob esta designação, acolhem-se realidades de diversa natureza, identificando a lei as seguintes (art. 33° LLR): igrejas e demais comunidades religiosas deâmbito nacional, regional ou local; organizações representativas dos crentes residentes em território nacional; institutos de vida consagrada e outros institutos, com a natureza de associações ou de fundações, fundados ou reconhecidos pelas igrejas ou comunidades religiosas para prossecução dos seus fins religiosos; e federações ou associações de tais pessoas colectivas.

Como é notório, este elenco integra quer as próprias pessoas colectivas que constituem, por assim dizer, a "raiz" da expressão institucional da confissão religiosa (as comunidades religiosas, entre elas as igrejas[265]), quer aquelas entidades que essas confissões religiosas ou os seus fiéis constituem como auxiliar do cumprimento dos fins religiosos da confissão já existente (institutos de vida consagrada e outros, e de algum modo as comunidades de fiéis[266]) e ainda as formas de cooperação entre todas as anteriores (federações e associações[267]). Realidades de muito diversa natureza, que reflectem o pluralismo religioso e o dinamismo do associativis-

---

[265] Como nota a propósito V. CANAS, "Os acordos religiosos...", cit., 300, deve entender-se que as igrejas e as comunidades religiosas não se colocam no mesmo plano lógico: o género é a "comunidade religiosa", do qual as igrejas são uma espécie.

[266] As comunidades de fiéis ainda são, de algum modo, criação ou desdobramento das entidades religiosas de âmbito supranacional ou dos seus fiéis, que pretendem instituir uma estrutura com âmbito restrito ao território nacional - V. CANAS, "Os acordos religiosos...", cit., 299.

[267] A distinção entre federações e associações à luz da lei portuguesa não é clara, como sublinha V. CANAS, "Os acordos religiosos...", cit., 303-305. Seguindo a posição deste Autor, poder-se-á entender que as federações poderão ser agrupamentos informais, não personalizados, de pessoas colectivas religiosas, enquanto a referência a associações remete para um tipo bem definido de pessoa colectiva, que representa uma forma de cooperação muito mais próxima e intensa entre as pessoas colectivas associadas.

mo religioso[268], todas elas têm, contudo, unidade suficiente para que a lei as trate conjuntamente para a generalidade dos efeitos de direito, e assim faremos também em seguida.

4.2. REGIME JURÍDICO GERAL DAS PESSOAS COLECTIVAS RELIGIOSAS

a) Elenco

O regime jurídico específico das pessoas colectivas religiosas é composto por uma série de regras que têm como elemento da sua previsão a aplicação, apenas, às pessoas colectivas religiosas.

Poderia suscitar dúvidas esse tipo de recorte das normas numa matéria de direitos de liberdade; porém, como se viu, a autonomização de um regime específico para as pessoas colectivas religiosas obedece a um propósito de ampliação das possibilidades de atuação das confissões religiosas no ordenamento jurídico e de melhor garantia da liberdade religiosa colectiva. Para que isso aconteça, é necessária alguma diferenciação de regimes entre, por exemplo, um grupo religioso informal e um outro que se constitua como pessoa colectiva. Ponto é que, de facto, não seja irracional e discriminatória a atribuição de uma vantagem *só* às pessoas colectivas religiosas: mas isso é algo que pode aferir-se, em face de cada norma, pelos vulgares testes de proporcionalidade e igualdade[269]. Sublinhe-se ainda que a previsão de regimes específicos (em matéria de benefícios fiscais, ou exercício de poderes públicos, por exemplo) reservadas às pessoas colectivas religiosas ou entidades equivalentes é elemento firme no direito comparado[270].

---

[268] Sobre isto, JOSÉ JOAQUIM ALMEIDA LOPES, "As fundações canónicas autónomas", in AA/VV, *As Associações na Igreja - Actas das XII Jornadas de Direito Canónico. Fátima, 19-21 Abril de 2004*, Lisboa: Universidade Católica Editora, 2005, pp. 179 ss., ; R. CORRAL GARCÍA, "La adquisición...", cit.; PAULO PULIDO ADRAGÃO, "As associações de fiéis, a Concordata e o Estado: algumas notas", in, *As Associações na Igreja...*, cit., pp. 97 ss.; A. FOLQUE, "Estado de direito...", cit.; E. M. SANTOS COSTA, "Estatuto e reconhecimento...", cit.; M. SATURINO GOMES, "As pessoas jurídicas canónicas", cit..

[269] No presente trabalho, em sede de regimes de assistência religiosa em situações especiais, veremos algumas aplicações deste teste de proporcionalidade e igualdade, a propósito da determinação do âmbito desses regimes.

[270] Cf., por exemplo, A. HOLLERBACH, "Le droit ecclésiastique de l'État allemand...", citassim; FRANCIS MESSNER, "La «reconnaissance» des religions en europe. L'exemple des

Versaremos, na sequência, um aspecto que interessa directamente ao nosso tema, por envolver a realização de um procedimento administrativo específico: a constituição de pessoas colectivas religiosas, que tem lugar mediante procedimento de registo junto do RPCR (arts. 33º e ss. LLR). Outros aspectos de regime serão tratados adiante em capítulos separados (com destaque para o ensino religioso). Não trataremos, no entanto, no presente estudo, do muito significativo e desenvolvido regime de benefícios e outras vantagens em matéria tributária (arts. 31º, 32º e 65º LLR, na redacção dada pela Lei n.º 91/2009, de 31 de Agosto, e Portarias n.ºs 80/2003, de 22 de Janeiro, e 362/2004, de 8 de Abril), que é tratado pelos cultores do direito fiscal[271].

b) A constituição de pessoas colectivas religiosas em especial

i) Razão de ordem

A liberdade de associação com fins religiosos beneficia da garantia constitucional segundo a qual o exercício de tal liberdade não pode encontrar-se submetido a qualquer regime legal de autorização prévia – art. 46º/1 CRP[272].

No entanto, tal como também sucede para as demais associações (e para as demais pessoas colectivas não associativas), nada impede que o legislador disponha um sistema administrativo que sem implicar um acto administrativo autorizativo, permita assegurar o cumprimento dos requisitos legais e constitucionais impostos à liberdade de associação e ao mesmo tempo permita aos terceiros interessados conhecer certos aspectos do funcionamento das pessoas colectivas que têm reflexos na sua actuação externa. Este sistema, dito de *reconhecimento normativo* – por assentar

---

mécanismes d'accès aux statuts et aux régimes des cultes", *Revue de Droit Canonique*, 54, 2004, pp. 15-47; M. CORTÉS DIÉGUEZ, "Del Concilio Vaticano II...", cit., 252.

[271] A matéria tem sido estudada, sobretudo, do prisma da Igreja Católica – cf. V. PEREIRA DA SILVA, "Património e Regime Fiscal...", cit.; ISABEL MARQUES DA SILVA, "Implicações fiscais", in AA/VV, *Estudos sobre a nova Concordata Santa Sé - República Portuguesa (18 de Maio de 2004) - Actas das XIII Jornadas de Direito Canónico 4-6 de Abril de 2005. Estudos vários*, Lisboa: Universidade Católica Editora, 2007, pp. 209 ss.; MANUEL PIRES, "Aspectos fiscais", in AA/VV, *Estudos sobre a nova Concordata...*, cit., pp. 201 ss..

[272] J. MACHADO, "A construção e a utilização de locais para o culto...", cit., 139.

apenas na verificação, por entidades públicas, do preenchimento dos requisitos legais e constitucionais dos quais depende a constituição de pessoas colectivas religiosas – opõe-se, dogmaticamente, ao sistema do *reconhecimento por concessão*, que confere ao Estado um poder discricionário na admissão ou recusa da personalidade colectiva[273]. O segundo sistema deverá considerar-se desconforme com a actual tutela constitucional da liberdade de associação religiosa; não assim o primeiro[274].

ii) Procedimento de inscrição

Assim, as pessoas colectivas religiosas adquirem personalidade colectiva mediante a inscrição no registo das pessoas colectivas religiosas (RPCR) (arts. 33º LLR e 1º/1 e 3 Decreto-Lei 134/2003; v. *supra* para maiores desenvolvimentos sobre o RPCR), na sequência de um procedimento administrativo a isso dirigido[275].

As pessoas colectivas religiosas católicas gozam, a este propósito, de um regime particular, nos termos do direito concordatário (arts. 8º, 9º e 10º da Concordata). No entanto, desse regime resulta a tentativa de aproximar o regime de constituição de pessoas jurídicas canónicas do regime vigente na LLR para as demais confissões[276], já que se dispõe no art. 10º/3 da Concordata que as pessoas jurídicas canónicas (excepto as dos arts. 1º, 8º e 9º, que fazem parte da "estrutura constitucional" da Igreja Católica enquanto sujeito de direito internacional[277]) adquirem personalidade jurídica através da notificação à entidade competente, pelo bispo diocesano ou respectivo vigário, do acto da constituição dessas pessoas colectivas, o qual identifica a pessoa jurídica, os seus fins, órgãos representativos e competências. Daqui resulta, no fundo, que a notificação em causa tem os mesmos elementos e serve os mesmos fins do procedimento previsto no art. 34º da LLR[278].

---

[273] Para a distinção, v. P. PULIDO ADRAGÃO, "As associações de fiéis...", cit., 102.

[274] Assim, P. PULIDO ADRAGÃO, "As associações de fiéis...", cit., 106.

[275] P. PULIDO ADRAGÃO, "As associações de fiéis...", cit., 104. O regime é quase igual ao consagrado pela LOLR espanhola, no qual a LLR colheu óbvia inspiração. Sobre esse regime, M. CORTÉS DIÉGUEZ, "Del Concilio Vaticano II...", cit., 252.

[276] Assim, E. M. SANTOS COSTA, "Estatuto e reconhecimento...", cit., 322.

[277] Neste sentido, E. M. SANTOS COSTA, "Estatuto e reconhecimento...", cit., 322.

[278] Assim, E. M. SANTOS COSTA, "Estatuto e reconhecimento...", cit., 322.

O procedimento de inscrição de pessoas colectivas religiosas é de iniciativa particular, devendo o requerimento de inscrição ser dirigido ao RNPC e instruído com todos os elementos documentais – em particular, actos de constituição e estatutos – que permitam a inscrição no registo dos elementos referidos no art. 34º da LLR[279], exigidos em geral aos vários tipos de pessoas colectivas religiosas. Há, além disso, requisitos específicos aplicáveis a alguns tipos de pessoas colectivas religiosas. Assim, as igrejas ou comunidades religiosas nacionais ou, no caso de igrejas ou comunidades supranacionais, as respectivas organizações de fiéis de âmbito nacional (que podem inscrever-se em alternativa à inscrição de igrejas ou comunidades – art. 33º/a) e 36º LLR), e as igrejas ou comunidades de âmbito regional ou local (quando não sejam inscritas pelas primeiras) devem ainda apresentar "prova documental" "dos princípios gerais da doutrina e da descrição geral da prática religiosa e dos actos do culto e, em especial, dos direitos e deveres dos crentes relativamente à igreja ou comunidade religiosa, devendo ser ainda apresentado um sumário de todos estes elementos" e ainda "da sua existência em Portugal, com especial incidência sobre os factos que atestam a presença social organizada, a prática religiosa e a duração em Portugal."

Após o requerimento, os serviços do RPCR devem, no prazo máximo de 90 dias, analisar o pedido e convidar o requerente a suprir quaisquer falhas do mesmo; nesta última eventualidade, o requerente disporá de 60 dias para operar o suprimento (art. 38º/1 e 3 LLR). Numa regra que valoriza a participação dialógica dos particulares, os mesmos poderão ser convidados para uma audiência na Comissão de Liberdade Religiosa, com o intuito de prestação de esclarecimentos ou apresentação de provas suplementares, devendo ser informados da matéria e ordem de trabalhos (art. 38º/2 LLR). Esta forma de participação acrescenta-se, evidentemente, às que resultam das regras gerais, em concreto, a audiência prévia dos

---

[279] Ou seja: *a)* O nome, que deverá permitir distingui-lo de qualquer outra pessoa colectiva religiosa existente em Portugal; *b)* A constituição, instituição ou estabelecimento em Portugal da organização correspondente à igreja ou comunidade religiosa ou o acto de constituição ou fundação e, eventualmente, também o de reconhecimento da pessoa colectiva religiosa; *c)* A sede em Portugal; *d)* Os fins religiosos; *e)* Os bens ou serviços que integram ou deverão integrar o património; *f)* As disposições sobre formação, composição, competência e funcionamento dos seus órgãos; *g)* As disposições sobre a extinção da pessoa colectiva; *h)* O modo de designação e os poderes dos seus representantes; *i)* A identificação dos titulares dos órgãos em efectividade de funções e dos representantes e especificação da competência destes últimos.

interessados em caso de intenção de recusa do pedido de registo (art. 100º CPA)[280].

Na pendência de procedimento de inscrição, a Comissão de Liberdade Religiosa pode sempre ser convidada a emitir parecer pelos serviços do RPCR, quando estes tenham dúvidas sobre a admissibilidade do pedido (art. 8º Decreto-Lei 134/2003)[281]. No caso de ter sido requerido o atestado de igreja ou comunidade radicada, esse parecer é obrigatório (art. 37º/1 LLR).

Porém, o regime vigente é pouco claro relativamente ao carácter *vinculativo* dos pareceres da Comissão, e muito se ganharia com a sua clarificação.

A LLR nada estabelece sobre o tema, e como tal aplicar-se-ia a regra geral segundo a qual os pareceres, mesmo que obrigatórios (é o caso, quanto a pedidos de atestado de radicação), não são vinculativos (art. 98º/2 CPA).

No entanto, o Decreto-Lei n.º 134/2003 veio tornar *vinculativo* o parecer da Comissão sobre a recusa de inscrição no registo (art. 9º/3 Decreto-Lei 134/2003); mas fê-lo, em nosso entender, com alguma ambiguidade.

O preâmbulo do diploma começa por referir que foi "estabelecida a regra de que a recusa da inscrição *por violação dos limites constitucionais da liberdade religiosa* só pode ser decidida após emissão de parecer vinculativo da Comissão da Liberdade Religiosa" (itálico nosso). No entanto, essa referência preambular, a nosso ver, é mais restrita do que o regime consagrado no articulado do diploma. Com efeito, o art. 9º/3 não faz qualquer ressalva no sentido de que o parecer da Comissão apenas seja vinculativo quando esteja em causa o fundamento de recusa de inscrição constante do art. 9º/1/c) (violação dos limites constitucionais), nem se vislumbra qualquer motivo substantivo para que assim seja: o fundamento de recusa do art. 9º/1/a) (violação dos requisitos legais, o que inclui, por exemplo, a apreciação sobre se existem, efectivamente, *fins religiosos*) coloca problemas tão ou mais delicados.

Como tal, deve respeitar-se o sentido normativo efectivamente consagrado, ou seja: o parecer da Comissão é *obrigatório e vinculativo* em

---

[280] Nos casos em que se tenha a intenção de deferir o pedido de registo, há fundamento para dispensa de audiência prévia: art. 103º/2/b) CPA.

[281] A lei não regula o prazo de emissão do parecer. Como tal, deve aplicar-se o prazo geral do art. 99º/2 do CPA: 30 dias.

todos os casos nos quais se pretenda rejeitar um pedido de inscrição[282]. Nos demais casos de pedidos de inscrição, o parecer será facultativo (recorde-se o art. 8° do diploma) e como tal não vinculativo (art. 98°/2 CPA, por maioria de razão).

Por outro lado, note-se que o campo de aplicação do art. 9°/3 do Decreto-Lei 134/2003 é o da *recusa de pedidos de inscrição*. Isso significa que essa norma, que atribui carácter vinculativo ao parecer, *não se aplica* ao parecer da Comissão a propósito do reconhecimento do estatuto de igreja ou comunidade *radicada*. Para esse parecer, na ausência de regra especial, vigoraria a regra do art. 98°/2 do CPA, já referida: o parecer da Comissão será, pois, neste caso, não vinculativo.

A ser assim, causa alguma estranheza a opção: os interesses em jogo parecem depor no sentido de que o reconhecimento da radicação estaria mais correctamente atribuído, com parecer vinculativo, à Comissão da Liberdade Religiosa, órgão plural de composição simultaneamente técnica e confessional (cf. *supra*), do que ao Ministro da Justiça. A este caberá, assim, a ingrata tarefa de interpretar e aplicar os requisitos dos quais depende o atestado de radicação – já que esse atestado não pressupõe apenas a presença em Portugal há mais de 30 anos ou no estrangeiro há mais de 60, mas também uma apreciação discricionária "em vista do número de crentes e da história da sua existência em Portugal" (art. 37°/1 LLR).

Por último, sublinhe-se que independentemente de ser a melhor solução (como nos parece) a atribuição de natureza vinculativa ao parecer da Comissão de Liberdade Religiosa, por decreto-lei não autorizado, em mais matérias do que as previstas na LLR, suscita dúvidas em face do art. 165°/1/b) da Constituição. A atribuição a uma entidade do poder de emitir parecer vinculativo em matéria de liberdade religiosa e de associação consiste, na prática, na atribuição de competência constitutiva a essa entidade, aspecto que sem dúvida deveria ser regulado por lei ou decreto-lei autorizado. Como se viu acima, o panorama normativo actual acaba por ser o resultado de uma incapacidade de gerar consenso no Parlamento quanto às competências da Comissão; o que já parece duvidoso é que se procure ultrapassar tal incapacidade com uma solução de discutível conformidade com a repartição constitucional da competência legislativa.

---

[282] Parece ter perfilhado o mesmo entendimento o acórdão da RLx 05-02-2009 (Teresa Prazeres Pais), proc. 10359/2008-8, pois estava em causa a rejeição por motivos não relacionados com a violação de limites constitucionais, tendo apesar disso o Tribunal sublinhado o carácter vinculativo do parecer.

iii) Recusa de inscrição: em geral

Os fundamentos de recusa da inscrição encontram-se taxativamente enumerados, de uma forma que deixa perceber a dimensão jus-fundamental da matéria: de acordo com a lei, o pedido só pode ser recusado por: *a)* Falta dos requisitos legais; *b)* Falsificação de documento; *c)* Violação dos limites constitucionais da liberdade religiosa (art. 39° LLR).

Com esta enumeração dos fundamentos de recusa, procura-se criar aquilo que de acordo com a Doutrina, faltava na legislação anterior à Constituição de 1976, caracterizada por um regime de autorização "sem estritos critérios normativos"[283]. Tal enumeração procura fazer jus à ideia segundo a qual a liberdade religiosa, sob a sua forma colectiva, tem o seu conteúdo determinado pela Constituição, "tornando dispensável qualquer intervenção legal que exceda a mera regulamentação"[284]. Enquanto direito de liberdade, a liberdade religiosa é directamente aplicável e os preceitos que a prevêem são dotados de grande densidade normativa, procurando-se com isto a colocação do seu conteúdo tendencialmente fora do âmbito da disponibilidade dos poderes públicos[285].

Sem embargo, merecem algumas observações adicionais as referências à verificação dos "requisitos legais" (art. 39°/a)) e à violação dos limites à liberdade religiosa (art. 39°/c))[286].

iv) (segue): a existência de uma "religião" como pressuposto da inscrição

Note-se, em primeiro lugar, que não é possível ultrapassar a fundamental abertura dos conceitos linguísticos. Na verdade, por muito que se

---

[283] J. Miranda, "A liberdade religiosa em Portugal...", cit., 15.
[284] M. Afonso Vaz, "Regime das confissões religiosas", cit., 392.
[285] J. J. Gomes Canotilho/J. Machado, "Bens culturais...", cit., 23.
[286] Não abordaremos aqui, por isso, o fundamento de rejeição consistente na falsificação de documento (art. 39°/b)) que não parece levantar dúvidas particulares, excepto, porventura, a de saber se essa rejeição não será *sanável* de imediato mediante novo pedido de inscrição que não contenha o documento falsificado. Propendemos para resposta positiva: não há justificação para lançar um anátema eterno sobre toda a comunidade religiosa apenas devido a um acto, sem dúvida censurável, mas eminentemente sanável. Coisa diferente será se o documento falsificado tiver por sentido o de "esconder" a verificação de qualquer fundamento material de recusa previsto no art. 39°/a) e c) da LLR.

diga que o elenco referido é *taxativo*, a verdade é que os "requisitos legais" e os "limites constitucionais da liberdade religiosa" envolverão sempre um tipo de análise não apodítica nem linear, não representando uma simples subsunção do pedido de registo a categorias fixas. As categorias típicas do universo da liberdade religiosa pertencem ao domínio do espírito humano. Por muito que se deva (e deve) interpretar e aplicar tais categorias de acordo com a metodologia própria dos direitos fundamentais de liberdade, designadamente, de acordo com um *princípio geral de liberdade*, as normas jurídicas não podem prescindir de elementos linguísticos, que definem (e portanto limitam) os seus sentidos possíveis.

Assim, quando a lei define uma igreja ou comunidade religiosa como um grupo de pessoas com *fins religiosos ou de culto* (art. 20º LLR), saber o que isso é envolverá sempre tensão, incerteza e consensos situados e provisórios; haverá casos em que manifestamente tais fins não ocorrem, outros em que manifestamente ocorrem e outros que são duvidosos. Quando a Constituição e a lei se referem a igrejas ou comunidades religiosas e lhes dão um certo regime, esse regime não pode em princípio ser aplicado a realidades que não têm um escopo religioso[287]; e essa delimitação simultaneamente inclui certas realidades no âmbito de protecção da norma e exclui outras desse âmbito.

Poderia certamente argumentar-se que o Estado não poderia definir o que é religioso em matéria de liberdade de associação, pois isso cairia dentro das faculdades de *auto-definição* e de *auto-compreensão* daqueles que se associam, que são corolários da liberdade de associação[288].

Porém, parece-nos que uma coisa não conflitua com a outra, se se aprofundar a análise. O direito de auto-definição dos associados não pode

---

[287] Sublinhando o ponto, como justificação para a necessidade da definição normativa dos conceitos de igreja e comunidade religiosa: J. Miranda, "A liberdade religiosa em Portugal...", cit., 21. Em sentido próximo, embora não explicite a conclusão, P. Pulido Adragão, "Liberdade Religiosa...", cit., 700. Chamando a atenção para a possibilidade de um aproveitamento fraudulento de vantagens dadas às confissões religiosas (como os benefícios fiscais) por entidades não religiosas, J. Bacelar Gouveia, "Religião e Estado de Direito...", cit., 443--444, que acaba por criticar a omissão de uma definição de religião na LLR. Afasta-se, no entanto, destas posições, a de M. Afonso Vaz, "Regime das confissões religiosas", cit., 393, ao dizer que não cabe ao Estado a definição de confissão religiosa, igreja ou comunidade religiosa, "quando se trate unicamente de assegurar direitos de associação".

[288] Parece ser este o entendimento de M. Afonso Vaz, "Regime das confissões religiosas", cit., 393. Recentemente, na mesma linha, V. Canas, "Os acordos religiosos...", cit., 300.

ultrapassar a fronteira do que seja uma delimitação razoável do campo semântico de aplicação de normas jurídicas. Saber o que é ou não é religioso não é alguma coisa que seja inteiramente disponível, o que seria um pressuposto inteiramente voluntarista sobre o ordenamento jurídico; ora o ordenamento jurídico é uma realidade cultural, e na cultura, as palavras *têm um certo sentido*; a palavra *religião* tem *um certo sentido*.

É por isso, porque *há um sentido objectivo de religião*, que o art. 21º da LLR, ao definir, nas duas alíneas do seu n.º 1, o que é (alínea a)) e não é (alínea b)) de fim religioso, esclarece que isso é assim "[i]ndependentemente de [tais fins] serem propostos como religiosos pela confissão" (art. 21º/1, corpo, LLR). Ou seja, *mesmo que sejam propostos como religiosos, há fins que não o são*: não o são os fins (*exclusivamente*, entenda-se) *"de assistência e de beneficência, de educação e de cultura, além dos comerciais e de lucro."* (art. 21º/1/b) LLR)[289]. Pela positiva, fins religiosos são os de "exercício do culto e dos ritos, de assistência religiosa, de formação dos ministros do culto, de missionação e difusão da confissão professada e de ensino da religião" (art. 21º/1/a) LLR). Daqui se retira, portanto, a (correcta) opção do legislador por não permitir uma completa remissão para a vontade dos grupos humanos a decisão sobre se certas actividades ou fins são ou não são religiosos. A análise do pedido de inscrição deverá, pois, naturalmente, levar à recusa da mesma, ao abrigo do art. 39º/a) da LLR, caso a igreja ou comunidade não se proponha levar a cabo quaisquer fins religiosos, ou se proponha levar a cabo, exclusivamente, fins não religiosos.

De todo o modo, há uma ideia essencial que é válida e não deve ser perdida de vista: a procura do âmbito de protecção das normas em apreço quanto à definição do que sejam actividades ou fins religiosos será, em princípio, isenta de considerações acerca *do interesse público*, isto é, de um juízo de *oportunidade* pura[290]. O tipo de tarefa da administração é, aqui, de

---

[289] O art. 31º/2 da LLR, a propósito de certas vantagens tributárias das igrejas ou comunidades religiosas, complementa o art. 21º, ao fazer uma diferenciação entre actividade religiosa e "prestações de formação, terapia ou aconselhamento espiritual, oferecidas empresarialmente". O preço destas não fica abrangido pela isenção, precisamente porque o exercício de uma actividade a título empresarial não consiste no exercício de uma actividade religiosa.

[290] J. J. GOMES CANOTILHO/J. MACHADO, "Bens culturais...", cit., 29. Seria por isso inadmissível no direito português aquela que ainda parece ser a tese dominante em Itália, onde, apesar das críticas de alguma doutrina, parece continuar a entender-se que a administração goza de um poder discricionário de recusa do reconhecimento – para essa crítica,

procurar delimitar o campo semântico adequado do conceito normativo de religião; não de procurar a interpretação do conceito de religião *que melhor sirva o interesse público* ou que *mais próximo se situe da ordem de valores entendida como adequada* pelo poder público[291]. Se tal acontecesse, sairíamos do âmbito do controlo "de mera legalidade" que deve sempre nortear a aplicação das normas em matéria de direitos de liberdade, em particular da liberdade de associação.

v) (segue): o carácter preexistente da comunidade religiosa como pressuposto da inscrição

Por fim, refira-se que a constituição de pessoas colectivas religiosas que sejam igrejas ou comunidades religiosas (art. 33º/a) e b) LLR) parece igualmente depender de um outro pressuposto legal (cuja falta determina, portanto, a recusa do registo, nos termos do art. 39º/a) LLR) que se acrescenta à existência de um fim religioso (art. 22º) e de que em geral não

---

veja-se S. FERRARI, "Le régime des cultes reconnus en Italie...", cit., 158-159; G. CASUSCELLI, "Perché temere una disciplina...", cit., 40, que chama a atenção para recente jurisprudência do TEDH que parece pôr em causa a tese tradicional.

[291] Isto pode significar que o Estado tenha de aceitar a inscrição de uma confissão religiosa que peça ao seu Deus, por exemplo, a eliminação de toda a forma de aparelho estadual. De facto, em princípio, a ideia de pluralismo social, de que o pluralismo religioso é parte, *exige* que tenham acesso à esfera pública, e mesmo à esfera pública *associativa*, todos e quaisquer programas, mesmo os contrários ao *statu quo*; neste sentido, JORGE MIRANDA, *Manual de Direito Constitucional*, tomo III - *Estrutura Constitucional do Estado*, 6ª ed., Coimbra: Coimbra Editora, 2010, 363. A fronteira do (in)admissível, contudo, parece ser ultrapassada se, nas certeiras palavras de Diana Zacharias, "(...) a comunidade religiosa não deixa ao transcendente a tarefa de mudar o actual sistema de coisas mas propõe-se eliminar ela própria os fundamentos da subsistência do Estado. Estes ataques podem ser verbais; nesse caso devem ir além de uma simples crítica e apresentação de um ponto de vista diverso" – D. ZACHARIAS, "Access of Muslim Organizations...", cit., 1332. No fundo, o problema é o de encontrar os limites da *tolerância face aos intolerantes* – sobre o ponto, que não podemos desenvolver, e de perspectivas muito diversas, DIOGO PIRES AURÉLIO, *Um fio de nada - ensaio sobre a tolerância*, Lisboa: Edições Cosmos, 1997, 109 ss; PAULO OTERO, *A democracia totalitária. Do Estado totalitário à sociedade totalitária. A influência do totalitarismo na democracia do século XXI*, Cascais: Principia, 2001, 231 e ss. e particularmente 267 ss; P. OTERO, *Instituições, I*, cit., 413 ss, a propósito do pensamento de Karl Popper, ao qual se deve uma formulação impressiva do problema, no seu "A Sociedade Aberta e os seus inimigos"; J. MIRANDA, *Manual, III*, cit., 353 ss.

depende a liberdade de associação: uma prática religiosa *preexistente* ao pedido de registo.

Tal pressuposto ou requisito decorre de uma visão do que é o fenómeno religioso, e encontra respaldo, em primeiro lugar, nas normas da LLR, acima referidas, que exigem, para inscrição de uma pessoa colectiva religiosa, a apresentação de elementos que atestem a *presença social organizada* e a *prática religiosa* de suporte ao pedido; e em segundo lugar, na referência do art. 20º da LLR às igrejas e comunidades religiosas como "comunidades sociais organizadas e duradouras em que os crentes podem realizar todos os fins religiosos que lhes são propostos pela respectiva confissão".

Parece, assim, que a criação de uma pessoa colectiva religiosa não pode ser um puro acto de vontade, ao contrário, por exemplo, da criação de uma associação, onde basta uma ideia federadora e um conjunto de pessoas que outorguem o acto de constituição. Na verdade, depreende-se dos referidos aspectos da lei que a prática religiosa tem de existir antes da pessoa colectiva religiosa, e não o contrário. Não se pode criar uma igreja ou comunidade religiosa enquanto pessoa colectiva, de acordo com uma doutrina, e depois procurar seguidores. Este traço, que parece (e é) invulgar à luz da dogmática geral da liberdade de associação, é plenamente compreensível, se se reconhecer, como fizemos acima, que a religião pressupõe uma qualquer forma de exteriorização e comunhão com outros: uma religião de uma só pessoa não é uma religião.

No entanto, se exigir uma comunidade preexistente se apresenta como um requisito que revela a própria existência de uma comunidade *religiosa*, a garantia da liberdade de organização, articulada com o princípio da aconfessionalidade do Estado, veda quaisquer intromissões deste na forma interna de organização das comunidades religiosas (arts. 4º e 22º/1 LLR; arts. 9º e 10º Concordata; art. 4º Acordo República Portuguesa/Imamat Ismaili)[292]/[293]. Uma consequência disto é que as pessoas colectivas religiosas gozam de uma liberdade de criação de órgãos, designação dos seus titulares e distribuição das respectivas funções que não pode ser objecto de qualquer controlo substantivo do Estado, a não ser aquele que

---

[292] A. E. D. Silva, "A liberdade de consciência...", cit., 75.

[293] Por esse motivo eram inconstitucionais as normas dos arts. 9º e 10º da Concordata de 1940, já que estabeleciam que os arcebispos e bispos residenciais da Igreja Católica teriam de ser cidadãos portugueses, e que a Santa Sé deveria consultar o Estado Português antes da nomeação de qualquer bispo, para averiguar da existência de qualquer "objecção política geral" – cf. J. Miranda, "A liberdade religiosa em Portugal...", cit., 14.

seja necessário para assegurar o cumprimento dos limites constitucionais à liberdade de religião (art. 39°/c) LLR; cf. *infra*).

A liberdade de organização inclui também, claramente, o direito de determinação da qualidade de membro da pessoa colectiva religiosa[294], quer quanto à entrada, quer, evidentemente, quanto à saída (cf. aliás o art. 22°/2 LLR), pelo que, de novo, só para controlo do cumprimento dos limites constitucionais da liberdade religiosa se poderá admitir a atenção substantiva aos estatutos e princípios de doutrina de uma comunidade religiosa[295]. Como já se referiu, à luz do princípio da separação e aconfessionalidade (cf. art. 4°/1 LLR), este tipo de decisões por parte de uma comunidade religiosa terá necessariamente de ser tomado pelo Estado como um dado, e consequentemente, no procedimento de registo, também as normas internas sobre a matéria terão de o ser.

Na sequência destas considerações, cumpre referir que, no tocante às associações (*lato sensu*) de fins religiosos, a Constituição não oferece critérios que autorizem a previsão na lei ou a implementação pela administração pública de qualquer forma de controlo sobre o seu funcionamento interno[296], ao contrário do que sucede, por exemplo, com a liberdade de associação por meio de criação de partidos políticos (cf. art. 51° CRP). Neste último caso, a essencialidade dos partidos políticos para o funcionamento do sistema democrático (bem expressa nos arts. 10°/2, 51°/1, 151°/1 CRP), justifica que a Constituição lhes imponha *uma certa forma de funcionar*. Isso traduz-se, a partir da revisão constitucional de 1997, na norma constante do art. 51°/5 CRP, de acordo com a qual os partidos devem reger-se pelos "princípios da transparência, da organização e da gestão democráticas, e da participação de todos os seus membros". Tal não acontece com a liberdade de associação religiosa.

Além disso, no direito português, não constitui pressuposto de aquisição da personalidade jurídica qualquer *modelo* de organização interna,

---

[294] Assim, em geral, para as comunidades religiosas (personificadas ou não), D. ZACHARIAS, "Access of Muslim Organizations...", cit., 1326.

[295] Imagine-se, por exemplo, que esses estatutos dispunham que um crente não poderia abandonar a comunidade – a garantia constitucional da liberdade religiosa teria de levar, nesse caso, à recusa do registo, pois o art. 41° da CRP tem de ser interpretado em conformidade com a DUDH e o art. 18° desta Declaração garante a liberdade de mudar de religião; no mesmo sentido vai o art. 9°/1 da CEDH.

[296] Assim, também, para o direito alemão, D. ZACHARIAS, "Access of Muslim Organizations...", cit., 1332.

designadamente um modelo *hierarquizado* de funcionamento. A única coisa que parece exigível – e apenas porque sem isso, qualquer relação da entidade com as outras que existem no tráfego jurídico se tornaria *impossível* – é que se consiga perceber *quem é que fala em nome da pessoa colectiva religiosa*, isto é, quem tem a função de representação orgânica da entidade, e como são tomadas as suas decisões. É esse o significado da referência da lei aos *órgãos* da confissão religiosa, que, como vimos, é um dos elementos que devem constar do requerimento de inscrição junto do RPCR.

Nem se diga que exigir que alguém fale em nome da confissão é violentar a liberdade da mesma, ou impor-lhe uma organização específica, ou vínculos formais[297]. Um grupo de pessoas que professe a mesma religião pode perfeitamente não ter alguém que fale em seu nome, mas a única coisa que isso significa é que tal confissão, em tudo o que exija uma posição unitária, não pretende relacionar-se com nenhum ente externo *enquanto confissão*, ou seja, enquanto *ente unitário, autónomo das pessoas que o constituem*. Mas se assim é, tudo está bem: o grupo de pessoas que assume que é *mais do que um grupo de pessoas* assume-se como tal e por isso é reconhecido como tal (como pessoa colectiva religiosa, no nosso caso); o grupo de pessoas que *não quer ser mais do que um grupo (informal) de pessoas* não se assume como mais do que isso, e nesse caso não há institucionalização suficiente para essa realidade ser recoberta com a figura da personalidade colectiva. O que não se pode é querer ter o bolo e comê-lo[298]; não se pode querer ter as vantagens que só são pensáveis com a institucionalização típica do funcionamento em modo colectivo *sem ter* a institucionalização típica do funcionamento em modo colectivo[299].

---

[297] No entanto, sempre pronto a lutar contra esses e outros moinhos de vento, que, tal como Quixote, toma por gigantes, veja-se VALERIO TOZZI, "Fasi e mezzi per l'attuazione del disegno costituzionale di disciplina giuridica del fenomeno religioso", *Il Diritto Ecclesiastico*, CXVIII, (1-2), 2007, pp. 171 ss., 188 ss. Não está em causa, diga-se, o inegável brilho com que Tozzi combate, mas apenas, neste e noutros casos, a insubsistência do seu adversário...

[298] Ou, porventura com melhor adaptação ao nosso caso, não se pode querer evitar que os outros comam bolo só porque se está a fazer dieta.

[299] A propósito do regime italiano de reconhecimento das confissões, afirma S. FERRARI, "Le régime des cultes reconnus en Italie...", cit., 157, que um elemento essencial da noção de confissão religiosa é o de ser "um grupo dotado de um mínimo de organização". A mesma afirmação se encontra em outros direitos – cf. N. DOE, "Religions et droit au Royaume-Uni", cit., 198, para o direito inglês; D. ZACHARIAS, "Access of Muslim Organizations...", cit., 1325, para o direito alemão.

vi) (segue): os "limites constitucionais" à liberdade religiosa (e de associação)

Além do controlo que sempre há-de fazer-se sobre o preenchimento da noção normativa relevante de "religião", que encontra fundamento positivo na alínea a) do art. 39º da LLR, manda a lei (art. 39º/c)) atender à eventual violação dos limites constitucionais à liberdade de religião – *e à liberdade de associação*, deve acrescentar-se, já que se trata, como vimos, de prosseguir a primeira através da segunda, o que significa que os limites a esta última são igualmente convocados para o debate.

Assim, há que manter em mente que no ordenamento jurídico português, através da recepção dos arts. 29º/2 da DUDH e 9º/2 CEDH (cf. igualmente art. 6º LLR)[300], vigoram cláusulas susceptíveis de permitir a limitação da liberdade religiosa em atenção a outros valores e interesses relevantes aí enunciados. Tais normas devem servir de orientação para a interpretação da referência do art. 39º da LLR aos limites constitucionais da liberdade religiosa: as habituais cláusulas da *ordem pública*[301] e dos *bons costumes*[302], os outros direitos e valores fundamentais, em particular os decorrentes da ideia de *dignidade da pessoa*, são sem dúvida limites ao exercício da liberdade de associação religiosa[303] e como tal susceptíveis de impedir a aquisição da personalidade jurídica das confissões religiosas.

Elemento interpretativo de extrema relevância para a aplicação do art. 39º da LLR é ainda composto pelo elenco dos fundamentos de extinção das

---

[300] Aproveite-se para sublinhar que a referência do art. 39º/c) aos limites "constitucionais" também tem de ser entendida, a nosso ver, como incluindo os limites resultantes do Direito Internacional geral ou comum (como é o caso da DUDH, que é também recebida no direito português, como vimos) e das cartas ou declarações de direitos que vinculam o Estado português (em particular a CEDH e a CDFUE).

[301] Reconhecendo a aplicação do limite da ordem pública em matéria de liberdade religiosa, RPt 19-02-2008 (Carlos Moreira), proc. 726795.

[302] A aplicação da cláusula dos bons costumes nesta sede não se fundamenta apenas no art. 280º do CC, mas decorre da referência do art. 29º/2 da DUDH à limitação correspondente às "justas exigências da moral". Com efeito, a cláusula dos bons costumes, que remete para critérios normativos extrajurídicos – em concreto, uma ideia de moral social dominante – parece vincular, genericamente, a actividade administrativa: assim, P. Otero, *Legalidade...* cit., 770. Nessa medida, vincula também a actividade tendente ao registo das pessoas colectivas religiosas.

[303] Neste sentido, para o Direito italiano, neste ponto semelhante ao português, V. Tozzi, "Fasi e mezzi...", cit., 174.

pessoas colectivas religiosas (art. 42º da LLR), o qual, ao remeter para as causas de extinção judicial das associações (art. 42º/1/d)), acolhe, nomeadamente, como causas de extinção, a prossecução sistemática dos fins por meios *ilícitos ou imorais*, bem como o facto de a existência da associação se ter tornado contrária à *ordem pública* (art. 182º/2/c) e d) do Código Civil); se a extinção pode ser determinada com estes fundamentos, também poderão os mesmos determinar a recusa da constituição[304].

Com efeito, o exercício colectivo da liberdade religiosa faz-se *no âmbito do ordenamento jurídico*, pelo que dificilmente se veria como um programa frontalmente contrário a esse ordenamento poderia ser aceite por este para efeitos de aquisição de personalidade jurídica[305]. É exactamente essa exigência de *um mínimo de não-contradição* no ordenamento que resulta já do art. 46º/1 da CRP, quando proíbe o exercício da liberdade de associação para fins punidos pela lei criminal. A lei criminal aparece, aqui, como *o repositório do inadmissível* à luz do ordenamento jurídico globalmente considerado; mas se as condutas criminalizadas são inadmissíveis à luz do ordenamento quando praticadas *a título individual*, da mesma forma o serão quando se pretenda praticá-las através de uma associação para o efeito constituída.

É certo que poderia pensar-se numa outra via: o direito comparado demonstra que este problema é em alguns casos resolvido pelo apelo a uma ideia de *redução à responsabilidade individual*. No seu parecer de 1986 sobre o reconhecimento das Testemunhas de Jeová no ordenamento italiano, o

---

[304] A previsão legal dos fundamentos de extinção é uma concretização da defesa da liberdade de associação face a interferências do Estado, garantida pela Constituição (art. 46º/2 CRP), e encontra paralelo óbvio no regime analisado no texto quanto aos fundamentos de recusa na criação destas entidades. A garantia contra interferências na extinção das associações religiosas (incluindo, portanto, as pessoas colectivas religiosas e as associações privadas de fins religiosos, de acordo com o art. 44º LLR) cifra-se em dois elementos, conforme resulta do art. 46º/2 da CRP: a sujeição das causas de extinção ao princípio da legalidade, e no caso das que dependam do poder público, à decisão de um tribunal. A extinção da pessoa colectiva religiosa por qualquer destes factos implica o cancelamento do assento no RPCR (art. 42º/2 LLR).

[305] Por exemplo: poderá uma confissão religiosa que tem como ponto de doutrina proibir aos seus membros o exercício do direito de voto nas eleições estatais pretender beneficiar das vantagens da personalidade jurídica no ordenamento desse Estado? Não se trata sequer de um caso imaginário: cf. a decisão citada por R. Puza, "Citoyens et fidéles...", cit., 393-394, nota, na qual isso acontecia, tendo o Tribunal Administrativo Federal recusado à confissão em causa o estatuto de corporação de direito público de natureza religiosa. Cf. também, no mesmo sentido, a propósito da cooperação Estado-igrejas no ensino religioso, D. Zacharias, "Access of Muslim Organizations...", cit., 1332.

Conselho de Estado italiano operou uma separação entre a responsabilidade penal individual dos membros da confissão, que perfilhavam uma série de condutas contrárias à lei penal em vigor (recusa de serviço militar, de participação em júris e nos actos eleitorais), e a (não) responsabilidade da própria confissão[306]. Poderia partir-se da ideia de que "juridicamente só actos podem ser apreciados, não ideologias"[307], e dizer que a igreja ou comunidade religiosa não deveria ser privada da incorporação, antes se deveria julgar apenas e só eventuais actos ilícitos dos seus membros.

Deve notar-se que este é um contributo valioso. Seria certamente inadmissível o princípio de *tornar a entidade religiosa responsável*, por exemplo, por atitudes extremistas e violentas de algum dos seus membros[308].

Contudo, não estamos certos de que esta separação de questões e de *responsabilidades* resolva o problema que temos em mãos, que é este: admitindo que uma confissão religiosa declara, nos documentos que instruem o seu pedido de inscrição, que a sua prática religiosa assenta em actos que são considerados criminosos, contrários à ordem pública ou às "justas exigências da moral", à luz do direito português, existirá a possibilidade de fazer essa separação, inscrevendo portanto a confissão e registando-a como tal no RPCR, e *perseguindo depois criminalmente os seus membros, se e quando levarem a cabo tais actos criminosos*?

Não nos parece que possa ser assim, pelo menos à luz do Direito nacional: a Constituição, no seu art. 46°/1, não só dá plena cobertura, como parece mesmo *impor*, que *os fins e o conteúdo da prática religiosa que se pretenda constituir como pessoa colectiva sejam controlados pelos órgãos públicos, e em última análise, que estes recusem a incorporação*, se esta representar um acto completamente contrário às valorações essenciais da comunidade, expressas nas normas jurídico-penais.

O art. 39° da LLR dá por isso corpo a normas cuja conformidade constitucional não está em causa, e autoriza plenamente decisões de recusa de registo por violação dos limites à liberdade de associação religiosa.

---

[306] Parecer n.° 1390 do Conselho de Estado, de 30-07-1986, in *Quaderni di diritto e politica ecclesiastica*, 1986, p. 509, apud S. FERRARI, "Le régime des cultes reconnus en Italie...", cit., 158.

[307] A expressão é de J. MIRANDA, *Manual, III*, cit., 362, a propósito do carácter democrático ou não democrático das organizações políticas, mas pensamos que a ideia é adequada à ilustração da tese referida no texto.

[308] Veja-se, porém, para uma discussão do problema, à luz do direito norte-americano, K. GREENAWALT, *Religion and the Constitution, 1*, cit., 320 ss.

vii) Falta de decisão e convolação do registo em "obrigatório"

Problema delicado, que o art. 40°/1 da LLR procura resolver, é a difícil tarefa de conciliação entre a conveniência em assegurar aos serviços do RPCR *margem temporal suficiente* para apreciação dos pedidos de inscrição, a absoluta necessidade de impedir que o sistema de inscrição se constitua em *obstáculo* à efectivação da liberdade de associação religiosa e a defesa dos valores constitucionais subjacentes a um pedido de inscrição de igreja ou comunidade religiosa.

Deve começar por dizer-se, a este propósito, que é compreensível o *sentido* do sistema de convolação do registo em *obrigatório* após um ano sem decisão expressa do requerimento, sistema que o art. 40°/1 LLR consagra[309]. Esse sistema é uma salvaguarda, permitindo que o carácter taxativo e vinculado dos fundamentos de rejeição não seja torneado por uma figura análoga ao "veto de bolso", a qual permitiria à administração obstar à aquisição de personalidade jurídica às igrejas e comunidades por meio de uma *ausência* de decisão.

No entanto, a verdade é que a solução adoptada é susceptível de duas ordens de observações. Uma primeira prende-se com os obstáculos que podem apresentar-se, em geral, a qualquer solução de deferimento tácito ou análoga[310]. Uma segunda representa o valor *qualificado* que tais obstáculos assumem, quando está em causa uma apreciação que envolve a concretização prática da liberdade de consciência e da liberdade religiosa. Pode questionar-se, por exemplo, se será mesmo *obrigatório* o registo (e a consequente aquisição de personalidade jurídica) de uma igreja cujos estatutos ou princípios doutrinários permitam meios de missionação contrários à liberdade de consciência individual.

Se o art. 40°/1 LLR fosse interpretado nesse sentido, tratar-se-ia certamente de norma inconstitucional: em nosso entender, não ocorrem neste

---

[309] Sublinhe-se que o prazo em questão está suspenso durante o tempo necessário ao suprimento de vícios do requerimento e audiência instrutória do requerente: art. 40°/2 LLR e art. 10°/2 do Decreto-Lei 134/2003. Contudo, já se entendeu na jurisprudência – a nosso ver, bem – que a suspensão não abrange o tempo necessário à emissão do parecer da CLR, quando solicitado: assim, RLx 05-02-2009 (Teresa Prazeres Pais), proc. 10359/2008-8. Isso significa que o RPCR e a CLR terão de articular-se para cumprir o prazo, que já é generoso.

[310] Para esse debate genérico, no qual não entraremos, veja-se, por todos, a análise de João Tiago Silveira, *O deferimento tácito (esboço do regime jurídico do acto tácito positivo na sequência de pedido do particular à luz da recente reforma do Contencioso Administrativo*, Coimbra: Coimbra Editora, 2004, e referências aí citadas.

caso razões constitucionalmente admissíveis para que o legislador possa dispensar o cumprimento das limitações constitucionais às liberdades de associação, de consciência e de religião. E seria um puro conceptualismo dizer que nesse caso, *o registo da confissão seria obrigatório*, mas *os actos de missionação que fossem praticados em desrespeito da liberdade de consciência seriam ilícitos*, sofrendo cada um dos seus autores as respectivas consequências. Isso traria, para mais, difíceis consequências do ponto de vista da boa fé e da protecção da confiança dos membros da confissão religiosa em questão, que contariamcom a "regularização" da sua actividade pelo respectivo registo público.

4.3. REGIME JURÍDICO ESPECÍFICO DAS PESSOAS COLECTIVAS RELIGIOSAS RADICADAS

a) O regime específico das pessoas colectivas religiosas radicadas: justificação e elenco

Como já foi referido, a LLR estabelece uma subcategoria *a se* dentro do conjunto das pessoas colectivas religiosas inscritas: a das pessoas colectivas religiosas *radicadas no país* – art. 37º LLR.

Como a designação já anuncia, do que se trata é de uma realidade que, sob formas diversas, a generalidade dos ordenamentos consagra: a eleição, de entre todas as pessoas colectivas religiosas, de algumas que reúnem condições de acesso a um tratamento *diferenciado* por parte do Estado. Com efeito, o reconhecimento do estatuto de igreja ou comunidade radicada abre a esta uma série de possibilidades adicionais de colaboração e articulação com o Estado[311].

Como já se viu, tratamento diferenciado não significa necessariamente tratamento *privilegiado*, à luz de uma compreensão adequada do princípio da igualdade, articulado com o princípio da cooperação. Não há, por isso, em nosso entender, qualquer objecção *prima facie* à autonomização de um grupo de pessoas colectivas religiosas cuja presença no território nacional se revista de características particulares e que por isso mereça

---

[311] P. PULIDO ADRAGÃO, "Liberdade Religiosa...", cit., 701, ainda com referência ao anteprojecto; V. CANAS, "Os acordos religiosos...", cit., 302-303; A. E. D. SILVA, "A liberdade de consciência...", cit., 77.

um conjunto de vantagens de que outras pessoas colectivas religiosas não gozam. Contudo, esta é uma afirmação que precisa de ser complementada com um controlo *das medidas concretas de diferenciação*, avaliando da sua justificação objectiva e conformidade com os princípios que regem as relações religião-Estado e com os direitos fundamentais em causa.

Assim, as igrejas ou comunidades radicadas têm direito: ao reconhecimento de efeitos civis ao casamento celebrado por forma religiosa (art. 19º LLR); à participação na Comissão do Tempo de Emissão das Confissões Religiosas (art. 25º/3 LLR); ao recebimento de uma quota de 0,5% do IRS de contribuintes que a pretendam destinar a essa igreja ou comunidade (art. 32º/4 LLR); à celebração de acordos-lei (arts. 45º a 50º LLR); e à participação na Comissão da Liberdade Religiosa (art. 56º/1/a) LLR)[312]. Vale a pena, por isso, indagar dos pressupostos de acesso à qualidade de comunidade radicada; é o que faremos em seguida.

b) Pressupostos substantivos e reconhecimento

O estatuto de igreja ou comunidade radicada ou com garantia de duração é atestado pelo membro do governo competente em razão da matéria (art. 37º/1 LLR; actualmente, o Ministro da Justiça: art. 6º/1 Decreto-Lei 134/2003). Esse acto é objecto de um requerimento da confissão religiosa, requerimento que a lei considera autonomamente face ao pedido de inscrição de confissão religiosa no RPCR (art. 37º/3 LLR). Contudo, parece claro que atentos os princípios da desburocratização, da eficiência e da economia procedimental, esse pedido poderá ser apresentado simultaneamente com o pedido de inscrição como pessoa colectiva religiosa. Seja qual for a situação, o requerimento deverá ser instruído com os elementos que permitam a prova da permanência em Portugal ou no estrangeiro pelos períodos exigidos por lei (art. 37º/3 LLR).

Além da intervenção de membro do governo, a lei exige a consulta da Comissão da Liberdade Religiosa (art. 37º/1 LLR).

Procurando determinar os pressupostos materiais da radicação, verifica-se que há que preencher um duplo grau de exigência. Esse duplo grau resulta do art. 37º/1, que exige que a igreja ou comunidade radicadas sejam *inscritas*, e que tenham além disso *garantia de duração*, requisito

---

[312] V. Canas, "Os acordos religiosos...", cit., 302-303.

que é desenvolvido pelo art. 37°/2, ao exigir 30 anos de presença em Portugal[313] ou 60 anos no estrangeiro.

Aquele é o primeiro grau de exigência: uma pessoa colectiva radicada tem de preencher todos os requisitos dos quais depende a inscrição como pessoa colectiva religiosa, os quais já analisámos. Isto significa, por exemplo, que uma comunidade religiosa com fins contrários à lei penal, mesmo que comprove a sua presença social organizada em Portugal há mais de 30 anos ou no estrangeiro há mais de 60, não conseguirá atingir o estatuto de radicada, pois a não contrariedade à lei penal é um requisito de acesso à personalidade jurídica das pessoas religiosas (cf. art. 39°, alínea c), da LLR e art. 46°/1 CRP).

O segundo grau de exigência passa pelo preenchimento de um critério de *implantação sólida* da igreja ou comunidade na sociedade portuguesa. Parece mais correcta esta referência à implantação sólida do que a referência à simples "garantia de duração". Na verdade, ao contrário do que poderia depreender-se da utilização de tal expressão, a duração (aquilo a que no direito espanhol se chama o "arreigamento histórico"[314]), sendo condição *necessária* para o reconhecimento da radicação (como fica claro pelo art. 37°/2 LLR, ao exigir 30 anos de presença em Portugal ou a criação no estrangeiro há mais de 60 para que uma entidade *possa* pedir o reconhecimento da radicação), não parece ser condição *suficiente*, pois por um lado, a referência ao número de crentes (art. 37°/1), e por outro, o próprio sentido do regime consagrado (delimitar as igrejas ou comunidades que *têm*, e não apenas que *já tiveram*, uma presença significativa na sociedade) parecem apontar para que seja exigido mais do que a simples presença histórica. Se uma determinada confissão religiosa comprovasse a sua presença em Portugal há 40 anos, sempre restrita ao núcleo de uma ou duas famílias praticantes; ou se uma confissão existisse no estrangeiro há 70 anos e dois fiéis da mesma viessem residir para Portugal – certamente que nenhuma dessas confissões poderia atingir o estatuto da radicação.

O reconhecimento do estatuto da radicação assenta, por isso, numa mistura de "requisitos de verificação objectiva e de requisitos ou factores

---

[313] O número de anos de presença em Portugal exigidos para a radicação foi objecto de uma regra transitória na LLR, que estabeleceu a respectiva progressividade (art. 67°): em 2001 eram exigidos 26 anos, aumentando à medida de um ano por ano, até atingir em 2005 os 30 anos previstos no art. 37°/2.

[314] Cf. P. M. PEDROSO, "Os acordos...", cit., 87, nota.

indeterminados"[315], todos eles tendentes à demonstração de que a confissão é conhecida e tem presença social consolidada[316].

É discutível se deve entender-se, a propósito da verificação destes pressupostos, que a lei opera alguma limitação ao âmbito *geográfico* das igrejas ou comunidades que podem adquirir o estatuto de radicadas. A questão coloca-se tendo em conta a ausência, nesta sede, de qualquer referência do legislador ao âmbito nacional, regional ou local das igrejas ou comunidades.

Contrariamente ao que já foi defendido entre nós[317], não pensamos que possa fazer-se qualquer restrição, nem sequer de natureza tendencial, mediante a qual as igrejas ou comunidades de âmbito regional ou local não poderiam aceder ao estatuto de igrejas radicadas. O art. 37º/1 LLR apenas fornece um critério de representatividade (quando se refere ao "número de crentes"), podendo essa representatividade verificar-se numa comunidade geograficamente muito limitada. Como reconhecem os próprios autores que defendem uma tal restrição tendencial, a existência de comunidades religiosas limitadas a porções bastante diminutas do território é uma realidade com tradição histórica importante em Portugal[318]. Por outro lado, não deve esquecer-se que a própria referência à representatividade da confissão religiosa, enquanto requisito de acesso a uma forma de organização com direitos acrescidos, deve ser interpretada com a amplitude inerente ao facto de estarmos perante direitos fundamentais de liberdade. O carácter nacional é, assim, um elemento relevante para a apreciação do conceito, mas não pode ser nem um elemento suficiente por si só nem, pelo contrário, condição *sine qua non* da radicação.

---

[315] V. Canas, "Os acordos religiosos...", cit., 302.

[316] V. Canas, "Os acordos religiosos...", cit., 302, que acrescenta ainda, em nosso entender sem justificação, os requisitos da "idoneidade" e "respeitabilidade". Tais requisitos exigiriam uma apreciação de "mérito" por parte do Estado, mas essa apreciação não deve existir e não vemos que esteja consagrada na lei. A tarefa de reconhecer a radicação é sobretudo isso, um *reconhecimento*, assente, por um lado, em determinados requisitos de facto que revelam a implantação social inequívoca, e por outro lado, na *não violação* dos requisitos *gerais* de incorporação como pessoa colectiva religiosa (cf., de novo, art. 39º LLR).

[317] A. E. D. Silva, "A liberdade de consciência...", cit., 78, citando no mesmo sentido um estudo inédito, ao qual não tivemos acesso, de Teles Pereira.

[318] A. E. D. Silva, "A liberdade de consciência...", cit., 78. Admitindo a possibilidade de uma igreja ou comunidade radicada ter âmbito meramente regional ou local, A. Folque, "Portugal a caminho da liberdade religiosa", cit., 274.

Outra dúvida relevante diz respeito ao que deva entender-se por presença social *organizada*. Exigir-se-á uma presença *institucionalizada* e *formalizada*, isto é, através da prévia aquisição de personalidade colectiva? Não parece que assim seja, devendo antes entender-se a presença organizada como *reconhecida socialmente*[319]. Um argumento decisivo neste sentido é o de que a falta de presença institucionalmente organizada pode até ter resultado de anteriores situações de repressão da liberdade religiosa[320].

c) Em especial: os acordos entre Estado e confissões religiosas radicadas

i) Razão de ordem; sujeitos e objecto dos acordos-lei

Nos artigos 45º a 50º da LLR, são especialmente regulados os acordos entre as confissões religiosas radicadas e o Estado. Trata-se de normas que expressam a já referida relação de particular proximidade e cooperação resultante do estatuto de radicação, pois do que se trata é de uma figura específica de *acordo legislativo* ou com incidência legislativa: tais acordos apenas podem ser celebrados quando o seu objecto exija a aprovação por lei, como resulta dos arts. 47º/c) e 51º LLR.

Os acordos a que se referem os arts. 45º a 50º da LLR têm um regime e natureza jurídica complexos.

Em primeiro lugar, no que toca aos sujeitos, estes acordos só podem ser celebrados por parte *do Estado*, do lado público, e por igrejas ou comunidades religiosas radicadas ou respectivas federações (ou associações[321]), do lado privado.

---

[319] Vai no mesmo sentido V. Canas, "Os acordos religiosos...", cit., 302.

[320] Como reconheceu a Comissão Assessora de Liberdade Religiosa espanhola, a propósito do conceito de *notorio arraigo* da LOLR – cf. a referência em P. M. Pedroso, "Os acordos...", cit., 87, nota.

[321] A lei apenas se refere às federações, mas deve entender-se que o legislador foi traído por uma linguagem restritiva, já que do que se trata aqui é de permitir a celebração de acordos por formas de *cooperação* de igrejas ou confissões religiosas radicadas, o que abrange as federações, mas também, seguramente, as associações; neste sentido, desenvolvidamente, V. Canas, "Os acordos religiosos...", cit., 305. O sentido da lei é o de dispor da forma mais ampla possível sobre os sujeitos que podem ser contrapartes nestes acordos. Tal sentido amplo é partilhado na doutrina espanhola, a propósito de um

Esta limitação da legitimidade às entidades radicadas assenta em fundadas razões (já explicadas) de tratamento desigual de situações desiguais: em princípio, as normas gerais da LLR e de quaisquer outros diplomas com incidência no facto religioso serão suficientes para regular todos os aspectos carecidos de regulação. Deve garantir-se a efectiva força normativa das normas gerais, ao invés de se partir de uma lógica "especializante" do fenómeno religioso, a qual só poderia ter por consequência, a longo prazo, a neo-feudalização do ordenamento jurídico, repartido por uma manta de retalhos de privilégios, isenções e excepções, com prejuízo evidente para os valores que o direito visa tutelar[322].

De facto, parece-nos que o modelo preferido, a justo título, pelo legislador nacional, é o da regulação do fenómeno religioso partindo de uma perspectiva de aplicação generalizada das *mesmas normas* a pessoas *de diferentes confissões*. Esta é uma das consequências da valorização da liberdade individual, que implica que a protecção da liberdade religiosa não assente apenas, nem sobretudo, numa protecção *indirecta*, conferida através da pertença a uma comunidade religiosa determinada, antes devendo fundar-se em normas que reconheçam claramente a dimensão individual da liberdade religiosa[323] (até porque como se viu acima, a liberdade religiosa por vezes terá de exercer-se pelo indivíduo *contra* o grupo religioso). A regulação da liberdade religiosa deve passar

---

elenco muito semelhante das entidades que podem celebrar os acordos com o Estado: cf. P. M. PEDROSO, "Os acordos...", cit., 85-86. Deve notar-se, contudo, que esta perspectiva ampla tem como fronteira inultrapassável o estatuto da radicação; assim, por exemplo, não pode admitir-se como contraparte uma federação ou associação que inclua pessoas colectivas radicadas e outras não radicadas – no mesmo sentido, V. CANAS, "Os acordos religiosos...", cit., 304.

[322] Neste sentido muito restrito, concordamos, pois, com a posição daqueles, como Jónatas Machado (v.g., *O regime concordatário...* cit., 85 ss.), que entendem que a regulação do fenómeno religioso deveria, tanto quanto possível, assentar num conjunto de normas gerais (hoje, principalmente, a LLR). Contudo, não retiramos daí a consequência da inutilidade dos acordos-lei, mas apenas uma orientação geral de parcimónia na sua utilização. Há, com efeito, grande utilidade em prever aspectos realmente específicos em acordos bilaterais, porque isso evita a multiplicação de lacunas que sempre são de esperar quando as realidades reguladas pela norma jurídica geral apresentam enormes diferenças entre si, como é precisamente o caso das confissões religiosas.

[323] É esse o ponto essencial – com o qual concordamos – que sempre tem defendido J. MACHADO, *O regime concordatário...* cit., principalmente 85 e ss.; J. MACHADO, *Liberdade religiosa...* cit., 50 ss., 189 ss.. Veja-se também, no mesmo sentido, V. TOZZI, "Fasi e mezzi...", cit., 181.

em primeira linha pela afirmação de direitos *das pessoas*, e não de direitos *dos fiéis*[324].

É razoável que só quando uma determinada confissão religiosa tem uma sólida implantação no país se abra a possibilidade de introdução de regras específicas de fonte bilateral[325], as quais, como veremos, são aprovadas através de procedimento que envolve os órgãos de soberania ao mais alto nível e dão origem a instrumentos dotados de valor reforçado. Valem aqui as justificações dadas pela doutrina espanhola a propósito da noção de "notorio arraigo", da qual depende, nesse ordenamento (art. 7º LORL), a celebração de acordos legislativos: é inviável e indesejável celebrar acordos com todas as confissões, e sendo necessário estabelecer um critério para os celebrar com umas e não com outras, o critério do enraizamento na sociedade parece um critério aceitável[326].

Em termos de objecto destes acordos, o mesmo versa sobre assuntos de interesse comum do estado e da pessoa colectiva religiosa, federação ou associação em causa (art. 45º, *in fine*, LLR). Além disso, colhe-se da lei que uma condição de celebração do acordo é que o seu objecto careça de acto legislativo para ser implementado na ordem jurídica portuguesa (cf. arts. 47º/c), 51º LLR). Isto parece significar que os acordos são *subsidiários* da produção normativa unilateral geral, e particularmente da Lei de Liberdade Religiosa. Por outras palavras, se a lei existente já oferecer protecção adequada para os interesses em questão, não se justifica o acordo: falece um dos seus pressupostos. O direito português destaca-se, assim, claramente, de um modelo onde o princípio regulatório em matéria de relações Estado-confissões religiosas fosse o da *bilateralidade* das normas[327].

---

[324] Como nota G. B. VARNIER, "Il rapporto tra chiesa e communità politica...", cit., 393, constituiu um nítido progresso a aceitação, pela Igreja Católica, da ideia de direitos de todos os homens, por oposição à ideia de direitos dos fiéis. Seria um retrocesso, deste ponto de vista, o abandono dessa concepção, voltando-se a um modelo regulatório onde é a pertença a uma colectividade determinada, em primeira linha, e não a qualidade de ser pessoa, que confere o acesso às várias dimensões da liberdade religiosa.

[325] Contra, V. TOZZI, "Fasi e mezzi...", cit., 190-191, que considera isso problemático à luz do princípio da igualdade.

[326] Cf. as referências em P. M. PEDROSO, "Os acordos...", cit., 87.

[327] O sistema italiano é normalmente apontado como aquele onde o princípio pactício na regulação das relações entre o Estado e as confissões religiosas teria primazia sobre a legislação unilateral, geral e abstracta – cf. P. M. PEDROSO, "Os acordos...", cit., 81; G. DALLA TORRE, *Lezioni...* cit., 101 ss (a pp. 108 chega mesmo a dizer que o constituinte italiano deixou na Constituição uma implícita proibição de regular unilateralmente matérias

Em causa nos acordos-lei estará, em primeira linha, a "regulamentação, desenvolvimento ou operacionalização de certas matérias e direitos individuais ou colectivos já versados" na lei vigente[328], isto é, a regulamentação, desenvolvimento ou operacionalização *exigidas pelo caso concreto*, não cobertas pelas normas existentes. No entanto, não deve retirar-se daqui uma qualquer limitação ao carácter inovador da disciplina jurídica contida nos acordos-lei: como sublinha a doutrina, nada parece obstar a que estes acordos, precisamente pela sua força de lei, possam regular de forma inovatória certas matérias (que, por exemplo, apenas se coloquem quanto àquela confissão particular), estando aí, sem dúvida, uma das suas maiores virtualidades[329]. Também não se afigura possível, à luz do nosso direito, estabelecer qualquer enunciado ou tipificação fechada das matérias susceptíveis de acordo[330].

Pelo que fica dito adivinha-se já que não tem qualquer suporte no nosso direito um princípio ou regra de *uniformidade de conteúdo* dos acordos: cada pessoa colectiva religiosa é livre de propor ao Estado a regulação das matérias que entender, e o Estado livre de aceitar. Quaisquer argumentos de sentido oposto são adequadamente resolvidos por apelo a uma concepção adequada do princípio da igualdade – a igualdade

---

de interesse confessional). Reconhecendo a primazia do princípio pactício na prática do sistema italiano, mas criticando-a duramente, veja-se sobretudo a posição de V. Tozzi, "Quale regime...", cit., 548 ss; V. Tozzi, "Fasi e mezzi...", cit., sobretudo 190 ss. Uma posição particular, talvez mais equilibrada, é a de P. Consorti, *Diritto e religione*, cit., 166. O autor reconhece mas restringe essa primazia, dizendo que ela se reporta exclusivamente às relações da confissão com o Estado, não abrangendo, em geral, todas as matérias de interesse religioso, as quais podem, para o autor, ser reguladas por lei unilateral. Assim, para Consorti, o princípio pactício é um princípio *sectorial,* sendo a sua justificação a de salvaguardar a autonomia organizativa das confissões. A jurisprudência constitucional italiana parece ir-se inclinando para um entendimento restritivo do objecto admissível para as *intese,* que seria unicamente as especificidades de cada confissão face à lei geral; cf. a referência em G. Casuscelli, "Perché temere una disciplina...", cit., 26, nota. A prova de que a questão não está resolvida em Itália é que os múltiplos projectos de lei de liberdade religiosa que foram sendo apresentados no país, a começar pelo primeiro em 1990 e a acabar nos mais recentes de 2006 e 2008, nunca lograram aprovação no parlamento.

[328] V. Canas, "Os acordos religiosos...", cit., 296.
[329] V. Canas, "Os acordos religiosos...", cit., 296.
[330] Defendendo, pelo contrário, a necessidade de uma delimitação científica e política das matérias que podem ser objecto de *intesa*, veja-se V. Tozzi, "Quale regime...", cit., 550, 554; V. Tozzi, "Fasi e mezzi...", cit., 179-180.

não obriga a tratar de modo igual o que é diferente[331]; e precisamente o sentido dos acordos-lei é permitir a adequação do ordenamento jurídico nacional às especificidades, particularmente organizatórias, de qualquer confissão religiosa[332].

Por último, cumpre assinalar que os acordos previstos nos arts. 45º a 50º da LLR parecem também poder ser celebrados por entidades da Igreja Católica e até por esta. Não se estranhe a afirmação: embora seja verdade que a Concordata celebrada com o Estado é o mecanismo por excelência de relação entre a Santa Sé e o Estado, a própria Concordata faz referência à possibilidade do seu desenvolvimento por outros acordos celebrados "entre as autoridades competentes da Igreja Católica" e o Estado (art. 28º da Concordata). Uma vez que esse preceito da Concordata não desenvolve a forma e o processo dos acordos em questão, parece dever entender-se que a via dos acordos referidos nos arts. 45º a 50º está também aberta às entidades da Igreja Católica que não sejam a Santa Sé (até porque só esta pode celebrar concordatas, já que só ela é sujeito de direito internacional)[333].

ii) Formação

Quanto à formação dos acordos, a iniciativa pode pertencer a qualquer pessoa colectiva religiosa radicada ou a federação (ou associação) de que a mesma faça parte (art. 45º LLR). Não existe qualquer *dever* de celebrar acordos desta natureza, sendo isso plenamente facultativo, no que é um corolário da separação igrejas-Estado[334]. Como corolário disto, a posição jurídica das igrejas ou comunidades radicadas que não utilizem a

---

[331] Assim, V. CANAS, "Os acordos religiosos...", cit., 297.

[332] Defendendo isso mesmo para as *intese* italianas, veja-se V. TOZZI, "Fasi e mezzi...", cit., 179, 192, 194. No mesmo sentido, com referência a jurisprudência constitucional recente que parece legitimar essa tese, G. CASUSCELLI, "Perché temere una disciplina...", cit., 26, nota. Contudo, Valerio Tozzi também dá nota de que a prática tem sido a oposta, ou seja, a de criar um estatuto completo para cada confissão, com base no modelo concordatário.

[333] Em sentido próximo, mas com dúvidas, A. L. SOUSA FRANCO, "Princípios gerais...", cit., 22-23.

[334] V. CANAS, "Os acordos religiosos...", cit., 295. Assim também, para as *intese*, GIORGIO PEYROT, "Confessioni religiose diverse dalla cattolica", in AA/VV, *Digesto (delle Discipline Pubblicistiche)*, vol. III, Torino: UTET, 1989, pp. 355-359, 358.

faculdade de celebrar tais acordos não pode ser diminuída[335]; de facto, a protecção da liberdade religiosa não depende da celebração de quaisquer acordos com a confissão[336].

A lei apenas prevê a iniciativa da própria pessoa religiosa, que se efectiva por requerimento de abertura de negociações dirigido ao membro do Governo responsável pela área da justiça (art. 46°/1). É duvidoso se isto significa que o próprio Estado não pode propor a celebração do acordo, mesmo se considerar que é do interesse público fazê-lo. Uma justificação possível para essa solução seria a de que permitir a iniciativa do Estado poderia representar uma forma de pressão sobre a confissão religiosa[337].

Concordamos, contudo, com Vitalino Canas, quando *de jure condendo* sublinha que sendo os acordos sobre matérias *de interesse comum*, e não apenas do interesse da entidade religiosa, poderia ser reconhecida iniciativa ao Estado[338]. Acrescentaríamos que num modelo de separação cooperativa entre Estado e religiões, como o nosso (v. *supra*), fazer uma proposta de acordo a uma entidade religiosa não pode ser visto, à partida, como uma

---

[335] Assim, para o direito italiano, G. Peyrot, "Confessioni religiose...", cit., 358. Isto significa apenas, a nosso ver, que a ausência de celebração do acordo não pode ter, por si, a consequência de perda de direitos da igreja ou comunidade, já que é evidente que a não celebração de acordo significa que a comunidade religiosa não pode beneficiar do regime que tal acordo especificamente consagrasse.

Questão delicada é a de saber se os acordos que sejam celebrados não poderão acabar por ser aproveitados, no quadro da interpretação ou integração de lacunas, no tratamento das igrejas ou comunidades que *não têm* acordo. Dado que, como se verá, os acordos são aprovados por lei, isso significa que os mesmos passam a fazer parte do sistema jurídico, o que permite, nos termos gerais, a sua relevância para a solução de outros problemas desse mesmo sistema jurídico. Não concordamos, a propósito, com a afirmação de V. Canas, "Os acordos religiosos...", cit., 331. segundo a qual os acordos-lei não contêm normas gerais e abstractas, mas apenas comandos de *ius singulare*. Pelo contrário, mesmo sendo estes actos dirigidos a regular as relações entre Estado e comunidades religiosas, eles devem cumprir aquele requisito que J. Miranda, *Manual, V*, cit., 161, aponta às leis-medida: "têm de respeitar, actualizando-os, os princípios constitucionais relevantes no caso". Ou seja, ainda quando possam ter uma técnica de construção normativa menos geral e abstracta, porque celebradas com uma específica confissão, têm de ser "materialmente gerais" (como também refere Jorge Miranda, ainda a propósito das leis-medida e leis individuais).

[336] J. J. Gomes Canotilho/J. Machado, "Bens culturais...", cit., 23; G. Casuscelli, "Perché temere una disciplina...", cit., 25-26.

[337] Em Itália, a iniciativa exclusiva da confissão religiosa para a celebração das *intese* é defendida pela doutrina – cf. G. Peyrot, "Confessioni religiose...", cit., 357, 358.

[338] V. Canas, "Os acordos religiosos...", cit., 308.

forma de pressão ou interferência do Estado sobre a religião, ou como uma discriminação entre confissões.

De todo o modo, *de jure condito*, é certamente sugestiva a ausência, na lei, a qualquer iniciativa do Estado; se se tivesse pretendido que o processo de negociação pudesse ser de iniciativa oficiosa, isso teria sem dúvida ficado claro. No entanto, devemos fazer duas ressalvas a este entendimento. A ausência de previsão de uma iniciativa formal não significa que o Governo não possa, *informalmente*, sugerir o início de negociações (simplesmente, nesse caso, o processo só terá início após requerimento da entidade religiosa)[339]. Por outro lado, mesmo do ponto de vista do direito constituído, haverá pelo menos uma situação onde o Estado não pode deixar de ter iniciativa, que é o caso da *alteração* de um acordo-lei existente[340].

Não parece necessário que o requerente apresente logo uma proposta de acordo[341], até por articulação com o art. 47º/2/b) LLR; contudo, já nos parece essencial, quer para a verificação dos casos de recusa (em particular, art. 47º/b), c) e d)) quer para a emissão de parecer pela CLR, a indicação dos assuntos sobre os quais se quer negociar e também, parece, sobre o sentido geral das soluções pretendidas[342]. De facto, sem a indicação das matérias sobre as quais se quer negociar, o ministro da justiça não poderá sequer saber se um dos pressupostos legais da celebração dos acordos dos arts. 45º a 50º – o requisito da *necessidade de uma lei* para obter o objectivo visado – está preenchido. O requerimento de abertura de negociações não tem de ser *completo e final* (precisamente porque será seguido pelas negociações) mas tem de ter uma substância susceptível de apreciação pelo Governo à luz de critérios de oportunidade e legalidade.

O requerimento é acompanhado de documentação comprovativa da verificação da conformidade das normas internas ou prática religiosa da igreja ou comunidade religiosa com as normas da ordem jurídica portuguesa (art. 46º/1 LLR). É dificilmente compreensível que uma pessoa colectiva devidamente inscrita e radicada em Portugal (ou uma federação à qual pertença) tenha de apresentar esta documentação. Tal exigência duplica, sem justificação aparente, as que já são feitas nos procedimentos de inscrição e

---

[339] V. CANAS, "Os acordos religiosos...", cit., 308.
[340] V. CANAS, "Os acordos religiosos...", cit., 325.
[341] V. CANAS, "Os acordos religiosos...", cit., 310.
[342] Contra, admitindo que o requerimento da confissão religiosa seja uma simples manifestação da intenção de negociar um acordo, veja-se V. CANAS, "Os acordos religiosos...", cit., 310.

reconhecimento da radicação de pessoa colectiva religiosa (v. *supra*)[343,344]. Por outro lado, se a disposição fosse ainda entendida como exigindo uma prova *positiva* de que a pessoa colectiva cumpre as normas do direito português, parece-nos que ela seria, além do mais, inconstitucional, por introduzir um requisito desproporcionado (tendo em conta o simples *número* das "normas da ordem jurídica portuguesa") e mesmo arbitrário no acesso à celebração dos acordos; e já vimos como o acesso aos mesmos assume uma relevância especial do ponto de vista do tratamento não discriminatório das confissões religiosas. Assim, o saldo final da interpretação das exigências documentais do art. 46º/1 deve ser, para nós, a limitação dessas exigências aos documentos contendo as normas internas e descrição genérica das práticas religiosas da confissão, sem maior exigência do que a já posta para as exigências documentais semelhantes em sede de inscrição da pessoa colectiva religiosa e reconhecimento da radicação[345].

Apresentado o requerimento, a CLR emite parecer sobre a proposta (art. 46º/2, corpo)[346] e o ministro da justiça pode recusar fundamentadamente a negociação (art. 46º/2/a)), com base em algum dos motivos previstos no art. 47º: *a)* não estar assegurado que as normas internas ou a prática religiosa da igreja ou comunidade religiosa se conformem com as normas da ordem jurídica portuguesa; *b)*não terem decorrido cinco anos sobre a recusa de proposta anterior; *c)* não ser necessária a aprovação de uma nova

---

[343] Levantando ainda outras dúvidas, V. Canas, "Os acordos religiosos...", cit., 308-309.

[344] O direito comparado parece confirmar esta crítica: S. Ferrari, "Le régime des cultes reconnus en Italie...", cit., 152, refere que as comunidades religiosas não inscritas – que em Itália também podem celebrar intese com o Estado – têm de provar o seu fim religioso e o cumprimento das regras do direito italiano quando fazem propostas de acordo, mas as pessoas colectivas reconhecidas estão dispensadas de o fazer.

[345] Concordamos, pois, com V. Canas, "Os acordos religiosos...", cit., 309, quando se refere à necessidade de "descomplexizar" o art. 46º/1 LLR, mas ao contrário do autor, não pensamos sequer que seja legítimo exigir, logo à partida, um documento que faça qualquer demonstração "da compatibilidade entre tais normas e práticas e as regras de ordem pública portuguesas". Como defendemos acima, simplesmente não há qualquer justificação para exigir da própria confissão requerente que faça tal demonstração prévia, não baseada em qualquer indício de violação de regras. Estamos em sede de direitos fundamentais de liberdade, e as regras de ónus da prova devem reflectir isso mesmo. Se o ministro da justiça, ao receber os documentos, considerar que há suspeitas de desrespeito das regras de ordem pública, caber-lhe-á fazer as diligências instrutórias necessárias e recolher a respectiva prova.

[346] O parecer da Comissão poderá incidir sobre qualquer aspecto relevante motivado pelo requerimento apresentado – assim, V. Canas, "Os acordos religiosos...", cit., 310-311.

lei para alcançar os objectivos práticos da proposta; *d)* não merecer aprovação o conteúdo essencial da proposta.

Como já foi notado pela doutrina, a lei não aponta prazos para qualquer destes actos e parecer, ou para quaisquer outros do processo de formação dos acordos aqui em apreço. A ausência de norma expressa, a natureza política do processo em causa (tendo em conta que termina com a aprovação de um acto legislativo) e a possível aproximação de princípio ao processo de negociação e aprovação de convenções internacionais[347], poderiam levar a dizer que não existe qualquer prazo para as actuações prévias à assinatura do acordo e que não é possível *exigir* a sua prática.

Porém, a essa conclusão obsta, parece-nos, a inaceitabilidade dessa espécie de "veto de gaveta" sobre a proposta de acordo, já que a recusa de negociação tem de ser fundamentada (art. 47º/2/a) LLR). Tem de ser possível encontrar uma data a partir da qual a inércia das entidades em questão habilite o requerente, em última análise, a recorrer a juízo para forçar uma decisão (seja ela de sentido positivo ou negativo). Aqui, a única solução parece-nos ser a do *afastamento* do paradigma geral do processo de negociação de convenções, pois a estrutura das actuações do ministro da justiça nesta fase (recepção do requerimento de abertura de negociações, instrução do mesmo, incluindo pedido de parecer à CLR, e recusa de negociação ou nomeação de comissão negociadora) aproxima-se do paradigma do procedimento administrativo. Não nos parece desproposidada, assim, a aplicação das regras substantivas e contenciosas previstas para a inércia da administração, que permitem ao requerente solicitar ao tribunal a condenação na emissão de acto expresso após uma inércia que se prolongue por mais de 90 dias (cf. art. 109º/2 CPA e arts. 66º e segs. CPTA)[348].

O elemento literal dos arts. 46º/2/a) e 47º não aponta para a taxatividade do elenco de fundamentos de recusa; contudo, parece-nos que a natureza severa do acto – recorde-se, a recusa pura e simples de *negociar*

---

[347] Defendendo essa possibilidade, da qual retira consequências de regime, V. CANAS, "Os acordos religiosos...", cit., 315, 316, 320. *Prima facie*, concordamos com uma tal aproximação, pelo menos a partir da fase da negociação, mas como dizemos no texto, parece que em alguns casos o modelo a ter em conta será, antes, o do procedimento administrativo.

[348] Não esquecendo que a partir da reforma do contencioso de 2002-2004 o decurso deste prazo não significa indeferimento tácito, mas sim, apenas, a abertura da via da acção de condenação, devendo por isso o art. 109º/1 do CPA considerar-se parcialmente revogado (ou alterado) pela entrada em vigor do CPTA. Neste sentido, na jurisprudência, TCAS 09-06-2011 (ANTÓNIO VASCONCELOS), proc. 7454/11.

o acordo – aconselham que estes fundamentos sejam entendidos em linha com o disposto sobre os fundamentos de recusa da inscrição de pessoa colectiva religiosa (v. *supra*)[349]. Se assim é, pensamos que o fundamento da alínea a) do art. 47º tem de ser interpretado no sentido de só poder haver recusa se os elementos instrutórios revelarem, para lá de quaisquer dúvidas, que as normas ou a prática da igreja ou comunidade *não* se conformam com a ordem jurídica portuguesa, não sendo suficiente um qualquer receio vago, ao contrário do que poderia colher-se da formulação utilizada. Por outro lado, embora a lei não o diga, parece que a recusa, qualquer que seja o fundamento, deve ser precedida de audição prévia[350]. A recusa é ainda susceptível de impugnação, qualquer que seja o fundamento invocado[351].

---

[349] V. CANAS, "Os acordos religiosos...", cit., 311, entende que os fundamentos são taxativos.

[350] Não propriamente por estarmos no âmbito de um procedimento administrativo (não o é, já que não termina com uma decisão administrativa mas com um acto legislativo), mas sim porque a audição prévia dos interessados antes da tomada de decisões no direito público é uma manifestação mais ampla de um princípio de *due procedure*, com refracções no procedimento administrativo mas também, por exemplo, no direito processual (cf. art. 3º/3 CPC), e no próprio procedimento legislativo (vejam-se, por exemplo, as normas constitucionais sobre votação dos estatutos político-administrativos das regiões autónomas que tenham sido objecto de alterações pelo parlamento face à iniciativa regional: art. 226º/2 CRP). Certamente, um procedimento como o que preside à celebração dos acordos previstos nos arts. 45º a 50º da LLR não é excepção.

[351] Em sentido divergente, V. CANAS, "Os acordos religiosos...", cit., 311. O autor afirma que havendo recusa com base na desnecessidade de uma lei para alcançar os objectivos práticos da proposta ou na falta de aprovação do conteúdo essencial da proposta (art. 47º/2/c) e d)), "o processo termina ali", porque tais fundamentos "recaem na margem de apreciação política ou na margem de liberdade negocial do membro do Governo". Apenas se admitiria a impugnação da decisão na qual o ministro entenda que a confissão viola as regras da ordem jurídica portuguesa, ou da decisão que entenda erroneamente que ainda não decorreram cinco anos desde a última recusa.

Contudo, a nosso ver nenhum fundamento existe para que a apreciação de que a lei é desnecessária ou a decisão de rejeitar o conteúdo essencial da proposta não estejam sujeitas a controlo jurisdicional. É certo que nesses casos, das normas em causa (particularmente da resultante da alínea d)) resulta a atribuição de um poder com grande margem de livre apreciação e elementos de oportunidade política. Mas por outro lado, como é normal, há elementos vinculados e princípios jurídicos que cerceiam essa margem de liberdade pública. Se o ministro da justiça concluir que a matéria sobre a qual é feita a proposta já está regulada na lei, mas essa indicação for incorrecta (por exemplo porque a lei referida pelo ministro foi entretanto revogada), ou se concluir que não merece aprovação o conteúdo essencial da proposta, mas violando o princípio da não discriminação das confissões religiosas (por exemplo, porque foi anteriormente celebrado um acordo exactamente igual com outra

Mais problemática é a questão de saber em que termos e perante que jurisdição deverá essa impugnação ter lugar[352].

Caso não ocorra a recusa referida, o ministro nomeia uma comissão negociadora que terá a tarefa de elaborar um projecto de acordo ou um relato das razões da sua impraticabilidade (art. 47º/2/b)). Embora a técnica legislativa do preceito seja por demais confusa[353], o que dele se retira é que o membro do Governo com competência na área da justiça solicita aos diversos ministérios que indiquem representantes, se o quiserem (o número não é pré-determinado pois o objecto do acordo pode interessar a vários ministérios)[354], e escolhe ele próprio um membro que presidirá. Consoante

---

confissão religiosa, não sendo dadas razões objectivas para não o admitir com a requerente), essas decisões terão de ser impugnáveis. Em crítica ao facto de a decisão de celebrar as *intese* do direito italiano cair na "discricionariedade política" dos poderes públicos, veja-se G. Casuscelli, "Perché temere una disciplina...", cit., 26.

[352] A dúvida resulta da natureza controvertida dos acordos-lei e por isso do seu procedimento de formação. Caso possa dizer-se que são atos das funções política e/ou legislativa, poderia entender-se que *todos os atos do respectivo procedimento de formação* estão excluídos da jurisdição administrativa e fiscal, já que também o estaria o ato final do processo (o acordo-lei) – cf. art. 4º/2/a) ETAF – e portanto serão da competência dos tribunais judiciais – art. 26º/1 da Lei nº 52/2008, de 28 de Agosto (a actual Lei de Organização e Funcionamento dos Tribunais Judiciais – LOFTJ).

Contudo, não só pode questionar-se se, pelo menos nesta fase do processo, como se disse acima, não estamos perante atos da função administrativa, como também nos parece que atendendo às razões que estão na base da existência de tribunais administrativos especializados (sobre essas razões, permitimo-nos remeter para o que escrevemos em Miguel Assis Raimundo, *As Empresas Públicas nos Tribunais Administrativos. Contributo para a delimitação do âmbito da jurisdição administrativa face às entidades empresariais instrumentais da Administração Pública*, Coimbra: Almedina, 2007, 87 ss.) estes deveriam ter o conhecimento de todos os actos nos quais esteja em causa a aplicação primacial de normas de direito *público*, o que aqui parece incontestável. Na verdade, a vocação dos tribunais administrativos pareceria a de serem os verdadeiros *tribunais do direito público*, incluindo por isso o julgamento dos actos das funções política e legislativa, o que teria diversas vantagens, designadamente do ponto de vista da segurança jurídica – cf., neste sentido, *de jure condendo*, Rui Chancerelle de Machete, "A acção para efectivação da responsabilidade civil extracontratual", in, *Estudos de Direito Público*, Coimbra: Coimbra Editora, 2004, pp. 189 ss., 197.

[353] Com efeito, o preceito dispõe que o *membro do governo com competência na área da justiça* nomeia a comissão, e depois de fazer ponto final (a meio de uma alínea), acrescenta que "O presidente da comissão é nomeado *pelo Ministro*."

[354] Para V. Canas, "Os acordos religiosos...", cit., 312, a definição de quais são os ministérios interessados parece competir ao ministro responsável pela área da justiça. Em rigor, diríamos que o ministro da justiça deve sujeitar a questão aos demais ministros, que,

o número de representantes indicados pelos ministérios (incluindo-se aqui o presidente), o requerente indicará "igual número de cidadãos portugueses" para o representar na comissão[355]; por fim, o ministro da justiça pratica o acto formal de nomeação da comissão, no qual nomeará igualmente o presidente (que parece poder ser um representante dos ministérios ou um membro indicado pelo requerente[356]). O modelo pretendido é o de comissão paritária: o número de membros indicados pelos ministérios é igual ao número de representantes do requerente, sem prejuízo do voto de qualidade do presidente.

Após a nomeação da comissão, a mesma desenvolve a sua actividade, que terminará ou com um projecto de acordo, ou com uma proposta no sentido da "impraticabilidade" do mesmo (art. 46º/2/b)). É discutível se a Comissão da Liberdade Religiosa deve ser chamada a emitir parecer (também) nesta fase; do art. 54º/1/a) da LLR, literalmente, retira-se uma resposta positiva[357], já que a lei refere-se aí à emissão de parecer sobre *projectos* de acordo, e o produto da actividade da comissão negociadora tem exactamente essa designação (art. 46º/2/b)), por oposição à *proposta* de acordo, apresentada pelo requerente, e sobre o qual a CLR emite parecer, inicialmente (art. 46º, n.º 2, proémio).

Embora a lei não o preveja, no caso de ser proposta a impraticabilidade, parece que o Governo terá de se pronunciar fundamentadamente sobre

---

enquanto responsáveis por áreas diversas da governação, devem ter a competência de definir se o acordo proposto tem relevância para as áreas que tutelam. Por outras palavras, entendemos que a competência em questão é desconcentrada nos ministros, e não concentrada no ministro da justiça (sem prejuízo do facto de a nomeação ser competência deste). Evidentemente, a questão dificilmente se colocará, tendo em conta que os ministros se coordenarão a nível político.

[355] Subscrevemos a crítica de V. CANAS, "Os acordos religiosos...", cit., 312, a esta restrição à nacionalidade dos representantes do requerente na comissão de negociação. Ela estará relacionada com o facto de que por definição, uma igreja ou comunidade *radicada em Portugal* terá membros portugueses. Mas ainda assim, não se compreende porque razão um cidadão estrangeiro residente em Portugal, que seja membro de uma confissão radicada, não pode integrar a comissão de negociação de um acordo que essa confissão vá outorgar, ainda para mais quando idêntica restrição não existe do lado dos representantes nomeados pelos ministérios (embora se possa questionar se a mesma não resulta do art. 15º/2 da CRP). A aparente ausência de uma justificação coloca em xeque esta disposição, do ponto de vista constitucional e legal, à luz do princípio da igualdade e não discriminação.

[356] Assim, V. CANAS, "Os acordos religiosos...", cit., 312.

[357] Assim também, V. CANAS, "Os acordos religiosos...", cit., 313.

Direito Administrativo da Religião 345

essa proposta. Não parece que deva já ser o ministro da justiça a fazê-lo[358], mas sim o Conselho de Ministros, já que é desse órgão a competência para aprovar o acordo (art. 48º/1, *in principio*). A lei não detalha o que possam ser as razões da impraticabilidade, mas elas parecem poder relacionar-se ou com uma impraticabilidade *jurídica* (por exemplo, por serem propostas soluções contrárias à Constituição) ou *puramente negocial* (sendo os pontos em discussão juridicamente disponíveis, mas não se formando consenso sobre eles).

Em princípio não há qualquer dever do Estado de celebrar o acordo[359]. Contudo, devemos fazer pelo menos uma ressalva: em alguns casos, a incidência do princípio da igualdade, por comparação com outros acordos já celebrados, poderá ter um forte poder conformador dessa decisão de celebrar ou não celebrar o acordo (e, já agora, das próprias soluções do mesmo)[360]. De novo, parece-nos que deve exigir-se audição prévia an-

---

[358] V. CANAS, "Os acordos religiosos...", cit., 313, parece conferir aqui ao ministro da justiça o poder de não enviar a proposta de acordo, quando exista, ao Conselho de Ministros, argumentando que a comissão negociadora não vincula as partes. Por essa razão, ainda segundo o mesmo autor, não existiria um dever de boa fé do ministro de submeter a proposta ao Conselho de Ministros. Contudo, resulta da lei, como dizemos no texto, que a entidade que pode decidir sobre a proposta de acordo é o Conselho de Ministros, quer quanto à aprovação quer quanto à rejeição. Assim, não vemos de onde vem a competência para o ministro da justiça fazer o processo terminar sem essa decisão por parte do Conselho de Ministros. Por outro lado, a proposta de acordo é oriunda de uma comissão paritária com representantes dos ministérios, e se isso certamente não obriga o Governo na decisão final sobre o acordo, também nos parece que seria violador da boa fé negocial ajustar uma proposta de acordo para ela poder ser "posta na gaveta" pelo ministro. Admitimos, contudo, que o ministro da justiça possa recusar o envio se, por exemplo, for manifestamente evidente que a proposta de acordo não versa sobre matéria para a qual se exija uma lei; mas nesse caso, esta recusa do ministro é apenas a expressão de um controlo sobre os requisitos de qualificação, ou seja, de um controlo sobre a própria *existência* de uma verdadeira proposta de acordo em condições de poder vir a ser objecto de decisão governamental.

[359] Assim, entre nós, V. CANAS, "Os acordos religiosos...", cit., 314. Em Itália, S. FERRARI, "Le régime des cultes reconnus en Italie...", cit., 161, também o afirma, embora com as ressalvas a que faremos menção adiante, e que subscrevemos.

[360] No mesmo sentido, S. FERRARI, "Le régime des cultes reconnus en Italie...", cit., 161 (e de algum modo 162), reconhecendo ser posição minoritária. Por exemplo, se uma dada isenção de um dever foi reconhecida aos fiéis de uma confissão religiosa por força de um certo ponto da sua doutrina religiosa, será difícil recusá-la a outra confissão que partilhe com a primeira esse ponto doutrinal, tendo em conta o art. 2º/2 da LLR. Não se põe de parte que possa haver razões objectivas para a recusa, mas elas terão de ser dadas pelo Governo. A posição que defendemos encontra apoio numa afirmação comummente feita a propósito

tes da tomada da decisão de não celebrar o acordo. Também diremos, por fim, que nos parece inadmissível qualquer tentativa de recusar a impugnabilidade da decisão: seja ou não esta uma decisão com um elemento de natureza política, a já referida incidência do princípio da igualdade e não discriminação impõe que o acto possa ser controlado por uma instância jurisdicional[361].

Caso o Conselho de Ministros aprove o acordo, o mesmo é assinado pelo primeiro-ministro e ministros competentes em razão da matéria e pelos representantes da contraparte (art. 48º/1)[362]. Após essa formalidade, o acordo é enviado ao Parlamento juntamente com a proposta de lei que proceda à sua aprovação (art. 49º). Antes dessa aprovação pela Assembleia, podem ainda ser introduzidas alterações, por acordo das partes, devendo as mesmas ser comunicadas àquele órgão (art. 50º).

Dado que a LLR afirma expressamente que o acordo é aprovado por lei da Assembleia, não pareceria existir margem para dúvidas quanto aos actos subsequentes do processo de aprovação: seguir-se-iam os trâmites previstos na Constituição e no regimento para a aprovação de leis da Assembleia.

Contudo, com boas razões, a doutrina já se pronunciou no sentido de que o procedimento que deverá caber será o procedimento típico da aprovação de convenções internacionais pelo Parlamento[363]. Com efeito, a LLR é clara no sentido de que após a assinatura do acordo com o Governo, só pode haver alterações ao mesmo por acordo das partes (art. 50º LLR). Daqui só pode resultar uma conclusão: que *a Assembleia da República*

---

das leis-medida ou leis individuais (figuras que têm semelhanças claras com a dos acordos-lei): a de que tais actos devem respeitar os princípios da igualdade, proporcionalidade e proibição do arbítrio, ficando o legislador "vinculado a atribuir o mesmo efeito a uma situação igual justificativa da disciplina anterior" – cf. J. Miranda, *Manual, V*, cit., 160-161. No direito italiano, entendendo que as normas das *intese* existentes devem ser tomadas em conta pelo legislador no tratamento das confissões que *não* assinaram acordos dessa natureza, veja-se G. Peyrot, "Confessioni religiose...", cit., 358, argumentando com base no princípio da igualdade e na obrigação do Estado de eliminar obstáculos ao exercício das liberdades fundamentais por parte dos seus cidadãos (todos).

[361] Parece orientar-se nesse sentido S. Ferrari, "Le régime des cultes reconnus en Italie...", cit., 162.

[362] Como nota V. Canas, "Os acordos religiosos...", cit., 314, a solenidade conferida a este acto é patente, já que a LLR reproduz aqui a formalidade típica da aprovação de decretos-lei e decretos do governo (art. 201º/3 CRP).

[363] V. Canas, "Os acordos religiosos...", cit., 319-320.

não poderá ter qualquer poder conformador sobre o articulado do acordo, isto é, ao aprovar a lei, não poderá introduzir alterações ao acordo, nem caberá certamente dispor naquela lei sobre outra matéria que não a simples aprovação do acordo[364]. Por isso, é pertinente a aproximação feita ao procedimento de aprovação de convenções internacionais, que parece aliás acolhida pela própria LLR: o processo legislativo comum, com discussão e *votação* na generalidade e na especialidade e votação final global, está dirigido a iniciativas legislativas nas quais a Assembleia pode introduzir modificações, possibilidade que aqui seria contraditória com o sentido da figura e com o disposto no art. 50º da LLR[365].

Após a aprovação no Parlamento, segue-se a fase da promulgação pelo Presidente da República. Manifestando a relevância da intervenção do Presidente, há-de dizer-se, evidentemente, que o mesmo é livre de recusar a promulgação, nos termos gerais, tal como poderá seguramente solicitar ao Tribunal Constitucional a fiscalização preventiva da constitucionalidade do acordo[366]. Questão difícil é a de saber o que sucede se o Tribunal Constitucional considerar inconstitucional apenas uma ou algumas normas do acordo: por paralelismo com o que se disse acerca da ausência de faculdade de modificação do acordo pela Assembleia, ficará esta impedida de expurgar a norma ou alterar o diploma, duas das possibilidades que existem em casos de pronúncia pela inconstitucionalidade em fiscalização preventiva?[367] De qualquer maneira, pensamos que estas dúvidas só se colocam em sede de fiscalização abstracta (preventiva ou sucessiva), pois

---

[364] Nesse sentido, para o direito italiano, V. Tozzi, "Quale regime...", cit., 550, embora critique fortemente a solução; P. Consorti, *Diritto e religione*, cit., 168, refere ser esse o entendimento dominante, mas põe-no em causa, afirmando que nada na Constituição impõe que a lei que aprova o acordo seja simplesmente um acto formal de aprovação.

[365] Assim, V. Canas, "Os acordos religiosos...", cit., 319-320. A solução será, pois, a de aplicar o processo resultante do regimento e da Constituição para a aprovação de convenções internacionais, o que significa que haverá apenas *uma* votação, após debate conjunto na generalidade e na especialidade. Será, pois, até essa (única) votação que poderão ser feitas as alterações referidas no art. 50º da LLR.

[366] V. Canas, "Os acordos religiosos...", cit., 321-322.

[367] Orientando-se nesse sentido, V. Canas, "Os acordos religiosos...", cit., 322, entendendo que ou a Assembleia confirma o diploma, ou a única solução é voltar às negociações. Contudo, na p. 323, falando da fiscalização sucessiva abstracta, em cujo âmbito o Tribunal Constitucional declare com força obrigatória geral a inconstitucionalidade de parte do acordo, já parece admitir que se recorra à "vontade virtual das partes" para permitir a eventual manutenção daquele acto.

quanto à fiscalização concreta, cifrando-se ela na eventual desaplicação de um ou mais preceitos num determinado caso, não vemos que haja qualquer obstáculo à sua plena admissibilidade[368].

iii) Vicissitudes: os acordos-lei como actos de valor reforçado?

Um ponto central de regime, também importante para a conclusão sobre a natureza jurídica, não é resolvido expressamente pela lei. Falamos do regime das vicissitudes dos acordos.

Como se viu, a lei apenas regula as alterações entre a assinatura do acordo e a sua aprovação pela Assembleia, e aí exige que as alterações sejam feitas de mútuo acordo (art. 50º). A pergunta que pode fazer-se é a de saber se após a aprovação e entrada em vigor do acordo, que é feita por lei, o Estado pode alterar unilateralmente esse acordo. Esse entendimento parece já ter sido defendido entre nós[369].

Porém, não nos parece que possa ser assim. Como já referimos brevemente, a intenção por detrás da figura aqui em apreço parece ter sido a de consagrar para as outras religiões um regime muito semelhante ao concordatário[370].

Tal ideia, note-se, não é minimamente inovadora, e importa conhecer as suas raízes de direito comparado, que estão, essencialmente, nos regimes italiano e espanhol.

A ideia foi em primeiro lugar acolhida no art. 8 da Constituição italiana de 1948, consequência do *dever* que os constituintes italianos consideraram ter para com as confissões religiosas não católicas, de lhes *estender* a fórmula concordatária da qual beneficia a Igreja Católica[371]. Naquele país, a questão da susceptibilidade de alteração unilateral pelo Estado tem sido colocada e respondida consensualmente no sentido da atribuição de uma particular resistência às normas das *intese* no confronto com a lei ordinária, quer se conceba o vício que afectará a lei desconforme como inconstitu-

---

[368] Contra, manifestando dúvidas, V. Canas, "Os acordos religiosos...", cit., 323.

[369] J. E. Vera Jardim, "Uma concordata do Concílio...", cit., 53, parece dizê-lo, implicitamente. Também neste sentido, parece, J. Bacelar Gouveia, "Religião e Estado de Direito...", cit., 445, sem desenvolver. Note-se que o autor manifesta dúvidas sobre a solução, em face do princípio da igualdade entre confissões religiosas.

[370] A. Folque, "Portugal a caminho da liberdade religiosa", cit., 274.

[371] P. Consorti, *Diritto e religione*, cit., 165.

cionalidade quer como ilegalidade, por atribuição de valor de lei reforçada à lei que aprova o acordo[372]. Essas indicações da doutrina, *de jure condito*, são tanto mais significativas quanto são acompanhadas de fortes críticas de alguns autores à "cobertura constitucional" dos acordos e à sua aprovação por lei, traços que os colocam num plano intermédio entre a Constituição e as leis ordinárias, conferindo desse modo grande rigidez ao sistema, por não se permitir alterações a estes instrumentos a não ser com o acordo das contrapartes[373]. Critica-se, assim, a circunstância de as confissões religiosas gozarem de um estatuto sem paralelo por comparação a quaisquer outros sujeitos: por exemplo, uma maioria parlamentar diferente daquela que negociou e celebrou um acordo nunca conseguirá alterá-lo a não ser que cumpra o procedimento extremamente exigente da revisão constitucional[374]. Assim, argumenta-se, a prossecução de outros fins e valores, mesmo de grau constitucional, fica refém das confissões, o que será particularmente grave se tais confissões não reconhecerem esses outros fins e valores[375]. Os princípios de repartição das matérias pelos órgãos constitucionais também ficariam postos em causa, em particular porque não há delimitação clara das matérias susceptíveis de acordo, e assim, incluída uma matéria num acordo, ficam os órgãos legislativos impedidos de o alterar; a soberania do parlamento, por fim, também ficaria muito limitada já que no processo de aprovação de um acordo destes, só pode aprovar ou recusar, mas não introduzir alterações[376]. O modelo dos acordos com força de lei seria, portanto, altamente contestável do ponto de vista do princípio democrático, por atacar o cerne da democracia, que reage à afirmação de regras ou princípios imutáveis[377]. O lugar do Estado enquanto poder *supra partes*, e como tal garantia de uma correcta ordenação da sociedade de acordo com princípios de justiça e igualdade, estaria posto em causa[378].

O regime dos arts. 45º a 50º da LLR também se inspirou claramente no modelo espanhol formado pelo art. 16º, § 3º, da Constituição espanhola,

---

[372] P. M. Pedroso, "Os acordos...", cit., 79; V. Tozzi, "Quale regime...", cit., 549, muito crítico; G. Dalla Torre, *Lezioni...* cit., 108; V. Tozzi, "Fasi e mezzi...", cit., 177, sempre muito crítico.
[373] V. Tozzi, "Quale regime...", cit., 549.
[374] V. Tozzi, "Quale regime...", cit., 549-550.
[375] V. Tozzi, "Quale regime...", cit., 549.
[376] V. Tozzi, "Quale regime...", cit., 550.
[377] V. Tozzi, "Quale regime...", cit., 555.
[378] V. Tozzi, "Quale regime...", cit., 556.

e pelo art. 7º da Lei Orgânica de Liberdade Religiosa, de 1980: esse modelo assenta na constitucionalização do princípio de cooperação, que não concretiza a forma pela qual a cooperação ocorrerá, complementado com a previsão infra-constitucional dos acordos com as confissões[379].

É com este contexto que devemos compreender a tomada de posição do legislador nacional, que manifestamente, como resulta do art. 50º da LLR, quis estender aos acordos-lei o princípio *pacta sunt servanda*, que cobriu com uma particular solenidade. Assim, parece que levando a aplicação do art. 50º da LLR e o princípio que dela emana às suas últimas consequências, o acordo vincula o Estado, e por isso a lei de aprovação que vá contra esse acordo será ilegal, por violação das normas da LLR sobre a relação entre acordo e lei[380]; e da mesma forma, lei posterior não poderá ir contra a lei que aprovou o acordo, excepto se for ela própria precedida de acordo de alteração[381]. Este mecanismo é conhecido no nosso quadro constitucional e tem um nome: estaremos perante um novo tipo de lei de valor reforçado[382]/[383]. A conclusão coloca óbvias dúvidas sobre a (in)constitucionalidade de uma lei ordinária (a LLR) vir estabelecer uma nova categoria de fonte com valor reforçado (por violação da reserva de constituição)[384].

Contudo, com Vitalino Canas, poderá admitir-se casos em que os acordos não podem ser completamente imunes a alterações unilaterais: pelo menos os de revisão constitucional posterior (em que o Estado actua revestido de poder constituinte derivado e por isso pode pôr em causa decisões pretéritas dos poderes constituídos), alterações à LLR (que criou os acordos-lei) ou a qualquer outra lei aplicável a *todas* as igrejas ou comu-

---

[379] Sobre este modelo, P. M. PEDROSO, "Os acordos...", cit., 83 ss; M. CORTÉS DIÉGUEZ, "Del Concilio Vaticano II...", cit., 247-248.

[380] V. CANAS, "Os acordos religiosos...", cit., 321.

[381] V. CANAS, "Os acordos religiosos...", cit., 324.

[382] V. CANAS, "Os acordos religiosos...", cit., 324.

[383] Em Espanha, defendendo posição de resultado prático semelhante, no sentido de os acordos com as confissões serem lei ordinária, mas sujeitas à aplicação do *pacta sunt servanda*, cf. M. CORTÉS DIÉGUEZ, "Del Concilio Vaticano II...", cit., 253.

[384] V. CANAS, "Os acordos religiosos...", cit., 318. É um problema delicado, porque se é verdade que a matéria parece ser de reserva de Constituição, também é verdade que é a Constituição que manda tratar de modo tanto quanto possível igual as diversas confissões religiosas, o que é particularmente difícil de fazer quando uma delas (a Santa Sé) é um Estado e celebra tratados internacionais (que resistem, por isso, à lei ordinária), e as outras não. Não sabemos, por isso, se a solução legal não será, afinal, o mal menor.

nidades religiosas[385]. Com efeito, pode haver circunstâncias posteriores ao acordo que simplesmente exijam a sua alteração, o que tem paralelo mesmo ao nível do direito dos tratados (cf. art. 62º da Convenção de Viena sobre Direito dos Tratados). Em tais casos, seguindo ainda o mesmo autor, dever-se-ia admitir a possibilidade de denúncia do acordo pela igreja ou comunidade religiosa signatária[386].

Por fim, a lei é criticavelmente omissa sobre outra vicissitude dos acordos: a sua extinção. No entanto, os princípios gerais apontam no sentido da possibilidade dessa vicissitude ocorrer por outra via que não o acordo de revogação[387]. Em primeiro lugar, pensa-se que não é disparatado chamar novamente à colação o *paradigma jus-internacional* e dizer que os acordos-lei podem cessar por qualquer das formas previstas na Convenção de Viena sobre Direito dos Tratados (arts. 42º e ss.). Mas pensamos mesmo que é necessário ir mais longe e admitir, como regra, a possibilidade de cessação unilateral, por denúncia. Com efeito, dado que estamos perante actos bilaterais, a vinculação eterna a um acto dessa natureza não pode ser defendida[388]. A solução encontra igualmente defensores no próprio direito italiano[389].

iv) Natureza jurídica

No tocante à natureza jurídica, estes acordos são actos (*lato sensu*) de direito interno[390], o que os distingue das concordatas. Porém, como se viu, os respectivos regimes aproximam-se em muitos aspectos (designadamente no processo de formação e na sua força negativa) do das convenções internacionais[391], atenuando essa diferença teórica, no que é um traço comum a outros ordenamentos onde existem instrumentos bilaterais seme-

---

[385] V. Canas, "Os acordos religiosos...", cit., 325.
[386] V. Canas, "Os acordos religiosos...", cit., 325.
[387] Evidentemente, a possibilidade de cessação (ou alteração) por mútuo acordo não pode pôr-se em causa.
[388] Assim, para os contratos em geral, Pedro Romano Martinez, *Da Cessação do Contrato*, 2ª ed., Coimbra: Almedina, 2006, 61 ss..
[389] Assim, para as *intese*, G. Casuscelli, "Perché temere una disciplina...", cit., 33, nota.
[390] V. Canas, "Os acordos religiosos...", cit., 295; A. E. D. Silva, "A liberdade de consciência...", cit., 73. Já ia no mesmo sentido, parece-nos, J. Bacelar Gouveia, "Religião e Estado de Direito...", cit., 444-445.
[391] V. Canas, "Os acordos religiosos...", cit., 295.

lhantes[392], e que aparece justificado, como vimos, por razões de promoção da igualdade entre confissões.

São, por outro lado, inequivocamente, actos (*lato sensu*) *de direito público*: é o direito público o seu direito regulador, pois como se viu, o seu objecto são matérias que devam ser reguladas por acto legislativo, e é por lei da assembleia da república que são aprovados. São, para mais, actos normativos, pois contêm comandos gerais classificáveis como normas jurídicas.

Na bipartição entre actos unilaterais e bilaterais, parece que se trata de um acto bilateral (o que é indiciado pela designação: "acordo"). A aprovação pela Assembleia da República, por meio de lei (que é um acto unilateral), não descaracteriza, no entanto, o acordo ínsito na primeira fase do processo de formação. Também os acordos internacionais são aprovados internamente por acto unilateral, sem que isso descaracterize a sua natureza de acto bilateral. Da mesma forma, é a bilateralidade do acto que confere à lei a sua resistência de princípio a quaisquer modificações unilaterais. Este último aspecto aponta claramente para que a natureza bilateral do acto em causa seja determinante.

Os acordos-lei são, pois, contratos de direito público interno aprovados por lei, que não se reportam ao exercício da função administrativa, mas antes ao das funções legislativa e governativa[393]. Enquanto tal, representam uma manifestação ímpar, no ordenamento português, de uma forma de *legislação pactuada*, que coloca problemas óbvios à teoria da lei[394], e também enormes dúvidas de constitucionalidade criadas pela aparente criação de actos de valor reforçado por lei ordinária, dificuldades que têm levado alguns a defender a constitucionalização do esquema dos acordos legislativos[395]. No entanto, algumas experiências comparadas em que tal constitucionalização ocorre revelam algumas perplexidades[396].

---

[392] Assim tem sucedido em Itália, a propósito das *intese* previstas no art. 8º da Constituição de 1948: cf. V. Canas, "Os acordos religiosos...", cit., 289.

[393] Defendendo posição diferente, falando em acto complexo com momentos unilaterais e bilaterais, V. Canas, "Os acordos religiosos...", cit., 329-330.

[394] V. Canas, "Os acordos religiosos...", cit., 331-332.

[395] Parece ser a posição de V. Canas, "Os acordos religiosos...", cit., 333.

[396] Assim, quanto à experiência italiana, P. M. Pedroso, "Os acordos...", cit., 82.

v) Outros contratos e acordos

A previsão autónoma dos acordos legislativos entre as confissões radicadas e o Estado não tem obviamente por sentido excluir a possibilidade de celebração de quaisquer outros contratos, sejam eles administrativos ou "de direito privado", com pessoas colectivas radicadas ou com quaisquer outras entidades que sejam expressões da liberdade de associação religiosa, sejam elas pessoas colectivas religiosas ou não (por exemplo, associações civis com fins religiosos). Em particular, a possibilidade da celebração de contratos administrativos com tais entidades resultaria sempre da norma habilitante genérica que no nosso direito permite a sua celebração por quaisquer entidades que sejam qualificáveis como contraentes públicos: hoje, o art. 278º do Código dos Contratos Públicos, com referência ao art. 3º do mesmo Código[397].

De qualquer forma, o art. 51º da LLR, ainda que de forma pleonástica, confirma essa habilitação geral, ao estabelecer que as pessoas colectivas religiosas "(...) podem celebrar outros acordos com o Estado, as Regiões Autónomas e as autarquias locais para a realização dos seus fins, que não envolvam a aprovação de uma lei." Sublinhe-se: embora o art. 51º LLR restrinja o seu âmbito às pessoas colectivas religiosas, isso não significa que o Estado ou qualquer outra das entidades referidas no preceito não possa celebrar contratos com uma associação privada de fins religiosos que não se tenha constituído como pessoa colectiva religiosa. O art. 51º da LLR não prevê expressamente essa possibilidade, *nem isso é necessário*, atendendo ao art. 278º do CCP.

Assim, o Estado pode perfeitamente celebrar quaisquer contratos administrativos com associações de direito privado de fins religiosos, com pessoas colectivas inscritas que não sejam radicadas e com pessoas colectivas radicadas. Tais contratos que o Estado celebrar poderão cobrir, designadamente, quaisquer assuntos de interesse comum que as partes considerem carecidas de regulação e que *não* exijam a aprovação de um acto legislativo[398]. De facto, não há porque dizer que a cooperação entre Estado e religiões, mesmo que estas sejam *radicadas*, só possa assumir a forma mais rígida dos acordos-lei[399]; a celebração de outros acordos, por exemplo

---

[397] Na altura da aprovação da LLR, vigorava, nesta matéria, o art. 179º do Código do Procedimento Administrativo, cujo sentido é mantido pelo art. 278º do CCP.
[398] V. Canas, "Os acordos religiosos...", cit., 294-295.
[399] Expressando a mesma ideia a propósito do direito italiano (que não parece ter a mesma flexibilidade e variedade de instrumentos do direito português), sempre em

com autarquias locais, poderá ser até preferida pelas confissões religiosas, numa lógica de maior aproximação aos níveis da administração pública mais próximos da base[400].

O legislador não detalha o regime jurídico dos contratos celebrados nos termos do art. 51º LLR. Retira-se da sistematização do regime que a tais contratos não se aplicará, pelo menos directamente, o regime dos arts. 45º a 50º da LLR. Para lá disso, a questão do regime de tais contratos dependerá sempre dos elementos do contrato que for celebrado e das obrigações por ele criadas.

Não nos parece que possa sequer dizer-se, em abstracto, que os acordos do art. 51º LLR são contratos "atípicos de direito público"[401]. Na verdade, o art. 51º não identifica qualquer contrato (típico ou atípico), mas apenas habilita (como vimos, pleonasticamente) à celebração de contratos. Saber qual o tipo contratual de qualquer eventual contrato que venha a ser celebrado entre o Estado e uma pessoa colectiva religiosa é, evidentemente, algo que só pode ser feito perante um contrato concreto, um conjunto de efeitos de direito criados por um acordo de vontades. O Estado e uma pessoa colectiva religiosa tanto podem celebrar um contrato para a gestão conjunta de um lar de idosos, como um contrato de permuta de terrenos, como um contrato de cedência temporária de um funcionário público, como outros contratos realmente atípicos. Será perante os elementos contratuais concretos que se poderá saber qual o regime em concreto aplicável, quer à formação, quer aos demais aspectos de regime, desse contrato. À partida, na ausência de regras especiais, há que recorrer ao CCP, não esquecendo, contudo, que estando em causa contratos entre o Estado e igrejas ou comunidades religiosas, poderão ter relevância qualificada na determinação do regime os princípios e regras da LLR[402].

---

sentido crítico, veja-se V. Tozzi, "Quale regime...", cit., 554; V. Tozzi, "Fasi e mezzi...", cit., 185.

[400] V. Tozzi, "Quale regime...", cit., 554.

[401] É a qualificação defendida por V. Canas, "Os acordos religiosos...", cit., 295.

[402] Assim, embora apenas quanto ao regime de formação, veja-se V. Canas, "Os acordos religiosos...", cit., 295.

4.4. Ministros do culto

Referência especial no quadro do regime da liberdade religiosa colectiva – porque só no seio da comunidade assumem relevância autónoma – vai para os ministros do culto, que a lei autonomiza nos arts. 15º e ss. da LLR.

É frequente encontrar-se a crítica da atribuição de relevância jurídica aos ministros de culto, tendo em conta que há muitas confissões onde tal figura não existe[403]. Estaria em causa uma ilegítima "colagem" à estrutura da Igreja Católica ou, pelo menos, à das confissões cristãs, que representaria uma aplicação de um "modelo ideal" a confissões não subsumíveis a esse modelo, podendo no limite levar à exclusão de algumas confissões de certas vantagens[404].

Porém, um tal entendimento, a nosso ver, improcede em toda a linha: é, de novo, a manifestação de uma concepção insuficientemente apurada do princípio da igualdade. Se algumas confissões se organizaram de modo a criar figuras dotadas de funções particulares no seio da comunidade (como sucede na generalidade das igrejas cristãs), dizer que essas figuras merecem, exactamente pelo tipo de funções que desempenham, uma protecção determinada, não significa uma diferenciação arbitrária face a uma confissão que não se organizou dessa forma. Se uma pessoa está desempregada, tem direito a subsídio de desemprego, enquanto uma pessoa que não está desempregada não tem. O que diferencia essas duas pessoas é uma determinada circunstância que torna um deles merecedor de tutela face ao outro. Assim se passam as coisas com as confissões que se organizaram de modo a diferenciar ministros de culto.

---

[403] Costuma dar-se o exemplo do Islão, que não conheceria a categoria do clero tal como ela existe na generalidade das igrejas cristãs – cf. por exemplo D. Zacharias, "Access of Muslim Organizations...", cit., 1328. Porém, estas generalizações são duvidosas, já que, como têm sublinhado os autores que estudam o universo jurídico de países de maioria muçulmana, não parece poder falar-se, verdadeiramente, num único Islão, por diferenças geográficas, culturais e de escolas jurisprudenciais: assim, Bernard Botiveau, "Le droit islamique, de la religion à la norme sociale", Revue de Droit Canonique, 57, (1), 2007, pp. 69-89; Dário Moura Vicente, Direito Comparado, Vol. I - Introdução e Parte Geral, Coimbra: Almedina, 2008, 382-384, e 409-410, em conclusão. Que assim é fica bem patente no facto de o acordo entre a República Portuguesa e o Imamat Ismaili (que é uma comunidade islâmica), regular expressamente a figura dos ministros de culto: cf. o art. 4º/2 a 4 do acordo.

[404] Para um conjunto de críticas nesta linha, V. Tozzi, "Fasi e mezzi...", cit., 186 ss.

Claro que as regras que tenham por pressuposto a existência de ministros de culto poderão ser questionáveis, à luz dos mesmos critérios pelos quais qualquer regra de direito eclesiástico pode ser questionada: ser desproporcional, conferir uma vantagem (ou uma desvantagem) injustificada, representar uma interferência na organização interna da confissão, ou outra razão qualquer; seguramente, não é o simples facto de existirem normas sobre ministros de culto que representa por si só uma discriminação face às confissões religiosas que não os têm. A regulação específica da figura do ministro de culto, historicamente, baseia-se em razões objectivamente apreensíveis – basta recordar que não só internamente, no âmbito da confissão religiosa, a mesma pode ser absolutamente essencial[405], como a figura do ministro de culto aparece, em muitas confissões, como dotada de evidentes *poderes públicos*, como acontece quando preside a casamentos que produzem efeitos civis[406].

A lei portuguesa devolve às normas internas de funcionamento das confissões religiosas a questão de saber quem tem a qualidade de ministro de culto (art. 15°/1 LLR). Contudo, tendo em conta que tais ministros de culto exercem funções de relevância pública (como acontece com a celebração de matrimónios sob forma religiosa que produzam efeitos civis), a lei dispõe que as confissões emitam certificados que atestam a qualidade de ministro, e credenciais para a prática dos actos que lhes competem (art. 15°/2 LLR).

Numa disposição de sentido duvidoso, a lei prescreve que tais certificados e credenciais são depois "autenticados" pelo RPCR (art. 15°/3 LLR). Já que se trata de uma autenticação, o legislador português não parece atribuir à administração qualquer margem de controlo quanto à designação dos ministros de culto[407].

Difícil é a questão de saber qual é o *grau de formalização da confissão religiosa* necessário para que a mesma possa ter ministros de culto nos termos e para os efeitos dos arts. 15° a 19° da LLR.

---

[405] Sublinhando o caso da Igreja Católica, onde são os ministros ordenados que administram os sacramentos, A. Folque, "Portugal a caminho da liberdade religiosa", cit., 274.

[406] Como reconhece V. Tozzi, "Fasi e mezzi...", cit., 187, nota, à luz da lei italiana, quando exercem essas funções, os ministros de culto têm um poder público de certificação do consenso matrimonial. Também é assim no direito português.

[407] Para uma solução diferente no direito italiano, S. Ferrari, "Le régime des cultes reconnus en Italie...", cit., 155, nota.

Pensamos que a resposta passa por uma diferenciação de regimes, em sentido progressivo; diferenciação essa que encontra algum apoio na própria lei e resulta de uma consideração correcta da liberdade religiosa.

Com efeito, alguns dos aspectos do regime (diríamos, do estatuto) dos ministros do culto – aqueles que exigem mais garantias de *solidez e seriedade* do grupo religioso, como condição da atribuição de uma vantagem – são expressamente reservados pela lei aos ministros do culto de comunidades inscritas ou radicadas. Assim, nos termos expressos da lei, só os ministros de culto de igrejas, comunidades religiosas ou institutos de vida consagrada *inscritos* têm direito à prestação do serviço militar nos serviços de assistência religiosa (art. 17º), à escusa como jurados (art. 18º) e à inscrição na segurança social (art. 16º/4); e só os ministros de culto de igrejas ou comunidades inscritas *e radicadas* podem celebrar casamento sob forma religiosa que produza efeitos civis (art. 19º).

Contudo, parece-nos que no mais, o silêncio da lei deve funcionar em benefício da liberdade religiosa dos grupos religiosos informais e dos que se constituam apenas sob forma de associação civil, e que, como vimos, têm direito à aplicação das regras pertinentes em matéria religiosa (art. 44º), de que as normas sobre ministros de culto bem podem ser um exemplo. De facto, não parece que um grupo religioso informal ou um que se tenha constituído como associação civil não possa ter um ministro do culto: levando às últimas consequências a ideia de que a constituição como pessoa colectiva é uma faculdade (art. 33º/1 LLR), e só os direitos que tenham como condição essencial e razoável a personalização devem ser reservados às pessoas colectivas religiosas, pode defender-se que nada parece obstar a que àquelas formas de exercício colectivo da liberdade religiosa seja reconhecida a possibilidade de ter um ministro do culto, que poderá exercer com liberdade o seu ministério (art. 16º/1 LLR), por exemplo, como veremos, prestando assistência religiosa (arts. 13º, 23º/a) e e) LLR) e recusar-se a responder invocando segredo religioso (art. 16º/2 LLR).

Os seguintes aspectos poderiam lançar dúvidas sobre a nossa posição: não existindo pessoa colectiva religiosa inscrita, quais as normas internas que nos termos do art. 15º/1 da LLR regularão a designação do ministro do culto? Como se garantiria a seriedade da nomeação e da existência da comunidade religiosa? Por outro lado, se nos termos do art. 15º/3, já referido, é o RPCR que acredita os ministros de culto, e é igualmente essa entidade que procede à inscrição das pessoas colectivas religiosas, não será que se exige, para se ser ministro do culto, uma prévia inscrição para a acreditação?

As questões referidas são pertinentes.

Mas, em primeiro lugar, o direito comparado revela que não é desconhecida a solução de designação de ministros de culto sem que exista previamente (ou mesmo concomitante ou posteriormente) um reconhecimento da própria confissão religiosa[408].

Por outro lado, quanto à questão das normas que servirão de base à nomeação do ministro do culto, e à garantia da seriedade dessa designação, responderemos que aqueles argumentos partem do princípio, incorrecto à luz da nossa lei, segundo o qual *só há normas vinculativas, e seriedade na organização, se há personalidade colectiva*. Não é assim. As dúvidas sobre quem, de entre os membros de uma comunidade religiosa não personalizada, foi designado ministro do culto, e como se chega a essa qualidade, são resolvidas como o são, em regra, todas as questões sobre o funcionamento das associações sem personalidade jurídica: de acordo com as regras fixadas pelos seus membros (art. 195º/1 CC). Competirá à comunidade religiosa, se quiser acreditar ministros seus (art. 15º/3 LLR), informar a entidade administrativa dessas regras, e a esta, autonomamente, procurar trazer o conhecimento delas ao procedimento, de acordo com os seus amplos poderes instrutórios (arts. 86º e ss. do CPA). No caso das associações privadas com fins religiosos, será ainda mais simples: os estatutos da pessoa colectiva, provavelmente, regularão a matéria, e caso isso não aconteça, a designação dos ministros caberá ao órgão estatutário com competência residual (por exemplo, a assembleia geral).

5. RELIGIÃO E EDUCAÇÃO

5.1. Razão de ordem

O problema da educação religiosa é, historicamente, um dos maiores focos de conflito em matéria de relações Estado-religião; coloca-se como questão jurídica a partir do cruzamento de dois factos: a assunção, pelo Estado, de tarefas educativas, e a defesa da laicidade e aconfessionalidade

---

[408] Dando nota de que é essa a prática italiana (os ministros das Testemunhas de Jeová começaram a ser aprovados em 1977 e a respectiva confissão só foi reconhecida em 1986), S. FERRARI, "Le régime des cultes reconnus en Italie...", cit., 155 e nota.

do mesmo Estado[409]. E se durante muito tempo a questão tem permanecido, sobretudo, como um debate académico, a difusão real do pluralismo social nas sociedades europeias tem feito com que haja comunidades religiosas bem diversas das tradicionais confissões cristãs a solicitar a leccionação de ensino religioso, transformando o problema numa questão premente[410].

Há que distinguir a educação (ou o ensino) *confessional* ou *religioso*, por um lado, do ensino *sobre a religião*, por outro. Em ambos, há transmissão de conhecimento; mas só na primeira forma há, *além* da transmissão de conhecimento, uma directa e voluntária tentativa de transmitir a fé numa determinada confissão religiosa, isto é, de fazer os destinatários da mensagem *acreditar como os membros da confissão religiosa acreditam*[411]. Na educação ou ensino confessionais, os pontos teóricos e éticos de uma determinada religião são apresentados de uma perspectiva *interna*, mas no ensino sobre a religião, parte-se de uma perspectiva *externa*.

Esta distinção deve ainda ser complementada com uma outra, que diz respeito ao *enquadramento* no qual é oferecida a educação confessional: ela pode acontecer num estabelecimento público, o qual, num Estado laico, *em todas as demais disciplinas* que não a religiosa, deve adoptar uma postura de equidistância face a todas as religiões; ou pode, pelo contrário, ser oferecida num estabelecimento privado ou cooperativo de ensino, que, pelas opções

---

[409] Sobre o tema, de diversas perspectivas, MÁRIO BIGOTTE CHORÃO, "Formação eclesiástica e educação católica segundo a Concordata de 1940", in AA/VV, *A Concordata de 1940 Portugal - Santa Sé*, Lisboa: Edições Didaskalia, 1993, pp. 233 ss.; J. MACHADO, *Liberdade religiosa...* cit., 375 ss; JOSÉ JOAQUIM DE OLIVEIRA BRANQUINHO, "A liberdade religiosa na jurisprudência dos tribunais e da procuradoria geral da república", in AA/VV, *Liberdade Religiosa - Realidade e Perspectivas*, Lisboa: Universidade Católica Editora, 1998, pp. 151 ss., com uma análise jurisprudencial útil; DIOGO COSTA GONÇALVES, "Educação religiosa nas escolas públicas", *Revista da Faculdade de Direito da Universidade de Lisboa*, XLIII, (2), 2002, pp. 1333-1359; PEDRO DELGADO ALVES, "A 26ª hora - a inclusão da disciplina de religião e moral na organização curricular do ensino básico (breve comentário)", *Revista da Faculdade de Direito da Universidade de Lisboa*, XLIII, (2), 2002, pp. 1361-1372; P. PULIDO ADRAGÃO/D. GONÇALVES, "Educação religiosa católica...", cit.. No direito comparado, ALEJANDRO GONZÁLEZ-VARAS IBÁÑEZ, "La enseñanza de la religión en las escuelas públicas españolas e italianas: la diferente interpretación jurisprudencial de situaciones semejantes", *Revista Española de Derecho Canónico*, 62, 2005, pp. 185-216; D. ZACHARIAS, "Access of Muslim Organizations...", cit.; G. DALLA TORRE, *Lezioni...* cit., 259 ss.; K. GREENAWALT, *Religion and the Constitution, 2*, cit., 103 ss.

[410] Cf., para o caso alemão, D. ZACHARIAS, "Access of Muslim Organizations...", cit..

[411] Em sentido coincidente quanto a estes conceitos, D. ZACHARIAS, "Access of Muslim Organizations...", cit., 1320.

dos seus detentores (e indirectamente, dos pais que lá colocam os seus filhos), se coloque sob um princípio ou orientação geral de confessionalidade.

Neste segundo enquadramento, o ensino oferecido nesse estabelecimento poderá estar de acordo com a perspectiva confessional genericamente aí perfilhada[412], falando-se então em *escolas de tendência confessional*[413]. Com duas ressalvas: mesmo uma escola de tendência confessional deve, evidentemente, respeitar os direitos fundamentais, que vinculam entidades públicas e privadas (art. 18º/1 CRP), o que significa respeitar a liberdade religiosa dos seus alunos. Salvaguardada fica sempre, também, a obrigação de cumprir os objectivos programáticos gerais do sistema de ensino, que são publicamente regulados; isso é condição para que o ensino em tais estabelecimentos possa ter equiparação do ponto de vista dos graus que confere[414]. Estas ressalvas, contudo, são de natureza geral (a conformidade de todo o ensino privado com direitos fundamentais e com as directrizes centrais do sistema de ensino), pelo que não as desenvolveremos aqui; concentrar-nos--emos, na sequência, nos problemas especificamente emergentes da intersecção do fenómeno religioso com as estruturas educativas[415].

No caso especial das comunidades religiosas que adoptam a separação entre leigos e clero (ou separação equivalente) coloca-se, ainda, o problema autónomo da *formação eclesiástica* do clero[416], que consideramos um tipo específico de ensino confessional. Por razões históricas, a garantia da formação eclesiástica surge hoje expressamente afirmada no direito portu-

---

[412] No sentido de que o ensino confessional em escolas privadas não coloca as mesmas questões que o mesmo ensino em escolas públicas, P. PULIDO ADRAGÃO/D. GONÇALVES, "Educação religiosa católica...", cit., 177. Sublinhando que no ensino privado confessional os responsáveis podem implementar, por exemplo nas suas relações laborais, uma linha ideológica ou religiosa, P. CONSORTI, *Diritto e religione*, cit., 120.

[413] P. CONSORTI, *Diritto e religione*, cit., 120. A realidade da criação de escolas pelas entidades religiosas aflora no art. 27º/a) da LLR, que trata essa situação como de exercício de funções não religiosas, mas *instrumentais, consequenciais ou complementares* dessas funções.

[414] P. CONSORTI, *Diritto e religione*, cit., 120-121.

[415] Não desenvolveremos igualmente um complexo problema de direitos fundamentais, qual seja o de saber se para promover a efectiva liberdade de acesso às escolas de tendência confessional existentes, o Estado deveria financiar os respectivos custos. Alguns referem que se apenas o ensino público é gratuito e o ensino privado, muitas vezes, de altos custos, os pais que desejassem para os seus filhos uma educação de determinada tendência não teriam verdadeira liberdade de escolha. Esta linha de pensamento pediria uma intervenção do Estado no sentido da promoção da igualdade real entre os cidadãos.

[416] Diferenciando a formação eclesiástica da educação religiosa, M. BIGOTTE CHORÃO, "Formação eclesiástica e educação católica...", cit., *maxime* 240-242..

guês (cf. art. 23º/i) LLR e art. 20º da Concordata). Do ponto de vista jus-administrativo, a especificidade colocada pelos seminários e outros estabelecimentos similares diz respeito à correspondência ou equiparação entre o ensino aí ministrado e as demais formas de ensino (cf. expressamente o art. 20º/3 da Concordata, que remete a matéria para a lei portuguesa, garantindo apenas que não ocorre qualquer forma de discriminação face a estudos de idêntica natureza). Desse ponto de vista, o problema que se coloca é apenas um desdobramento do problema mais geral da equivalência entre qualquer forma de ensino privado ou cooperativo e o ensino público.

De acordo com as distinções acima operadas, iremos abordar em seguida os diversos aspectos do ensino *religioso* ou *confessional* levado a cabo *na escola pública*, aspecto que nos parece corresponder ao mais significativo ponto de contacto entre religião, educação e direito administrativo, pela existência de um regime específico[417].

5.2. Ensino religioso na escola pública

a) Âmbito

Embora sejam direitos de qualquer comunidade religiosa, personalizada ou não, e dos seus membros, os de ensinar, divulgar e aprender a respectiva doutrina (arts. 8º/c), d), e) e i) e 23º/c), d) e i) LLR), não é a todos esses que se encontra aberto o acesso ao ensino religioso *na escola pública*.

Com efeito, a lei reserva o direito a solicitar a ministração de ensino religioso às entidades referidas no art. 24º/1 da LLR (cf., quanto à Igreja Católica, o art. 19º da Concordata). São elas as igrejas ou comunidades religiosas, ou organizações representativas dos crentes residentes em território nacional, desde que inscritas, "(...) por si, ou conjuntamente, quando para o efeito professem uma única confissão ou acordem num programa comum (...)". Sublinhe-se, por um lado, que a lei exige a inscrição das pessoas colectivas referidas – tendo em conta o tipo de actividade em causa e

---

[417] Com efeito, outros temas como o financiamento público de escolas privadas de tendência confessional ou o reconhecimento público de títulos académicos em estabelecimentos de ensino ou formação religiosa parecem reconduzir-se simplesmente aos regimes gerais (do financiamento público de ensino privado e reconhecimento de títulos, respectivamente) eventualmente com preocupações adicionais de não discriminação entre confissões e separação.

a sua integração na estrutura escolar, é uma opção compreensível[418]; e, por outro, que a lei permite expressamente formas de *agregação ou associação* para acesso ao ensino religioso[419].

A concretização deste direito depende de requerimento ao membro do Governo competente em razão da matéria (art. 24º/1). Verificados os pressupostos objectivos do art. 24º/1, não parece que exista qualquer fundamento que permita ao ministro recusar a solicitação de ensino religioso. Com efeito, a exigência de um número mínimo de alunos coloca-se apenas para o *funcionamento* das aulas (art. 24º/3 LLR), o que significa, em nosso entender, que o ministro não pode proceder a qualquer controlo de "pré--interessados" em frequentar o ensino religioso como condição de aceitação da ministração do ensino religioso pedido pela confissão. No mesmo sentido, o art. 3º/3 do Decreto-Lei n.º 329/98, de 2 de Novembro, sobre ERM de confissões não católicas, dispõe expressamente que a "autorização" para leccionação do ensino religioso só pode ser negada por contrariedade à lei ou à ordem pública das orientações pedagógicas propostas, separando essa questão da do *funcionamento* das aulas, que é remetido para as condições previstas no art. 6º do diploma.

O acesso ao ensino religioso pelas igrejas ou comunidades não é, também, extensivo a todos os graus de ensino, mas apenas ao ensino básico e secundário; e só incide sobre as escolas que forem indicadas no seu requerimento pela igreja, comunidade ou organização representativa de crentes (art. 24º/1).

---

[418] Como se verá adiante, já não nos parece justificável a mesma restrição em matéria de assistência religiosa em situações especiais. Os alunos podem sempre receber educação religiosa fora da escola, mas os militares, doentes e reclusos não podem, ou têm muito maiores dificuldades, em aceder à assistência religiosa fora das unidades onde se encontram; além disso, enquanto a garantia da liberdade religiosa e de culto a todas as pessoas é inequívoca, é para nós duvidosa a tese segundo a qual existe um dever do Estado de garantir a educação religiosa *na escola pública*.

[419] A causa próxima desta norma está, parece-nos, no Parecer n.º 119/1990, de 10-01-1991 (GARCIA MARQUES) do Conselho Consultivo da Procuradoria Geral da República. Chamado a pronunciar-se sobre a questão de saber se um conjunto de igrejas e comunidades evangélicas, que se tinha unido em duas associações, poderia ter acesso ao ensino religioso, o Conselho Consultivo, na altura sem arrimo positivo expresso, defendeu – bem, a nosso ver – um entendimento ampliativo do direito. O Conselho, no fundo, desenvolveu a ideia de que existem conjuntos de denominações que partilham pontos de doutrina essenciais e que se reconhecem como diferentes mas muito próximas – ao ponto de poderem partilhar um programa de ensino. Ora, se assim é, admitir o ensino religioso por tais associações ou "grupos de grupos" só pode beneficiar o pluralismo, estando, assim, de acordo com o princípio da tolerância.

b) Estrutura institucional

i) Apoio logístico; estatuto do professor de ensino confessional

O sistema do ensino confessional nas escolas públicas funciona num regime que não é de simples *acesso* das confissões religiosas ao espaço escolar. Além desse acesso, corporizado na disponibilização de salas e horários para as aulas de religião e moral das confissões que preencham as condições do art. 24º/1 LLR e o requeiram, os professores do ensino confessional são recrutados e remunerados pelo Estado (art. 24º/4 LLR).

A este respeito, a LLR não deixa de procurar salvaguardar, como princípio, o da separação entre a docência da disciplina de religião e moral e o das demais disciplinas curriculares e de formação, isto é, o da não cumulação, na mesma pessoa, da qualidade de professor de disciplinas "normais" e de educação religiosa (art. 24º/4, 1ª parte, LLR)[420]. Contudo, como já foi referido, o princípio da separação é isso mesmo, um *princípio*. O art. 24º/4 da LLR, com razoabilidade, reconhece-o, ao admitir que possa existir essa coincidência nos casos de "manifesta dificuldade" na aplicação da regra da não cumulação das docências. Em tais casos, o docente – de acordo com o simples bom senso pedagógico que se lhe pede, nessa como em todas as situações – terá de fazer um esforço adicional de "separação de águas", tarefa que só se afigura difícil a quem porventura considere que o facto de ouvirem um professor falar de equações numa aula e de Deus noutra aula levará ineluctavelmente os seus alunos a concluir que a perfeição da matemática só pode ser obra de Deus[421].

A LLR procura, além do mais, garantir um sistema institucional de organização do ensino religioso na escola pública que respeite os diversos valores em presença. É, pelo menos, a leitura que fazemos do facto de os

---

[420] Tal como uma boa parte da doutrina (e dos juízes conselheiros do Tribunal Constitucional *vencidos* no acórdão n.º 174/93, já citado) exigia: J. J. GOMES CANOTILHO, "Anotação...", cit.; J. MACHADO, *Liberdade religiosa...* cit. 379, nota; P. DELGADO ALVES, "A 26ª hora...", cit., 1368. É um caso de escola de como a posição vencida na jurisprudência constitucional acaba por prevalecer na actividade legislativa subsequente, para nós expressando as vantagens do sistema português de declarações de voto.

Contra esta regra da LLR, no entanto, pronunciam-se, em geral, P. PULIDO ADRAGÃO/D. GONÇALVES, "Educação religiosa católica...", cit., 186. Os mesmos autores dizem, ainda, que a norma não se aplica à Igreja Católica, por razões semelhantes às que adiante discutiremos (e afastaremos) a propósito da regra do art. 24º/3 da LLR.

[421] E se levar? Isso poderia ser visto, seriamente, como um *problema*?

professores serem "nomeados ou contratados, transferidos e excluídos do exercício da docência da disciplina pelo Estado", mas com uma estreita articulação com os promotores desse ensino, já que esses actos têm lugar "de acordo com os representantes das igrejas, comunidades ou organizações representativas" e "[e]m nenhum caso o ensino será ministrado por quem não seja considerado idóneo pelos respectivos representantes" (art. 24º/4, 2ª parte, LLR). Estas últimas ressalvas são compreensíveis, na medida em que certamente a manutenção, na docência *confessional*, de um professor considerado não idóneo pela respectiva confissão religiosa, significaria a assunção, pelo próprio Estado, da responsabilidade por esse ensino, o que não é conforme com os princípios da separação e da aconfessionalidade. Como se viu, não cabe ao Estado decidir questões religiosas (art. 4º/1 LLR) ou questões internas de qualquer confissão (art. 22º/1 LLR), e portanto a questão de saber se o professor é idóneo *do ponto de vista religioso* tem de ser tomada pelo Estado como um dado[422]. Estas limitações colocam-se, pois, quer como fundamento de não recrutamento, quer como fundamento de *extinção da relação contratual de docência* com o Estado[423].

Ainda na mesma linha da procura de um equilíbrio entre a participação pública no ensino confessional e o reconhecimento de uma responsabilidade primacial das próprias confissões deve ser entendido o art. 24º/5 da LLR, que confere às comunidades religiosas os encargos da formação dos

---

[422] Por exemplo, o docente de religião e moral católica, de acordo com o cân. 805 do Código de Direito Canónico, além de habilidade pedagógica, deve manifestar recta doutrina e testemunho de vida cristã; se a Igreja Católica considerar que não é assim, não pode o Estado decidir diferentemente.

[423] Poderia ver-se aqui um problema à luz do princípio da segurança no emprego. Porém, a relação laboral das pessoas que são contratadas para leccionar ensino confessional não pode deixar de estar moldada por esse pressuposto, com consequências, nomeadamente, ao nível da extinção da relação laboral. O problema é geral para todos os trabalhadores "de tendência" religiosa e merece uma consideração mais ampla do que podemos aqui fazer; permitimo-nos remeter para RAQUEL TAVARES DOS REIS, *Liberdade de consciência e de religião e contrato de trabalho do trabalhador de tendência: que equilíbrio do ponto de vista das relações individuais de trabalho?*, Coimbra: Coimbra Editora, 2004. No direito comparado, com muito interesse, veja-se, em Espanha, JUAN PABLO MALDONADO MONTOYA, *Las actividades religiosas ante el derecho del trabajo*, Navarra: Civitas, 2006, *maxime* 160 ss. Em Itália, veja-se P. CONSORTI, *Diritto e religione*, cit., 117 ss, analisando um regime legal de 2003 que procura, especificamente – embora, segundo Consorti, sem sucesso – conferir maior estabilidade aos trabalhadores em questão, sem prescindir das especificidades da razão de ser da relação laboral.

professores, elaboração de programas e aprovação do material didático[424].

Do ponto de vista dos conteúdos programáticos, e sem prejuízo da *definição* dos mesmos, que, como matéria confessional, tem de ser integralmente deixada às comunidades religiosas (cf. arts. 4º/1 e 23º/c) LLR), o ensino confessional não fica dispensado de se conformar com os princípios gerais definidos pelo Estado para a educação (art. 24º/5, *in fine*)[425]. Assim, por exemplo, um ensino religioso que apele à guerra santa por meio de violência, ou à intolerância, não é admissível[426].

Este sistema de organização do ensino religioso é, obviamente, sujeito a intenso debate. Como é regra em outros *temas delicados* do direito da religião, existe forte discussão sobre a questão de saber que tipo de relação deve existir entre as escolas públicas e as confissões religiosas do ponto de vista da organização do ensino religioso nas escolas públicas – estando em causa a possibilidade constitucional de um sistema onde, como vimos, os professores que leccionam religião e moral são recrutados e remunerados pelo Estado[427]. Em outros contextos, sentiu-se mesmo necessidade de trazer a matéria aos textos constitucionais, de tão controvertida que ela se apresenta[428].

No caso português, não existe tomada de posição constitucional expressa num sentido ou no outro, pelo que a solução existente só poderia ser condenada por violar insuportavelmente os parâmetros constitucionais aplicáveis, o que já foi entendido não acontecer pelo Tribunal Constitucional, no seu acórdão n.º 174/93. Por outro lado, mesmo não se tratando de argumento decisivo, o direito comparado revela a integração, mesmo a título de relação laboral subordinada, dos professores de ensino religioso nas escolas públicas, e o consequente financiamento da educação religiosa pelo Estado. Por fim, não nos parece indefensável, à luz de um entendimento da separação como princípio, a ponderar com outros bens e valores, designadamente o dever de o Estado colaborar com os pais na educação

---

[424] E também *elaboração* desse material didático, ou melhor, contratação da sua elaboração com as editoras interessadas, no caso dos livros de estudo, que são o principal material dessa natureza.

[425] Assim, a propósito do ensino religioso nas escolas públicas, D. ZACHARIAS, "Access of Muslim Organizations...", cit., 1331.

[426] D. ZACHARIAS, "Access of Muslim Organizations...", cit., 1331.

[427] Rejeitando tal modelo, J. MACHADO, *Liberdade religiosa...* cit., 380.

[428] O art. 24/§ 3º da constituição belga garante o ensino da educação moral ou religiosa *financiado pela comunidade*, havendo escolha entre o ensino de uma das religiões reconhecidas e o ensino da moral não confessional (art. 24/§ 1º).

dos filhos (art. 67°/2/c) CRP), e admitindo que a educação é um projecto compreensivo, que visa preparar os alunos para serem pessoas e cidadãos *de pleno*[429], que o Estado colabore, *também* através da contratação e remuneração de professores, no exercício desse fim educativo, para cuja prossecução confluem, com reconhecida importância, as diversas confissões religiosas.

ii) Integração da educação religiosa no plano curricular

Como se impõe em contexto de separação Estado-religião, uma disciplina de ensino religioso *confessional* na escola pública só poderia ser de frequência facultativa[430]. Assim o dispõem o art. 50°/3 da Lei de Bases do Sistema Educativo – LBSE[431]; o art. 5°/6 Decreto-Lei n.º 6/2001, de 18 de Janeiro, que estabelece os princípios da organização curricular do ensino básico; e o art. 6°/5 do Decreto-Lei n.º 74/2004, de 26 de Março, que estabelece os princípios da organização curricular do ensino secundário[432].

---

[429] É a leitura que fazemos da Constituição *como um todo*, embora com concretizações várias: arts. 1°, 2° e 18°/1, porque a dignidade humana e o respeito dos direitos fundamentais vêm do desenvolvimento do homem enquanto pessoa, que sabe que tem dignidade e que os outros também a têm; 26°/1, 69°/1, 70°/3, 71° e 75°/1, com a sua insistência na ideia de que cada pessoa, cada personalidade, *é uma realidade multifacetada*, que pede e exige das próprias pessoas, e da sociedade e do Estado, enquanto essas pessoas são crianças e jovens, o acolhimento e criação de condições para *tudo aquilo que a personalidade pode produzir*; 37°/1 e 43°/1, porque captam o sentido dessa totalidade e abertura completa à liberdade das pessoas de se relacionarem com os outros por meio da informação que consideram relevante, dando-a e procurando-a.

[430] Assim, J. MACHADO, *Liberdade religiosa...* cit., 380.

[431] Lei n.º 46/86, de 14 de Outubro, alterada pelas Leis n.ºs 115/97, de 19 de Setembro, 49/2005, de 30 de Agosto, e 85/2009, de 27 de Agosto. Por lamentáveis inércia e desatenção do legislador, porque a lei já foi alterada por diversas vezes, o art. 50°/3 da LBSE continua a falar apenas na EMR católica, falha sublinhada por P. PULIDO ADRAGÃO/D. GONÇALVES, "Educação religiosa católica...", cit., 189 e 191.

[432] Ambos os diplomas sucessivamente alterados e hoje com a redacção dada pelo Decreto-Lei n.º 94/2011, de 3 de Agosto (verificando-se a anomalia grave de este último não ter tido em conta, na republicação do Decreto-Lei n.º 6/2001, as alterações operadas pelo Decreto-Lei n.º 18/2011, de 2 de Fevereiro). Encontra-se em discussão pública nova reformulação dos currículos, a qual pode ser confrontada em http://www.min-edu.pt/data/comunicados/revisao_estrutura_curricular.pdf. A revisão proposta não implica qualquer alteração à disciplina de educação moral e religiosa.

Sublinhamos este último ponto: uma disciplina de ensino religioso *confessional* tem de ser facultativa. Já não seria minimamente contrário ao princípio da separação que houvesse uma qualquer disciplina (ou um bloco de matérias numa disciplina) que tivesse por objecto o estudo da religião de acordo com a perspectiva *externa* que acima referimos. Aliás, isso já acontece, em diversas disciplinas (História, Filosofia, Língua Portuguesa, Sociologia), sem qualquer ofensa do princípio da separação, e sem que obviamente os alunos (ou os seus pais) possam exigir a escusa de tais disciplinas ou blocos de matérias. Mais uma vez sublinhamos que a liberdade religiosa não se constitui em limite absoluto do poder público de regulação dos conteúdos do ensino, particularmente no que diz respeito a promover os princípios e valores de uma sociedade pluralista. Com efeito, como já decidiu o próprio TEDH, só existirá um direito dos pais a exigir uma isenção de disciplinas que leccionem aspectos de diversas religiões e aspectos éticos se os currículos não oferecerem garantias suficientes de objectividade e distanciamento crítico sobre as matérias em questão[433].

A lei garante igualmente, em consonância com a jurisprudência constitucional (acórdão n.º 423/87), que a frequência da disciplina depende sempre de uma opção positiva e expressa dos representantes do aluno, ou do próprio aluno, a partir dos 16 anos – art. 24º/3 LLR.

Prevê-se ainda, como já tínhamos aflorado, a exigência de um número mínimo de alunos para o funcionamento das aulas da disciplina (mesmo art. 24º/3 LLR). A bem da clareza, deveria a própria lei definir esse número, ou em alternativa apontar critérios e estabelecer a competência para essa definição.

Já se defendeu na doutrina ser a norma do art. 24º/3 LLR inaplicável à educação religiosa e moral católica, tendo em conta que a Concordata não lhe faz menção (art. 19º), e que o art. 24º da LLR não seria de todo aplicável à Igreja Católica, atento o art. 58º da mesma LLR[434].

---

[433] Veja-se a referência em I. LEIGH, "New trends...", cit., 274 ss. Deve notar-se que para o Tribunal não é sequer suficiente para afastar essa objectividade e distanciamento a referência principal, no currículo, a uma determinada perspectiva religiosa.

[434] É a posição de P. PULIDO ADRAGÃO/D. GONÇALVES, "Educação religiosa católica...", cit., 186. Repare-se que os autores não consideram que o art. 58º exclua a aplicação das normas da LLR sobre direitos individuais e colectivos de liberdade religiosa aos católicos e à Igreja Católica; o que defendem é que as normas do art. 24º estão incorrectamente colocadas no capítulo da LLR relativo à liberdade religiosa colectiva, tratando-se antes de normas sobre relação institucional com a Igreja Católica (e por isso abrangidas pela excepção do art. 58º da LLR).

Não nos parece, contudo, que essa posição seja correcta. A regra do art. 24º/3 da LLR é uma típica regra de ponderação de bens e valores – neste caso, entre a liberdade religiosa e o direito à educação, por um lado, e a escassez dos recursos públicos, por outro (a famosa *reserva do possível*), que impõe uma racionalização mínima na afectação desses recursos. O que resulta da regra é uma limitação à educação religiosa, em atenção aos recursos públicos, porque *numa certa escola e num certo ano* não existe um número suficiente de alunos que justifiquem a afectação dos recursos necessários; ou seja, trata-se de uma limitação de natureza *absoluta,* que parte da racionalidade na afectação dos recursos do Estado e não de considerações que se prendam com esta ou aquela confissão. Por outro lado, não nos parece que exista qualquer obstáculo na Concordata a esta norma (a Concordata *nada diz* sobre o assunto); e o art. 24º da LLR, na medida em que regula aspectos gerais sobre liberdade religiosa colectiva, parece-nos aplicável também à Igreja Católica.

Mas ainda que assim não fosse, e salvo o devido respeito, seria um puro absurdo dizer que a aula de educação religiosa católica poderia funcionar com um ou dois alunos, e a de educação religiosa evangélica ou muçulmana não poderia funcionar com cinco ou seis. Ainda que esse fosse o sentido da aplicação da Concordata (e não é, como se viu), então a Concordata, que está subordinada à Constituição, seria, nesse ponto, inconstitucional, por violação manifesta do princípio da igualdade, e em resultado dessa inconstitucionalidade, resultaria aplicável o art. 24º/3 da LLR[435].

Nem sequer cabe, aqui, invocar argumentos de representatividade da confissão religiosa: o art. 24º/3 da LLR *já é, ele próprio, uma regra que atende à representatividade* – não uma representatividade *global* na sociedade (não faria sentido, numa comunidade *local* como é a escolar, usar critérios *de representatividade global,* os quais podem já fazer sentido em actividades com expressão nacional, como o tempo de antena no serviço público de televisão), mas a representatividade que *numa certa escola e num certo ano* existe. Aqui, a simples existência de *um* único número mínimo aplicável a todas as confissões que actua como diferenciador a favor das confissões socialmente mais representativas: pois esse único número de alunos será relativamente mais difícil de cumprir pelas confissões

---

[435] Ou, pelo menos, por meio do raciocínio típico das sentenças aditivas de inconstitucionalidade, deveria considerar-se que, se numa dada escola, funcionasse uma aula de EMRC com menos alunos do que o número fixado para as outras confissões, estas também teriam direito a funcionar, nessa escola, com o mesmo número de alunos.

menos numerosas. Acrescentar a essa diferenciação (que nos parece razoável e admissível à luz da proporcionalidade) uma outra, que fizesse com que a confissão *maioritária* não precisasse de cumprir o número mínimo de alunos (!), seria simplesmente insuportável.

As normas acima referidas encontram concretização na estruturação dos planos curriculares, cabendo fazer breve referência a esses regimes.

Assim, a disciplina de educação moral e religiosa (EMR) poderá funcionar em todos os anos do ensino básico (do 1º ao 9º ano) e secundário (10º ao 12º), nos termos do art. 50º/2 da LBSE.

A previsão da disciplina é apresentada pelo legislador como um elemento de contribuição para a formação pessoal e social dos alunos (cf. art. 5º/6 do Decreto-Lei n.º 6/2001, sobre ensino básico). No primeiro ciclo do ensino básico, a EMR tem atribuída uma hora semanal de leccionação, que se acrescenta às 25 horas do conjunto das demais disciplinas[436]; no segundo e terceiro ciclos, a disciplina funciona com uma carga horária de 45 minutos semanais (cf. anexos do Decreto-Lei n.º 6/2001).

Já no ensino secundário, a carga horária semanal é de 90 minutos (cf. anexos do Decreto-Lei n.º 74/2004), sendo de notar ainda que a classificação da disciplina de EMR não releva para efeitos de aprovação de ano ou conclusão do ensino secundário (art. 12º/3 Decreto-Lei n.º 74/2004).

A forma como as regras referidas procedem à previsão e inclusão da disciplina de ensino religioso na escola pública não é consensual.

Alguns consideram que a disciplina de ensino religioso não deveria, pura e simplesmente, integrar o currículo escolar[437]; sendo concebida, quando muito, como actividade extra-curricular, que a escola poderia acolher como acolhe outras actividades da sociedade civil[438]. Esta posição parte do carácter estritamente religioso da educação confessional[439]. Porém, como resulta do que dissemos na secção anterior, não nos parece que esta argumentação seja procedente: há um valor e um sentido para a EMR no quadro de uma educação integral, mesmo para um Estado laico, que nos parecem justificar a sua inclusão curricular.

---

[436] Esta situação foi introduzida na alteração do Decreto-Lei n.º 6/2001 operada pelo Decreto-Lei n.º 209/2002, de 17 de Outubro, ficando a EMR conhecida como a "26ª hora".

[437] J. MACHADO, *Liberdade religiosa...* cit., 380; P. DELGADO ALVES, "A 26ª hora...", cit., 1372.

[438] P. DELGADO ALVES, "A 26ª hora...", cit., 1372.

[439] J. MACHADO, *Liberdade religiosa...* cit., 380.

Não são, contudo, estas as únicas críticas ao modelo vigente de EMR. No pólo oposto à posição acabada de referir, para um sector da doutrina, a LBSE em vigor, em particular nos seus arts. 1º/2, 7º/a), 50º e 62º/1/e), e o Decreto-Lei n.º 329/98, de 2 de Novembro, que regula a EMR das confissões não católicas, definiriam um conceito normativo de plano curricular, do qual a EMR faria parte. Esse conceito normativo, dotado das características da *unidade* (quanto aos princípios gerais e organizativos e acção educativa), *generalidade* (a nível nacional) e *universalidade* (para todos, e obrigatório), teria de ser desenvolvido pelo legislador através dos competentes decretos-lei de desenvolvimento; mas a forma como o Decreto-Lei n.º 6/2001 trata a disciplina[440] seria contrária ao sentido daquelas bases[441]. Os elementos de contrariedade às bases estariam: (i) na colocação da EMR, na letra e no espírito da lei (em concreto, no actual art. 5º/6 do Decreto-Lei n.º 6/2001), como uma actividade ou projecto a par de outras actividades educativas extra-curriculares; (ii) na sujeição da existência da disciplina a um princípio não previsto na LBSE, a saber, o princípio da autonomia dos estabelecimentos escolares, que teriam a faculdade de adoptar ou não adoptar a disciplina de EMR; (iii) na atribuição às escolas, também, da "autonomia horária", isto é, da faculdade de determinar em que termos o tempo lectivo da EMR se articula no horário escolar[442].

Aproveitam ainda os autores o ensejo para criticar o art. 24º/2 da LLR, que estabelece a EMR como disciplina opcional (que não pode ser colocada em alternativa com qualquer outra), e veio na sequência do Decreto-Lei n.º 6/2001, que já tinha eliminado a disciplina de Desenvolvimento Pessoal e Social, que desde o Decreto-Lei n.º 329/98 estava em alternativa com a EMR[443]. Esse dado distorceria o acima referido carácter *universal* do plano curricular (e portanto também violaria a LBSE), pois significa que os alunos poderão, se não quiserem (i.e., até aos 16 anos, se os seus pais não quiserem), ter... *nada* no lugar da EMR, ao passo que os outros alunos

---

[440] Aparentemente a crítica não se estende ao art. 6º/5 do Decreto-Lei n.º 74/2004, relativo ao ensino secundário, mas a verdade é que o mesmo segue os princípios criticados.

[441] Foi a tese perfilhada por D. Costa Gonçalves, "Educação religiosa...", cit., 1349 ss. e depois retomada em P. Pulido Adragão/D. Gonçalves, "Educação religiosa católica...", cit., 183 ss.

[442] D. Costa Gonçalves, "Educação religiosa...", cit., 1353-1355; P. Pulido Adragão/D. Gonçalves, "Educação religiosa católica...", cit., 184-185.

[443] D. Costa Gonçalves, "Educação religiosa...", cit., 1355-1357; P. Pulido Adragão/D. Gonçalves, "Educação religiosa católica...", cit., 186.

terão as mesmas disciplinas que os primeiros *e* a EMR; aqueles terão (no ensino básico) 25 horas lectivas semanais, estes terão 26. A disciplina de EMR deveria, pois, para os autores, ser colocada como alternativa a outra disciplina (também ela, supõe-se, do *plano curricular*), pois só isso traduziria em termos satisfatórios a obrigatoriedade e igualdade para todos inerentes ao conceito normativo de plano curricular.

Há, nesta posição, diversas fragilidades, segundo nos parece.

Em primeiro lugar, é claramente de rejeitar que o art. 5º/6 do Decreto-Lei n.º 6/2001, ou qualquer outra norma, coloque a disciplina de EMR ao abrigo de um princípio de autonomia dos estabelecimentos escolares, no sentido de os mesmos poderem escolher ter ou não EMR. Não vemos, sinceramente, como existe espaço para dúvidas, à luz dos arts. 50º/3 da LBSE e 24º/1 da LLR. Na verdade, dessas normas resulta, claramente, que a disciplina que EMR é *obrigatória do ponto de vista do Estado*, quando seja solicitada por quem preencha os requisitos legais respectivos; o que não é prejudicado pela realidade de que a mesma disciplina é *facultativa do ponto de vista quer da confissão religiosa* – que pode escolher não pedir a leccionação deste ensino, até porque assume a respectiva responsabilidade – *quer do ponto de vista do(s) aluno(s)*, que podem sempre escolher não ter EMR.

Por outro lado, não é compreensível a crítica de que as escolas têm autonomia de horário no que toca à EMR. Se por isso se entende definir o horário das diversas disciplinas, têm autonomia de horário – para a EMR e para todas as outras disciplinas. Se por isso se entende a faculdade de incluir ou não incluir a EMR no horário, a resposta resulta do que dissemos acima: a partir do momento em que uma comunidade religiosa pede que na escola tal, seja leccionado o ensino religioso da sua confissão, e estejam preenchidos os requisitos do art. 24º/3 LLR, concretizados no art. 6º do Decreto-Lei n.º 329/98, a escola passa a estar vinculada a "incluir no horário" a EMR – portanto, neste sentido, perde a autonomia de horário – o que não significa que seja, obviamente, a confissão religiosa, ou o aluno, a dizer em que "quadrado" do horário a EMR vai funcionar; essa decisão, mesmo quando a EMR tem de estar no horário, é da escola. Aplicando as categorias tradicionais, nestes casos a *existência* da EMR será um elemento vinculado da decisão de elaboração do horário, enquanto a *localização* da EMR no horário será um elemento discricionário da mesma.

Por fim, também não nos parece que ocorra qualquer degradação do ensino religioso, na sua colocação a par com outras actividades que ocorrem na escola em regime de facultatividade. Com efeito, se a EMR faz parte do currículo – é uma disciplina curricular, nas palavras do Decreto-Lei n.º 6/2001 e dos seus anexos – ela tem um aspecto que todas as outras disciplinas curriculares *não* têm: é facultativa para os alunos. Este facto, mais do que qualquer outro, está na origem de uma necessária autonomização normativa e "textual" da EMR no contexto dos diplomas em causa.

Resta, contudo, um ponto susceptível de causar legítimas dúvidas: o da (não) *alternatividade* da EMR. Ela resulta, por um lado, da alteração que o Decreto-Lei n.º 6/2001 veio trazer ao Decreto-Lei n.º 329/98, eliminando a alternatividade entre a EMR e o Desenvolvimento Pessoal e Social; e foi consagrada em letra de forma no art. 24º/2 da LLR.

Parece-nos que a questão exige uma consideração da *ratio* desta última norma. Parece ser em reforço do acima apontado (e necessário) carácter *facultativo* do ensino religioso *confessional* na escola pública, que o art. 24º/2 da LLR consagra a disciplina como *opcional*, no sentido de que não pode constituir alternativa a qualquer outra disciplina. Considerou o legislador, manifestamente, que o carácter facultativo poderia, na prática, ficar em causa, se a disciplina de educação religiosa fosse apenas uma alternativa: isso faria com que fosse necessário escolher *entre* a educação religiosa e *outra coisa qualquer*; e não querendo o aluno ou os seus pais escolher essa *outra coisa qualquer* que existisse como alternativa, teriam de aceitar a leccionação da disciplina de ensino religioso. Esta opção do legislador vai no sentido de reforço da facultatividade que é típico do princípio da separação, e que leva a doutrina e mesmo a jurisprudência constitucional de países insuspeitos de *laicismo* a dizer, por exemplo, que a organização dos tempos lectivos da disciplina deverá, em princípio, colocar-se nos extremos do horário, para permitir a entrada tardia ou a saída mais cedo dos alunos que não frequentem a disciplina[444]; são, no fundo, normas que visam evitar que seja *a força dos factos* (no caso referido, a força dos períodos vazios ou "furos" de horário) e não a força das *escolhas livres,* a levar alguém a escolher ter educação religiosa.

Com esta *ratio* presente, há que perguntar, face à regra da não alternatividade, e *independentemente do que se possa pensar sobre ela,* de jure

---

[444] O Tribunal Constitucional italiano retirou tal corolário do carácter facultativo da disciplina, em aresto de 1989 – cf. a referência em P. CONSORTI, *Diritto e religione*, cit., 115.

condendo: é uma regra admissível, em face dos interesses em presença? Pelas razões que acabamos de referir, parece-nos que sim. Discutível ou não, a opção do legislador compreende-se: considerou preferível sacrificar, de algum modo, outros interesses, para não dar lugar a uma situação onde se pudesse dizer que houve *pressão ilegítima* na escolha da EMR.

Mas onde fica, nisto, a força normativa da LBSE, que é uma *lei de bases*? Não estariam aqui violadas as *bases*, que exigiriam que a EMR fosse obrigatória, isto é, que não fosse colocada como alternativa a outra disciplina do currículo, como entendem Diogo Gonçalves e Paulo Adragão?

A nosso ver, não cabe aqui entrar na discussão jurídico-constitucional sobre se o facto de quer a LLR quer a LBSE serem leis da Assembleia sanaria uma eventual desconformidade do art. 24º/2 da LLR face à LBSE (ou vistas as coisas de outro modo, se essa norma não derrogaria as da LBSE que fossem em sentido diverso por ser lei posterior). Pensamos que tal discussão não é necessária, pois, salvo o devido respeito, dizer que a optatividade da EMR viola o carácter *universal* do plano curricular, que seria gizado como *igual e obrigatório para todos*, é esquecer que no que toca à EMR, *por força da liberdade religiosa negativa*, o plano curricular... *não é mesmo igual para todos*. Isto é acolhido na referência do próprio art. 50º/3 LBSE ao carácter facultativo da disciplina. Facultativo, por natureza, é algo que se pode ou não fazer. Por muito igual que o plano seja, haverá sempre aquela diferença: tem de se salvaguardar que nenhum aluno é obrigado ou por via indirecta pressionado a ter aquela disciplina. A *diferença* do plano curricular *na parte em que se refere à EMR* está *claramente assumida* na LBSE, que, não por acaso, a trata autonomamente, num dos números do art. 50º.

Os autores referidos argumentam, aqui, que colocar a EMR como simplesmente opcional é fazer prevalecer a liberdade religiosa *negativa* sobre a liberdade religiosa *positiva*. Pensamos que o argumento é improcedente: a EMR é facultativa para proteger a liberdade religiosa negativa, sem dúvida. Mas em que medida a afirmação da obrigatoriedade de uma escolha entre a EMR e *outra disciplina qualquer* viola a liberdade religiosa *positiva*? Julgamos perceber o argumento: se um aluno não quer aprender sobre a transcendência, dê-se-lhe uma alternativa à transcendência; se não quer aprender *confessionalmente* sobre a comunhão, a fidelidade, a tolerância e o sentido da vida, ao menos que aprenda *de outra maneira* (moralmente, eticamente, civicamente) sobre os *sucedâneos seculares* dessas realidades. Note-se que, *de jure condendo*, não veríamos como disparatada essa ideia[445]. Não podemos, contudo, defender que a mesma resulte da Constituição ou esteja consagrada na lei; e sobretudo, não vemos como uma disciplina de moral ou ética públicas ou desenvolvimento pessoal e social, que nada têm que ver com a religião, poderia ser defendida como decorrência da liberdade *religiosa* positiva.

6. ASSISTÊNCIA RELIGIOSA EM SITUAÇÕES ESPECIAIS

6.1. Razão de ordem

Como se viu, a crença religiosa pede uma *conduta* correspondente a essa crença, devido à unidade fundamental que existe entre ambas[446]. Essa conduta, em muitos casos, significa a reunião com outros membros da religião. Em alguns contextos de restrição de liberdade de movimentos do crente – os casos mais claros são o internamento hospitalar, a colocação num estabelecimento de reclusão e a situação dos militares – essa conduta torna-se um desafio particular, pois o crente não consegue ir por si, com autonomia, em busca das reuniões do seu culto (em alguns casos porque fisicamente não consegue, noutros porque isso lhe é vedado pelo direito, encontrando-se num local contra a sua vontade)[447]. Esse desafio é duplo, porque não só nesses contextos o crente não consegue ir em busca do culto colectivo, como *são contextos onde a prática religiosa é sentida pelo crente como uma necessidade ainda mais premente* do que em outras situações.

As situações a que nos referimos – a que alguns chamam, expressivamente, *estruturas de segregação*[448] – colocam, de facto, problemas existenciais e morais específicos, que tornam particularmente presente a

---

[445] Ideia que era, claramente, a da previsão da disciplina de Desenvolvimento Pessoal e Social no Decreto-Lei n.º 329/98, em alternativa à EMR. Uma espécie de resposta moral, ética ou cívica, isto é, *meramente imanente*, à pergunta sobre o sentido da vida; uma ideia válida, parece-nos. Simplesmente, vivemos tempos de *funcionalismo* em todos os domínios, e estas abstracções sem utilidade imediata não são fáceis de explicar e de implementar.

[446] J. Machado, *Liberdade religiosa...* cit., 223; J. L. Martín Delpón, "Libertad religiosa...", cit., 594.

[447] G. Dalla Torre, *Lezioni...* cit., 291.

[448] J. Machado, *Liberdade religiosa...* cit., 381; G. Dalla Torre, *Lezioni...* cit., 291. A expressão não é pejorativa, tendo apenas o sentido etimológico de estruturas de *separação* (do resto das pessoas).

religião[449]. A fragilidade humana, patente na proximidade da doença ou da morte, no receio e no sofrimento que ambas convocam, o arrependimento pelas acções passadas, a perda de liberdade – tudo isso faz com que as pessoas busquem ainda mais o consolo dado pela religião. A tradição confirma esta ligação, pois revela a iniciativa das instituições religiosas na criação e apoio aos estabelecimentos de saúde, a presença de religiosos nas acções militares (a que não era alheia a motivação religiosa de alguns conflitos armados) e a importância da assistência religiosa na recuperação e ressocialização dos reclusos[450].

A relevância do tema aflora de modo claro nos textos constitucionais mais recentes. O art. 5º/VII da Constituição brasileira assegura o direito à assistência religiosa em quaisquer entidades civis ou militares "de internação coletiva", inculcando a ideia de que a justificação da norma é a dificuldade ou incapacidade de aceder à assistência religiosa nos espaços públicos quando se está em tais situações. A Constituição polaca assegura o direito à assistência religiosa dos cidadãos "onde quer que eles se encontrem" (art. 53º/2); e a Constituição romena estende o direito de assistência às forças armadas, hospitais, prisões, lares e orfanatos (art. 29º/6).

Em reconhecimento de tudo isto, a generalidade dos ordenamentos jurídicos tem dedicado regimes particulares à assistência religiosa em situações especiais – genericamente, todas aquelas situações nas quais o crente tem grande dificuldade ou mesmo impossibilidade de exercer os actos de culto da sua religião, com destaque para as situações de internamento e/ou onde existem preocupações reforçadas de segurança e disciplina. A conexão do tema com o direito administrativo surge na medida em que muitos desses contextos ocorrem no âmbito de estabelecimentos públicos ou no exercício de funções públicas, e dão inclusivamente origem, em alguns casos, a estruturas administrativas dedicadas à organização da assistência religiosa, das quais o instituto da *capelania* é o melhor exemplo[451]. Na verdade, tal instituto, necessariamente alterado na sua feição pela consagração

---

[449] J. Machado, *Liberdade religiosa...* cit., 382.

[450] J. Machado, *Liberdade religiosa...* cit., 382; G. Dalla Torre, *Lezioni...* cit., 291; J. Seabra, "Assistência religiosa...", cit., 142, citando dados relevantes da reforma prisional portuguesa de 1936; K. Greenawalt, *Religion and the Constitution, 1*, cit., 165, refere mesmo dados empíricos que apontam no sentido da relevância da religião para a ressocialização dos reclusos; K. Greenawalt, *Religion and the Constitution, 2*, cit., 207 ss, sobre os capelães militares.

[451] J. Machado, *Liberdade religiosa...* cit., 382; G. Dalla Torre, *Lezioni...* cit., 291.

da liberdade religiosa – pois já não pode ser exclusivista, aberto apenas a uma confissão[452] – e mesmo depois de passar, entre nós, por um período de proscrição, com a Lei da Separação de 1911[453], permaneceu e permanece ainda no nosso direito como o eixo central da assistência religiosa em situações de restrição de liberdade de movimentos. Como nota Giuseppe dalla Torre, a evolução nas formas de assistência religiosa é um bom exemplo da evolução do direito eclesiástico para uma *legislatio libertatis*, desempenhando concretamente a função *pública* de *promoção da igualdade material, remoção de obstáculos e criação de condições materiais* para o exercício da liberdade religiosa por aqueles que se encontram em situação de restrição da liberdade de movimentos[454].

Não obstante o facto de o direito vigente apresentar regimes sobre a assistência religiosa em três tipos de contextos diferentes – forças armadas e de segurança, estabelecimentos de reclusão e estabelecimentos de saúde – os quais serão estudados na sequência, deve considerar-se o direito à assistência religiosa como um direito emergente em qualquer outro estabelecimento público ou regulado que implique dificuldade ou impossibilidade de movimentação livre e autónoma das pessoas. Nesse sentido depõe o art. 13º/1 da LLR, que é extremamente aberto: prestação de serviço militar *ou de serviço cívico*, internamento em hospitais, asilos, colégios, institutos ou estabelecimentos de saúde, de assistência, de educação *ou similares*, detenção em estabelecimento prisional *ou outro lugar de detenção*.

Assim, não só o âmbito de aplicação dos regimes existentes deve ser interpretado com a amplitude necessária, como os mesmos regimes podem e devem ser estendidos a outras situações de internamentos em entidades públicas não regulados, onde isso se justifique[455].

Por outro lado, deve entender-se, apesar da ausência de regras específicas, que os internamentos *privados* (exemplos no panorama português

---

[452] J. MACHADO, *Liberdade religiosa...* cit., 383; G. DALLA TORRE, *Lezioni...* cit., 291-292.

[453] MIGUEL FALCÃO, "A Concordata de 1940 e a Assistência Religiosa às Forças Armadas", in AA/VV, *A Concordata de 1940 Portugal - Santa Sé*, Lisboa: Edições Didaskalia, 1993, pp. 195 ss., 197-198; J. SEABRA, "Assistência religiosa...", cit., 139-140.

[454] G. DALLA TORRE, *Lezioni...* cit., 292.

[455] Como veremos, a própria lei recorre, num caso, a uma extensão de âmbito desta natureza: o regime da assistência nos estabelecimentos prisionais é aplicável, com as devidas adaptações, aos centros educativos criados nos termos da Lei Tutelar Educativa (Lei n.º 166/99, de 14 de Setembro – LTE), nos quais também há internamento. Essa extensão vem na sequência das normas da LTE que salvaguardam a liberdade religiosa do menor internado (arts. 171º/1 e 175º/1).

são os colégios internos, ATL, lares de idosos de instituições privadas, hospitais privados[456]) também estão obrigados a respeitar o direito dos internados à assistência religiosa (repare-se que o art. 13º LLR não limita os sujeitos passivos desse direito pela sua natureza jurídica) e o concorrente direito das igrejas ou comunidades a prestar essa assistência (art. 23º/a) e e) LLR)[457]. Aí, contudo, embora nos pareça que certas regras dos regimes *administrativos* de assistência religiosa poderão ser estendidas a essas situações, certamente essa extensão terá de ser mais cautelosa e não poderá ser feita *in totum*, porquanto muitas dessas regras só fazem sentido no contexto de serviços administrativos[458].

Todos os três regimes de assistência religiosa em entidades da administração pública – nas forças armadas e de segurança, nos estabelecimentos de reclusão e nos estabelecimentos de saúde (decretos-leis n.ºs 251/2009, 252/2009 e 253/2009, respectivamente, todos de 23 de Setembro), de aprovação recente[459], apresentam claros pontos de contacto entre si, facto a que não é alheia a sua coincidência temporal. Contudo, justifica-se que estudemos autonomamente o regime da assistência nas forças armadas e de segurança, que apresenta maiores especificidades (ditadas pela

---

[456] Falamos aqui de hospitais privados em sentido próprio, ou seja, unidades de saúde detidas e geridas por privados, não integradas no SNS e que funcionam sob regime de licenciamento nos termos do Decreto-Lei n.º 279/2009, de 6 de Outubro.

[457] No mesmo sentido, J. SEABRA, "Assistência religiosa...", cit., 138, 147-148. Também parece orientar-se neste sentido, mas com dúvidas, JOÃO PEDRO S. MENDONÇA CORREIA, "A assistência religiosa da Igreja Católica nos estabelecimentos de reclusão e de saúde de Portugal", in AA/VV, *Estudos sobre a nova Concordata Santa Sé - República Portuguesa (18 de Maio de 2004) - Actas das XIII Jornadas de Direito Canónico 4-6 de Abril de 2005. Estudos vários*, Lisboa: Universidade Católica Editora, 2007, pp. 151 ss., 158, nota.

[458] Por exemplo, temos as maiores dúvidas de que sejam aplicáveis a um hospital privado as regras do RAERSNS que dispõem que o apoio logístico e material a dar ao pessoal da assistência religiosa é fornecido pela unidade de saúde (arts. 9º/2 e 10º). Para outro exemplo, mais linear: seguramente não se aplica a um hospital privado a possibilidade de contratar pessoal em regime de emprego público expressamente prevista no art. 17º/1 do RAERSNS.

[459] *Que se impunha*, tendo em conta que os anteriores regimes de assistência religiosa eram fragmentários, incoerentes, desactualizados e tinham vários aspectos de duvidosa constitucionalidade. Sobre esses regimes, M. FALCÃO, "A Concordata de 1940...", cit.; J. MACHADO, *Liberdade religiosa...* cit., 385, nota; JANUÁRIO TORGAL FERREIRA, "Assistência religiosa às forças armadas e de segurança", in AA/VV, *Estudos sobre a nova Concordata Santa Sé - República Portuguesa (18 de Maio de 2004) - Actas das XIII Jornadas de Direito Canónico 4-6 de Abril de 2005. Estudos vários*, Lisboa: Universidade Católica Editora, 2007, pp. 129 ss..

ligação a instituições militares e de segurança), e depois, em conjunto, os outros dois, que são praticamente idênticos entre si.

6.2. Assistência religiosa às forças armadas e de segurança

a) Âmbito

Do regime da assistência religiosa às forças armadas e de segurança (Decreto-Lei n.º 251/2009, de 23 de Setembro – RARFAS) beneficia todo o pessoal militar, militarizado, policial e civil ao serviço dos três ramos das Forças Armadas (Armada, Exército e Força Aérea) e das duas forças de segurança (Guarda Nacional Republicana e Polícia de Segurança Pública), independentemente da respectiva confissão – arts. 1º, 2º e 3º/1 RARFAS. De acordo com esta definição *pessoal* do universo abrangido – pessoal das forças armadas e de segurança – um dos corolários é a aplicação do regime a *todos os serviços e unidades* dos três ramos e das forças de segurança, incluindo, por exemplo, hospitais militares, casas de acolhimento de idosos e estabelecimentos de educação[460].

O objecto do RARFAS é a *assistência religiosa*, conceito amplo que há-de abranger não só a prática de actos de culto, mas outras formas de assistência, como a catequese ou formação religiosa[461], ou simplesmente o apoio religioso ou espiritual individual[462]. Em reforço desta conclusão, pode aproveitar-se aqui a distinção feita nos regimes da assistência religiosa nos estabelecimentos de reclusão e de saúde, os quais, a propósito dos locais onde se processa a assistência religiosa, diferenciam entre actos de culto e outras formas de assistência que pressupõem apenas a *reunião* dos assistentes com um ou mais crentes (cf. art. 10º/4 do Regulamento de Assistência Espiritual e Religiosa nos Estabelecimentos Prisionais – RAEREP, aprovado pelo Decreto-Lei n.º 252/2009, e art. 10º/3 do Regulamento da Assistência

---

[460] Da mesma forma, considerando aplicável o art. 17º da Concordata (sobre assistência nas forças armadas e de segurança) a todos os internatos militares de educação, assistência e saúde das forças armadas, que de outra forma seriam abrangidos pelo art. 18º do mesmo instrumento, veja-se J. Seabra, "Assistência religiosa...", cit., 137.

[461] Que eram expressamente referidas na lei anterior: cf. art. 1º/1/c) do revogado Decreto-Lei n.º 93/91, de 26 de Fevereiro.

[462] Sublinhando a maior amplitude do conceito de assistência religiosa face à mera prática de actos de culto, J. Torgal Ferreira, "Assistência religiosa...", cit., 133.

Espiritual e Religiosa no Serviço Nacional de Saúde – RAERSNS, aprovado pelo Decreto-Lei n.º 253/2009). De acordo com o art. 3º/2 do RARFAS, são as igrejas ou comunidades *legalmente reconhecidas* que têm liberdade de prestar assistência religiosa aos membros das forças armadas e das forças de segurança que a solicitarem, bem como de praticar os respectivos actos de culto. Esta norma parece ser confirmada e concretizada pelo art. 4º/3 do mesmo regime, de acordo com o qual o capelão, que é o agente essencial da assistência religiosa nas forças armadas e de segurança, é indicado por uma igreja ou comunidade religiosa *reconhecida por instrumento jurídico próprio ou inscrita no registo de pessoas colectivas religiosas*. Estas normas surgem na sequência do art. 23º/1 do Estatuto dos Militares das Forças Armadas (EMFAR)[463], que é ainda mais claro ao estatuir que só aos militares "que professem religião legalmente reconhecida no país" é garantido o direito à assistência religiosa. Encontram-se igualmente paralelos com este regime no direito comparado[464].

Estas indicações da lei apresentam-se como altamente problemáticas e exigem um grande esforço interpretativo e de coordenação com outros pontos do sistema. Como é notório, o sentido imediato destas disposições é o de reservar a intervenção no sistema de assistência religiosa nas forças armadas e de segurança às igrejas ou comunidades *inscritas no registo das pessoas colectivas religiosas* ou *reconhecidas por instrumento jurídico próprio*. Estas designações remetem, respectivamente, para as entidades que passem pelo processo de constituição e registo como pessoas colectivas religiosas nos termos dos arts. 33º e ss. da LLR, e para as pessoas colectivas reconhecidas por outros meios (o caso mais claro é o das pessoas jurídicas canónicas referidas na Concordata).

Contudo, como se viu, as pessoas colectivas religiosas inscritas ou reconhecidas como tal são apenas uma parte do universo das igrejas e comunidades religiosas. Nenhuma obrigação existe para uma igreja ou comunidade religiosa de adquirir personalidade colectiva, existindo então igrejas ou comunidades religiosas não personificadas; assim como

---

[463] Decreto-Lei n.º 236/99, de 25 de Junho, com as alterações e rectificações introduzidas pela Declaração de Rectificação n.º 10-BI/99, de 31 de Julho, Lei n.º 25/2000, de 23 de Agosto, Decreto-Lei n.º 232/2001, de 25 de Agosto, Decreto-Lei n.º 197-A/2003, de 30 de Agosto, Decreto-Lei n.º 70/2005, de 17 de Março, Decreto-Lei n.º 166/2005, de 23 de Setembro, e Decreto-Lei n.º 310/2007, de 11 de Setembro.

[464] J. L. MARTÍN DELPÓN, "Libertad religiosa...", cit., 610.

não existe obrigação de adquirir a personalidade colectiva *religiosa*, já que uma comunidade religiosa pode constituir-se apenas como pessoa colectiva *privada não religiosa* – por exemplo uma associação – sem que isso deixe de significar a aplicação, a essa pessoa colectiva privada não religiosa, das normas previstas na LLR que tenham cabimento quanto aos seus fins religiosos (art. 44º da LLR), designadamente, do art. 23º/a) e e) da LLR, que garantem às igrejas ou comunidades a assistência religiosa dos seus membros.

Poderia dizer-se que a Constituição e a lei autorizam, no entanto, que a assistência religiosa só possa ser prestada a soldados, polícias e outro pessoal das forças armadas e de segurança *por pessoas colectivas religiosas legalmente reconhecidas*, isto é, por um subconjunto particular das igrejas ou comunidades religiosas. Em nosso entender, não autorizam. Como vimos, a Constituição garante a liberdade religiosa e de culto, não efectuando qualquer restrição de acordo com a qual só uma determinada forma de organização da comunidade religiosa a habilitará a prestar assistência religiosa. A Lei da Liberdade Religiosa, por seu turno, consagra a liberdade religiosa *dos membros das forças armadas e de segurança* (art. 13º), e não se encontra aí qualquer restrição quanto ao tipo e forma de organização da igreja ou comunidade religiosa à qual pertençam.

Dir-se-á que em muitos casos – ensino religioso (art. 24º), direito de antena (art. 25º), benefícios fiscais (art. 32º), por exemplo – a LLR reserva certos direitos *colectivos* de liberdade religiosa às pessoas colectivas religiosas *inscritas*. No entanto, o argumento não colhe, nesta sede. O art. 23º da LLR é claro ao reconhecer *às igrejas ou comunidades religiosas* (sem adjectivo ou especificação) os direitos de exercer os actos de culto (alínea a)) e assistir religiosamente os próprios membros (alínea e)). Com efeito, uma coisa é uma igreja ou comunidade ter ou não ter direito a benefícios fiscais; para isso é jurídico-constitucionalmente aceitável, parece-nos, que se exija a incorporação, porque o benefício fiscal está directamente associado à relevância social, e não é *essencial* à existência de uma comunidade religiosa; também parece poder apontar-se razões relevantes do ponto de vista de funcionamento do sistema fiscal. Outra coisa é dizer que um soldado ou polícia não tem uma das dimensões mais básicas da liberdade religiosa – o direito à assistência religiosa – só porque a comunidade religiosa à qual pertence não adquiriu personalidade jurídica. Uma tal restrição legislativa à liberdade religiosa não passa, em nosso entender, num teste de proporcionalidade e ponderação de bens e valores[465].

Cabe, assim, interpretar o RARFAS de maneira conforme à Constituição e em articulação com os demais dados do sistema (em particular os arts. 13º, 23º e 44º da LLR), e admitir que possam ser integradas no sistema de assistência religiosa quaisquer igrejas ou comunidades, ainda que não constituídas como pessoas colectivas religiosas, mas apenas como pessoas colectivas privadas não religiosas, ou mesmo ainda que não personificadas.

É evidente que tais casos apresentam desafios, porquanto caberá ao ministro competente apreciar os pedidos de nomeação de assistentes religiosos por comunidades não personalizadas, o que exigirá instruir o procedimento com elementos que comprovem que tal comunidade *existe como comunidade* e que tem *fins religiosos* (arts. 20º e 21º LLR) e que a pessoa cuja nomeação como assistente religioso é proposta pode invocar essa qualidade no seio dessa comunidade.

Contudo, nada disso apresenta uma dificuldade extrema, nem pode servir de base a uma exigência de constituição de uma comunidade religiosa como pessoa colectiva religiosa: como se viu acima, os grupos religiosos informais não deixam de ter regras, que são susceptíveis de prova, a qual deve ser feita por quem se quer aproveitar delas.

As condições concretas da prestação de assistência religiosa no quadro do serviço são objecto de acordo com o Estado, partindo a iniciativa da apresentação da respectiva proposta à igreja ou comunidade religiosa, dirigida ao ministro competente (art. 3º/4), que será o ministro da defesa no caso da assistência às forças armadas e o da administração interna no caso das forças de segurança.

Deve entender-se que o acordo em questão não é *condição* do exercício da assistência religiosa, mas apenas visa facilitá-la e organizá-la. Com efeito, o regime legal já oferece uma regulação suficiente para a concretização da assistência religiosa: em rigor (e apesar da parafernália burocrática que

---

[465] Acresce que se o RARFAS fosse entendido como limitando a assistência religiosa às pessoas colectivas religiosas, isso seria, no mínimo, uma derrogação da LLR, o que determinaria a inconstitucionalidade orgânica das normas do RARFAS, aprovado por decreto-lei não autorizado, sendo que a matéria em questão é de reserva relativa da Assembleia da República por incidir sobre regime de direitos, liberdades e garantias (art. 165º/1/b) CRP), e no caso, estando-se perante uma verdadeira restrição, é matéria de reserva absoluta, carecida de aprovação das disposições em apreço por maioria de dois terços (arts. 164º/o) e 168º/5/e)).

infelizmente domina o diploma) deve entender-se que basta que a confissão indique qual é a pessoa que prestará assistência religiosa, e que a habilitação dessa pessoa seja controlada (por razões óbvias de segurança e disciplina) pela entidade administrativa competente, para que o assistente religioso possa exercer essa assistência como capelão civil, para a qual não é necessária a existência de qualquer vínculo (arts. 4º/3 e 10º/3); quanto aos capelães militares, bastará que ocorra o recrutamento e formação do capelão para que possa iniciar funções (arts. 10º e 11º). Nada disto carece de regulação por acordo, cuja exigência se apresentaria, parece-nos, como um obstáculo injustificado ao exercício da liberdade colectiva de assistência religiosa.

b) Estrutura institucional

A assistência religiosa nas forças armadas e de segurança organiza-se em torno de uma estrutura institucional – o serviço de assistência religiosa das forças armadas e das forças de segurança – composto pela Capelania Mor e pelos diversos centros de assistência religiosa (art. 4º/4).

O serviço é encimado pela Capelania Mor, "órgão de natureza inter-religiosa" que assegura o regular funcionamento da assistência religiosa (arts. 5º/1, 14º/1) e integrado por um capelão-chefe, por cada religião professada, pelos capelães-adjuntos, que coordenam os centros de assistência religiosa (divididos por ramos das forças armadas e pelas duas forças de segurança, e para cada uma dessas, divididos ainda por confissões), e pelo conselho consultivo da assistência religiosa (art. 5º/2). Depende, funcional e logisticamente, da Direcção-Geral de Pessoal e Recrutamento Militar do Ministério da Defesa Nacional e da Direcção-Geral da Administração Interna (art. 5º/3).

O capelão-chefe é designado por despacho dos membros do Governo responsáveis pelas áreas da defesa nacional e da administração interna, sob proposta do "responsável máximo em Portugal" da igreja ou comunidade religiosa respectiva (art. 6º/1)[466]. Não são todas as comunidades religiosas,

---

[466] Tanto no art. 6º/1 como, sobretudo, no art. 7º/2/c), a lei parece pressupor uma organização *hierárquica* das igrejas ou comunidades religiosas (aquele segundo preceito refere-o expressamente). Como se viu, a liberdade de organização interna das igrejas ou comunidades pode determinar que não haja essa estrutura hierárquica, até porque, como também dissemos, em nosso entender, a igreja ou comunidade religiosa pode nem sequer ter personalidade colectiva.

contudo, que têm capelão-chefe: numa manifestação do princípio da igualdade na vertente material (tratamento desigual do desigual), o legislador estabeleceu um critério de representatividade da confissão como condição de nomeação de um capelão-chefe da mesma: para que tal aconteça, é preciso que existam 15 ou mais capelães em exercício no conjunto dos três ramos das forças armadas e nas duas forças de segurança para que tal aconteça (art. 6º/2). Destas regras destaca-se até certo ponto a Igreja Católica, cuja assistência religiosa é levada a cabo por um ordinariato castrense (art. 6º/5)[467].

Integra ainda a Capelania Mor um Conselho Consultivo de Assistência Religiosa (art. 7º), órgão que agrega representantes administrativos e das confissões religiosas e que tem entre as suas competências o levantamento das necessidades de capelães.

Os centros de assistência religiosa são coordenados, como se disse, por capelães-adjuntos (art. 8º/1), e divididos por ramos e forças de segurança e dentro deles, por confissões. Trata-se da estrutura *executiva* da assistência, isto é, é no seu seio que se enquadram os capelães (art. 8º/3), que são os "agentes de base" da assistência religiosa. Os centros de assistência religiosa dependem, funcionalmente, dos respectivos chefes de estado-maior, do comandante-geral da GNR e do director nacional da PSP, consoante os casos (art. 8º/4). Isto deve ser articulado com a existência de uma dependência funcional dos capelães-adjuntos em relação ao capelão--chefe da respectiva confissão (art. 5º/4).

Coloca-se uma dúvida quanto ao funcionamento da assistência religiosa para confissões que não tenham, no conjunto das forças armadas e forças de segurança, um número de capelães suficiente para ter um capelão-chefe (e capelães-adjuntos). Da lei parece resultar que só depois de nomeado o capelão-chefe de uma confissão fica aberta a possibilidade de criação de centros de assistência religiosa dessa confissão. Com efeito, uma vez que é o capelão-chefe que nomeia os capelães-adjuntos (art. 6º/3) e são estes que coordenam os centros de assistência religiosa de cada confissão (art. 5º/2/b) e 8º/1), isto parece significar que até que a confissão religiosa ganhe expressão suficiente para ter capelão-chefe (e capelães-adjuntos) – ou seja, até à existência de pelo menos 15 capelães dessa confissão na totalidade

---

[467] Sobre esse regime, embora no quadro legal anterior (mas mantendo em geral actualidade no tocante à organização interna do ordinariato), M. FALCÃO, "A Concordata de 1940...", cit.; J. TORGAL FERREIRA, "Assistência religiosa...", cit..

das forças armadas e de segurança – os capelães dessa confissão actuam sem enquadramento institucional colectivo, articulando-se entre si informalmente (*rectius*, de acordo com as regras da própria confissão). Esta conclusão parece impor-se, tendo em conta que de outra forma, teríamos um serviço de assistência religiosa *sem coordenador*.

Assim, tal significa que os capelães de confissões minoritárias (leia--se, que têm menos de 15 capelães no conjunto das forças armadas e de segurança) funcionam sem enquadramento em centros de assistência religiosa. Isto coloca desde logo a questão de saber como se processa o apoio administrativo e logístico à actividade desses capelães. Uma vez que seria violador do princípio da igualdade entre confissões a situação na qual só as confissões com determinado número de capelães tivessem direito a apoio logístico, terá de dizer-se que nesses casos, o mesmo nível de apoio logístico terá de ser fornecido, cabendo ao capelão articular-se com as estruturas adequadas. Na prática, isso significa a existência de centros de assistência religiosa *informais*, compostos pelos capelães de uma mesma confissão, que exerçam funções no ramo ou força de segurança, que não terão coordenação formal, mas serão geridos pelos próprios capelães. Quanto à dependência funcional, os capelães dependerão, nestes casos, directamente, dos respectivos chefes de estado-maior, comandante-geral da GNR e director nacional da PSP (art. 5º/4, por analogia), sem prejuízo da integração no comando dos capelães militares em matéria de disciplina militar (art. 13º/3). Por último, nestes casos de confissões ainda não implantadas, será directamente com os capelães (e não com os centros de assistência) que a Capelania Mor terá de coordenar a assistência religiosa e a prática dos actos de culto (art. 14º/1).

c) *Outros aspectos*

Tal como existia na lei e é mantida na actual, a capelania tem todas as características de um serviço administrativo.

Assim, todo o apoio logístico, financeiro e em termos de pessoal administrativo é dado pelo ministério no qual se integra o ramo ou força de segurança onde funcione a assistência religiosa (cf. arts. 5º/3, 8º/2/e), f) e g), e 4, 14º/4).

Da mesma forma, os capelães militares e civis com vínculo de emprego público, ou mesmo com simples contrato de prestação de serviços, são remunerados pelo Estado (arts. 9º e ss.). A existência desse vínculo é a regra: quanto aos capelães militares, o vínculo é de um dos tipos previstos para o pessoal militar e policial (art. 10º/1) e quanto aos capelães civis, serão contratados por contrato de trabalho em funções públicas ou prestação de serviços (art. 10º/2), este último caso claramente vocacionado para confissões onde haja pouca solicitação de assistência religiosa. É só quanto aos capelães *civis* que está prevista a possibilidade de serem pessoas sem qualquer vínculo ao Estado a exercer essas funções, exigindo-se apenas identificação e credenciação adequadas (art. 10º/3).

Diga-se, a propósito, que o RARFAS não elucida quais os critérios que presidem à escolha pelo recrutamento de capelães militares ou civis. A lei apenas refere que o recrutamento de capelães num dos regimes previstos é precedido de proposta fundamentada da DGPRM ou da DGAI, consoante se trate de contratação para as Forças Armadas ou para as forças de segurança, apresentada junto do respectivo membro do Governo (art. 10º/4); contudo, não há indicação sobre quais os fundamentos a incluir na proposta. A situação contrasta com a do direito anterior, já que o art. 2º/4 do Decreto-Lei n.º 93/91, de 26 de Fevereiro, indicava um claro critério de *preferência pelo recrutamento de capelães militares* sobre os capelães civis, ao estabelecer que estes últimos, "sacerdotes nomeados por contrato", só seriam contratados para "núcleos militares que não justifiquem a existência de capelão militar próprio nem possam ser convenientemente assistidos por outro capelão militar"[468].

No direito actual, parece-nos que este critério continua a nortear, até certo ponto, a escolha entre recrutar capelães militares ou civis (atente-se no art. 10º/2/b), que aponta para a contratação de capelães civis em modalidade de prestação de serviços *quando as necessidades de assistência o justifiquem*). Mas não é o único critério: parece-nos que também assumirá importância a posição *das próprias confissões religiosas*. Com efeito, algumas confissões (o caso da Igreja Católica é claro) têm um número de sacerdotes e de crentes que justificam que haja sacerdotes cuja única missão seja entrar na carreira militar como capelães; contudo, nas confissões minoritárias, dificilmente isso acontecerá, sendo habitualmente o mesmo sacerdote ou ministro de culto que presta assistência religiosa na comunidade e que

---

[468] Com a alteração ao art. 2º do diploma operada pelo Decreto-Lei n.º 54/97, de 6 de Março, passou apenas a dizer-se que a contratação ocorreria "quando as circunstâncias o aconselh[ass]em".

se desloca aos quartéis ou outras unidades para prestar assistência aos que dela precisarem; essa pessoa certamente não terá interesse em enveredar pela carreira militar, e por isso, normalmente, exercerá em simultâneo as funções de capelão civil e ministro da culto na comunidade[469].

Assim, parece-nos que, embora isso não resulte claro da lei, é *a solicitação dos membros das forças armadas e de segurança e das confissões às quais pertencem que vai, em primeira linha, definir qual o número de capelães a recrutar e a forma adequada de o fazer*. Não há, aqui, em nosso entender, qualquer espaço para que se possa dizer que o Estado define, com autonomia, quais as confissões que terão capelães e qual o tipo de relação jurídica que estes terão[470]; pelo contrário, parece-nos que, à luz dos arts. 13° e 23°/a) e e) da LLR, bastará que haja *um único* militar ou polícia que peça assistência de uma confissão minoritária, para o Estado ter *pelo menos* de *permitir* essa assistência por pessoa sem qualquer vínculo ao Estado (art. 10°/3)[471]. Ou, para dar outro exemplo, se um conjunto de militares solicitar assistência de uma confissão e esta só conseguir dispensar um capelão civil em regime de tempo parcial, não pode o Estado abrir um procedimento de recrutamento para capelães militares, ou para capelães civis em regime de tempo completo, porque isso significaria *substituir-se* à confissão religiosa na definição do modo da assistência religiosa, impedindo, na prática, que tal assistência acontecesse. Assim, no mínimo, deverá aplicar-se, também no RARFAS, a regra do RAERSNS (art. 17°/3) que impõe a audiência prévia da igreja ou comunidade religiosa antes da contratação de assistentes religiosos.

---

[469] Repare-se que a questão era substancialmente diferente quando o serviço militar era obrigatório: aí, os ministros de culto ou alunos de estabelecimentos de formação de ministros de culto e os membros de institutos de vida consagrada podiam prestar o serviço militar nos serviços de assistência religiosa, de saúde e acção social das forças armadas, como dispunha o art. 17°/1 da LLR. Isso significava um afluxo mais ou menos certo de pessoas aos lugares de capelães. Com o fim da obrigatoriedade do serviço militar, verdadeiramente, só quem quiser terá essa missão.

[470] Aproximamo-nos aqui das considerações de J. MACHADO, *Liberdade religiosa...* cit., 384, quando notava que ao Estado não cabe implementar qualquer política eclesiástica de selecção de confissões para prestar assistência religiosa.

[471] Existe uma resolução patrocinada pela ONU (em concreto, pelo 1° Congresso para Prevenção do Crime e o Tratamento dos Delinquentes, de 1955) em cujos n.ºs 41 e 42 se diz que "o direito de entrar em contacto com um representante qualificado de uma religião não deve nunca ser recusado a qualquer detido" – *apud* J. SEABRA, "Assistência religiosa...", cit., 142.

Do ponto de vista de estatuto, os capelães estarão sujeitos ao regime aplicável consoante o tipo de relação que tenham com o Estado, incluindo no que diz respeito às formas do seu recrutamento, que são as gerais para o pessoal militar ou civil (neste sentido, arts. 9°, 10°/1, 2 e 3, 12°/3 e 4), com a excepção da necessidade de um curso de formação que tem lugar antes do início de funções (art. 11°). Os capelães-chefes serão graduados ou equiparados (consoante sejam recrutados ao abrigo dos estatutos militares ou civis, respectivamente) nos postos de contra-almirante, major-general ou super-intendente chefe (art. 12°/1) e os capelães-adjuntos em capitão-de-mar-e-guerra, coronel ou intendente (art. 12°/2). Nada se diz quanto à graduação ou equiparação dos capelães, o que significa, em relação aos capelães militares, que os mesmos seguirão a carreira militar de acordo com o seu regime (art. 12°/3) e, quanto aos capelães civis, que ficam apenas sujeitos ao regime geral do seu tipo de relação de emprego ou prestação de serviços[472]. A lei salvaguarda a autonomia religiosa e espiritual dos capelães (art. 13°/1), submetendo-os nos demais aspectos aos deveres dos militares ou agentes policiais em tudo o que não afecte essa autonomia (art. 13°/2).

O RARFAS dispõe ainda sobre as "condições de exercício" da assistência religiosa (art. 14°), contendo, no essencial, regras procedimentais e organizatórias sobre a realização da assistência religiosa: quaisquer actos de assistência religiosa, incluindo actos de culto que tenham lugar nas instalações militares, devem sempre ser coordenados com as estruturas de comando (art. 14°/1 e 2), e não deve prejudicar o normal funcionamento do serviço (art. 14°/3)[473], no que é afloramento de um princípio geral da

---

[472] Sobre esse regime, por todas, v. ANA FERNANDA NEVES, "O Direito da Função Pública", in PAULO OTERO/PEDRO GONÇALVES (Coords.), Tratado de Direito Administrativo Especial, vol. IV, 2010, pp. 359 ss..

[473] Questão próxima é a dos casos de fronteira no que diz respeito à questão de saber se se está perante missões de serviço; assim, J. L. MARTÍN DELPÓN, "Libertad religiosa...", cit., 592. O art. 20°/3 do EMFAR enfrenta o problema, a nosso ver correctamente, dispondo que aos militares podem ser dadas missões que decorrem *em conjunto* com celebrações religiosas (por exemplo, imagine-se um funeral religioso de um militar, no qual a instituição militar tem de ser representada, o que consiste numa missa protocolar; ou, para dar um exemplo em situação de operação, um grupo de militares em serviço no Afeganistão que é incumbido de assegurar a protecção de uma missa campal). Nesses casos, em que a missão militar está claramente sobreposta ou imbricada com a celebração religiosa, o militar obviamente não poderá recusá-la; vejam-se, no mesmo sentido geral, os diferentes tipos de cerimónias analisados em J. L. MARTÍN DELPÓN, "Libertad religiosa...", cit., 615 ss. No entanto, como sugere Martín Delpón (*op. cit.*, 592, 605 ss, 612 ss), o caso será diferente se for

limitação *estritamente necessária às exigências do serviço*[474]. As unidades, estabelecimentos e "órgãos" onde é prestada a assistência disponibilizam locais e meios adequados à prática das actividades religiosas, espirituais ou de culto (art. 14º/4); a este propósito, o RARFAS foi omisso quanto à especificação das regras de distribuição de espaços de reunião e de culto, ao contrário do que fazem os regimes da assistência religiosa em estabelecimentos de reclusão e saúde.

O art. 14º/3, *in fine*, regula ainda (sucintamente) um aspecto delicado, que é o do carácter facultativo da assistência religiosa. Aí se dispõe, com efeito, que a assistência religiosa é dada *a quem a solicitar* (cf. também o art. 17º da Concordata). A questão tem sido sempre objecto de acesa polémica no âmbito da assistência religiosa nas forças armadas, onde, diz-se, a estrutura fortemente hierarquizada pode transformar aquilo que no âmbito civil seria apenas uma discussão sobre religião numa forma de pressão subtil e ilegítima sobre o militar[475]. No caso do direito português, a questão assume também relevância particular devido à existência de uma regra que dispõe, de modo particularmente infeliz, sobre a participação dos militares em celebrações religiosas[476].

O RARFAS não regula a forma da solicitação da assistência, ao contrário do que sucede com o RAEREP e com o RAERSNS, que dispõem que a solicitação pode acontecer de qualquer forma, desde que seja *expressa* (arts. 5º do RAEREP e do RAERSNS)[477]. Parece-nos que se exige, em

---

possível separar claramente a celebração religiosa realizada *aquando* de uma missão e em condições que permitem ao militar ausentar-se, da celebração religiosa que é, ela própria, uma missão (ou acto) militar ou deles faz parte integrante e inseparável.

[474] Sobre esse princípio J. L. Martín Delpón, "Libertad religiosa...", cit., 591.

[475] Assim, na jurisprudência do TEDH, o acórdão *Larissis e outros c. Grécia*, de 24-02-1998 – cf. a referência em J. L. Martín Delpón, "Libertad religiosa...", cit., 600.

[476] J. Torgal Ferreira, "Assistência religiosa...", cit., 131. Com efeito, o art. 21º/2 do EMFAR estatui que os militares "não são obrigados a assistir ou a participar em actos de culto próprios de religião diversa da que professem", dando a entender que *podem ser obrigados* a participar em actos de culto da religião *que professem* – mas obviamente, *não podem*, à luz do art. 41º da Constituição e do art. 9º/1/a) da LLR, sem prejuízo do art. 20º/3 do EMFAR, acima referido, onde a própria missão pode estar em sobreposição com a realização de uma celebração religiosa.

[477] Deve ainda aplicar-se analogicamente a possibilidade dos arts. 4º/1 do RAEREP e do RAERSNS, que deferem essa iniciativa aos familiares ou outros cuja proximidade ao recluso ou utente seja significativa, "quando este não a possa solicitar e se presuma ser essa a sua vontade". Essas situações podem perfeitamente suceder nas forças armadas e de segurança (por exemplo, em combate).

qualquer caso, como em todas as matérias do direito eclesiástico, o simples "bom senso constitucional" de que fala Casuscelli[478]: se existe no quartel uma celebração de uma qualquer confissão religiosa e alguém que nunca fez uma solicitação de assistência religiosa aparece nessa celebração, isso vale manifestamente como pedido de assistência. Por outro lado, não se pode pôr de parte a possibilidade de ser um assistente religioso (ou outra pessoa qualquer) a desafiar uma pessoa a participar num acto de culto. Nesse aspecto, mais uma vez, o bom senso deve imperar: esses desafios, afinal, fazem parte da vida, e correspondem a um direito *de qualquer crente*, incluindo dos assistentes religiosos, de dar a conhecer a sua fé a outros (art. 8º/d) LLR). O limite para tais desafios é a preservação da liberdade de religião e de consciência dos "desafiados"; se estes os recusam, obviamente a insistência torna-se ilegítima. Esse bom senso parece aflorar no art. 4º/3 do RAEREP, quando dispõe que os assistentes não podem *obrigar nem pressionar* o recluso a aceitar assistência espiritual[479]. Simplesmente, num Estado que é laico, mas que não *suspeita* da religião ou dos seus membros, *sugerir, desafiar ou perguntar* não é a mesma coisa que *obrigar ou pressionar*[480].

Registe-se, ainda, que qualquer que seja a forma da solicitação da assistência religiosa, cumpre sublinhar que não parece ser permitido que essa informação fique, de modo permanente, no processo individual do militar, tendo em conta o art. 8º/2 do EMFAR, que proíbe que desse processo constem informações sobre as convicções religiosas.

---

[478] G. Casuscelli, "Perché temere una disciplina...", cit., 33.

[479] Infelizmente, detectam-se, aqui como em outros pontos, ligeiras flutuações injustificadas entre os vários regimes, que bem poderiam ser eliminadas, mediante a consagração de um regime geral da assistência religiosa em estruturas de segregação, que contivesse regras gerais e depois as regras especiais necessárias para os vários casos. Com efeito, enquanto o RARFAS diz apenas que a assistência tem de ser solicitada, o RAEREP diz que tem de ser solicitada mas admite a iniciativa dos assistentes religiosos, proibindo apenas que eles *obriguem ou pressionem* os reclusos (art. 4º/2 e 3 RAEREP) e o RAERSNS dispõe de forma em tudo semelhante ao RAEREP, mas acrescenta ao dever de não obrigar ou pressionar os utentes, o de *por nenhuma forma os influenciar* a obter assistência (art. 4º/2 e 3 RAERSNS). Não parece que entre as forças armadas e de segurança, as prisões e os hospitais existam diferenças *materiais* que justifiquem estas diferenças *normativas*...

[480] No mesmo sentido, para o direito norte-americano, diferenciando o *proselitismo* dos capelães militares, que deve considerar-se proibido, do simples estímulo ou desafio, veja-se K. Greenawalt, *Religion and the Constitution, 2*, cit., 210 e nota.

6.3. Assistência religiosa em estabelecimentos de reclusão e de saúde

a) Âmbito

O Decreto-Lei n.º 252/2009, de 23 de Setembro, aprovou o Regulamento da Assistência Espiritual e Religiosa nos Estabelecimentos Prisionais (RAEREP), aplicável a todos os estabelecimentos prisionais do ministério da justiça (art. 2º) e, com as devidas adaptações, aos centros educativos (art. 18º), regulados pela Lei Tutelar Educativa (LTE).

Por seu turno, o Decreto-Lei n.º 253/2009, da mesma data, na sequência de algumas normas de enquadramento[481], aprovou o Regulamento da Assistência Espiritual e Religiosa no Serviço Nacional de Saúde (RAERSNS), que visa criar condições para a prestação de assistência religiosa e espiritual aos utentes internados nos estabelecimentos do Serviço Nacional de Saúde (arts. 1º/1 e 2º RAERSNS)[482]. O âmbito objectivo do regime diz respeito, assim, a toda e qualquer unidade do SNS que tenha internamento (art. 2º RAERSNS), independentemente da forma de gestão dessa unidade[483].

Como se nota, o objecto da assistência é, aqui, a assistência *espiritual* e religiosa, o que representa uma diferença face ao objecto da assistência nas forças armadas[484]. Não se trata, parece, de um acidente, mas sim de uma intenção (inclusive, política) de expansão da assistência do campo

---

[481] Vejam-se a base XIV, n.º 1, alínea f), da Lei de Bases da Saúde (Lei n.º 48/90, de 28 de Agosto, alterada pela Lei n.º 27/2002, de 8 de Novembro), e o art. 39º do Estatuto do Serviço Nacional de Saúde, aprovado pelo Decreto-Lei n.º 11/93, de 15 de Janeiro, sucessivamente alterado, por último pelo Decreto-Lei n.º 177/2009, de 4 de Agosto.

[482] Como se disse acima, há estabelecimentos públicos de saúde que não pertencem ao SNS: os hospitais militares, assim, ficam abrangidos pelo RARFAS e não pelo RAERSNS.

[483] Assim, a propósito dos entretanto extintos "hospitais SA", J. P. S. Mendonça Correia, "A assistência religiosa...", cit., 160. Por maioria de razão, essa tese manter-se-á agora que os ditos hospitais foram transformados em entidades públicas empresariais. Como se sabe, os hospitais do SNS, que são estabelecimentos públicos, existem sob múltiplos enquadramentos do ponto de vista da gestão – actualmente, existem hospitais que são institutos públicos, outros que são entidades públicas empresariais, outros ainda que são unidades concessionadas (mediante contrato de gestão em regime de parceria público-privada). Para mais desenvolvimentos, Maria João Estorninho, *Organização Administrativa da Saúde. Relatório sobre o Programa, os Conteúdos e os Métodos de Ensino*, Coimbra: Almedina, 2009; Licínio Lopes, "Direito Administrativo da Saúde", in Paulo Otero/Pedro Gonçalves (Coords.), *Tratado de Direito Administrativo Especial*, Vol. III, Coimbra: Almedina, 2010, pp. 225 ss..

[484] Estabelecendo a distinção entre assistência espiritual e religiosa, P. Consorti, *Diritto e religione*, cit., 125.

exclusivamente religioso ao campo espiritual, concebido como mais amplo[485]. A assistência espiritual visa dar apoio, consolo e conforto *humano* em situações difíceis[486], e isso ajuda a explicar a intenção de diferenciação entre as forças armadas e os regimes dos hospitais e prisões. Evidentemente, isso coloca dificuldades de implementação prática – que a lei não aborda – já que contrariamente ao que sucede com a resposta *religiosa* ao sentido da vida, a resposta (apenas) *espiritual* ao sentido da vida não tem habitualmente um enquadramento institucional correspondente ao da organização em igrejas ou comunidades religiosas[487]; e mesmo que o tenha, informalmente, não existe um *regime da liberdade espiritual* correspondente aos esquemas da LLR.

Tal como vimos suceder no RARFAS, surge aqui a tentativa de limitar às igrejas ou comunidades religiosas legalmente reconhecidas o âmbito das

---

[485] Essa intenção política aparece expressamente enunciada e desenvolvida no Plano Nacional de Saúde 2004-2010 – cf. http://www.dgsaude.min-saude.pt/pns/vol2_338.html
[486] P. CONSORTI, *Diritto e religione*, cit., 125.
[487] Por exemplo: imagine-se que o recluso ou utente adere à mundividência exposta por ANDRÉ COMTE-SPONVILLE, *O espírito do ateísmo. Introdução a uma espiritualidade sem Deus*, (trad.), São Paulo: Martins Fontes, 2007. A tese central de Comte-Sponville é relativamente simples (e, porventura, perfilhada, ainda que inconscientemente, por uma larga maioria das pessoas nas sociedades ocidentais secularizadas, incluindo a francesa, à qual Comte-Sponville pertence): não é possível provar a existência de Deus; além disso, *é possível viver sem Deus*; no entanto, *é impossível viver sem ser fiel a alguma coisa*, porque isso seria a barbárie, o niilismo, o vale-tudo, a ausência de referências. Por isso Comte-Sponville, embora recusando o transcendente, assume-se *fiel* a uma tradição na qual, entre outras coisas, a experiência cristã é absolutamente central. Isto leva-o a perfilhar pontos essenciais da doutrina cristã, mas não, por exemplo, a obediência a uma determinada confissão. Poderíamos dizer – e foi esse, certamente, o sentido da lei – que uma pessoa que perfilhe *esta* resposta ao sentido da vida merece apoio em situações difíceis (como são a doença e a privação da liberdade) tanto como outra pessoa que perfilha uma resposta *religiosa* ao sentido da vida. Digamos que do ponto de vista humano e antropológico, deixar alguém ao abandono na doença ou na reclusão é algo que pesa, seja crente ou ateu ou indiferente. Como o próprio Comte-Sponville reconhece, o mundo do ateu não tem referências ao transcendente, mas, habitualmente, tem referências à *comunhão com os outros*, que é um dos elementos de qualquer religião (na mesma linha surge a preocupação do art. 4.º, §1 da *Grundgesetz* alemã, em tutelar não só a liberdade de religião, mas de *Weltanschauung*: visão do mundo, que também dá comunhão e vontade de viver). Contudo, as dificuldades surgem na implementação prática da assistência espiritual nesses casos: quem *representaria* essa particular resposta ao sentido da vida no estabelecimento de saúde ou prisional? A questão é demasiado funda para que lhe consigamos responder num estudo com o escopo do presente; vale a pena, contudo, deixá-la enunciada.

igrejas ou comunidades às quais são asseguradas as condições que permitam o livre exercício da assistência espiritual e religiosa ao recluso que a solicite, aqui com a agravante de logo de seguida se dizer que ao recluso ou utentes internados, independentemente da sua confissão, é garantido o acesso à assistência espiritual e religiosa (arts. 3º do RAEREP e do RAERSNS).

De novo, poderia dizer-se que há razões objectivas que justificam dizer que só as igrejas ou comunidades "legalmente reconhecidas" têm direito à assistência religiosa; não as vislumbramos, nem o legislador as indicia minimamente. Assim, aplicam-se todas as considerações que fizemos a propósito do RARFAS, o que significa que o art. 3º/1 deve ser interpretado de maneira conforme com a Constituição, entendendo-se pela referência às pessoas "legalmente reconhecidas" quaisquer grupos que sejam considerados igrejas ou comunidades religiosas, nos termos dos arts. 20º e 21º da LLR, independentemente da forma pela qual adquiriram personalidade colectiva, ou mesmo que não a tenham adquirido[488].

b) Estrutura institucional

Em matéria de estrutura de organização da assistência religiosa, os regimes dos estabelecimentos prisionais (e centros educativos) e dos hospitais do SNS são notoriamente mais "ligeiros" do que o regime das forças armadas e de segurança. Para mais, só num desses regimes (o dos RAERSNS) se verifica que a lei impõe permite a contratação de assistentes religiosos em regime de contrato de trabalho subordinado (em funções públicas).

Assim, nos termos do art. 9º do RAEREP, a organização da assistência religiosa nos estabelecimentos prisionais não pressupõe a criação de um serviço dedicado, antes se processa nos termos das normas fixadas por despacho do director do estabelecimento, ouvidas as confissões religiosas (art. 9º/2 RAEREP).

Esta inexistência de serviço dedicado é acompanhada da inexistência de assistentes religiosos com relação de trabalho subordinado no quadro do sistema prisional. Com efeito, e em contraste com o que sucede nas forças

---

[488] Para o direito italiano, veja-se V. Tozzi, "Fasi e mezzi...", cit., 195, defendendo que os grupos religiosos não reconhecidos deveriam ter uma qualquer forma de tutela na matéria.

armadas e de segurança e nos hospitais do SNS, o RAEREP só prevê a celebração de contratos de *prestação de serviços* entre a Direcção-Geral dos Serviços Prisionais e os assistentes ou a comunidade religiosa, e mesmo assim, só "quando se verifique a existência de um número significativo de reclusos, afectos ao mesmo estabelecimento prisional, que professem a mesma crença religiosa, participem regularmente nos actos de culto promovidos pela respectiva igreja ou comunidade religiosa e solicitem a respectiva assistência" (art. 17º/1). Nos demais casos, a assistência religiosa é levada a cabo sem vínculo ao Estado.

Não obstante esta inexistência de assistentes religiosos com vínculo de subordinação jurídica no sistema prisional, e por compreensíveis razões de segurança, o RAEREP põe em vigor um sistema de credenciação, registo e identificação (com emissão do correspondente cartão) dos assistentes religiosos que prestam serviço regular no estabelecimento (arts. 6º, 12º e seguintes). Já mais discutíveis parecem as normas segundo as quais só perante motivos fundamentados (art. 6º/2 RAEREP) ou em situações de manifesta urgência na assistência (art. 14º/4) podem os assistentes religiosos que *não* prestem serviço regular no estabelecimento e que, portanto, não têm o respectivo cartão de identificação, ter acesso aos reclusos. Recorde-se que quaisquer formas de controlo, registo e identificação estão ao serviço de um direito fundamental de liberdade: elas só se justificam se e enquanto forem proporcionais, tendo em conta os interesses em presença – em particular, aqui, o interesse da segurança do estabelecimento. Desde que este interesse esteja assegurado, não se vê porque razão a assistência religiosa não poderá ser levada a cabo por quem quer que seja, efectivamente, ministro de culto, e o comprove nos termos do art. 15º da LLR; nem se vê, sequer, qual seria o fundamento que o recluso teria de invocar para esse efeito (art. 6º/2), sem ser a *liberdade* no exercício do seu direito à liberdade religiosa, e o direito do ministro de culto e da confissão religiosa de assistir os membros dessa confissão[489].

Diferente é o sistema da assistência religiosa nos estabelecimentos de saúde. O art. 9º/1 RAERSNS dispõe, sobre a matéria, que é necessário que exista uma "forma de organização que garanta o regular funcionamento da assistência".

---

[489] O regime do RAERSNS é mais perfeito, pois não exige que haja qualquer justificação para uma pessoa querer ser assistida por um assistente que não preste serviço regular no estabelecimento. Dir-se-ia que a razão dessa diferença é a maior exigência de segurança do estabelecimento prisional. Não parece que seja razão suficiente.

Esta formulação claramente aberta explica-se, em nosso entender, pelo facto de ser muito variado o tipo de entidades que gerem os estabelecimentos de saúde do SNS, e consequentemente, muito diversos os níveis de *autonomia estatutária e de organização interna* dessas entidades. Só considerando o universo das pessoas colectivas públicas, poderemos estar perante institutos públicos ou entidades públicas empresariais, e se abrangermos ainda as pessoas colectivas privadas que gerem um estabelecimento hospitalar em regime de concessão (contrato de gestão, nos termos do Decreto-Lei n.º 185/2002, de 20 de Agosto), falece, obviamente, qualquer tentativa de uniformizar o tipo de estrutura de prestação da assistência religiosa. Cada unidade de saúde poderá, assim, organizar da forma que entender a prestação da assistência espiritual e religiosa – por exemplo, pela criação de um serviço dedicado[490]. Deve sublinhar-se que em Portugal, a experiência da assistência religiosa em ambiente de pluralismo religioso apresenta resultados interessantes, corporizados, designadamente, num *Manual da Assistência Espiritual e Religiosa Hospitalar*[491].

A lei limita-se, por isso, a impor uma especificação básica de *resultado* – que a estrutura de assistência religiosa, qualquer que seja, "garanta o regular funcionamento da assistência" – e ainda a exigir que a mesma fique definida em regulamento interno da unidade de saúde (art. 9º/4). Tal como no RAEREP, o art. 9º/3 RAERSNS prevê a articulação das unidades de saúde com a confissão religiosa na definição das formas de assistência.

---

[490] Alguns casos: no Centro Hospitalar Lisboa Norte, E.P.E. existe um "serviço de assistência religiosa e espiritual" (http://www.hsm.min-saude.pt); no Centro Hospitalar de Lisboa Ocidental, E.P.E., existe um "serviço religioso" (http://www.chlo.min-saude.pt/Hospital/Organização/Organograma/); nos Hospitais da Universidade de Coimbra, E.P.E., existe um "serviço de assistência espiritual e religiosa" (http://www.huc.min-saude.pt); no Centro Hospitalar do Porto, E.P.E., um "serviço de assistência religiosa" (http://www.ch-porto.pt); no Hospital de São Marcos, existe um "serviço religioso" (http://www.hsmbraga.min-saude.pt/site_/html/home.asp). Contudo, encontram-se diversos outros hospitais do SNS onde essa actividade não é autonomizada na organização interna.

[491] Elaborado por um grupo de trabalho onde estavam representadas as seguintes entidades: Igreja Católica, Conselho Português das Igrejas Cristãs, Aliança Evangélica Portuguesa, Igreja Ortodoxa – Patriarcado Ecuménico de Constantinopla, Comunidade Islâmica Portuguesa, União Budista Portuguesa, Comunidade Hindu Portuguesa, Comunidade Bahá'Í de Portugal, Comunidade Israelita Portuguesa e União Portuguesa dos Adventistas do Sétimo Dia. O Manual está disponível em www.hsm.min-saude.pt/CentroHospitalar/Organização/EstruturaOrganizacional/ApoioClínico/ServiçodeAssistênciaReligiosaeEspiritual/tabid/1660/Default.aspx

A esta abertura da formulação do art. 9º/1 RAERSNS também corresponde uma panóplia alargada de modos possíveis de vinculação dos assistentes religiosos às unidades de saúde: contrato de trabalho em funções públicas, a tempo completo ou parcial, ou contrato de prestação de serviços, "consoante o tipo e a periodicidade da assistência prestada e as solicitações ocorridas" (art. 17º/1). A contratação de assistentes religiosos, que é feita com audiência das confissões (art. 17º/3), deve ser ajustada às necessidades e respeitar a representatividade das confissões religiosas (art. 11º/1), abalançando-se o legislador a apontar o rácio de 1 assistente por cada 400 camas (art. 11º/2), critério, ao que parece, meramente indicativo.

c) Outros aspectos

O apoio logístico e administrativo à assistência religiosa é assegurado pelo estabelecimento prisional ou hospital (art. 10º RAEREP e arts. 9º/2 e 10º RAERSNS)[492].

No contexto do apoio logístico, assume importância fundamental a obrigação dos estabelecimentos de disponibilizar locais adequados para a assistência, os quais são diferenciados pela lei em dois tipos, correspondentes a dois tipos de *função*: os locais de *reunião* (privada) dos assistentes com os reclusos ou utentes, e os locais de *culto*, que devem ser de acesso livre a todos os reclusos ou utentes. Quanto aos primeiros, assegura a lei a existência de um *ou mais* (implicitamente, remete-se para o número que seja adequado face às necessidades, a definir pelo estabelecimento), "com condições de privacidade" e "sem símbolos religiosos específicos de qualquer igreja ou comunidade religiosa" (art. 10º/4/a) RAEREP e art. 10º/3/a) RAERSNS).

Quanto aos locais de culto, garante-se genericamente a existência de um ou mais, de forma que se garanta o acesso ao culto a todos os reclusos ou utentes independentemente da sua confissão religiosa (art. 10º/4/b) RAEREP e art. 10º/3/b) RAERSNS). Aqui, contudo, como seria de esperar, atenta a maior exigência de espaço necessária para os locais de culto e, ao mesmo tempo, a dificuldade em manter esses espaços *isentos de uma*

---

[492] Diferentemente do que sucede no RARFAS, não é claro se os objectos estritamente religiosos são fornecidos pelo estabelecimento (cf. art. 10º/3 RAEREP e art. 10º/2 RAERSNS).

identificação religiosa permanente (o que é fácil num espaço de reunião privada), afloram critérios de representatividade, que fazem com que a lei preveja a afectação permanente de um dos locais de culto à Igreja Católica (art. 10°/5 RAEREP e art. 10°/4 RAERSNS) e salvaguarde, também, os locais de culto dessa confissão já existentes (art. 10°/6 RAEREP e art. 10°/5 RAERSNS).

Note-se, com interesse, que a forma como se prevê esta afectação dos locais de culto à Igreja Católica é, no entanto, pontuada por uma concretização do *princípio da tolerância*: prevê-se que, se necessário, o local de culto em questão seja *partilhado* com outras igrejas ou comunidades *cristãs* (art. 10°/5 RAEREP e art. 10°/4 RAERSNS). Trata-se de um bom exemplo de ponderação de bens e direitos em matéria de liberdade religiosa, de acordo com os princípios da proporcionalidade e da tolerância: a escassez do bem (neste caso, do espaço de culto, que manifestamente não pode ser assegurado a todas as confissões) não significa, sempre, que algum ou vários dos bens em presença tenha de ficar afastado; antes pode significar uma concretização parcial desses interesses (todos ou alguns). Aquilo que uma confissão perde com a não exclusividade de um espaço em seu favor é compensado pelas vantagens globais resultantes da partilha – é isso, no fundo, a essência da tolerância, e cabe à lei promover essa tolerância, onde ela é possível e fácil (como acontece, em regra, entre as igrejas cristãs). Este tipo de regra tem ainda o significado de sinalizar que o reconhecimento, pelo ordenamento jurídico, de uma legítima posição de princípio mais relevante das confissões maioritárias não é incompatível com a protecção de confissões minoritárias.

Quanto à iniciativa da assistência, a mesma cabe, em princípio, ao recluso ou utente, estando assegurado o seu carácter voluntário (arts. 4°/1 e 11°/1/c) RAEREP e 4°/1 e 12°/c) RAERSNS). No entanto, em atenção à particularidade da condição dos reclusos e pacientes internados, admite-se a solicitação dos seus familiares ou de outros cuja proximidade ao utente seja significativa, quando este não a possa solicitar e se presuma ser essa a sua vontade (art. 4°/1, *in fine*, do RAEREP e RAERSNS).

Por outro lado, permite-se que a assistência seja da iniciativa do assistente religioso da confissão à qual o recluso ou utente declarar pertencer aquando da sua chegada ao estabelecimento, sempre se o mesmo consentir (art. 4°/2 RAEREP e RAERSNS). A articulação deste preceito com a enigmática norma que dispõe que, sem prejuízo de poder ser requerida em qualquer momento, a assistência é solicitada preferencialmente no momento da admissão (arts. 5°/2 RAEREP e RAERSNS), poderia levar a duvidar sobre se o recluso ou utente é perguntado, aquando da admissão ou internamento, sobre se quer receber assistência religiosa. Contudo, deve ter-se em mente o art. 9°/1/c) da LLR, segundo o qual a própria pergunta sobre convicções ou prática religiosa (o que seria o caso, parece) é proibida. Assim, o art. 5°/2 há-de entender-se como impondo um simples dever *ordenador* de o utente manifestar a sua intenção de receber assistência aquando da entrada no estabelecimento, sem qualquer pergunta associada (e obviamente sem qualquer consequência negativa em caso de ausência de resposta). Por outro lado, tendo em conta as vertentes negativas da liberdade religiosa (art. 9° LLR) o recluso ou utente poderá deixar de receber assistência religiosa a qualquer altura, seja o que for que tenha declarado a esse respeito anteriormente.

São limitações à prestação da assistência religiosa as inerentes à situação especial em que o recluso e utente se encontram, devendo ser respeitadas as regras de ordem, segurança e disciplina em vigor no estabelecimento prisional (arts. 4°/3, 11°/1/i), 2 e 14°/4 RAEREP), e as determinações clínicas e funcionais, a "ordem hospitalar", o bem-estar e o repouso dos outros utentes, nos hospitais (arts. 7°, 12°/h), 16°/f), g) e i) RAERSNS). As formas, os horários e os locais da prestação da assistência devem por isso ser articulados com essas limitações (arts. 7° e 8° RAEREP, o mesmo resultando, para os menores internados em centros educativos, do art. 175°/2 LTE, e arts. 7° e 8° RAERSNS) bem como aquilo que pode designar-se como a *esfera individual* do recluso ou utente, incidindo sobre aspectos como a possibilidade de ter livros ou outros objectos religiosos ou de ter acesso a alimentação preparada de acordo com preceitos religiosos (art. 11° RAEREP e art. 11° RAERSNS). Deve referir-se, contudo, que as limitações têm de ser necessárias, adequadas e proporcionais, atento o carácter jus-fundamental do direito limitado[493].

Quer o RAEREP quer o RAERSNS contêm um conjunto de direitos e deveres dos assistentes religiosos e dos reclusos em matéria da assistência religiosa (e liberdade religiosa, no caso do recluso). Assim, os assistentes religiosos têm direito a aceder aos reclusos em condições de

---

[493] A conformidade com a liberdade religiosa das regras vigentes em ambiente prisional (por exemplo, sobre a apresentação exterior dos reclusos ou sobre as suas práticas alimentares) tem sido amplamente versada na jurisprudência norte-americana, sempre com critérios exigentes de proporcionalidade – veja-se K. GREENAWALT, *Religion and the Constitution, 1*, cit., 165 ss.

privacidade, a obter as informações necessárias ao exercício da sua missão, desde que não confidenciais, ao uso de hábito e outros sinais religiosos (art. 15° RAEREP).

Os deveres dos assistentes religiosos estão, genericamente, relacionados com a salvaguarda dos direitos dos outros reclusos ou utentes, da ordem, segurança e funcionalidade dos estabelecimentos ou da não confessionalidade do Estado (cf. art. 16°/d) a h) RAEREP e art. 16°/d) a j) RAERSNS); são, desse ponto de vista, simples regras que operam a ponderação de direitos e interesses diversos.

Contudo, encontram-se outras regras que parecem configurar *positivamente* a missão dos assistentes, *impondo-lhes* a prestação de assistência adequada aos reclusos (art. 16°/a) RAEREP e art. 16°/a) RAERSNS), o segredo sobre factos de que tenham conhecimento (art. 16°/b) RAEREP e art. 16°/b) RAERSNS), e mesmo o dever de proporcionar actos colectivos de culto (art. 16°/c) RAEREP e art. 16°/c) RAERSNS[494]).

Causa perplexidade a previsão destes "deveres", os quais, repare-se, são, na LLR, configurados, não dessa forma, mas como *direitos* dos assistentes religiosos (cf. art. 16°/1 e 2 LLR) ou das confissões religiosas (art. 23° LLR), e particularmente se se pensar que os mesmos "deveres" incidem, em princípio, sobre assistentes religiosos que não têm, com o Estado, qualquer vínculo. Na verdade, o dever de assistência religiosa existe, sem dúvida, mas como dever propriamente *religioso*, não cabendo ao Estado definir positivamente a missão dos assistentes religiosos[495], nem emprestar a força coerciva das suas normas à implementação *desse tipo de deveres*. Cabe perguntar, por exemplo, qual seria a consequência da inobservância destes "deveres" pelos assistentes religiosos, matéria sobre a qual a lei nada diz[496].

---

[494] Uma diferença subtil, e porventura injustificada, existe entre este "dever" nos estabelecimentos prisionais e nos do SNS – nestes, a lei dispõe que o dever só existe quando o número de utentes o justifique.

[495] No mesmo sentido, J. MACHADO, *Liberdade religiosa...* cit., 380.

[496] Poderia o Estado, por exemplo, recusar ao assistente religioso a continuidade da sua assistência no estabelecimento prisional, se o mesmo não proporcionasse actos colectivos de culto? Entraríamos, aí, numa zona problemática, à luz do princípio da não confessionalidade do Estado, pois saber se um assistente religioso cumpre adequadamente a sua missão *do ponto de vista da "qualidade" da assistência religiosa* (não nos referimos ao respeito por outras regras, como as que defendem a liberdade religiosa dos outros reclusos: quanto a essas não se colocam dúvidas) parece-nos ser, já, uma *questão religiosa* nos termos e para os efeitos do art. 4°/1 da LLR; e como tal, não é uma questão de que os poderes públicos possam tomar conhecimento.

6.4. Conformidade dos regimes de assistência religiosa em estabelecimentos públicos com o modelo de relação Estado-religião?

O estudo realizado não pode deixar de colocar algumas questões sobre a conformidade dos regimes de assistência religiosa com os princípios do modelo constitucional e legal de relação entre o Estado e a religião.

Como se viu, os sistemas estudados assentam, como princípios essenciais, na garantia efectiva da liberdade religiosa das pessoas colocadas em situação de restrição à liberdade de movimentos, no carácter voluntário da assistência religiosa, na diferenciação entre confissões do ponto de vista da sua representatividade, e na genérica configuração dos serviços de assistência religiosa como serviços proporcionados (do ponto de vista logístico, financeiro, material), pelas entidades públicas, que levam mesmo a cabo o recrutamento do pessoal da assistência religiosa e lhe pagam a remuneração[497].

Através deste elenco e do estudo que antecede, verifica-se que o regime, no essencial, cumpre os postulados de uma *igual e efectiva liberdade religiosa* (do ponto de vista de uma igualdade *material*, que não meramente formal). Não ocorrem já, ao contrário do que chegou a acontecer no regime anterior, situações onde a assistência religiosa católica tivesse um papel privilegiado[498], ou onde a lei previa que à chegada ao estabelecimento existiria uma entrevista com o assistente religioso para se saber se o cidadão queria assistência religiosa[499].

---

[497] Embora haja aqui uma graduação, como vimos: a integração dos capelães na organização militar e das forças de segurança é muito maior do que nos estabelecimentos prisionais e de saúde, onde o vínculo (nos casos em que existe) é de prestação de serviços (nas prisões) ou de contrato de trabalho em funções públicas ou prestação de serviços (nos hospitais).

[498] Por exemplo, na legislação de 1968 sobre assistência religiosa nos hospitais, previa-se apenas a assistência religiosa católica: para as referências, J. Seabra, "Assistência religiosa...", cit., 140. Mesmo no Direito italiano actual, a assistência religiosa católica é instituída e suportada pelo Estado, o que não acontece com as confissões não católicas – cf. G. Dalla Torre, *Lezioni...* cit., 300. Esta situação manifestamente não se verifica no direito português, no qual apenas existem algumas regras específicas sobre a Igreja Católica, que nos parecem justificadas por um entendimento adequado do princípio da igualdade.

[499] Como era o caso do art. 11º do Decreto-Lei n.º 79/83, de 9 de Fevereiro, sobre assistência religiosa nas prisões e similares, criticado, justamente, parece-nos, por J. Machado, *Liberdade religiosa...* cit., 385, nota. Como sugeria J. Seabra, "Assistência religiosa...", cit., 149, de alguma maneira a *ratio decidendi* do Tribunal Constitucional no caso da inscrição, por defeito, na disciplina de Religião e Moral (acórdão n.º 423/87) já poderia colocar dúvidas sobre a constitucionalidade do art. 11º do Decreto-Lei n.º 79/83.

Suscita-se, porém, uma dúvida muito concreta: será o regime conforme com *o princípio da separação entre as igrejas e o Estado*? A pergunta justifica-se porquanto, como se viu acima, de acordo com a Constituição e a LLR, não basta que haja liberdade religiosa e que as confissões religiosas sejam tratadas igualmente; é preciso, ainda, que esteja salvaguardada a *separação* entre as estruturas religiosas (quaisquer que sejam) e a estrutura do Estado. Como se viu, o princípio da separação é um princípio organizatório, objectivo; o seu âmbito de incidência é diverso da salvaguarda dos direitos das pessoas e das comunidades religiosas. A pergunta que poderá colocar-se aqui diz respeito, claro, à questão de saber se um Estado que recruta e paga pessoal cuja missão é prestar assistência religiosa, e adquire e mantém meios materiais afectos exclusivamente ao culto, e cria serviços administrativos cujo objecto é, precisamente, a organização e prestação da assistência religiosa, cumpre esse desiderato de separar os assuntos religiosos dos assuntos estatais. Em suma, a alternativa é entre a assistência religiosa no quadro do "funcionalismo público", como tem vindo a ser configurada entre nós desde os anos 30 do século XX, ou uma simples *permissão do acesso* das confissões religiosas aos seus membros que se encontrem em situação de restrição de liberdade, e destes àquelas[500].

A questão é muitíssimo debatida. Os argumentos normalmente convocados em defesa de regimes deste tipo assentam no dever do Estado de remover os obstáculos à liberdade religiosa e consequente necessidade de integrar os assistentes religiosos na hierarquia administrativa, pois, diz-se, se essa integração não acontecesse, a assistência religiosa poderia ficar, na prática, impossibilitada[501]. No caso particular da assistência religiosa nas forças armadas, pergunta-se de que outra forma se conseguiria assegurá-la em casos de deslocação de tropas ou longos períodos de permanência em navios de guerra, a não ser com a sua integração na organização militar[502]; e defende-se a graduação ou equiparação dos capelães militares em oficiais por razões de "aproximação, eficácia e existencialidade"[503]. A já citada re-

---

[500] Colocando a alternativa nestes termos, J. SEABRA, "Assistência religiosa...", cit., 145-146.

[501] G. DALLA TORRE, *Lezioni...* cit., 298-299.

[502] G. DALLA TORRE, *Lezioni...* cit., 299. Colocando dúvidas sobre se capelães financiados pelas confissões religiosas poderiam acompanhar as tropas em missões no estrangeiro, que inclusivamente oferecem perigo para a vida, K. GREENAWALT, *Religion and the Constitution, 2*, cit., 209.

[503] J. TORGAL FERREIRA, "Assistência religiosa...", cit., 132.

solução do 1º Congresso para Prevenção do Crime e o Tratamento dos Delinquentes, da ONU, de 1955, prevê que a assistência religiosa nas prisões se faça ou possa fazer com a nomeação ou admissão, a tempo inteiro, de um assistente religioso (n.ºs 41 e 42 da resolução)[504]. Pode ainda sublinhar-se a *verdade histórica* de que muitas vezes, a assistência religiosa é concebida pelo próprio Estado como um bem *também do ponto de vista dos seus fins públicos*, o que ajudaria a compreender a previsão da mesma com integração na administração pública; situação que a história recente e o direito comparado também dizem ser a mais comum[505]. E de facto, quando o próprio Estado admite, por exemplo, que a qualidade na prestação de cuidados de saúde pelos estabelecimentos públicos exige a consideração do indivíduo na sua integralidade, incluindo a dimensão espiritual e dentro desta a religiosa[506], torna-se difícil não ver, aí, razões suficientes para que seja o Estado a proporcionar às confissões religiosas algo mais do que um simples *direito de acesso* à prestação da assistência religiosa.

Encontram-se, porém, várias opiniões no sentido de que um regime assim configurado constitui uma violação da laicidade do Estado[507] e que este deveria limitar-se a proporcionar aos cidadãos e às confissões religiosas direitos de acesso recíproco, sem confusão de papéis ou assunção de encargos financeiros. Quando muito, no caso da assistência às forças armadas, em situações de deslocação de tropas, poderia admitir-se algo mais[508]. Para este entendimento, quando o Estado cria formas de as pessoas integradas em estruturas de segregação acederem à assistência religiosa, deve estar completamente desinteressado das "externalidades" (ainda que positivas) que daí podem advir[509].

A nossa posição sobre o regime vigente exige a afirmação de alguns pontos essenciais. Em primeiro lugar, a questão deve resolver-se pela admissão do carácter *principial* da separação Estado-religião: susceptível,

---

[504] Cf. a referência em J. SEABRA, "Assistência religiosa...", cit., 142.

[505] Nesta linha, J. SEABRA, "Assistência religiosa...", cit., 146-147. No próprio direito norte-americano, muitas vezes apontado como um paradigma da separação, o panorama ainda é o de capelanias com pessoal recrutado e pago pelo Estado – cf. K. GREENAWALT, *Religion and the Constitution, 2*, cit., 207 ss.

[506] Como se faz no Plano Nacional de Saúde, já acima referido – é este o exemplo dado por J. SEABRA, "Assistência religiosa...", cit., 146.

[507] CARLO CARDIA, *Manuale di diritto ecclesiastico*, 424, *apud* G. DALLA TORRE, *Lezioni...* cit., 298.

[508] J. MACHADO, *Liberdade religiosa...* cit., 384, nota.

[509] J. MACHADO, *Liberdade religiosa...* cit., 385.

por isso, de ponderação com outros valores, como o da liberdade religiosa; ponderação essa da qual poderão resultar formas de composição dos mesmos que não exijam o sacrifício total de um deles, antes a cedência de ambos. Em segundo lugar, a rejeição do argumento segundo o qual a assistência religiosa não pode ser vista como um bem pelo próprio Estado. Essa visão enferma, parece-nos, de uma incompreensão de que o bem do Estado é reconduzível, em muitas circunstâncias, ao bem das pessoas. Em terceiro lugar, a rejeição do argumento segundo o qual o financiamento estatal de actividades religiosas é sempre inadmissível, designadamente porque ele significaria que alguns dos membros da comunidade poderiam ser obrigados a contribuir para o financiamento de uma religião que não a sua. Não vemos que tipo de contratualismo exacerbado é esse que defende que um cidadão tem direito a que os seus recursos só sejam usados em coisas a que ele dê a sua adesão pessoal, e que possa dizer-se violentado se isso não acontecer[510].

Dito isto, no entanto, a verdade é que nos parece que em alguns casos, a balança parece ter pendido excessivamente na direcção do carácter estatal da assistência religiosa, sem *dados objectivos* que o exigissem. Pelas razões que adiante apontaremos, não pensamos que esse excesso seja suficientemente significativo para dizer que a Constituição tenha sido violada; mas é suficientemente significativo para que possamos considerar que o modelo vigente precisa de ser interpretado em conformidade com o princípio da separação, para se chegar a um resultado constitucionalmente aceitável.

---

[510] Pode um contribuinte que ache que o subsídio de desemprego "é para mandriões" dizer-se violentado, e discriminado, e recusar esse destino para os seus impostos? E um outro que ache que quem devia pagar as auto-estradas é quem as utiliza? E um outro que seja monárquico e considere revoltante que o Chefe do Estado do seu país receba um salário? E pode um cidadão que ache inacreditável que a câmara municipal do seu concelho subsidie um rancho folclórico recusar-se a pagar o imposto municipal sobre imóveis, por achar que a câmara devia dar-lhe o subsídio a ele e à sua banda de *death metal*? Será que odiar a religião, ou uma religião, é mais legítimo, dá mais *direito a considerar-se ofendido, indignado e discriminado com o destino dos seus impostos*, do que odiar o subsídio de desemprego, as SCUT, a Segurança Social ou os ranchos folclóricos? E compete ao direito admitir a relevância dos ódios dos seus cidadãos? Parece-nos mais correcto dizer que ser cidadão significa aceitar, mesmo que criticamente, as decisões legítimas dos poderes públicos, admitindo que elas serão muitas vezes diferentes das que o próprio cidadão tomaria – sem que isso signifique qualquer perda de dignidade desse cidadão, e sem que ele possa, em princípio, invocar a discordância para não cumprir os seus deveres fundamentais.

Assim, se é compreensível, em geral, que haja assistência religiosa nas estruturas de segregação, e que estas disponibilizem espaços físicos para essa assistência, e até que tenham, mesmo, um contributo de natureza financeira para a assistência, temos já dificuldade em compreender onde entram, do ponto de vista da *necessidade* e da *proporcionalidade* do sacrifício que se exige ao princípio da separação, e pelo menos *em casos normais,* as regras que dispõem sobre a aquisição e disponibilização, pelo Estado, de instrumentos destinados ao culto, bem como sobre a contratação de pessoal em regime de trabalho subordinado (e com integração na hierarquia militar) ou de prestação de serviços, para prestação de assistência religiosa.

Com efeito, deve afirmar-se que como *princípio,* é preferível que não exista pessoal de assistência religiosa recrutado e pago pelo Estado[511]. Contratar um trabalhador subordinado para assistência religiosa ou mesmo um prestador de serviços significa dar-lhe uma remuneração e exigir-lhe uma contraprestação, que neste caso, é a realização de actos de culto e outros de assistência religiosa. Pela nossa parte, vemos aí um potencial grande de confusão e distorção quer do sentido da atuação do poder público, quer do sentido da própria missão religiosa. Sublinhamos, contudo, que o que nos parece discutível é que as soluções referidas sejam estabelecidas *como regra*; não quer dizer que não sejam defensáveis em casos particulares.

Assim, o regime que consideraríamos mais adequado seria o da disponibilização de espaços físicos, complementado com um esquema *subvencional,* que eliminasse os vínculos contratuais *individuais* entre o Estado e os indivíduos que levam a cabo a assistência religiosa, e consequentemente atenuasse a integração e a dependência recíproca das igrejas e do Estado. Essa via marcaria que a actividade que está a ser levada a cabo é, em primeira e principal linha, uma actividade *dos cidadãos e das comunidades religiosas*, sem prejuízo de o Estado conferir o apoio que é pedido pelo inequívoco carácter positivo dessa actividade, e pelas significativas dificuldades que o seu exercício representa, quando estamos perante estruturas de segregação[512].

---

[511] Exactamente assim, K. GREENAWALT, *Religion and the Constitution, 2,* cit., 210.

[512] Com efeito, a essência das subvenções (em sentido próprio) é consistirem numa forma de apoio que marca, do ponto de vista simbólico mas sobretudo de regime jurídico, que a actividade subvencionada é primacialmente no interesse privado de quem recebe a subvenção: neste sentido, LAURENT RICHER, *Droit des contrats administratifs,* 6ª ed., Paris: L.G.D.J./Lextenso, 2008, 83. Por isso, em princípio, a conduta da qual depende a atribuição e manutenção do subsídio não é judicialmente exigível ao seu beneficiário; a sua não realização

No entanto, como dissemos acima, consideramos possível defender que o regime oferece "válvulas de escape" suficientes para que se possa fazer dele uma interpretação constitucionalmente adequada. Em particular, pensamos que é possível dizer que a articulação adequada do poder discricionário de escolher entre as diversas formas e *graus de integração* do pessoal de assistência religiosa nas entidades públicas com o princípio da separação permitirá encontrar uma *preferência pelo recurso às modalidades de assistência religiosa que não implicam vinculação ao Estado*. Assim se poderá conseguir a diferenciação suficiente para que *só exista vínculo quando as razões subjacentes à assistência religiosa* não sejam adequadamente satisfeitas, por outros meios, designadamente, pela deslocação dos assistentes religiosos aos estabelecimentos em horários que os mesmos definirão e articularão com as unidades de internamento.

7. DIMENSÃO RELIGIOSA, TERRITÓRIO E CULTURA

7.1. Religião, ordenamento do território e urbanismo

a) Razão de ordem

A história demonstra que a dimensão comunitária da religião exige espaços de reunião e culto. O direito de poder construir ou destinar edifícios ao culto religioso apresenta-se, por isso, com uma nítida feição jus-fundamental, expressamente reconhecida a nível constitucional por alguns ordenamentos[513]. Trata-se de garantir as condições materiais de possibilidade do exercício da liberdade religiosa: de nada valeria reconhecer a liberdade religiosa em abstracto, e simultaneamente regular a destinação de edifícios de culto, ou a capacidade jurídica das confissões no que diz respeito à aquisição

---

importará, apenas, a eliminação da subvenção, aproximando a subvenção de um acto condicional: QUENTIN EPRON, "Les contrats de subvention", *Revue du Droit Public et de la Science Politique en France et à l'étranger*, (1), 2010, pp. 63-89, 83 ss. Este esquema parece-nos bem mais adequado à configuração jurídica da assistência religiosa do que o recrutamento através de instrumentos que criam relações de trabalho subordinado ou prestação de serviços.

[513] Art. 53º/2, 2ª parte, da Constituição polaca. O art. 78º/2 da constituição moçambicana, ao garantir às confissões a liberdade de adquirir os bens necessários à materialização dos fins religiosos, tem o mesmo sentido.

de propriedade imobiliária, de tal forma que o culto se tornasse praticamente impossível[514]. Na verdade, tem sido sublinhada pela doutrina a profunda influência que as decisões em sede de ordenamento do território e urbanismo podem ter na capacidade de as pessoas assumirem condutas religiosas[515].

A relevância do fenómeno religioso em sede de ordenamento do território e urbanismo aflora nos artigos 28° a 30° da LLR. Destes preceitos resultam, essencialmente, (i) um dever de inclusão, nos instrumentos de planeamento territorial, de afectação de espaços a fins religiosos (art. 28°/2); (ii) um direito de *participação* das igrejas ou comunidades religiosas na formação de instrumentos de planeamento territorial (art. 28°/1); (iii) uma regra de bloqueio das faculdades de controlo urbanístico da administração em casos de utilização de espaços para fins religiosos em contrariedade aos usos definidos (art. 29°/1); (iv) especificidades e limitações ao exercício de poderes administrativos de intervenção sobre o património: expropriação, requisição, poderes de controlo urbanístico (art. 30°).

b) Dever de afectação de espaços a fins religiosos em instrumentos de planeamento

O dever de inclusão de espaços afectos a fins religiosos em instrumentos de planeamento é porventura um dos aspectos do regime do fenómeno religioso que mais claramente deixa perceber que tal fenómeno é positivamente valorado pelo ordenamento jurídico português. Este dever surge como concretização da tarefa do Estado de contribuir activamente, e não apenas pela negativa, para o desenvolvimento dos direitos fundamentais dos cidadãos[516]. O reconhecimento de tal tarefa surge de forma particularmente impressiva, no art. 25°/1 da Concordata, no qual "[a] República Portuguesa declara o seu empenho na afectação de espaços a fins religiosos"[517], bem como em outras normas em sede tributária[518].

---

[514] J. J. Gomes Canotilho/J. Machado, "Bens culturais...", cit., 26; J. Machado, *Liberdade religiosa...* cit., 394. Cf. também G. Casuscelli, "Perché temere una disciplina...", cit., 39 ss..
[515] J. Machado, *Liberdade religiosa...* cit., 394.
[516] Assim, G. Casuscelli, "Perché temere una disciplina...", cit., 41.
[517] J. Miranda, "A Constituição e a Concordata...", cit., 111, refere que a regra manifesta o princípio do reconhecimento da função social da Igreja.
[518] Com efeito, o art. 32°/1 da LLR isenta de tributos os prédios destinados a fins religiosos.

Apesar disso, porém, é de notar que a previsão deste dever de inclusão nos planos de espaços afectos a fins religiosos, desacompanhada de qualquer outra indicação, é susceptível de criar algumas perplexidades ao intérprete. A dúvida principal é a de saber qual o grau de densidade a atribuir a este dever.

A resposta a esta dúvida deve ser procurada numa perspectiva de sistema. Isso implica, neste caso, afirmar que a regra do art. 28º/2 da LLR representa uma assunção de que a afectação de espaços a fins religiosos consiste numa das dimensões de um correcto ordenamento do território, isto é, deve ser considerado como um dos interesses *públicos* com expressão territorial a que se referem os arts. 8º e ss. do Regime Jurídico dos Instrumentos de Gestão Territorial (RJIGT)[519].

Frise-se que estamos, aqui, perante um verdadeiro interesse *público*: não, obviamente, no sentido de que caiba ao Estado *promover a crença religiosa* dos cidadãos – já que a propagação das confissões tem de ser matéria reservada às próprias – mas no sentido de que cabe ao Estado reconhecer que ela existe, reconhecer que há, como vimos acima, uma certa *comunidade de fins* entre Estado e confissões religiosas, e consequentemente, enquadrar de forma positiva a *expressão espacial* do fenómeno religioso[520]. É este o fundamento do dever de integrar na ponderação inerente ao planeamento urbanístico e de ordenamento do território o fenómeno religioso. Tal como são reconhecidas a necessidade da boa ordenação da actividade económica (art. 19º RJIGT), ou a protecção do património arquitectónico e arqueológico (art. 15º RJIGT), assim tem de acontecer com a dimensão religiosa, que tal como essas dimensões, contribui para o "desenvolvimento integral de cada pessoa" de que se fala no art. 5º da LLR.

Desta forma, por força do art. 28º/2 LLR, o elenco de infra-estruturas e equipamentos "de nível fundamental que promovem a qualidade de vida, apoiam a actividade económica e asseguram a optimização do acesso à cultura, à educação e à formação, à justiça, à saúde, à segurança social, ao desporto e ao lazer" (art. 17º/1 RJIGT) deve considerar-se completado com a referência aos edifícios e outros espaços destinados a fins religiosos. Por consequência, esses espaços não só devem ser identificados nos planos (art. 17º/1 RJIGT, articulado com o art. 28º/2 LLR), e em particular nos planos

---

[519] Decreto-Lei n.º 380/99, de 22 de Setembro, na redacção dada pelo Decreto-Lei n.º 46/2009, de 20 de Fevereiro.

[520] Próximo, J. MACHADO, *Liberdade religiosa...* cit., 394-395.

municipais (o art. 28º/2 LLR di-lo expressamente) como devem ser incluídos na definição da estratégia coerente de instalação, conservação e desenvolvimento daqueles equipamentos, que considere "as necessidades sociais e culturais da população e as perspectivas de evolução económico-social", o qual deve ser levada a cabo no Programa Nacional da Política de Ordenamento do Território, planos regionais e planos intermunicipais de ordenamento do território, planos sectoriais relevantes e planos municipais de ordenamento do território (art. 17º/2 RJIGT). Uma leitura integrada do art. 28º/2 da LLR no sistema português de planeamento territorial exige, pois, a integração da dimensão religiosa numa estratégia coerente e global de planeamento.

c) Direitos de participação e audiência das igrejas e comunidades inscritas em procedimentos relativos a instrumentos de planeamento territorial

Em relação estreita com este dever de ponderação no planeamento, encontra-se o direito de audiência das igrejas e comunidades religiosas em sede de elaboração dos planos (art. 28º/1 LLR). Como é manifesto, as próprias confissões religiosas são quem se encontra em melhores condições de sinalizar às entidades administrativas as necessidades de espaços destinados ao culto e outros fins religiosos.

O direito de audiência autonomizado pelo art. 28º/1 da LLR é, note-se, um direito colectivo: é atribuído às igrejas e demais comunidades religiosas inscritas[521]. Além disso, a lei opera mais duas restrições ao âmbito do direito: ele incide especificamente sobre *a afectação de espaços a fins religiosos* em instrumentos de planeamento, e ainda pressupõe que a igreja ou comunidade religiosa tenha presença social organizada na área de incidência do plano a aprovar ou alterar.

Procurando, de novo, soluções que sejam sistematicamente integradas e susceptíveis de inserir a regulação do fenómeno religioso de par com outras dimensões relevantes do ponto de vista do interesse público, diremos que o sentido da consagração deste direito parece ser, em primeiro lugar, o de clarificar que as igrejas ou comunidades religiosas integram o conjunto

---

[521] Deixando de fora, por isso, as associações informais de crentes e as associações privadas de fins religiosos, que terão de participar, querendo, por meio dos respectivos membros, a título individual.

das entidades previstas no art. 6º/1 do RJIGT (cidadãos, mas também associações representativas dos interesses económicos, sociais, culturais e ambientais) às quais é reconhecido o direito de participação "na elaboração, alteração, revisão, execução e avaliação" dos planos. Assim sendo, o conteúdo deste direito de audiência das confissões religiosas (que *não* é detalhado pela LLR) há-de incluir, *pelo menos*, as diversas dimensões que resultam do art. 6º/2 do RJIGT: o direito de formular sugestões e pedir esclarecimentos em qualquer fase dos procedimentos relativos a planos, e o direito de participar nas fases de discussão pública[522].

Contudo, é legítima a dúvida sobre se a previsão do dever de *audiência* do art. 28º/1 LLR não significará algo mais do que o simples direito de *participar* nas fases e termos a isso destinados em qualquer procedimento de aprovação de plano. A dúvida está, pois, em saber se para cumprir o art. 28º/1 LLR é preciso que haja *uma consulta formal e individualizada* às confissões religiosas, eventualmente prévia à própria exteriorização do primeiro esboço de plano. Compreende-se a diferença das soluções: se o sentido normativo do art. 28º/1 LLR for apenas o de não deixar dúvidas sobre a inclusão destas entidades no âmbito do art. 6º do RJIGT, a entidade administrativa que vai aprovar o plano não terá de procurar activamente ouvir as comunidades religiosas: apenas tem de considerar as pronúncias que estas quiserem apresentar, nos termos gerais. Pelo contrário, se o que se quis consagrar foi um verdadeiro e próprio *dever de consulta*, terá de promover essa consulta.

Pensamos que a consideração de todos os elementos da interpretação aponta no sentido de que o legislador quis consagrar um dever de consulta, e um dever de consulta que se situará *num momento prévio à exteriorização da primeira versão do plano*. Nesse sentido aponta, em primeiro lugar, a letra: "direito de audiência", chama-lhe a epígrafe do preceito, e o corpo do mesmo fala em "direito de serem ouvidas"[523]. Este tipo de referência aponta para uma forma *qualificada* de participação na formação de uma decisão, mais coerente com a existência de um dever de

---

[522] Para esse efeito o art. 6º/3 RJIGT estabelece a obrigação, que impende sobre a entidade administrativa, de publicitação da intenção de aprovar, alterar ou fazer qualquer outra intervenção num plano e de divulgar diversos elementos.

[523] E ainda mais claro é o art. 25º/3 da Concordata, que a propósito da mesma questão, fala em "direito de audiência prévia". Falando, a propósito dessa norma, num "direito de audiência específico", parece-nos que com o sentido que referimos no texto, embora não desenvolva, veja-se V. PEREIRA DA SILVA, "O património cultural...", cit., 199.

consulta. No mesmo sentido depõe a organização do art. 28°, que parte da afirmação de um direito de as igrejas ou comunidades serem ouvidas (n.º 1) para o dever de os planos municipais incluírem a afectação de espaços a fins religiosos (n.º 2), como que estabelecendo um nexo de precedência lógica, com incidência na actividade instrutória do planeamento. Esse nexo obriga a entidade administrativa a recolher activamente dados de facto – as necessidades e pretensões das entidades religiosas – aquando da feitura da ponderação inicial inerente à actividade de planeamento. Por fim, parece-nos que os princípios da não discriminação entre confissões (art. 2°/2 LLR) e da separação e não confessionalidade (art. 3.° e 4.° LLR) depõem no sentido de um dever de consulta prévio à primeira proposta de plano, já que não cabe ao Estado fazer, autonomamente, quaisquer escolhas, mesmo que provisórias e sujeitas a discussão pública, acerca da quantidade e localização de espaços para fins religiosos. Não está, simplesmente, na sua esfera de competência. Para garantir a igualdade entre as confissões religiosas, este é um ponto onde a iniciativa deve ser, em primeira linha, das próprias confissões, no sentido de que devem ser elas a trazer à actividade de planeamento os dados de partida, trabalhando as entidades administrativas com aquilo que seja trazido ao procedimento[524]. Esta conclusão também nos parece a mais apta a contrariar aquilo que é, nas palavras de Jónatas Machado, um *monopólio público* em sede de decisões de ordenamento do território[525]; integrar em fase prévia à da elaboração do projecto dessas decisões uma recolha de contributos específicos é uma forma de tornar sensível às reivindicações minoritárias uma área onde o enviesamento (ainda que inconsciente) dos decisores pode prejudicar, em termos práticos, a possibilidade dessas *condições materiais da liberdade religiosa* que são os espaços de culto[526].

Justificado o nosso entendimento de que se exige uma consulta em sentido próprio às igrejas e comunidades religiosas, não se ignora uma objecção que poderia ser feita a esse entendimento: a de que o número de

---

[524] Se as entidades administrativas têm um dever de recolher informação sobre as necessidades de espaços religiosos no seu território, isso parece ter ainda como consequência um dever acrescido de fundamentação, se porventura essas entidades pretenderem rejeitar as propostas das confissões religiosas. Assim, em tese geral, para as restrições urbanísticas e de ordenamento do território à existência de espaços religiosos, J. J. GOMES CANOTILHO/J. MACHADO, "Bens culturais...", cit., 32.
[525] J. MACHADO, *Liberdade religiosa...* cit., 393.
[526] J. MACHADO, *Liberdade religiosa...* cit., 395-396.

igrejas e comunidades inscritas com presença social organizada na área do plano poderia ser difícil de conhecer, tornando difícil a consulta individualizada. Contudo, parece que esse problema é resolvido através do registo público constituído pelo RPCR. Recorde-se que o art. 28º/1 – não por acaso, parece – restringe o direito de audiência às pessoas colectivas *inscritas*, ou seja, precisamente aquelas cuja identidade, estatutos, representantes e incidência territorial são declaradas aquando do processo de inscrição junto do RPCR (v. *supra*).

d) Utilização de prédios para fins religiosos

O art. 29º/1 da LLR prevê uma regra reveladora, por um lado, da íntima relação entre os regimes público e privado de afectação de espaços a actividades e, por outro, a capacidade do fenómeno religioso de introduzir *modificações à ponderação habitual de valores e interesses* na decisão administrativa.

Assim, consagra-se uma regra que na prática, em atenção à liberdade religiosa, *permite (de forma transitória, como veremos) o não sancionamento de condutas que de outro modo seriam sancionadas pelo direito*. É esse o sentido de se bloquear as faculdades típicas de tutela da legalidade urbanística detidas pelas autoridades administrativas, quando se utilize para fins religiosos prédios destinados a outros fins. Quando se verificarem os pressupostos de aplicação do art. 29º/1, as autoridades administrativas competentes não podem nem *recusar* quaisquer pedidos dos particulares relacionados com o uso religioso de tais espaços ("não pode ser fundamento de objecção"), nem aplicar sanções de qualquer natureza (como coimas ou a obrigação de despejo), contrariamente ao que poderiam fazer em outros casos de violação dos fins estabelecidos para os imóveis (art. 109º, com remissão para o art. 92º, do Regime Jurídico da Urbanização e da Edificação – RJUE[527]).

O surgimento deste bloqueio legal às faculdades típicas de tutela da legalidade urbanística depende, contudo, de alguns pressupostos, que vale a pena elencar. Em primeiro lugar, um pressuposto que visa tutelar os

---

[527] Aprovado pelo Decreto-Lei n.º 555/99, de 16 de Dezembro, sucessivamente alterado, por último pelo Decreto-Lei n.º 26/2010, de 30 de Março, que procedeu à respectiva republicação.

outros interessados que podem ser afectados pela utilização de um prédio para fins religiosos: a exigência do consentimento do proprietário ou, no caso de edifício em propriedade horizontal, da maioria dos condóminos. Em segundo lugar, um pressuposto que é uma concretização do princípio da proporcionalidade: o bloqueio às faculdades de controlo apenas existirá *se e enquanto não existir* "alternativa adequada à realização dos mesmos fins"[528].

Qualquer dos pressupostos levanta dificuldades. Quanto ao primeiro, as maiores prendem-se com a articulação do regime da LLR com o regime da propriedade horizontal previsto no Código Civil. Com efeito, a alteração de uso de uma fracção autónoma tem regras específicas na lei civil: quando esteja em causa uma alteração do uso fixado no título constitutivo, exige-se unanimidade dos condóminos (arts. 1418º/2/a) e 1419º/1 CC); quando o título constitutivo nada diga sobre o uso da fracção, ainda assim a maioria exigida é de dois terços do valor total do prédio (art. 1422º/4 CC). Pelo contrário, a LLR, aparentemente, basta-se com os votos representativos da maioria do valor total do prédio[529] *em qualquer dos casos* (já que a lei não distingue) para considerar preenchido o pressuposto.

Gera ainda algumas dúvidas a ressalva da possibilidade de os condóminos "recorrerem a juízo nos termos gerais" (art. 29º/2 LLR). Parece que o que está em causa é a salvaguarda do direito dos condóminos de fazerem valer quaisquer regras que os tutelam – regime da propriedade horizontal, regras de vizinhança, mas também legislação e regulamentação sobre ruído, emissões poluentes, protecção da saúde pública, de segurança contra incêndios ou outros riscos. Com efeito, a autorização dos condóminos para o exercício de actividades religiosas numa fracção autónoma não pode significar uma qualquer renúncia dos mesmos à aplicação das regras que asseguram a conciliação entre o direito de utilização da fracção e outros direitos e interesses juridicamente relevantes: sem se pôr em causa a utilização da fracção para o culto religioso, essa utilização não pode violar regras de ordem pública

---

[528] Fazendo esta relação do mecanismo do art. 29º/1 LLR com o princípio da proporcionalidade, STA 07-12-2004 (Políbio Henriques), proc. 450/04, disponível em dgsi.pt.

[529] O art. 29º/1 fala na maioria "dos condóminos". Contudo, não pode entender-se isso literalmente, já que tal significaria uma total distorção do regime da propriedade horizontal, onde o poder decisório está atribuído não por cabeça, mas por permilagem. Assim, a maioria a que a LLR se refere tem o mesmo sentido da "maioria dos votos representativos do capital investido" de que se fala no art. 1432º/3 do CC.

destinadas a proteger a saúde, a tranquilidade e a qualidade de vida dos demais condóminos[530].

Mais problemático, do ponto de vista jus-administrativo, é o pressuposto da inexistência de uma alternativa adequada à realização dos mesmos fins. O legislador não aponta orientação para quais os factos que permitem concluir pela inexistência dessa alternativa: será a aquisição de outro prédio que seja propriedade da igreja ou comunidade religiosa (ou de algum dos seus membros?) que poderá determinar a exigibilidade de pôr termo às actividades religiosas num certo prédio? Se sim, qual a distância aceitável entre dois prédios, ou quais as características de área, acessos, etc., que permitem dizer que os mesmos são *alternativa adequada um ao outro*?[531] Parece que tais aspectos são deixados à margem de livre apreciação da entidade administrativa, que poderá (e, a bem da segurança jurídica, *deverá*) concretizá-los em instrumento de planeamento territorial.

Por outro lado, não há indicação sobre se a entidade administrativa poderá *fixar prazos para que a comunidade religiosa encontre essa outra alternativa adequada*, ou se cabe apenas a essa mesma comunidade decidir, livremente, quando ocupar um outro espaço de culto. Esta última opção maximizaria, como é óbvio, a autonomia da comunidade religiosa na sua organização, mas pode representar um sacrifício demasiado forte às exigências urbanísticas e de ordenamento do território subjacentes à definição, pelas normas jurídico-públicas, das afectações dos espaços

---

[530] Este é um ponto de princípio consistente e correctamente afirmado por um conjunto importante de decisões dos tribunais administrativos (conquanto em alguns casos possa não se concordar com as consequências que os arestos daí retiraram): cf. STA STA 26-07-1995 (Ferreira de Almeida), rec. 38118; STA 28-09-1995 (Mário Torres), rec. 38492; STA 11-01-1996 (Nuno Salgado), rec. 39341; STA 28-05-1998 (Vítor Gomes), rec. 41522; TCA 18-05-2000 (Coelho da Cunha), rec. 4379/00 (todos com sumário disponível em dgsi.pt); STA 23-10-2002 (Jorge de Sousa), rec. 1102/02 (texto integral em dgsi.pt).

[531] Outra questão que pode colocar-se diz respeito ao *ónus da prova*: em particular, quem tem de provar que não existe alternativa adequada? Parece que, nos termos gerais, terá de ser aquele que quer beneficiar da norma do art. 29º/1 LLR, ou seja, a comunidade religiosa. Com efeito, o poder administrativo contido no art. 92º do RJUE pressupõe que a actividade instrutória que dá origem ao acto administrativo tenha de demonstrar que o prédio é utilizado para um fim não licenciado, mas não é exigível que a administração demonstre a *não verificação* dos pressupostos *negativos* do poder administrativo, quais sejam, os do art. 29º/1 LLR. No sentido aqui defendido, veja-se STA 07-12-2004 (Políbio Henriques), proc. 450/04.

construídos⁵³². Da jurisprudência administrativa anterior à LLR poderia retirar-se uma admissão de princípio da fixação de prazos para encontrar outras alternativas⁵³³, posição que foi já mantida pelo menos em um aresto proferido na vigência do art. 29º da LLR⁵³⁴.

A questão colocada só pode ser resolvida mediante um alargamento da perspectiva de análise. Com efeito, a primeira e mais importante questão a colocar é a do escopo e alcance das limitações jus-urbanísticas sobre a destinação de prédios a fins religiosos.

Como recentemente relevou a jurisprudência⁵³⁵, a resposta a esta questão deve ser ancorada na regra do art. 23º/b) da LLR, segundo a qual "as igrejas e demais comunidades religiosas são livres no exercício das suas funções e do culto, *podendo, nomeadamente, sem interferências do Estado ou de terceiros, estabelecer lugares de culto ou de reunião para fins religiosos*" (itálico nosso).

A partir daqui, no entanto, são possíveis (pelo menos) três modos de ver o problema. Um deles é o de retirar do art. 23º/b) da LLR (e da aparente ausência de qualquer outra norma que imponha uma licença ou autorização de utilização *específicas* para fins religiosos) a conclusão de que um prédio pode ser utilizado para fins religiosos *qualquer que seja o fim permitido pela licença de utilização (habitação, comércio ou serviços)*⁵³⁶. Nesse caso,

---

⁵³² Afirmando que a liberdade religiosa tem de ser conciliada, numa lógica de proporcionalidade e concordância prática, com outros bens e direitos que também gozam de cobertura constitucional (direito a uma habitação em condições de higiene e conforto, ambiente e qualidade de vida, saúde pública), veja-se STA 26-07-1995 (Ferreira de Almeida), rec. 38118 (sumário em dgsi.pt); STA 11-01-1996 (Nuno Salgado), rec. 39341 (sumário em dgsi.pt).

⁵³³ Assim, em STA 28-09-1995 (Mário Torres), rec. 38492, analisado em J. J. DE OLIVEIRA BRANQUINHO, "A liberdade religiosa na jurisprudência...", cit., 163-165, o Supremo suspendeu a eficácia de um acto que decretava o despejo, em três dias, de um espaço não licenciado para fins religiosos, mas sujeitou essa suspensão de eficácia ao prazo de trinta dias, considerando que o mesmo seria suficiente para permitir à comunidade religiosa encontrar outro espaço adequado. A tese subjacente era a de que a entidade administrativa não estava impedida de dar um prazo para a desocupação, mas o mesmo deveria ter sido mais longo. A tese viria a ser reafirmada, agora sem margem para dúvidas, em STA 28-05-1998 (Vítor Gomes), rec. 41522 (sumário disponível em dgsi.pt).

⁵³⁴ STA 07-12-2004 (Políbio Henriques), proc. 450/04.

⁵³⁵ TCAN 25-02-2011 (Rodrigues Ribeiro), proc. 189/06.5BEMDL, disponível em dgsi.pt.

⁵³⁶ Este entendimento parece ter sido perfilhado no já referido TCAN 25-02-2011 (Rodrigues Ribeiro), proc. 189/06.5BEMDL, já que aí se afirmou expressamente: "*mesmo*

a única limitação a que a actividade religiosa que se exerça no prédio está sujeita será a do cumprimento das regras de condomínio (se o prédio estiver em propriedade horizontal) e de vizinhança, bem como das regras de construção, segurança, saúde pública, ruído, e outras de ordem pública[537]. Neste entendimento, as autoridades competentes poderão exercer as suas competências de fiscalização do cumprimento das regras jurídicas aplicáveis, e poderão, por exemplo, determinar a realização de obras necessárias a adaptar o prédio à sua finalidade, ou, no limite, o despejo administrativo do prédio que não seja de todo apto a servir finalidades religiosas[538]; o que não poderão fazer é exigir uma licença na qual caiba especificamente o exercício do culto.

Um segundo entendimento em abstracto possível, oposto ao anterior, é o de exigir uma licença ou autorização específica (e tendencialmente exclusiva) para fins religiosos.

Um terceiro entendimento, a nosso ver mais curial do que os anteriores, será o de exigir que um prédio ou uma fracção autónoma destinados ao uso religioso tenham em princípio uma licença de utilização *que seja compatível com esse fim*. O fim religioso tem algumas características que justificam um acto de controlo prévio – designadamente, o facto de permitirem grandes aglomerações de pessoas ao mesmo tempo em espaços fechados, o que exige particulares requisitos de segurança, e a circunstância de em muitos casos, a forma como se exerce o culto poder perturbar o sossego e a tranquilidade de outras pessoas.

---

em *prédio ou fracção licenciado para habitação ou comércio pode ser instalado um lugar de culto, bastando para o efeito o acordo do proprietário ou da maioria dos condóminos, não sendo exigida, até [que] se encontre uma alternativa adequada, qualquer autorização administrativa."* E mais adiante: *"o acto impugnado, caiu no equívoco de exigir do recorrente uma autorização para utilizar a fracção como local de culto, a qual não é legalmente exigível"*. Contudo, e salvo o devido respeito, o Tribunal entrou aqui em alguma contradição: como se vê pela parte final daquela primeira afirmação, o Tribunal deixou aberta a porta para a necessidade de uma autorização *a partir do momento em que se encontre uma alternativa adequada*. Como se concilia essa afirmação com a ideia de que a autorização para utilizar a fracção como local de culto não é legalmente exigível? Quando muito, não é exigível *transitoriamente*, se e desde que haja acordo da maioria dos condóminos e não haja *alternativa adequada*, porque a partir do momento em que tais condições deixem de ocorrer, parece que caímos na necessidade de autorização.

[537] Neste sentido, o mesmo TCAN 25-02-2011 (Rodrigues Ribeiro), proc. 189/06.5BEMDL.

[538] Pense-se, por exemplo, numa fracção autónoma manifestamente subdimensionada para a dimensão da comunidade que nela exerce o culto: a realização de actos religiosos poderá, em tais casos, colocar em risco a segurança das pessoas.

Não será necessário, contudo, que haja uma licença específica de utilização para fins religiosos. O carácter específico dos edifícios destinados ao culto reside na circunstância de poder haver grande acumulação de pessoas ao mesmo tempo e eventualmente na existência de condições de reserva e tranquilidade para os membros do culto e para os que os rodeiam (o que pode pedir, por exemplo, insonorização das instalações)[539]. Ou seja, as razões para se exigir um acto de controlo prévio serão as mesmas que em geral exigem esse acto em qualquer outra actividade para a qual seja necessário assegurar condições de segurança e tranquilidade em locais de movimento significativo de pessoas. Mas se assim é, não parece existir qualquer dificuldade em admitir que os fins religiosos caibam dentro de *qualquer um dos usos genéricos que partilham com os espaços para fins religiosos as características que acima referimos*. Por exemplo, não há razão para impedir que um espaço até aí licenciado para espectáculos musicais, de teatro ou cinema seja arrendado a uma comunidade religiosa e utilizado para o culto, alteração que normalmente não implicará sequer a realização de obras[540]. Porventura até se poderá defender que aqui não teria de existir alteração do uso licenciado, já que o culto religioso se enquadra num sentido amplo de actividade *cultural*[541]. Assim, parece-nos que o caminho correcto será este: quando uma igreja ou comunidade religiosa pretendam destinar um edifício ao culto, deverão solicitar a respectiva licença de utilização nesses termos. Se tal licença for atribuída, nenhum problema se colocará do ponto de vista urbanístico.

Contudo – e aqui reside a especificidade trazida pelo art. 29º/1 da LLR – a lei, reconhece, de forma pragmática, que o fenómeno religioso surge em muitos casos de modo informal e com poucos recursos, apenas assente na generosidade e entreajuda dos seus membros. Como tal, reconhece que é frequente que, ao contrário do que seria desejável, os espaços religiosos em muitos casos não terão a licença de utilização adequada, antes serão espaços licenciados para outros fins (habitação ou comércio, por

---

[539] Como refere JÓNATAS MACHADO, "Minorias religiosas, liberdade de culto e propriedade horizontal. Anotações ao acórdão do STA (1.ª Secção) de 23-10-2002" Cadernos de Justiça Administrativa, 8429, 2003, pp. 35-50, 50.
[540] Assim, J. J. GOMES CANOTILHO/J. MACHADO, "Bens culturais...", cit., 35-36.
[541] No mesmo sentido, parece-nos, J. J. GOMES CANOTILHO/J. MACHADO, "Bens culturais...", cit., 35.

exemplo)[542]. E foi para esses casos que se criou uma regra de *tolerância legal*, que se *impõe* ao exercício dos poderes gerais de tutela da legalidade urbanística, *bloqueando-os, se* o proprietário ou a maioria dos condóminos deram o seu acordo ao uso religioso (desconforme com o uso licenciado) e enquanto não existirem alternativas, nos termos acima vistos. Assim, como já se afirmou de modo pertinente na jurisprudência, o sentido do art. 29º/1 da LLR não é o de operar *"(...) a validação legislativa das situações de utilização indevida, para fins religiosos de locais destinados a outros fins. O seu alcance é bem mais modesto. Definiu uma situação contraposta, que, a verificar-se, não legaliza a ocupação, mas, apesar da ilegalidade, impede, com aquele fundamento, o despejo administrativo."*[543]

Se as coisas são desta forma, parece-nos que está encontrada a resposta para a questão que acima colocámos – recorde-se: a questão de saber se está dentro das competências da autoridade administrativa estabelecer um limite para o tempo durante o qual um determinado espaço poderá continuar a ser utilizado para fins religiosos *sem estar adequadamente licenciado para esse efeito*. A resposta é positiva. Um local que foi licenciado para nele funcionar um restaurante ou uma loja ou uma residência particular pode não reunir as condições para nele funcionar um templo – por muitas obras de adaptação que a igreja ou comunidade religiosa aí queira fazer. O exercício da liberdade religiosa não se sobrepõe ao interesse público em evitar que os espaços construídos tenham um fim desadequado às suas características, porque esse interesse público serve de "guarda avançada" da saúde pública e da segurança – ou seja, em última análise, do direito das pessoas à integridade física. O mecanismo de bloqueio contido no art. 29º/1 da LLR é, assim, de natureza transitória – mas nem por isso é menos importante: ao invés de deixar à discricionariedade administrativa a decisão sobre se a decisão de despejo deve ser, em concreto, obstada pela protecção da liberdade religiosa, o legislador operou ele próprio uma concretização sectorial do princípio da proporcionalidade, e verificados os pressupostos do art. 29º/1 LLR, retirou competência à administração para o despejo administrativo ou qualquer outra medida de tutela da legalidade urbanística.

Em suma, em nosso entender, as autoridades administrativas gozam do poder de determinar o despejo administrativo de determinado espaço

---

[542] J. J. GOMES CANOTILHO/J. MACHADO, "Bens culturais...", cit., 26-27; CARLO CARDIA, "Edifici di culto e nuove religioni", *Il Diritto Ecclesiastico*, CXIX, (1-2), 2008, pp. 13-29, 14-16, com dados concretos da situação italiana.

[543] STA 07-12-2004 (Políbio Henriques), proc. 450/04.

utilizado para fins religiosos, desde que dêem à comunidade religiosa que o utiliza um prazo razoável para encontrar outra alternativa. Por outras palavras, para nós, a autoridade administrativa tem a possibilidade de *obrigar* a comunidade religiosa a procurar outra alternativa, tendo apenas de lhe dar, para isso, um prazo razoável – que tenderá a ser longo, já que é evidente que a alternativa poderá não ser fácil de obter. Por outro lado, é claro que terá de existir uma tarefa de ponderação de bens e valores no âmbito da decisão de despejo[544]: não serão, por exemplo, quaisquer simples interesses públicos de ordenamento do território que poderão desalojar uma comunidade religiosa, mas interesses que devam prevalecer sobre o exercício da liberdade religiosa. O princípio da proporcionalidade servirá sempre como parâmetro de controlo da decisão, e em princípio apenas a protecção da saúde pública e da segurança serão pretexto válido para a decisão de despejo administrativo em tais casos.

Dir-se-á que a nossa posição tem a consequência perniciosa de permitir à autoridade administrativa um poder de privar uma comunidade religiosa do espaço que lhe permite exercer o culto. Responderíamos que a questão não pode ser vista dessa maneira: quando uma decisão de despejo obriga a comunidade religiosa a encontrar outra alternativa para exercer os seus fins religiosos, isso é apenas um *efeito reflexo* do objectivo primário da decisão, que é a de *proteger a qualidade de vida dos moradores de um prédio, a saúde pública e a segurança de quaisquer utilizadores do espaço religioso*. A possibilidade desta decisão não viola o art. 23°/b) da LLR, que garante a não interferência do Estado na afectação pelas confissões religiosas de espaços de culto: a decisão administrativa não é, nestas situações, dirigida a impedir que uma confissão religiosa tenha um espaço de culto, mas apenas que o tenha num sítio onde isso seja perigoso ou demasiadamente incómodo para outros. Ninguém tem o direito – nem mesmo invocando uma liberdade *inviolável* como é a liberdade religiosa – de exercer uma actividade, *qualquer que ela seja*, em termos tais que possam pôr em perigo a integridade física ou o sossego de outros em termos tais que ultrapassem os incómodos habituais da vida em sociedade.

---

[544] Por comodidade de expressão temos vindo a referir-nos à decisão de despejo, mas repare-se que em rigor pode apenas estar em causa, não propriamente o despejo, mas a cessação da actividade religiosa – por exemplo, se um imóvel licenciado para habitação é utilizado para esse efeito *e* para fins religiosos, a decisão será a de cessar a actividade não licenciada (ou licenciá-la, se possível), e não a de despejar o prédio.

e) Especificidades e limitações ao exercício de poderes administrativos de intervenção sobre o património

Como dissemos, a última das intersecções entre o fenómeno religioso e as competências administrativas com relevância urbanística engloba um conjunto de *especificações* (mais do que limitações) aos poderes de expropriação, requisição e controlo urbanístico, de saúde pública, salubridade e segurança (designadamente quanto aos poderes de determinação de obras de conservação ou, no limite, demolição).

Com efeito, cabe notar que em grande medida, as normas da LLR sobre o assunto servem para marcar a *aplicabilidade* de institutos gerais de prossecução de interesses públicos com expressão espacial, ainda que marcada por normas especiais, mais do que para *excluir* tal aplicabilidade. Isso é particularmente claro com o poder de expropriação por utilidade pública, que em outros ordenamentos se encontra vedado, sem excepções, quanto a bens religiosos[545].

A esse respeito, o direito português parece ter atingido um equilíbrio mais razoável, já que se dispõe que "[n]enhum templo, edifício, dependência ou objecto do culto pode ser demolido ou destinado a outro fim, a não ser por acordo prévio com a respectiva igreja ou comunidade religiosa, por expropriação por utilidade pública ou por requisição, em caso de urgente necessidade pública, salvo quando a demolição se torne necessária por a construção ameaçar ruína ou oferecer perigo para a saúde pública." (art. 30º/1 LLR).

Deste preceito retira-se, em nosso entender, a afirmação das seguintes quatro regras: (i) pode *sempre* haver demolição ou destinação a outro fim com o acordo prévio da igreja ou comunidade; (ii) pode *sempre* haver expropriação por utilidade pública, em todos os casos em que ela for possível nos termos gerais, mesmo sem acordo prévio da igreja ou comunidade; (iii) pode *sempre* haver requisição por urgente necessidade pública, mesmo sem acordo prévio da igreja ou comunidade; (iv) pode *sempre* haver demolição de qualquer bem religioso quando exista ameaça de ruína ou perigo para a saúde pública, mesmo sem acordo prévio da igreja ou comunidade.

De facto, seria sempre problemático, à luz dos princípios constitucionais, dizer que os bens religiosos nunca poderiam ser afectados por motivo

---

[545] Insurgindo-se, com razão, contra um regime que impede a expropriação sem acordo da Igreja Católica, seja qual for o motivo de interesse público em causa, V. Tozzi, "Fasi e mezzi...", cit., 192, nota, e 194-195.

de relevante interesse público sem o acordo de uma confissão religiosa. Isso equivaleria a dizer que os interesses dessa confissão religiosa prevaleceriam *sempre* sobre todo e qualquer motivo de interesse público, o que manifestamente não pode valer. Embora isso possa ser assim na generalidade dos casos, também pode não ser em alguma delas. O Estado não pode ficar vinculado a uma regra que estabeleça que nenhum interesse público, em tempo algum, se sobreporá ao interesse da confissão religiosa em ter este ou aquele bem desta ou daquela maneira. Desse modo, há que dizer que o art. 24°/1 e 2 da Concordata, cuja formulação é próxima da do art. 30°/1 da LLR, com algumas diferenças[546], deverá ser interpretado exactamente no mesmo sentido do preceito da LLR, isto é, desses preceitos concordatários resultam as mesmas regras acima enunciadas[547].

---

[546] Dispõem esses preceitos: "*1. Nenhum templo, edifício, dependência ou objecto afecto ao culto católico pode ser demolido, ocupado, transportado, sujeito a obras ou destinado pelo Estado e entidades públicas a outro fim, a não ser mediante acordo prévio com a autoridade eclesiástica competente e por motivo de urgente necessidade pública. 2. Nos casos de requisição ou expropriação por utilidade pública, será sempre consultada a autoridade eclesiástica competente, mesmo sobre o quantitativo da indemnização. Em qualquer caso, não será praticado acto algum de apropriação ou utilização não religiosa sem que os bens expropriados sejam privados do seu carácter religioso.*"

[547] Sob pena de tais preceitos da Concordata serem inconstitucionais. Com efeito, o sentido literal mais intuitivo da conjunção "e" utilizada no art. 24°/1 entre as expressões "acordo prévio com a autoridade eclesiástica competente" e "por motivo de urgente necessidade pública" seria o de que as duas condições seriam cumulativas; mesmo em caso de motivos de urgente necessidade pública, seria necessário o acordo da Igreja. Contudo, não pode ser assim: não só isso constituiria uma renúncia ao exercício das competências de prossecução do interesse público por parte do Estado português, a qual é vedada pela Constituição (arts. 3° e 111° CRP), como haveria uma flagrante e inexplicável diferença de tratamento entre a Igreja Católica e as demais confissões, que só poderia redundar na inconstitucionalidade do art. 24°/1 da Concordata à luz do art. 13° da Constituição. Desse modo, deve o art. 24°/1 ser interpretado de modo conforme à Constituição, considerando-se os dois termos aí referidos como dois motivos alternativos para a afectação, pelo Estado, dos interesses patrimoniais da Igreja. Essa interpretação conforme nem sequer é forçada, já que o art. 24°/2 da Concordata se refere à expropriação por utilidade pública e à requisição, em termos que parecem admitir a imposição das mesmas (pois de outra forma, porque seria necessário frisar o direito de consulta previamente a tais actos?). Também a doutrina já se pronunciou no sentido que defendemos, ou seja, de que o acordo e a urgente necessidade pública são casos *alternativos* (e não, como a letra indicaria, cumulativos) que podem justificar, qualquer um por si, a demolição, ocupação, transporte, sujeição a obras ou destinação a outro fim de património da Igreja: V. PEREIRA DA SILVA, "O património cultural...", cit., 198. O mesmo autor já havia perfilhado esse entendimento face à Concordata de 1940: V. PEREIRA DA SILVA, "Património e Regime Fiscal...", cit., 140.

De acordo com o art. 30º/2 da LLR, em todos os casos referidos no n.º 1 (expropriação, requisição e demolição), bem como nos casos em que a entidade pública pretenda determinar a execução de obras necessárias para corrigir más condições de salubridade, solidez ou segurança contra o risco de incêndio[548], dispõe-se ainda que as igrejas e confissões religiosas têm direito de ser ouvidas (sempre que possível[549]) previamente à decisão (cf. também o art. 24º/2 e 3 da Concordata)[550].

Por fim, uma norma especialíssima regula os actos de apropriação ou uso não religioso de bens religiosos (tem-se em vista, nitidamente, os bens móveis e imóveis associados ao culto litúrgico), dispondo que "em qualquer caso" tais actos só podem ter lugar após a igreja ou comunidade os ter privado do seu carácter religioso (art. 30º/3 LLR e art. 24º/2 da Concordata).

Tal norma, contudo, deve ser adequadamente situada, e atenuada a sua letra, demasiado peremptória. A norma não pode significar, por exemplo, que as confissões religiosas tenham uma espécie de poder de veto de actos como a expropriação, a requisição ou a demolição, através da recusa em retirar aos bens o carácter religioso: uma recusa reiterada em fazê-lo será, consequentemente, uma excepção à regra do art. 30º/3 e permitirá a execução do acto administrativo em questão. Por outro lado, não pode ser posta de parte a hipótese de um desses actos ter de ser praticado com urgência (por exemplo, a demolição de uma igreja em ruínas que esteja em perigo iminente de ruir, ameaçando casas vizinhas). Nesse caso, a norma em apreço não poderá aplicar-se, até por maioria de razão face à dispensa de audiência prévia que o art. 30º/2 da LLR expressamente permite. Com efeito, se a urgência pode ser suficientemente forte para dispensar a audiência prévia, também o é para dispensar a privação do carácter religioso dos bens. Seguramente o art. 30º/3 da LLR não pode significar o afastamento de uma figura geral – o estado de necessidade – que goza de previsão genérica (art. 3º/2 CPA) e que pode levar a soluções diferentes.

---

[548] E também, como veremos, nos procedimentos de classificação de património cultural.

[549] A ressalva do art. 30º/2 quando se refere à audição "sempre que possível" há-de entender-se como uma referência às situações de urgência, na linha do fundamento de dispensa de audiência prévia constante do art. 103º/1/a) do CPA.

[550] Quando se trate de expropriação ou requisição, a Concordata acrescenta que o direito de audiência incide mesmo sobre o quantitativo da expropriação (art. 24º/2).

7.2. RELIGIÃO E PATRIMÓNIO CULTURAL

a) Razão de ordem

A pertença religiosa das pessoas concretiza-se no mundo das coisas de uma forma particularmente intensa. É um traço constante ao longo da história humana a correlação entre a procura do sentido da vida e a construção e criação de obras que manifestam, de forma particularmente bela, essa procura. Mesmo os objectos puramente funcionais – por exemplo, acessórios do culto litúrgico – são em muitos casos revestidos dessa beleza que procura ser uma homenagem ao sagrado; e mesmo que não apresentem esse especial valor estético, podem adquirir pelo simples uso ou pela passagem do tempo um significado, um simbolismo, capaz de os integrar profundamente na cultura de um povo.

Não espanta, por isso, que a Concordata, a LLR e a própria Lei de Bases do Património Cultural (Lei n.º 107/2001, de 8 de Setembro) e respectiva legislação complementar confiram uma relevância particular ao património religioso no quadro geral do património cultural, ao ponto de se reconhecer (numa demonstração de maturidade num Estado que é laico, mas valoriza a religião) que "uma notável parte dos bens que integram o património cultural português" são detidos por uma confissão religiosa (no caso, a Igreja Católica) – cf. art. 4º/4 da LPC. A actual LPC contrasta, assim, de forma nítida, com a anterior lei do património cultural (Lei n.º 13/85, de 6 de Julho), no destaque conferido ao património eclesiástico e à dimensão religiosa enquanto razão que justifica a protecção dos bens culturais[551]. Para além da já referida menção expressa às entidades eclesiásticas e em particular à Igreja Católica no quadro da cooperação com entidades privadas para a protecção do património cultural (art. 4º/4 LPC), a lei identifica o "interesse do bem como testemunho religioso" como um dos critérios gerais a considerar nas decisões sobre a classificação ou inventariação de bens culturais (art. 17º/c) LPC), e nos critérios relativos à protecção do património arquivístico encontra-se o valor probatório ou informativo do arquivo, sendo um dos índices a relevância religiosa do mesmo património (art. 82º/d) LPC).

---

[551] Para uma análise do regime da Lei n.º 13/85 do ponto de vista da protecção do património cultural eclesiástico, V. PEREIRA DA SILVA, "Património e Regime Fiscal...", cit., 140 ss.

Procurando uma sistematização dos traços de regime colhidos quer da LLR, quer das normas sobre protecção do património cultural que apresentam uma conexão estreita com o fenómeno religioso, trataremos sucessivamente: (i) as formas de cooperação e colaboração entre entidades públicas e privadas na protecção do património cultural eclesiástico; (ii) o regime específico de uso e fruição de bens culturais eclesiásticos; (iii) as especificidades dos procedimentos dirigidos à classificação e inventariação de bens culturais eclesiásticos.

b) Cooperação e colaboração entre entidades públicas e privadas na protecção do património cultural eclesiástico

Em claro afastamento da posição "estatizante" que a doutrina criticava à anterior lei do património cultural[552], a actual Lei de Bases preocupa-se em prever expressamente a possibilidade de formas cooperativas de protecção do património cultural. Na verdade, depois de a história ter demonstrado que é muito problemático presumir que a melhor forma de proteger o património cultural seja entregar a propriedade do mesmo às entidades públicas[553], a LPC assume correctamente a ideia de que as entidades públicas são não só proprietárias de bens culturais, mas também, em grande medida, reguladoras e auxiliares na protecção do património cultural que em muitos casos se encontra na esfera jurídica de entidades privadas.

Assim, a possibilidade de acordos para "prossecução de interesses públicos na área do património cultural" encontra a sua sede no art. 4º/1 da LPC. Tais acordos, que podem ser celebrados com entidades detentoras de bens culturais ou interessadas na sua valorização (entre as quais poderão contar-se entidades com fins religiosos) podem, designadamente, estabelecer formas de colaboração recíproca para fins de identificação, reconhecimento, conservação, segurança, restauro, valorização e divulgação de bens culturais, bem como a concessão ou delegação de tarefas; contudo, fica vedada a atribuição, por via destes acordos, da competência para a prática de actos administrativos de classificação (art. 4º/2 LPC).

---

[552] V. Pereira da Silva, "Património e Regime Fiscal...", cit., 144-145.
[553] V. Pereira da Silva, "Património e Regime Fiscal...", cit., 145, numa observação que infelizmente se tornou de novo actual, notava os problemas inerentes à não conservação do património público em contexto de dificuldades financeiras do Estado; G. Dalla Torre, *Lezioni...* cit., 277.

Não se ficam por aqui, contudo, as formas de cooperação público-privado na protecção do património cultural. A esta possibilidade de celebração de acordos acrescenta a lei a possibilidade de criação de "fórmulas institucionais de composição mista" – isto é, órgãos de concertação, compostos por representantes das entidades públicas e privadas relevantes – dirigidas à articulação das relações das entidades públicas com competências na área do património cultural com "entidades de direito privado detentoras de acervos de bens culturais de excepcional importância" (art. 4°/3 LPC). No art. 4°/4 refere-se expressamente que tal norma é aplicável a todas as confissões religiosas (que tenham "acervos de bens culturais de excepcional importância", bem entendido) e também à Igreja Católica, neste último caso com as adaptações e aditamentos resultantes do regime da Concordata.

Estamos, pois, perante uma forma de administração concertada[554], que visa permitir uma maior proximidade entre a administração pública e as entidades que, pela dimensão do seu acervo, têm interesse em estabelecer uma relação permanente e individualizada com as entidades públicas, que vá para além da estrita interacção esporádica gerada aquando dos específicos procedimentos de classificação, inventariação ou outros. Com efeito, uma coisa é um determinado particular ter um contacto pontual com a administração do património cultural, quando é classificado um bem de que é proprietário, ou quando pretende aliená-lo e tem de dar direito de preferência; outra bem diferente é uma entidade que, pela dimensão do seu património com relevância cultural, é interessada em múltiplos processos de classificação e inventariação, alienação, etc.. O interesse e significado desta forma de concertação é, pois, o da criação de uma estrutura que assegura um diálogo permanente, individualizado e especializado, cuja vantagem para a agilização dos procedimentos e qualidade das decisões é evidente.

---

[554] Tal forma de administração concertada foi expressamente aproveitada na Concordata de 2004, cujo art. 23°/3 e 4 cria uma "comissão bilateral para o desenvolvimento da cooperação quanto a bens da Igreja que integrem o património cultural português", tendo como missão "promover a salvaguarda, valorização e fruição dos bens da Igreja, nomeadamente através do apoio do Estado e de outras entidades públicas às acções necessárias para a identificação, conservação, segurança, restauro e funcionamento, sem qualquer forma de discriminação em relação a bens semelhantes". Tais disposições inovaram face à Concordata de 1940 – V. PEREIRA DA SILVA, "O património cultural...", cit., 198.

c) *Regime específico de uso e fruição de bens culturais eclesiásticos*

Nas regras sobre uso, fruição e alienação de bens culturais surge com toda a clareza a tentativa de conciliar bens e valores que podem colocar exigências até certo ponto diversas: de um lado, a liberdade religiosa daqueles para os quais o bem em questão é, não só um bem cultural, mas um elemento do seu culto religioso; do outro, o interesse público em permitir o acesso a marcos relevantes da cultura nacional, regional ou local.

Esta tarefa de conciliação é característica do Direito do Património Cultural, quando os bens culturais são de propriedade (*lato sensu*) privada: há sempre que conciliar as faculdades da propriedade privada (tendentes a permitir um aproveitamento *exclusivo* do bem ao seu titular) com o interesse público no acesso à cultura[555]. Isso mesmo resulta da síntese que o legislador procura fazer no art. 7º da LPC entre aquilo que designa o "direito à fruição" do património cultural e os direitos privados dos titulares desse património. Aí se afirma um direito à fruição do património (art. 7º/1), reconhecendo-se, porém, que quando o património seja de propriedade privada, o modo concreto dessa fruição não poderá deixar de ser concertado com o titular (art. 7º/2 LPC).

Contudo, a essa conciliação da propriedade privada com o interesse público, acrescenta-se, no nosso caso, a necessidade de considerar ainda outra dimensão relevante – a dimensão religiosa, que impõe formas muito particulares de utilização dos bens. Tal não passou despercebido ao legislador, tanto que o uso religioso dos bens culturais é o único uso específico expressamente autonomizado no referido art. 7º da LPC, em cujo n.º 4 se dispõe que o Estado "respeita, também, como modo de fruição cultural o uso litúrgico, devocional, catequético e educativo dos bens culturais afectos a finalidades de utilização religiosa." Ainda mais claramente, o art. 23º/2 da Concordata reconhece que "a finalidade própria dos bens eclesiásticos" é salvaguardada pelo direito português, "sem prejuízo da necessidade de a conciliar com outras finalidades decorrentes da sua natureza cultural, com respeito pelo princípio da cooperação."

Desta forma, os bens culturais eclesiásticos, sejam eles propriedade de quem forem, ficam de algum modo sujeitos a dois tipos de gravames: os decorrentes do uso religioso dos membros da igreja ou comunidade e os decorrentes da fruição cultural, potencialmente aberta a todos os cidadãos.

---

[555] J. J. GOMES CANOTILHO/J. MACHADO, "Bens culturais...", cit., 17, 33.

Dado que a LPC não avança mais na regulação destas formas de fruição, trata-se, por excelência, de matéria que poderá ser objecto de acordo entre os vários interessados (art. 7º/2 LPC; e recorde-se também o art. 4º da LPC, acima analisado).

A Concordata apresenta ainda algumas normas que regulam a situação especialíssima do património cultural da Igreja Católica. Essa situação é especialíssima não só pela quantidade e valor cultural do património, mas também pela necessidade de regular as consequências dos diversos actos do poder público que, nos sécs. XIX e XX, procederam à mudança de mãos desse património das entidades eclesiásticas para o Estado. Foi essa a situação que o art. VI da Concordata de 1940 veio resolver, em regime que o art. 22º da Concordata de 2004 manteve[556]. Assim, o art. 6º, § 1º, da Concordata de 1940 veio estabelecer um direito de reversão, para a Igreja Católica, do património, móvel e imóvel, que havia sido nacionalizado e se encontrava na titularidade do Estado[557]. Excepção a essa reversão foram todos os bens que estivessem, à data de entrada em vigor da Concordata, afectos a serviços públicos ou classificados como monumentos de interesse nacional ou imóveis de interesse público, e ainda todos aqueles para os quais viesse a ser aprovada tal classificação, no prazo de cinco anos a contar da ratificação da convenção (art. 6º, § 3º, da Concordata de 1940).

Contudo, o que é essencial notar é que mesmo os imóveis que permaneceram na titularidade do Estado ficaram (e estão) sujeitos a um regime muito particular de "afectação permanente ao serviço da Igreja" (art. 6º, § 3º e 4º da Concordata de 1940 e art. 22º da Concordata de 2004).

Neste regime, ao Estado, além da titularidade, cabe a "conservação, reparação e restauro de harmonia com plano estabelecido de acordo com a autoridade eclesiástica, para evitar perturbações no serviço religioso"; já "à Igreja incumbe a sua guarda e regime interno, designadamente no que respeita ao horário de visitas, na direcção das quais poderá intervir um funcionário nomeado pelo Estado" (art. 22º/1 da Concordata de 2004). Quanto aos objectos destinados ao culto que se encontrem em museus públicos, "são sempre cedidos para as cerimónias religiosas no templo a que pertenciam, quando este se ache na mesma localidade onde os ditos objectos são guardados", mediante requisição da competente autoridade eclesiástica, a qual ficará in-

---

[556] V. PEREIRA DA SILVA, "O património cultural...", cit., 197.
[557] V. PEREIRA DA SILVA, "Património e Regime Fiscal...", cit., 139. Também existia, no art. 6º § 2º, a previsão da possibilidade de outros possuidores desse património (que não o Estado) o transmitirem para as instituições da Igreja Católica.

vestida na guarda dos objectos como fiel depositária (art. 22º/2 Concordata de 2004). Além destas situações, por motivos justificados, "os responsáveis do Estado e da Igreja podem acordar em ceder temporariamente objectos religiosos para serem usados no respectivo local de origem ou em outro local apropriado" (art. 22º/3 Concordata de 2004). Ainda poderá perguntar-se se os bens que se encontrem nesta situação não estarão mesmo sujeitos a uma limitação à faculdade de disposição por parte do Estado[558].

O regime concordatário assim estabelecido vale, como é evidente, no seu âmbito de aplicação: as relações Estado-Igreja Católica, a propósito de bens que sejam propriedade do Estado e sejam reconduzíveis ao culto católico. Contudo, em nosso entender, nele estão contidas algumas soluções dotadas de manifesta susceptibilidade de generalização a outras confissões e mesmo fora do quadro de bens que se encontrem na propriedade do Estado: a criação por acordo de um regime de visitas que não perturbe o serviço religioso e as regras de cedência de objectos de culto (de outras confissões) que se encontrem em museus públicos são apenas dois exemplos de aspectos que poderão ser incluídos nos acordos que regulem a fruição de bens culturais com outras confissões religiosas, de algum modo compensando a relativa falta de aprofundamento sobre a matéria na LPC[559].

d) Especificidades da classificação e inventariação de bens culturais eclesiásticos

A classificação e a inventariação de bens culturais representam formas de protecção do interesse público na fruição do património cultural em

---

[558] À luz da Concordata de 1940, V. Pereira da Silva, "Património e Regime Fiscal...", cit., 144, pronunciou-se no sentido de a alienação só poder ter lugar com o consentimento da Igreja. O autor argumentava com o art. 7º da Concordata, que passou quase *ipsis verbis* para o art. 24º/1 da Concordata de 2004. E de facto, parece que se o Estado português vendesse os bens, estaria a prejudicar a garantia de afectação dos mesmos à Igreja, contida no art. 24º/1 da Concordata.

[559] Aplicamos aqui o pressuposto que atrás deixámos enunciado a propósito dos acordos-lei: as normas de fonte bilateral (estejam elas em concordatas ou em acordos-lei), sendo parte do sistema jurídico, devem servir como elementos relevantes desse sistema, designadamente para resolver ou ajudar a resolver problemas que nesse sistema não têm solução expressa. Não deve por isso duvidar-se da possibilidade de utilização dessas normas como lugares paralelos, como fundamento da construção de princípios gerais ou com funções de integração de lacunas.

regra dotados da característica da *unilateralidade*. Com efeito, as decisões de classificação ou inventariação de bens culturais podem ser tomadas pela administração do património cultural mesmo contra a vontade do proprietário do bem[560], podendo qualquer pessoa tomar a iniciativa da classificação ou inventariação (art. 25º/1 LPC).

Também é assim, obviamente, no que toca aos bens culturais afectos a fins religiosos. Os mesmos podem ser classificados ou inventariados, o que opera para os seus proprietários, possuidores ou titulares de outros direitos reais (art. 20º LPC) a sujeição aos direitos e deveres do regime do património cultural (cf. em particular arts. 20º e ss. da LPC), incluindo a permissão do acesso e visita do público aos bens classificados (art. 21º/2/a), 1ª parte, LPC).

No entanto, a lei reconhece que a incidência de outros direitos, liberdades e garantias ou valores constitucionais pode restringir o direito de acesso do público em geral, se se verificar a incompatibilidade entre a protecção desse direito ou bem constitucional e o acesso público (art. 21º/2/a), 2ª parte, LPC). Entre os direitos que podem legitimar a recusa de acesso encontra-se, sem dúvida, a liberdade religiosa, já que são muitos os casos de bens ou locais cujo acesso está limitado por motivos religiosos (em alguns casos, até aos próprios membros leigos da comunidade religiosa)[561]. Não podia deixar de ser assim: as formas concretas de fruição estabelecidas para qualquer bem cultural religioso não podem ignorar a situação particular que do ponto de vista axiológico e sistemático é ocupado pela liberdade religiosa[562], pela sua proximidade à dignidade da pessoa. Desta forma, quando haja classificação de bem religioso, a concertação com a confissão religiosa do regime de acesso público ao mesmo (cf. arts. 7º/2 e 4º LPC e art. 22º/1 da Concordata) é sem dúvida o método jurídico-constitucionalmente mais seguro de conseguir um regime que concilie

---

[560] A excepção é a decisão de classificação de um bem móvel como de interesse municipal, que só pode ser feita com o acordo do proprietário – art. 18º/4 LPC. Contudo, mesmo esses bens parecem poder ser inventariados sem tal acordo (art. 19º LPC), o que significa que ficarão sujeitos, pelo menos, ao regime dos arts. 20º e ss. da LPC.

[561] Na história das religiões há vários exemplos: o mais conhecido será o "santo dos santos", zona do Templo de Salomão em Jerusalém, onde se guardava a Arca da Aliança, e na qual só o sumo-sacerdote podia entrar.

[562] Cf. a este propósito as considerações próximas de J. J. GOMES CANOTILHO/J. MACHADO, "Bens culturais...", cit., 33, precisamente sobre o confronto entre o bem património cultural e os direitos constitucionalmente consagrados da liberdade religiosa e da propriedade privada.

adequadamente os interesses em presença. A solução óptima será, claro, aquela que permita a protecção de todos, preferindo sobre soluções que excluam algum ou alguns deles[563].

Além do que já se disse a lei prevê ainda algumas especificidades do procedimento de classificação ou inventariação de bens religiosos. Assim, as igrejas ou comunidades religiosas têm direito de audiência na classificação de bens religiosos como tendo valor cultural (art. 30º/2 LLR). A LLR antecedeu em alguns meses a Lei de Bases do Património Cultural, pelo que a terminologia utilizada não estabelece a correspondência com as formas de protecção do património cultural – classificação e inventariação – que esta lei veio consagrar. O art. 30º/2 LLR deve, pois, ser interpretado em consonância com o sistema da LPC, com a consequência de o direito de audiência se estender a todos os procedimentos dirigidos à protecção individualizada de bens culturais, ou seja, os procedimentos de *classificação* mas também de *inventariação*. Neste sentido depõe, também, o lugar paralelo do art. 24º/3 da Concordata (ela sim já posterior à LPC), que se refere a ambos esses procedimentos.

A previsão deste direito de audiência coloca dúvidas quanto à sua inserção no procedimento, já que nos termos da Lei de Bases do Património Cultural a classificação ou inventariação de qualquer bem pressupõe sempre a audiência prévia do proprietário, nos termos gerais (art. 27º LPC, com remissão para o regime desta formalidade previsto no CPA). Perante isto, poderia entender-se que o direito de audiência aqui referido é algo de diferente da audiência prévia dos interessados, que no regime geral tem lugar após a instrução do procedimento e já perante um projecto de decisão final (art. 100º/1 CPA)[564]. Contudo, não nos parece que assim seja; contrariamente ao que dissemos a propósito do dever de audição prévia das igrejas ou comunidades no âmbito da previsão de espaços religiosos nos planos urbanístico, aqui não parece existir qualquer razão substantiva para que se chame as igrejas ou comunidades religiosas ao procedimento em altura diferente daquela em que isso acontece nos demais procedimentos de classificação.

---

[563] J. J. GOMES CANOTILHO/J. MACHADO, "Bens culturais...", cit., 36.

[564] A formulação do art. 24º/3 da Concordata (equivalente ao art. 30º/2 LLR) poderia adensar a dúvida, pois dispõe que a autoridade eclesiástica competente da Igreja Católica tem direito de audiência prévia, "(...) *quando se inicie* procedimento de inventariação ou classificação como bem cultural." (itálico nosso).

A classificação de bens culturais pertencentes[565] a igrejas e outras comunidades religiosas tem ainda uma outra especificidade assinalável, do ponto de vista da competência: de acordo com o art. 94º/5 LPC, só o Estado e as regiões autónomas (com exclusão, pois, das autarquias locais) podem levar a cabo essa classificação.

Confessamos alguma perplexidade perante tal especificidade, que parece significar uma *capitis diminutio* incompreensível da administração autárquica – que, diríamos nós, não parece ser incapaz de tratar condignamente as igrejas e comunidades religiosas e o seu património. Além disso, esta norma de competência cria dúvidas sobre se será possível a classificação de um bem pertencente a uma igreja ou comunidade religiosa como sendo de interesse *municipal*, já que são os municípios que procedem a essa classificação de acordo com a regra geral (art. 94º/1 LPC). Assim, do art. 94º/5 resulta um de dois absurdos: ou o absurdo de serem o Estado ou as regiões autónomas a classificar um bem como de interesse municipal, ou o absurdo (maior) de os bens religiosos só poderem ser classificados como de interesse nacional ou de interesse público; e nunca de interesse municipal.

Ainda em sede de especificidades no âmbito da classificação de bens culturais, merece destaque o recente regime do património cultural imaterial (Decreto-Lei n.º 139/2009, de 15 de Junho). Com efeito, atendendo ao respectivo âmbito objectivo (art. 1º/2 Decreto-Lei n.º 139/2009), o regime desse diploma poderá sem dúvida aplicado a manifestações de expressão

---

[565] Uma nota sobre o sentido da referência à "pertença" dos bens: deve entender-se que para o procedimento de classificação ou inventariação de bens culturais (e para quaisquer outros fins análogos), tanto são interessados os *proprietários* desses bens como *os titulares de outros direitos reais* sobre os mesmos, e mesmo de direitos pessoais de gozo oponíveis a terceiros, como o direito do locatário. Isso parece resultar da abrangência com que os arts. 20º e 21º da LPC fala em "detentores", que são identificados com os "proprietários, possuidores e demais titulares de direitos reais". Esta precisão é fundamental no âmbito do património cultural religioso, já que é frequente que as igrejas ou comunidades religiosas ocupem espaços com base em direitos reais menores ou em direitos pessoais de gozo. Por outro lado, tal precisão ganha ainda um relevo particular no caso dos bens que sejam propriedade do Estado mas estejam afectos à Igreja Católica por força do art. 22º/1 da Concordata: tais bens também estão abrangidos pelas regras procedimentais da lei geral e do regime concordatário – já assim, V. Pereira da Silva, "Património e Regime Fiscal...", cit., 143. Com efeito, essa afectação dos bens à Igreja consiste num direito de gozo atípico, que se aproxima decisivamente de uma espécie de usufruto perpétuo.

religiosa[566]. Em coerência, prevê-se expressamente um dever de consulta à igreja ou comunidade religiosa quando estejam em causa "manifestações do património cultural imaterial no âmbito de práticas, rituais e eventos religiosos" (art. 13º/2 Decreto-Lei n.º 139/2009).

---

[566] Pense-se nos exemplos das procissões, peregrinações e algumas festas religiosas, ou da música sacra.

BIBLIOGRAFIA*

AFONSO VAZ, MANUEL, "Regime das confissões religiosas", in JORGE MIRANDA (ORG.), *Perspectivas Constitucionais. Nos 20 Anos da Constituição de 1976*, Vol. III, Coimbra: Coimbra Editora, 1998, pp. 391 e ss.

ALMEIDA LOPES, JOSÉ JOAQUIM, "As fundações canónicas autónomas", in AA/VV, *As Associações na Igreja - Actas das XII Jornadas de Direito Canónico. Fátima, 19-21 Abril de 2004*, Lisboa: Universidade Católica Editora, 2005, pp. 179 ss.

AWE, BRIAN M., "Religion in the EU: Using Modified Public Reason to Define European Human Rights", *The German Law Journal*, 10, (11), 2009, pp. 1439 ss.

BACELAR GOUVEIA, JORGE, "Religião e Estado de Direito - uma visão panorâmica", in AA/VV, *Estudos Jurídicos e Económicos em Homenagem ao Prof. Doutor António de Sousa Franco*, Vol. II, Lisboa: Faculdade de Direito da Universidade de Lisboa, 2006, pp. 429 ss.

BELLINI, PIERO, "Confessioni religiose", in AA/VV, *Enciclopedia del Diritto*, vol. VIII, Milano: Giuffrè, 1961, pp. 926-928.

BIGOTTE CHORÃO, MÁRIO, "Formação eclesiástica e educação católica segundo a Concordata de 1940", in AA/VV, *A Concordata de 1940 Portugal - Santa Sé*, Lisboa: Edições Didaskalia, 1993, pp. 233 ss.

BIGOTTE CHORÃO, MÁRIO, "Opções decisivas para a configuração jurídica da União Europeia: da *religio vera* ao *verum ius*", in AA/VV, *Estudos em Honra de Ruy de Albuquerque*, Vol. II, Lisboa: Faculdade de Direito da Universidade de Lisboa, 2006, pp. 195 ss.

BLANCO DE MORAIS, CARLOS, "Liberdade religiosa e direito de informação - o direito de antena das confissões religiosas e o serviço público de televisão", in JORGE MIRANDA (ORG.), *Perspectivas Constitucionais. Nos 20 Anos da Constituição de 1976*, Vol. II, Coimbra: Coimbra Editora, 1997, pp. 239 e ss.

BORGES, ANSELMO, *Religião e diálogo inter-religioso*, Coimbra: Imprensa da Universidade de Coimbra, 2010.

BOTIVEAU, BERNARD, "Le droit islamique, de la religion à la norme sociale", *Revue de Droit Canonique*, 57, (1), 2007, pp. 69-89.

---

* São referidas nesta bibliografia apenas as obras específicas sobre o tema. As demais obras citadas no texto têm a referência completa na sua primeira citação, sendo as referências subsequentes abreviadas.

BUONOMO, VINCENZO, "La Santa Sede e i concordati nella prospettiva dell'integrazione europea", in AA/VV, *O Direito Concordatário: natureza e finalidades - Actas das XV Jornadas de Direito Canónico e das I Jornadas Concordatárias. 23-24 de Abril de 2007*, Lisboa: Universidade Católica Editora, 2008, pp. 19 ss.

CANAS, VITALINO, "Os acordos religiosos ou a generalização da fórmula concordatária", in TRIBUNAL CONSTITUCIONAL, (coord.), *Estudos em memória do Conselheiro Luís Nunes de Almeida*, Coimbra: Coimbra Editora, 2007, pp. 281 ss.

CARDIA, CARLO, "Edifici di culto e nuove religioni", *Il Diritto Ecclesiastico*, CXIX, (1-2), 2008, pp. 13-29.

CASUSCELLI, GIUSEPPE, "Perché temere una disciplina della libertà religiosa conforme a Costituzione?", *Il Diritto Ecclesiastico*, CXVIII, (3-4), 2007, pp. 21 ss.

CAVANA, PAOLO, "Il problema degli edifici di culto dismessi", *Il Diritto Ecclesiastico*, CXIX, (1-2), 2008, pp. 31-61.

CONSORTI, PIERLUIGI, *Diritto e religione*, 2ª ed., Roma-Bari: Laterza, 2010.

CORRAL GARCÍA, ROSANA, "La adquisición de personalidad jurídica civil de las asociaciones religiosas en Portugal", in AA/VV, *As Associações na Igreja - Actas das XII Jornadas de Direito Canónico. Fátima, 19-21 Abril de 2004*, Lisboa: Universidade Católica Editora, 2005, pp. 325 ss.

CORTÉS DIÉGUEZ, MYRIAM, "Del Concilio Vaticano II a la Ley Orgánica de Libertad Religiosa. La evolución del derecho a la libertad religiosa en España", *Revista Española de Derecho Canónico*, 63, 2006, pp. 229-253.

COSTA GONÇALVES, DIOGO, "Educação religiosa nas escolas públicas", *Revista da Faculdade de Direito da Universidade de Lisboa*, XLIII, (2), 2002, pp. 1333-1359.

DALLA TORRE, GIUSEPPE, *Lezioni di Diritto Ecclesiastico*, 3ª ed., Torino: Giappichelli, 2007.

DELGADO ALVES, PEDRO, "A 26ª hora - a inclusão da disciplina de religião e moral na organização curricular do ensino básico (breve comentário)", *Revista da Faculdade de Direito da Universidade de Lisboa*, XLIII, (2), 2002, pp. 1361-1372.

DÉSOS, GÉRARD, "L'administration publique des cultes reconnus en Alsace-Moselle", *Revue de Droit Canonique*, 54, 2004, pp. 273-289.

DINGEMANS, JAMES, "The need for a principled approach to religious freedoms", *Ecclesiastical Law Journal*, 12, (3), 2010, pp. 371-378.

DOE, NORMAN, "Religions et droit au Royaume-Uni", *Revue de Droit Canonique*, 54, 2004, pp. 193-208.
FALCÃO, MIGUEL, "A Concordata de 1940 e a Assistência Religiosa às Forças Armadas", in AA/VV, *A Concordata de 1940 Portugal - Santa Sé*, Lisboa: Edições Didaskalia, 1993, pp. 195 ss.
FERJANI, MOHAMED CHERIF, "La liberté de conscience dans le champ religieux islamique", *Revue de Droit Canonique*, 52, (1), 2002, pp. 125-140.
FERRARI, SILVIO, "Le régime des cultes reconnus en Italie (avec quelques références à l'Éspagne)", *Revue de Droit Canonique*, 54, 2004, pp. 151-162.
FERRARI, SILVIO, "Dalla libertà religiosa ai rapporti tra Stati e religioni. Un'analisi politico-religiosa della giurisprudenza della Corte di Strasburgo", in SILVIO FERRARI (COORD.), *Per Francesco Margiotta Broglio*, s. loc.: S.I. - Digital Jobs, 2011, pp. 12 ss.
FINOCCHIARO, FRANCESCO, "Art. 7-8", in GIUSEPPE BRANCA (A CURA DI), *Commentario della Costituzione*, Bologna/Roma: Zanichelli/Foro Italiano, 1975, pp. 321 ss.
FOLQUE, ANDRÉ, "Estado de direito e ordens religiosas", *Brotéria*, 162, 2006, pp. 165-184.
FOLQUE, ANDRÉ, "Portugal a caminho da liberdade religiosa", *Forum Canonicum*, IV, (1-2), 2009, pp. 271 ss.
GAMA, JAIME, "Prefácio", in AA/VV, *Estudos sobre a nova Concordata Santa Sé - República Portuguesa (18 de Maio de 2004) - Actas das XIII Jornadas de Direito Canónico 4-6 de Abril de 2005. Estudos vários*, Lisboa: Universidade Católica Editora, 2007, pp. 5 ss.
GARNETT, RICHARD W., "Religious Liberty, Church Autonomy, and the Structure of Freedom", in JOHN WITTE JR./FRANK S. ALEXANDER, *Christianity and Human Rights: An Introduction*: Cambridge University Press, 2010, pp. 226-238, disponível em http://ssrn.com/paper=1585191.
GARRY, PATRICK M., "The Myth of Separation: America's Historical Experience with Church And State", *Hofstra Law Review*, 33, (2), 2004, pp. 475-500.
GERALDES, JOÃO DE OLIVEIRA, "Breve nota sobre o novo modelo concordatário de reconhecimento de decisões eclesiásticas matrimoniais", in AA/VV, *Estudos sobre a nova Concordata Santa Sé - República Portuguesa (18 de Maio de 2004) - Actas das XIII Jornadas de Direito Canónico 4-6 de Abril de 2005. Estudos vários*, Lisboa: Universidade Católica Editora, 2007, pp. 87 ss.

Gomes Canotilho, José Joaquim, "Anotação ao acórdão n° 174/93 do Tribunal Constitucional", *Revista de Legislação e Jurisprudência*, ano 126°, (3832 a 3834), 1994, pp. 271-278.

Gomes Canotilho, José Joaquim/Machado, Jónatas, "Bens culturais, propriedade privada e liberdade religiosa", *Revista do Ministério Público*, ano 16°, (64), 1995, pp. 11-38.

González-Varas Ibáñez, Alejandro, "La enseñanza de la religión en las escuelas públicas españolas e italianas: la diferente interpretación jurisprudencial de situaciones semejantes", *Revista Española de Derecho Canónico*, 62, 2005, pp. 185-216.

González, Gérard, "Convention Europeénne des Droits de l'Homme, cultes reconnus et liberté de religion", *Revue de Droit Canonique*, 54, 2004, pp. 49-65.

Greenawalt, Kent, *Religion and the Constitution*, Vol. 1 - *Free Exercise and Fairness*, Princeton/Oxford: Princeton University Press, 2009 (reimpr. da ed. de 2006).

Greenawalt, Kent, *Religion and the Constitution*, Vol. 2 - *Establishment and Fairness*, Princeton/Oxford: Princeton University Press, 2009 (reimpr. da ed. de 2008).

Guerreiro, Sara, "Símbolos de Deus - expressão de liberdade ou imposição do divino?", *Revista da Faculdade de Direito da Universidade de Lisboa*, XLVI, (2), 2005, pp. 1091 e ss.

Halit, Jean-Michel, "Les relations religions-états d'après les doctrines bouddhistes", *Revue de Droit Canonique*, 57, (1), 2007, pp. 149--172.

Heinig, Hans Michael, "Law on Churches and Religion in the European Legal Area – Through German Glasses", *The German Law Journal*, 8, (6), 2007, pp. 563 ss.

Hollerbach, Alexander, "Le droit ecclésiastique de l'État allemand: un «systéme des cultes reconnus»?", *Revue de Droit Canonique*, 54, 2004, pp. 169-177.

Koppelman, Andrew M., "Secular Purpose", *Virginia Law Review*, 88, 2002, pp. 87-166.

Ladeur, Karl-Heinz/Augsberg, Ino, "The Myth of the Neutral State: The relationship between state and religion in the face of new challenges", *The German Law Journal*, 8, (2), 2007, pp. 143 ss.

Leigh, Ian, "New trends in religious liberty and the European Court of Human Rights", *Ecclesiastical Law Journal*, 12, (3), 2010, pp. 266-279.

MACHADO, JÓNATAS, *O regime concordatário entre a «libertas ecclesiae» e a liberdade religiosa. Liberdade de Religião ou Liberdade da Igreja?*, Coimbra: Coimbra Editora, 1993.

MACHADO, JÓNATAS, *Liberdade religiosa numa comunidade constitucional inclusiva. Dos direitos da verdade aos direitos dos cidadãos*, Studia Iuridica - 18, Coimbra: Coimbra Editora, 1996.

MACHADO, JÓNATAS, "A construção e a utilização de locais para o culto: a perspectiva das confissões religiosas minoritárias", *Revista do Ministério Público*, (69), 1997, pp. 119 ss.

MACHADO, JÓNATAS, "Minorias religiosas, liberdade de culto e propriedade horizontal. Anotação ao acórdão do STA (1ª Secção) de 23.10.2002, P. 1102/02", *Cadernos de Justiça Administrativa*, 42, 2003, pp. 35-50.

MACRÍ, GIANFRANCO/PARISI, MARCO/TOZZI, VALERIO, *Diritto Ecclesiastico Europeo*, Roma: Laterza, 2006.

MAHLMANN, MATTHIAS, "Religious Tolerance, Pluralist Society and the Neutrality of the State: The Federal Constitutional Court's Decision in the Headscarf Case", *The German Law Journal*, 4, (11), 2003, pp. 1099 ss.

MALDONADO MONTOYA, JUAN PABLO, *Las actividades religiosas ante el derecho del trabajo*, Navarra: Civitas, 2006.

MARQUES DA SILVA, ISABEL, "Implicações fiscais", in AA/VV, *Estudos sobre a nova Concordata Santa Sé - República Portuguesa (18 de Maio de 2004) - Actas das XIII Jornadas de Direito Canónico 4-6 de Abril de 2005. Estudos vários*, Lisboa: Universidade Católica Editora, 2007, pp. 209 ss.

MARQUES DOS SANTOS, ANTÓNIO, "Citoyens et fidéles dans les pays de l'Union Europeénne: rapport portugais", in AA/VV, *Cittadini e fedeli nei paesi dell'Unione Europea. Una doppia appartenenza alla prova della seccolarizzazione e della mondializzazione. Atti del Colloquio Università per Stranieri, Reggio Calabria 12-15 Novembre, 1998*, Bruxelas/Milão/Berlin: Bruylant/Giuffrè/Nomos Verlag, 1999, pp. 231 ss.

MARTÍN-RETORTILLO BAQUER, LORENZO, "Libertad religiosa, construcción de templos y exigencias urbanísticas", *Revista española de Derecho Administrativo*, (138), 2008, pp. 289 ss.

MARTÍN DELPÓN, JOSÉ LUIS, "Libertad religiosa y Fuerzas Armadas", *Revista Española de Derecho Canónico*, 62, 2005, pp. 589-624.

MAZARS, SYLVAIN, "Fondements et évolution du droit hindu", *Revue de Droit Canonique*, 57, (1), 2007, pp. 173-222.

MEDEIROS ALVES, OTHON MORENO DE, *Liberdade religiosa institucional: direitos humanos, direito privado e espaço jurídico multicultural*, Fortaleza-Ceará: Fundação Konrad Adenauer, 2008.

MENDONÇA CORREIA, JOÃO PEDRO S., "A assistência religiosa da Igreja Católica nos estabelecimentos de reclusão e de saúde de Portugal", in AA/VV, *Estudos sobre a nova Concordata Santa Sé - República Portuguesa (18 de Maio de 2004) - Actas das XIII Jornadas de Direito Canónico 4-6 de Abril de 2005. Estudos vários*, Lisboa: Universidade Católica Editora, 2007, pp. 151 ss.

MESSNER, FRANCIS, "La «reconnaissance» des religions en europe. L'exemple des mécanismes d'accès aux statuts et aux régimes des cultes", *Revue de Droit Canonique*, 54, 2004, pp. 15-47.

MIRANDA, JORGE, "A Concordata e a ordem constitucional portuguesa", in AA/VV, *A Concordata de 1940 Portugal - Santa Sé*, Lisboa: Edições Didaskalia, 1993, pp. 67 ss.

MIRANDA, JORGE, "A liberdade religiosa em Portugal e o anteprojecto de 1997", *Direito e Justiça*, (2), 1998, pp. 3 ss.

MIRANDA, JORGE, "A Constituição e a Concordata: brevíssima nota", in AA/VV, *Estudos sobre a nova Concordata Santa Sé - República Portuguesa (18 de Maio de 2004) - Actas das XIII Jornadas de Direito Canónico 4-6 de Abril de 2005. Estudos vários*, Lisboa: Universidade Católica Editora, 2007, pp. 101 ss.

MIRANDA, JORGE/GARCIA MARQUES, PEDRO, *Anotação ao art. 41.º*, in MIRANDA, JORGE/MEDEIROS, RUI, *Constituição Portuguesa Anotada*, Tomo I - *Introdução Geral. Preâmbulo. Artigos 1.º a 79.º*, 2ª ed., Coimbra: Coimbra Editora, 2010.

NACCI, MATTEO, *Origini, sviluppi e caratteri del jus publicum ecclesiasticum*, Vaticano: Lateran University Press, 2010.

NEUHAUS, RICHARD JOHN, "A New Order of Religious Freedom", *George Washington Law Review*, 60, 1992, pp. 620 ss.

NOGUEIRA DE BRITO, MIGUEL, "Liberdade religiosa, liberdade da Igreja e relação entre o Estado e a Igreja: reflexões a partir da história constitucional portuguesa", in TRIBUNAL CONSTITUCIONAL, *(coord.), Estudos em memória do Conselheiro Luís Nunes de Almeida*, Coimbra: Coimbra Editora, 2007, pp. 145 ss.

OLIVEIRA BRANQUINHO, JOSÉ JOAQUIM DE, "A liberdade religiosa na jurisprudência dos tribunais e da procuradoria geral da república", in AA/

VV, *Liberdade Religiosa - Realidade e Perspectivas (actas das V jornadas de Direito Canónico)*, Lisboa: Universidade Católica Editora, 1998, pp. 151 ss.

PEDROSO, PEDRO MARIA, "Os acordos entre o Estado e as confissões religiosas", in AA/VV, *Liberdade Religiosa - Realidade e Perspectivas (actas das V jornadas de Direito Canónico)*, Lisboa: Universidade Católica Editora, 1998, pp. 73 ss.

PEREIRA DA SILVA, VASCO, "Património e Regime Fiscal da Igreja na Concordata", in AA/VV, *A Concordata de 1940 Portugal - Santa Sé*, Lisboa: Edições Didaskalia, 1993, pp. 133 ss.

PEREIRA DA SILVA, VASCO, "O património cultural da Igreja na Concordata de 2004", in AA/VV, *Estudos sobre a nova Concordata Santa Sé - República Portuguesa (18 de Maio de 2004) - Actas das XIII Jornadas de Direito Canónico 4-6 de Abril de 2005. Estudos vários*, Lisboa: Universidade Católica Editora, 2007, pp. 193 ss.

PEYROT, GIORGIO, "Confessioni religiose diverse dalla cattolica", in AA/VV, *Digesto (delle Discipline Pubblicistiche)*, vol. III, Torino: UTET, 1989, pp. 355-359.

PINHO FERREIRA, MANUEL DE, "Questões abertas pela Concordata 2004 Santa Sé - República Portuguesa", in AA/VV, *O Direito Concordatário: natureza e finalidades - Actas das XV Jornadas de Direito Canónico e das I Jornadas Concordatárias. 23-24 de Abril de 2007*, Lisboa: Universidade Católica Editora, 2008, pp. 49 ss.

PIRES AURÉLIO, DIOGO, *Um fio de nada - ensaio sobre a tolerância*, Lisboa: Edições Cosmos, 1997.

PIRES, MANUEL, "Aspectos fiscais", in AA/VV, *Estudos sobre a nova Concordata Santa Sé - República Portuguesa (18 de Maio de 2004) - Actas das XIII Jornadas de Direito Canónico 4-6 de Abril de 2005. Estudos vários*, Lisboa: Universidade Católica Editora, 2007, pp. 201 ss.

PRÉLOT, PIERRE-HENRI, "Le systéme français de séparation des églises et de l'État: éléments pour une approche comparée", *Revue de Droit Canonique*, 54, 2004, pp. 179-191.

PULIDO ADRAGÃO, PAULO, "Liberdade Religiosa: o Anteprojecto de Proposta de Lei de 1998", *Revista da Faculdade de Direito da Universidade de Lisboa*, XXXIX, (2), 1998, pp. 693 ss.

PULIDO ADRAGÃO, PAULO, *A liberdade religiosa e o Estado*, Coimbra: Almedina, 2002.

PULIDO ADRAGÃO, PAULO, "As associações de fiéis, a Concordata e o Estado: algumas notas", in AA/VV, *As Associações na Igreja - Actas das XII Jornadas de Direito Canónico. Fátima, 19-21 Abril de 2004*, Lisboa: Universidade Católica Editora, 2005, pp. 97 ss.

PULIDO ADRAGÃO, PAULO, "Crucifixos e minaretes: a religião no espaço público. A garantia da liberdade religiosa e a prevenção de conflitos religiosos", *Revista da Faculdade de Direito da Universidade do Porto*, VII, 2010, pp. 463 ss.

PULIDO ADRAGÃO, PAULO, "Levar a sério a liberdade religiosa", Coimbra, Almedina, 2012.

PULIDO ADRAGÃO, PAULO/GONÇALVES, DIOGO, "Educação religiosa católica nas escolas estatais, em Portugal: o estado da questão em 2006", in AA/VV, *Estudos sobre a nova Concordata Santa Sé - República Portuguesa (18 de Maio de 2004) - Actas das XIII Jornadas de Direito Canónico 4-6 de Abril de 2005. Estudos vários*, Lisboa: Universidade Católica Editora, 2007, pp. 175 ss.

PUZA, RICHARD, "Citoyens et fidéles dans les pays de l'Union Europeénne: l'Allemagne", in AA/VV, *Cittadini e fedeli nei paesi dell'Unione Europea. Una doppia appartenenza alla prova della seccolarizzazione e della mondializzazione. Atti del Colloquio Università per Stranieri, Reggio Calabria 12-15 Novembre, 1998*, Bruxelas/Milão/Berlin: Bruylant/Giuffrè/Nomos Verlag, 1999, pp. 373 ss.

RYNKOWSKI, MICHAL, "Remarks on Art. I-52 of the Constitutional Treaty: New Aspects of the European Ecclesiastical Law?", *The German Law Journal*, 6, (11), 2005, pp. 1719 ss.

SANTOS COSTA, ELSA MARIA, "Estatuto e reconhecimento das pessoas jurídicas canónicas - art. 8º a 12º", in AA/VV, *Estudos sobre a nova Concordata Santa Sé - República Portuguesa (18 de Maio de 2004) - Actas das XIII Jornadas de Direito Canónico 4-6 de Abril de 2005. Estudos vários*, Lisboa: Universidade Católica Editora, 2007, pp. 313 ss.

SATURINO GOMES, MANUEL, "As pessoas jurídicas canónicas", in AA/VV, *Estudos sobre a nova Concordata Santa Sé - República Portuguesa (18 de Maio de 2004) - Actas das XIII Jornadas de Direito Canónico 4-6 de Abril de 2005. Estudos vários*, Lisboa: Universidade Católica Editora, 2007, pp. 59 ss.

SATURINO GOMES, MANUEL, "A Concordata 2004: comentário geral", in AA/VV, *Estudos sobre a nova Concordata Santa Sé - República Portuguesa (18 de Maio de 2004) - Actas das XIII Jornadas de Direito*

Canónico 4-6 de Abril de 2005. Estudos vários, Lisboa: Universidade Católica Editora, 2007, pp. 297 ss.
SATURINO GOMES, MANUEL, "Direito eclesiástico do Estado", in AA/VV, *O Direito Concordatário: natureza e finalidades - Actas das XV Jornadas de Direito Canónico e das I Jornadas Concordatárias. 23-24 de Abril de 2007*, Lisboa: Universidade Católica Editora, 2008, pp. 121 ss.
SEABRA, JOÃO, "Assistência religiosa nas prisões e hospitais", in AA/VV, *Estudos sobre a nova Concordata Santa Sé - República Portuguesa (18 de Maio de 2004) - Actas das XIII Jornadas de Direito Canónico 4-6 de Abril de 2005. Estudos vários*, Lisboa: Universidade Católica Editora, 2007, pp. 137 ss.
SEABRA, JOÃO, *O Estado e a Igreja em Portugal no início do século XX. A lei da separação de 1911*, Cascais: Principia, 2009.
SEIFERT, ACHIM, "Federal Labor Court strengthens religious freedom at the workplace", *The German Law Journal*, 4, (6), 2003, pp. 559 ss.
SEVAISTRE, VIANNEY, "La gestion publique des cultes en France: le Bureau Central des Cultes", *Revue de Droit Canonique*, 52, (2), 2002, pp. 355 ss.
SILVA, ANTÓNIO E. DUARTE, "A liberdade de consciência, de religião e de culto no actual direito português", *Revista do Ministério Público*, (115), 2008, pp. 43 ss.
SOUSA FRANCO, ANTÓNIO LUCIANO, "Princípios gerais da nova Concordata", in AA/VV, *Estudos sobre a nova Concordata Santa Sé - República Portuguesa (18 de Maio de 2004) - Actas das XIII Jornadas de Direito Canónico 4-6 de Abril de 2005. Estudos vários*, Lisboa: Universidade Católica Editora, 2007, pp. 17 ss.
STILWELL, PETER, "Religião", in AA/VV, *Dicionário da História Religiosa de Portugal*, Lisboa: Círculo de Leitores/Centro de Estudos Religiosos da Universidade Católica Portuguesa, 2001, 101 ss.
TAVARES DOS REIS, RAQUEL, *Liberdade de consciência e de religião e contrato de trabalho do trabalhador de tendência: que equilíbrio do ponto de vista das relações individuais de trabalho?*, Coimbra: Coimbra Editora, 2004.
TORGAL FERREIRA, JANUÁRIO, "Assistência religiosa às forças armadas e de segurança", in AA/VV, *Estudos sobre a nova Concordata Santa Sé - República Portuguesa (18 de Maio de 2004) - Actas das XIII Jornadas de Direito Canónico 4-6 de Abril de 2005. Estudos vários*, Lisboa: Universidade Católica Editora, 2007, pp. 129 ss.

TORRES GUTIÉRREZ, ALEJANDRO, *El derecho de libertad religiosa en Portugal*, Madrid: Dykinson, 2010.

TOZZI, VALERIO, "Quale regime per i rapporti Stato-chiese in Italia?", *Il Diritto Ecclesiastico*, CXVI, (2-3), 2005, pp. 536 ss.

TOZZI, VALERIO, "Fasi e mezzi per l'attuazione del disegno costituzionale di disciplina giuridica del fenomeno religioso", *Il Diritto Ecclesiastico*, CXVIII, (1-2), 2007, pp. 171 ss.

VARNIER, GIOVANNI B., "Il rapporto tra chiesa e communità politica tra Benedetto XV e Benedetto XVI. Una analisi ai margini del secolo breve", *Il Diritto Ecclesiastico*, CXX, (3-4), 2009, pp. 387 ss.

VERA JARDIM, JOSÉ EDUARDO, "Uma concordata do Concílio e do Estado democrático", in AA/VV, *Estudos sobre a nova Concordata Santa Sé - República Portuguesa (18 de Maio de 2004) - Actas das XIII Jornadas de Direito Canónico 4-6 de Abril de 2005. Estudos vários*, Lisboa: Universidade Católica Editora, 2007, pp. 49 ss.

WITTE JR., JOHN, "Law, Religion, and Human Rights", *Columbia Human Rights Law Review*, 28, (1), 1996, pp. 1-31.

WOEHRLING, JEAN-MARIE, "Entre impossible neutralité et difficile pluralisme, un nécessaire retour au systéme de reconnaissance?", *Revue de Droit Canonique*, 54, 2004, pp. 5-14.

ZACHARIAS, DIANA, "Access of Muslim Organizations to Religious Instruction in Public Schools: A Comment on the Decision of the Federal Administrative Court of 23 February 2005", *The German Law Journal*, 6, (10), 2005, pp. 1319 ss.

ZACHARIAS, DIANA, "Protective Declarations Against Scientology as Unjustified Detriments to Freedom of Religion: A Comment on the Decision of the Federal Administrative Court of 15 December 2005", *The German Law Journal*, 7, (10), 2006, pp. 833 ss.

ANEXO

ATESTADOS DE RADICAÇÃO DE COMUNIDADES RELIGIOSAS*

Primeiro mandato da Comissão da Liberdade Religiosa (2004-2007):

1. Aliança Evangélica Portuguesa
2. Comunidade Israelita de Lisboa
3. Comunidade Islâmica de Lisboa
4. Igreja Evangélica Assembleia de Deus - Viseu
5. União Portuguesa dos Adventistas do Sétimo Dia
6. Primeira Igreja Evangélica Baptista de Vila Nova de Gaia
7. Assembleia Espiritual Nacional dos Baha'is de Portugal
8. Assembleia de Deus Pentecostal ou Assembleia de Deus de Portalegre
9. Centro Cristão Vida Abundante
10. I Igreja Evangélica Baptista de Viseu
11. Igreja Evangélica Baptista do Troviscal

Segundo mandato (2007-2011):

1. Igreja Assembleia de Deus Pentecostal de Benavente
2. Igreja Lusitana Católica Apostólica Evangélica
3. Assembleia de Deus Pentecostal ou Assembleia de Deus da Malveira
4. Primeira Igreja Evangélica Baptista de Matosinhos
5. Igreja Evangélica Baptista de Aveiro
6. Associação da Acção Bíblica em Portugal
7. Igreja Assembleia de Deus Pentecostal de Cantanhcde
8. Assembleia de Deus Pentecostal de Benfica
9. Primeira Igreja Evangélica Baptista de Mem-Martins
10. Radha Krishna Mandir - Templo Hindu
11. Igreja Evangélica Baptista de Alfandanga
12. Terceira Igreja Evangélica Baptista do Porto
13. Terceira Igreja Evangélica Baptista de Lisboa
14. Igreja Evangélica Baptista de Olhão

---

* Agradecemos ao Mestre André Folque, vogal da Comissão da Liberdade Religiosa, que nos facultou esta informação.

15. Igreja Evangélica Independente
16. Igreja Evangélica Baptista da Praia da Vitória
17. Missão Swaminarayan Hindu
18. Igreja Evangélica Pentecostal Assembleia de Deus da Covilhã
19. Igreja Anglicana de São Jorge e São Paulo
20. Igreja Evangélica de Algés
21. Igreja Evangélica Baptista de Leiria
22. Igreja Evangélica Baptista da Amadora
23. Exército de Salvação
24. Associação das Testemunhas de Jeová
25. Igreja Evangélica Baptista de S. Brás de Alportel
26. Igreja Evangélica Baptista de Vieira de Leiria
27. Igreja da Unificação
28. Assembleia de Deus Pentecostal do Porto
29. Igreja Cristã Maranata
30. Igreja Evangélica Assembleia de Deus Pentecostal de Muge
31. Igreja de Jesus Cristo dos Santos dos Últimos Dias em Portugal
32. União Budista Portuguesa
33. Igreja Evangélica Metodista Portuguesa
34. Igreja Evangélica Presbiteriana de Portugal
35. Igreja Metodista Wesleyana em Portugal
36. Assembleia de Deus da Amadora ou Assembleia de Deus Pentecostal
37. Igreja Evangélica Assembleia de Deus Pentecostal de Lisboa
38. Assembleia de Deus Pentecostal de Grândola
39. Igreja Evangélica Baptista de Cascais
40. Igreja Evangélica Baptista de Mangualde
41. Igreja Evangélica Assembleia de Deus de Leiria
42. Sekay Syusei Kyo de Portugal
43. Igreja Evangélica Baptista de Valença
44. St. James Anglican Church Porto
45. Comunidade Religiosa Ciência da Alma Portugal
46. Igreja Baptista do Funchal
47. Igreja de Deus Pentecostal Movimento Internacional

O DIREITO DAS OBRAS PÚBLICAS

Pedro Melo

1. CONSIDERAÇÕES GERAIS

1.1. Na abordagem da temática objecto do presente estudo, somos de imediato interpelados pela figura do contrato de empreitada de obra pública ("CEOP"), sendo que, se é verdade que o "Direito das Obras Públicas" não se esgota neste tipo contratual, não é menos verdade que tal convénio assume aqui um papel proeminente.

Julgamos mesmo poder dizer, sem hiperbolizar, que o "Direito das Obras Públicas", enquanto sistema de regras jurídicas que visa regulamentar a actividade dos operadores do sector das obras públicas e, bem assim, disciplinar a execução de uma obra pública, tem como escopo fundamental a conformação do CEOP nos seus diversos vectores, objectivos e subjectivos.

É, aliás, irrefragável a relevância do CEOP no contexto geral da contratação pública, o que, por seu turno, reflecte bem o correspectivo significado jurídico e económico[1].

Certamente por essa razão, constata-se que o CEOP é um dos contratos que mais atenção tem concitado por parte da Doutrina e da Jurisprudência pátrias.

Por este motivo, o nosso estudo incidirá, primacialmente, sobre o CEOP e, por conseguinte, é forçoso que seja feito um escrutínio, tão deta-

---

[1] De acordo com dados recentemente disponibilizados (cfr. o Boletim Mensal de Economia Portuguesa n.º 11, de Novembro de 2010, e n.º 7, de Julho 2011, in *www.gpeari.min-financas.pt*), existiam, em 2007, 117 mil empresas ligadas à construção no nosso país. Em 2009, o investimento representava 21,6% do PIB, tendo a componente da construção um peso de 10,7%, ou seja, 40,3% da FBCF – formação bruta de capital fixo – total. Por referência a 2010, o sector da construção representava 9,7% da população empregada total.

lhado quanto possível, da disciplina legal deste tipo contratual. Isto, quer no que toca às particularidades do respectivo procedimento de formação, quer no que tange às vicissitudes mais importantes da sua execução.

1.2. O CEOP é regulado pela lei nacional de há muito a esta parte. Para não recuarmos excessivamente no tempo, assinale-se que desde o Decreto--Lei n.º 48 871, de 19 de Fevereiro de 1969 (para nós, o primeiro diploma verdadeiramente "codificador" da matéria), até ao actual Código dos Contratos Públicos ("CCP"), passando pelo Decreto-Lei n.º 235/86, de 18 de Agosto, pelo Decreto-Lei n.º 405/93, de 10 de Dezembro e ainda pelo Decreto-Lei n.º 59/99, de 2 de Março, o CEOP nunca escapou à *longa manus* do legislador português[2].

Também no plano da União Europeia e pese embora a ausência de referências expressas a este tipo de contrato no domínio do designado Direito Comunitário originário, o CEOP, no que concerne ao respectivo procedimento de formação, tem sido alvo de regulamentação em sucessivas Directivas Comunitárias[3].

1.3. Compulsando o CCP, é possível, desde logo, recortar dois traços distintivos da actual disciplina jurídica do CEOP, em face do anterior quadro normativo plasmado no DL n.º 59/99: por um lado, a evidente redução de normas legais respeitantes à execução do CEOP e, por outro lado, a diminuição de dispositivos legais injuntivos sobre a mesma matéria.

Assim, do cotejo com o anterior regime do CEOP, não apenas se detecta um menor número de preceitos legais sobre a execução deste contrato, como também se constata uma compressão do universo dos normativos de aplicação obrigatória pelas partes.

---

[2] Aliás, é curioso assinalar que quando foi aprovado o nosso primeiro Código Civil, em Julho de 1867, já estava em vigor a Portaria de 8 de Março de 1861, através da qual tinham sido aprovadas as "Cláusulas e Condições Gerais das Empreitadas e dos Fornecimentos de Obras Públicas".

[3] Cfr. a Directiva 71/304/CEE, do Conselho, de 26 de Julho de 1971 (relativa à supressão de restrições à livre prestação de serviços no sector dos contratos públicos de obras), a Directiva 71/305/CEE, de 26 de Julho de 1971 (sobre a coordenação dos procedimentos de adjudicação dos contratos públicos de obras), a Directiva 89/440/CEE, de 18 de Julho de 1989 (que alterou a Directiva 71/305/CEE), a Directiva 93/37/CEE, de 14 de Junho de 1993 (que revogou a Directiva 701/305/CEE) e, finalmente, a Directiva 2004/18/CE, do Parlamento Europeu e do Conselho, de 31 de Março (que revogou a Directiva 93/37/CEE).

Compreende-se, por isso, que se fale num emagrecimento do *"contrato normativo"*, como faz o legislador do CCP (cfr. o preâmbulo do DL n.º 18/2008, de 29 de Janeiro).

Em consequência desta opção legislativa, a liberdade contratual das partes de um CEOP é, agora, objectivamente maior do que aquela que era concedida pelo DL n.º 59/99.

Neste plano, cumpre explicitar que muitas das matérias que eram exaustivamente reguladas pelo anterior diploma legal incidente sobre as empreitadas de obras públicas, não apenas sofreram uma redução de tratamento como, nalguns casos, deixaram mesmo de ser disciplinadas.

A título meramente exemplificativo, podem ser indicadas as seguintes matérias que foram eliminadas pelo CCP:

i. a matéria atinente aos materiais a serem utilizados em obra, anteriormente regulada nos artigos 166º a 177º do DL n.º 59/99;
ii. a matéria referente aos elementos necessários para a execução e medição dos trabalhos, anteriormente regulada no artigo 163º do DL n.º 59/99;
iii. a matéria relativa às funções e competências do fiscal de obra, anteriormente regulada nos artigos 178º a 184º do DL n.º 59/99;
iv. a matéria respeitante aos pagamentos em prestações fixas e variáveis, anteriormente regulada nos artigos 209º e 210º do DL n.º 59/99, e
v. a matéria sobre o designado inquérito administrativo, anteriormente regulada nos artigos 223º a 225º do DL n.º 59/99.

Em todo o caso, a disciplina jurídica do CEOP, tal como resulta do CCP, continua a ser muito compreensiva, sendo reguladas, nalguns casos minuciosamente, a generalidade das matérias indispensáveis à execução de uma obra pública.

1.4. Ainda em sede vestibular, importa fazer notar que o *"bloco de legalidade"* aplicável ao CEOP não se circunscreve apenas ao disposto no Capítulo I, do Título II, da Parte III, do CCP (cfr. os artigos 343º a 406º do CCP).

Bem pelo contrário, é fundamental ter ainda em atenção, desde logo, a designada "parte geral" do regime substantivo dos contratos administrativos[4]. Depois, importa não descuidar igualmente a aplicação

---

[4] cfr. o Título I, da Parte III, do CCP, *i.e.*, os artigos 278º a 335º.

de muitos outros diplomas legais avulsos com relevância no âmbito do Direito das Obras Públicas, como sejam, *inter alia*, o Decreto-Lei n.º 273/2003, de 29 de Outubro[5], o Decreto-Lei n.º 6/2004, de 6 de Janeiro[6], o Decreto-Lei n.º 12/2004, de 9 de Janeiro[7], e a Portaria n.º 701-H/2008, de 29 de Julho[8].

2. O CONCEITO E A NATUREZA JURÍDICA DO CONTRATO DE EMPREITADA DE OBRA PÚBLICA

2.1. O conceito normativo de CEOP, previsto no artigo 343º, n.º 1, do CCP, é em tudo idêntico à noção legal que nos era fornecida pelo anterior diploma regulamentador das empreitadas de obras públicas[9].

Assim, pode definir-se o CEOP como um acordo celebrado entre um contraente público (na acepção do artigo 3º do CCP) e um empreiteiro (na acepção do artigo 3º, alínea b., do DL n.º 12/2004) que tem em vista a

---

[5] O DL n.º 273/2003, de 29 de Outubro, estabelece as regras gerais de planeamento, organização e coordenação para promover a segurança, higiene e saúde no trabalho em estaleiros de construção, transpondo a Directiva n.º 92/57/CEE, do Conselho, de 24 de Junho.

[6] O DL n.º 6/2004, de 6 de Janeiro, estabelece o regime de revisão de preços dos contratos de empreitada de obras públicas, de obras particulares e de aquisição de bens e serviços.

[7] O DL n.º 12/2004, de 9 de Janeiro, determina as condições de acesso e permanência na actividade da construção civil (foi alterado pelo DL n.º 18/2008 e pelo DL n.º 69/2011, de 15 de Junho).

[8] A Portaria n.º 701-H/2008, de 29 de Julho, fixa o conteúdo obrigatório do programa e do projecto de execução, a que se reporta o artigo 43º, n.ºs 1 e 3 do CCP, e os procedimentos e normas a adoptar na elaboração de projectos de obras públicas, revogando a Portaria de 7 de Fevereiro de 1972, relativa às instruções para o cálculo de honorários referentes aos projectos de obras públicas. Note-se que relativamente a esta última Portaria, a jurisprudência pátria manifestou-se no sentido de que *"(...) nada na aludida Portaria revela que a mesma possua carácter imperativo. Pelo contrário, as suas disposições possuem, claramente, natureza supletiva e apenas têm aplicação na medida em que as partes não tenham voluntariamente acordado noutro sentido"* (cfr. o Acórdão da 2ª Secção de Contencioso Administrativo do Tribunal Central Administrativo Sul, de 15 de Abril de 2010, processo n.º 05459/09, disponível em *www.dgsi.pt*).

[9] Cfr. o artigo 2º, n.º 3, do DL n.º 59/99. O mesmo pode dizer-se, *mutatis mutandis*, do conceito de CEOP vertido nas Directivas 2004/18/CE e 93/37/CEE, cujas semelhanças são manifestas.

execução, ou a concepção e a execução, de uma obra pública mediante o pagamento de um determinado preço.

Saliente-se que, por força da remissão operada pela parte final do n.º 1, do artigo 343º do CCP, deve ser tida em consideração a Portaria n.º 19/2004, de 10 de Janeiro[10], já que, com propriedade, apenas se estará perante uma obra pública se os trabalhos a executar forem subsumíveis em alguma das categorias e subcategorias previstas naquela Portaria.

Por conseguinte, não basta atender ao disposto no artigo 343º, n.º 1, do CCP (que estabelece o conceito de CEOP) e, bem assim, ao preceituado no respectivo n.º 2 (que esclarece o que se deve entender por "obra pública"); ao invés, é ainda preciso considerar a referida Portaria que consagra as categorias e as subcategorias de trabalhos que os titulares de alvarás de obras públicas estão habilitados a executar.

Por outro lado, não se pode descurar que para que uma determinada entidade obtenha a qualidade de "empreiteiro", é necessário que essa entidade preencha os requisitos de ingresso e permanência para a actividade de construção, fixados pelo DL n.º 12/2004 (cfr. os artigos 7º a 18º deste diploma).

Só quando todos estes elementos estiverem reunidos num contrato, é que poderemos falar, em rigor, de um CEOP[11].

---

[10] Esta Portaria estabelece as categorias e subcategorias relativas à actividade da construção.

[11] De acordo com Freitas do Amaral, *"o que fundamentalmente caracteriza a empreitada de obras públicas é a execução de uma obra pública por uma empresa particular, cabendo à Administração pagar a esta o respectivo preço. Por via de regra são executadas deste modo as obras públicas de pequena e média dimensão, pois se entende ser o processo de maior economia e de melhor rendimento. É que, na empreitada, em vez de ser a Administração a suportar o pesado fardo de proceder à organização dos meios humanos e materiais necessários para a execução dos trabalhos (administração directa), ela põe, mediante o pagamento de um preço, essa tarefa a cargo do co-contratante, tirando inclusivamente vantagem da concorrência existente entre os empreiteiros. Por outro lado, é também este o processo adequado para a construção daquelas obras de maiores dimensões que, atenta a sua própria natureza ou outros condicionalismos, não sejam efectuadas por recurso ao sistema da concessão"* (cfr. DIOGO FREITAS DO AMARAL, com a colaboração de Pedro Machete e Lino Torgal, *Curso de Direito Administrativo*, Vol. II, 2ª ed., Almedina, Coimbra, 2011, p. 569).

2.2. O CEOP é, consabidamente, por determinação legal[12] e por natureza[13], um contrato administrativo.
Daqui resultam, fundamentalmente, duas consequências:

i. a primeira, no plano substantivo, implica que o CEOP fique sujeito a um regime jurídico-administrativo (aquele que está plasmado, essencialmente, como vimos, nos artigos 343º a 406º do CCP).
ii. a segunda, no plano adjectivo ou processual, implica que os eventuais litígios respeitantes a um CEOP sejam dirimidos pelos Tribunais Administrativos[14].

Não se perca de vista, quanto a este último aspecto, que a resolução dos diferendos emergentes de contratos administrativos pode ser submetida a Tribunais Arbitrais[15].

De resto, tem-se assistido, com cada vez maior frequência, à inclusão de cláusulas compromissórias nos contratos administrativos em geral, não escapando a esta tendência os CEOP.

---

[12] Cfr. o artigo 1º, n.º 6, alínea a., e os artigos 343º a 406º do CCP. De resto, era o que já resultava do DL n.º 59/99 (cfr. o artigo 2º, n.º 3) e do CPA (cfr. o artigo 178º, n.º 2, alínea a.). Note-se ainda, a este propósito, que a base normativa para que os contraentes públicos possam recorrer à contratação de empreitadas de obras públicas, naturalmente para a prossecução das suas atribuições legais, radica agora no artigo 278º do Código.

[13] Com efeito, por via de um CEOP, o empreiteiro executa (ou concebe e executa) uma obra pública por conta de um contraente público. Atendendo aos usuais critérios de classificação dos contratos administrativos, diremos, na linha da dogmática *jusadministrativista*, que o CEOP configura um contrato administrativo típico de colaboração subordinada. Em particular, sobre esta classificação contratual, cfr. MARK KIRKBY, *Contratos Administrativos de Subordinação (Natureza, Função e Limites)*, AAFDL, Lisboa, 2002.

[14] cfr. os artigos 212º, n.º 3, da CRP, 4º, n.º 1, alínea f., do ETAF e 37º, n.º 2, alínea h., do CPTA.

[15] Cfr. os artigos 209º, n.º 2, da CRP e 180º, n.º 1, alínea a., do CPTA. Sobre esta matéria, cfr., por último, MÁRIO AROSO DE ALMEIDA, *Manual de Processo Administrativo*, Almedina, Coimbra, 2010, pp. 203 a 208.

3. A FORMAÇÃO DO CONTRATO DE EMPREITADA DE OBRA PÚBLICA

3.1. Como sucede, genericamente, com os demais contratos administrativos, também a celebração de um CEOP implica a adopção prévia, por parte das entidades adjudicantes, de um dos procedimentos pré-contratuais previstos no CCP, ou seja, o ajuste directo, o concurso público, o concurso limitado por prévia qualificação, o procedimento de negociação ou o diálogo concorrencial[16].

Todavia, pelas especiais características e, *maxime*, pela relevância económico-financeira que um determinado CEOP pode envolver, existem regras específicas no âmbito dos procedimentos de formação deste tipo contratual que não podem deixar de ser aqui examinadas. É, pois, o que veremos em seguida[17,18].

3.2. Conquanto todos os procedimentos adjudicatórios referidos pressuponham a existência de um caderno de encargos[19], importa realçar que, no

---

[16] Cfr. o artigo 16º, n.º 1, do CCP. Este dispositivo legal consagra o princípio da tipicidade procedimental, nos termos do qual, as entidades adjudicantes só podem recorrer a um dos procedimentos pré-contratuais aí fixados. Se uma determinada entidade adjudicante, deliberada ou inadvertidamente, não utilizar um desses procedimentos adjudicatórios, a adjudicação do contrato poderá ficar ferida de nulidade por falta de uma formalidade essencial, a saber, o próprio procedimento administrativo, que constitui um elemento essencial do acto administrativo de adjudicação (cfr. o artigo 133º, n.º 1, do CPA). Neste sentido, cfr., entre outros, o Acórdão da 2ª Subsecção do Contencioso Administrativo do Supremo Tribunal Administrativo, de 11 de Novembro de 2003, processo n.º 01084/03, in *www.dgsi.pt*. Por regra, essa nulidade inquinará consequentemente o contrato celebrado, em virtude do princípio da equiparação entre o desvalor jurídico do contrato e do acto adjudicatório que lhe subjaz (cfr. o artigo 283º, n.º 1, do CCP).

[17] Destacamos apenas, no âmbito deste capítulo do presente estudo, as particularidades dos procedimentos de formação de um CEOP que consideramos mais importantes. Não temos, portanto, a pretensão de fazer uma análise exaustiva da contratação pública, *rectius*, dos procedimentos de formação dos contratos administrativos; pelo contrário, tencionamos, tão-somente, pôr aqui em destaque alguns dos aspectos mais específicos no domínio dos procedimentos adjudicatórios de contratos de empreitada de obras públicas.

[18] Saliente-se a existência de procedimentos pré-contratuais especiais no domínio das empreitadas de obras públicas: é o caso do DL n.º 104/2011, de 6 de Outubro, que aprovou o regime da contratação pública na área da defesa e da segurança, transpondo a Directiva n.º 2009/81/CE, do Parlamento e do Conselho, de 13 de Julho.

[19] Cfr. o artigo 40º, n.º 1, do CCP. Note-se que a Portaria n.º 959/2009, de 21 de Agosto, aprovou o formulário do caderno de encargos relativo aos CEOP. Todavia, e pese

caso concreto de um CEOP, tal peça procedimental, tem necessariamente que integrar, enquanto *"elementos de solução da obra"*, um *"programa"* e um *"projecto de execução"* (cfr. o artigo 43.º, n.º 1, do CCP)[20].

Só assim não sucederá, no caso, excepcional, previsto no artigo 43º, n.º 3, do CCP, em que ao empreiteiro é exigido que apresente, ele próprio, o projecto de execução.

Nesta circunstância, o caderno de encargos, a patentear pela entidade adjudicante, incluirá apenas um programa.

O conceito de *programa* é concretizado na Portaria n.º 701-H/2008, sendo aí designado por *programa preliminar*.

Trata-se, nas palavras do legislador, do *"documento fornecido pelo Dono da Obra ao Projectista para definição dos objectivos, características orgânicas e funcionais e condicionamentos financeiros da obra, bem como dos respectivos custos e prazos de execução a observar"*[21].

Deve destacar-se que o conteúdo mínimo do sobredito *programa preliminar* compreende, entre outros, o fornecimento dos seguintes elementos[22]:

i. os objectivos e características gerais da obra;
ii. os elementos topográficos, cartográficos e geotécnicos, o levantamento das construções existentes e das redes de infra-estruturas locais, o coberto vegetal, as características ambientais;
iii. os dados básicos relativos às exigências de comportamento, funcionamento, exploração e conservação da obra, tendo em atenção as disposições regulamentares;

---

embora a indiscutível utilidade prática deste diploma, o formulário em apreço não é de utilização obrigatória.

[20] O pretérito regime das empreitadas de obras públicas previa, diversamente, a existência de um projecto que incluía as peças *"suficientes para definir a obra, incluindo a sua localização, a natureza e o volume dos trabalhos, o valor para efeito do concurso, a caracterização do terreno, o traçado geral e os pormenores construtivos"* (cfr. os artigos 62º e 63º do DL n.º 59/99). Por outro lado, estabelecia-se a distinção entre peças escritas (memória ou nota descritiva, cálculos justificativos, folhas de medição, programa de trabalhos) e peças desenhadas (planta de localização, alçados, cortes e pormenores indispensáveis para uma pormenorizada definição da obra e ainda, se necessário, os estudos geológico ou geotécnico, ou, se omitidos estes estudos, a definição das características geológicas do terreno).

[21] Cfr. a alínea n., do artigo 1º, do Anexo I – Instruções para a elaboração de projectos de obras –, aprovado pela Portaria n.º 701-H/2008, de 29 de Julho.

[22] Cfr. o artigo 2º, do Anexo I, da Portaria n.º 701-H/2008.

iv. a estimativa de custo e respectivo limite dos desvios e, eventualmente, indicações relativas ao financiamento do empreendimento;
v. a indicação dos prazos para a elaboração do projecto e para a execução da obra.

Por seu turno, o *projecto de execução*, que constitui o segundo elemento de solução da obra, a incluir no caderno de encargos[23], é legalmente definido como o *"documento elaborado pelo Projectista, a partir do estudo prévio ou do anteprojecto aprovado pelo Dono da Obra, destinado a facultar todos os elementos necessários à definição rigorosa dos trabalhos a executar"*[24].

Cumpre esclarecer que o projecto de execução corresponde à última fase referente à designada concepção da obra, sendo, por norma, precedido, sucessivamente, pelo anteprojecto (ou projecto base), estudo prévio e programa base[25].

Esta precedência, contudo, nem sempre se verifica, já que algumas dessas fases de concepção (projecto) podem ser dispensadas de apresentação formal[26].

Por outro lado, importa realçar que a entidade adjudicante deve fazer acompanhar o *projecto de execução* dos seguintes elementos:

i. uma descrição dos trabalhos preparatórios ou acessórios necessários para a execução da obra;
ii. uma lista completa de todas as espécies de trabalhos relativos à execução da obra e do correspectivo mapa de quantidades, e
iii. um planeamento das operações de consignação[27].

Acresce, ainda neste domínio, que quando estejam em causa obras de complexidade relevante, ou quando sejam utilizados métodos, técnicas ou materiais de construção inovadores, o *projecto de execução* deve ser objecto de prévia revisão por parte de uma entidade qualificada para a ela-

---

[23] A não ser, como já se referiu, nos casos excepcionais contemplados pelo artigo 43°, n.° 3, do CCP, ou seja, nas situações em que é legalmente admissível a celebração de um contrato de empreitada na modalidade de concepção / construção.
[24] Cfr. a alínea t., do artigo 1°, do Anexo I, da Portaria n.° 701-H/2008.
[25] Cfr. o artigo 3°, n.° 1, do Anexo I, da Portaria n.° 701-H/2008.
[26] Cfr. o proémio do n.° 1, do art. 3°, do Anexo I da Portaria n.° 701-H/2008.
[27] Cfr. o artigo 43°, n.ºs 4 e 6, do CCP.

boração desse projecto, sendo que tal entidade deve, compreensivelmente, ser distinta do respectivo autor[28].

Assim, embora a margem de discricionariedade seja aqui manifesta, dada a ausência de indícios normativos sobre o que se deve entender, por exemplo, por *"obras de complexidade relevante"*, o que é isento de dúvidas é que a revisão do projecto de execução deverá ter lugar antes do início do procedimento adjudicatório.

Observe-se, a este respeito, que a entidade responsável por essa revisão tem de ser distinta do autor do aludido projecto de execução e, obviamente, deverá ser qualificada para o efeito[29].

É de notar, também, que pode ainda revelar-se necessário instruir o *projecto de execução* com levantamentos, análises de base e de campo, estudos geológicos e geotécnicos, estudos ambientais (onde avulta a declaração de impacte ambiental), resultados de ensaios laboratoriais, entre outros, em função da obra específica a executar[30].

Advirta-se que o legislador não explicitou as circunstâncias em que estes elementos adicionais devem constar do caderno de encargos, atenta a miríade de hipóteses que podem estar em jogo.

É, contudo, naturalmente exigível à entidade adjudicante que, na fase de preparação do lançamento da empreitada, compulse, pelo menos, os diplomas legais[31] com relevância para cada obra concreta, a fim de apurar a eventual existência de outros elementos a incluir no caderno de encargos, para além dos expressamente consignados no artigo 43°, n.ᵒˢ 4 a 6, do CCP[32].

---

[28] Cfr. o art. 43°, n.° 2, do CCP.
[29] Cfr. o artigo 18°, n.ᵒˢ 2 e 3, da Lei n.° 31/2009, de 3 de Julho.
[30] Cfr. o artigo 43°, n.° 5, do CCP.
[31] Entre muitos outros diplomas que podem ter importância, tenham-se presentes os seguintes: o Decreto-Lei n.° 69/2000, de 3 de Maio (Regime jurídico do procedimento de avaliação de impacto ambiental); a Portaria n.° 330/2001, de 2 de Abril (Normas técnicas para os documentos envolvidos na avaliação do impacto ambiental); o Decreto-Lei n.° 79/2006, de 4 de Abril (Regulamento dos Sistemas Energéticos de Climatização em Edifícios); o Decreto-Lei n.° 80/2006, de 4 de Abril (Regulamento das Características de Comportamento Térmico dos Edifícios); o Decreto-Lei n.° 9/2007, de 17 de Janeiro (Regulamento Geral do Ruído) e o Decreto-Lei n° 173/2008, de 26 de Agosto (Regime Jurídico da Prevenção e Controlo Integrados da Poluição).
[32] Saliente-se, também aqui, a excepção prevista no art. 43°, n.° 3, do CCP. Nesta situação, é sobre o empreiteiro que impende, fundamentalmente, a obrigação em apreço, porquanto é a este que compete elaborar o projecto de execução.

Por fim, nesta sede, releve-se que no caso do respectivo valor contratual[33] ser igual ou superior a € 25.000.000,00, o caderno de encargos deve também fixar a obrigação de o adjudicatário (em princípio, o futuro empreiteiro) elaborar um ou vários projectos de investigação e desenvolvimento, a concretizar em território nacional e relacionados com o objecto do CEOP a celebrar, de montante correspondente a 1% do preço contratual[34].

3.3. A estrita observância das normas legais acabadas de enunciar é fundamental, não apenas em atenção à regra da prevalência, prevista no artigo 51º do CCP, mas, sobretudo, na medida em que a violação das mesmas pode determinar a nulidade do caderno de encargos.

Efectivamente, esta peça conformadora do procedimento adjudicatório tendente à celebração de um CEOP, será nula caso se registe alguma das seguintes hipóteses[35]:

i. a inexistência de um *programa preliminar* e de um *projecto de execução*, ou apenas do *programa preliminar* quando a concepção do projecto de execução seja submetida à concorrência pelo caderno de encargos[36];

ii. a omissão de revisão do projecto de execução, no caso de obras de complexidade relevante;

iii. a ausência de algum dos elementos previstos no artigo 43º, n.º 5, do CCP, quando os mesmos forem legalmente exigíveis;

---

[33] Para a determinação do valor contratual, importa atender ao disposto no artigo 17º do CCP, sendo que, no que concerne especificamente aos CEOP, o valor máximo do *benefício económico* que poderá ser obtido pelo adjudicatário, com a execução das prestações que constituem o objecto do contrato a celebrar, deve levar em consideração o valor dos bens móveis que, eventualmente, a entidade adjudicante coloque à disposição do adjudicatário (cfr. o artigo 17º, n.º 3, do CCP).

[34] Cfr. o art. 42º, n.º 7, do CCP. Note-se que, se o contrato a celebrar for de *"baixa intensidade tecnológica"*, tal valor pode ser reduzido até 5% do preço contratual (cfr. o art. 42º, n.º 8, do CCP). Refira-se ainda que a Portaria n.º 701-J/2008, de 29 de Julho, regulamenta o regime de acompanhamento e fiscalização da execução dos projectos de investigação e desenvolvimento a implementar nos termos do artigo 42º, n.º 7, do CCP.

[35] Cfr. o artigo 43º, n.º 8, do CCP.

[36] O que sucederá se estiver em causa a aplicação do artigo 43º, n.º 3, do CCP, isto é, se estiver em causa um procedimento tendente à formação de um contrato de concepção / construção.

iv. a elaboração dos elementos da solução de obra em violação das regras previstas na Portaria n.º 701-H/2008.

Observe-se que, ocorrendo uma nulidade do caderno de encargos, essa invalidade jurídica contaminará, por princípio, o próprio CEOP[37].

Eventualmente, sublinhe-se, nesta circunstância, poderá ser invocado o artigo 285º, n.º 3, do CCP, que prevê a redução ou conversão dos contratos administrativos, independentemente do respectivo desvalor jurídico.

Importa realçar, a este propósito, que, em termos processuais, o caderno de encargos é legalmente equiparado a um acto administrativo para efeitos da sua impugnação contenciosa[38].

Por conseguinte, este documento conformador de um procedimento adjudicatório (como, de resto, sucede com os demais documentos desta natureza) é susceptível de impugnação directa, mediante o recurso a um processo de contencioso pré-contratual (com carácter urgente), nomeadamente, com base na ilegalidade das respectivas especificações técnicas.

Neste contexto, tem-se discutido o termo *a quo* para a impugnação dos documentos conformadores de determinado procedimento adjudicatório. Isto é, tem-se debatido se o prazo para tal impugnação é o que consta do artigo 101º do CPTA (um mês a contar da data da notificação ou do conhecimento, *in casu*, destas peças procedimentais), ou se, pelo contrário, à luz do princípio da impugnação unitária (cfr. o artigo 51º, n.º 3, do CPTA), tal prazo deve começar a contar-se a partir da data da prática do acto de adjudicação.

Em nossa opinião, o prazo em questão deve começar a contar-se nos termos fixados no artigo 101º do CPTA, pois está aqui em causa uma norma claramente especial do designado contencioso pré-contratual.

Assim, por exemplo, a impugnação de um caderno de encargos deve ser feita no prazo de um mês após a data em que os interessados obtiveram conhecimento do mesmo; pelo menos, naquelas situações em que a ilegalidade de alguma das suas cláusulas seja manifesta.

Isto dito, parece-nos possível, embora somente em *casos contados*, que, atento o aludido princípio da impugnação unitária, seja sindicado um

---

[37] Cfr. o artigo 283º, n.º 1, do CCP. Sobre esta matéria, cfr. o Acórdão da 1ª Secção do Tribunal Central Administrativo Norte, de 15 de Abril de 2010, processo n.º 01480/09.4BE-BRG. Veja-se, a propósito, a anotação de RAQUEL CARVALHO, in Cadernos de Justiça Administrativa n.º 84, CEJUR, Braga, 2010, pp. 32 a 45.

[38] Cfr. o artigo 100º, n.º 2, do CPTA.

acto procedimental, *maxime*, o acto de adjudicação, com base num vício do programa de procedimento ou do caderno de encargos que se tenha reflectido directamente nesse acto final do procedimento (observando-se, sempre, o prazo estipulado no artigo 101º do CPA).

Mas, note-se bem, são situações diversas: nesta última hipótese, o acto administrativo impugnado será o acto de adjudicação; na primeira hipótese, o "acto" impugnado é uma peça conformadora do procedimento adjudicatório[39].

Refira-se, ainda neste plano, que o caderno de encargos e, bem assim, o programa do procedimento, consubstanciam, em termos substantivos, regulamentos (administrativos) externos[40], sendo vinculativos para a entidade adjudicante e para todos os interessados no procedimento adjudicatório (cfr. os artigos 41º e 42º do CCP)[41].

3.4. Na resposta ao conteúdo do caderno encargos, as propostas dos interessados, *rectius*, dos candidatos ou concorrentes, em função do procedimento adjudicatório em causa[42], devem respeitar os parâmetros nele defi-

---

[39] Sobre esta matéria, cfr. MÁRIO AROSO DE ALMEIDA, *Manual de Processo Administrativo*, Almedina, Coimbra, 2010, pp. 342 a 344. Na jurisprudência, cfr. o Acórdão da Secção do Contencioso Administrativo do Tribunal Central Administrativo Sul, de 9 de Junho de 2011, processo n.º 07228/11, in *www.dgsi.pt*.

[40] Sobre as diversas espécies de regulamentos administrativos, cfr., em geral, DIOGO FREITAS DO AMARAL, *Curso...*, pp. 189 a 192.

[41] Observe-se que, diversamente do que sucede com os programas de procedimentos, não é pacífica a recondução dos cadernos de encargos à categoria de regulamentos administrativos. Com efeito, se a qualificação dos programas de procedimento, como regulamentos administrativos, não suscita dúvidas, há quem sustente que os cadernos de encargos configuram, não regulamentos administrativos, mas antes declarações negociais que contêm as cláusulas a incluir no contrato a celebrar. Neste sentido, entre outros, cfr. MARCELO REBELO DE SOUSA e ANDRÉ SALGADO DE MATOS, *Direito Administrativo Geral, Actividade Administrativa*, Tomo III, 2ª ed., Edições D. Quixote, Lisboa, 2009, p. 359. Por nós, e aderindo à doutrina que tem sido expendida em diversos Pareceres do Conselho Consultivo da Procuradoria-Geral da República, consideramos que os cadernos de encargos, a par com os programas de procedimento, consubstanciam efectivos regulamentos administrativos (cfr., *inter alia*, o Parecer do Conselho Consultivo da PGR, n.º 000432002, de 14 de Agosto de 2002, in *www.dgsi.pt*).

[42] Cfr., respectivamente, os artigos 52º e 53º do CCP. Tenha-se presente, naturalmente, a possibilidade de apresentação de candidaturas ou propostas por parte de agrupamentos (de pessoas singulares ou de pessoas colectivas), como sucede amiúde nos procedimentos de formação de CEOP que revistam de alguma complexidade técnica ou exijam um avultado investimento (cfr. o artigo 54º do CCP).

nidos, sob pena de serem excluídas[43].

Em particular, no âmbito dos procedimentos de formação de um CEOP, especial atenção deve ser concedida ao facto de ser exigível que as propostas dos concorrentes contemplem, entre outros, os seguintes documentos[44]:

i. uma lista de preços unitários referentes a todas as espécies de trabalhos previstas no projecto de execução;
ii. um plano de trabalhos, nos casos em que o caderno de encargos compreenda um projecto de execução (o que corresponde à regra geral, de acordo com o preceituado no artigo 43°, n.° 1, do CCP).
iii. um estudo prévio, nos casos em que o caderno de encargos compreende apenas um programa preliminar[45].

Por outro lado, exige-se ainda que os concorrentes indiquem, nas respectivas propostas, os preços parciais dos trabalhos que se propõem levar a cabo e que devem corresponder às habilitações constantes dos alvarás, ou dos títulos de registo emitidos pelo Instituto da Construção e do Imobiliário, I.P. ("InCI, I.P.")[46], para o efeito de se poder aferir da conformidade desses preços com a classe daquelas habilitações[47].

3.5.1. Sublinhe-se que, na fase de habilitação, um dos documentos (documentos de habilitação) que deve ser apresentado pelo adjudicatário, consiste no alvará de construção ou no título de registo, ambos emitidos pelo aludido Instituto, contendo as habilitações necessárias para a execução da obra em causa[48].

---

[43] Cfr. os artigos 42.°, n.ºs 3 e 4, 70°, n.° 2, alínea b., e 146°, n.° 2, alínea o., do CCP.
[44] Cfr. o artigo 57°, n.° 2, do CCP.
[45] Ou seja, nas situações, excepcionais, previstas no artigo 43°, n.° 3, do CCP.
[46] Este Instituto Público ("InCI, I.P.") é a entidade reguladora e fiscalizadora do sector da construção e do imobiliário, competindo-lhe, *inter alia*, a atribuição dos títulos para o exercício das actividades reguladas, designadamente, o alvará de construção e o título de registo (cfr. o Decreto-Lei n.° 144/2007, de 27 de Abril, alterado pelo Decreto-Lei n.° 69/2011, de 15 de Junho).
[47] Cfr. o artigo 60°, n.° 4, do CCP.
[48] Cfr. o artigo 81°, n.° 2, do CCP. Esclareça-se que o alvará de construção é o documento que consubstancia a autorização, concedida pelo InCI, I.P., que relaciona todas as habilitações detidas por uma empresa de construção, enquanto que o título de registo consiste no documento que traduz a autorização, igualmente atribuída pelo InCI, I.P., que habilita

Note-se que para o efeito da verificação das habilitações necessárias à obra a executar, o adjudicatário goza da possibilidade de apresentar alvarás ou títulos de registo da titularidade dos seus subcontratados (futuros subempreiteiros), desde que tais documentos sejam acompanhados por uma declaração de compromisso mediante a qual aqueles se comprometam a realizar os trabalhos da empreitada correspondentes às suas habilitações.

Tal é o que se infere do disposto no artigo 81º, n.º 3, do CCP, que consagra o designado princípio do aproveitamento da capacidade de terceiros[49].

A cominação para o incumprimento destes deveres por parte do adjudicatário, em sede de apresentação dos documentos de habilitação legalmente exigíveis, é a caducidade do acto de adjudicação[50].

3.5.2. Uma questão que, neste domínio, tem provocado algumas dúvidas é a de saber se a entidade adjudicante poderá excluir um concorrente, do âmbito de um procedimento de formação de um CEOP, se, previamente à fase de habilitação, detectar que tal concorrente não dispõe de título habilitante para que lhe possa ser adjudicada a obra objecto do procedimento, ou se, pelo contrário, a entidade adjudicante terá esperar por esta fase do procedimento adjudicatório (a fase de habilitação) para então, só aí, poder excluir um concorrente naquelas circunstâncias.

Em nossa opinião, se a entidade adjudicante, *rectius*, o júri, vier a apurar, por exemplo mediante a resposta de um certo concorrente a um pedido de esclarecimentos, que o mesmo não goza do alvará necessário para a execução da empreitada posta a concurso, deverá ser determinada a sua exclusão do procedimento.

---

uma determinada empresa a realizar certos trabalhos, quando o valor dos mesmos não exceda o limite para o efeito legalmente definido, ou seja, 10% do valor fixado para a classe 1; actualmente, € 16.600,00 (cfr. o artigo 3º, alíneas i. e j., e os artigos 4º, n.º 1, e 6º, n.º 1, do Decreto-Lei n.º12/2004, de 9 de Janeiro, com as alterações decorrentes do DL n.º 69/2011). Relativamente às classes das habilitações dos alvarás de construção e seus respectivos valores, cfr. a Portaria n.º 57/2011, de 28 de Janeiro. Quanto às habilitações dos empreiteiros, refira-se que estas são estruturadas em categorias e subcategorias em função das diversas actividades referentes à construção (cfr. a Portaria n.º 19/2004, de 10 de Janeiro).

[49] Sobre este princípio, cfr. o Acórdão da 2ª Subsecção do Contencioso Administrativo do Supremo Tribunal Administrativo, de 20 de Janeiro de 2010, processo n.º 01108/09, in *www.dgsi.pt*.

[50] Cfr. o artigo 86º, n.º 1, do CCP. Nestes casos, e em relação a um CEOP, a entidade adjudicante deverá informar o InCI, I.P. dessa ocorrência (cfr. o artigo 86º, n.º 5, do CCP).

Este acto de exclusão, em princípio, terá lugar na fase de análise das propostas. Com efeito, nessa fase, o júri deverá verificar se existe algum motivo de ordem material ou formal conducente à exclusão das propostas apresentadas, sendo que, uma vez excluída uma proposta com fundamento em tais razões, essa mesma proposta já não deverá ser objecto de avaliação, propriamente dita (antes, apenas, deverá o júri fundamentar a sua deliberação excludente).

Ora, no caso que nos ocupa, tal exclusão deverá ser determinada com base na alínea b., do n.º 2, do artigo 70º, do CCP, porquanto, uma proposta cuja análise revele que o seu titular não detém as habilitações legais necessárias para a execução de uma certa empreitada, consubstancia uma proposta que encerra *termos* que violam aspectos da execução do contrato não submetidos à concorrência.

Mas ainda que se entenda que a situação em apreço não é subsumível no invocado normativo, à mesma conclusão se chegará por aplicação analógica do disposto nos artigos 146º, n.º 2, alínea c., e 184º, n.º 2, alínea c., do CCP: a proposta deverá ser objecto de uma deliberação de exclusão[51].

Refira-se que, de outro modo, chegar-se-ia a um desfecho profundamente ilógico: não obstante o júri tivesse detectado que um determinado concorrente não dispunha do alvará necessário para a execução da obra objecto do concurso, teria, ainda assim, de avaliar a sua proposta, de a ordenar e, finalmente, de a adjudicar.

Isto, sublinhe-se, bem sabendo que, depois, em fase de habilitação, teria de a excluir, por força do disposto no artigo 86º, n.º 1, do CCP.

A não ser que se admitisse – numa linha de raciocínio algo esdrúxula – que qualquer entidade, seja ela qual for, pode pretender apresentar uma proposta com vista à adjudicação de uma empreitada, desde que até à fase de habilitação almeje obter o alvará necessário para a execução da obra em causa.

Simplesmente, este entendimento não colhe.

Com efeito, neste tipo de procedimento de formação de um CEOP, os concorrentes estão adstritos a indicar, logo nas suas propostas, os preços parciais dos trabalhos que se propõem executar, correspondentes às habilitações contidas nos alvarás ou nos títulos de registo emitidos pelo InCI, I.P[52].

---

[51] Esta última posição corresponde ao entendimento de MÁRIO e RODRIGO ESTEVES DE OLIVEIRA, *Concursos e Outros Procedimentos de Contratação Pública*, Almedina, Coimbra, 2011, pp. 490 a 495.

[52] Cfr. o artigo 60º, n.º 4, do CCP.

Por conseguinte, e a despeito do que poderia resultar de uma interpretação meramente literal do preceituado no artigo 81º, n.º 2, do CCP, não procede o argumento indicado de que os concorrentes só têm de obter os alvarás legalmente exigíveis para determinada obra, na fase de habilitação.

3.5.3. Ainda relativamente à fase de habilitação, deve referir-se que concorrentes estrangeiros a um procedimento de formação de um CEOP, que sejam nacionais de um país subscritor do Acordo sobre o Espaço Económico Europeu ou do Acordo sobre Contratos Públicos da Organização Mundial de Comércio, podem apresentar, em substituição do alvará ou título de registo emitido pelo InCI, I.P., uma declaração, emitida por aquele Instituto Público, comprovativa de que os concorrentes em causa podem executar a empreitada objecto do procedimento adjudicatório, por preencherem os requisitos que lhe permitiriam serem titulares de um alvará ou título de registo com as habilitações necessárias à obra em questão (cfr. o artigo 81º, n.º 5, alínea a. do CCP).

Este dispositivo requer um cuidado especial por parte das referidas entidades ou operadores estrangeiros, porquanto a obtenção da declaração substitutiva do alvará ou do título de registo, pode revelar-se problemática. Nessa medida, é aconselhável que o requerimento para a emissão da invocada declaração substitutiva a apresentar junto do InCI, I.P., seja feito com tempo (com o tempo necessário para que essa entidade disponha da referida declaração no momento em que apresenta a sua proposta, a fim de poder dar cumprimento ao disposto no artigo 60º, n.º 4, do CCP).

Em todo o caso, realçamos que o normativo em apreço[53] contende, em nossa opinião, com o preceituado no artigo 46º da Directiva 2004/18/CE[54].

Efectivamente, nos termos da invocada disposição comunitária, apenas se exige que seja feita *"(...) prova da sua inscrição num registo profissional ou comercial, ou a apresentação de uma declaração, feita sob juramento, ou de um certificado, tal como enumerados no Anexo IX A para os contratos de empreitada de obras públicas"*. Por conseguinte, advogamos que, sendo dado cumprimento ao disposto naquela norma comunitária, as entidades adjudicantes devem considerar como válido o documento de ha-

---

[53] Ou seja, o artigo 81º, n.º 5, alínea a., do CCP.
[54] Suscitando dúvidas sobre a conformidade deste artigo do CCP com o artigo 46º da Directiva 2004/18/CE, cfr. GONÇALO GUERRA TAVARES e NUNO MONTEIRO DENTE, *Código dos Contratos Públicos - Comentado*, Vol. I, Almedina, Coimbra, 2009, pp. 301 e 302.

bilitação apresentado pelo operador estrangeiro em causa[55]. Na verdade, a estrita observância do princípio da interpretação conforme com o direito da União Europeia, não permite outra ilação[56].

3.5.4. No caso de agrupamentos de concorrentes, assinala-se que todos os membros desse agrupamento que sejam empreiteiros, devem apresentar os respectivos títulos habilitantes (*v.g.* alvarás) na fase habilitação.

Todavia, isso não obsta a que possa ser concorrente a um procedimento de formação de um CEOP, um agrupamento de empresas em que apenas uma delas detenha a qualidade de empreiteiro, sendo que, nesta circunstância, somente essa empresa deverá fazer prova do respectivo título.

Acontece, de facto, *maxime* em procedimentos de formação de concessões de obras públicas, que nem todos os membros do agrupamento concorrente são empreiteiros.

Por outro lado, é de notar que o conjunto das habilitações dos membros do agrupamento concorrente que sejam empresas de construção, devem ser analisados conjuntamente, pois a globalidade de tais habilitações pode ser necessária para o preenchimento dos requisitos de ordem técnica exigíveis para a execução de determinada obra (cfr. o artigo 84º do CCP).

3.6. Um outro aspecto com especificidades que merecem realce nos procedimentos de formação de um CEOP, prende-se com o conceito de *"preço anormalmente baixo"*.

Com efeito, enquanto que, em geral, para qualquer outro tipo de contrato sujeito ao CCP, o preço da proposta apresentada, no âmbito do respectivo procedimento adjudicatório, será considerado como anormalmente baixo se for 50%, ou mais, inferior ao preço base fixado no caderno de encargos, no caso de um procedimento de formação de um CEOP, diversa-

---

[55] No mesmo sentido, Pedro Gonçalves refere que *"(...) deve entender-se que as entidades adjudicantes se encontram obrigadas a aceitar como suficiente, para efeito de válida celebração do contrato com adjudicatários originários da UE, a apresentação do título de habilitação do Estado-Membro de estabelecimento acompanhada da declaração (ajuramentada) do próprio adjudicatário segundo a qual aquele mesmo título permite o cumprimento das prestações do contrato de empreitada de obras públicas em causa"* (cfr. PEDRO GONÇALVES, *Adjudicação de Contratos de Empreitada de Obras Públicas a Empresas Estabelecidas noutros Estados-Membros da União Europeia*, in Direito, n.º 7, CEJUR, Coimbra, 2009, p. 48).

[56] Cfr. ALESSANDRA SILVEIRA, *Princípios de Direito da União Europeia*, Quid Iuris, 2011, pp. 141 a 175.

mente, tal preço terá essa natureza se for (apenas) 40%, ou mais, inferior ao preço base, igualmente fixado no caderno de encargos[57].

Note-se, todavia, que este constitui o critério supletivo para a determinação do que deve entender-se por um *"preço anormalmente baixo"*.

Com efeito, pode também suceder que a entidade adjudicante indique, explicitamente, nas peças procedimentais, um valor abaixo do qual o preço de uma proposta será considerado como um preço anormalmente baixo.

Assim, bem vistas as coisas, temos duas formas de apuramento de um preço anormalmente baixo: ou por via da respectiva explicitação nas peças conformadoras do procedimento (em princípio, no convite para a apresentação de propostas ou no programa de concurso), ou por via da sua determinação aritmética, ou seja, por referência ao preço base indicado no caderno de encargos.

Em ambos os casos, sublinhe-se, as propostas devem ser instruídas com uma justificação para tais preços (anormalmente baixos).

Refira-se que o legislador apontou, exemplificativamente, alguns factores que podem justificar um preço dessa natureza, a saber, a economia do processo construtivo, as soluções técnicas a adoptar, a originalidade da obra, ou as condições excepcionalmente favoráveis de que o empreiteiro venha a desfrutar para a execução da obra (cfr. o artigo 71º, n.º 4, do CCP).

Esta matéria assume grande relevância em virtude de poder conduzir à exclusão de uma proposta[58].

Efectivamente, constitui uma obrigação dos concorrentes a instrução das suas propostas com os documentos justificativos da apresentação de um preço anormalmente baixo, quando esse preço resulte, directa ou indirectamente, das peças do procedimento[59].

Não o fazendo, a sua proposta deve ser excluída.

Advirta-se que a obrigatoriedade de serem solicitados esclarecimentos aos concorrentes, previamente à exclusão de propostas por tal motivo[60], somente se coloca na circunstância de o valor do preço anormalmente baixo não estar fixado nas peças procedimentais e, ainda, nos casos em que não há preço base[61], pois, em ambas estas situações, os concorrentes não

---

[57] Cfr. o artigo 71º, n.º 1, alínea a., do CCP.
[58] Cfr. o artigo 70º, n.º 2, alínea e., do CCP.
[59] Cfr. o artigo 57º, n.º 1, alínea d., do CCP.
[60] Cfr. o artigo 71º, n.º 3, do CCP.
[61] Cfr. o artigo 47º, n.º 2, do CCP.

poderiam ter determinado, com segurança, se as suas propostas encerravam um preço anormalmente baixo, ou não.

Por outras palavras, só nestas situações (relativamente raras), a entidade adjudicante deverá permitir que o titular de uma proposta, cujo preço foi considerado como anormalmente baixo, o venha esclarecer, antes de tomar uma (eventual) decisão de exclusão dessa proposta.

Nas demais situações (que constituem a maioria), a justificação para um preço anormalmente baixo deve constar, desde logo, da proposta apresentada, sob pena de exclusão liminar da mesma.

Observe-se que tal proposta, não obstante ter sido oferecida tempestivamente pelo concorrente, poderá ainda assim ser excluída se a motivação para o preço apresentado não for, fundamentadamente, aceite pelo júri (releve-se que a apreciação desta matéria envolve juízos de discricionariedade técnica, pelo que, em princípio, não é susceptível de ser contenciosamente sindicada)[62].

3.7. Cumpre ainda referir que, uma vez outorgado o CEOP[63], deve o mesmo ser sujeito, em princípio[64], a fiscalização prévia por parte do Tribunal de Contas[65].

---

[62] Sobre esta temática, cfr. o Acórdão da Secção do Contencioso Administrativo do Tribunal Central Administrativo Sul, de 9 de Junho de 2011, processo n.º 07483/2011, in www.dgsi.pt. Note-se que a exclusão de propostas, neste quadro, deve ser notificada ao InCI, I.P.(cfr. o artigo 70º, n.º 3, do CCP).

[63] O CEOP será, por regra, objecto de um contrato escrito. Com efeito, a exigência legal de verter a escrito o CEOP só é dispensada para contratos cujo preço contratual seja inferior a € 15.000,00 e a respectiva complexidade técnica diminuta (cfr. os artigos 94º, n.º 1, e 95º, n.º 1, alínea d., do CCP).

[64] Dizemos que assim é, princípio, em função do âmbito subjectivo de aplicação da Lei n.º 98/97, de 26 de Agosto (doravante, "Lei do Tribunal de Contas"). Esta lei foi objecto de várias alterações, sendo a última das quais a decorrente da Lei n.º 2/2012, de 6 de Janeiro (8ª alteração). A Lei do Tribunal de Contas inclui na sua jurisdição e poderes de controlo financeiro um vasto leque de entidades. Por outro lado, os contratos de empreitada de obra pública inscrevem-se, indubitavelmente, no âmbito objectivo de aplicação da mencionada Lei do Tribunal de Contas. Note-se que, de momento, e em geral, somente os contratos de valor superior a € 350.000,00 estão sujeitos a visto prévio. Contudo, tenha-se presente o leque de isenções de visto prévio previsto no artigo 47º, n.º 1, da Lei do Tribunal de Contas. De entre estas isenções, é de salientar, pela sua relevância, que os actos e contratos celebrados pelas empresas públicas, pelas empresas municipais e pelas associações públicas, de valor inferior a € 5.000.000,00, estão, por princípio, também isentos de fiscalização prévia (note-se, todavia, a necessidade de atender ao disposto no artigo 5º, n.º 1, alínea c. da referida Lei, cuja interpretação não é isenta de dúvidas, requerendo uma aturada análise casuística).

[65] Cfr. o artigo 46º, n.º 1, alínea b). da Lei do Tribunal de Contas. Em geral, sobre as atribuições e competências do Tribunal de Contas, cfr., na nossa doutrina, JOSÉ TAVARES,

A fiscalização prévia consiste, essencialmente, nas operações de verificação dos actos, contratos ou outros instrumentos geradores de despesa ou de responsabilidades financeiras, no sentido de apurar se os mesmos estão em conformidade com a lei e se os respectivos encargos têm cabimentação orçamental.

Uma vez concluída esta fiscalização, o Tribunal de Contas emite ou recusa a emissão do designado *"visto prévio"*.

Este visto prévio inscreve-se nos designados actos integrativos da eficácia exigidos por lei[66], pelo que os plenos efeitos dos contratos a ele sujeitos, ficam dependentes da emissão desse visto prévio[67].

Há aqui, contudo, algumas particularidades que devem ser assinaladas, fruto da matriz normativa resultante da conjugação do preceituado no artigo 287º, n.º 1, do CCP, com o disposto no artigo 45º da Lei do Tribunal de Contas, a saber:

i. os contratos sujeitos a visto, *rectius*, a fiscalização prévia do Tribunal de Contas, podem produzir efeitos antes da emissão ou recusa desse visto (com a excepção que assinalaremos *infra*).

ii. se o Tribunal de Contas recusar a emissão do visto, os contratos em causa tornam-se ineficazes, mas somente a partir da data da notificação dessa recusa de visto, momento a partir do qual deixam de produzir efeitos.

iii. os pagamentos porventura já efectuados pelo dono de obra ao empreiteiro, até ao momento da notificação da recusa de visto e desde que tenha sido observada a correspectiva programação contratual, *maxime*, o cronograma financeiro, são plenamente válidos e eficazes (sob pena de indevido locupletamento do dono da obra).

iv. após a notificação dessa recusa de visto, os pagamentos contratualmente previstos podem de igual modo ser efectuados, mas, note-se

---

O Tribunal de Contas – Do visto em especial – Conceito, Natureza e Enquadramento na Actividade de Administração, Almedina, Coimbra, 1998; FERNANDO XAREPE SILVEIRO, *O Tribunal de Contas, as Sociedades Comerciais e os Dinheiros Públicos*, Coimbra Editora, Coimbra, 2003; PEDRO MELO e DIOGO DUARTE CAMPOS, *Visto do Tribunal de Contas. Alguns Problemas*, in Revista de Direito Público e da Regulação, CEDIPRE, Coimbra, 2010, pp. 27 a 46.

[66] Cfr. o artigo 287º, n.º 1, do CCP.

[67] Outros exemplos de actos desta natureza encontram-se nos artigos 127º, n.º 2, e 315º, n.º 2, do CCP.

bem, desde que o valor dos trabalhos a liquidar não ultrapasse a programação fixada nesses contratos para o período que mediou entre a celebração do contrato e a data da notificação da recusa de visto prévio (portanto, é preciso aqui atender aos respectivos cronogramas financeiros e planos de trabalhos). Dito de forma diversa: somente podem ser pagos ao empreiteiro, depois da notificação da recusa de visto, os trabalhos que tenham sido já executados e que respeitem a programação contratualmente convencionada.

v. após a notificação da recusa de visto, não poderá ser determinada a execução de mais trabalhos por parte do dono da obra[68].

Como se apontou acima, há uma importante excepção a este regime-regra: os contratos de valor superior a € 950.000,00 não podem produzir quaisquer efeitos antes da emissão do visto prévio por parte do Tribunal de Contas[69].

Só assim não será na circunstância de tais contratos serem adjudicados por ajuste directo em função de urgência imperiosa[70].

Pelo que fica dito, afigura-se como fundamental que sejam devidamente observadas as regras relativas à realização de despesas públicas e à contratação pública, sob pena de gravosas consequências para as partes no caso de recusa de visto prévio[71].

---

[68] Pois, repete-se, após a notificação da recusa de visto prévio, o contrato deixa de produzir efeitos. Refira-se que os pagamentos que podem ser liquidados após essa notificação visam remunerar os trabalhos executados (somente) no hiato temporal transcorrido entre a celebração do contrato e a notificação de recusa de visto.

[69] Cfr. o artigo 45°, n.° 4, da Lei do Tribunal de Contas (na redacção que lhe foi conferida pela Lei n.° 61/2011).

[70] Cfr. o artigo 45°, n.° 5, da Lei do Tribunal de Contas (na redacção que lhe foi conferida pela Lei n.° 61/2011).

[71] Uma possibilidade de que as partes dispõem, pelo menos nas situações em que a execução da obra não revista de urgência, para ultrapassar eventuais dúvidas sobre a obtenção ou não de visto prévio (e os respectivos constrangimentos contratuais que podem resultar de uma recusa de visto), consiste na inclusão de uma cláusula acessória típica, em particular, de uma condição suspensiva, no CEOP, no sentido de que este só produzirá efeitos após a emissão do visto prévio por parte do Tribunal de Contas. Em todo o caso, como já mencionámos, os contratos de valor superior a € 950.000,00 só produzirão efeitos após a emissão do visto prévio, pelo que a solução apontada, para os CEOP que excedam tal valor, torna-se desnecessária (cfr. o artigo 45°, n.° 4 da Lei do Tribunal de Contas, na redacção que lhe foi conferida pela Lei n.° 61/2011).

Em face do que fica dito, importa fazer referência ao seguinte problema: uma vez recusado, em definitivo, o visto prévio, o que sucederá ao contrato?

Brevitatis causa, diremos que o contrato deixará de produzir efeitos, atenta a impossibilidade (superveniente) de as partes o continuarem a executar, por força da recusa definitiva de visto prévio por parte do Tribunal de Contas.

Observe-se que não está em causa nem a resolução contratual por incumprimento do dono da obra, nem a resolução por conveniência do dono da obra, nem a resolução por incumprimento do empreiteiro; o que está aqui verdadeiramente em causa é a impossibilidade de execução contratual fruto da respectiva ineficácia jurídica, que determina a caducidade, com efeitos *ex nunc*, do contrato.

Neste circunstancialismo, pergunta-se: que direitos assistirão ao empreiteiro (para além, como se viu, do direito ao pagamento do preço pelos trabalhos executados até à recusa do visto)?

Em nossa opinião, o empreiteiro tem o direito de ser indemnizado pelo dono da obra estribado no instituto da responsabilidade pré-contratual (no pressuposto, provável, de ser imputável a este último, o dono da obra, a responsabilidade pela adjudicação e celebração do CEOP, desatendendo a determinadas prescrições legais fundamentadoras da recusa de visto por parte do Tribunal de Contas)[72].

Importa, pois, considerar, nestas hipóteses, o preceituado no artigo 7º do Regime da Responsabilidade Civil Extracontratual do Estado e Demais Entidades Públicas, aprovado em anexo à Lei n.º 67/2007, de 31 de Dezembro[73].

Relativamente à medida do dever de indemnizar, alicerçado naquele tipo de responsabilidade, tem sido entendido, genericamente, que o lesado somente tem direito a ser indemnizado pelos danos negativos (*"danos da confiança"*), que correspondem ao chamado interesse contratual negativo (ou de expectativa).

Por essa razão, somente seriam ressarcíveis os danos que o lesado não teria se não tivesse celebrado o contrato, não se incluindo, por conseguinte,

---

[72] Sobre esta matéria, cfr. o Acórdão da 2ª Subsecção do Contencioso Administrativo do Supremo Tribunal Administrativo, de 18 de Outubro de 2011, processo n.º 0322/11, disponível em *www.dgsi.pt*, no qual é sufragado o entendimento de que se está perante uma situação mista de responsabilidade extracontratual por facto ilícito e de responsabilidade pré-contratual.

[73] Com a alteração decorrente da Lei n.º 31/2008, de 17 de Julho.

na medida do dano indemnizável, o lucro esperado com o cumprimento do contrato.

Assim, e ainda segundo este entendimento, não são indemnizáveis, no quadro da responsabilidade pré-contratual, os danos positivos, que correspondem ao denominado interesse contratual positivo (ou interesse de cumprimento), ou seja, os danos decorrentes da violação do contrato, porquanto este não chegou a nascer ou, pelo menos, a nascer provido de eficácia[74].

Trata-se, todavia, de uma posição que não podemos acompanhar, pois, não vislumbramos nem apoio legal na letra do artigo 227.º do Código Civil para esta restrição (em termos dos danos indemnizáveis ao lesado), nem motivo teleologicamente apreensível para limitar os danos ressarcíveis que decorram de um facto ilícito[75].

Embora esta temática esteja longe de ser linear, consideramos que a responsabilidade pré-contratual pode determinar quer uma indemnização pelo interesse contratual negativo, quer uma indemnização pelo interesse contratual positivo.

Note-se que os danos negativos (interesse contratual negativo) e os danos positivos (interesse contratual positivo) compreendem tanto o dano emergente, como o lucro cessante, ou seja, respectivamente, tanto o que o lesado perdeu, como o que o lesado deixou de ganhar.

Nestes termos, o que deve, então, relevar, são as regras gerais da responsabilidade civil e, evidentemente, as regras gerais de produção de prova.

Consequentemente, os lesados devem ser ressarcidos pelos danos (danos emergentes e/ou lucros cessantes), em função do que lograrem provar no caso concreto. Isto, sublinhe-se, em geral[76].

Contudo, no contexto concreto em que nos movemos, julgamos que os danos indemnizáveis ao empreiteiro corresponderão apenas ao designa-

---

[74] É a posição, entre outros, de INOCÊNCIO GALVÃO TELLES, in *Direito das Obrigações*, 7ª ed., Reimpressão, Coimbra Editora, Coimbra, 2010, p. 77.

[75] Neste sentido, diz-nos Menezes Cordeiro o seguinte: *"Curiosamente, a ideia da limitação da responsabilidade in contrahendo ao chamado interesse negativo tem vindo a ser abandonada pela jurisprudência alemã e pela jurisprudência portuguesa mais recentes. E em boa hora: desde que se provem os danos, não se vislumbram razões conceptuais para premiar a ilicitude"* (cfr. ANTÓNIO MENEZES CORDEIRO, *Tratado de Direito Civil Português I*, Parte Geral, Tomo I, 3ª ed., Almedina, Coimbra, 2007, p. 518).

[76] Com muito interesse, cfr. o recente Acórdão do Tribunal Central Administrativo Norte, de 16 de Setembro de 2011, processo n.º 0213/06.1, disponível em *www.dgsi.pt*. Uma recensão deste aresto pode ser lida na Revista de Contratos Públicos, n.º 3, CEDIPRE, 2011, pp. 157 a 161.

do interesse contratual negativo, sendo que, neste âmbito, e por princípio, somente serão ressarcíveis os danos emergentes (*v.g.* os prejuízos decorrentes dos gastos com a preparação da proposta e com a celebração do contrato).

E será assim, sublinhe-se, porquanto o empreiteiro não pode desconhecer que um contrato sujeito a visto prévio só adquire a sua plena eficácia jurídica após a emissão desse visto (pelo que a sua expectativa de cumprimento integral do CEOP não deve ser juridicamente tutelada).

Daí que, na situação de que ora nos ocupamos, o interesse contratual positivo do empreiteiro não deva ser indemnizável.

3.8. Uma última nota neste capítulo deve ser feita para assinalar que a disciplina do CEOP, plasmada no CCP, está especialmente vocacionada para contratos de empreitada de (mera) execução de obra e não tanto para contratos de empreitada de concepção / construção, facto que, como iremos ter ocasião de verificar, suscita algumas dificuldades na hora da aplicação do regime do CEOP a este último tipo de contratos.

Com efeito, o legislador do CCP parece ter recuperado a ideia do legislador do Decreto-Lei n.º 341/88, de 28 de Setembro[77], e, consequentemente, por via do preceituado no artigo 43.º, n.º 3, daquele Código, o recurso aos contratos de empreitada de concepção / construção voltou agora a só poder ter lugar em casos excepcionais.

Na verdade, para que tal suceda, impõe-se, em alternativa, uma de duas situações:

i. ou que o adjudicatário assuma obrigações de resultado relativamente à utilização da obra a executar,

ii. ou, se assim não for, que a complexidade técnica da obra a realizar exija uma especial ligação com a respectiva concepção.

---

[77] Este diploma legal foi revogado pelo DL n.º 59/99, de 2 de Março. Estabelecia, no essencial, que o recurso à modalidade de concepção / construção em obras da responsabilidade dos organismos da Administração Central dependia de despacho de autorização do Ministro respectivo. Isto porque, conforme se explicitava no respectivo preâmbulo, *"quando utilizada* [a modalidade da concepção / construção] *de forma não criteriosa, a solução conduz, muitas vezes, a projectos pouco cuidados, pouco imaginativos e a preços, em regra, mais elevados. No que se refere a prazos, apenas é competitiva quando se recorre ao emprego de sistemas de industrialização maciça. O seu uso tem, pois, de ser devidamente ponderado e rodeado de todas as precauções"* (cfr. o preâmbulo do DL n.º 341/88).

No primeiro destes casos, estando aí manifestamente em causa os designados contratos em regime de "chave na mão" (ou na terminologia anglo-saxónica, contratos em regime de *"turnkey"*[78]) a necessária fundamentação pela opção de um contrato de empreitada na modalidade de concepção / construção, não concitará dificuldades de maior[79].

Pelo contrário, já será presumivelmente mais delicado optar por um contrato de empreitada de concepção / construção invocando a especial ligação do trabalho a realizar pelo empreiteiro em relação à fase de concepção da obra.

É que uma coisa é a especial conveniência em que tal suceda (situação que ocorre amiúde e que pode trazer vantagens claras para o dono da obra em termos da alocação do risco contratual), outra, diferente, é que o processo construtivo requeira (efectivamente) uma especial ligação à fase prévia de concepção (fase de projecto).

Em ambos os casos, compete à entidade adjudicante fundamentar a opção por esta modalidade de empreitada (empreitada de concepção / construção), sendo que, como é bom de ver, uma correcta fundamentação (técnica e jurídica) para a escolha desta modalidade contratual é essencial[80].

---

[78] Sobre este tipo de contratos, cfr., na doutrina britânica, entre outros, JOHN MURDOCH e WILL HUGHES, *"Construction Contracts – Law and Management"*, 4th ed., Taylor & Francis, London, 2008, pp. 43 a 58.

[79] O legislador fez alusão, no artigo 43°, n.° 3, do CCP a *"obrigações de resultado"* que, consabidamente, se contrapõem a *"obrigações de meios"*. Note-se, porém, que há entre nós quem defenda que no Direito pátrio não há base para operar uma destrinça entre aqueles referidos tipos de obrigações. Cfr., por todos, LUÍS MENEZES LEITÃO, *"Direito das Obrigações"*, Vol. I, 3ª ed., Almedina, Coimbra, 2003, pp. 139 a 141.

[80] É hoje pacífico que o dever legal de fundamentação deve responder às necessidades de esclarecimento do destinatário, informando-o do itinerário cognoscitivo e valorativo do respectivo acto e permitindo-lhe conhecer as razões, de facto e de direito, que determinaram a sua prática. Sobre esta matéria, cfr., por último, o Acórdão da 2ª Secção (Secção de Contencioso Tributário) do Supremo Tribunal Administrativo, de 28 de Setembro de 2011, processo n.° 0188/11, in *www.dgsi.pt*.

4. A CONSIGNAÇÃO DA OBRA

4.1. A consignação da obra (ou a consignação dos trabalhos) constitui, em princípio, o primeiro acto jurídico que tem lugar após a celebração do CEOP.

No essencial, a consignação da obra consiste na disponibilização, por parte do dono da obra ao empreiteiro, dos locais onde a obra deve ser executada e dos "elementos" necessários ao início da mesma[81].

Não obstante o que prescreve o artigo 355º do CCP, ou seja, que *"o regime da consignação da obra consta do contrato, sem prejuízo das disposições estabelecidas na presente secção"*, a verdade é que, compulsando o disposto no artigo 96º, n.º 1, do CCP, verifica-se que não constitui uma causa de nulidade do CEOP a omissão de regulamentação desta matéria no âmbito do título contratual. Donde, apesar do que prescreve o preceito legal em alusão, pode bem suceder que no CEOP nada seja convencionado no que toca ao "procedimento contratual" da consignação da obra.

Em todo o caso, e em nossa opinião, as disposições legais constantes nos artigos 355º a 360º do CCP serão, por regra, suficientes para disciplinar esta matéria.

Os "elementos" necessários ao início da obra e que devem ser disponibilizados pelo dono da obra ao empreiteiro, no acto da respectiva consignação, são os denominados "elementos da solução da obra", *id est*, as peças escritas e desenhadas que integram o caderno de encargos[82].

De entre os "elementos da solução da obra" avulta, obviamente, o projecto de execução[83].

Todavia, esse projecto de execução dificilmente se afastará muito daquele que é já do conhecimento do empreiteiro.

Com efeito, o aludido projecto é obrigatoriamente disponibilizado na fase de formação do contrato – no âmbito do caderno de encargos, como se viu acima –, quando está em causa um CEOP de mera execução da obra.

No entanto, e voltamos a sublinhar este ponto, se estiver em causa uma empreitada de concepção / construção, não será, naturalmente, o dono da obra a facultar ao empreiteiro o projecto de execução da obra no mo-

---

[81] Esta matéria encontra-se regulada nos artigos 355º a 360º do CCP.
[82] Cfr. os artigos 42º e 43º do CCP.
[83] Sobre o conteúdo concreto do projecto de execução, veja-se o que dispõe a Portaria n.º 701-H/2008. Sem prejuízo, há que atender também ao preceituado no artigo 43º, n.º 5, do CCP.

mento da consignação da mesma (ou noutro), porquanto a elaboração deste projecto é da responsabilidade do empreiteiro.

Assim, nestes casos, sucede frequentemente que o projecto de execução é elaborado em momento ulterior ao da consignação dos trabalhos, limitando-se o empreiteiro a apresentar, por exemplo, na fase do procedimento pré-contratual aplicável, um "projecto base" em que é desenvolvido o "estudo prévio" oportunamente patenteado pela entidade adjudicante. Aliás, em empreitadas de concepção / construção complexas, acontece as mais das vezes que o comummente designado "programa de estudos e projectos" implica a realização, por parte do empreiteiro (*rectius*, dos seus projectistas) de vários tipos de "projectos" durante a vigência do CEOP (podendo, assim, dar-se o caso de as obrigações do empreiteiro referentes à concepção da obra implicarem a apresentação de estudos prévios, anteprojectos e projectos de execução).

Esta distinção, entre os diferentes tipos de "projectos", portanto, de "elementos" que devem ser facultados ao empreiteiro pelo dono da obra no âmbito da consignação dos trabalhos, tem reflexo no artigo 43°, n.ºˢ 1 e 3, *in fine*, do CCP[84].

Com efeito, resulta desses normativos legais, respectivamente, que o caderno de encargos de uma empreitada de mera execução de uma obra pública deve ser instruído com um "projecto de execução", ao passo que o caderno de encargos de uma empreitada de concepção / construção deve ser instruído com um "programa" (que é subsequentemente desenvolvido pelo empreiteiro até que se atinja o projecto final de execução da obra)[85].

Saliente-se, ainda a este propósito, que nos casos de um CEOP cujo objecto consista apenas na execução de uma obra, o projecto de execução – que integra o respectivo caderno de encargos, repetimos – deve compreender o "planeamento das operações de consignação"[86].

Daí que o artigo 357°, n.º 1 do CCP preveja a possibilidade de o CEOP estipular a elaboração, por parte do dono de obra, de um "plano final de consignação" com o escopo de concretizar o plano de consignação inicialmente apresentado aos "interessados" no procedimento de formação do

---

[84] Recorde-se que, nos termos do artigo 43°, n.º 8, alínea a., do CCP, o caderno de encargos será nulo se não compreender os "elementos de solução de obra" previstos nos n.ºˢ 1 e 3, parte final, desse mesmo preceito legal.

[85] Este "programa", a que o legislador alude no artigo 43°, n.º 1, alínea a., do CCP, corresponde, como se viu acima, ao comummente designado *"programa preliminar"*.

[86] Cfr. o artigo 43°, n.º 6, do CCP.

contrato pela entidade adjudicante. Se for esse o caso, isto é, se o dono da obra apresentar ao empreiteiro um "plano final de consignação", importa realçar dois aspectos:

i. o "plano final de consignação" não pode validamente criar novas obrigações para o empreiteiro (e se tal suceder o empreiteiro deverá reagir formalmente e logo no auto de consignação);
ii. o "plano final de consignação" deverá "imediatamente" ser notificado ao empreiteiro, o que significa que essa notificação deverá ocorrer assim que esse plano esteja concluído e, preferencialmente, em momento prévio ao da realização da consignação da obra, assim se evitando controvérsias entre o dono da obra e o empreiteiro nesta fase inicial de execução do CEOP (cfr. o artigo 357º, n.º 2, do CCP)[87].

Observe-se, no que tange a este último aspecto, que a notificação ao empreiteiro deve ser efectivamente lesta a fim de que este possa conformar o seu plano de trabalhos, tal como constante na sua proposta, à realidade, ou seja, ao plano final de consignação da obra[88].

4.2. A consignação da obra pode ser total ou parcial (como já sucedia no regime anterior).

No entanto, e diversamente do que se passava à luz da pretérita disciplina jurídica do CEOP, em que as consignações parciais eram admitidas com alguma "latitude" (cfr. o artigo 153º, n.º 1, do DL n.º 59/99), as consignações parciais da obra são agora apenas admissíveis nas situações taxativamente fixadas no artigo 358º, n.º 1, do CCP.

O elenco, repete-se, taxativo, deste dispositivo legal é patentemente restritivo com o fito de reforçar o princípio, proclamado pelo legislador do CCP, de que a consignação da obra deve ser total.

A intenção do legislador é muito clara: por regra, o CEOP só deverá ser celebrado depois de o dono da obra estar na posse dos imóveis necessários à execução da empreitada (cfr. o artigo 352º, n.º 1, do CCP)[89].

---

[87] O "plano final de consignação" da obra também deverá ser notificado, pelo dono da obra, ao InCI, I.P. (cfr. o artigo 357º, n.º 2, do CCP).

[88] O ajustamento do plano de trabalhos ao plano final de consignação está expressamente previsto no artigo 361º, n.º 3, do CCP.

[89] Uma vez mais, conclui-se que as empreitadas de concepção / construção estão votadas a um tratamento diverso daquele que é dado às empreitadas de mera execução de

Assim, sublinhamos, com excepção dos casos previstos – e facilmente apreensíveis – no artigo 358º, n.º 1, do CCP, a consignação da obra deve ser realizada na totalidade.

Como é óbvio, porém, haverá casos em que a consignação total da obra é impraticável ou muitíssimo inconveniente pelos atrasos que pode gerar relativamente ao início dos respectivos trabalhos.

Basta pensar em obras de grandes dimensões – p. ex. rodoviárias ou ferroviárias – que exigem um significativo e moroso labor do dono da obra no que toca à condução dos processos expropriativos, impedindo-o de disponibilizar, em simultâneo, todos os imóveis necessários à execução da empreitada[90].

É de notar, neste domínio, que, nos termos do artigo 351º do CCP, constituem obrigações do dono da obra a realização dos procedimentos expropriativos, a constituição de servidões e a ocupação dos prédios necessários à execução da obra pública, competindo-lhe ainda proceder ao pagamento das indemnizações devidas como contrapartida pela ablação desses mesmos prédios e de outros direitos reais incidentes sobre eles[91] / [92].

A consignação total da obra, ou a primeira consignação parcial da obra, deverá ser feita até 30 dias após a data da celebração do CEOP[93].

---

uma obra. Assim, as regras previstas no artigo 352º, n.ºs 1 a 3, do Código, no sentido de que o CEOP só deve ser celebrado depois de o dono da obra estar na posse de todos os terrenos indispensáveis à execução da obra pública, é expressamente afastada quando está em causa uma empreitada de concepção / construção, em que o empreiteiro, como já dissemos, terá por princípio a obrigação de elaborar o projecto de execução da obra (cfr. o artigo 352º, n.º 4, do CCP).

[90] A excepção prevista no artigo 358º, n.º 1, alínea a., do CCP, para a realização de consignações parciais da obra, é, aliás, coerente com a matéria referente à expropriação por zonas ou lanços fixada no artigo 4º do Código das Expropriações (aprovado pela Lei n.º 168/99, de 18 de Setembro, e, entretanto, alterado pelas Leis n.ºs 13/2002, de 19 de Fevereiro, 4-A/2003, de 19 de Fevereiro, 67-A/2007, de 31 de Dezembro e 56/2008, de 4 de Setembro).

[91] Sobre a matéria da (justa) indemnização como contrapartida de expropriações por utilidade pública, cfr. os artigos 23º a 32º do Código das Expropriações.

[92] É de assinalar que o Decreto Legislativo Regional n.º 34/2008/M, de 14 de Agosto de 2008, que adaptou à Região Autónoma da Madeira o Código dos Contratos Públicos, contém uma norma especial relativamente à posse administrativa (no âmbito de procedimentos expropriativos) e à constituição de servidões administrativas (cfr. o artigo 9º do DLR n.º 34/2008/M). Com efeito, na referida Região Autónoma não é aplicável o artigo 352º do CCP, mas antes a aludida disposição legal do citado Decreto Legislativo Regional.

[93] Cfr. o artigo 359º, n.º 1, do CCP.

Saliente-se, porém, que estamos perante uma norma legal de carácter supletivo, pelo que as partes podem validamente convencionar um prazo superior, ou inferior, ao previsto no aludido dispositivo legal para efectuarem a consignação da obra.

Clarifique-se que se houver lugar – sempre excepcional, recordamos – a consignações parciais da obra, deve proceder-se do seguinte modo:

> i. a primeira consignação parcial deve ocorrer naquele prazo legal (30 dias a contar da data da celebração do CEOP) ou noutro prazo – diverso daquele – que haja sido fixado pelas partes no contrato[94];
>
> ii. as demais consignações parciais devem ser efectuadas à medida que o dono da obra vá acedendo aos prédios necessários para a execução da obra, sem dependência de um prazo pré-fixado.

4.3. Se o empreiteiro não comparecer na data, hora e local indicados pelo dono da obra para a consignação dos trabalhos, este (o dono da obra) deverá notificar o empreiteiro de uma segunda data, hora e local, para o mesmo efeito (cfr. o artigo 359º, n.º 3, do CCP).

Refira-se que esta norma opera uma remissão expressa para o disposto no artigo 405º, n.º 1, alínea b., do CCP. Da conjugação de ambos os preceitos legais resulta, em nossa opinião, que o dono da obra pode resolver o CEOP se o empreiteiro faltar duas vezes à consignação da obra, sem justificação aceite por aquele.

Assim, mesmo que a primeira falta do empreiteiro à consignação da obra não seja justificada, leia-se, aceite pelo dono da obra, este não tem fundamento legal válido para resolver imediatamente o CEOP. Pelo contrário: o dono da obra deverá notificar o empreiteiro de uma nova data para a consignação dos trabalhos. Realce-se que esta previsão legal opera igualmente para as eventuais consignações parciais, pelo que o empreiteiro deverá comparecer nas datas designadas pelo dono da obra para as consignações parciais da obra a que houver lugar, sob pena de resolução do CEOP, nos mesmos termos.

Portanto, mesmo que já tenha sido efectivada uma, ou mais, consignações parciais na obra, o dono da obra não está inibido de pôr ulteriormente

---

[94] Pois, sublinhe-se, o normativo ínsito no artigo 359º, n.º 1, do CCP tem carácter inequivocamente supletivo.

termo ao CEOP, no caso de o empreiteiro faltar injustificadamente às datas indicadas pelo dono da obra para qualquer uma das demais consignações parciais que forem necessárias.

Cumpre referir que também o empreiteiro dispõe da possibilidade de resolver o CEOP por razões atinentes à consignação da obra, especificamente, no caso de a consignação da obra não ser feita no prazo de seis meses contados desde a data da celebração do contrato, por facto que lhe não seja imputável (cfr. artigo 406º, alínea a., do CCP).

Tenha-se em atenção que, não raro, uma significativa parte deste prazo esgota-se com o procedimento tendente à obtenção de visto prévio do Tribunal de Contas.

Por esse motivo, em muitos CEOP, as partes convencionam – avisadamente, diga-se – que a consignação da obra só terá lugar após a obtenção do aludido visto (assim obviando aos constrangimentos contratuais que resultam de uma recusa de visto)[95].

Ora, o prazo previsto no artigo 406º, alínea a., do CCP começa a correr a partir da data da celebração do contrato, pelo que, como dissemos, uma parte desse prazo transcorre, nesses casos necessariamente, sem que as partes efectuem a consignação da obra.

Trata-se, portanto, de um aspecto de ordem prática a ter em consideração nos referidos planos de consignação da obra, preliminares ou finais[96].

Cabe aqui assinalar, todavia, que nas situações previstas no artigo 360º, n.º 1, do CCP, isto é, nos casos em que se registe uma modificação relevante das condições locais existentes por referência aos elementos da solução da obra ou aos dados que serviram de base à sua elaboração (p. ex. um projecto de execução desajustado das condições reais do terreno), pode ser necessário elaborar um projecto de alteração.

---

[95] Em todo o caso, atento o disposto no artigo 45º, n.º 4, da Lei do Tribunal de Contas, os CEOP mais relevantes, isto é, com valor superior a € 950.000,00, não podem produzir quaisquer efeitos sem que o visto prévio seja emitido.

[96] Refira-se, em todo o caso, que não nos parece legítimo que o empreiteiro pretenda resolver o contrato nesta circunstância, pois que se foi convencionada contratualmente uma condição suspensiva relativa à emissão do visto prévio por parte do Tribunal de Contas, essa estatuição contou com o acordo inequívoco do empreiteiro. Logo, teríamos aqui um caso evidente de *venire contra factum proprium*.

Neste circunstancialismo, o prazo de consignação da obra é suspenso[97], sendo igualmente suspenso o prazo para resolver o contrato por parte do empreiteiro, com base no artigo 406º, alínea a., do CCP[98].

Por outro lado, importa considerar que a necessidade de ser alterado o projecto de execução, pode resultar da detecção de erros ou omissões naquele projecto.

Se tal suceder, terá, em princípio, aplicação o regime de suprimento de erros e omissões aos trabalhos de alteração de projecto[99], nos termos em que adiante melhor se verá.

Se assim não for, ou seja, se os trabalhos de alteração do projecto de execução não constituírem uma consequência de erros e omissões desse projecto, então esses trabalhos configurarão trabalhos a mais, sendo de atender à respectiva disciplina legal, sobre a qual nos debruçaremos em seguida.

Por fim, tenha-se presente que um atraso na consignação dos trabalhos imputável ao dono da obra, pode investir o empreiteiro no direito ao reequilíbrio financeiro do contrato, uma vez reunidos os pressupostos previstos no artigo 354º, n.º 1, do CCP para esse efeito, e respeitado que seja o prazo de caducidade enunciado no n.º 2 daquele inciso legal.

4.4. A formalização da consignação da obra é efectuada através de um auto, sendo que, se existirem consignações parciais, cada uma delas deve igualmente ser objecto de auto de consignação autónomo[100].

O auto de consignação releva, em particular, para dois aspectos assaz relevantes, a saber:

i. o prazo de execução da obra só começa a contar a partir da data em que é formalizado o auto de consignação total, ou a partir da data

---

[97] Realce-se que estamos em face de uma suspensão de prazo e não de interrupção de prazo, pelo que os dias que transcorrerem entre a celebração do contrato e o evento fundamentador da suspensão do prazo para a consignação dos trabalhos, contam para o efeito do prazo (de 30 dias) fixado no artigo 359º, n.º 1, do CCP.

[98] Cfr. o artigo 360, n.º 3, do CCP. De notar que se a alteração das condições locais de execução da obra consubstanciar, efectivamente, uma "alteração de circunstâncias", o empreiteiro tem o direito de resolver o CEOP ancorado no preceituado no artigo 332º, n.º 1, alínea a., do CCP.

[99] De acordo com o artigo 370º, n.º 4, do CCP, estes trabalhos não têm a natureza de trabalhos a mais.

[100] Cfr. o artigo 359º, n.º 2, do CCP.

do auto da primeira consignação parcial (cfr. artigo 362°, n.° 1, do CCP)[101] / [102];

ii. no auto de consignação o empreiteiro pode – e deve, sob pena de preclusão dos seus direitos – apresentar reclamações ou reservas, nos termos do artigo 345° do CCP.

Importa realçar que o auto de consignação da obra pode não significar, forçosamente, a efectiva consignação desta.

Efectivamente, o auto de consignação da obra corresponde (apenas) à prova da consignação; todavia, *summo rigore*, o auto de consignação da obra constitui uma mera formalidade *ad probationem* (e não *ad substantiam*) donde, é susceptível de ser interpretado com base noutros elementos existentes, podendo, de resto, ser elidido com esteio nesses outros elementos. Por conseguinte, o auto de consignação da obra só produz, de facto e de direito, os efeitos legalmente determinados se corresponder realmente à consignação material (substantiva) dos trabalhos, isto é, à disponibilização do local de execução da empreitada e à entrega dos elementos relevantes para a execução da mesma, por parte do dono da obra ao empreiteiro.

---

[101] Só assim não será, como expressamente figura na parte final do artigo 362°, n.° 1, do CCP, nos casos em que o plano de segurança e saúde seja aprovado pelo dono da obra em data ulterior à da consignação da obra. Sobre este plano, veja-se o Decreto-lei n.° 273/2003, de 29 de Outubro. De acordo com o disposto no artigo 12°, n.° 4, deste diploma, *"o prazo fixado no contrato para a execução da obra não começa a correr antes que o dono da obra comunique à entidade executante a aprovação do plano de segurança e saúde"*. O diploma legal em alusão segue as prescrições mínimas de segurança e saúde no trabalho estabelecidas na Directiva 92/57/CEE, do Conselho, de 24 de Junho, e revoga o Decreto--Lei n.° 155/95, de 1 de Julho.

[102] De notar que, sem prejuízo de estipulação contratual diversa, o prazo de execução da obra compreende a fase de concepção da mesma (cfr. o artigo 362°, n.° 4, do CCP). Aqui está um dos muitos afloramentos da ideia de que a autonomia da vontade das partes foi fortalecida pelo CCP no que tange ao CEOP. Assim, se as partes nada convencionarem em contrário no CEOP, tem aplicação o disposto no artigo 362°, n.° 2, do CCP, caso em que o prazo de execução da obra englobará a fase de concepção da mesma; portanto, todo o tempo de trabalho consumido na elaboração de estudos e projectos. Contudo, as partes podem afastar esta regra e estabelecer um outro regime (contratual) sobre o assunto. Por exemplo, estipulando exactamente o contrário, ou seja, que o prazo de execução da obra fixado no CEOP não integra a fase de concepção da mesma. Nesta circunstância, claro está, o prazo de execução da obra dirá apenas respeito à actividade de construção propriamente dita.

Não sendo esse o caso, isto é, se estivermos perante uma mera consignação formal da obra (conquanto lavrada em auto), o prazo de execução da empreitada não se inicia necessariamente na data daquele auto, mas antes na data da consignação material dos trabalhos[103].

5. A EXECUÇÃO DOS TRABALHOS

5.1. A execução dos trabalhos deve iniciar-se na data em que começa a correr o prazo da execução da obra[104], sendo que este principia, por regra, uma vez concluída a consignação total da obra ou a primeira consignação parcial da mesma[105].

Naturalmente, a execução dos trabalhos deve pautar-se pela observância do que se encontrar prescrito no designado plano de trabalhos[106].

Este plano compreende a cadência e os prazos parciais[107] da execução de cada uma das espécies de trabalhos que devem ser realizados pelo empreiteiro e, bem assim, o correspondente plano de pagamentos[108].

Como é bom de ver, trata-se de um instrumento, da iniciativa e autoria do empreiteiro, que reveste de primordial importância no âmbito de um CEOP.

---

[103] Cfr. o Acórdão da 2ª subsecção do Contencioso Administrativo do Supremo Tribunal Administrativo, de 7 de Junho de 2011, processo n.º 01020/10, in *www.dgsi.pt*.

[104] Cfr. os artigos 363º, n.º 1, do CCP. Excepcionalmente, ou seja, se *"ocorrerem circunstâncias justificativas"*, o dono da obra pode autorizar que os trabalhos de execução da obra se iniciem em data anterior à da consignação dos trabalhos ou depois desse acto (cfr. o artigo 363º, n.º 2, *in fine* do CCP).

[105] Cfr. o artigo 362º, n.º 1, *in fine*, do CCP. Dizemos "por regra", pois, o prazo de execução do CEOP pode começar a correr apenas com a aprovação do plano de segurança e saúde, caso a aprovação deste plano seja posterior à data da consignação total dos trabalhos ou à data da primeira consignação parcial.

[106] Cfr. o artigo 361º do CCP. Sobre o plano de trabalhos, cfr. as cláusulas 6ª a 8ª do caderno de encargos tipo previsto na Portaria n.º 959/2009, de 21 de Agosto. Esta Portaria, que regulamenta o artigo 46º do Código, veio substituir a Portaria n.º 104/2001, de 21 de Fevereiro. Trata-se, portanto, de um "regulamento de execução" do artigo 46º do CCP. Note-se que o referido caderno de encargos tipo não é de utilização obrigatória, embora seja recomendável a sua utilização, com as adaptações necessárias em face das particularidades dos casos concretos, para a vasta maioria das empreitadas.

[107] Tenha-se presente que o prazo de execução da obra é um prazo contínuo (cfr. o artigo 471º, n.º 1, alínea b., do CCP).

[108] Por vezes também designado por "cronograma financeiro".

Com efeito, e desde logo, é com base no plano de trabalhos que o dono da obra fica a conhecer e pode subsequentemente controlar a evolução dos trabalhos.

Também por essa via, sendo o caso, o dono da obra poderá proceder à aplicação de sanções contratuais pecuniárias (penalidades) ao empreiteiro, por atrasos na execução da empreitada, ou até mesmo resolver o contrato[109].

5.2. De uma interpretação meramente literal do disposto no CCP quanto ao plano de trabalhos, parece fluir que este instrumento contratual deve ser sempre aprovado pelo dono da obra em momento anterior ao da conclusão da consignação da obra.

Isto, mesmo que tal plano haja sido sujeito a "ajustamentos" motivados pela eventual existência de um plano final de consignação apresentado pelo dono da obra[110].

No entanto, bem vistas as coisas, entendemos que também sobre esta matéria deve ser feita uma destrinça entre as empreitadas de mera execução de uma obra e as empreitadas de concepção / construção.

De facto, nas primeiras, como vimos, o caderno de encargos engloba um projecto de execução, pelo que a proposta dos concorrentes deve, compreensivelmente, integrar um plano de trabalhos[111].

Como é óbvio, tal plano de trabalhos deve levar em linha de conta o projecto de execução patenteado no procedimento adjudicatório em questão.

Assim, nesta hipótese, não prefiguramos dificuldades na aprovação do plano de trabalhos em momento anterior ao da conclusão da consignação da obra.

Com efeito, sendo do conhecimento dos concorrentes o projecto de execução da obra, estes podem facilmente entregar, com as suas propostas,

---

[109] Cfr., respectivamente, os artigos 403º e 405º do CCP.

[110] Cfr. o artigo 361º, n.ºs 3 e 6, do CCP. Atente-se nas significativas restrições decorrentes do artigo 361º, n.º 4, do CCP, relativamente à admissibilidade deste tipo de "ajustamentos". Note-se ainda que o n.º 3 do artigo 361º do CCP foi alterado pelo DL n.º 278/2009, de 2 de Outubro, no sentido (que se aplaude) de ampliar o leque de fundamentos que podem justificar o ajustamento do plano de trabalhos (prorrogação do prazo de execução da obra, detecção de erros e omissões reclamados durante a fase de execução da obra e ainda em caso de trabalhos a mais). Não é de excluir, contudo, que tais "ajustamentos" dêem azo a reequilíbrio financeiro do CEOP, assim estejam preenchidos os pressupostos fixados no artigo 354º do CCP.

[111] Cfr. o artigo 57º, n.º 2, alínea b., do CCP.

os respectivos planos de trabalhos e, consequentemente, nada obsta, repetimos, a que tais planos sejam integrados no contrato; e, portanto, aprovados pelo dono da obra.

Por outras palavras, compreende-se bem, nestes casos, que o plano de trabalhos do adjudicatário / empreiteiro seja aprovado em momento prévio ao da conclusão da consignação da obra.

Já no que toca às empreitadas na modalidade de concepção / construção, em que o caderno de encargos integra apenas, por via de regra, um "programa" (cfr. o artigo 43º, n.º 3, do CCP), que será subsequentemente desenvolvido pelo empreiteiro até que se atinja um projecto de execução, o plano de trabalhos, propriamente dito, só será entregue pelo empreiteiro ao dono de obra aquando da conclusão do projecto base (ou anteprojecto) ou até mesmo aquando da entrega do projecto de execução para aprovação por parte do dono da obra.

De facto, nos termos do artigo 6º, n.º 2, alínea g., do Anexo I, aprovado pela Portaria n.º 701-H/2008, o anteprojecto ou projecto base engloba, de entre os seus elementos obrigatórios, um "programa geral dos trabalhos", sendo que o projecto de execução tem por fim o desenvolvimento desse projecto base ou anteprojecto. Assim, antes desta fase de projecto, isto é, antes da elaboração do anteprojecto ou do projecto base, poderá ainda não existir uma programação dos trabalhos a executar, suficientemente exaustiva, para que se possa falar em "plano de trabalhos" na acepção corrente deste conceito.

Portanto, nesta situação (empreitadas de concepção / construção), o plano de trabalhos é, em princípio, concluído somente após a celebração do contrato.

Note-se que, nestes casos, em que o empreiteiro tem a obrigação de elaborar o projecto de execução, o legislador do CCP estabeleceu que o CEOP pode prever prazos específicos de entrega de *"elementos de projecto relevantes"* em data anterior à data da consignação[112].

Ora, a questão que se pode colocar a este propósito é a de saber se esses *"elementos de projecto relevantes"*, ou até mesmo o projecto de execução propriamente dito, poderão ser apresentados após a data da conclusão da consignação (consignação total ou primeira consignação parcial), ou seja, após a data a partir da qual, por regra, começa a correr o prazo de execução do CEOP.

---

[112] Cfr. o artigo 362º, n.º 2, do CCP.

Parece-nos que a resposta a esta questão não poderá deixar de ser afirmativa, uma vez que, não raro, a execução dos trabalhos de concepção não será exequível em 30 dias; isto é, dentro do período de tempo que deve mediar entre a celebração do contrato e a data da consignação dos trabalhos[113].

Consequentemente, não se vislumbra que seja tecnicamente possível, pelo menos na vasta maioria dos casos em que esteja em causa uma empreitada de concepção / construção, apresentar, antes da consignação da obra, um plano de trabalhos rigoroso, *rectius*, definitivo, no que respeita à execução de toda a obra.

Consideramos, por isso, que é irrealista, por impraticável em muitos casos e pouco consistente com vários normativos do CCP que conferem uma ampla autonomia à vontade das partes, a norma ínsita no artigo 362º, n.º 2, do CCP, que parece inculcar a ideia de que o plano de trabalhos deve ser, sempre, aprovado até à data da consignação da obra.

Para nós, justifica-se aqui uma interpretação extensiva desta norma porque o legislador terá dito menos do que pretendia (*"minus dixit quam voluit"*), admitindo-se, portanto, que a aprovação do plano definitivo de trabalhos ocorra após a conclusão da consignação da obra.

Na realidade, as partes devem poder convencionar que alguns dos *"elementos de projecto relevantes"* (ou mesmo o projecto de execução na íntegra) sejam aprovados pelo dono da obra após a conclusão da consignação dos trabalhos.

Isto porque, como é natural, senão mesmo necessário, o plano de trabalhos definitivo só poderá ser aprovado, sublinhamos, especialmente nos casos das empreitadas de concepção / construção, após a entrega ou em simultâneo com a entrega do projecto de execução, sob pena de disfunções lógicas e cronológicas entre estes dois documentos fulcrais de uma empreitada (o projecto de execução e o correspectivo plano de trabalhos).

Dito de forma diversa: é um contra-senso apresentar um plano de trabalhos (definitivo) sem que seja conhecido o projecto de execução.

5.3. No decurso da execução de uma empreitada, caso se verifiquem desvios ao plano de trabalhos que sejam susceptíveis de colocar em crise o cumprimento do prazo de execução da obra ou dos respectivos prazos par-

---

[113] Cfr. o artigo 359º, n.º 1, do CCP.

celares, o dono da obra goza da prerrogativa de exigir ao empreiteiro a apresentação de um plano de trabalhos modificado[114].

Como é natural, senão mesmo frequente, a modificação do plano de trabalhos pode sofrer alterações por vários motivos, designadamente, por força de trabalhos a mais, de trabalhos a menos, de inutilização de trabalhos já executados pelo empreiteiro, do exercício do direito de modificação unilateral do contrato (*"ius variandi"*) por parte do dono da obra, ou por virtude de uma alteração de circunstâncias[115].

---

[114] Cfr. o artigo 404º, n.º 1, do CCP. Não há aqui novidades relevantes a assinalar em face do que se passava no âmbito do anterior regime (cfr. o artigo 161º do DL n.º 59/99).

[115] Cfr., respectivamente, os artigos 370º, 379º, 380º, 302º e 312º do CCP. Fazemos notar que o facto de o CCP não conter uma norma legal, na parte especial atinente ao CEOP, sobre o instituto da alteração de circunstâncias, diversamente do que sucedia com o DL n.º 59/99 (cfr. o artigo 198º deste diploma), não significa que este instituto seja inaplicável a este tipo contratual. Com efeito, por força do disposto no artigo 280º, n.º 2, do CCP, é aplicável ao CEOP o preceituado no artigo 312º, alínea a)., do mesmo diploma, que expressamente se reporta à possibilidade de modificação objectiva de um contrato com fonte no instituto da alteração de circunstâncias. De salientar que a modificação do CEOP por alteração de circunstâncias só pode acontecer por via de um acordo modificativo do CEOP ou através de decisão judicial ou arbitral (cfr. o artigo 311º, n.º 1, do CCP, posto que não se reconhece à Administração poderes de autotutela declarativa nesta matéria) e que, em qualquer caso, devem ser respeitados os "limites" previstos no artigo 313º do CCP. Basicamente o mesmo se poderá dizer em relação aos casos fortuitos e de força maior. Ou seja, conquanto o CCP – estranhamente, aliás – não contemple uma regra geral sobre esta matéria nevrálgica para o curso normal de um contrato (diversamente do que sucedia com o DL n.º 59/99, cfr. artigo 195º deste diploma), nem na parte especial atinente aos CEOP, nem na parte geral referente contratos administrativos, não se pode daí inferir que a ocorrência de um evento desta natureza deixe intocáveis as obrigações das partes de um CEOP. De resto, é sintomático da relevância deste tipo de casos para a vida de um CEOP, o facto de, expressamente, poderem conferir o direito à resolução do contrato por parte do empreiteiro (cfr. artigo 406º, alínea d)., i). do CCP). Claro está que a ausência de um normativo específico sobre esta temática no Código, é geradora de potenciais conflitos entre as partes. Naturalmente, neste quadro, aquando de uma ocorrência integrativa do conceito de caso fortuito ou de força maior, no decurso de um CEOP, importa agora atender ao Direito Civil (aplicável subsidiariamente às relações contratuais jurídico administrativas – cfr. artigo 280º, n.º 3, do Código). Como é sabido, no Código Civil pátrio existem, de há muito a esta parte, disposições que se referem às preditas figuras (por facilidade de exposição referimo-nos de agora em diante ao conceito de força maior, em sentido amplo). Assim, no domínio da responsabilidade pelo risco, relevam os artigos 505º e 509º, n.º 2, e, no domínio da impossibilidade do cumprimento das obrigações, avulta o artigo 790º, n.º 1. Especificamente para os contratos de empreitada, deve atender-se ao disposto no artigo 1227º do Código Civil que estabelece o seguinte: *"Se a execução da obra se tornar impossível por causa não imputável a qualquer*

5.4. Ainda a propósito do plano de trabalhos, importa referir a proibição expressa de aceitação parcial desse plano por parte do dono da obra[116]. Fluí deste dispositivo legal, como é bom de ver, que o plano de trabalhos deve ser integralmente aprovado[117].

5.5. Por último, no que tange ao plano de trabalhos, é de registar que os trabalhos preparatórios e acessórios, indicados exemplificativamente no artigo 350° do CCP, devem ser contemplados no predito plano.

5.6. No quadro da execução dos trabalhos, deve referenciar-se a possibilidade de os mesmos serem realizados por recurso a subempreitadas (situação, de resto, muito frequente), criando-se, então, uma relação jurídica multilateral. Observe-se, contudo, que, por força do disposto no artigo 321° do CCP, o empreiteiro permanece responsável, em primeira linha, perante o dono da obra, pelos trabalhos executados pelos subempreiteiros.

Sobre esta matéria avulta o disposto nos artigos 383° a 386° do CCP, sendo de realçar, fundamentalmente, dois aspectos:

i. em primeiro lugar, que durante a execução da obra o empreiteiro não pode dar de subempreitada trabalhos de valor superior a 75% do preço contratual, considerando-se os trabalhos a mais ou a menos, os trabalhos de suprimento de erros e omissões e, ainda, a reposição do equilíbrio financeiro do CEOP;

---

das partes, é aplicável o disposto no artigo 790.°; tendo, porém, havido começo de execução, o dono da obra é obrigado a indemnizar o empreiteiro do trabalho executado e das despesas realizadas". Nestes termos, e em geral, podemos dizer que o caso de força maior exonera as partes do cumprimento das suas obrigações, não lhes sendo imputáveis, perante esses casos, responsabilidades pelo incumprimento das obrigações a que estavam adstritas. Obviamente que o efeito liberatório ou exoneratório do caso de força maior, dependerá de um reconhecimento da contraparte quanto à sua existência e consequências. Não sendo esse reconhecimento alcançado consensualmente, importa recorrer à via judicial ou arbitral para o efeito. Recomenda-se, pois, a manutenção da prática contratual habitual, no sentido de ser inserida uma cláusula nos CEOP sobre a temática da força maior (com uma caracterização, definição de efeitos e de procedimentos tão clara quanto possível, pois poder-se-á, dessa forma, facilitar a obtenção de uma solução consensual se um caso dessa natureza vier a verificar-se).

[116] Cfr. o artigo 361°, n.° 7, do CCP.

[117] Mais uma razão que concorre no sentido de que a norma inclusa no artigo 362°, n.° 2, do Código deve ser lida *"cum grano salis"*, como preconizamos para os casos dos contratos de empreitada de concepção / construção.

ii. em segundo lugar, que o contrato de subempreitada deve conter os elementos elencados no artigo 384° do CCP, sob pena de nulidade[118].

5.7. No contexto das disposições legais referentes à execução dos trabalhos, surge a matéria do património cultural (ou património histórico), dos achados arqueológicos e dos "restos humanos" (matéria cada vez mais relevante pela consciencialização, patente nos últimos anos, da necessidade de acautelar tais valores[119]).

Como facilmente se percebe, os bens que eventualmente sejam encontrados no decurso da execução da obra e que apresentem valor histórico ou cultural (v.g. valor arqueológico, arquitectónico, etnográfico, científico e social) devem ser entregues pelo empreiteiro ao dono da obra ou, pelo menos, devem ser-lhe comunicados.

Apesar de o CCP estabelecer que poderá ser necessário suspender a execução dos trabalhos, a prática tem demonstrado que, em regra, é efectivamente necessário suspender os trabalhos, pelo menos, em parte, até que o dono da obra emita instruções sobre o que fazer com tais "achados".

É esta a prática, e acrescentamos nós, é a prática recomendável, mesmo que se suscitem dúvidas sobre o real valor desses "achados"[120].

---

[118] Os contratos de subempreitada têm sido considerados pela doutrina e pela jurisprudência pátrias, como contratos de direito privado. Como consequência, para dirimir eventuais conflitos emergentes destes contratos são competentes os tribunais da jurisdição comum. Devemos, contudo, deixar aqui registada a nossa discordância sobre esta posição, pois estes contratos visam prosseguir o interesse público subjacente à adjudicação do contrato de empreitada, ou seja, são contratos (aliás, subcontratos) que visam, finalisticamente, a consecução do CEOP, portanto, a construção de uma obra pública. Assim, para nós, estes contratos (de subempreitada) deveriam ser considerados como contratos administrativos, não obstante sejam celebrados entre particulares (o empreiteiro e o subempreiteiro). É que, apesar de estarem em causa "particulares", consideramos que o empreiteiro age aqui como um contraente público celebrando um contrato (de subempreitada) no exercício de funções materialmente administrativas. Em todo o caso, repete-se, o entendimento doutrinal e jurisprudencial é manifestamente diverso daquele que corresponde à nossa opinião. Neste sentido, cfr. o Acórdão do Tribunal de Conflitos, de 9 de Dezembro de 2010, processo n.° 020/10, disponível in www.dgsi.pt. Em geral, sobre este tipo contratual, cfr. JOSÉ LUÍS ESQUÍVEL, *O Contrato de Subempreitada de Obras Públicas*, Almedina, Coimbra, 2002.

[119] Cfr. o artigo 364° do CCP. Esta matéria era tratada, em moldes semelhantes, no artigo 165° do DL n.° 59/99.

[120] Tenham-se aqui presentes as atribuições e competências do Instituto de Gestão do Património Arquitectónico e Arqueológico, I.P. ("IGESPAR"), estabelecidas no Decreto-

A problemática que este tipo de ocorrências suscita é a de saber a quem é imputável a suspensão (mesmo que parcial) da execução dos trabalhos, pois, como é sabido, a suspensão de trabalhos implica, frequentemente, "sobrecustos" avultados para o empreiteiro.

Por esta razão, importa determinar se esses "sobrecustos" devem ser suportados pelo empreiteiro, ou, ao invés, pelo dono da obra.

Esclareça-se, antes de mais, que o legislador nada dispôs sobre o assunto na norma em alusão, isto é, no artigo 364º do CCP. Pode compreender-se a opção legislativa: cada caso é um caso e, por conseguinte, afigura-se difícil estabelecer uma regra geral sobre as implicações de tais "achados" para o desenvolvimento normal de uma obra.

Por outro lado, este tipo de situações pode encontrar guarida no âmbito da reposição do equilíbrio financeiro do contrato por agravamento dos custos de realização da obra, ou, no limite, pode reconduzir-se a um caso de alteração de circunstâncias (cfr., respectivamente, os artigos 354º e 312º, alínea a., do CCP).

Mas não teria sido inútil, bem pelo contrário, uma remissão para estas normas legais que entendemos terem aqui pleno cabimento[121].

Em todo o caso, importa, para nós, distinguir entre "descobertas absolutas" e "descobertas relativas".

Com efeito, se era de todo imprevisível a existência de património histórico (ou outro) no local de execução da obra, estaremos perante uma "descoberta absoluta".

Nesta situação, deverá ser o dono da obra a suportar os encargos, *rectius*, todos os prejuízos que o empreiteiro haja sofrido[122] (fruto da suspensão da obra, da intervenção de técnicos especializados, etc).

Pode também suceder, por força da existência de elementos patenteados no âmbito do procedimento de formação do CEOP ou, entre outras hipóteses, em face de elementos bibliográficos não patenteados mas dispo-

---

-Lei n.º 96/2007, de 29 de Março. Este diploma foi rectificado pela Declaração de Rectificação n.º 47-H/2007, de 25 de Maio.

[121] Residualmente, claro está, poderá ainda ser invocado o instituto do enriquecimento sem causa para que o empreiteiro venha a ser compensado pelos prejuízos que eventualmente resultem de achados arqueológicos. Sobre este instituto jurídico, cfr., por todos, ALEXANDRA LEITÃO, *O Enriquecimento Sem Causa da Administração Pública*, AAFDL, Lisboa, 1998.

[122] Esclarecemos que quando nos referimos a todos os prejuízos, referimo-nos quer a danos emergentes (danos directos), quer a lucros cessantes (danos indirectos), de acordo com a regra geral prevista no artigo 564º, n.º 1, do Código Civil.

níveis para consulta pública (por exemplo, em bibliotecas), que fosse previsível a existência de património histórico (repete-se, ou outro) no local de execução da obra, mas cuja extensão, efectiva relevância ou "magnitude", fosse desconhecida (por exemplo, haviam meros indícios, marginalmente tratados de um ponto de vista científico, de que no local em causa poderiam existir alguns "valores arqueológicos" mas não se conhecia a correspectiva relevância, isto é, o seu valor e o seu consequente impacto para o normal desenvolvimento dos trabalhos). Neste caso, estaremos perante "descobertas relativas".

Também aqui os eventuais "sobrecustos" incorridos pelo empreiteiro devem, em nossa opinião, ser suportados pelo dono da obra. É que, se era possível antecipar a existência de "alguma coisa", passe o coloquialismo, não era possível representar, com a devida certeza, quais as suas exactas consequências para a execução da obra, sendo que o empreiteiro deve ser pago pelo custo da execução da obra (ou da concepção / construção) para a qual foi contratado e não pelos eventuais custos necessários à salvaguarda do património com valor histórico, cultural, ou de outra natureza, relevante em termos de "interesse público" (nem deverá, obviamente, arcar com as frequentemente nefastas consequências para o bom desenvolvimento da obra que emergem da descoberta deste tipo de valores históricos ou arqueológicos).

De facto, e agora de um outro enfoque, estes "custos" devem ser suportados por toda a colectividade, logo devem ser suportados pelo Estado, na sua acepção mais lata e não (apenas) pelo seu co-contratante privado, leia-se aqui, pelo empreiteiro[123].

É evidente, no entanto, que perante uma descoberta desta natureza, isto é, perante uma "descoberta relativa" há margem para que as partes de um CEOP discutam quem é que, no caso concreto, deve suportar o acréscimo de custos daí decorrente. Frisamos a nossa posição: em princípio, os "sobrecustos" em causa deverão ser suportados pelo dono da obra.

Finalmente, poderemos equacionar uma outra situação: o património histórico ou cultural estava perfeitamente identificado à data da celebração do contrato (ou até em data anterior).

Ora, nesta última hipótese, já não estamos, em rigor, no âmbito de aplicação da norma a que temos vindo a aludir (cfr. o artigo 364º do CCP).

---

[123] Nesta perspectiva, parece poder convocar-se o princípio da igualdade na repartição dos encargos públicos para corroborar este entendimento.

Efectivamente, o preceito em questão contempla casos em que os "achados" são encontrados, para utilizarmos a expressão do legislador, no decurso da execução da obra.

Assim, se esses "valores" já estavam determinados, não podemos dizer que foram "encontrados", "descobertos" ou que, com propriedade, são "achados arqueológicos".

Por conseguinte, será, em primeira-mão, ao dono da obra que compete salvaguardá-los. E, aqui, ou bem que o dono da obra estabeleceu que uma das prestações contratuais do empreiteiro consiste na remoção desse património para outro local (com a necessária monitorização dos competentes serviços do Estado) e o empreiteiro englobou no preço do contrato esse trabalho (e no plano de trabalhos da empreitada o tempo necessário para executar essa obrigação contratual), pelo que nada mais terá a receber, ou o dono da obra previu, por exemplo, nos documentos que patenteou no procedimento de formação do contrato que uma outra entidade iria levar a cabo tal trabalho, caso em que tal tarefa não fará, em princípio, incorrer o empreiteiro em "sobrecustos" (sobretudo, se for do conhecimento do empreiteiro as condições, designadamente, de prazo, que essa terceira entidade se comprometeu a cumprir, já que tal conhecimento lhe permitirá, presumivelmente, acautelar essa situação no âmbito do planeamento dos trabalhos a seu cargo)[124].

Em suma, perante "descobertas absolutas" ou "descobertas relativas", na acepção que acima emprestámos a estas expressões, deverá o dono da obra compensar os eventuais prejuízos do empreiteiro.

Já perante o património arqueológico conhecido à data da celebração do contrato, configuram-se duas possibilidades: ou bem que as partes estatuíram no CEOP que o trabalho inerente à sua remoção, ou outro, é da responsabilidade do empreiteiro, caso em que este nada tem a reclamar por esse trabalho (antes constitui uma obrigação contratual que deve observar), ou, não obstante tal conhecimento, nada foi previsto no contrato e, então, caberá também aqui ao dono da obra o custeio das despesas inerentes ao que houver a fazer para a salvaguarda de tal património (que por princípio será seu) e, bem assim, o pagamento de uma indemnização ao empreiteiro pelos prejuízos, se alguns, que comprovadamente daí resultarem.

---

[124] Eventualmente, neste caso, poderão ocorrer alguns constrangimentos derivados de "interfaces". Nesta situação, fará todo o sentido que tais "interfaces" fiquem devidamente regulados no âmbito do CEOP.

5.8. No que concerne à suspensão dos trabalhos, não se registam diferenças muito relevantes em face do regime anterior[125], para além da evidente redução de normas do CCP sobre esta temática.

Assim, mantém-se a ideia central de que suspensão dos trabalhos continua a poder ocorrer por iniciativa do dono da obra ou por iniciativa do empreiteiro.

Com efeito, o dono da obra pode impor a suspensão da empreitada nos seguintes casos:

i. falta de condições de segurança da obra;
ii. necessidade de estudar alterações a introduzir ao projecto a executar e,
iii. necessidade de observar certas determinações ou recomendações de *"quaisquer entidades administrativas competentes"*.

Saliente-se que para além destas hipóteses, expressamente previstas no artigo 365° do CCP, podem igualmente dar azo a uma suspensão dos trabalhos outras situações previstas quer no CCP quer no próprio CEOP, portanto, neste último caso, situações de suspensão dos trabalhos convencionadas pelas partes.

Com efeito, são susceptíveis de servir de fundamento de suspensão de uma obra pública, *inter alia*, os casos previstos no artigo 297° do CCP, a saber:

i. os casos de impossibilidade temporária de cumprimento do contrato, nomeadamente, em virtude de mora do dono da obra na disponibilização de bens ou meios necessários à execução do CEOP[126], e
ii. os casos de excepção de não cumprimento do contrato (*exceptio non adimpleti contractus*)[127].

---

[125] Cfr. os artigos 185° a 194° do DL n.° 59/99.

[126] Trata-se, manifestamente, de uma "cláusula aberta". Para nós, podem aí incluir-se os casos fortuitos e de força maior (é o que parece resultar da expressão *"impossibilidade temporária de cumprimento do contrato"* ínsita no artigo 297°, alínea a., do CCP). Sobre a suspensão de trabalhos motivada por um caso de força maior, cfr. o Acórdão da 2ª subsecção do Contencioso Administrativo do Supremo Tribunal Administrativo, de 24 de Maio de 2011, processo n.° 0220/10, in *www.dgsi.pt*.

[127] O instituto da excepção de não cumprimento do contrato, tipicamente de Direito Privado (cfr. o artigo 428° do Código Civil), surge agora consagrado no CCP, para os contratos administrativos em geral, e consiste, *grosso modo*, na faculdade que assiste a cada

Finalmente, neste plano, refira-se o preceituado no artigo 367º do CCP que funciona como uma "cláusula aberta" para efeitos de suspensão dos trabalhos, na medida em que o dono da obra, com base no preceito em apreço, está legalmente habilitado a autorizar a suspensão dos trabalhos desde que se verifiquem dois requisitos negativos (e cumulativos):

i. não se coloque em risco o termo final de execução da obra, e
ii. a suspensão dos trabalhos não implique encargos adicionais para o dono da obra.

A questão que se poderá suscitar relativamente aos casos de suspensão dos trabalhos da iniciativa do dono da obra, é a de saber se o empreiteiro fica investido no direito a qualquer compensação.

Naturalmente, tudo dependerá do caso concreto. Assim, por exemplo, se o dono da obra ordenou a suspensão dos trabalhos por razões de (in)segurança detectadas na obra, muito provavelmente será o empreiteiro a suportar os encargos adicionais que venha a sofrer em consequência dessa suspensão, dado que é o empreiteiro que, primariamente, tem a obrigação de velar pelo cumprimento das condições de segurança da obra[128].

Do mesmo modo, se a ordem de suspensão dimanada do dono da obra advier da necessidade de serem estudadas alterações ao projecto de execução de uma empreitada, tudo estará em saber se tais alterações

---

parte de um contrato sinalagmático de, inexistindo prazos diversos para o cumprimento das correspectivas obrigações, recusar a sua prestação enquanto a contraparte não realizar a prestação que lhe cabe ou não oferecer o seu cumprimento simultâneo. Está em causa uma excepção dilatória de direito material que deve ser aplicada em estreita conexão com o princípio da boa-fé e cuja invocação é admissível nos casos de incumprimento temporário, cumprimento parcial, cumprimento defeituoso e incumprimento definitivo. Para que opere, licitamente, no âmbito dos contratos administrativos, o co-contratante deve observar o disposto no artigo 327º do CCP. Note-se que, já na anterior disciplina do CEOP, poderíamos falar numa situação de excepção de não cumprimento fundada no artigo 185º, n.º 2, alínea c., do DL n.º 59/99. Sobre este instituto, cfr., por último, NUNO PINTO OLIVEIRA, *Princípios de Direito dos Contratos*, Coimbra Editora, Coimbra, 2011, pp. 785 a 805. Na jurisprudência, ainda que no domínio do Direito Privado, cfr. o Acórdão do Tribunal da Relação de Coimbra, de 21 de Outubro de 2003, processo n.º 432/03, disponível em *www.dgsi.pt*.

[128] Cfr. o artigo 350º, alínea b., do CCP. De notar, ainda, que o incumprimento grave e reiterado desta obrigação pode fundamentar a resolução do CEOP (cfr. o artigo 405º, n.º 1, alínea a., do CCP).

resultam de um erro de projecto imputável ao empreiteiro (caso em que será o empreiteiro, por norma, a arcar com os respectivos encargos e/ ou prejuízos decorrentes dessa suspensão) ou se, pelo contrário, essas alterações derivam da iniciativa do dono da obra por entender que as mesmas são necessárias ou convenientes à luz do interesse público (caso em que, por princípio, será o dono da obra a custear os eventuais prejuízos que o empreiteiro venha a registar por força da ordem de suspensão em causa).

Também devem ser analisadas casuisticamente as situações de suspensão dos trabalhos ocasionadas pela intervenção de *"autoridades administrativas competentes"*.

Deste modo, se a obra estiver a ser executada de acordo com o projecto de execução aprovado e em observância do correspectivo plano de trabalhos, mas for necessário suspendê-la por virtude de uma "determinação vinculativa" ou de uma "recomendação relevante" emitida por uma entidade administrativa competente, importa apurar se está em causa, por exemplo, uma desconformidade legal ou regulamentar, que o empreiteiro deveria ter acautelado e não acautelou (sendo-lhe, por isso, imputável a suspensão da obra), ou se, ao invés, está em causa a intervenção de uma entidade administrativa, por exemplo, com o escopo de optimizar a obra em curso em face de condições ambientais envolventes ou de outros projectos edificativos que, entretanto, surgiram no local de "influência" da obra, caso em que o empreiteiro poderá, em princípio, reclamar uma indemnização pelos danos que eventualmente haja sofrido (e, claro, conseguido demonstrar).

Como já se disse, e resulta claro do artigo 366º do CCP, a suspensão dos trabalhos pode também resultar da iniciativa do empreiteiro.

Desde logo, se o prazo de execução da obra for igual ou superior a um ano, o empreiteiro poderá legitimamente suspender os trabalhos, no seu todo ou apenas em parte, e uma vez em cada ano, por um período máximo de 10 dias seguidos, desde que não haja oposição do dono da obra e/ou não fiquem postos em causa os eventuais prazos parciais e o termo final previsto para a obra.

Nesta situação, é óbvio que todos os encargos (se alguns) decorrentes da suspensão da obra correm por conta do empreiteiro.

Mas a suspensão dos trabalhos pode também resultar, como expressamente se prevê no artigo 366º, n.º 3, do CCP, das seguintes situações:

i. da falta de condições de segurança, ou
ii. da falta de pagamento de qualquer quantia devida pelo dono da obra ao empreiteiro nos termos fixados no CEOP, desde que tenha decorrido um mês sobre o respectivo vencimento[129].

Por outro lado, à imagem do que sucede com os casos de suspensão dos trabalhos por iniciativa do dono da obra, também aqui são aplicáveis as normas do Código que podem fundamentar a suspensão da execução dos contratos administrativos, designadamente o disposto no artigo 297°.

De igual forma, nada impede que as partes estatuam no próprio CEOP outras situações conducentes à suspensão dos trabalhos.

Acresce que a suspensão dos trabalhos pode ser imputável ao empreiteiro e, depois, por iniciativa do dono da obra, ser mantida essa suspensão por mais tempo do que aquele que resultaria do facto (originário) imputável ao empreiteiro. É a esta situação que alude o artigo 368° do CCP.

Nesta hipótese, o período de suspensão que exceda o tempo directamente decorrente do facto assacável ao empreiteiro, é imputável ao dono da obra; logo, o dono da obra poderá ter de indemnizar o empreiteiro pelos danos daí emergentes.

Esclareça-se que nos casos em que a suspensão dos trabalhos é imputável ao dono da obra, o empreiteiro tem direito a uma prorrogação do prazo (inicial) de execução da empreitada, nos termos do artigo 298°, n.° 2, do CCP.

Note-se que essa prorrogação não é, forçosamente, "aritmética", ou seja, o período de prorrogação pode ser superior ao período de tempo em que a obra esteve efectivamente suspensa: imagine-se o caso de uma empreitada cujo prazo global de execução é de 12 meses e que, fruto de uma instrução directa do dono da obra, a empreitada foi suspensa durante 3 meses. Poder-se-ia pensar, nesta hipótese, que uma vez dada a ordem para serem retomados os trabalhos, o empreiteiro só teria direito a uma prorrogação de 3 meses (período de tempo em que a obra esteve efectivamente suspensa). Mas não é forçosamente assim.

---

[129] Deve ser realçado que o n.° 5 do artigo 366° do CCP estabelece algumas restrições para o exercício deste direito por parte do empreiteiro. Assim, o empreiteiro deve comunicar ao dono da obra, com uma antecedência mínima 15 dias seguidos em relação à data prevista para a suspensão dos trabalhos, a sua intenção de suspender a obra por falta de pagamento, sendo que no caso de o dono da obra regularizar a situação de atraso nos pagamentos dentro do prazo de um mês após o respectivo vencimento, deixará de haver fundamento legal para o exercício deste direito.

Efectivamente, pode bem suceder que exista fundamento para que o prazo da obra seja prorrogado por 4 ou 5 meses e não apenas por 3 meses.

Basta pensar, entre tantas outras hipóteses, que executar uma obra no Verão não é o mesmo que executar essa obra no Inverno[130].

Por outro lado, caso a suspensão da empreitada se mantenha por período superior a um décimo do prazo global previsto para a sua execução, por facto imputável ao dono da obra, o empreiteiro dispõe de fundamento legal para resolver o CEOP[131].

De igual modo, o empreiteiro também disporá de fundamento resolutivo do CEOP na circunstância da suspensão da empreitada se manter por período superior a um quinto do prazo global de execução da empreitada, motivada por um caso de força maior[132].

Cumpre também frisar que a suspensão da obra por parte do empreiteiro, sem fundamento atendível, pode dar origem à resolução do CEOP[133].

De referir, contudo, que o direito de resolução do contrato por motivo relacionado com a suspensão ilegítima dos trabalhos por parte do empreiteiro, só poderá ser validamente exercido por parte do dono da obra se daí resultarem "graves prejuízos para o interesse público" (que devem ser, obviamente, demonstrados pelo dono da obra; embora este disponha aqui de margem de livre apreciação relevante, o que terá impacto na possibilidade de impugnação judicial de tal decisão do dono da obra).

5.9. Importa assinalar que o exercício do direito de suspender os trabalhos pelo empreiteiro, deve ser precedido de comunicação escrita ao dono da obra, com indicação expressa do respectivo fundamento; com excepção de situações de urgência que sejam incompatíveis com a aludida comunicação escrita.

Em todo o caso, mesmo em situações de urgência, o empreiteiro deverá comunicar, verbalmente, ao dono da obra a sua intenção de suspender os trabalhos; portanto, o dono da obra deve ser avisado pelo empreiteiro, por escrito ou verbalmente, de que a obra vai ser suspensa (cfr. o artigo 366, n.ᵒˢ 4 e 6, do CCP).

Compreende-se a intenção do legislador no que toca à exigência de prévia comunicação verbal ao dono da obra em situações de urgência. Sim-

---

[130] Cfr. o artigo 298º, n.ᵒˢ 2 e 3, do CCP.
[131] Cfr. o artigo 406º, alínea d., ii., do CCP.
[132] Cfr. o artigo 406º, alínea d., do CCP.
[133] Cfr. artigo 405º, n.º 1, alínea e., do CCP.

plesmente, na prática, quando ocorrerem motivos de urgência no decurso da execução de uma obra que sejam incompatíveis com uma comunicação escrita ao dono da obra quanto à suspensão dos trabalhos, muito provavelmente também serão incompatíveis com uma prévia comunicação verbal. Nestes termos, se a suspensão da obra for verdadeiramente urgente, o mais certo é que a obra seja suspensa primeiro e o dono da obra seja informado depois (pense-se, por exemplo, em casos de acidentes pessoais graves no decurso de uma obra).

Por fim, atenta a sua relevância para o decurso normal do CEOP, a suspensão dos trabalhos deve ser sempre formalizada num auto cujo conteúdo deve compreender os factos mais significativos que motivaram a suspensão da obra e as eventuais reclamações e reservas apresentadas por qualquer uma das partes do contrato.

6. TRABALHOS A MAIS E TRABALHOS A MENOS

6.1. Importa, antes de mais, frisar que os trabalhos a mais representam o corolário por excelência do princípio do poder de modificação unilateral num CEOP[134].

Referenciado este aspecto nuclear da matéria agora em exame, cumpre salientar que conceito normativo de trabalhos a mais do CCP[135], não

---

[134] Cfr. PAULO OTERO, *Estabilidade Contratual, Modificação Unilateral e Equilíbrio Financeiro em Contrato de Empreitada de Obras Públicas*, in *Revista da Ordem dos Advogados*, Lisboa, Ano 56, 1996, pp. 913 a 958. Em particular sobre a natureza jurídica deste tipo de trabalhos, explica-nos lapidarmente o referido autor o seguinte: *"(...) a possibilidade legal de o dono da obra exigir ao empreiteiro a execução de trabalhos a mais, isto relativamente aos que inicialmente resultavam do contrato de empreitada – ainda que dentro do objecto material da mesma empreitada –, configura a expressão de um poder unilateral da Administração em modificar o conteúdo das prestações do empreiteiro. Exigindo a realização de trabalhos a mais, enquanto prestações de espécie diferente ou quantidade não incluídas no texto inicial do contrato, a lei faculta ao dono da obra – ainda e sempre na prossecução do interesse público – uma faculdade unilateral de redefinição parcial da posição jurídica do empreiteiro e, deste modo, do próprio conteúdo de certas cláusulas do contrato administrativo de empreitada de obras públicas"* (ob. cit., p. 930). No mesmo sentido, cfr. ANA GOUVEIA MARTINS, *A Modificação e os Trabalhos a Mais nos Contratos de Empreitada de Obras Públicas*, in Estudos Em Homenagem ao Professor Doutor Sérvulo Correia, Vol. II, Ed. FDL, Coimbra Editora, Coimbra, 2010, pp. 96 a 99.

[135] Cfr. o artigo 370º, n.º 1, do CCP. O objectivo proclamado pelo legislador do CCP

apresenta diferenças notórias relativamente à definição legal que constava da anterior disciplina normativa do CEOP[136].

Assim, consideram-se trabalhos a mais, aqueles cuja espécie (tipo) ou quantidade (volume) não esteja inicialmente contemplada, *rectius*, "prevista" no CEOP e que:

i. se tenham tornado necessários à execução do objecto desse contrato fruto de uma circunstância imprevista e,
ii. não possam ser técnica ou economicamente separáveis do objecto do contrato sem inconvenientes graves para o dono da obra ou,
iii. embora possam ser separáveis do objecto originário do CEOP, sejam *"estritamente necessários à conclusão da obra"*.

O primeiro requisito apontado apreende-se bem, em abstracto: se os trabalhos que são necessários para a execução da obra objecto do CEOP eram previsíveis à data da celebração do contrato, não se pode aludir, com propriedade, a trabalhos a mais.

Ao invés, nestes casos, estaremos muito provavelmente em face de trabalhos resultantes de erros ou omissões, o que não é de todo despiciendo.

Com efeito, e como melhor veremos adiante, as limitações legais – *maxime*, em termos de valores – para a execução de trabalhos resultantes de erros e omissões, são menores do que aquelas que resultam de autênticos trabalhos a mais.

Assim, e em primeiro lugar, para que de verdadeiros trabalhos a mais se possa falar, importa que estejamos perante circunstâncias imprevistas,

---

no que tange à temática dos trabalhos a mais, é muito claro: "[a] *racionalização, por via de limitações acrescidas por comparação com o que resultava do Decreto-Lei n.º 59/99, de 2 de Março, do regime dos trabalhos a mais, que passam a depender de pressupostos mais apertados e deixam de incluir os trabalhos necessários ao suprimento de erros e omissões"* (cfr. o preâmbulo do Decreto-Lei n.º 18/2008). Sobre o assunto, embora ainda à luz do DL n.º 59/99, *vide*, entre outros, os Acórdãos da 1ª Secção do Tribunal de Contas, de 1 de Abril de 2003, n.º 14/03, Recurso Ordinário n.º 8/2003, e de 20 de Maio de 2003, n.º 66/03, Processo n.º 418/2003 (ambos disponíveis em *www.tcontas.pt*).

[136] Cfr. o artigo 26º do DL n.º 59/99. Refira-se que a delimitação do conceito de trabalhos a mais é reconhecidamente difícil. Como se escreveu, a este propósito, num aresto do Tribunal de Contas: *"É aqui que toda a doutrina, civilística ou administrativa, reconhece as dificuldades de manuseamento do conceito, não tanto pelo seu delineamento abstracto, como pelas dificuldades de aplicação prática"* (cfr. o Acórdão do Tribunal de Contas, de 21 de Janeiro de 1992, in Revista do Tribunal de Contas, n.ºs 17/18, p. 225).

inter alia, sublinhe-se, os denominados casos fortuitos e de força maior e os casos susceptíveis de se inscreverem no instituto da alteração de circunstâncias[137].

Relativamente ao segundo requisito de qualificação de trabalhos de uma empreitada como trabalhos a mais, cumpre dizer que, por regra, os trabalhos "imprevistos" podem ser técnica e economicamente *"separáveis"* do objecto de um CEOP.

Se assim não fosse, compreender-se-ia mal que, ultrapassados que sejam determinados limites de valor (por norma, 5% do preço contratual) seja legalmente necessário promover um novo procedimento pré-contratual para a execução desses mesmos trabalhos.

Na verdade, se nesta situação é exigível um novo procedimento pré--contratual, potencialmente adjudicado a um outro empreiteiro, é porque é possível, técnica e economicamente, separar estes trabalhos dos trabalhos já inclusos no objecto originário do contrato de empreitada. O ponto é que, conquanto tais trabalhos possam, na vasta maioria dos casos, ser *"separáveis"* do objecto inicial do contrato, a sua adjudicação a um outro empreiteiro gera, as mais das vezes, graves inconvenientes para o dono da obra.

Não é, pois, difícil, uma vez mais, em abstracto, preencher-se este requisito do conceito; importa, claro está, é que a respectiva fundamentação seja feita com rigor.

A este propósito, cumpre assinalar que a locução *"estritamente necessários à conclusão da obra"*, prevista na parte final do artigo 370º, n.º 1, alínea b., do CCP visa, para nós, impedir que se considere e, portanto, que seja determinada a execução de trabalhos a mais por parte do dono da obra quando, na realidade, estejam apenas em causa trabalhos que sejam "convenientes", porque úteis, para a melhoria da empreitada adjudicada, na sua globalidade ou em parte, mas que, bem vistas as coisas, não são imperiosos para a conclusão da obra tal qual ela foi inicialmente adjudicada.

Assim, tudo ponderado, consideramos que constituem trabalhos a mais os trabalhos que resultem de circunstâncias imprevisíveis[138], relati-

---

[137] Diversamente, isto é, considerando que os casos de força maior não são aqui enquadráveis, cfr. LICÍNIO LOPES, *Alguns Aspectos do Contrato de Empreitada de Obras Públicas no Código dos Contratos Públicos*, Parte I, in Estudos de Contratação Pública II, Coimbra Editora, Coimbra, 2010, p. 401, nota 62.

[138] Neste sentido, ou seja, na linha que aqui preconizamos, de ser necessário a ocorrência de uma circunstância imprevisível para que se possam qualificar certos trabalhos como trabalhos a mais, cfr. o Acórdão da 1ª Secção do Contencioso Administrativo do

vamente ao projecto inicial de execução da obra e que se revelem necessários à conclusão da mesma tal como originariamente configurada, seja quanto ao volume (*"quantidade"*), seja quanto ao tipo (*"espécie"*) desses trabalhos. Por conseguinte, para que tais trabalhos tenham a qualificação de trabalhos a mais, devem resultar de uma ocorrência superveniente e imprevisível relativamente ao ambiente circunstancial em que determinado CEOP foi celebrado e deter ainda uma ligação objectivamente funcional no que respeita ao projecto inicial da obra.

Excluem-se, em consequência, do conceito em alusão, os erros e omissões de projecto, as benfeitorias e os demais trabalhos cuja execução redunde numa alteração substancial da obra originariamente projectada, traduzindo, na verdade, uma nova obra, ainda que redefinida ou reavaliada, face à inicial, com base numa estrita ponderação do interesse público.

Nenhuma destas situações se inscreve, *summo rigore*, no conceito em apreço.

6.2. Para além de ter de ser apurada a natureza dos trabalhos a executar (ou seja, para além de ter de se saber se estamos efectivamente no âmbito de "trabalhos a mais"), é ainda necessário que se verifiquem quatro condições – cumulativas – para que este tipo de trabalhos possa ser validamente ordenado pelo dono da obra ao empreiteiro.

A primeira dessas condições, prevista no artigo 370º, n.º 2, alínea a., do CCP, carece de uma breve explicação dada a prolixidade (desnecessária, diga-se) deste preceito: na realidade, estão aqui em causa todos os procedimentos pré-contratuais previstos no CCP[139], com excepção do procedimento de ajuste directo em razão do valor para os contratos de empreitada de obras públicas (cfr. o artigo 19º, alínea a., do CCP).

Assim, atenta esta primeira condição, pode haver lugar a trabalhos a mais nos CEOP que resultem de qualquer um dos procedimentos de formação do contrato enunciados no CCP, excepto se esses contratos de empreitada emergirem de um procedimento de ajuste directo com fonte no artigo 19º, alínea a., do CCP.

Tribunal Central Administrativo Norte, de 6 de Maio de 2010, processo n.º 070/05.5 BEMDL, in *www.dgsi.pt*. O Tribunal de Contas tem sufragado igualmente este entendimento (cfr., entre outros, o Acórdão n.º 24/06, da 1ª Subsecção do Tribunal de Contas, de 19 de Janeiro de 2006, processo n.º 674/05, in *www.tcontas.pt*). Discordando desta posição, cfr., na doutrina, ANA GOUVEIA MARTINS, *A Modificação...*, pp. 96 a 99.

[139] Cfr. o artigo 16º, n.º 1, do CCP.

A razão subjacente a esta condição é simples de alcançar: neste tipo de procedimento (previsto no artigo 19º, alínea a., do CCP), a adjudicação do CEOP tem apenas por base o correspectivo valor.

Por conseguinte, presume-se, o legislador entendeu que nestas situações não são admissíveis trabalhos a mais porque tais trabalhos implicariam que o valor do CEOP, afinal, superasse os valores que determinaram a escolha do procedimento de formação do contrato em causa (o ajuste directo estribado no artigo 19º, alínea a., do CCP).

A segunda das aludidas condições, elencada no artigo 370º, n.º 2, alínea b., do CCP, deve ser articulada com a condição precedente.

Assim, como vimos, pode ser ordenada a execução de trabalhos a mais no caso de um CEOP ter sido celebrado na sequência de qualquer um dos procedimentos adjudicatórios fixados no Código, excepto no caso dos procedimentos de ajuste directo promovidos ao abrigo do disposto no artigo 19º, alínea a., do CCP.

No entanto, se o procedimento de formação do contrato adoptado para a celebração de um CEOP for um concurso público ou um concurso limitado por prévia qualificação e o valor resultante da soma do preço dos trabalhos a mais (a executar) com o preço contratual (do contrato celebrado) for superior a € 5.000.000,00[140], é necessário que o anúncio daqueles procedimentos (concurso público ou concurso limitado por prévia qualificação) tenha sido publicitado no Jornal Oficial da União Europeia para que os aludidos trabalhos a mais possam ser autorizados.

Com efeito, como é sabido, pode recorrer-se a um concurso público ou a um concurso limitado por prévia qualificação para a celebração de um CEOP sem que seja necessário publicitar o respectivo anúncio no predito Jornal Oficial (justamente se o valor do CEOP a celebrar for inferior àquele limiar comunitário).

Ora, nesta última situação, ou seja, no caso de um CEOP que teve na base um concurso público ou um concurso limitado por prévia qualificação cujo anúncio não foi objecto de publicação no referido Jornal Oficial, não poderá haver lugar a trabalhos a mais se o valor resultante da soma dos trabalhos a mais a executar, com o valor do contrato em causa, for superior a € 5.000.000,00. Naturalmente, se o valor resultante da soma dessas "parce-

---

[140] Este valor corresponde ao valor actualizado do limiar comunitário previsto no artigo 7º, alínea c). da Directiva 2004/18/CE (cfr. o Regulamento UE n.º 1251/2011, de 30 de Novembro, da Comissão).

las" se situar abaixo do referido limiar, a condição em questão encontra-se, desde logo, preenchida e nada obsta (no que toca à "condição" em apreço) a que o dono da obra possa ordenar a execução de trabalhos a mais.

Da terceira das condições fixadas no preceito legal em exame (cfr. o artigo 370°, n.° 2, alínea c., do CCP), flui que a soma do preço atribuído aos trabalhos a mais (a serem executados), com o preço de eventuais outros trabalhos a mais (já executados), deduzindo-se (desse valor assim obtido) o preço de trabalhos a menos, não pode exceder 5% do preço do CEOP[141].

Portanto, o que aqui importa considerar – agora sem quaisquer dúvidas[142] – é o saldo entre os trabalhos a mais e os trabalhos a menos.

É de assinalar, porém, que esse limite de 5% do preço contratual poderá atingir os 25%, na circunstância de estarem em causa obras com traços muito específicos, isto é, obras *"com especiais características de imprevisibilidade"*, ou seja, entre outras, as obras marítimas-portuárias e as obras complexas a nível geotécnico, como será a situação de algumas obras referentes à construção de túneis, bem como obras de reabilitação ou restauro de bens imóveis (cfr. o artigo 370°, n.° 3, do CCP)[143].

Finalmente, a alínea d. do aludido preceito legal, estabelece uma outra limitação quanto ao valor dos trabalhos a mais que deve ser especialmente articulada com a "condição" pregressa. De facto, nos termos do artigo 370°, n.° 2, alínea d., do CCP, a soma do valor dos trabalhos a mais (a executar) com o valor dos trabalhos a mais (já executados) e ainda com o valor dos trabalhos referentes ao suprimento de erros e omissões, não pode exceder 50% do preço do contrato[144].

---

[141] De notar que a Região Autónoma dos Açores dispõe de um diploma especial sobre a aplicação do CCP que contém uma norma específica sobre esta matéria. Com efeito, de acordo com o artigo 20°, n.° 1, alínea b., do Decreto Legislativo Regional n.° 34/2008/A, de 28 de Julho, a limitação do valor de trabalhos a mais, deduzido o valor de eventuais trabalhos a menos, é de 25% do preço do CEOP (e não, portanto, de 5% como estabelece o CCP).

[142] Dúvidas estas que o artigo 45°, n.° 1, do DL n.° 59/99 concitava, embora a doutrina já tivesse o entendimento que o legislador veio agora a consagrar no CCP.

[143] Estamos perante uma "norma aberta", pelo que para além dos exemplos dados, aliás, para além dos exemplos que o legislador indicou expressamente no preceito legal em alusão, é possível aplicá-lo a outras situações; assim existam razões ponderosas para o efeito.

[144] Como muito bem assinala JORGE ANDRADE DA SILVA, *Código dos Contratos Públicos – Comentado e Anotado*, 3ª ed., Almedina, Coimbra, 2010, p. 868, nota 948, não há razão para que não se considerem aqui (deduzindo-se, portanto) o valor de eventuais trabalhos a menos. Por outro lado, parece resultar deste normativo legal que podem ser

Refira-se que, nesta situação, não se consideram, para tal cálculo (somatório), o valor dos trabalhos de suprimento de erros e /ou omissões de projecto que tenham sido detectados antes da celebração do CEOP, pois que a referência do normativo em apreço é feita para o conceito de *"preço contratual"* e, este, como é sabido, engloba necessariamente o valor de tais trabalhos (cfr. os artigos 61°, n.° 7, e 97°, do CCP).

Assim, note-se bem, não basta apenas atender ao limite máximo (regra) de 5% do preço contratual para se aferir se podem, ou não, ser legalmente autorizados trabalhos a mais no âmbito de um CEOP.

É ainda necessário verificar se não é também excedido o limite de 50% do preço contratual, mas agora considerando, a par do valor dos trabalhos a mais já executados e do valor dos trabalhos a mais a executar, igualmente o valor dos trabalhos de correcção de erros e omissões[145]. Para nós, importa equacionar, também nesta situação, o saldo entre os trabalhos a mais e os trabalhos a menos, para se apurar se esta percentagem de 50% do preço contratual é, ou não, respeitada.

Por outro lado, tenha-se presente que, se o valor dos trabalhos a mais, acrescido do valor dos trabalhos de suprimento de erros e/ou omissões de projecto, for superior a 15% do preço contratual, é necessário, para efeitos da respectiva eficácia (incluindo pagamentos), a publicitação desta alteração contratual no Portal da Internet referente aos contratos públicos (cfr. o artigo 315°, n.° 1, do CCP).

É de realçar que os trabalhos de correcção de erros ou omissões não são considerados trabalhos a mais (cfr. o artigo 370°, n.° 4, do CCP), diversamente do que sucedia no anterior regime legal das empreitadas de obras públicas (cfr. o artigo 45° do DL n.° 59/99)[146].

---

executados trabalhos de suprimento de erros e omissões até 50% do valor do contrato, caso não existam trabalhos a mais alguns. Se existirem, no valor máximo de 5% do preço contratual, ainda assim é possível executar trabalhos de suprimento de erros e omissões até 45% do preço do CEOP.

[145] Refira-se que este limite de 50% do preço contratual encontra-se previsto no artigo 31°, n.° 4, da Directiva 18/2004/CE.

[146] De facto, no domínio da vigência do DL n.° 59/99, o limite de 25% do preço do contrato, fixado no artigo 45° daquele diploma legal, contemplava os trabalhos necessários ao suprimento de erros e omissões juntamente com outras categorias de trabalhos, como é o caso dos trabalhos a mais. Ou seja, o referido limite de 25% englobava todo o tipo de trabalhos da empreitada. Portanto, à luz do anterior regime jurídico das empreitadas de obras públicas, relevava o "valor acumulado" de todos os trabalhos para o limite de 25% do preço contratual.

Consequentemente, o valor da execução deste tipo de trabalhos (referentes a correcção de erros e/ou omissões) não concorre para o apuramento do aludido limite (regra) de 5% do preço contratual (é que aqui, insistimos, estão apenas em causa autênticos trabalhos a mais).

6.3. Como decorre expressamente do preceituado no artigo 370º, n.º 5, do CCP, se alguma das condições (necessárias) que analisámos para que seja possível autorizar a execução de trabalhos a mais, não se verificar, deverá então ser promovido um novo procedimento adjudicatório para a execução desses trabalhos.

É de referir que o normativo legal em questão (cfr. o artigo 370º, n.º 5, do CCP), opera uma remissão expressa e global para os procedimentos de formação de contratos enunciados no Titulo I, da Parte II, do Código.

Ora, como aqui se incluem todos tipos de procedimentos adjudicatórios (gerais) previstos no CCP, pode colocar-se a questão de saber se é possível deitar mão de um procedimento de ajuste directo para a execução dos trabalhos a mais que excedam os limites legalmente fixados (ou que ponham em causa qualquer outra das "condições" que examinámos), a favor do mesmo empreiteiro (do empreiteiro originário).

Em nossa opinião, esta solução não é viável *tout court*. Isto é, parece-nos perfeitamente admissível que a execução dos trabalhos "extracontratuais" seja adjudicada com base num procedimento de ajuste directo (pois a aludida remissão é feita em bloco para o Título I da Parte II do Código, estando aqui incluídos todos os procedimentos pré-contratuais; do ajuste directo ao concurso público).

O que não se nos afigura possível, porque contenderia com a *ratio legis* desta norma, é a adjudicação, por ajuste directo, desses novos trabalhos, ao mesmo empreiteiro; esclareça-se, não tendo sido feita a consulta a mais nenhum outro empreiteiro.

Nestes termos, admitimos a adopção do procedimento de ajuste directo, desde que sejam consultados mais do que um empreiteiro.

A não ser assim, a "solução" para ultrapassar o problema das restrições referentes à execução de trabalhos a mais estaria encontrada: não sendo possível preencher todas as aludidas "condições", o dono de obra faria um ajuste directo ao mesmo empreiteiro, mas agora estribado no artigo 370º, n.º 5, do CCP.

De notar, contudo, que nada obstará a que, uma vez lançado, por exemplo, um concurso público, o empreiteiro originário concorra e, eventualmente, lhe venha a ser feita a adjudicação dos trabalhos em causa. Saliente-se que, na circunstância em apreço, ou seja, sendo exigível o lançamento de um novo procedimento adjudicatório para a execução de trabalhos a mais, é possível que a empreitada tenha de ser suspensa até que esteja concluído o procedimento pré-contratual que vier a ser adoptado.

Nesta situação, consideramos que empreiteiro (originário) terá direito a ser indemnizado pelos danos que eventualmente venha a sofrer como decorrência dessa suspensão de trabalhos[147].

6.4. Uma vez transmitida a ordem para a execução de trabalhos a mais (que deve ser feita por escrito e acompanhada dos elementos essenciais para o efeito, *maxime*, do projecto de alterações a levar a cabo) o empreiteiro deverá proceder à execução desses trabalhos.

Só assim não será se o empreiteiro (puder) optar pela resolução do CEOP, com base no disposto no artigo 406°, alínea c., do CCP, ou se não dispuser dos *"meios humanos ou técnicos"* (uns ou outros, portanto) necessários à execução dos trabalhos que lhe foram determinados pelo dono da obra (cfr. o artigo 371° do CCP).

Nestas circunstâncias (aqui se incluindo também a possibilidade, prevista no artigo 372°, n.° 1, do CCP, de o empreiteiro colocar em causa a "qualificação" dos trabalhos em questão como "trabalhos a mais" quando receber a predita ordem de execução), o empreiteiro deverá deduzir uma reclamação, fundamentadamente, no prazo de 10 dias (contínuos) a contar da recepção da aludida ordem para executar os trabalhos a mais[148].

Essa reclamação deverá ser decidida pelo dono da obra no mesmo prazo (10 dias), a contar da data em que a recebeu.

Refira-se que pode muito bem suceder, na prática, que o dono da obra nada decida no prazo legalmente fixado para o efeito.

Neste caso, importa saber em que situação fica o empreiteiro. Isto é, deve considerar a sua reclamação deferida ou, ao invés, indeferida?

Em nossa opinião, a reclamação deverá considerar-se deferida, por analogia com o preceituado no artigo 345°, n.° 5, do CCP.

---

[147] Dado que não lhe é imputável. São, portanto, aplicáveis nesta situação, entre outros, os artigos 297°, 354° e 365° do CCP.

[148] De notar que tem aqui aplicação o disposto no artigo 471°, n.° 1, alínea a., do CCP, pelo que não se inclui na contagem deste prazo o dia em que a ordem dimanada do dono da obra é recebida pelo empreiteiro. Do mesmo modo, também não se "conta" o dia em que a reclamação é apresentada pelo empreiteiro ao dono da obra para decisão deste último.

De resto, a não ser assim, o empreiteiro ficaria na contingência de ter de executar trabalhos "extracontratuais" sem a devida segurança jurídica.

Por outro lado, não excluímos que o dono da obra possa pedir esclarecimentos ao empreiteiro relativamente à reclamação apresentada.

Nesta hipótese, o prazo de decisão do dono da obra (10 dias contínuos) deverá considerar-se suspenso até que os esclarecimentos sejam apresentados pelo empreiteiro. É esta a solução que se nos afigura mais adequada em face do dever geral de colaboração recíproca enunciado no artigo 289º do Código.

Se o dono da obra entender que a reclamação improcede e, portanto, a indeferir, poderá, desde logo, notificar o empreiteiro para executar os trabalhos, isto é, confirmar ou reiterar a sua anterior ordem de execução dos trabalhos a mais.

Nesta situação, se o empreiteiro não der cumprimento a essa ordem, o dono da obra dispõe de três possibilidades[149]:

i. resolver o contrato, com base no artigo 405º, n.º 1, alínea d., do CCP;
ii. aplicar uma sanção pecuniária compulsória, para forçar o empreiteiro a cumprir a sua ordem, ou
iii. executar esses trabalhos, directamente ou recorrendo a um "terceiro".

Pode ainda suceder, no contexto de um indeferimento da reclamação apresentada pelo empreiteiro, mas da qual resulte que o empreiteiro não tenciona efectivamente executar tais trabalhos (por o ter manifestado, no âmbito da reclamação deduzida, de forma "peremptória", ou seja, clara, inequívoca) que o dono da obra opte imediatamente pela execução desses trabalhos, ele próprio, ou através da contratação de um outro empreiteiro para o efeito.

Neste cenário, é aplicável o disposto no artigo 325º, n.ºs 2 a 4, do CCP.

Concretizando, nesta última hipótese, o dono da obra pode resolver o CEOP ou aplicar ao empreiteiro as sanções contratuais fixadas para o caso de incumprimento do CEOP[150].

---

[149] Cfr. o artigo 372º, n.º 4, do CCP.

[150] Referimos que o dono da obra pode resolver o contrato ou, em alternativa, aplicar as sanções contratuais previstas no CEOP. Sublinhamos que, em nosso entendimento, o dono da obra não pode resolver o contrato e, cumulativamente, aplicar as sanções contratuais pre-

Obviamente que, quer no caso de resolução do CEOP, quer no caso de aplicação de sanções contratuais, o dono da obra não fica inibido de assacar responsabilidades ao empreiteiro decorrentes do seu incumprimento.

Isto é, quer num caso, quer no outro, o dono da obra poderá ser indemnizado pelo empreiteiro nos termos gerais de direito (isto é, por danos emergentes e lucros cessantes).

Este entendimento resulta do disposto no artigo 333º, n.º 2, e do artigo 325º, n.º 4, ambos do CCP.

Mas convém igualmente ter presente que o empreiteiro pode impugnar a aplicação de sanções contratuais e, perante uma (ilegal) resolução do contrato, responsabilizar civilmente o dono da obra pela extinção do CEOP.

De resto, nada impede (antes aconselha, em nossa opinião) que perante o indeferimento da reclamação apresentada, o empreiteiro accione judicialmente o dono da obra (ou recorra a um Tribunal Arbitral) para dirimir esse diferendo.

6.5. O preço e o prazo de execução dos trabalhos a mais encontram-se regulados no artigo 373º do CCP[151], devendo frisar-se que, mesmo na ausência de acordo entre as partes sobre essas matérias (preço e prazo de execução dos trabalhos a mais), os trabalhos em questão devem ser executados pelo empreiteiro (e pagos com base na contra-proposta apresentada pelo dono da obra ao empreiteiro; eventualmente revista no âmbito de um acordo posterior que seja alcançado entre ambos ou com base numa decisão judicial ou arbitral que, no limite, venha a ter lugar para pôr termo ao diferendo sobre o preço correcto desses trabalhos a mais ou sobre o prazo necessário para os executar)[152].

Por fim, importa referir que, uma vez assentes os termos e condições da execução dos trabalhos a mais, aqueles devem ser objecto de um "con-

---

vistas. Com efeito, uma vez resolvido o contrato, extingue-se essa relação contratual, pelo que não faz sentido aplicar sanções contratuais. Já o inverso pode suceder, ou seja, o dono da obra aplicar sanções contratuais e, persistindo o incumprimento ou sendo atingido o valor máximo para tais sanções contratuais pecuniárias, resolver ulteriormente o contrato.

[151] De notar que o n.º 2 do artigo 373º do CCP foi alterado pelo DL n.º 278/2009.

[152] Tal como sucedia ao abrigo do regime anterior, a execução de trabalhos a mais acarreta, por princípio, a prorrogação "proporcional" do prazo (inicial) do CEOP. Só assim não será se os trabalhos a mais em questão não tiverem qualquer impacto no normal desenvolvimento do plano de trabalhos aprovado (cfr. o artigo 374º do CCP).

trato adicional", evidentemente formalizado por escrito (cfr. o artigo 375º do CCP). Sublinhe-se que tal (contrato) adicional estará isento de fiscalização prévia por parte do Tribunal de Contas, desde que o CEOP (originário) tenha sido submetido a visto prévio[153].

6.6. Relativamente à matéria dos designados "trabalhos a menos", não descortinamos inovações em face do pretérito regime legal.

Assim, e no essencial, o empreiteiro só poderá deixar de executar alguns dos trabalhos objecto do CEOP estribado numa ordem escrita do dono da obra nesse exacto sentido.

Quando tal sucede, o preço atribuído a esses trabalhos (suprimidos)[154] é deduzido ao preço contratualmente estabelecido no contrato.

A solução será, contudo, diferente, se estiver em causa a inutilização de trabalhos já executados, como facilmente se compreende. De facto, se o empreiteiro executou trabalhos, e, depois, por força de uma ordem de execução de trabalhos a menos, forem inutilizados alguns dos trabalhos devidamente executados, então, o valor desses trabalhos (inutilizados) não deve ser deduzido ao preço contratual. Mais: o empreiteiro tem, então, o direito a ser remunerado pelos trabalhos necessários à reposição da situação anterior (cfr. o artigo 380º do CCP).

Todavia, se por força dessa ordem de não execução de alguns trabalhos da empreitada, os trabalhos efectivamente executados pelo empreiteiro tiverem um valor inferior em mais de 20% do preço contratual, o empreiteiro terá direito a ser indemnizado pelo dono da obra, nos termos do artigo 381º, n.º 1, do CCP. O método para calcular o valor dessa indemnização encontra-se legalmente fixado no mesmo preceito legal e deve ser pago na conta final da empreitada: a indemnização corresponderá a 10% da diferença entre o valor do preço contratual e o valor, superior a 20%, dos trabalhos que não foram, validamente, executados pelo empreiteiro.

Naturalmente, se o valor da redução dos trabalhos a executar for inferior a 20% do preço contratual, o empreiteiro não terá direito a ser indemnizado pelo dono da obra, pelo menos com a referida base legal.

---

[153] Cfr. o artigo 47º, n.º 1, alínea d., da Lei do Tribunal de Contas (na redacção conferida pela Lei n.º 61/2011). Nestes casos, os contratos adicionais ficam apenas sujeitos a fiscalização concomitante e sucessiva.

[154] O DL n.º 278/2009 veio corrigir o lapso constante da redacção inicial do artigo 381º, n.º 1, do CCP (que mencionava *"ordem de suspensão de trabalhos"*, passando agora a ler-se *"ordem de supressão de trabalhos"*).

7. OS TRABALHOS DE SUPRIMENTO DE ERROS E OMISSÕES

7.1. A matéria respeitante à execução de trabalhos de suprimento de erros e omissões, conquanto não seja substancialmente nova[155], é prolixa e, por isso, é susceptível de constituir uma fonte de acesa dissonância quanto à sua interpretação e aplicação[156].

Importa referir, desde já, que não existe uma definição normativa do que sejam "erros", nem do que sejam "omissões", facto que naturalmente não abona a uma clara compreensão destes conceitos[157].

Em nosso entender, estaremos perante um "erro" quando se registar uma inexactidão ou incorrecção de algum dos elementos constantes no projecto (por exemplo, uma inexactidão nos desenhos ou nas especificações técnicas de uma obra, ou uma incorrecção nos designados mapas de medições). Por seu turno, estaremos perante uma "omissão" quando se verificar que algum elemento de "solução da obra" ou que algum dos trabalhos indispensáveis à execução de uma obra, não foram contemplados no respectivo projecto (por exemplo, a falta de identificação de um dado necessário no âmbito de um relatório geotécnico)[158].

---

[155] Com efeito, os artigos 376º a 378º do CCP que regulam esta temática, correspondem, no essencial, aos artigos 14º e 15º do DL n.º 59/99.

[156] Em especial, sobre a matéria em apreço, cfr. JOSÉ MANUEL OLIVEIRA ANTUNES, *Código dos Contratos Públicos – Regime de Erros e Omissões*, Almedina, Coimbra, 2009 e J.M. SÉRVULO CORREIA e ANTÓNIO CADILHA, *O Regime da Responsabilidade por Erros e Omissões do Projecto nas Empreitadas de Concepção / Construção em face do Código dos Contratos Públicos*, in *Revista da Ordem dos Advogados*, Ano 69, Lisboa, 2009, pp. 869 a 896.

[157] Refira-se, contudo, que em diversos modelos de contratos internacionalmente harmonizados, existem regras (mas não, propriamente, definições de "erros" e "omissões") sobre a distribuição de responsabilidades entre dono de obra e empreiteiro neste domínio. Para uma visão geral deste e de outros assuntos conexos com contratos de empreitadas de obras públicas a nível internacional, cfr. JOSEPH A. HUSE, *Understanding and Negotiating Turnkey and EPC Contracts*, Sweet & Maxwell, 2nd ed., London, 2002.

[158] De acordo com Licínio Lopes, *"os erros e omissões traduzem-se sempre em omissões, deficiências ou imperfeições dos elementos de solução da obra por motivos imputáveis às partes do contrato (a uma ou a ambas as partes). Os erros e omissões pressupõem, pois, um nexo de imputabilidade a uma das partes do contrato ou a ambas. (...) Nestes termos, se, em função das circunstâncias concretas, há uma parte (ou ambas) responsável, nunca há trabalhos a mais, mas sim – e apenas – erros e omissões"* (cfr. LICÍNIO LOPES, *Alguns...*, Parte I, p. 403).

Ainda em sede introdutória desta matéria, cumpre ter presente um outro aspecto nuclear: os interessados em determinado procedimento pré-contratual tendente à adjudicação de uma empreitada, devem apresentar, perante o órgão competente para a decisão de contratar, uma lista de erros e omissões que tenham detectado no âmbito do exame do respectivo caderno de encargos. Nesse contexto, se tais erros e omissões forem reconhecidos enquanto tal, isto é, se forem aceites pelo órgão competente para a decisão de contratar, as propostas daqueles devem encerrar os termos e o valor dos trabalhos de suprimento desses erros e/ou omissões, sob pena de exclusão dessas mesmas propostas (cfr. os artigos 61º, n.ºs 1 e 7, e 146º, n.º 2, alínea j., do CCP).

7.2. Conforme decorre expressamente do artigo 376º, n.º 1, do CCP, o empreiteiro tem a obrigação de executar os trabalhos ordenados pelo dono da obra que se revelem necessários para corrigir os erros e/ou para suprir as omissões detectadas, sendo que o dono da obra deve colocar à disposição do empreiteiro os elementos (de projecto ou outros) necessários para esse fim.

Excepto, claro está, no caso de empreitadas de concepção / construção, em que a responsabilidade pela execução do projecto (ou seja, pela realização do projecto de execução) é do empreiteiro, pelo que, se forem detectados erros e/ou omissões pelo dono da obra, este poderá, *rectius*, deverá, determinar o respectivo suprimento, mas, neste caso, sem necessidade (ou até mesmo sem possibilidade, dependerá do caso concreto) de munir o empreiteiro com os elementos necessários para a execução desses trabalhos de suprimento de erros e/ou omissões (cfr. artigo 376º, n.º 1, *in fine*)[159].

Há, contudo, que ter em consideração uma limitação legal relacionada com o preço contratual do CEOP em causa: a execução dos trabalhos de suprimento de erros e/ou omissões só poderá ser validamente ordenada pelo dono da obra, quando a soma do valor da parcela referente à execução desses trabalhos (de suprimento de erros e/ou omissões), com o valor da parcela respeitante a anteriores trabalhos de suprimento de erros e/ou omissões e de trabalhos a mais, não exceder 50% do preço contratual.

Se, eventualmente, esta condição não se verificar, os trabalhos em questão, isto é, os trabalhos tendentes ao suprimento de erros e/ou omis-

---

[159] Saliente-se que o disposto no artigo 376º, n.º 2, do CCP é incompreensível (leia-se, redundante) em face do que preceitua o n.º 1 desse mesmo preceito legal. É que, ao fim e ao cabo, nada adianta em relação àqueloutro.

sões, devem ser objecto de um outro contrato, naturalmente, precedido do procedimento adjudicatório aplicável[160].

É ainda de realçar que, por força da remissão operada pelo artigo 376º, n.º 4, para o artigo 371º, n.º 2, ambos do Código, o empreiteiro não está vinculado a executar os trabalhos de erros e/ou omissões que lhe sejam ordenados pelo dono da obra em quaisquer circunstâncias. Com efeito, e desde logo, pode suceder que essa ordem invista o empreiteiro no direito a resolver o CEOP – e este o resolva – por virtude da (ordenada) execução de trabalhos de suprimento de erros e/ou omissões implicar uma redução superior a 20% do preço contratual (cfr. o artigo 406º, alínea c., do CCP).

Por outro lado, pode também acontecer que o empreiteiro não disponha dos meios (técnicos ou humanos) necessários para suprimir os erros e/ou omissões em questão.

Embora a remissão do artigo 376º, n.º 4, seja feita para o artigo 371º, n.º 2, do CCP e esta situação não esteja aí expressamente enunciada, consideramos que o empreiteiro também poderá eximir-se de executar os trabalhos ordenados pelo dono da obra estribado no facto de não estar em causa, na sua (fundamentada) opinião, a execução de verdadeiros trabalhos de suprimento de erros e /ou omissões, mas antes, por hipótese, a execução de trabalhos a mais; sendo que estes gozam de uma disciplina legal própria, não inteiramente coincidente, como se viu acima, com o regime legal dos erros e omissões.

Naturalmente, ainda por força da referida remissão legal, o empreiteiro tem o direito de reclamar da ordem de execução dos trabalhos de suprimento de erros e/ou omissões, assim obviando, pelo menos num primeiro momento (ou seja, pelo menos até que o dono da obra se pronuncie sobre essa reclamação) a executar esses trabalhos (ou a resolver o contrato, caso se encontre na situação gravosa prevista no artigo 406º, alínea c., do CCP)[161].

Caso o dono da obra confirme a sua ordem de execução de trabalhos de suprimento de erros e/ou omissões, o empreiteiro deverá, por princípio, satisfazer essa ordem.

---

[160] Cfr. o artigo 376º, n.ºs 3 e 8, do CCP.

[161] Estando em causa a aplicação do disposto no artigo 372º do Código, ainda que *"com as necessárias adaptações"*, entendemos que o empreiteiro deverá respeitar o prazo de 10 dias (contínuos), a contar da recepção da ordem do dono da obra, para instruir a sua reclamação.

Se o não fizer, o dono da obra poderá optar pelas seguintes hipóteses:

i. resolver o contrato,
ii. aplicar ao empreiteiro sanções pecuniárias compulsórias[162],
iii. ou decidir pela execução desses trabalhos, directamente ou contratando um terceiro para o efeito.

No entanto, se o empreiteiro, aquando da apresentação da sua reclamação, tiver sido peremptório no sentido de não ter a intenção de executar os trabalhos de suprimentos de erros e/ou omissões ordenados, o dono da obra dispõe do direito de, desde logo, optar pela execução desses trabalhos, directamente ou através de um terceiro, sem prejuízo da possibilidade que lhe poderá assistir de decidir o seguinte:

i. resolver o contrato,
ii. aplicar as sanções contratuais previstas no CEOP (ex. multas), e
iii. exigir o pagamento de uma indemnização[163].

7.3. Em virtude da realização de trabalhos de suprimento de erros e/ou omissões, pode ser necessário, evidentemente, modificar o plano de trabalhos oportunamente aprovado.

Neste caso, compete ao empreiteiro propor as modificações ao plano de trabalhos originário, tendo em vista a sua compatibilização com os trabalhos de suprimento dos erros e/ou omissões que tenha de executar.

No entanto, a modificação do plano de trabalhos inicial só pode dar azo à alteração do prazo de execução da obra, se estiver em causa alguma das situações previstas no artigo 377º, n.º 2, do CCP, a saber:

---

[162] As sanções compulsórias visam compelir, coagir, os devedores a cumprir as obrigações devidas. A sanção pecuniária compulsória encontra-se prevista no artigo 829º-A do Código Civil. Saliente-se que esta sanção é cumulável com uma indemnização, ainda que esta tenha sido fixada numa cláusula penal. Sobre o assunto, em geral, cfr., LUÍS MANUEL TELES DE MENEZES LEITÃO, *Direito das Obrigações*, Vol. II, 2ª Edição, Almedina, Coimbra, 2003, pp. 268 a 270.

[163] Cfr. os artigos 376º, n.º 4, 372º, n.ºˢ 3 e 4, e 325º, n.ºˢ 2 a 4, do CCP. Relativamente à indemnização em caso de mora e em caso de incumprimento definitivo, *vide*, respectivamente, os artigos 804º e 798º do Código Civil (atenta a remissão do artigo 372º, n.º 3, alínea b., para o artigo 325º, n.º 4, do Código, e a remissão deste último normativo para *"as disposições relativas à obrigação de indemnização por mora e incumprimento definitivo previstas no Código Civil"*).

i. se os erros e/ou omissões, embora tenham sido detectados pelo empreiteiro no âmbito do respectivo procedimento adjudicatório, não tiverem sido reconhecidos, nessa fase, pelo dono da obra;
ii. se esses erros e/ou omissões, não pudessem ter sido identificados na fase de formação do contrato pelo empreiteiro, usando este da diligência exigível em face das circunstâncias do caso concreto (portanto, se os erros e/ou omissões forem detectados somente na fase de execução do contrato, sem que tal detecção pudesse, objectiva ou razoavelmente, ter ocorrido antes);
iii. se os erros e/ou omissões só tiverem sido detectados pelo empreiteiro durante a execução do contrato e "denunciados", enquanto tal, pelo empreiteiro ao dono da obra, no prazo de 30 dias a contar da data em que foram identificados.

Em todas estas hipóteses, sublinhamos, poderá haver lugar a uma modificação do plano de trabalhos da empreitada com reflexo no prazo de execução da mesma.

O mesmo é dizer que o CEOP é, nestas situações, objecto de uma prorrogação de prazo; o que se compreende sem dificuldade, na medida em que estamos em face de casos em que o empreiteiro não é responsável pelos erros e/ou omissões detectados.

Por conseguinte, não seria compatível, designadamente, com a regra basilar do equilíbrio comutativo dos contratos[164], que fosse imposto ao empreiteiro a execução de *trabalhos adicionais* que não lhe são imputáveis, dentro do prazo de execução do CEOP inicialmente convencionado.

Por outro lado, cumpre assinalar que, nos termos do artigo 376º, n.º 7, do CCP, a execução dos trabalhos de suprimento de erros e/ou omissões só pode ter por efeito uma alteração do preço contratual do CEOP nos casos previstos no artigo 378º do CCP.

De notar que este dispositivo legal está em linha com o disposto no Código a propósito da alteração do designado "preço contratual" (cfr. o artigo 97º, n.º 3, do CCP).

Efectivamente, o preço contratual pode ser alterado, *inter alia*, com base nas chamadas "modificações objectivas" dos contratos administrativos.

Ora, a matéria dos erros e omissões (tal como a matéria dos trabalhos a mais e a menos) constituem fundamentos para uma modificação objectiva do

---

[164] Regra esta que, para nós, tem arrimo legal no artigo 281º do CCP.

CEOP[165]. Note-se, todavia, que os contratos adicionais pelos quais se venham a convencionar a execução de trabalhos referentes ao suprimento de erros e omissões, não estarão sujeitos a fiscalização prévia por parte do Tribunal de Contas desde que o CEOP (originário) tenha sido objecto de visto prévio[166].

Dito isto, não podemos deixar de observar que a remissão *in totem* para o artigo 378º do CCP colide com o facto de existirem situações consagradas neste dispositivo legal que não podem dar origem a uma alteração do preço contratual: todos os casos, aí previstos ou daí resultantes, em que a responsabilidade pelos erros e/ou omissões corre por conta do empreiteiro, não têm obviamente por efeito uma modificação do preço contratual fixado *ab initio* no CEOP.

7.4. No que tange à problemática da responsabilidade pelos erros e/ou omissões detectados, importa considerar, justamente, o disposto neste preceito legal (cfr. o artigo 378º do CCP)[167].

Esclareça-se, antes de mais, a acepção do termo "responsabilidade" (pelos trabalhos de correcção e suprimento de erros e/ou omissões) a que se reporta o artigo 378º do CCP: a parte contratual do CEOP (empreiteiro ou dono de obra) sobre quem venha a recair essa "responsabilidade", é naturalmente a parte que tem a obrigação de custear os trabalhos em causa.

Acresce, como já vimos acima, que a aferição dessa responsabilidade releva também para efeitos de eventuais prorrogações do prazo de execução da obra fixado no CEOP.

---

[165] Veja-se, de resto, a inserção sistemática de ambas estas matérias na Secção VI, do Capítulo I, do Título II do CCP, subordinada justamente ao tema das "modificações objectivas".

[166] Cfr. o artigo 47º, n.º 1, alínea d., da lei do Tribunal de Contas (na redacção que lhe foi conferida pela Lei n.º 61/2011). Nestes casos, os contratos adicionais ficam apenas sujeitos a fiscalização concomitante e sucessiva.

[167] Mais uma vez assinalamos o facto de o regime das empreitadas de obras públicas do Código estar vocacionado, essencialmente, para a execução de meras empreitadas e não tanto para a execução de empreitadas de concepção / construção. A disposição ora em exame não configura uma excepção a esta regra, pelo que, aquando da análise da responsabilidade pelos erros e/ou omissões no âmbito de uma empreitada de concepção / construção é requerida uma maior atenção. Em todo o caso, a regra geral neste tipo de contratos (empreitadas de obras públicas no regime de concepção / construção) é a de que a responsabilidade pela correcção e suprimento de erros e/ou omissões corre por conta do empreiteiro já que é deste a obrigação de conformação conceptual (de todo o projecto) da empreitada. É, pois, sobretudo nestes casos, que avulta a conveniência de o empreiteiro contratar seguros com adequadas coberturas do chamado risco de projecto.

Assim, a responsabilidade pelos erros e/ou omissões é, compreensivelmente, do dono da obra quando os elementos de solução da obra, *maxime*, o projecto de execução, tiverem sido por si disponibilizados ao empreiteiro (cfr. artigo 378º, n.º 1, do CCP).

No entanto, se o empreiteiro tiver a obrigação de elaborar o projecto de execução, o que se verifica nos casos de empreitadas de concepção / construção, é ele o responsável pelos trabalhos de erros e/ou omissões que se venham a registar; excepto, naturalmente, quando esses erros ou omissões tenham sido induzidos por algum dos elementos disponibilizados pelo dono da obra e com base nos quais o empreiteiro procedeu à (incorrecta) elaboração do projecto de execução da empreitada (cfr. artigo 378º, n.º 2, do CCP).

Estas normas, cujo alcance é facilmente perceptível, são, contudo, apenas as regras gerais sobre a matéria da responsabilidade por erros e/ou omissões; sofrendo, por isso, "desvios" em muitos casos, como se verá em seguida.

Com efeito, o empreiteiro é responsável pelos trabalhos de suprimento de erros e/ou omissões cuja detecção lhe era exigível na fase pré-contratual (cfr. artigo 378º, n.º 3, 1ª parte, do CCP).

Não será assim, no entanto, se o empreiteiro (ou outros concorrentes), nessa fase de formação do contrato, tiver procedido à correcta identificação de erros e/ou omissões cuja existência o dono da obra não tenha reconhecido, mas que, afinal, se vieram a detectar (que existiam) na fase seguinte, ou seja, na fase de execução da obra (cfr. artigo 378º, n.º 3, 2ª parte, do CCP).

Sucede, embora sem lógica apreensível, que nestas duas últimas hipóteses, isto é, apesar de o legislador ter feito aquelas duas "proclamações" (no artigo 378º, n.º 3) quanto à imputação de responsabilidades pelos trabalhos de suprimento daqueles tipos de erros e/ou omissões, o empreiteiro acaba por ser responsável juntamente com o dono da obra, em partes iguais (50% cada um), pelo custeio do preço desses trabalhos (cfr. artigo 378º, n.º 5, do CCP).

Convenhamos que não faz muito sentido que o dono da obra tenha de suportar 50% do preço dos trabalhos de suprimento de erros e/ou omissões que o empreiteiro não identificou na fase pré-contratual, sendo-lhe exigível que o tivesse feito segundo um critério de diligência objectivamente adequado às circunstâncias da situação em causa (mas é esta, indiscutivelmente, a solução legal – cfr. artigo 378º, n.º 3, 1ª parte, do CCP).

Tal como também não tem grande cabimento, pelo contrário, que o empreiteiro deva suportar o pagamento de 50% do custo dos trabalhos de suprimento de erros e/ou omissões que assinalou, devidamente, na fase de formação do contrato e que foram desatendidos pelo dono da obra (cfr. o artigo 378º, n.º 3, 2ª parte, do CCP).

Porém, repetimos, foi esta a opção – muito criticável, é certo – que o legislador adoptou no artigo 378º, n.º 5, do CCP.

De realçar, para além do que fica dito em termos da atribuição de responsabilidades pelo pagamento, em partes iguais, do preço desses trabalhos, que, no caso do artigo 378º, n.º 3, 1ª parte (portanto, no caso em que o empreiteiro deveria ter detectado erros e/ou omissões na fase pré--contratual e não o fez), o empreiteiro tem de custear 50% do valor dos trabalhos em alusão, mas não tem direito a nenhuma prorrogação de prazo do CEOP, atento o disposto no artigo 377º, n.º 2, do CCP.

Finalmente, nos termos do artigo 378º, n.º 4, do CCP, recai sobre o empreiteiro a responsabilidade pelo pagamento dos trabalhos de correcção e de suprimento de erros e/ou omissões que, embora não lhe sendo exigível que houvesse detectado na fase pré-contratual, não tenham igualmente sido por ele identificados (já na fase de execução do contrato) no prazo de 30 dias a contar da data em que essa detecção era possível ("exigível", nos exactos termos desta disposição legal).

Como é bom de ver, este é um preceito legal que potencia a conflitualidade entre o empreiteiro e o dono da obra, dada a dificuldade em estabelecer, com exactidão, a data a partir da qual o empreiteiro estava em condições de "denunciar" determinados erros e/ou omissões ao dono da obra (muitos, aliás, não serão erros e/ou omissões aparentes, mas antes redibitórios, o que adensa a aplicação prática desta norma).

7.5. Um outro aspecto a destacar da disciplina legal em alusão, por ser inovador, é o facto de o dono da obra estar agora vinculado a assacar responsabilidades (em concreto, a pedir uma indemnização) a "terceiros" (aos projectistas) que tenham assumido obrigações de concepção (de elaboração de projectos patenteados nos procedimentos de formação do contrato, p. ex. no âmbito de um concurso público), quando os erros e/ou omissões detectados resultem do incumprimento dessas obrigações (cfr. o artigo 378º, n.º 6, alínea a., do CCP).

De facto, acontece com frequência que os donos de obra contratem com "terceiros" a prestação de serviços de "concepção", *id est*, de elaboração de projectos (de qualquer tipo, p. ex., projectos base ou projectos de execução) para patentearem a "concurso".

Ora, se esses projectos forem elaborados deficientemente, é provável que originem erros e/ou omissões causadores de danos.

Nesta contingência, o dono da obra deverá "obrigatoriamente" pedir-lhes uma indemnização.

Quando tal sucede, o empreiteiro fica sub-rogado[168] no direito do dono da obra sobre esses "terceiros" até ao limite do valor que deveria por si (empreiteiro) ser suportado[169] (cfr. o artigo 378º, n.º 6, alínea b., do CCP).

Saliente-se, porém, que a responsabilidade dos invocados "terceiros" é limitada ao triplo dos honorários que tenham cobrado ao dono da obra pela elaboração dos projectos com erros e/ou omissões, salvo, compreensivelmente, em caso de dolo ou de negligência grosseira no cumprimento das obrigações de concepção que foram assumidas perante o dono da obra (ou seja, havendo dolo ou negligência grosseira, o referido "*cap*" – tecto – de responsabilidade não é, naturalmente, aplicável)[170].

Uma derradeira palavra na presente secção é devida para sublinhar que a fixação do preço dos trabalhos de correcção e suprimento de erros e/ou omissões, é feita de acordo com o que prescreve o artigo 373º do CCP; ou seja, é realizada nos mesmos termos que o legislador estabeleceu para a fixação do preço dos trabalhos a mais (cfr. o artigo 377º, n.º 1, do CCP).

É de relembrar que, nos termos do artigo 370º, n.º 4, do CCP, não são considerados trabalhos a mais os trabalhos necessários à correcção e suprimento de erros e/ou omissões, *"independentemente da parte responsável pelos mesmos"*.

Esclareça-se que esses trabalhos não são considerados como tal, isto é, como trabalhos a mais, para efeitos das limitações quanto ao valor dos

---

[168] A figura da sub-rogação, prevista nos artigos 589º a 594º do Código Civil, é uma forma de transmissão de créditos. Sobre esta figura, cfr., por todos, LUÍS MANUEL TELES DE MENEZES LEITÃO, *Direito...*, pp. 33 a 47.

[169] Como é óbvio, se a responsabilidade pelos erros e/ou omissões for imputável ao dono da obra, não há razão alguma para que haja uma ulterior sub-rogação do empreiteiro no direito de crédito (de indemnização) do dono da obra em relação aos projectistas. Nesta hipótese, o dono da obra exercerá, obrigatoriamente, o direito de pedir uma indemnização aos projectistas para se ressarcir dos danos que lhe foram causados.

[170] Sobre os conceitos de dolo e de negligência grosseira, cfr., em geral, JOÃO DE MATOS ANTUNES VARELA, *Das Obrigações em Geral*, Vol. I, 10ª Edição, Almedina, Coimbra, 2000, pp. 569 a 585.

trabalhos a mais admissíveis e previstos no mesmo preceito legal (cfr. o artigo 370º, n.ᵒˢ 2 e 3 do CCP).

No entanto, os trabalhos de correcção e de suprimento de erros e/ou omissões envolvem, inevitavelmente, a realização de trabalhos adicionais àqueles que estavam previstos no objecto originário do contrato.

8. O PAGAMENTO DO PREÇO DO CEOP

8.1. *Ante omnia*, importa realçar, no que respeita à matéria do pagamento do preço das empreitadas de obras públicas, que foi *"abandonada a tradicional tricotomia «empreitada por preço global, por série de preços ou por percentagem», sem prejuízo de a entidade adjudicante poder desenhar as empreitadas com qualquer desses figurinos"*[171].

Recorde-se que a empreitada por preço global (também designada por empreitada por preço único e fixo ou ainda por empreitada *à forfait*) é aquela em que a remuneração do empreiteiro é fixada, no limite, aquando da celebração do contrato de empreitada e inclui a execução de todos os trabalhos para a conclusão da obra.

Por seu turno, a empreitada por série de preços (também designada, algo equivocamente diga-se, por empreitada por medição) é aquela em que remuneração do empreiteiro resulta da aplicação dos preços unitários, previstos no contrato para cada espécie de trabalhos a realizar, às quantidades desses trabalhos efectivamente executados, de acordo com o que for comprovado através de medições periódicas.

Por fim, a empreitada por percentagem é aquela em que o empreiteiro assume a obrigação de executar a obra por determinado preço, correspondente ao custo dessa obra, acrescido de uma percentagem destinada a cobrir os encargos de administração e a remuneração normal da empresa empreiteira.

A alteração da aludida *"tradicional tricotomia"* representa, contudo, uma modificação meramente conceptual na disciplina do CEOP que

---

[171] Cfr. o ponto 4 do preâmbulo do DL n.º 18/2008. Outra forma de classificação das empreitadas, embora menos comum, é a que distingue a *"empreitada total"* da *"empreitada parcial"*. Como o próprio nome permite intuir, na empreitada total está em causa a execução completa da obra, enquanto que na empreitada parcial está apenas em causa a execução de uma parte da obra.

vigorava até aqui, se bem que permitirá agora às partes convencionarem, com maior flexibilidade, ou seja, sem as anteriores "baias" decorrentes das regras atinentes a cada uma daquelas "modalidades de empreitada", o pagamento do preço contratual ao empreiteiro.

No entanto, sublinhamos, estamos perante uma alteração eminentemente conceptual, já que, na prática, não apenas avultam (e antecipamos que assim continue a acontecer[172]) as empreitadas por "preço global" e por "série de preços" (sendo "residuais" as empreitadas por percentagem), como já era possível que fossem estipuladas, para a mesma empreitada, formas distintas de remuneração do empreiteiro.

Com efeito, nada impedia (e nada continua a impedir), que numa determinada empreitada se combine, por exemplo, um preço global para uma parte da obra e um preço calculado por "série de preços" para outra parte da obra (são as designadas "empreitadas de regime misto")[173].

8.2. A matéria da liquidação e pagamento da empreitada (fixada nos artigos 392º e 393º do CCP) é indissociável da matéria atinente à medição dos trabalhos (prevista nos artigos 387º a 391º do CCP).

Concatenando uma e outra, podemos concluir que o CCP manteve, no essencial, a mesma "traça" dos anteriores diplomas legais sobre contratos de empreitada de obras públicas: a remuneração que o empreiteiro tem a receber pela execução dos trabalhos objecto do CEOP, deve ser liquidada à medida que a obra vai sendo realizada, atentas as medições (por regra, mensais) que vão sendo feitas e lavradas em auto[174].

---

[172] De facto, se atendermos ao disposto no artigo 96º, n.º 1, alínea d., do CCP, constatamos que o preço contratual deve constar, sob pena de nulidade, dos contratos administrativos em geral e, por extensão, naturalmente, também do CEOP. Ora, considerando que o preço contratual, tal como configurado pelo artigo 97º do CCP, compreende a execução de todas as prestações do contrato, impõe-se a conclusão de que, regra geral, teremos, *rectius*, continuaremos a ter, esmagadoramente, contratos de empreitada de obras públicas baseados na remuneração do empreiteiro por preço global.

[173] Como já explicava Marcello Caetano, ao abrigo do DL n.º 48 871, de 19 de Fevereiro de 1969, *"(...) o facto de se discriminarem vários tipos de empreitada, quanto ao modo de retribuição do empreiteiro, não impede que numa mesma empreitada se adoptem diversos modos de retribuição para distintas partes da obra ou diferentes tipos de trabalhos"* (cfr. MARCELLO CAETANO, *Manual de Direito Administrativo*, Vol. II, 10ª ed., 4ª Reimp., Almedina, Coimbra, 1991, p. 1006).

[174] Cfr. artigos 387º a 393º do CCP. Recorde-se a aplicação aos "autos de medições" do artigo 345º do CCP.

Esses pagamentos parciais são efectuados por conta da liquidação final da empreitada, que se realiza após a recepção provisória da obra, tendo em atenção as deduções e adições que se tiverem verificado durante a execução da mesma e que devem ser registadas na "conta corrente" do CEOP.

Tudo isto, claro, sem prejuízo da possibilidade, muito frequente, aliás, de serem feitos "adiantamentos" ao empreiteiro[175].

Assim, e em síntese, após a assinatura pelo empreiteiro dos *"documentos que constituem a situação dos trabalhos"*, isto é, depois da assinatura do auto de medição e da conta corrente da empreitada, deve ser pago ao empreiteiro o preço correspondente aos trabalhos executados e medidos relativamente aos quais não existam divergências, tendo-se em consideração a dedução dos descontos a que houver lugar nos termos contratuais (está aqui em causa, *maxime*, a dedução de um determinado valor para reforço de caução).

Note-se que, por regra, é deduzido o montante de 5% do valor que o empreiteiro tem a receber. Essa percentagem poderá ser inferior ou até ser dispensada, nos termos do invocado preceito legal. Todavia, em nossa opinião, tal percentagem não poderá ser superior, porquanto a norma legal em apreço (cfr. o artigo 353º, n.º 1, do CCP) é imperativa.

O pagamento deve ser liquidado pelo dono da obra ao empreiteiro no prazo contratualmente fixado, sendo que, atento o disposto no artigo 299º, n.º 4, do CCP, tal prazo não deve exceder 60 dias (contínuos)[176], após a entrega (e não apenas a mera emissão) da respectiva factura pelo empreiteiro ao dono da obra[177].

Esclareça-se que por virtude de estar em causa um prazo relativo à execução da obra, a contagem do mesmo, deve ser realizada em dias

---

[175] A matéria atinente aos adiantamentos de preço está prevista nos artigos 292º e 293º do CCP. De notar que os adiantamentos não podem ter um valor superior a 30% do preço contratual e, por outro lado, que o empreiteiro deve, regra geral, prestar caução de valor igual ou superior a esses adiantamentos.

[176] Saliente-se que, nos termos do artigo 299º-A, n.º 1, do CCP, as cláusulas contratuais que, sem motivo atendível e justificado, estabeleçam um período (prazo) superior a 60 dias para o vencimento das obrigações pecuniárias serão, por princípio, nulas. Como nulos devem ser alguns expedientes, muitas vezes sem sequer base contratual, pelos quais alguns donos de obra condicionam as emissões de facturas por parte dos seus empreiteiros.

[177] De notar que, nos termos do artigo 326º do CCP, o atraso no pagamento de facturas dá lugar ao pagamento de juros de mora pelo dono da obra ao empreiteiro. Este normativo foi alterado pelo artigo 3º da Lei n.º 3/2010, de 27 de Abril.

de calendário (portanto, não se suspendendo aos sábados, domingos e feriados)[178].

A este propósito, pode suscitar-se a questão de saber se o empreiteiro dispõe da possibilidade de renunciar ao direito que lhe assiste de as suas facturas, atinentes a trabalhos de execução de um CEOP, serem pagas no aludido prazo.

A nossa jurisprudência já se pronunciou sobre o assunto, na linha de que tal direito constitui um direito disponível, donde, susceptível de renúncia por parte do empreiteiro[179].

Assim, por hipótese, o empreiteiro, enquanto concorrente, poderia propor em sede de procedimento de formação do contrato, que estaria disposto a ser pago, p. ex., em 180 dias (sem liquidação de juros ao dono de obra).

Trata-se de um entendimento jurisprudencial que nos suscita algumas reservas: é que, *brevitatis causa*, não nos parece que a norma em questão (a norma actualmente ínsita no artigo 299º e, anteriormente, no artigo 212º do DL n.º 59/99) vise apenas salvaguardar os interesses do empreiteiro; antes entendemos que é simetricamente criado um dever para o dono da obra no sentido de que liquide as facturas do empreiteiro em determinado prazo.

Isto, com o fito de evitar eventuais excessos de "voluntarismo", ou propostas temerárias, apresentadas por um concorrente com o escopo de ganhar um concurso (ou outro procedimento adjudicatório), seja-nos permitida a expressão, a "qualquer preço".

Com efeito, sendo um CEOP um contrato administrativo, é óbvio que tem subjacente o interesse público na boa prossecução da obra adjudicada.

Ora, se não for respeitado o prazo legalmente previsto para a liquidação das facturas do empreiteiro, a "normalidade" da execução da obra pode ser colocada em crise (p. ex., não sendo pagos atempadamente fornecedores de materiais ou equipamentos, ou os recursos humanos mobilizados para a execução do contrato, o que, no limite, poderá conduzir à insolvência do empreiteiro).

---

[178] Cfr. os artigos 299º e 471º, n.º 1, alínea b., do CCP. É importante ter presente o artigo 3º da Lei n.º 3/2010, de 27 de Abril, que conferiu nova e mais esclarecedora redacção do artigo 299º do CCP.

[179] Sobre o direito de renúncia do empreiteiro ao prazo de pagamento das (suas) facturas respeitantes aos trabalhos executados no âmbito de um CEOP, vide, Acórdão da 1ª Subsecção do Contencioso Administrativo do Supremo Tribunal Administrativo, de 5 de Fevereiro de 2004, processo n.º 029/04, in *www.dgsi.pt*.

A esta realidade a Administração, *rectius*, o dono da obra, não pode ser alheio.

Daí, estamos em crer, que haja sido fixado um prazo máximo (de 60 dias) para o pagamento das facturas do empreiteiro que, em nossa opinião, é imperativo e, como tal, vinculativo.

Consequentemente, não podemos concordar com o aludido entendimento jurisprudencial, pois, por força do disposto no artigo 51° do CCP, as peças procedimentais de formação de um CEOP não podem ser conformadas com regras que permitam aos potenciais adjudicatários "renunciar" a preceitos vinculativos do CCP que concernem à execução do CEOP. De outro modo, estar-se-ia a admitir que tais regras fossem desvirtuadas, não raro, com prejuízo (ou potencial prejuízo) para o interesse público.

8.3. Havendo divergências sobre as medições dos trabalhos executados, ou sobre o preço dos mesmos, devem essas divergências ser registadas na conta corrente da empreitada mediante uma *"nota explicativa"*.

Uma vez ultrapassadas as divergências em alusão[180], o dono da obra procede à rectificação da referida conta corrente e ao correspectivo pagamento ao empreiteiro dos montantes que este tiver ainda a haver, se for o caso (cfr. o artigo 392°, n.° 3, do CCP). Saliente-se que os pagamentos efectuados ao empreiteiro ao longo da execução do CEOP, não apenas não comportam o significado de que a parte da obra executada (e paga) está conforme com o contrato celebrado (pois o cumprimento da obrigação fulcral do empreiteiro de executar a obra sem defeitos só é verdadeiramente verificado, *rectius*, validado aquando da recepção provisória da mesma[181]), como tais pagamentos podem vir a ser objecto de correcções até à conclusão da empreitada, conforme prescreve o artigo 390°, n.° 1, do CCP.

---

[180] A superação dessas divergências pode implicar o recurso aos tribunais, judiciais ou arbitrais.

[181] O que se compreende, sem dificuldade, na medida em que o empreiteiro se obriga a um "resultado", ou seja, à execução da obra para a qual foi contratado. Como bem assinalam Pires de Lima e Antunes Varela, *"resumidamente, pode dizer-se assim que a noção legal de empreitada atende simultaneamente ao requisito do resultado (realizar certa obra) e ao critério da autonomia (falta da subordinação própria do contrato de trabalho)"* (cfr. PIRES DE LIMA e ANTUNES VARELA, *Código Civil Anotado*, Vol. II, 4ª ed., Reimp., Coimbra Editora, Coimbra, 2010, p. 865). Neste sentido, cfr. o Acórdão do Tribunal da Relação de Évora, de 9 de Julho de 2009, processo n.° 4036/03.1 TBSTB.E1 e, na mesma linha, o Acórdão do Tribunal da Relação de Coimbra, de 26 de Janeiro de 2010, processo n.° 160295/08.2 YIPRT.C1, ambos disponíveis in *www.dgsi.pt*.

Em rigor, aliás, os pagamentos ao empreiteiro podem ser alvo de correcções inclusivamente depois da recepção provisória da obra.

Com efeito, é possível que existam reclamações pendentes de decisão no momento da elaboração da conta final da empreitada, o que, nos termos do artigo 399º do CCP, só tem lugar após a recepção provisória da obra.

É ainda de realçar que, se o contrato for omisso, portanto, se o contrato nada estabelecer a respeito da periodicidade dessas medições, estas devem ter lugar mensalmente e devem estar concluídas até ao 8º dia do mês imediatamente seguinte àquele a que respeitam os trabalhos a medir.

Por outro lado, deve também ser dada especial atenção aos métodos e critérios para a realização das medições (porque existem vários) fixando-os logo no CEOP[182].

Neste plano, registe-se ainda a obrigação do dono da obra em proceder à medição atempada dos trabalhos executados pelo empreiteiro (cfr. artigo 387º do CCP).

Na circunstância de o dono da obra desrespeitar esta obrigação, o empreiteiro goza da prerrogativa de lhe apresentar, até ao final do mês seguinte àquele a que se referem os trabalhos cuja medição não foi realizada, um mapa de quantidades dos trabalhos efectuados no mês em questão, que passará a valer como a situação provisória dos trabalhos da obra para efeitos do artigo 389º do CCP[183].

A observância desta prerrogativa por parte do empreiteiro afigura-se como fundamental para que o mesmo possa exigir ao dono da obra o pagamento desses trabalhos e ainda o pagamento de juros de mora pelo eventual atraso na liquidação da respectiva factura[184].

De facto, se o dono da obra não efectuar a medição dos trabalhos na data contratualmente prevista e o empreiteiro não reagir desta forma, fica criado um impasse quanto aos trabalhos efectivamente executados pelo empreiteiro, pelo que não haverá forma de este exigir o respectivo pagamento ao dono da obra.

Assim, deitando mão desta possibilidade, isto é, da possibilidade prevista no artigo 391º, n.º 1, do CCP, o empreiteiro poderá exigir que o dono da obra liquide os trabalhos por ele efectuados e que, embora não medidos

---

[182] Cfr., sobre o assunto, a cláusula 26ª do caderno de encargos tipo previsto na Portaria n.º 959/2009, de 21 de Agosto.

[183] Cfr. o artigo 391º, n.º 2, do CCP.

[184] Cfr. o artigo 326º do CCP.

pelo dono da obra, constem do "seu" mapa de quantidades, enquanto situação provisória dos mesmos[185].

Se o dono da obra não liquidar tais trabalhos, entrará em mora no cumprimento desta sua obrigação pecuniária e, então, ficará ainda devedor dos correspondentes juros.

Adicionalmente, poderá justificar-se uma suspensão da execução dos trabalhos por parte do empreiteiro, com base no artigo 366°, n.° 3, alínea b., do CCP[186].

Realce-se que, nesta circunstância, é necessário, em primeiro lugar, que tenha transcorrido um mês sobre a data do vencimento de determinada factura e, em segundo lugar, impõe-se uma notificação do empreiteiro ao dono da obra com, pelo menos, 15 dias de antecedência relativamente à data em que aquele prevê iniciar a suspensão dos trabalhos, sendo que tal notificação só deverá operar, ou seja, o empreiteiro só terá direito a suspender validamente os trabalhos de execução da empreitada, no caso de o dono da obra não regularizar o pagamento em causa nesse período de tempo.

Note-se que é igualmente possível, em face desta contingência, que o empreiteiro invoque direito de retenção[187].

Assim, com base neste direito, o empreiteiro poderá legitimamente recusar-se a entregar a obra enquanto os pagamentos (já vencidos) que lhe sejam devidos pelo dono da obra, não forem liquidados.

---

[185] Esta matéria era regulada, em termos idênticos, no artigo 208° do DL n.° 59/99.

[186] Se não fosse por esta via específica, o empreiteiro disporia da possibilidade de suspender a execução do contrato com base no artigo 297°, alínea b., por remissão para o artigo 327° do CCP (suspensão da execução do contrato, por aplicação do instituto da excepção de não cumprimento).

[187] Cfr. o artigo 328° do CCP. O direito de retenção (*ius retentionis*) consiste, genericamente, na faculdade de uma pessoa (o detentor) reter ou não restituir uma coisa alheia que possui ou detém, até ser paga do que lhe é devido por causa dessa coisa, pelo respectivo proprietário. Como esclarece Galvão Telles, *"o detentor, a quem assiste o referido direito, tem assim a faculdade de deixar de cumprir, sem incorrer em responsabilidade, enquanto o outro sujeito não cumprir por sua vez. O facto material da recusa da entrega é um acto lícito, que como tal não expõe o detentor a qualquer sanção"* (cfr. INOCÊNCIO GALVÃO TELLES, *O Direito de Retenção no Contrato de Empreitada*, in Revista O Direito, Anos 106°-119°, p. 15). Observe-se que, no domínio do DL n.° 59/99, não existia previsão expressa sobre esta matéria na regulamentação do REOP, muito embora se entendesse que era aplicável o artigo 754° do Código Civil *ex vi* artigo 273° daquele diploma legal. Refira-se que o artigo 267° do DL n.° 59/99, subordinado à epígrafe "direito de retenção", visava regulamentar uma situação vincadamente distinta: os casos em que os subempreiteiros reclamavam o pagamento do que lhes era devido pelos empreiteiros, directamente ao dono da obra.

Em todo o caso, é de realçar que esta possibilidade resulta relativamente limitada, pela aplicação, com as necessárias adaptações, do disposto no artigo 327º do CCP; ou seja, e desde logo, o direito de retenção só pode ser exercido pelo empreiteiro na circunstância de não determinar grave prejuízo para o interesse público imanente ao CEOP.

Tudo isto, claro, sem prejuízo da possibilidade de resolução do CEOP fundada no incumprimento das obrigações pecuniárias do dono da obra por período superior a 6 meses ou se o montante em dívida, excluindo juros de mora, exceder 25% do preço do contrato (cfr. o artigo 332º, n.º 1, alínea c., do CCP, aplicável *ex vi* do disposto no proémio do artigo 406º do CCP)[188].

8.4. Finalmente, no que tange à matéria do pagamento dos trabalhos, chamamos a atenção, também na presente secção, para o designado "visto prévio" do Tribunal de Contas.

Com efeito, recordando-se o que já vimos acima, pode suceder que tal visto seja recusado a um determinado CEOP, caso em que o pagamento dos trabalhos, realizados entre o momento da celebração do contrato e a data da notificação da recusa de visto do Tribunal de Contas, só poderá ser efectuado pelo dono de obra ao empreiteiro *"desde que o respectivo valor não ultrapasse a programação contratualmente estabelecida para o mesmo período"*[189].

Nesta contingência, é obviamente necessário atender ao que foi fixado no designado cronograma financeiro da obra no sentido de se apurar que valores podem ser liquidados ao empreiteiro (isto, naturalmente, na circunstância de o CEOP em questão não ter um valor superior a € 950.000,00, pois, nestes casos, o CEOP não poderá produzir efeitos alguns antes da prolação do visto prévio pelo Tribunal de Contas[190]).

Clarifique-se, que após a notificação da recusa de visto prévio por parte do Tribunal de Contas, o contrato de empreitada fica ferido de "ineficácia jurídica", o que significa que tal contrato se mantém válido, mas não poderá produzir efeitos jurídicos.

---

[188] Refira-se que, também aqui, o dono da obra dispõe de um prazo para regularizar o incumprimento das suas obrigações pecuniárias, assim obviando à resolução do CEOP (cfr. o artigo 332º, n.º 4, do CCP).

[189] Cfr. o artigo 45º, n.º 3, da Lei do Tribunal de Contas.

[190] Cfr. o artigo 45º, n.º 4, da Lei do Tribunal de Contas (na redacção conferida pela Lei n.º 61/2011).

Por conseguinte, o dono da obra não deverá, designadamente, fazer pagamentos referentes a trabalhos executados após a data da notificação da recusa de visto prévio (se o fizer incorrerá em responsabilidade financeira sancionatória[191]).

Atenta esta vicissitude, a que frequentemente é alheio o empreiteiro, fará todo o sentido, como forma de a ultrapassar, que a execução do CEOP fique sujeita a uma condição suspensiva.

Ou seja, as partes poderão convencionar, pesando as vantagens e as desvantagens de tal estatuição contratual, que a execução do CEOP só se iniciará após a emissão do aludido visto prévio do Tribunal de Contas (o que será possível de estabelecer entre as partes, pelo menos, nos casos em que a execução dos trabalhos não seja premente).

Um ponto importante a este respeito, radica na possibilidade de interpor recurso para o Plenário da 1ª Secção do Tribunal de Contas, no prazo de 15 dias a contar da data da notificação de recusa de visto (cfr. os artigos 96º e 97º da Lei n.º 98/97).

A legitimidade activa (para interpor recurso) está expressamente atribuída a três entidades, entre as quais, claro está, a *"entidade que tiver autorizado o contrato a que foi recusado o visto"*, leia-se, no nosso caso, o dono da obra (cfr. o artigo 96º, n.º 1, alínea b., da Lei n.º 98/97).

Ora, uma das questões que se pode colocar a este propósito é a de saber se o empreiteiro poderá igualmente (para além do dono da obra, *in casu*) apresentar recurso (em geral, portanto, os co-contratantes da Administração).

Propendemos para responder afirmativamente a esta questão, por via da aplicação subsidiária do Código de Processo Civil, cujo artigo 680º, n.º 2, estabelece que *"as pessoas directa e efectivamente prejudicadas pela decisão podem recorrer dela, ainda que não sejam partes na causa ou sejam apenas partes acessórias"*.

Por outro lado, em atenção ao princípio fundamental da tutela jurisdicional plena e efectiva, é incompreensível que o empreiteiro seja cerceado de recorrer de uma decisão que lhe é desfavorável[192].

Uma outra questão, de evidente interesse e utilidade prática, é a de saber se é legalmente admissível o recurso de uma decisão do Tribunal de Contas para os Tribunais Administrativos.

---

[191] Cfr. o artigo 65º, n.º 1, alínea h., da Lei n.º 98/97.
[192] Em sentido contrário, porém, cfr. JOSÉ F.F. TAVARES, *O Tribunal...*, p. 175.

Estamos em crer que tal é possível, por entendermos que as decisões do Tribunal de Contas, no que concerne à matéria em apreço, configuram actos materialmente administrativos (e não actos jurisdicionais, *hoc sensu*), logo, actos passíveis de serem sindicados no âmbito da jurisdição administrativa[193].

9. A REVISÃO ORDINÁRIA E EXTRAORDINÁRIA DE PREÇOS

9.1. Relativamente à matéria atinente à revisão ordinária de preços, importa mencionar, desde logo, que não se registam alterações substanciais, pelo contrário, entre o (actual) artigo 382º do CCP e o (pretérito) artigo 199º do DL n.º 59/99: a revisão ordinária de preços é obrigatória.

O que está em causa neste mecanismo é a revisão de preços no âmbito do desenvolvimento normal do CEOP; ou seja, está aqui em causa a possível modificação de preços do CEOP motivada pelo aumento corrente dos factores de produção empregues numa empreitada e não, portanto, a modificação de tais preços resultante de um qualquer evento anormal e/ou imprevisível que atinja tal contrato[194].

---

[193] Sobre este assunto, *vide*, TIAGO DUARTE, *Tribunal de Contas, visto prévio e tutela jurisdicional efectiva? Yes, we can!*, in *Cadernos de Justiça Administrativa*, n.º 71, pág. 35. Também com interesse, cfr. GUIDA COELHO JORGE, *Inconstitucionalidade e necessidade da harmonização legislativa do actual regime de fiscalização prévia de actos e contratos pelo Tribunal de Contas*, in *Revista O Direito*, Ano 141º, 2009, IV, Almedina, Coimbra, pp. 853 a 856 e RUI MEDEIROS, *A protecção processual do adjudicatário em face de uma recusa de visto no âmbito da fiscalização prévia de contratos pelo Tribunal de Contas*, in *Revista de Contratos Públicos*, n.º 1, 2011, Coimbra Editora, Coimbra, 2011, pp. 31 a 84.

[194] Como explica Mário Esteves de Oliveira, *"(...) a situação constantemente inflacionária em que viveram nos últimos decénios e em que certamente continuarão a viver as economias de tantos países (...), forçou o legislador a abrir mão dos rigorosos requisitos de aplicação da teoria da imprevisão e a aceitar a sua consagração para situações que não são nem anormais, nem imprevisíveis, mas que, se não fossem reguladas como tais, poderiam levar a um acentuado desinteresse dos particulares pela contratação com a Administração ou a forçar aqueles que a isso se dispusessem a apresentar preços elevadíssimos que lhes permitissem enfrentar, sem percalço, a subida significativa de preços que sabem, de ciência certa, ir verificar-se durante a execução dos seus contratos. (...) Não se trata, portanto, de prejuízos anormais, muito menos imprevisíveis – não se trata, sequer, de prejuízos"* (cfr. MÁRIO ESTEVES DE OLIVEIRA, *Direito Administrativo I*, Almedina, Lisboa, 1980, pp. 715 e 716).

Uma questão que se pode suscitar a respeito deste assunto, consiste em saber se, apesar do que prescreve o CCP (e, já anteriormente, prescrevia o DL n.º 59/99), é legalmente admissível estatuir, no âmbito de um CEOP, uma cláusula que estipule que o preço desse contrato é irrevisível. Como, aliás, sucede amiúde.

Efectivamente, a despeito do que preceitua o artigo 382º, n.º 1, do CCP, ou seja, que *"(...) o preço fixado no contrato para os trabalhos de execução da obra é obrigatoriamente revisto nos termos contratualmente estabelecidos e de acordo com o disposto na lei"* e, na mesma linha, a despeito do que preceituava o artigo 199º do DL n.º 59/99, ou seja, que *"o preço das empreitadas de obras públicas será obrigatoriamente revisto (...)"*, é comum depararmo-nos com contratos de empreitada de obras públicas que estipulam que *"o preço é fixo, firme e não revisível"*.

Em relação a este tipo de estatuição contratual, há quem entenda que o mesmo é admissível, porquanto o empreiteiro pode renunciar à revisão de preços, dado estar em causa um direito subjectivo, logo, um direito disponível (portanto, um direito de que o seu titular pode livremente dispor).

Nesta perspectiva, advoga-se, o que não é admissível à luz dos preceitos legais invocados, é que o dono da obra estabeleça no caderno de encargos uma cláusula de irrevisibilidade do preço do contrato.

Ainda segundo este raciocínio, o dono da obra não pode fixar uma cláusula de irrevisibilidade do preço da empreitada no caderno de encargos, mas o empreiteiro pode renunciar à revisão de preços dos trabalhos a executar (porque este direito é um direito disponível, diz-se).

Discordamos desta interpretação. Na realidade, consideramos que o centro de gravidade desta problemática está indevidamente colocado: é que, sendo a imperatividade destas normas absolutamente manifesta, parece-se-nos incorrecto o argumento de que o direito do empreiteiro, no que concerne à revisão de preços, é disponível e que, por conseguinte, pode ser convencionado o seu afastamento do programa contratual gizado.

Isto porque, sublinhamos, sendo a regra legal em apreço imperativa, não está na disponibilidade das partes contemplá-la, ou afastá-la do CEOP, nem, de resto, conformá-la de modo diverso daquele que resulta da respectiva estatuição legal[195].

---

[195] Em abono deste nosso entendimento veja-se o disposto no artigo 51º do CCP.

Por outras palavras, sendo a norma legal em alusão de carácter marcadamente injuntivo, as partes de um CEOP estão vinculadas a observá-la[196].

Note-se que não é invocável o disposto no artigo 300° do CCP (incluído na parte geral do regime dos contratos administrativos), pois que, no âmbito de um CEOP, deve atender-se à regra especial, de obrigatoriedade da revisão ordinária de preços, prevista no artigo 382° do mesmo diploma.

Ademais, importa considerar o disposto no DL n.° 6/2004, que explicitamente integra no seu âmbito objectivo de aplicação os contratos de empreitada de obras públicas, e que, de igual modo, aponta no sentido da imperatividade da revisão ordinária de preços.

Acresce que não se pode perder de vista que o mecanismo legal da revisão ordinária de preços visa, essencialmente, salvaguardar o equilibro económico do contrato ao longo da sua vigência, repondo-o, quando tal equilíbrio for afectado por alteração dos custos dos factores de produção mobilizados pelo empreiteiro para a execução da obra, como é o caso da mão-de-obra, dos materiais e dos equipamentos[197].

Dito de modo diverso: a revisão ordinária de preços tem por função garantir o equilíbrio comutativo dos contratos.

Podemos ainda aduzir um outro argumento a favor da obrigatoriedade da revisão ordinária de preços no domínio dos CEOP: se os custos efectivos de execução de uma obra, acrescidos de uma margem de lucro razoável para o empreiteiro, não forem cobertos pelo preço da empreitada, haverá locupletamento à custa alheia (do dono da obra à custa do empreiteiro).

Para corroborar o entendimento de que a revisão de preços é obrigatória, vejam-se ainda os artigos 393° e 399° do Código (referentes, respectivamente, ao *"pagamento provisório"* e à *"elaboração da conta"*).

Assim, o preço fixado no CEOP é, *"obrigatoriamente"* (como nos diz inequivocamente o legislador), objecto de revisão nos termos expressamente plasmados no CEOP ou, sendo omisso o contrato, nos termos previstos na lei, isto é, de acordo com o disposto no DL n.° 6/2004[198].

---

[196] No sentido de que a revisão de preços é obrigatória, embora sem se pronunciarem directamente sobre a questão que aqui escrutinamos, cfr. GONÇALO GUERRA TAVARES e NUNO MONTEIRO DENTE, *Código...*, p. 217.

[197] Nesta linha, cfr. ANA GOUVEIA MARTINS, *A Modificação ...*, p. 89.

[198] Este diploma legal estabelece o regime de revisão de preços, *inter alia*, dos contratos de empreitadas de obras públicas. Nos termos do artigo 5° do DL n.° 6/2004, a revisão de preços pode ser calculada segundo os seguintes métodos: (i). fórmula polinominal, (ii). garantia de custos e (iii). fórmula polinominal e garantia de custos.

Pelo exposto, pese embora a frequência com que deparamos com contratos de empreitada de obras públicas que estabelecem, na respectiva "cláusula do preço", que este é *"fixo e não revisível"*, a verdade é que a lei é incontroversa, em sentido contrário, ou seja, no sentido de que a revisão de preços é obrigatória.

Por conseguinte, e salvo melhor opinião, tais cláusulas contratuais são de legalidade muito duvidosa.

Refira-se, por fim, que não nos parece que seja defensável invocar que estamos no domínio das designadas *"cláusulas suplementares"*.

Mas ainda que fosse esse o caso, não se vislumbra como seria assegurada a existência do necessário nexo funcional de derivação lógica entre a norma ínsita no artigo 382º do CCP e uma cláusula de um CEOP que determine a irrevisibilidade do preço desse contrato[199].

Isto dito, e avançando no nosso raciocínio, admitimos que é possível destrinçar entre uma renúncia *ex ante* à revisão de preços e uma renúncia *ex post facto* a esse mecanismo contratual (portanto, já na pendência do CEOP); ou seja, entre uma renúncia anterior ou coeva com a celebração do contrato e uma renúncia à revisão de preços que ocorra durante a plena vigência do CEOP.

Efectivamente, ao passo que a renúncia à revisão de preços do CEOP em momento anterior ou simultâneo com a celebração do contrato (a situação comum), não deve ser, em nossa opinião, considerada válida (pelas razões acima enunciadas), já a renúncia durante a execução desse mesmo contrato será, para nós e por princípio, lícita.

É que, nesta última situação, o empreiteiro poderá considerar que, não obstante lhe assista o direito a rever os preços da mão-de-obra ou dos materiais e equipamentos a utilizar na empreitada, tal revisão poderá ser dispensada sem que isso constitua uma dificuldade desproporcionada e lesiva em termos da sua expectativa inicial ao celebrar o CEOP. Mas, note-se bem, são casos distintos, uns e outros.

9.2. Uma derradeira palavra nesta secção é devida para esclarecer que, por contraponto à revisão ordinária de preços do CEOP, existe ainda a

---

[199] Para mais desenvolvimentos sobre as denominadas "cláusulas suplementares", cfr. J.M. SÉRVULO CORREIA, *Legalidade e Autonomia Contratual nos Contratos Administrativos*, Almedina, Coimbra, 1987, pp. 618 a 631 e 705 a 711.

possibilidade de ocorrer uma revisão extraordinária de preços: é o que poderá suceder no caso de se verificar uma alteração de circunstâncias, nos termos agora consignados nos artigos 312º, alínea a., e 314º, n.º 2, do CCP[200].

10. O REEQUILÍBRIO FINANCEIRO DO CONTRATO DE EMPREITADA DE OBRA PÚBLICA

10.1. No que tange ao reequilíbrio financeiro[201] do CEOP, deve ser mencionado, antes de mais, que a disposição legal do CCP que versa sobre esta matéria (cfr. o artigo 354º do CCP) apresenta poucas diferenças substantivas relativamente ao que já se encontrava fixado, a propósito da designada "maior onerosidade", no artigo 196º do DL n.º 59/99.

Assim, tal como já sucedia ao abrigo da disciplina legal anterior, se o dono da obra praticar qualquer acto, ou der azo a qualquer facto, que tenha como consequência o agravamento (um aumento da "onerosidade") dos encargos do empreiteiro, este tem direito à reposição do equilíbrio financeiro do contrato.

A ideia subjacente a este direito é facilmente alcançável: a formação do preço do contrato tem, evidentemente, por base, determinados pressupostos (p. ex., o custo do estaleiro, dos materiais, dos equipamentos, da mão de obra, a duração previsível da execução dos trabalhos, os eventuais financiamentos contratados pelo empreiteiro, etc) que, se vierem a ser mo-

---

[200] No regime legal pretérito sobre o CEOP, esta matéria estava regulamentada no artigo 198º do DL n.º 59/99. Com interesse sobre esta temática, ainda que no domínio das empreitadas de Direito Privado, cfr. o Acórdão do Supremo Tribunal de Justiça, de 10 de Outubro de 1984, *in* BMJ, n.º 340, p. 389 (modificação da cláusula do preço do contrato de empreitada, em resultado de uma alteração de circunstâncias com impacto no custo dos materiais e da mão-de-obra).

[201] Sobre o princípio do equilíbrio financeiro, cfr. DIOGO FREITAS DO AMARAL, *Curso...*, pp. 632 a 635; PEDRO GONÇALVES, *O Contrato Administrativo – Uma Instituição do Direito Administrativo do Nosso Tempo*, Almedina, Coimbra, 2002, pp. 112 e 123; ANTÓNIO MENEZES CORDEIRO, *Subsídios para a dogmática administrativa, com exemplo no princípio do equilíbrio financeiro*, in Cadernos O Direito, n.º 2, Almedina, Coimbra, 2007, pp. 105 a 112; MÁRIO ESTEVES DE OLIVEIRA, *Direito...*, pp. 705 a 711. Especificamente sobre a aplicação deste princípio aos CEOP, cfr. PAULO OTERO, *Estabilidade...*, pp. 938 a 954.

dificados, por razões imputáveis ao dono da obra, não devem ser suportados pelo empreiteiro[202].

Na verdade, a isso se oporia, frontalmente, o princípio basilar do equilíbrio comutativo dos contratos[203].

Regra geral, sublinhe-se, a imputação de responsabilidades, nesta sede, ao dono da obra, advirá do exercício do poder de modificação unilateral do CEOP ou de uma alteração de circunstâncias motivada por aquele[204].

Deve ter-se em atenção, em qualquer caso, que o empreiteiro está adstrito a apresentar uma reclamação a este respeito no prazo de 30 dias de calendário (cfr. artigos 354º, n.º 2, e 471º do Código), sob pena de caducidade do seu direito ao reequilíbrio financeiro.

Este prazo é contado a partir do evento gerador do reequilíbrio financeiro ou do momento em que o empreiteiro dele tome conhecimento.

E isto, note-se, mesmo que o empreiteiro não esteja em condições, por desconhecimento, de indicar a extensão integral dos danos (directos e indirectos) motivados por tal evento.

Por esta razão, na dúvida e por cautela que se recomenda, entendemos que o empreiteiro deve deduzir uma reclamação junto do dono da obra dentro daquele prazo (ainda que o empreiteiro não esteja inteiramente certo de que determinado evento permitirá ancorar um pedido de reequilíbrio financeiro).

Dito de outro modo: é obviamente aconselhável, em termos de "gestão do contrato", que o empreiteiro apresente uma reclamação (por cautela,

---

[202] De notar que, nos termos do artigo 97º, n.º 3, do CCP, não se considera incluído no preço contratual o "acréscimo de preço a pagar" em resultado, designadamente, do reequilíbrio financeiro do contrato. Deve igualmente ser frisado que, se o agravamento dos encargos do empreiteiro atingir 20% do preço contratual, o empreiteiro dispõe da possibilidade de resolver o CEOP estribado no preceituado no artigo 406º, alínea e., do CCP.

[203] Como já escrevemos noutro local, *"o princípio do equilíbrio financeiro visa, brevitatis causa, assegurar o equilíbrio comutativo dos contratos; ou, por outras palavras, procura salvaguardar uma justa equivalência das prestações e contraprestações contratuais"* (cfr. PEDRO MELO, *A Distribuição do Risco nos Contratos de Concessão de Obras Públicas*, Almedina, Coimbra, 2011, p. 167).

[204] Sobre o regime da alteração de circunstâncias do CCP, cfr., entre outros, PEDRO MELO, *O juízo de eficiência na alteração de circunstâncias das Parcerias Público-Privadas*, in Estudos de Direito Público, Colecção PLMJ, Vol. 4, Coimbra Editora, Coimbra, 2011, pp. 73 a 83. Com muito interesse, cfr. CARLA AMADO GOMES, *A Conformação da Relação Contratual no Código dos Contratos Públicos*, in Estudos de Contratação Pública – I, Coimbra Editora, Coimbra, 2008, pp. 537 a 549.

repetimos) ao dono da obra, respeitando o aludido prazo de 30 dias, do que o não faça aguardando pelo efectivo resultado desse evento gerador de reequilíbrio financeiro e, depois, se veja eventualmente envolvido numa querela com o dono da obra quanto à questão de saber se foi observado, ou não, o prazo fixado no artigo 354°, n.° 2, do CCP.

Por outro lado, decorre expressamente do artigo 354°, n.° 3, do CCP, que a referida reclamação do empreiteiro é deduzida por via de um requerimento que deve conter os fundamentos (de facto e de direito) do pedido de reequilíbrio (devendo ainda ser juntos os documentos ou quaisquer outros meios de prova que o empreiteiro repute de adequados para o efeito de instruir aquele pedido).

Naturalmente, logo que seja possível (no requerimento inicial ou, porventura, no âmbito de um requerimento subsequente), o empreiteiro deverá indicar (liquidar) o valor dos prejuízos emergentes do aludido evento gerador do reequilíbrio financeiro.

Esses prejuízos reportar-se-ão, com grande probabilidade, aos designados "sobrecustos" da empreitada que, para nós, englobam quer os custos directos adicionais (p. ex., materiais, equipamentos e recursos humanos que tiveram de ser utilizados ou reforçados por força do evento gerador do reequilíbrio, ou seja, utilizados *ex novo* ou durante um maior período de tempo do que o inicialmente previsto), quer os custos indirectos (entre outros, os gastos gerais de estaleiro e de gestão da empreitada)[205].

Escusado será dizer que tem aqui plena aplicação a regra geral do ónus da prova, pelo que compete ao empreiteiro produzir prova dos factos constitutivos que alega[206].

Não se perca de vista, por outro lado, que o disposto no normativo em exame (cfr. o artigo 354° do CCP) deve ser conjugado com o preceituado no artigo 282° do CCP, dado que este último encerra a "regra geral" sobre a temática da reposição do equilíbrio financeiro dos contratos administrativos; e, para nós, é aqui inteiramente aplicável.

---

[205] Sobre o assunto, cfr. DIOGO FREITAS DO AMARAL, FAUSTO DE QUADROS e JOSÉ CARLOS VIEIRA DE ANDRADE, *Aspectos...*, pp. 224 a 227. Com especial desenvolvimento, cfr. LICÍNIO LOPES MARTINS, *Alguns Aspectos do Contrato de Empreitada de Obras Públicas no Código dos Contratos Públicos II: em especial, a reposição do equilíbrio económico-financeiro do contrato e a determinação dos danos*, in Estudos de Contratação Pública - III, Coimbra Editora, Coimbra, 2010, pp. 364 a 391.

[206] Cfr. o artigo 342°, n.° 1, do Código Civil.

Assim, e fundamentalmente, importa reter (para dissipar eventuais dúvidas) que o reequilíbrio financeiro do CEOP pode ser alcançado por diversas formas:

i. o pagamento ao empreiteiro do montante necessário à reposição do equilíbrio originário do contrato;
ii. a prorrogação do prazo de execução de alguma das prestações do contrato (ou de todas elas, através de uma prorrogação do prazo inicialmente estatuído para que o empreiteiro executasse os trabalhos objecto da obra), e
iii. a revisão de preços.

Realçamos o facto de esta norma (artigos 282º, n.º 3, do CCP) ser de aplicação supletiva, pelo que as partes podem convencionar outras formas de repor o equilíbrio financeiro do contrato, sendo que, se o fizerem, tal estatuição contratual deverá ser observada, prevalentemente.

Por último, tenha-se presente que as modificações objectivas dos contratos administrativos, *maxime* de um CEOP, advenientes de uma reposição do equilíbrio financeiro, podem ser sujeitas a fiscalização prévia do Tribunal de Contas.

Efectivamente, nos termos do artigo 46º, n.º 1, alínea e. da Lei do Tribunal de Contas[207], *"os actos ou contratos que formalizem modificações objectivas a contratos não visados que impliquem um agravamento dos respectivos encargos financeiros ou responsabilidades financeiras em valor superior ao previsto no artigo 48º"*, estão sujeitos à fiscalização prévia daquele Tribunal[208].

Por seu turno, os contratos modificativos de contratos já objecto de visto prévio, também estarão sujeitos a fiscalização prévia, desde que, similarmente, *"(...) impliquem um agravamento dos respectivos encargos financeiros ou responsabilidades financeiras"*[209].

---

[207] Cfr. a redacção que lhe foi conferida pela Lei n.º 61/2011.

[208] Portanto se o contrato inicial não foi objecto deste tipo de fiscalização e, por força de uma modificação objectiva do mesmo, que poderá resultar de um reequilíbrio financeiro, o contraente público vir aumentadas as suas responsabilidades financeiras em valor superior a € 350.000,00 (actualmente), devendo ser considerado o valor inicial do contrato e de anteriores modificações objectivas, então, neste caso, o contrato modificativo estará sujeito a visto prévio do Tribunal de Contas.

[209] Cfr. o artigo 46º, n.º 1, alínea d., da Lei do Tribunal de Contas (com a redacção conferida pela Lei n.º 61/2011).

10.2. Por último, deve ainda ser feita referência, nesta secção, ao tema dos prémios por cumprimento antecipado da obra (cfr. o artigo 301º do CCP).

Com efeito, o CEOP oferece um domínio privilegiado para que se estatua a atribuição de um prémio ao empreiteiro pela execução antecipada da obra.

Em todo o caso, observe-se que a possibilidade de serem atribuídos prémios desta natureza ao empreiteiro não constitui nenhuma novidade.

De facto, podemos encontrar normas legais congéneres com o dispositivo agora ínsito no artigo 301º do CCP, logo no DL n.º 48 871, de 19 de Fevereiro de 1969 (cfr. o artigo 207º, n.º 4) e, bem assim, no DL n.º 405/93, de 10 de Dezembro (cfr. o artigo 61º, n.º 3)[210].

Trata-se, naturalmente, de um estímulo ao empreiteiro para que este conclua a obra mais rapidamente do que o previsto no contrato[211].

O valor do prémio a liquidar pelo dono da obra ao empreiteiro não tem (agora) qualquer limitação legalmente estabelecida, pelo que esse valor será aquele que vier a ser fixado no CEOP (claro está que a fixação de tal valor poderá resultar da aplicação de uma determinada percentagem sobre o preço do contrato ou de uma determinada "fórmula" com cuja aplicação as partes concordem).

Saliente-se, que caso as partes optem por estabelecer uma percentagem do preço contratual para efeitos do cálculo do prémio em alusão, é recomendável que indiquem se estão a reportar-se ao preço final do contrato ou ao preço contratual originário.

É que, como é sabido, o preço contratual, nos termos do artigo 97º, n.º 3, do CCP, não engloba algumas "rubricas" que podem influir significativamente no preço do contrato estipulado no momento da sua celebração.

---

[210] Como bem nota JORGE ANDRADE DA SILVA, *Código...*, p. 674, o facto de não existir uma norma específica sobre esta matéria no âmbito do DL n.º 59/99 motivou alguma controvérsia doutrinal. Actualmente, à luz do CCP, a questão da possibilidade de ser estabelecido um prémio pela conclusão antecipada da obra não se coloca.

[211] Neste sentido, cfr. Acórdão da 2ª Subsecção do Contencioso Administrativo do Supremo Tribunal Administrativo, de 14 de Dezembro de 2004, processo n.º 601/04, in *www.dgsi.pt.*.

11. O INCUMPRIMENTO E A RESOLUÇÃO DO CONTRATO DE EMPREITADA DE OBRA PÚBLICA

11.1. Ao longo deste estudo, tivemos já o ensejo de nos referirmos incidentalmente ao incumprimento e à resolução do CEOP.

Todavia, a importância da matéria em apreço justifica mais algum desenvolvimento. Fá-lo-emos, nas linhas seguintes, por referência à situação patológica mais frequente nestes contratos: o atraso na execução da empreitada imputável ao empreiteiro.

Esta contingência contratual encontra-se expressamente consignada no artigo 403º do CCP. Daí resulta, desde logo, que o atraso na execução da obra, da responsabilidade do empreiteiro, pode estar relacionado com o início dos trabalhos, com o incumprimento de prazos parciais vinculativos ou ainda com o prazo (final) de conclusão da empreitada.

Relativamente aos atrasos atinentes ao início da execução dos trabalhos ou ao prazo global de conclusão da empreitada, o dono da obra dispõe da possibilidade[212] de aplicar uma sanção contratual (de natureza pecuniária) ao empreiteiro (vulgo, uma multa ou penalidade) de valor correspondente a 1 por mil do preço contratual, por cada dia de atraso, sendo que o CEOP poderá estatuir um montante mais elevado, mas com o limite máximo de 2 por mil do preço contratual, igualmente por cada dia de atraso[213].

Saliente-se que a aplicação de sanções contratuais depende de expressa estipulação contratual ou legal[214].

Consequentemente, se o CEOP for omisso a este respeito (o que é raríssimo, diga-se), o dono da obra poderá aplicar, na circunstância de estar em causa um atraso referente ao início ou à data de conclusão da empreitada, uma penalidade de valor correspondente a 1 por mil do preço contratual (com base no artigo 403º, n.º 1, do CCP).

---

[212] Trata-se, portanto, de uma mera faculdade do dono da obra, que pode ou não ser exercida, em função da apreciação que aquele fizer das circunstâncias do caso concreto. Estamos, então, no domínio dos actos discricionários e não dos actos vinculados, em face da ampla margem de autonomia decisória do dono da obra.

[213] Esta previsão normativa do CCP é idêntica à que vigorava no domínio do anterior diploma legal regulamentador do CEOP (cfr. o artigo 201º, n.º 1, do DL n.º 59/99).

[214] Cfr. o artigo 302º, alínea d., em conjugação com o artigo 329º, n.º 1, ambos do CCP.

Todavia, já não poderá aplicar, sem expressa estatuição contratual, uma penalidade de valor mais elevado, pois, para isso, é necessário que tal sanção esteja fixada no contrato (cfr. o artigo 403º, n.º 1, do CCP, *in fine*).

Por outro lado, estando em causa o incumprimento de um prazo parcial vinculativo (e não, portanto, um atraso no início da execução dos trabalhos ou na conclusão da obra), consagrado no CEOP e/ou no respectivo plano de trabalhos (por norma um dos anexos ao CEOP que dele faz parte integrante), o montante da penalidade aplicável corresponderá a 0,5 por mil do preço contratual (cfr. o artigo 403º, n.º 2, do CCP)[215].

Porém, sempre que o empreiteiro logre recuperar destes atrasos (relativos a prazos parciais vinculativos) e consiga concluir a obra dentro do prazo (global) estipulado no CEOP para a execução da mesma, então, neste caso, o dono da obra deverá – o acto é vinculado – reembolsar o empreiteiro das quantias por este pagas a título de sanções contratuais[216].

Importa ter presente, por outro lado, que a aplicação de penalidades está legalmente limitada: por regra, o valor global, *rectius*, acumulado, das penalidades não pode exceder 20% do preço contratual.

Excepcionalmente, atingido este valor, o dono da obra poderá continuar a aplicar penalidades ao empreiteiro até que se chegue ao valor acumulado de 30% do preço contratual, caso considere, fundamentando, que existe grave prejuízo para o interesse público na resolução do CEOP assim que se atinja o valor acumulado de multas de 20% do preço contratual (cfr. o artigo 329º, n.ºˢ 2 e 3, do CCP).

Por outras palavras, atingido o limite de 20% do preço contratual, o dono da obra pode validamente resolver o contrato (cfr. o artigo 333º, n.º 1, alínea e., do CCP). Contudo, caso o dono da obra entenda, fundamentadamente, repete-se, que a resolução do CEOP é susceptível de provocar grave lesão para o interesse público, pode continuar a aplicar penalidades até ao valor de 30% do preço contratual (em vez de resolver o CEOP).

---

[215] Note-se que, ao abrigo do DL n.º 59/99, o valor desta penalidade, por violação de um prazo parcial vinculativo, tinha por referência o *"valor dos trabalhos em atraso"* e não o valor da adjudicação. O valor da adjudicação relevava apenas para as penalidades relativas ao incumprimento do prazo de conclusão da obra. Agora, no CCP, as multas por atrasos apuram-se, sempre, por relação ao preço contratual.

[216] Cfr. o artigo 403º, n.º 3, do CCP. Esta norma tem correspondência com o artigo 201º, n.º 3, segunda parte, do DL n.º 59/99.

A partir de um ou de outro desses valores máximos de aplicação de penalidades, consoante as circunstâncias do caso, claro está, o dono da obra poderá pôr termo ao CEOP, resolvendo-o. Isto, esclareça-se, quer persistam ou não os incumprimentos do empreiteiro. Portanto, uma vez atingidos tais valores, o dono da obra poderá, de imediato, resolver o contrato[217].

Todavia, em nossa opinião, o dono da obra não pode resolver o contrato e, após essa resolução, aplicar sanções contratuais ao empreiteiro, ainda que reportadas a um momento anterior à data em que opera a resolução contratual.

Efectivamente, resolvido o contrato, o mesmo deixa de produzir efeitos, pelo que será inválida a aplicação de penalidades após a prática desse acto, por falta de habilitação contratual e legal por parte do dono da obra.

Por outras palavras: as penalidades só podem ser aplicadas enquanto o CEOP estiver em vigor, já que visam, justamente, compelir o empreiteiro a cumprir o contrato.

---

[217] Se bem compreendemos, Pedro Gonçalves sustenta uma posição diversa: para este Autor, uma vez atingido o valor de 30% de sanções pecuniárias, o contraente público deverá proceder à resolução sancionatória do contrato (cfr. PEDRO GONÇALVES, *Cumprimento e Incumprimento do Contrato Administrativo*, in Estudos de Contratação Pública – I, CEDIPRE, Coimbra Editora, Coimbra, 2008, p. 604). Permitimo-nos discordar desta posição, na medida em que a aplicação deste tipo de sanções pecuniárias ("penalidades") deve constituir sempre uma faculdade do contraente público e ser por ele considerada no contexto concreto da relação jurídica contratual. A letra da lei parece, aliás, avalizar este nosso entendimento, já que o legislador recorre, por mais de uma vez, ao vocábulo "pode" e não "deve", nesta matéria, como, de resto, na matéria conexa da resolução sancionatória (cfr. os artigos 329°, n.° 1, 333°, n.° 1, 403°, n.° 1, e 405°, n.° 1, todos do CCP). E, para nós, é compreensível que se trate de uma mera faculdade do dono da obra e não de um acto vinculado, porquanto pode bem suceder que, apesar de um atraso significativo na execução de uma empreitada (e tem de ser significativo tal atraso para que o montante das penalidades atinja 30% do preço contratual), seja do interesse do dono da obra, *rectius*, seja do interesse público que se visa prosseguir com o CEOP, que o mesmo se mantenha em execução (não obstante o incumprimento). Basta pensar que na ponderação de uma relação de custo / benefício (entre manter o contrato em vigor ou resolvê-lo), pode pesar bastante mais a resolução contratual, pela dificuldade e tempo a despender na contratação de um outro empreiteiro, sobretudo estando em causa uma obra tecnicamente complexa, do que manter vivo o contrato originário. Ou seja, a resolução poderá ser, em absoluto, inconveniente e, não raro, juridicamente desproporcionada, pois que, *grosso modo*, os custos de resolução podem ser muito superiores aos custos de manutenção contratual. Assim, o dono da obra, atingido o valor de 30% de penalidades, poderá ou não, resolver o CEOP. O que não pode fazer é aplicar mais penalidades.

Uma vez resolvido este contrato, extingue-se a relação jurídica contratual que permitiria ao dono da obra aplicar sanções contratuais (ou legais) ao empreiteiro[218].

Aliás, clarifique-se, o momento a partir do qual o dono da obra deixa de poder aplicar penalidades ao empreiteiro, ocorre com a recepção provisória da obra. De facto, se a obra estiver em condições de ser provisoriamente recebida, isso significará que a obra está concluída, donde, a partir desse momento, não há motivo para a aplicação de penalidades[219].

A situação será diversa, contudo, no caso de se verificarem recepções parciais da obra. Neste cenário, é possível que, para as partes da obra que não estejam ainda recebidas, sejam aplicadas penalidades ao empreiteiro por atrasos.

Note-se, porém, que, nesta circunstância, o valor de referência para estas sanções contratuais já não será o preço contratual, mas antes o preço dos trabalhos ainda não (provisoriamente) recebidos.

Uma reflexão que pode ser feita a propósito da tempestividade da aplicação de sanções contratuais, reside em saber se o dono da obra poderá

---

[218] Aparentemente contra este entendimento, veja-se PEDRO GONÇALVES, *Cumprimento...*, p. 613, baseando-se no artigo 329, n.º 1, do CCP. Julgamos, salvo o devido respeito, que este avalizado Autor não tem razão. Com efeito, o que, em nossa opinião, resulta dessa norma legal, é tão-só que perante um incumprimento contratual do co-contratante, o contraente público poderá, a título sancionatório, resolver o contrato ou aplicar as sanções estatuídas no contrato ou fixadas na lei. Na verdade, quando o legislador refere, expressamente, que *"(...) o contraente público pode, a título sancionatório, resolver o contrato e aplicar as sanções (...)"*, tem em vista, para nós, explicitar que, em face de um incumprimento contratual, o contraente público dispõe de dois tipos de sanções: a resolução contratual sancionatória e a aplicação de sanções contratuais ou legais; mas não significa que possa cumular, temporalmente, a resolução sancionatória, primeiro, e a aplicação de sanções, depois. Já o inverso é verdadeiro e, mais, é o que deve suceder: o contraente público poderá começar por aplicar sanções contratuais ou legais e, depois, deitar mão da resolução sancionatória do contrato se o incumprimento persistir ou se o valor legal máximo de aplicação das sanções contratuais pecuniárias (multas) for atingido (e, claro, o dono da obra entender, fundadamente, que a resolução contratual sancionatória é o mais indicado em face do contexto concreto do CEOP).

[219] Note-se que já era este o entendimento doutrinal e jurisprudencial ao abrigo do DL n.º 59/99. De resto, este diploma dispunha de norma expressa e inequívoca a este respeito (cfr. o artigo 233º, n.º 4, do DL n.º 59/99). Neste sentido, cfr. JORGE ANDRADE DA SILVA, *Código...*, p. 809.

aplicar uma penalidade e, passo contínuo, suspendê-la (não a cobrando de imediato), ou seja, não determinando o seu pagamento ao empreiteiro, com o intuito de lhe transmitir apenas um *sinal* de que está em incumprimento e que o deve corrigir, sob pena de cobrança efectiva dessa penalidade (cuja aplicação foi suspensa)[220].

No fundo, estará aqui em causa a aplicação de um acto administrativo contratual (a sanção contratual) sujeito a uma cláusula acessória (uma condição suspensiva, por hipótese).

Neste contexto, consideramos que a efectivação dessa penalidade, isto é, a sua cobrança ao empreiteiro, deverá ser necessariamente realizada enquanto o contrato se mantiver em vigor. Dito de outra forma, o dono da obra não poderá proceder à cobrança (inicialmente suspensa) dessa penalidade, depois de resolver o CEOP, porquanto, uma vez resolvido o contrato, como acima se disse, este deixará de produzir efeitos e, nessa circunstância, o dono da obra carecerá de base contratual (e legal) para cobrar as penalidades.

De igual modo, também não poderá o dono da obra pretender cobrar as penalidades suspensas, concomitantemente com a resolução contratual (ou seja, notificando a resolução do contrato ao empreiteiro e, em simultâneo – *rectius*, pela mesma notificação ou na mesma data dessa notificação –, cobrar as penalidades em causa). É que, visando as penalidades compelir o empreiteiro a cumprir pontualmente o CEOP (p. ex., recuperando um atraso na execução da obra), afigura-se como um contra senso que a cobrança de penalidades suspensas tenha lugar em simultâneo com a resolução do CEOP.

Neste quadro, se o dono da obra entendeu resolver o CEOP é porque perdeu interesse – definitivo – nas prestações contratuais do empreiteiro, sendo que, se tal incumprimento (do empreiteiro) foi de molde a causar-lhe prejuízos, deverá o dono da obra procurar ressarcir-se por via de um pedido indemnizatório, em sede de responsabilidade contratual (dano *in contractu*), computado nos termos gerais de direito (e não através da cobrança de penalidades, pois estas não têm natureza indemnizatória).

---

[220] Embora a hipótese aqui considerada seja inusitada, ela não tem apenas um interesse teórico, já se tendo efectivamente colocado na prática.

11.2. As penalidades a que temos vindo a aludir têm a natureza de actos administrativos contratuais[221], dotados de executividade[222], sendo que a efectivação das mesmas está, por princípio, sublinhe-se, sujeita a audiência prévia (cfr. os artigos 307º, n.º 2, alínea c., e 308º, n.ᵒˢ 2 e 3, do CCP).

Assim, uma vez aplicadas as penalidades, o empreiteiro pode reagir contenciosamente através de uma acção administrativa especial (ou por via de uma acção arbitral, se existir uma cláusula compromissória no CEOP)[223].

Pode ainda ser útil, e nada parece obstar, a que o empreiteiro recorra a um processo cautelar, tendo em vista, por exemplo, a suspensão da eficácia da penalidade aplicada[224].

11.3. Saliente-se, por outro lado, que as sanções contratuais em apreço possuem uma dupla natureza ou função: punitiva e compulsiva.

Na realidade, estas sanções contratuais configuram sanções pecuniárias compulsórias, visando compelir ou coagir o empreiteiro a cumprir o CEOP. Dito de outro modo: as penalidades não têm uma natureza indemnizatória ou compensatória[225].

---

[221] Com o CCP pôs-se termo à *vexata questio* relativa à natureza dos poderes do contraente público (declarações negociais *versus* actos administrativos) que causava insegurança, *maxime*, em sede de contencioso administrativo. Com efeito, compulsando o artigo 307º do CCP resulta claro em que casos estamos perante declarações negociais e em que casos estamos, ao invés, perante actos administrativos contratuais.

[222] São, portanto, títulos executivos (cfr. o artigo 309º, n.º 1, do CCP e os artigos 149º e 155º do CPA).

[223] A acção administrativa especial está prevista nos artigos 46º e ss. do CPTA. A possibilidade de recurso a arbitragem repousa no artigo 180º, n.º 1, alínea a., do CPTA (merecendo, contudo, especial atenção a condição ínsita no n.º 2 do referido preceito legal). Tenha-se, presente, todavia, que nos casos em que o CEOP seja ainda regido pelo DL n.º 59/99 (e não, portanto, pelo CCP), o meio processual adequado é a acção administrativa comum, por força do disposto no artigo 254º do DL n.º 59/99; e o prazo para o efeito é o que está especificamente consignado no artigo 255º daquele diploma (132 dias de calendário – um prazo de caducidade). Sobre esta matéria, cfr., entre outros, o Acórdão da 2ª Subsecção do Contencioso Administrativo do Supremo Tribunal Administrativo, de 14 de Dezembro de 2005, processo n.º 0614/05, disponível em *www.dgsi.pt*. Note-se que há arestos deste mesmo Tribunal em sentido divergente, ou seja, em que se sustenta que sendo o acto de aplicação de multas um acto administrativo, o meio de reacção judicial contra tal decisão do dono da obra é o recurso contencioso e não a acção (cfr. o Acórdão da 3º Subsecção do Contencioso Administrativo do Supremo Tribunal Administrativo, de 4 de Outubro de 2000, processo n.º 046106, disponível em *www.dgsi.pt*).

[224] Aplicar-se-ão, aqui, as disposições legais pertinentes previstas no Título V do CPTA.

[225] Cfr. PEDRO GONÇALVES, *Cumprimento...*, pp. 589 e 604 e 605.

Este aspecto reveste de importância teórica e prática assinalável, pois, em virtude da natureza jurídica das aludidas sanções contratuais, nada impede que o dono da obra aplique penalidades e, para se ressarcir dos prejuízos eventualmente causados pelo empreiteiro, intente ainda uma acção contra este último no sentido de obter uma indemnização, nos termos gerais (cfr. o artigo 325º, n.º 4, do CCP).

Refira-se, também, que o dono da obra pode executar a caução (de boa performance) prestada pelo empreiteiro, sem necessidade de prévia decisão judicial ou arbitral, para receber o valor das penalidades aplicadas, caso estas não sejam voluntariamente liquidadas pelo empreiteiro (cfr. o artigo 296º, n.º 1, alínea a., do CCP).

Em todo o caso, a situação corrente, relativamente à cobrança de multas, consiste na dedução do respectivo valor nos pagamentos mensais a liquidar ao empreiteiro[226].

11.4. No que tange à resolução do CEOP, importa ter presente, em especial, o disposto nos artigos 405º e 406º do CCP, em que se prevêem, respectivamente, a resolução por iniciativa do dono da obra e a resolução por iniciativa do empreiteiro.

Relativamente a ambas as situações, cumpre salientar que o elenco de casos justificativos de resolução é meramente indicativo, não constituindo, portanto, um *numerus clausus*[227].

Por outras palavras, importa aqui também considerar os fundamentos gerais de resolução dos contratos administrativos, logo, as disposições inclusas nos artigos 332º a 335º do CCP.

11.4.1. A resolução contratual, por iniciativa do dono da obra, constitui um acto administrativo contratual dotado de executividade e de executorieda-

---

[226] Nos anteriores diplomas que regiam as empreitadas de obras públicas, existia base legal expressa neste sentido (cfr. o artigo 233º, n.º 1, do DL n.º 59/99 e o artigo 214º, n.º 1, do DL n.º 405/93). No CCP, porém, não se encontra norma correspondente. No entanto, não detectamos razões que permitam sustentar que a dedução do valor das multas nos pagamentos mensais ao empreiteiro seja agora legalmente inadmissível. Para nós, essa possibilidade resulta do disposto no artigo 392º, n.º 1, do CCP. Com muito interesse, cfr., ainda que prolado ao abrigo do DL n.º 405/93, o Acórdão da 2ª Subsecção do Contencioso Administrativo do Supremo Tribunal Administrativo, de 16 de Março de 2004, processo n.º 047077, disponível em *www.dgsi.pt*.

[227] Tanto assim é que no proémio de ambos os preceitos se alude aos *"fundamentos gerais de resolução do contrato"*.

de, ou seja, está em causa um título executivo que pode ser executado sem dependência de uma decisão judicial ou arbitral prévia.

Note-se, aliás, que a resolução contratual opera por mera *"declaração receptícia"* feita ao empreiteiro e, a partir daí, pode ser livremente executada pelo dono da obra (ou seja, pode ser coactivamente imposta ao empreiteiro).

Refira-se, ainda, que muito embora o acto de resolução deva ser devidamente fundamentado, não depende de audiência prévia do empreiteiro (cfr. o artigo 308°, n.° 1, do CCP).

Em todo o caso, como é pacificamente reconhecido, a resolução de um contrato constitui a *ultima ratio*, pelo que só deve ocorrer perante um incumprimento definitivo do CEOP e não em face de (mera) mora no cumprimento das prestações contratuais que impendem sobre o empreiteiro.

Observe-se, contudo, que, por regra, o incumprimento somente se torna um incumprimento definitivo depois de uma notificação admonitória ao empreiteiro para cumprir as prestações contratuais em falta.

Quando assim sucede e o empreiteiro persiste no incumprimento (não obstante tal notificação), a mora no cumprimento das obrigações do CEOP converte-se em incumprimento definitivo deste contrato e o dono da obra pode, então, imediatamente resolvê-lo.

Admite-se, no entanto – e este aspecto deve ser realçado –, que tal notificação seja dispensada (cfr. o artigo 325°, n.° 1, do CCP). E compreende-se bem porquê: se o empreiteiro, por hipótese, violar sucessivos prazos parciais vinculativos, ou desrespeitar recorrentemente instruções do dono da obra, fazendo perigar o interesse público subjacente à empreitada, não seria curial, neste contexto de inadimplemento grave de obrigações essenciais do CEOP, que fosse necessário uma notificação admonitória por parte do dono da obra ao empreiteiro para que este pudesse ser considerado como estando em incumprimento definitivo.

Nestas circunstâncias, o CEOP poderá ser resolvido mediante notificação – fundamentada – do dono da obra ao empreiteiro, sem dependência de uma prévia notificação admoestadora.

Assim, entendemos que o acto administrativo de resolução contratual reveste de acentuada discricionariedade, sendo limitado, contudo, e em face do exposto, pelo designado "teste da proporcionalidade": a resolução contratual só será válida se, no contexto do caso concreto, se registar um incumprimento definitivo do empreiteiro consubstanciado na violação grave de obrigações do CEOP; sendo que tal resolução deve ser, por princípio (mas não necessariamente), precedida de uma notificação admonitória.

11.4.2. Resolvido o contrato, o dono da obra poderá ser ressarcido pelos danos que o incumprimento do empreiteiro houver gerado na sua esfera jurídica.

Tais danos, cujo ónus de alegação e demonstração cabe ao dono da obra, serão computados nos termos gerais de direito (envolvendo danos emergentes e lucros cessantes)[228].

Adicionalmente, refira-se que, neste cenário, o dono da obra poderá executar a caução prestada pelo empreiteiro para se ressarcir dos prejuízos sofridos[229].

Por fim, saliente-se que em caso de resolução contratual por incumprimento do empreiteiro, este pode ainda ficar sujeito à aplicação de sanções extra-contratuais[230].

11.5. Relativamente à resolução do CEOP por iniciativa do empreiteiro, deve atender-se, desde logo, e como acima indicámos, ao preceituado no artigo 406º do CCP, mas também ao disposto no artigo 332º do mesmo Código.

As causas motivadoras de uma resolução por parte do empreiteiro, podem ficar a dever-se, *inter alia*, a um atraso na consignação dos terrenos necessários para a execução da empreitada superior a 6 meses (a contar da data da celebração do CEOP)[231]; a uma redução do preço contratual superior a 20% considerando-se os trabalhos a mais, os trabalhos de suprimento de erros e omissões e os trabalhos a menos não imputáveis ao empreiteiro; a uma suspensão da execução da empreitada por período superior a um décimo do prazo de execução da obra (imputável ao dono da obra) ou a um quinto desse prazo quando a suspensão se ficar a dever a um caso de força maior; ao incumprimento de obrigações pecuniárias pelo dono da obra por período superior a 6 meses ou ainda quando a dívida do dono da obra ao empreiteiro for superior a 25% do preço contratual, excluindo juros moratórios.

---

[228] Cfr. o artigo 333º, n.ºˢ 2 e 3 do CCP. De salientar que os custos advenientes de um eventual novo procedimento pré-contratual, para a escolha de um outro empreiteiro, estão expressamente previstos no n.º 2 do citado preceito legal.

[229] Isto, claro, sem prejuízo de responsabilidade do dono da obra pela injustificada execução da caução prestada pelo empreiteiro (cfr. o artigo 333º, n.º 3, e o artigo 296º, n.º 3, ambos do CCP).

[230] Cfr. o artigo 405º, n.º 4, do CCP e o DL n.º 12/2004 (alterado pelo DL n.º 18/2008 e pelo DL n.º 69/2011).

[231] Note-se, contudo, o disposto no artigo 360º, n.º 3, do CCP.

Diversamente do que se verifica quanto à resolução por iniciativa do dono da obra (que opera por mera declaração receptícia), a resolução por iniciativa do empreiteiro somente produz efeitos por via judicial ou arbitral.

Só assim não será no caso de incumprimento de obrigações pecuniárias por parte do dono da obra[232].

12. A RECEPÇÃO PROVISÓRIA E A RECEPÇÃO DEFINITIVA DA OBRA

12.1. A recepção provisória de uma obra constitui uma das suas fases críticas[233], pelo que a respectiva regulamentação contratual (e a correspondente efectivação prática) deve ser rodeada de especiais cuidados.

Com efeito, é nessa fase que a empreitada é especialmente examinada pelo dono de obra, é a partir desse acto que as responsabilidades essenciais do empreiteiro cessam (já que a empreitada se encontrará concluída), é então que a empreitada se transfere para a esfera do dono da obra e é a partir daí que começa a contar o seu período de garantia.

Como resulta do artigo 394º do CCP, a recepção provisória pode ser parcial ou total e depende sempre de uma vistoria que deve ser lavrada em auto[234].

Esta vistoria, que deve ser conjunta (entre o dono da obra e o empreiteiro), tem em vista, genericamente, a verificação do cumprimento do objecto do CEOP.

Em particular, deve atender-se, como indica o legislador, (i). à observância das obrigações contratuais e legais do empreiteiro (que deverão ter sido cumpridas *"de forma integral e perfeita"*) e à (ii). *"correcta execução do plano de prevenção e gestão de resíduos de construção e demolição"*[235].

---

[232] Cfr. o artigo 332º, n.º 4, do CCP. Por outro lado, é de ressaltar que existem também especificidades na situação em que o empreiteiro pretenda resolver o CEOP estribado na verificação de uma alteração de circunstâncias (cfr. o artigo 332º, n.º 2, do CCP).

[233] Sobretudo, em obras que encerrem operações de pré-comissionamento e de comissionamento (ou, em geral, *"testes"*) como condições para que a obra seja recebida pelo dono da obra. O mesmo se diga de empreitadas com um ou vários *"interfaces"*.

[234] No que toca à informação que deve constar no auto de vistoria, atente-se no disposto no artigo 395º, n.º 2, do Código.

[235] Relativamente a este "plano", cfr. o Decreto-Lei n.º 46/2008, de 12 de Março. De salientar que nas concessões de obras públicas e nas empreitadas de obras públicas, o

Relativamente à primeira daquelas condições, entendemos que a mesma deve ser lida *cum grano salis*. Isto porque, em obras de elevada complexidade técnica (com "interfaces" diversos e/ou fases de comissionamento dos equipamentos a fornecer e das instalações a construir) não tem grande sentido que o empreiteiro só possa "entregar" a obra, com o pleno cumprimento do extenso *bloco de legalidade* aplicável.

Assim, a verificação dessa obrigação do empreiteiro deve operar por referência exclusiva ao objecto do contrato celebrado que, naturalmente, deve estar bem delimitado.

Por outras palavras, a norma em apreço (cfr. artigo 394º, n.º 2, alínea a., do CCP) deve ser interpretada no sentido de que a empreitada objecto de um CEOP está em condições de ser recebida pelo dono da obra, logo que as obrigações contratuais e legais do empreiteiro estejam integralmente satisfeitas, mas tendo por referência exclusiva (apenas) o objecto do contrato celebrado.

Não sendo esta a concepção do dono da obra, isto é, se o dono da obra considera que a recepção da empreitada depende (ainda), após a sua conclusão, da intervenção de terceiras entidades, públicas ou privadas, ou da gestão de "interfaces" (directa ou indirectamente a cargo do empreiteiro), então o prazo de execução dessa obra e o respectivo preço deverão ter em consideração tais contingências (é que, se assim não for, a indefinição sobre o momento de entrega da obra é muitíssimo maior).

Esta prática, todavia, deve ser evitada: não apenas porque encarecerá (inevitavelmente) a obra, mas, fundamentalmente, porque consubstancia a exigência ao empreiteiro do cumprimento de obrigações que, provavelmente, devem, ao invés, ser satisfeitas pelo dono da obra (ou por uma outra entidade que este entenda contratar).

No fundo, o empreiteiro só deve ser responsabilizado pelas obrigações directamente relacionadas com o objecto do seu contrato.

É de realçar que, da conjugação entre o disposto no n.º 7 com o n.º 5 e o n.º 6, todos do artigo 394º do CCP, a obra pode ser tacitamente recebida, caso o dono da obra, injustificadamente, não agende ou não efectue a vistoria no prazo de 30 dias (contínuos) a contar do termo do prazo para esse efeito, (também) de 30 dias (contínuos), para a realização da necessária vistoria (solicitada pelo empreiteiro ao dono da obra).

---

projecto de execução é acompanhado de um plano de prevenção e gestão de resíduos de construção e demolição.

Por outras palavras: o empreiteiro pode solicitar a vistoria da obra tendo por escopo a recepção provisória da mesma (o que corresponderá à situação normal, isto é, o normal será a iniciativa da vistoria partir do empreiteiro).

Nesta situação, o dono da obra dispõe do prazo de 30 dias de calendário para realizar a solicitada vistoria[236]; se o não fizer (ou seja, se não realizar a vistoria, nem sequer a agendar) sem fundamento plausível, ao cabo de mais 30 dias de calendário (sobre esse primeiro prazo de 30 dias), a obra considerar-se-á tacitamente recebida.

Temos assim, portanto, um prazo muito razoável (60 dias de calendário) para que o dono da obra realize a vistoria à obra (ou, pelo menos, a agende), após a solicitação do empreiteiro.

De notar ainda que, na situação em alusão, ou seja, se o dono da obra não cumprir injustificadamente esta sua obrigação (de realizar ou, no mínimo, de agendar uma data para a realização da vistoria à obra no prazo legalmente fixado), fica sujeito às consequências aplicáveis para a "mora do credor" previstas no Código Civil (cfr. o artigo 394º, n.º 6, *in fine* do CCP, e os artigos 813º a 816º do Código Civil)[237].

A este propósito, cumpre igualmente esclarecer que a recepção tácita da obra não isenta o empreiteiro de responsabilidades pela sua execução; ou seja, este continua responsável pelos trabalhos que executou e, por isso, deve, designadamente, corrigir os defeitos que tais trabalhos eventualmente apresentem.

Pode também suceder, ao invés, que seja o empreiteiro a faltar à vistoria na data designada pelo dono da obra para a sua realização.

Se tal acontecer, justificadamente, consideramos que o empreiteiro deverá ser notificado de uma nova data para o efeito[238].

---

[236] Este prazo conta-se a partir da recepção desta solicitação (do empreiteiro) pelo dono da obra (cfr. o artigo 394º, n.º 5 do CCP, com a alteração decorrente do DL n.º 278/2009).

[237] Destas normas do nosso Código Civil resulta, essencialmente, que a partir da mora do credor (do dono da obra) o empreiteiro só responde no que toca à empreitada por alguma acção que venha a praticar dolosamente; por outro lado, o dono da obra fica obrigado a indemnizar o empreiteiro pelos encargos que este venha a sofrer pela guarda e conservação da obra.

[238] Acompanhamos o entendimento de JORGE ANDRADE DA SILVA, *Código...*, p. 924, que aplica analogicamente o disposto no artigo 359º, n.º 3, do CCP (referente ao prazo e auto de consignação).

Já se a falta do empreiteiro for injustificada, o dono da obra pode efectuar a vistoria à obra, mediante a intervenção de duas testemunhas que, claro está, devem assinar o respectivo auto.

Neste plano, refira-se também que, nos termos do artigo 395°, n.° 8, do CCP, a empreitada considera-se tacitamente recebida se o dono da obra, pese embora a não tenha formalmente recebido (p. ex. se não tiver assinado o auto de vistoria), a vier a afectar aos fins a que se destinava.

Uma vez a obra recebida (expressa ou tacitamente), inicia-se o respectivo período de garantia.

12.2. Como é sabido, ao abrigo da anterior disciplina legal do CEOP, o prazo (regra) de garantia da obra era de 5 anos[239].

Agora, à luz do artigo 397°, n.° 2, do CCP, temos uma regulamentação do prazo de garantia da obra vincadamente diversa, a saber:

i. 10 anos, no que toca a defeitos referentes a elementos construtivos estruturais;
ii. 5 anos, no que toca a defeitos referentes a elementos construtivos não estruturais ou a instalações técnicas, e
iii. 2 anos, no que toca a defeitos referentes a equipamentos afectos à obra, mas dele autonomizáveis.

Saliente-se, ainda, que o CEOP pode fixar prazos diferentes dos mencionados. No entanto, esta possibilidade encerra uma importante restrição: terá de ser o empreiteiro a propô-los à entidade adjudicante, no âmbito da sua proposta.

Por outras palavras, a entidade adjudicante não pode estipular no caderno de encargos (ou em outros documentos referentes ao procedimento de formação do contrato que sejam aplicáveis) prazos de garantia da obra que sejam superiores àqueles que se encontram previstos no citado normativo legal.

O que pode suceder é que o empreiteiro os proponha tendo em vista obter uma melhor classificação da sua proposta; o que pressupõe, no entanto, que o prazo de garantia da obra seja um aspecto a valorizar nos termos

---

[239] O caderno de encargos poderia estabelecer um prazo inferior, desde que a natureza dos trabalhos ou o prazo previsto de utilização da obra o justificasse (cfr. o artigo 226° do DL n.° 59/99).

do procedimento de formação do contrato que for promovido tendo em vista a celebração de um determinado CEOP.

Realce merece igualmente o disposto no n.º 3 do artigo 397º do CCP: se o empreiteiro beneficiar de um prazo de garantia superior, concedido por exemplo pelos seus fornecedores relativamente aos equipamentos afectos à obra (mas dela autonomizáveis – cfr. a alínea c., do n.º 2, do artigo 397º do CCP), será a esse prazo de garantia que ficará vinculado a oferecer ao dono da obra.

Naturalmente que, dentro do prazo de garantia aplicável, o empreiteiro fica obrigado a corrigir os defeitos que venham a ser detectados, ou seja, o empreiteiro assume o risco de defeitos da empreitada[240], excepto, como bem se percebe, se a determinação do dono da obra para esse efeito consubstanciar um abuso de direito (portanto, *grosso modo*, se a exigência do dono da obra para a correcção de defeitos for ilegítima, à luz dos cânones da boa fé, o que terá de ser apurado casuisticamente)[241].

Caso o empreiteiro não cumpra a obrigação de correcção de defeitos detectados na obra (o que também pode passar pela substituição de alguns dos equipamentos instalados na obra), o dono da obra pode exigir a redução do preço do contrato e terá direito a ser indemnizado; tudo isto, sem prejuízo da possibilidade de resolução do CEOP (cfr. artigo 397º, n.º 7, e artigo 405º, n.º 1, alínea g., ambos do CCP).

Acresce, que o dono da obra poderá igualmente, nestas circunstâncias, executar a caução de boa *performance* prestada pelo empreiteiro[242].

Fazemos notar que, no caso de empreitadas de obras públicas, à "caução geral" de 5% do valor do preço contratual, prevista no artigo 89º, n.º 1, do CCP, poderá ainda acrescer um reforço dessa caução, nos termos consignados no artigo 353º do CCP.

De facto, em regra, diríamos, é feita uma dedução nos pagamentos (mensais) a realizar ao empreiteiro por parte do dono da obra para reforço da caução inicialmente prestada.

---

[240] Neste sentido, cfr. LUIS COSCULLUELA MONTANER, *Manual de Derecho Administrativo*, 7ª ed., Madrid, 1996, p. 416.

[241] Obviamente, o empreiteiro não é responsável pelo desgaste normal dos elementos da obra, como não é responsável por danos que afectem esses elementos e que decorram de factos a que é alheio (por exemplo, que resultem de um caso fortuito ou de força maior ou da acção do dono da obra ou de terceiros).

[242] Tenha-se ainda presente o disposto no artigo 295º, n.ºs 4 a 10 do CCP, no que respeita ao regime (igualmente novo) de liberação (progressiva) da caução prestada pelo empreiteiro. Note-se que a redacção do n.º 7 do invocado dispositivo legal foi alterada pelo DL n.º 278/2009.

O montante dessa dedução não pode ser superior a 5% (a norma é injuntiva e, para nós, *"garantística"*[243]).

Por outro lado, e frisamos, essas deduções podem ser substituídas, por exemplo, por garantias bancárias do mesmo valor.

Aliás, se assim não for, na esmagadora maioria dos casos, o empreiteiro correrá sérios riscos de falta de "tesouraria" para satisfazer as suas obrigações, designadamente, junto dos subempreiteiros contratados.

12.3. Uma vez transcorrido o período de garantia da obra, terá lugar uma nova vistoria com a finalidade de ser emitido o auto de recepção definitivo da obra.

É de realçar a aplicação, com as necessárias adaptações, das regras, que analisámos acima, referentes à recepção provisória da obra.

Esclareça-se que poderão ter lugar recepções definitivas parciais, na sequência das inerentes vistorias. De resto, é natural que este tipo de recepções definitivas parciais se tornem comuns, na medida em que passamos a poder ter prazos de garantia muito diversos numa mesma empreitada.

Finalmente, neste plano, importa frisar a "novidade" constante do disposto no n.º 7 do artigo 398º do CCP: por princípio, o empreiteiro não será responsável pelos defeitos que sejam verificados após a recepção definitiva da obra (ou após uma eventual recepção definitiva parcial, passe a redundância, de parte da obra). Todavia, o empreiteiro não ficará exonerado da responsabilidade pela correcção desses defeitos, caso o dono da obra produza prova no sentido de que os defeitos em questão só foram detectados após a recepção definitiva da obra, por facto culposamente imputável ao empreiteiro.

Estamos, pois, como é bom de ver, também neste aspecto, perante uma disciplina legal mais gravosa para o empreiteiro e potencialmente indutora de conflitos entre este e o dono da obra.

---

[243] Veja-se, exactamente nesse sentido, o disposto na cláusula 35ª, n.º 1 do caderno de encargos tipo previsto na Portaria n.º 959/2009.

13. A EMPREITADA NOS CONTRATOS DE CONCESSÃO DE OBRAS PÚBLICAS

13.1. A execução das obras objecto de um contrato de concessão de obras públicas está subordinada, *"com as necessárias adaptações"*, à disciplina jurídica a que temos vindo a aludir, isto é, ao regime do CEOP fixado essencialmente, como se assinalou, nos artigos 343º a 406º do CCP (cfr. o artigo 426º do CCP)[244]. Por conseguinte, é mister que se observe o regime do CEOP mesmo quando tratamos de obras públicas incluídas em contratos de concessão que, reconhecidamente, são as mais significativas obras que têm vindo a ser executadas nas últimas décadas no nosso país e na maior parte dos Estados-membros da União Europeia.

Só assim não será, conforme resulta do artigo 426º do CCP, quanto às (escassas) matérias reguladas na secção desse diploma legal subordinada ao contrato de concessão de obras públicas[245] e quanto às matérias previstas no contrato de concessão, propriamente dito, que versem directamente sobre a execução da obra objecto do contrato de concessão. Por outras palavras: a empreitada incluída no âmbito de um contrato de concessão de obras públicas, rege-se pelas regras do Código aplicáveis às empreitadas de obras públicas, com excepção das matérias fixadas nos artigos 427º e 428º do CCP e ainda das matérias que, porventura, estejam compreendidas pelo próprio contrato de concessão.

Uma questão que a este propósito se pode equacionar, é a de saber se é legalmente admissível que as partes de um contrato de concessão de obras públicas afastem, total ou parcialmente, a disciplina jurídica prevista no Código para a execução do contrato de empreitada de obras públicas (objecto do contrato de concessão, entenda-se)[246].

---

[244] Note-se que o contrato de empreitada de obra pública, conquanto possa ter algumas similitudes com o contrato de concessão de obras públicas, havendo até quem sustente que a fronteira entre um e outro se alterou significativamente desde a entrada em vigor do DL n.º 59/99, constitui, em nossa opinião, um contrato claramente diferenciável do contrato de concessão de obras públicas. Sobre o assunto, cfr. PEDRO MELO, *A Distribuição do Risco...*, pp. 50 e 51.

[245] As matérias reguladas na secção referente ao contrato de concessão de obras públicas (Secção II, do Capítulo II, do Título II, da parte III do Código) são apenas duas, isto é, as previstas no artigo 427º (conservação e uso da obra e dos bens afectos à concessão) e no artigo 428º (zonas de exploração comercial).

[246] Sobre este problema, cfr. PEDRO MELO, *A Distribuição do Risco...*, p. 50, nota 95.

De facto, nos termos do artigo 426º do CCP, as estipulações contratuais relativas à execução da empreitada, que estejam previstas no contrato de concessão de obras públicas, parecem prevalecer, em qualquer caso, sobre as regras do Código atinentes ao CEOP.

Dito de outra forma: o concedente, *rectius*, o órgão competente para a decisão de contratar, poderá, embora não seja corrente, aprovar um caderno de encargos com uma regulamentação do contrato de concessão que englobe, exaustivamente, as regras de execução da obra objecto desse contrato de concessão[247].

É nesta circunstância, que a questão enunciada se pode colocar.

Propendemos para lhe responder negativamente.

Com efeito, entendemos que o "poder" de tal órgão não é infindo. Ou seja, o órgão competente para a decisão de contratar, não poderá afastar as normas da disciplina legal das empreitadas de obras públicas, fixadas no Capítulo I, do Título II, da Parte III do CCP, que sejam injuntivas, sendo que algumas destas normas detêm mesmo um conteúdo patentemente *"garantístico"*.

Desde logo, a não ser assim, poderia ser subvertido – no limite, totalmente subvertido – o regime das empreitadas de obras públicas fixado pelo CCP, aquando da celebração de contratos de concessão de obras públicas: bastaria que se estabelecesse, no correspectivo caderno de encargos e, depois, no próprio corpo contratual da relação concessória, que todas as normas legais referentes às empreitadas de obras públicas, plasmadas no Código, são inaplicáveis a um determinado contrato de concessão de obras públicas.

Não pode ter sido esse, convenhamos, o desiderato do legislador com a norma ínsita no artigo 426º do CCP.

Com efeito, as normas legais injuntivas, algumas delas de fim eminentemente "garantístico" da posição do empreiteiro, não podem ser afas-

---

[247] O que tem sido corrente, mas é diferente, note-se bem, é o concedente criar um caderno de encargos que contempla, muitas vezes de modo exaustivo, o futuro contrato de concessão a ser celebrado com o concessionário (podemos até dizer, sem exagero, estamos em crer, que a regra é a existência, no caderno de encargos, de uma "minuta do contrato de concessão"). Tem-se também admitido, nestes casos, que possam ser introduzidas pequenas alterações / aditamentos a essa "minuta de contrato de concessão" em sede de "negociações". Sublinhamos, porém, que a questão que estamos a analisar não é a da regulamentação do contrato de concessão de obras públicas *hoc sensu*, mas antes a matéria do contrato de empreitada que é objecto desse contrato de concessão (esta última, sublinhe-se, não costuma ser exaustivamente disciplinada no âmbito dos procedimentos de formação de contratos de concessão de obras públicas).

tadas pelo concedente, posto que visam exactamente garantir a posição dos empreiteiros em face de eventuais pretensões abusivas, leia-se iníquas, de concedentes / donos de obras.

Naturalmente, também não poderão ser adoptadas "cláusulas" no contrato de concessão, respeitantes à execução da inerente empreitada, que contendam com o disposto no artigo 281º do CCP.

No fundo, o que advogamos é que há um núcleo impostergável de normas (por princípio, repetimos, as normas injuntivas e, em particular, as de carácter *"garantístico"*), mas também de princípios capitais do nosso ordenamento, que não podem, pura e simplesmente, ser afastadas (para determinada empreitada inserta numa concessão) por força da celebração de um contrato de concessão de obras públicas.

Assim, defendemos uma interpretação restritiva do normativo incluso no artigo 426º do CCP, no sentido de que o órgão competente para a decisão de contratar, portanto, o órgão com competência legal para aprovar as peças dos procedimentos de formação de um contrato de concessão de obras públicas, dispõe do poder de aprovar, validamente, um contrato daquela natureza que contemple estatuições, futuramente contratuais, que incidam sobre a execução do contrato de empreitada de obra pública, objecto da concessão, com uma feição distinta, *adaptada*, às obras inerentes à concessão em causa.

Mas, isto dito, já nos parece indefensável, leia-se, de legalidade muito duvidosa, uma interpretação de tal preceito do Código que permita àquele órgão ou, mais tarde, ao concedente, por exemplo no âmbito de negociações com o futuro concessionário, a determinação de cláusulas a incluir no contrato de concessão, que tenham um efeito preclusivo de normas injuntivas referentes à disciplina do contrato de empreitada (fixada no CCP).

Ilustremos o que acabámos de expor com o seguinte exemplo: o CCP estabelece que o empreiteiro tem direito a receber o montante que eventualmente haja pago ao dono da obra, por força de penalidades relacionadas com atrasos de execução da mesma, caso logre recuperar esses atrasos e concluir a empreitada no prazo globalmente convencionado para o efeito no CEOP (cfr. o artigo 403º, n.º 3, do CCP).

Pergunta-se: será válida uma cláusula do contrato de concessão de obra pública que estipule que o empreiteiro não goza de tal direito?

Julgamos, *prima facie*, e pelas razões já explanadas, que não: o disposto no art. 403º, n.º 3, do CCP, configura uma norma injuntiva aplicável a todos os CEOP, estejam ou não inseridos numa relação concessória[248].

13.2. Uma outra reflexão, de algum modo relacionada com a anterior, que pode ainda ser feita neste âmbito, é a de saber se um contrato de empreitada, celebrado entre uma empresa concessionária de obras públicas e um empreiteiro, tendo em vista a execução das obras objecto daquele contrato de concessão, reveste a natureza de uma empreitada de obra pública, ou, antes, a natureza de uma empreitada de direito privado.

De referir que esta cogitação resulta da constatação da existência de alguns contratos de empreitada, que visam implementar as obras objecto de um contrato de concessão de obra pública, em que o regime do CCP é afastado por expressa convenção das partes, ou seja, por meio de uma cláusula contratual com esse exacto sentido.

Supomos que o raciocínio subjacente a tal estatuição contratual, derive do facto de as partes desse contrato de empreitada serem, ambas, sujeitos de direito privado, leia-se, pessoas colectivas privadas (a empresa concessionária e o empreiteiro).

Em nossa opinião, porém, uma cláusula que inclua tal convénio será, por princípio, inválida, posto que, sendo a obra objecto de um contrato de concessão de obra pública, necessariamente, uma obra pública, o contrato por via do qual se acordam os termos e condições da sua execução, não pode deixar de revestir a natureza de um contrato de empreitada de obra pública; com tudo o que isso implica em termos de vinculações juspublicistas, quer em termos substantivos, quer em termos adjectivos ou processuais.

De resto, importa notar que esta ilação está perfeitamente em linha com o disposto no CCP, já que, se é verdade que os contratos, para deterem a natureza de contratos administrativos, pressupõem, no que toca às respectivas partes (critério estatutário), que sejam celebrados entre contraentes públicos e co-contratantes (privados), ou somente entre contraentes públicos (cfr. o proémio do artigo 1º, n.º 6, do CCP), não é menos verdade que são considerados contraentes públicos quaisquer entidades (públicas ou privadas) que celebrem contratos no exercício de funções materialmente administrativas (cfr. o artigo 3º, n.º 2, do CCP).

---

[248] Saliente-se que os documentos (v.g. o caderno de encargos) relativos aos procedimentos de formação de contratos administrativos de concessão de obras públicas (entre outros), são passíveis de impugnação contenciosa (cfr. o artigo 100º, n.º 2, do CPTA).

Ora, sendo assim, não podem subsistir dúvidas de que, conquanto uma empresa concessionária de obra pública seja, por via de regra, uma empresa privada, esta empresa prossegue funções materialmente administrativas, consubstanciadas na prossecução do objecto da concessão que lhe foi atribuída, pelo que, tais empresas concessionárias não podem deixar de ser consideradas como contraentes públicos.

Por conseguinte, um contrato de empreitada celebrado entre uma empresa concessionária de obra pública (privada) e um empreiteiro (empresa privada), para a execução dos trabalhos necessários à consecução do objecto da concessão, traduz um contrato celebrado entre um contraente público (a empresa concessionária) e um co-contratante privado (o empreiteiro), pelo que tal contrato tem, para nós, forçosamente, a natureza de um CEOP.

Nestes termos, uma estatuição contratual que convencione o afastamento das disposições legais aplicáveis ao CEOP, fixadas no CCP e noutros diplomas normativos avulsos, enferma de invalidade[249].

Uma derradeira palavra é devida para esclarecer que, no nosso julgamento e por identidade de razões, estas considerações são igualmente aplicáveis, *mutatis mutandis*, a outro tipo de contratos administrativos de concessão que impliquem a execução de obras (*v.g.*, contratos de concessão de serviço público de primeira geração).

14. A INTERACÇÃO DO REGIME DA EMPREITADA DE OBRA PÚBLICA NA EMPREITADA DE OBRA PARTICULAR

14.1. Diversamente do que sucede em ordenamentos jurídicos estrangeiros próximos do nosso, o Código Civil português consagra apenas regras aplicáveis às designadas empreitadas de obras particulares, ou seja, às também denominadas empreitadas de Direito Privado[250,251].

---

[249] Cfr., entre outros, o disposto nos artigos 1º, n.ᵒˢ 1 e 6, 3º, n.º 2, 51º e, ainda, os artigos 283º a 285º, todos do CCP.

[250] Como assinala Freitas do Amaral, em França, Itália, Bélgica, Luxemburgo, Alemanha e Suíça, o regime das empreitadas de obras públicas consta dos respectivos Códigos Civis e são, portanto, contratos regidos pelo Direito Privado (cfr. DIOGO FREITAS DO AMARAL, *Curso...*, pp. 569 e 570). Note-se, todavia, que o Código dos Contratos Públicos italiano contempla importantes regras aplicáveis às empreitadas de obras públicas (cfr. os artigos 126º

Não obstante, é muitíssimo frequente depararmo-nos com contratos de empreitada de obras particulares que encerram estatuições contratuais reflectindo, em grande medida, o regime das empreitadas de obras públicas.

Sucede, inclusivamente, que alguns contratos de empreitada de obras particulares contêm cláusulas de aplicação subsidiária – de grande alcance – do regime das empreitadas de obras públicas.

Esta *praxis* contratual privatística, pode explicar-se, essencialmente, pelo facto de o nosso Código Civil não comportar uma disciplina jurídica exaustiva sobre a execução de uma empreitada, diferentemente do que se verifica com os diversos diplomas legais nacionais que têm regulado, com manifesto detalhe, a execução de uma empreitada de obra pública.

Todavia, isso não significa, fazemos notar, que tais contratos de empreitada de obras particulares passem a deter a natureza de contratos administrativos, por força de tais cláusulas.

Esta advertência é feita em atenção ao disposto no artigo 1º, n.º 6, alínea a). do CCP, cuja interpretação não é isenta de dúvidas, *maxime*, quando conjugada com o preceituado no artigo 3º, n.º 2, do mesmo Código.

Na verdade, o facto de um contrato poder ser qualificado como um contrato administrativo em função da vontade das partes e, de igual modo, o facto de ser legalmente admissível a existência de contratos administrativos celebrados entre particulares, poderia levar à precipitada conclusão de que um contrato de empreitada celebrado entre dois particulares, que decidam submetê-lo a um regime de direito público, a título subsidiário (como sucede amiúde), seria um contrato administrativo.

---

a 141º do *"Codice dei contratti pubblici relativi a lavori, servizi e forniture"*, aprovado pelo *Decreto legislativo 12 aprile 2006, n.º 163*. Este diploma foi já objecto de diversas alterações, a última das quais por via do *Decreto legislativo 1 agosto 2008, n.º 152*).

[251] Saliente-se que, no âmbito do Direito Privado, temos ainda a denominada "empreitada de consumo", prevista na Lei n.º 24/96, de 31 de Julho (Lei de Defesa do Consumidor), e no DL n.º 67/2003, de 8 de Abril, que transpôs para o ordenamento jurídico nacional a Directiva n.º 1999/44/CE, do Parlamento Europeu e do Conselho, de 25 de Maio de 1999. O DL n.º 67/2003 foi ulteriormente alterado pelo DL n.º 84/2008, de 21 de Maio. Estes diplomas, que regulam a designada "empreitada de consumo", contêm normas especiais que derrogam as normas gerais do regime das empreitadas de obras particulares fixadas no Código Civil. Para mais desenvolvimentos sobre este subtipo do contrato de empreitada de Direito Privado, cfr. JOÃO CURA MARIANO, *Responsabilidade Contratual do Empreiteiro pelos Defeitos da Obra*, 4ª ed., Almedina, Coimbra, 2011, pp. 203 a 238. Em geral, sobre o contrato de empreitada de Direito Privado, cfr. JOSÉ ANTÓNIO DE FRANÇA PITÃO, *Contrato de Empreitada*, 2ª ed., Almedina, Coimbra, 2011.

Não é, porém, assim, já que, em primeiro lugar, para que possamos falar de um contrato de empreitada de obra pública, é imperativo que esteja em causa a execução de uma obra pública e, em segundo lugar, para que um contrato detenha a natureza de contrato administrativo, é necessário que pelo menos uma das partes seja um contraente público.

Ora, para que um particular possa ser considerado como um contraente público, é fundamental que o contrato por ele celebrado vise prosseguir uma função materialmente administrativa, o que, como é bom de ver, não sucede com um contrato de empreitada de obra particular[252].

Nestes termos, um contrato de empreitada de obra particular não perde a sua natureza de contrato de Direito Privado, ainda que as partes tenham convencionado, como sucede com frequência, a aplicação, subsidiária, do regime das empreitadas de obras públicas[253].

Daqui advém, desde logo, que a jurisdição competente para dirimir eventuais litígios emergentes destes contratos, é a jurisdição comum.

14.2. E o que dizer da sua regulamentação substantiva? *Prima facie*, dir-se-ia que são aplicáveis a tais contratos, assim conformados, as cláusulas convencionadas pelas partes constantes do respectivo título contratual e, no demais, isto é, no que esteja omisso no programa contratual estatuído pelas mesmas, o regime das empreitadas de obras públicas, por efeito da cláusula de aplicação em bloco deste regime publicista.

Efectivamente, atendendo ao princípio da autonomia contratual no Direito Privado, em particular ao seu corolário da liberdade de estatuição, que assume relevância, por excelência, no domínio do Direito das Obrigações, onde agora nos movemos, nada parece obstar, à partida, à validade de uma cláusula de reenvio global do regime das empreitadas de obras públicas, para os contratos de empreitada de obras particulares.

Acresce a este argumento, o facto de estar perfeitamente assente o entrelaçamento frequente entre o Direito Público e o Direito Privado.

---

[252] Sobre a problemática interpretativa suscitada pelo artigo 1.º, n.º 6, alínea a). do CCP, cfr., por todos, MÁRIO AROSO DE ALMEIDA, *Apontamento sobre o contrato administrativo no Código dos Contratos Públicos*, in *Revista de Contratos Públicos*, n.º 2, CEDIPRE, Coimbra Editora, Coimbra, 2011, pp. 5 a 34.

[253] Cfr. o Acórdão da 1ª Secção do Supremo Tribunal de Justiça, de 9 de Fevereiro de 2010, processo n.º 4966/04.3 TBLRA.C1.S1, in www.dgsi.pt. Com interesse, cfr., ainda, o Acórdão do Supremo Tribunal de Justiça, de 6 de Novembro, processo n.º 08B3213, in www.dgsi.pt.

Na verdade, como tem sido sustentado por avalizada doutrina, entre estes dois ramos do Direito *"não está em jogo uma fronteira estrutural absoluta, a nível de situações jurídicas singulares: estas interpenetram-se, podendo mesmo consubstanciar conjunções complexas, com elementos públicos e privados"*[254].

Todavia, é necessário considerar que também no plano do Direito Privado, designadamente, no regime civilista do contrato de empreitada de obra particular, existem normas de interesse e ordem pública, portanto, normas marcadas pelo traço da injuntividade.

Ora, porque assim é, impõe-se um cuidado especial na aplicação de uma estatuição contratual como aquela que temos vindo a analisar.

Ou seja, tal convenção, de aplicação subsidiária do regime das empreitadas de obras públicas, a um contrato de empreitada de obra particular, será, por princípio, válida; a não ser que contenda que algum inciso legal fixado para o regime civilista da empreitada de obra particular, que seja, ele próprio, imperativo[255].

Compreende-se bem este entendimento, posto que, sendo lícito que as partes afastem a aplicação de normas supletivas, em atenção ao império da autonomia contratual no Direito Civil, nada obsta a que, desaplicando tais normas, façam apelo ao regime das empreitadas de obras públicas.

Ao invés, não podendo as partes de um contrato de empreitada de Direito Privado, afastar licitamente as normas imperativas do regime das empreitadas de obras particulares, também não poderão, naturalmente, substituí-las pelas normas de Direito Público fixadas no regime das empreitadas de obras públicas.

---

[254] Cfr. ANTÓNIO MENEZES CORDEIRO, *Tratado de Direito Civil Português*, I, Parte Geral, Tomo I, 3ª ed., Almedina, Coimbra, 2007, p. 45. Este autor oferece como exemplo, precisamente, os *"modelos mistos no domínio das obras públicas"* (p. 45, nota 63).

[255] Cfr. o Acórdão do Tribunal da Relação do Porto, de 17 de Novembro de 1992, processo n.º 9120864, in www.dgsi.pt. Neste aresto, o referido Tribunal entendeu que na disciplina legal do Código Civil, aplicável ao contrato de empreitada, existem diversas normas de interesse e ordem pública, como sejam os preceitos legais previstos nos artigos 1208º e 1220º a 1225º, não sendo, por isso, válida, quanto à matéria compreendida por aqueles preceitos, uma cláusula contratual estipulada pelas partes com o seguinte teor: *"Em tudo o que se encontre omisso neste contrato aplica-se as disposições legais previstas no DL n.º 235/86, de 18 de Agosto"*. Saliente-se que, a nível jurisprudencial não é unívoca, pelo menos, a recondução do dispositivo legal ínsito no artigo 1225º do Código Civil a uma norma imperativa. Neste sentido, cfr. o Acórdão do Supremo Tribunal de Justiça, de 30 de Novembro de 2004, processo n.º 04A3727, in www.dgsi.pt.

Em suma, a usual convenção contratual de reenvio do regime das empreitadas de obras públicas, para os contratos de empreitada de obras particulares, é válida desde que não colida com normas imperativas específicas do Código Civil referentes à empreitada de Direito Privado.

O mesmo é dizer que a estatuição contratual de tal reenvio pode ser feita, conquanto a aplicação do regime juspublicista não implique o afastamento de normas injuntivas do regime jusprivatista.

14.3. Uma outra questão, conexa com a que acabámos de analisar, prende-se com o problema de saber se, na omissão de uma estatuição contratual e, bem assim, na ausência de uma norma civilista específica sobre o contrato de empreitada de obra particular, é possível aplicar, por via analógica, o regime das empreitadas de obras públicas.

Por outras palavras: perante uma lacuna relativa a determinada matéria de um contrato de empreitada de obra particular, será possível integrá-la através do regime das empreitadas de obras públicas ou, pelo contrário, devem ser aplicadas as disposições gerais do Direito das Obrigações? Refira-se, *ante omnia*, que a situação inversa não suscita nenhuma dificuldade de maior, porquanto, em todos os regimes jurídicos das empreitadas de obras públicas, o legislador consignou que o Direito Civil é aplicável a tais empreitadas, se a questão a carecer de regulamentação não encontrar resposta nesse regime, e, subsequentemente, nas leis e regulamentos administrativos, e, ainda, por fim, nos princípios gerais de Direito Administrativo[256].

Ora, na questão de que nos ocupamos, não vislumbramos razões plausíveis que inibam que, perante uma lacuna nos termos explanados, seja aplicável, *a simili*, o regime das empreitadas de obras públicas, que encerra uma muito maior pormenorização e especificidade técnica.

Claro está que, em estrita observância das regras basilares de hermenêutica jurídica, não poderão ser aplicadas, por via analógica, as regras daquele regime publicista que revistam carácter excepcional (cfr. o art. 11º do Código Civil), ou que tenham subjacente a lógica da função, leia-se, a lógica imanente à prossecução do interesse público, criando, por exemplo, prerrogativas para o Dono da Obra que sejam profundamente inusitadas numa relação jurídica privada.

---

[256] Cfr. o art. 232º do DL n.º 235/86, o art. 236º do DL n.º 405/93, e o art. 273º do DL n.º 59/99. O mesmo se verifica, actualmente, nos termos do preceituado no artigo 280º, n.º 3, do CCP.

Assim, existindo no regime das empreitadas de obras públicas, uma norma que regule uma situação fáctica idêntica à prevista no contrato de empreitada de obra particular, a carecer de regulamentação, procedem, em nosso entender, *"as razões justificativas da regulamentação do caso previsto na lei"* (cfr. o artigo 10°, n.° 2, do Código Civil); logo, pode recorrer-se aqui à aplicação do regime das empreitadas de obras públicas, por analogia.

Não nos parece, sequer, que seja necessário recorrer à *"norma que o próprio intérprete criaria, se houvesse de legislar dentro do espírito do sistema"* (cfr. o artigo 10°, n.° 3, do Código Civil).

Nestes termos, e sublinhando a necessidade de uma ponderação casuística que atenda às preocupações mencionadas, julgamos que é perfeitamente defensável a aplicação analógica do regime das empreitadas de obras públicas, na circunstância de se verificar uma lacuna na disciplina contratual do contrato de empreitada de obras particulares e nas disposições específicas civilistas incidentes sobre o mesmo.

Na verdade, a solução alternativa, isto é, uma solução que preconize o recurso às demais normas do Direito das Obrigações para integrar a lacuna detectada, em vez de se adoptar o lugar paralelo existente no regime das empreitadas de obras públicas, não valoriza devidamente que este último regime, muito mais pormenorizado e com muito maior densidade técnica, permitirá, provavelmente, oferecer uma solução integrativa mais adequada ao caso concreto, do que o recurso a normas – de alcance muito geral – inclusas no Direito das Obrigações[257].

14.4. Uma derradeira nota, nesta sede, é ainda devida para assinalar que, também ao nível dos contratos internacionais de construção, é constatável

---

[257] Sobre o assunto, cfr. JOSÉ MARÇAL PUJOL, *Aplicação do Regime Jurídico das Empreitadas de Obras Públicas às Empreitadas Particulares*, in Revista da Ordem dos Advogados, Ano 54, Lisboa, 1994, pp. 518 a 544. Este autor não oferece, contudo, se bem percebemos, uma orientação clara sobre esta problemática, já que, se nas pp. 519 a 523 parece defender a aplicação analógica do regime das empreitadas de obras públicas, nas respectivas conclusões aparenta negar tal possibilidade (cfr. p. 565). Note-se, ainda, que não desconhecemos a existência de jurisprudência, embora já muito antiga, numa linha aparentemente discordante do nosso entendimento sobre a aplicação analógica do regime das empreitadas de obras públicas aos contratos de empreitada de obras particulares. Neste sentido, cfr. o Acórdão do Supremo Tribunal de Justiça, de 29 de Julho de 1969, in *Boletim do Ministério da Justiça*, 189, p. 282. Refira-se que, no caso, estava ainda em causa a aplicação do Código de Seabra de 1867.

a adopção de um regime de execução das respectivas empreitadas com evidentes similitudes com a disciplina nacional do CEOP.

Efectivamente, neste tipo de contratos internacionais, é habitual o recurso aos designados *"modelos FIDIC"*, sendo que estes, como se disse, apresentam muitas das características obrigacionais do CEOP, o que, de certo modo, se pode explicar pela matriz juscultural comum que está na base do trabalho de conformação jurídica de tais modelos contratuais, realizado por diversas organizações estrangeiras[258].

Em todo o caso, devemos advertir para algumas dificuldades de aplicação prática desses modelos, *maxime*, quando os mesmos são sujeitos, sem uma cuidada ponderação, à lei pátria.

Com efeito, vários dos conceitos jurídicos empregues em certas cláusulas dos modelos contratuais em alusão, requerem uma exigente ponderação em termos da sua compatibilização com a lei portuguesa, porquanto comportam conceitos com significados próprios do ordenamento anglo-saxónico que, não raro, se adequam problematicamente à lei nacional[259].

---

[258] Há, de facto, diversas organizações estrangeiras que têm vindo a publicitar modelos de contratos internacionais de construção, amiúde utilizados. Porventura, a mais conhecida é a FIDIC – *Fédération Internationale des Ingénieurs-Conseils* ; mas existem outras, aliás, com crescente relevo no panorama internacional da construção, como é o caso da ENAA – *Engineering Advancement Association of Japan* e da AGC – *Associated General Contractors of America*. Estas organizações elaboram, aprovam e recomendam o uso de determinados modelos contratuais que englobam diversos regimes de empreitada, *inter alia*, *turnkey / engineer-procurement-construct* e *turnkey / design-build* (comummente designados, entre nós, por "contratos chave-na-mão"). Em geral, sobre esta temática, cfr. JOSEPH A. HUSE, *Understanding...*, pp. 24 a 28.

[259] É o que sucede, entre outros, com os conceitos de *"liquidated damages"*, *"actual damages"*, *"compensatory damages"*, *"consequential damages"*, *"compensatory and non compensatory penalties"*, *"decennial liability"*, etc.

BIBLIOGRAFIA

ADRIAANSE, JOHN – Construction Contract Law, 2nd ed., Palgrave, London, 2007.
ALMEIDA, MÁRIO AROSO DE – Manual de Processo Administrativo, Almedina, Coimbra, 2010.
—, Apontamento sobre o contrato administrativo no Código dos Contratos Públicos, Revista de Contratos Públicos, n.º 2, CEDIPRE, Coimbra Editora, Coimbra, 2011.
AMARAL, DIOGO FREITAS DO (com a colaboração de Pedro Machete e Lino Torgal) – Curso de Direito Administrativo, Vol II, 2ª ed., Almedina, Coimbra, 2011.
AMARAL, DIOGO FREITAS DO; QUADROS, FAUSTO DE; ANDRADE, JOSÉ CARLOS VIEIRA DE – Aspectos Jurídicos da Empreitada de Obras Públicas, Almedina, Coimbra, 2002.
ANTUNES, JOSÉ MANUEL OLIVEIRA – Código dos Contratos Públicos – Regime de Erros e Omissões, Almedina, Coimbra, 2009.
CAETANO, MARCELLO – Manual de Direito Administrativo, Vol. II, 10ª ed., 4ª reimp., Almedina, Coimbra, 1991.
CARVALHO, RAQUEL – A invalidade derivada nos contratos administrativos: para além da aparência...Anotação ao Acórdão do TCA Norte, de 15.04.2010, CJA, n.º 84, CEJUR, Braga, 2010.
CORDEIRO, ANTÓNIO MENEZES – Subsídios para a dogmática administrativa, com exemplo no princípio do equilíbrio financeiro, Cadernos O Direito, n.º 2, Almedina, Coimbra, 2007.
—, Tratado de Direito Civil Português, I, Parte Geral, Tomo I, 3ª ed., Almedina, Coimbra, 2007.
CORREIA, JOSÉ MANUEL SÉRVULO – Legalidade e Autonomia Contratual nos Contratos Administrativos, Almedina, Coimbra, 1987.
CORREIA, JOSÉ MANUEL SÉRVULO; CADILHA, ANTÓNIO – O Regime da Responsabilidade por Erros e Omissões do Projecto nas Empreitadas de Concepção Construção em face do Códigos dos Contratos Públicos, Revista da Ordem dos Advogados, Ano 69, Lisboa, 2009.
DUARTE, TIAGO – Tribunal de Contas, visto prévio e tutela jurisdicional efectiva? Yes, we can!, CJA, n.º 71, CEJUR, Braga, 2008.
ESQUÍVEL, JOSÉ LUÍS – O Contrato de Subempreitada de Obras Públicas, Almedina, Coimbra, 2002.

Gomes, Carla Amado – A Conformação da Relação Contratual no Código dos Contratos Públicos, Estudos de Contratação Pública - I, Coimbra Editora, Coimbra, 2008.
Gómez, Emílio Menéndez – Contratos del Sector Público: Contrato de Obras Públicas, Aranzadi, Pamplona, 2008.
Gonçalves, Pedro – O Contrato Administrativo – Uma Instituição do Direito Administrativo do Nosso Tempo, Almedina, Coimbra, 2002.
—, Cumprimento e Incumprimento do Contrato Administrativo, Estudos de Contratação Pública I, CEDIPRE, Coimbra Editora, Coimbra, 2008.
—, Adjudicação de Contratos de Empreitada de Obras Públicas a Empresas Estabelecidas noutros Estados-Membros da união Europeia, Direito, n.º 7, CEJUR, Coimbra, 2009.
Huse, Joseph A. – Understanding and Negotiating Turnkey and EPC Contracts, 2nd ed., Thomson / Sweet & Maxwell, London, 2002.
Jorge, Guida Coelho – Inconstitucionalidade e necessidade da harmonização legislativa do actual regime de fiscalização prévia de actos e contratos pelo Tribunal de Contas, Revista O Direito, Ano 141º, IV, Almedina, Coimbra, 2009.
Kirkby, Mark – Contratos Administrativos de Subordinação (Natureza, Função e Limites), AAFDL, Lisboa, 2002.
Leitão, Alexandra – O Enriquecimento Sem Causa da Administração Pública, AAFDL, Lisboa, 1998.
Lopes, Licínio – Alguns Aspectos do Contrato de Empreitada de Obras Públicas no Código dos Contratos Públicos, Estudos de Contratação Pública II, Coimbra Editora, Coimbra, 2010.
—, Alguns Aspectos do Contrato de Empreitada de Obras Públicas no Código dos Contratos Públicos II: em especial, a reposição do equilíbrio económico-financeiro do contrato e a determinação dos danos, Estudo de Contratação Pública - III, Coimbra Editora, Coimbra, 2010.
Mariano, João Cura – Responsabilidade Contratual do Empreiteiro pelos Defeitos da Obra, 4ª ed., Almedina, Coimbra, 2011.
Martinez, Pedro Romano; Pujol, José Manuel Marçal – Empreitada de Obras Públicas, Almedina, Coimbra, 1995
Martins, Ana Gouveia – A Modificação e os Trabalhos a Mais nos Contratos de Empreitada de Obras Públicas, in Estudos em Homenagem ao Professor Doutor Sérvulo Correia, Vol. II. Ed. FDL, Coimbra Editora, Coimbra, 2010.

Medeiros, Rui – A protecção processual do adjudicatário em face de uma recusa de visto no âmbito da fiscalização prévia de contratos pelo Tribunal de Contas.

Melo, Pedro – A Distribuição do Risco nos Contratos de Concessão de Obras Públicas, Almedina, Coimbra, 2011.

—, O Juízo de Eficiência na Alteração de Circunstâncias das Parcerias Público-Privadas, Colecção PLMJ, Vol. 4, Coimbra Editora, Coimbra, 2011.

Melo, Pedro; Campos, Diogo Duarte de – Visto do Tribunal de Contas. Alguns Problemas, Revista de Direito Público e da Regulação, CEDIPRE, Coimbra, 2010.

Moreno, Carlos – Finanças Públicas – Gestão e Controlo dos Dinheiros Públicos, UAL, Lisboa, 1998.

Murdoch, John; Hughes, Will – Construction Contracts – Law and Management, 4th ed., Taylor & Francis, London, 2008.

Oliveira, Mário Esteves de; Oliveira, Rodrigo Esteves de – Concursos e Outros Procedimentos de Contratação Pública, Almedina, Coimbra, 2011.

Otero, Paulo – Estabilidade Contratual, Modificação Unilateral e Equilíbrio Financeiro em Contrato de Empreitada de Obras Públicas, ROA, Ano 56, Lisboa, 1996.

Parada, Ramón – Derecho Administrativo, Vol. I, 16ª ed., Marcial Pons, Madrid, 2007.

Pitão, José António de França – Contrato de Empreitada, 2ª ed., Almedina, Coimbra, 2011.

Pujol, José Manuel Marçal – 25 Anos de Jurisprudência sobre o Contrato de Empreitada, ANEOP, 1995.

- Aplicação do Regime das Empreitadas de Obras Públicas às Empreitadas Particulares, Revista da Ordem dos Advogados, Ano 54, Lisboa, 1994.

Richer, Laurent – Droit des Contrats Administratifs, 6e ed., LGDJ, Paris, 2008.

Sandulli, Maria Alessandra; Moscarini, Lúcio V – Trattato sui Contratti Pubblici, Vol I, AG, Milano, 2008.

Santoro, Pelino – Manuale dei Contratti Pubblici, VII ed., Maggioli Editore, Santarcangelo di Romana, 2007.

Silva, Jorge Andrade da – Código dos Contratos Públicos – Comentado e Anotado, 3ª ed., Almedina, Coimbra, 2010.

SILVEIRA, ALESSANDRA – Princípios de Direito da União Europeia, 2ª ed., Quid Iuris, Lisboa, 2011.
SILVEIRO, FERNANDO XAREPE – O Tribunal de Contas, as Sociedades Comerciais e os Dinheiros Públicos, Coimbra Editora, Coimbra, 2003.
SOUSA, MARCELO REBELO DE; MATOS, ANDRÉ SALGADO DE – Direito Administrativo Geral – Contratos Públicos, Tomo III, 2ª ed., Dom Quixote, Lisboa, 2009.
TAVARES, GONÇALO GUERRA; DENTE, NUNO MONTEIRO – Código dos Contratos Públicos – Comentado, Vol I., Almedina, Coimbra, 2009.
—, Código dos Contratos Públicos – Comentado, Vol. II., Almedina, Coimbra, 2011.
TAVARES, JOSÉ F.F. – O Tribunal de Contas – Do Visto, em especial – Conceito, Natureza, e Enquadramento na Actividade de Administração, Almedina, Coimbra, 1998.
TELLES, INOCÊNCIO GALVÃO – O Direito de Retenção no Contrato de Empreitada, Revista O Direito, Anos 106º-119º.
TORGAL, LINO – A Empreitada de Obras Públicas no Código dos Contratos Públicos – breve nota sobre algumas das principais novidades, CJA, n.º 64, CEJUR, Braga, 2007.

JURISPRUDÊNCIA

Acórdãos dos Tribunais Administrativos

Acórdão do STA, de 4 de Outubro de 2000, processo n.º 046106.
Acórdão do STA, de 11 de Novembro de 2003, processo n.º 01084/03.
Acórdão do STA, de 5 de Fevereiro de 2004, processo n.º 029/04.
Acórdão do STA, de 16 de Março de 2004, processo n.º 047077.
Acórdão do STA, de 14 de Dezembro de 2004, processo n.º 601/04.
Acórdão do STA, de 14 de Dezembro de 2005, processo n.º 0614/05.
Acórdão do STA, de 20 de Janeiro de 2010, processo n.º 01108/09
Acórdão do STA, de 24 de Maio de 2011, processo n.º 0220/10.
Acórdão do STA, de 7 de Junho de 2011, processo n.º 01020/10.
Acórdão do STA, de 28 de Setembro de 2011, processo n.º 0188/11
Acórdão do STJ, de 18 de Outubro de 2011, processo n.º 0322/11.
Acórdão do TCA Sul, de 15 de Abril de 2010, processo n.º 05459/09.
Acórdão do TCA Sul, de 9 de Junho de 2011, processo n.º 07228/11.
Acórdão do TCA Sul, de 9 de Junho de 2011, processo n.º 07483/2011.
Acórdão do TCA Norte, de 15 de Abril de 2010, processo n.º 01480/09. 4BEBRG.
Acórdão do TCA Norte, de 6 de Maio de 2010, processo n.º 070/05. 5BEMDL.
Acórdão do TCA Norte, de 16 de Setembro de 2011, processo n.º 0213/06.1.

Acórdãos dos Tribunais Judiciais

Acórdão do STJ, de 29 de Julho de 1969.
Acórdão do STJ, de 30 de Novembro de 2004, processo n.º 04A3727.
Acórdão do STJ, de 9 de Fevereiro de 2010, processo n.º 4966/04.3TBLRA. C1.S1.
Acórdão do TRP, de 17 de Novembro de 1992, processo n.º 9120864.
Acórdão do TRC, de 21 de Outubro de 2003, processo n.º 432/03.
Acórdão do TRC, de 26 de Janeiro de 2010, processo n.º 160295/08. 2YIPRT.C1.
Acórdão do TRE, de 9 de Julho de 2009, processo n.º 4036/03.1 TBSTB.E1.
Acórdão do Tribunal de Conflitos, de 9 de Dezembro de 2010, processo n.º 020/10.

ACÓRDÃOS DO TRIBUNAL DE CONTAS

Acórdão do Tribunal de Contas, de 1 de Abril de 2003, n.º 14/03, Recurso Ordinário n.º 8/2003.
Acórdão do Tribunal de Contas, de 20 de Maio de 2003, n.º 66/03, Processo n.º 418/2003.
Acórdão do Tribunal de Contas, de 19 de Janeiro de 2006, processo n.º 674/05.

ÍNDICE GERAL

DIREITO ADMINISTRATIVO DOS CONSUMIDORES
Adelaide Menezes Leitão

1. Introdução 11
   1.1. Direito especial 12
   1.2. Direito do Consumo: surgimento, desenvolvimento, perspectivas futuras   16
   1.3. Direito Europeu do Consumo............................. 24

2. Direito Privado e Direito Público do Consumo 34
   2.1. Horizonte jus-filosófico 34
   2.2. A clivagem privado/público no Direito do Consumo 39
   2.3. Direito Privado e acesso à justiça 48

3. Direito da Concorrência e Direito do Consumo 55

4. O Direito Administrativo do Consumo......................... 63
   4.1. Perspectivas 63

5. Sistema Administrativo de Defesa do Consumidor 68
   5.1. Visão geral.. 68
   5.2. Órgãos com missão na defesa do consumidor.............. 70
      5.2.1. Provedor de Justiça............................... 70
      5.2.2. Direcção-Geral do Consumidor 71
      5.2.3. Conselho Nacional do Consumo...................... 74
      5.2.4. Comissão de Segurança de Serviços e Bens de Consumo   75
      5.2.5. Centro Europeu do Consumidor 77
   5.3. Entidades Reguladoras 77
      5.3.1. Autoridade da Concorrência 77
      5.3.2. Banco de Portugal 79
      5.3.3. Comissão do Mercado de Valores Mobiliários........ 83
      5.3.4. Instituto de Seguros de Portugal 86
      5.3.5. O ICP-Anacom...................................... 87
      5.3.6. Entidade Reguladora para a Comunicação Social 92
      5.3.7. Entidade Reguladora do Sector Energético.......... 93
      5.3.8. Infarmed 97
      5.3.9. Entidade Reguladora da Saúde 100
   5.4. Entidades Fiscalizadoras 101
      5.4.1. Autoridade de Segurança Alimentar e Económica 101

6. Outras entidades do Sistema Administrativo de Defesa do Consumidor 103

7. As reformas da Administração Pública 104

8. Sector empresarial do estado............................... 109
   8.1. Serviços Públicos Essenciais 109

9. Protecção dos Consumidores no Procedimento Legislativo e Administrativo:
   o papel das associações de defesa do consumidor 117

10. Sistema de reclamações dos consumidores 121

    Bibliografia... 125

DIREITO DO PLANEAMENTO TERRITORIAL
Luís P. Pereira Coutinho

1. O Direito do Planeamento Territorial: Aspectos Gerais 133
   1.1. O planeamento territorial e o Direito do Planeamento Territorial..... 133
   1.2. O Direito do Planeamento Territorial como Direito Administrativo Especial . 137
   1.3. Fontes 137

2. Estrutura do Sistema de Planeamento Territorial 138
   2.1. Preliminares 138
   2.2. Estrutura material 139
   2.3. Estrutura organizatória............................... 145
   2.4. Estrutura normativa 153

3. A Actividade de Planeamento Territorial...................... 153
   3.1. Preliminares 153
   3.2. O planeamento territorial entre vinculação e discricionariedade 153
   3.3. O princípio da legalidade 161
       3.3.1. Condicionantes 161
       3.3.2. *Standards* urbanísticos 167
       3.3.3. Relações de prevalência legalmente estabelecidas.......... 169
   3.3. O princípio da igualdade.............................. 170
   3.4. O princípio da imparcialidade 171
   3.5. O princípio da proporcionalidade 172
   3.6. O princípio da boa fé 174
   3.7. Outros princípios 175
   3.8. Força normativa dos factos?........................... 176

4. Os Planos Territoriais 177

4.1. Os planos territoriais em geral	177
4.2. Os planos municipais em especial	183
4.3. Continuação: o regime procedimental dos planos municipais	186
4.4. Tipicidade dos planos territoriais	189
4.5. Relações entre planos territoriais	191
4.6. Natureza dos planos territoriais	194
4.7. Razão de ordem	196
5. A Dinâmica dos Planos Territoriais	196
5.1. Aspectos gerais	196
5.2. A revisão	197
5.3. A alteração	198
5.4. A suspensão	201
5.5. Outras vicissitudes	202
6. A Garantia dos Planos Territoriais	204
6.1. Noção e tipos de garantia dos planos	204
6.2. Garantia preventiva dos planos	204
6.2.1. As medidas preventivas	204
6.2.2. Suspensão de concessão de licenças	208
6.3. Garantia repressiva dos planos	209
7. A Execução dos Planos Territoriais	212
7.1. Aspectos gerais	212
7.2. Princípios	214
7.3. Sistemas de execução	215
7.4. Instrumentos de execução	218
7.5. Compensação	219

O DIREITO ADMINISTRATIVO DA RELIGIÃO
Miguel Assis Raimund

1. O direito administrativo da religião	223
1.1. Introdução	223
a) Possibilidade e sentido de um direito administrativo da religião em Estado de direito democrático e laico	223
b) Aproximação à noção de religião	236
1.2. Direito administrativo da religião: conceito e limites	242
a) Direito administrativo da religião: definição	242
b) Direito administrativo da religião e direito constitucional da religião	243
c) Direito administrativo da religião, direito da religião, direito eclesiástico	244
d) Direito administrativo da religião e direito canónico	247
1.3. Fontes do direito administrativo da religião	249

    a) Constituição 249
    b) Direito internacional 252
    c) A questão do direito concordatário 256
    d) Direito da União Europeia 262
    e) Outras fontes 266

2. O modelo de relação Estado-religião no direito vigente 267
   2.1. Separação estrita ou separação cooperativa 267
   2.2. Princípios estruturantes do modelo de relação Estado-religião 273
      a) Separação e aconfessionalidade 273
      b) Cooperação 286
      c) Igualdade e não discriminação 289
      d) Tolerância 293
   2.3. Vinculação da administração à liberdade religiosa "individual" e "colectiva" 296

3. Administração Pública da Religião 299
   3.1. Comissão da Liberdade Religiosa 299
      a) Composição, estatuto dos membros e funcionamento ... 299
      b) Competências 304
   3.2. Comissão do Tempo de Emissão das Confissões Religiosas .. 305
   3.3. Outras entidades e órgãos 306

4. Liberdade religiosa: dimensão comunitária e institucional 307
   4.1. Dimensão colectiva da liberdade religiosa e formas jurídicas 307
   4.2. Regime jurídico geral das pessoas colectivas religiosas 312
      a) Elenco 312
      b) A constituição de pessoas colectivas religiosas em especial 313
   4.3. Regime jurídico específico das pessoas colectivas religiosas radicadas .. 329
      a) O regime específico das pessoas colectivas religiosas radicadas:
         justificação e elenco 329
      b) Pressupostos substantivos e reconhecimento 330
      c) Em especial: os acordos entre Estado e confissões religiosas radicadas 333
   4.4. Ministros do culto 355

5. Religião e educação 358
   5.1. Razão de ordem 358
   5.2. Ensino religioso na escola pública 361
      a) Âmbito 361
      b) Estrutura institucional 363

6. Assistência religiosa em situações especiais 374
   6.1. Razão de ordem 374
   6.2. Assistência religiosa às forças armadas e de segurança .. 378
      a) Âmbito 378
      b) Estrutura institucional 382

  c) Outros aspectos 384
6.3. Assistência religiosa em estabelecimentos de reclusão e de saúde 390
  a) Âmbito 390
  b) Estrutura institucional 392
  c) Outros aspectos 395
6.4. Conformidade dos regimes de assistência religiosa em estabelecimentos públicos com o modelo de relação Estado-religião? 399

7. Dimensão religiosa, território e cultura 404
 7.1. Religião, ordenamento do território e urbanismo 404
  a) Razão de ordem 404
  b) Dever de afectação de espaços a fins religiosos em instrumento de planeamento 405
  c) Direitos de participação e audiência das igrejas e comunidades inscritas em procedimentos relativos a instrumentos de planeamento territorial . . 407
  d) Utilização de prédios para fins religiosos 410
  e) Especificidades e limitações ao exercício de poderes administrativos de intervenção sobre o património 418
 7.2. Religião e património cultural 421
  a) Razão de ordem 421
  b) Cooperação e colaboração entre entidades públicas e privadas na protecção do património cultural eclesiástico 422
  c) Regime específico de uso e fruição de bens culturais eclesiásticos . . . 424
  d) Especificidades da classificação e inventariação de bens culturais eclesiásticos 426

Bibliografia 431

Anexo 441

O DIREITO DAS OBRAS PÚBLICAS
Pedro Melo

1. Considerações gerais 443

2. O conceito e a natureza jurídica do contrato de empreitada de obra pública . . 446

3. A formação do contrato de empreitada de obra pública 449

4. A consignação da obra 469

5. A execução dos trabalhos 477

6. Trabalhos a mais e trabalhos a menos 492

7. Os trabalhos de suprimento de erros e omissões............. 504

8. O pagamento do preço do contrato de empreitada de obra pública 513

9. A revisão ordinária e extraordinária de preços................. 522

10. O reequilíbrio financeiro do contrato de empreitada de obra pública 526

11. O incumprimento e a resolução do contrato de empreitada de obra pública... 531

12. A recepção provisória e a recepção definitiva da obra.............. 540

13. A empreitada nos contratos de concessão de obras públicas........... 546

14. A interacção do regime da empreitada de obra pública na empreitada de obra particular 550

    Bibliografia................................. 557

    Jurisprudência............................... 561